Lernbücher Jura
Strafrecht – Besonderer Teil II
Hohmann/Sander

Strafrecht Besonderer Teil II

Delikte gegen die Person und die Allgemeinheit

von

Dr. Olaf Hohmann

Rechtsanwalt in Stuttgart
Lehrbeauftragter an der Universität Greifswald

und

Dr. Günther M. Sander

Richter am Bundesgerichtshof
Honorarprofessor an der Humboldt-Universität zu Berlin

unter Mitarbeit von Gabriele Cirener
Vorsitzende Richterin am Landgericht Berlin

2. Auflage

Verlag C. H. Beck München 2011

Verlag C.H. Beck im Internet:
beck.de

ISBN 978 3 406 59495 3

© 2011 Verlag C.H. Beck oHG
Wilhelmstraße 9, 80801 München

Druck und Bindung: Nomos Verlagsgesellschaft
In den Lissen 12, 76547 Sinzheim

Satz und Graphik: ottomedien, Birkenweg 12, 64295 Darmstadt

Gedruckt auf säurefreiem, alterungsbeständigem Papier
(hergestellt aus chlorfrei gebleichtem Zellstoff)

Für Sabine, Anja und Michael

Vorwort

Das Buch wendet sich – ebenso wie der Teil I (Vermögensdelikte) – vor allem an Studierende und Referendare und will bei der Vorbereitung auf die Staatsexamina helfen. Daher wird die Darstellung des Besonderen Teils des StGB auf die examensrelevanten Vorschriften und innerhalb derer auf die Fragen beschränkt, die erfahrungsgemäß zum Gegenstand von Prüfungsaufgaben gemacht werden. Es geht nicht um das Anleiten zum Auswendiglernen einer Vielzahl immer wieder leicht variierter Fälle, sondern um das Vermitteln der elementaren Grundzüge, deren Kenntnis das Lösen jeder Aufgabe ermöglicht.

Wie bereits im Teil I wird bevorzugt aus den vor allem im zweiten Staatsexamen als Hilfsmittel zugelassenen Kommentaren zitiert (siehe die Zusammenstellung im Vorwort von BT 1). Im Übrigen ist die Lektüre gerichtlicher Entscheidungen besonders wichtig, da sich häufig erst dabei und in Kenntnis des konkret zugrundeliegenden Sachverhalts deren Tragweite verstehen lässt. Soweit Entscheidungen des BGH nur mit Datum und Aktenzeichen zitiert werden, sind diese auf der CD-ROM „BGH-*Nack*", die seit 1.1.2000 ergangenen Judikate zudem auf der Internetseite www.bundesgerichtshof.de veröffentlicht. Die Lektüre sollte ergänzt werden durch die Beantwortung der am Ende jedes Kapitels gestellten Kontrollfragen, um den eigenen Lernerfolg zu überprüfen.

Gabriele Cirener, bei der wir uns wiederum für die hervorragende Mitarbeit bedanken, hat die Kapitel 4, 7 bis 10 sowie § 25 bearbeitet, *Olaf Hohmann* die Kapitel 3, 5 und 6 (ausgenommen § 25) und *Günther M. Sander* die Kapitel 1 und 2. Allem lagen jedoch immer konstruktive und weiterführende Gespräche zugrunde, die das Buch zu einem gemeinsamen Werk machten. Dabei wurden sämtliche seit der Vorauflage erfolgten Gesetzesänderungen eingearbeitet. Dasselbe gilt für die im genannten Zeitraum getroffenen höchstrichterlichen Entscheidungen sowie die veröffentlichte Literatur.

Wir bedanken uns sehr bei unserem Lektor, Herrn *Philipp Mützel*, für die erneut umsichtige, angenehme und zügige Betreuung. Auch für Hinweise, Verbesserungsvorschläge und Kritik wären wir dankbar. Sie könnte gerichtet werden an die E-Mail-Anschrift: HohmannSander@gmx.de.

Berlin und Stuttgart, im April 2011 *Olaf Hohmann*
Günther M. Sander

Inhaltsverzeichnis

Vorwort	VII
Abkürzungsverzeichnis	XXI
Verzeichnis abgekürzt zitierter Literatur	XXV
Einleitung	XXVII

Kapitel 1. Tötungsdelikte und Aussetzung

§ 1. Totschlag (§§ 212, 213)	1
A. Grundlagen	1
B. Tatbestand	3
I. Objektiver Tatbestand	3
1. Tatobjekt	3
2. Tathandlung	4
II. Subjektiver Tatbestand	5
III. Besonders und minder schwerer Fall (§§ 212 Abs. 2, 213)	6
C. Täterschaft und Teilnahme, Versuch sowie Konkurrenzen	8
D. Kontrollfragen	9
§ 2. Mord (§ 211)	10
A. Grundlagen	10
B. Tatbestand	11
I. Objektiver Tatbestand	12
1. Heimtücke	12
2. Grausamkeit	19
3. Mit gemeingefährlichen Mitteln	20
II. Subjektiver Tatbestand	22
1. Vorsatz	22
2. Subjektive Mordmerkmale	23
C. Täterschaft und Teilnahme, Versuch, Konkurrenzen sowie besondere Schwere der Schuld	32
D. Kontrollfragen	34
§ 3. Tötung auf Verlangen (§ 216)	36
A. Grundlagen	36
B. Tatbestand	36
I. Objektiver Tatbestand	36
II. Subjektiver Tatbestand	37

   C. Täterschaft und Teilnahme, Begehung durch Unterlassen,
    Versuch, Rechtswidrigkeit sowie Konkurrenzen 38
   D. Kontrollfragen 40
§ 4. **Fahrlässige Tötung (§ 222)** 40
   A. Grundlagen 40
   B. Tatbestand 41
   C. Täterschaft und Konkurrenzen 43
   D. Kontrollfragen 43
§ 5. **Aussetzung (§ 221)** 44
   A. Grundlagen 44
   B. Tatbestände 44
    I. Objektive Tatbestände 45
     1. Tatobjekt 45
     2. Tathandlungen 45
     3. Tatfolge 47
    II. Subjektiver Tatbestand 47
    III. Qualifikationen (§ 221 Abs. 2 und 3) und minder
     schwere Fälle (§ 221 Abs. 4) 48
   C. Täterschaft und Teilnahme, Begehung durch Unterlassen,
    Versuch sowie Konkurrenzen 48
   D. Kontrollfragen 49

Kapitel 2. Straftaten gegen die körperliche Unversehrtheit

§ 6. **Vorsätzliche Körperverletzung (§ 223)** 51
   A. Grundlagen 51
   B. Tatbestand 51
    I. Objektiver Tatbestand 51
     1. Körperliche Misshandlung (223 Abs. 1 1. Alt.) 51
     2. Gesundheitsschädigung (§ 223 Abs. 1 2. Alt.) 53
    II. Subjektiver Tatbestand 54
   C. Täterschaft und Teilnahme, Begehung durch Unterlassen,
    Versuch, Rechtswidrigkeit, Konkurrenzen sowie
    Verfolgbarkeit 54
   D. Kontrollfragen 57
§ 7. **Gefährliche Körperverletzung (§ 224)** 58
   A. Grundlagen 58
   B. Tatbestand 59
    I. Objektiver Tatbestand 59
     1. Durch Beibringung von Gift oder anderen
      gesundheitsschädlichen Stoffen (§ 224 Abs. 1 Nr. 1) ... 59
     2. Mittels einer Waffe oder eines anderen gefährlichen
      Werkzeugs (§ 224 Abs. 1 Nr. 2) 62

3. Mittels eines hinterlistigen Überfalls (§ 224 Abs. 1 Nr. 3) 64
4. Mit einem anderen Beteiligten gemeinschaftlich (§ 224 Abs. 1 Nr. 4) 65
5. Mittels einer das Leben gefährdenden Behandlung (§ 224 Abs. 1 Nr. 5) 66
II. Subjektiver Tatbestand 66
C. Täterschaft und Teilnahme, Begehung durch Unterlassen, Versuch sowie Konkurrenzen 67
D. Kontrollfragen 68

§ 8. Schwere Körperverletzung und Körperverletzung mit Todesfolge (§§ 226 und 227) 69
A. Grundlagen 69
B. Tatbestände 69
I. Schwere Körperverletzung (§ 226) 69
1. Objektiver Tatbestand 69
2. Subjektiver Tatbestand 75
II. Körperverletzung mit Todesfolge 75
1. Objektiver Tatbestand 75
2. Subjektiver Tatbestand 77
C. Täterschaft und Teilnahme, Begehung durch Unterlassen, Versuch sowie Konkurrenzen 78
D. Kontrollfragen 79

§ 9. Fahrlässige Körperverletzung (§ 229) 81
A. Grundlagen 81
B. Tatbestand 81
C. Täterschaft, Konkurrenzen sowie Verfolgbarkeit 82
D. Kontrollfragen 82

§ 10. Beteiligung an einer Schlägerei (§ 231) 83
A. Grundlagen 83
B. Tatbestand und objektive Strafbarkeitsbedingung 83
I. Objektiver Tatbestand 84
1. Schlägerei (§ 231 Abs. 1 1. Alt.) 84
2. Von mehreren verübter Angriff (§ 231 Abs. 1 2. Alt.) .. 85
3. Vorwerfbarkeit der Beteiligung (§ 231 Abs. 2) 85
II. Subjektiver Tatbestand 86
III. Objektive Bedingung der Strafbarkeit 86
C. Täterschaft und Teilnahme, Versuch sowie Konkurrenzen 88
D. Kontrollfragen 88

Kapitel 3. Freiheitsberaubung, Nötigung und Hausfriedensbruch

§ 11. Freiheitsberaubung (§ 239) 91
   A. Grundlagen... 91
   B. Tatbestand... 91
      I. Objektiver Tatbestand 91
         1. Tatobjekt 91
         2. Tathandlung 93
      II. Subjektiver Tatbestand 95
      III. Qualifikation, Erfolgsqualifikationen und minder
         schwerer Fall der Freiheitsberaubung
         (§ 239 Abs. 3, 4 und 5) 95
   C. Täterschaft und Teilnahme, Begehung durch Unterlassen,
      Versuch sowie Konkurrenzen 96
   D. Kontrollfragen...................................... 97

§ 12. Nötigung (§ 240) 98
   A. Grundlagen... 98
   B. Tatbestand 98
      I. Objektiver Tatbestand 99
         1. Tatobjekt 99
         2. Tathandlung 99
         3. Taterfolg und Kausalität 104
      II. Subjektiver Tatbestand 104
      III. Rechtswidrigkeit 104
      IV. Besonders schwere Fälle (§ 240 Abs. 4) 106
   C. Täterschaft und Teilnahme, Begehung durch Unterlassen,
      Versuch und Vollendung sowie Konkurrenzen 106
   D. Kontrollfragen...................................... 107

§ 13. Hausfriedensbruch und schwerer Hausfriedensbruch
   (§§ 123 und 124) 108
   A. Grundlagen... 108
   B. Tatbestände... 109
      I. Hausfriedensbruch (§ 123 Abs. 1) 109
         1. Objektiver Tatbestand 109
         2. Subjektiver Tatbestand 112
      II. Schwerer Hausfriedensbruch (§ 124) 112
         1. Objektiver Tatbestand 112
         2. Subjektiver Tatbestand 113
   C. Täterschaft und Teilnahme, Begehung durch Unterlassen,
      Konkurrenzen sowie Verfolgbarkeit 113
   D. Kontrollfragen...................................... 114

Kapitel 4. Beleidigung, Üble Nachrede und Verleumdung

§ 14. Beleidigung (§ 185) 116
    A. Grundlagen 116
    B. Tatbestand..................................... 117
        I. Objektiver Tatbestand 117
            1. Tatobjekte............................. 117
            2. Tathandlung 118
        II. Subjektiver Tatbestand 121
        III. Tätliche Beleidigung (§ 185 2. Alt.) 121
    C. Rechtswidrigkeit................................ 121
    D. Täterschaft und Teilnahme, Begehung durch Unterlassen,
       Versuch, Konkurrenzen, Rechtsfolgen sowie Verfolgbarkeit .. 123
    E. Kontrollfragen.................................. 125

§ 15. Üble Nachrede (§ 186) 126
    A. Grundlagen.................................... 126
    B. Tatbestand..................................... 126
        I. Objektiver Tatbestand 126
        II. Subjektiver Tatbestand 127
        III. Objektive Bedingung der Strafbarkeit 127
        IV. Qualifikationen (§§ 186 und 188 Abs. 1) 128
    C. Rechtswidrigkeit................................ 128
    D. Täterschaft und Teilnahme, Begehung durch Unterlassen,
       Konkurrenzen, Rechtsfolgen sowie Verfolgbarkeit......... 128
    E. Kontrollfragen.................................. 129

§ 16. Verleumdung (§ 187)................................. 130
    A. Grundlagen.................................... 130
    B. Tatbestand..................................... 130
        I. Objektiver Tatbestand 130
        II. Subjektiver Tatbestand 131
        III. Qualifikationen 131
    C. Rechtswidrigkeit................................ 131
    D. Täterschaft und Teilnahme, Begehung durch Unterlassen,
       Konkurrenzen, Rechtsfolgen sowie Verfolgbarkeit......... 131
    E. Kontrollfragen.................................. 132

Kapitel 5. Urkundendelikte

§ 17. Urkundenfälschung (§ 267)............................ 134
    A. Grundlagen.................................... 134
    B. Tatbestand..................................... 134
        I. Objektiver Tatbestand 135
            1. Tatobjekt............................. 135
            2. Tathandlungen 143

　　　　II. Subjektiver Tatbestand 148
　　　　III. Besonders schwere Fälle und qualifizierte Urkunden-
　　　　　　fälschung (§ 267 Abs. 3 und 4) 149
　　C. Täterschaft und Teilnahme, Versuch sowie Konkurrenzen . . . 149
　　D. Kontrollfragen. 150
§ 18. Fälschung technischer Aufzeichnungen (§ 268) 151
　　A. Grundlagen. 151
　　B. Tatbestand. 152
　　　　I. Objektiver Tatbestand 152
　　　　　1. Tatobjekt 152
　　　　　2. Tathandlung 153
　　　　II. Subjektiver Tatbestand, besonders schwere Fälle und
　　　　　qualifizierte Fälschung technischer Aufzeichnungen
　　　　　(§§ 268 Abs. 5 i.V.m. 267 Abs. 3 und 4) 155
　　C. Täterschaft und Teilnahme, Versuch sowie Konkurrenzen . . . 155
　　D. Kontrollfragen. 156
§ 19. Urkundenunterdrückung (§ 274) 157
　　A. Grundlagen. 157
　　B. Tatbestand. 157
　　　　I. Objektiver Tatbestand 158
　　　　　1. Tatobjekt 158
　　　　　2. Tathandlung 160
　　　　II. Subjektiver Tatbestand 160
　　C. Täterschaft und Teilnahme, Versuch sowie Konkurrenzen . . . 161
　　D. Kontrollfragen. 162
§ 20. Mittelbare Falschbeurkundung (§ 271). 162
　　A. Grundlagen. 162
　　B. Tatbestand. 163
　　　　I. Objektiver Tatbestand 163
　　　　　1. Tatobjekt 163
　　　　　2. Tathandlungen 164
　　　　II. Subjektiver Tatbestand 165
　　　　III. Qualifizierte mittelbare Falschbeurkundung (§ 271 Abs. 3) 165
　　C. Täterschaft und Teilnahme, Versuch sowie Konkurrenzen . . . 165
　　D. Kontrollfragen. 166

Kapitel 6. Rechtspflegedelikte

§ 21. Falsche uneidliche Aussage (§ 153) 167
　　A. Grundlagen. 167
　　B. Tatbestand. 167
　　　　I. Objektiver Tatbestand 168
　　　　　1. Zuständige Stelle. 168

	2. Tauglicher Täter	169
	3. Falsch aussagen	169
	II. Subjektiver Tatbestand	174
	C. Täterschaft und Teilnahme, Konkurrenzen sowie Bestrafung .	174
	D. Kontrollfragen.	177
§ 22.	**Meineid (§ 154)**	178
	A. Grundlagen.	178
	B. Tatbestand.	179
	I. Objektiver Tatbestand	179
	1. Zuständige Stelle.	179
	2. Tauglicher Täter	179
	3. Falsch schwören	180
	II. Subjektiver Tatbestand	181
	C. Täterschaft und Teilnahme, Versuch, Konkurrenzen sowie Bestrafung.	181
	D. Kontrollfragen.	183
§ 23.	**Falsche Verdächtigung (§ 164)**	183
	A. Grundlagen.	183
	B. Tatbestände.	184
	I. Verdächtigungstatbestand (§ 164 Abs. 1)	184
	1. Objektiver Tatbestand	184
	2. Subjektiver Tatbestand	188
	II. Behauptungstatbestand (§ 164 Abs. 2)	189
	III. Falsche Verdächtigung zur Selbstbegünstigung (§ 164 Abs. 3)	189
	1. Objektiver Tatbestand	189
	2. Subjektiver Tatbestand	189
	C. Täterschaft und Teilnahme sowie Konkurrenzen	190
	D. Kontrollfragen.	191
§ 24.	**Vortäuschen einer Straftat (§ 145d)**	192
	A. Grundlagen.	192
	B. Tatbestände.	193
	I. Vortäuschen einer rechtswidrigen Tat (§ 145d Abs. 1 Nr. 1 und 2)	194
	1. Objektiver Tatbestand	194
	2. Subjektiver Tatbestand	196
	II. Täuschung über den Beteiligten an einer rechtswidrigen Tat (§ 145d Abs. 2 Nr. 1 und 2)	196
	1. Objektiver Tatbestand	196
	2. Subjektiver Tatbestand	197
	III. Vortäuschen einer Straftat zur Selbstbegünstigung (§ 145d Abs. 3)	198
	1. Objektive Tatbestände	198

        2. Subjektive Tatbestände 198
   C. Täterschaft und Teilnahme sowie Konkurrenzen 199
   D. Kontrollfragen 199

§ 25. **Strafvereitelung und Strafvereitelung im Amt**
      (§§ 258 und 258a) 202
   A. Grundlagen 202
   B. Tatbestände 202
       I. Verfolgungsvereitelung (§ 258 Abs. 1) 202
           1. Objektiver Tatbestand 202
           2. Subjektiver Tatbestand 205
       II. Vollstreckungsvereitelung (§ 258 Abs. 2) 205
       III. Strafvereitelung im Amt (§ 258a) 206
   C. Täterschaft und Teilnahme, Begehung durch Unterlassen,
      Versuch, Konkurrenzen, Rechtsfolgen sowie Verfolgbarkeit . . 207
   D. Kontrollfragen 210

Kapitel 7. Widerstand gegen Vollstreckungsbeamte
sowie Verwahrungs- und Siegelbruch

§ 26. **Widerstand gegen Vollstreckungsbeamte (§ 113)** 212
   A. Grundlagen 212
   B. Tatbestand 212
       I. Objektiver Tatbestand 212
           1. Tatobjekte 212
           2. Dienst- oder Vollstreckungshandlung 213
           3. Tathandlungen 214
       II. Subjektiver Tatbestand 214
       III. Objektive Bedingung der Strafbarkeit 215
           1. Dogmatische Einordnung 215
           2. Rechtmäßigkeitsbegriff 216
       IV. Besonders schwere Fälle (§ 113 Abs. 2) 217
   C. Täterschaft und Teilnahme, Versuch, Irrtum sowie
      Konkurrenzen 218
   D. Kontrollfragen 220
§ 27. **Verwahrungs- sowie Verstrickungs- und Siegelbruch**
      (§§ 133, 136) 222
   A. Grundlagen 222
   B. Tatbestände 222
       I. Verwahrungsbruch (§ 133) 222
           1. Objektiver Tatbestand 222
           2. Subjektiver Tatbestand 224
           3. Qualifizierter Verwahrungsbruch (§ 133 Abs. 3) 224
       II. Verstrickungsbruch (§ 136 Abs. 1) 224

1. Objektiver Tatbestand 224
　　　2. Subjektiver Tatbestand 225
　　　3. Objektive Bedingung der Strafbarkeit 225
　　III. Siegelbruch (§ 136 Abs. 2) 225
　　　1. Objektiver Tatbestand 225
　　　2. Subjektiver Tatbestand 226
　　　3. Objektive Bedingung der Strafbarkeit 226
　C. Täterschaft und Teilnahme, Versuch, Irrtum sowie
　　Konkurrenzen 226
　D. Kontrollfragen 227

Kapitel 8. Amtsdelikte

§ 28. Vorteilsannahme (§ 331) 232
　A. Grundlagen 232
　B. Tatbestand 232
　　I. Objektiver Tatbestand 232
　　　1. Taugliche Täter 232
　　　2. Tathandlungen 233
　　II. Subjektiver Tatbestand 238
　　III. Qualifizierte Vorteilsannahme (§ 331 Abs. 2) 238
　C. Täterschaft und Teilnahme, Begehung durch Unterlassen,
　　Versuch, Rechtswidrigkeit sowie Konkurrenzen 239
　D. Kontrollfragen 240
§ 29. Bestechlichkeit (§ 332) 241
　A. Grundlagen 241
　B. Tatbestand 241
　　I. Objektiver Tatbestand 241
　　　1. Taugliche Täter 241
　　　2. Tathandlungen 241
　　II. Subjektiver Tatbestand 242
　　III. Qualifizierte Bestechlichkeit (§ 332 Abs. 2) 242
　　IV. Besonders schwere Fälle (§ 335) 242
　C. Täterschaft und Teilnahme, Versuch sowie Konkurrenzen . . . 243
　D. Kontrollfragen 243
§ 30. Vorteilsgewährung und Bestechung (§§ 333 und 334) 244
　A. Grundlagen 244
　B. Tatbestände 245
　　I. Vorteilsgewährung (§ 333) 245
　　　1. Objektiver Tatbestand 245
　　　2. Subjektiver Tatbestand 245
　　　3. Qualifizierte Vorteilsgewährung (§ 333 Abs. 2) 245
　　II. Bestechung (§ 334) 245

1. Objektiver Tatbestand 245
  2. Subjektiver Tatbestand 246
  3. Qualifizierte Bestechung (§ 334 Abs. 2) 246
  III. Besonders schwere Fälle (§ 335) 246
  C. Täterschaft und Teilnahme, Begehung durch Unterlassen,
     Versuch, Rechtswidrigkeit sowie Konkurrenzen 246
  D. Kontrollfragen 246
§ 31. **Rechtsbeugung (§ 339)** 248
  A. Grundlagen 248
  B. Tatbestand 248
    I. Objektiver Tatbestand 248
      1. Taugliche Täter 248
      2. Tathandlung 249
      3. Taterfolg 250
    II. Subjektiver Tatbestand 251
  C. Täterschaft und Teilnahme, Versuch, Sperrwirkung sowie
     Konkurrenzen 251
  D. Kontrollfragen 251

Kapitel 9. Brandstiftungsdelikte

§ 32. **Brandstiftung (§ 306)** 254
  A. Grundlagen 254
  B. Tatbestand 254
    I. Objektiver Tatbestand 254
      1. Tatobjekte 254
      2. Tathandlungen 255
    II. Subjektiver Tatbestand 256
  C. Täterschaft und Teilnahme, Begehung durch Unterlassen,
     Versuch, Konkurrenzen sowie Bestrafung 257
  D. Kontrollfragen 258
§ 33. **Schwere Brandstiftung, besonders schwere Brandstiftung
  und Brandstiftung mit Todesfolge (§§ 306a, 306b und
  306c)** 259
  A. Grundlagen 259
  B. Tatbestände 260
    I. Schwere Brandstiftung (§ 306a) 260
      1. Objektive Tatbestände 260
      2. Subjektiver Tatbestand 263
    II. Besonders schwere Brandstiftung (§ 306b) 264
      1. Objektive Tatbestände 264
      2. Subjektiver Tatbestand 266
    III. Brandstiftung mit Todesfolge (§ 306c) 266

        1. Objektiver Tatbestand 267
        2. Subjektiver Tatbestand 267
    C. Täterschaft und Teilnahme, Versuch, Konkurrenzen sowie
    Bestrafung.. 267
    D. Kontrollfragen...................................... 268

§ 34. **Fahrlässige Brandstiftung (§ 306d)** 271
    A. Grundlagen... 271
    B. Tatbestand... 271
    C. Täterschaft, Konkurrenzen und Strafbarkeit 272
    D. Kontrollfragen..................................... 272

Kapitel 10. Verkehrsdelikte

§ 35. **Trunkenheit im Verkehr (§ 316)** 274
    A. Grundlagen... 274
    B. Tatbestand... 275
        I. Objektiver Tatbestand......................... 275
            1. Verkehr................................... 275
            2. Führen eines Fahrzeugs 275
            3. Fahruntüchtigkeit 276
        II. Subjektiver Tatbestand 279
    C. Täterschaft und Teilnahme, Versuch sowie Konkurrenzen ... 280
    D. Kontrollfragen..................................... 281

§ 36. **Gefährdung des Straßenverkehrs (§ 315c)** 282
    A. Grundlagen... 282
    B. Tatbestand... 282
        I. Objektiver Tatbestand......................... 282
            1. Tathandlungen 282
            2. Konkrete Gefahr 284
        II. Subjektiver Tatbestand 288
    C. Täterschaft und Teilnahme, Versuch sowie Konkurrenzen ... 289
    D. Kontrollfragen..................................... 290

§ 37. **Gefährliche Eingriffe in den Straßenverkehr (§ 315b)** 291
    A. Grundlagen... 291
    B. Tatbestand... 292
        I. Objektiver Tatbestand 292
            1. Tathandlungen 292
            2. Folge der Tathandlung 293
        II. Subjektiver Tatbestand 295
        III. Qualifikationen (§ 315b Abs. 3) 295
    C. Täterschaft und Teilnahme, Begehung durch Unterlassen,
    Versuch, Konkurrenzen sowie Bestrafung 296
    D. Kontrollfragen..................................... 296

Kapitel 11. Vollrausch und Unterlassene Hilfeleistung

§ 38. Vollrausch (§ 323a) 298
    A. Grundlagen 298
    B. Tatbestand 298
        I. Objektiver Tatbestand 298
        II. Subjektiver Tatbestand 301
        III. Objektive Bedingung der Strafbarkeit 302
    C. Täterschaft und Teilnahme, Versuch. Konkurrenzen,
       Strafzumessung sowie Verfolgbarkeit 306
    D. Kontrollfragen 307
§ 39. Unterlassene Hilfeleistung (§ 323c) 308
    A. Grundlagen 308
    B. Tatbestand 309
        I. Objektiver Tatbestand 309
            1. Begründung der Hilfspflicht 309
            2. Umfang der Hilfspflicht 311
        II. Subjektiver Tatbestand 313
    C. Täterschaft und Teilnahme, Versuch sowie Konkurrenzen ... 313
    D. Kontrollfragen 314

Kapitel 12. Besondere Strafverfolgungsvoraussetzungen

§ 40. **Strafantrag und besonderes öffentliches Interesse an der Strafverfolgung** 315
    A. Grundlagen 315
    B. Besondere Strafverfolgungsvoraussetzungen 315
    C. Absolute Antragsdelikte 316
    D. Relative Antragsdelikte 317
    E. Kontrollfragen 318

Anhang: Musterklausuren mit Lösung 319
    Klausur 1: Teuflischer Tanz in den Mai 319
    Klausur 2: Gefährliche Müdigkeit 325

Sachverzeichnis 331

Abkürzungsverzeichnis

a.A.	anderer Ansicht
abl.	ablehnend
Abs.	Absatz
a.E.	am Ende
a.F.	alte Fassung
AG	Amtsgericht oder Aktiengesellschaft
a.l.i.c.	actio libera in causa
Alt.	Alternative
a.M.	am Main oder anderer Meinung
Anm.	Anmerkung
Art.	Artikel
AsylVfG	Asylverfahrensgesetz
AT	Allgemeiner Teil
AufenthG	Aufenthaltsgesetz
Az.	Aktenzeichen
BAK	Blutalkoholkonzentration
BayObLG	Bayerisches Oberstes Landesgericht
BeckRS	Beck-Rechtsprechung (beck-online; zitiert nach Jahr und Entscheidungsnummer)
Bespr.	Besprechung
BGB	Bürgerliches Gesetzbuch
BGBl.	Bundesgesetzblatt
BGH	Bundesgerichtshof
BGHR	BGH-Rechtsprechung Strafsachen (zitiert entsprechend der Systematik der Sammlung)
BGHSt	Entscheidungen des Bundesgerichtshofs in Strafsachen (zitiert nach Band und Seite; Entscheidungen des Großen Senats für Strafsachen sind mit dem Zusatz „– GS –" gekennzeichnet)
BImSchG	Bundes-Immissionsschutzgesetz
BNotO	Bundesnotarordnung
BT	Besonderer Teil
BT-Drs.	Drucksache des Bundestags (zitiert nach Wahlperiode und Nummer)
BtMG	Gesetz über den Verkehr mit Betäubungsmitteln (Betäubungsmittelgesetz)
BUrKG	Beurkundungsgesetz
BVerfG	Bundesverfassungsgericht
BVerfGE	Entscheidungen des Bundesverfassungsgerichts (zitiert nach Band und Seite)
bzgl.	bezüglich
bzw.	beziehungsweise
DAR	Deutsches Autorecht (zitiert nach Jahr und Seite)
diff.	differenzierend

d.h.	das heißt
DRiZ	Deutsche Richterzeitung (zitiert nach Jahr und Seite)
DStR	Deutsches Strafrecht (zitiert nach Jahr und Seite)
DtZ	Deutsch-Deutsche Rechts-Zeitschrift (zitiert nach Jahr und Seite)
Erg.	Ergebnis
evtl.	eventuell
f.,ff.	folgende
Fn.	Fußnote
FS	Festschrift
GA	Goltdammer's Archiv für Strafrecht (zitiert nach Jahr und Seite)
GG	Grundgesetz für die Bundesrepublik Deutschland
ggf.	gegebenenfalls
grds.	grundsätzlich
GS	Großer Senat
GVG	Gerichtsverfassungsgesetz
GWB	Gesetz gegen Wettbewerbsbeschränkungen
h.A.	herrschende Ansicht
HGB	Handelsgesetzbuch
HIV	Humaner Immunmangel-Virus
h.L.	herrschende Lehre
h.M.	herrschende Meinung
HRRS	Online-Zeitschrift für Höchstrichterliche Rechtsprechung (zitiert nach Jahr und Seite)
Hrsg.	Herausgeber
Hs.	Halbsatz
i.A.	im Auftrag
i.d.S.	in diesem Sinne
i.e.S.	im engeren Sinne
i.S.	im Sinne
i.V.	in Vertretung
i.V.m.	in Verbindung mit
i.w.S.	im weiteren Sinne
JA	Juristische Arbeitsblätter für Ausbildung und Examen (zitiert nach Jahr und Seite)
JMBlNW	Justizministerialblatt für das Land Nordrhein-Westfalen (zitiert nach Jahr und Seite)
JR	Juristische Rundschau (zitiert nach Jahr und Seite)
Jura	Juristische Ausbildung (zitiert nach Jahr und Seite)
JuS	Juristische Schulung (zitiert nach Jahr und Seite)
JVA	Justizvollzugsanstalt
JZ	Juristenzeitung (zitiert nach Jahr und Seite)
Kfz	Kraftfahrzeug
KG	Kammergericht
krit.	kritisch
LG	Landgericht
LH	Lehrheft
LK	Strafgesetzbuch. Leipziger Kommentar
m.	mit

m.a.W.	mit anderen Worten
MDR	Monatsschrift des Deutschen Rechts (zitiert nach Jahr und Seite)
MDR/D	Rechtsprechung des BGH bei Dallinger in MDR
MDR/H	Rechtsprechung des BGH bei Holtz in MDR
Nachw.	Nachweise
n.F.	neue Fassung
NJ	Neue Justiz (zitiert nach Jahr und Seite)
NJW	Neue Juristische Wochenschrift (zitiert nach Jahr und Seite)
Nr.	Nummer
NStE	Neue Entscheidungssammlung für Strafrecht (zitiert nach Gesetz, §§ und innerhalb der §§ nach laufender Nummer)
NStZ	Neue Zeitschrift für Strafrecht (zitiert nach Jahr und Seite)
NStZ/J	Rechtsprechung des BGH bei Janiszewski in NStZ
NStZ-RR	NStZ-Rechtsprechungs-Report Strafrecht (zitiert nach Jahr und Seite)
NZV	Neue Zeitschrift für Verkehrsrecht (zitiert nach Jahr und Seite)
NZW	Neue Zeitschrift für Miet- und Wohnungsrecht (zitiert nach Jahr und Seite)
o.ä.	oder ähnlichem
o.g.	oben genannte(n/r)
OLG	Oberlandesgericht
OLGSt	Entscheidungen der Oberlandesgerichte in Strafsachen und über Ordnungswidrigkeiten (zitiert nach Gesetz, §§ und innerhalb der §§ nach Nummern)
PatG	Patentgesetz
Pkw	Personenkraftwagen
PStG	Personenstandsgesetz
PUAG	Untersuchungsausschussgesetz
RG	Reichsgericht
RGSt	Entscheidungen des Reichsgerichts in Strafsachen (zitiert nach Band und Seite)
RiStBV	Richtlinien für das Strafverfahren und das Bußgeldverfahren (abgedruckt bei Meyer-Goßner, Anhang 12
Rn.	Randnummer
RPflG	Rechtspflegergesetz
Rspr.	Rechtsprechung
S.	Satz oder Seite
s.	siehe
6. StrRG	Sechstes Gesetz zur Reform des Strafrechts (6. StrRG)
sen.	Senior
SK	Systematischer Kommentar zum Strafgesetzbuch
sog.	sogenannte(r)
SpuRt	Sport und Recht (zitiert nach Jahr und Seite)
StGB	Strafgesetzbuch
StPO	Strafprozessordnung
st.	ständig
st. Rspr.	ständige Rechtsprechung
str.	streitig oder strittig

StrRG	Gesetz zur Reform des Strafrechts
StV	Strafverteidiger (zitiert nach Jahr und Seite)
StVollzG	Strafvollzugsgesetz
StVZO	Straßenverkehrs-Zulassungs-Ordnung
SVR	Straßenverkehrsrecht (zitiert nach Jahr und Seite)
TPG	Transplantationsgesetz
u.a.	und andere oder unter anderem
usw.	und so weiter
u.U.	unter Umständen
UWG	Gesetz gegen den unlauteren Wettbewerb
Var.	Variante
vgl.	vergleiche
VOB/A	Vergabe- und Vertragsordnung für Bauleistungen – Teil A
VRS	Verkehrsrechtssammlung (zitiert nach Band und Seite)
WaffG	Waffengesetz
WEG	Wohnungseigentumsgesetz
wistra	Zeitschrift für Wirtschaft. Steuer. Strafrecht (zitiert nach Jahr und Seite)
z.B.	zum Beispiel
ZfS	Zeitschrift für Schadensrecht (zitiert nach Jahr und Seite)
ZPO	Zivilprozessordnung
zust.	zustimmend(er)
ZStW	Zeitschrift für die gesamte Strafrechtswissenschaft (zitiert nach Band [Jahr] und Seite)
zZt.	zur Zeit

Paragrafen ohne Gesetzesbezeichnung sind solche des StGB.

Verzeichnis abgekürzt zitierter Literatur

Arzt/Weber/*Bearbeiter*	*Arzt/Weber/Heinrich/Hilgendorf*, Strafrecht – Besonderer Teil, 2. Aufl., 2009
Dencker u.a.	*Dencker u.a.* (Hrsg.), Einführung in das 6. Strafrechtsreformgesetz 1998, 1998
Fischer	*Fischer*, Strafgesetzbuch und Nebengesetze, 57. Aufl., 2010
Freund	*Freund*, 1996
Haft, AT	*Haft*, Strafrecht – Allgemeiner Teil, 9. Aufl., 2004
Haft, BT II	*Haft*, Strafrecht – Allgemeiner Teil II: Delikte die Person und die Allgemeinheit, 8. Aufl., 2005
Hentschel/König/Dauer	*Hentschel/König/Dauer*, Straßenverkehrsrecht. 41. Aufl., 2011
Hohmann/Sander, BT 1	*Hohmann/Sander*, Strafrecht – Besonderer Teil I: Vermögensdelikte, 3. Aufl., 2011
Joecks	*Joecks*, Strafgesetzbuch, Studienkommentar, 9. Aufl., 2010
Krey/Heinrich	*Krey/Heinrich*, Strafrecht – Besonderer Teil, Bd. 1: Besonderer Teil ohne Vermögensdelikte, 14. Aufl., 2008
Krey/Hellmann	*Krey/Hellmann*, Strafrecht – Besonderer Teil, Bd 2: Vermögensdelikte, 15. Aufl., 2008
Küpper	*Küpper*, Strafrecht – Besonderer Teil 1: Delikte gegen die Rechtsgüter der Person und der Gemeinschaft, 3. Aufl., 2007
Kusch	*Kusch*, Der Vollrausch: § 323a StGB in teleologischer Auslegung, 1984
Lackner/Kühl	*Lackner/Kühl*, Strafgesetzbuch mit Erläuterungen, 27. Aufl., 2011
LK/*Bearbeiter*	Leipziger Kommentar zum Strafgesetzbuch, 11. Aufl., 1992 ff.; 12. Aufl., 2006 ff.
LR/*Bearbeiter*	*Löwe/Rosenberg*, Die Strafprozessordnung und das Gerichtsverfassungsgesetz, 26. Aufl., 2006 ff.
Maurach/Schroeder/Maiwald, BT 1	*Maurach/Schroeder/Maiwald*, Strafrecht – Besonderer Teil, Teilbd. 1: Straftaten gegen Persönlichkeits- und Vermögenswerte. 10. Aufl., 2009
Maurach/Schroeder/Maiwald, BT 2	*Maurach/Schroeder/Maiwald*, Strafrecht – Besonderer Teil, Teilbd. 2: Straftaten gegen Gemeinschaftswerte, 9. Aufl., 2005
Meyer-Goßner	*Meyer-Goßner*, Strafprozeßordnung. 53. Aufl., 2010
MünchKomm/*Bearbeiter*	Münchener Kommentar zum Strafgesetzbuch, 2003 ff.; 2. Aufl., 2011 ff.
NK/*Bearbeiter*	Nomos-Kommentar zum Strafgesetzbuch, 3. Aufl., 2010

Otto	Otto, Grundkurs Strafrecht – Die einzelnen Delikte, 7. Aufl., 2005
Otto, AT	Otto, Grundkurs Strafrecht – Allgemeine Strafrechtslehre, 7. Aufl., 2005
Palandt/*Bearbeiter*	Palandt, Bürgerliches Gesetzbuch, 69. Aufl., 2010
Rengier	Rengier, Strafrecht – Besonderer Teil II: Delikte gegen die Person und die Allgemeinheit, 11. Aufl., 2010
Rengier, AT	Rengier, Strafrecht – Allgemeiner Teil, 2. Aufl., 2010
Roxin, AT II	Roxin, Strafrecht – Allgemeiner Teil, Bd. 2, 2003
Roxin, Täterschaft	Roxin, Täterschaft und Tatherrschaft. 8. Aufl., 2006
Sander	Sander, Zur Beurteilung exhibitionistischer Handlungen, 1996
Schäfer/Sander/van Gemmeren	Schäfer/Sander/van Gemmeren, Praxis der Strafzumessung, 4. Aufl., 2008
Schlüchter	Schlüchter, Bochumer Erläuterungen zum 6. Strafrechtsreformgesetz, 1996
Schönke/Schröder/*Bearbeiter*	Schönke/Schröder, Strafgesetzbuch, Kommentar, 28. Aufl., 2010
SK/*Bearbeiter*	Systematischer Kommentar zum Strafgesetzbuch (Loseblatt), Stand: 118. Lieferung, 2009
Tepperwien	Tepperwien, Pränatale Einwirkungen als Tötung oder Körperverletzung?, 1973
Welzel	Welzel, Das Deutsche Strafrecht, 11. Aufl., 1969
Wessels/Beulke	Wessels/Beulke, Strafrecht – Allgemeiner Teil, 40. Aufl., 2010
Wessels/Hettinger	Wessels/Hettinger, Strafrecht – Besonderer Teil 1: Straftaten gegen Persönlichkeits- und Gemeinschaftswerte, 34. Aufl., 2010

Einleitung

Im Besonderen Teil des StGB unterscheidet die h.M. zwischen Tatbeständen, die den Schutz von Individualrechtsgütern bezwecken, und solchen, die Rechtsgüter der Allgemeinheit schützen sollen. **1**

Die den Individualrechtsgüter schützenden Vorschriften unterteilt die h.M. **2** in Eigentums- und Vermögensdelikte einerseits und Delikte gegen die Person andererseits. Während die erstgenannte Deliktsgruppe im Teil I dieses Studienbuchs zum Besonderen Teil behandelt wird (zu deren Systematik vgl. *Hohmann/Sander*, BT 1, Einleitung), sind die Delikte gegen die Person Gegenstand dieses Bands, soweit sie examensrelevant sind. Die Systematik ihrer Darstellung orientiert sich am Rang der geschützten Rechtsgüter. Daher stehen am Anfang die Straftaten gegen das Leben, gefolgt von den Delikten gegen die körperliche Unversehrtheit sowie die persönliche Freiheit und schließlich den Taten gegen die Ehre.

Daran schließen sich die Delikte gegen sog. Rechtsgüter der Allgemeinheit an. Hier sind die Urkundendelikte an die Spitze gestellt, gefolgt von den Rechtspflegedelikten. Zu diesen haben die Begünstigung (§ 257) und Hehlerei (§ 259) zwar Bezüge. Sie sind aber wegen ihres sachlichen Zusammenhangs mit den Eigentums- und Vermögensdelikten im Teil I dieses Studienbuchs behandelt. Dies gilt auch hinsichtlich des räuberischen Angriffs auf Kraftfahrer (§ 316a). **3**

Nach den anschließend erörterten Amtsdelikten folgen Brandstiftungs- **4** und Verkehrsstraftaten sowie die Tatbestände des Vollrauschs und der unterlassenen Hilfeleistung.

Am Ende des Buchs werden besondere Strafverfolgungsvoraussetzungen **5** der Delikte gegen die Person, namentlich Strafantrag und besonders öffentliches Interesse an der Strafverfolgung erörtert.

Kapitel 1. Tötungsdelikte und Aussetzung

Der 16. Abschnitt des StGB enthält die das Beenden menschlichen Lebens unter Strafe stellenden Kernvorschriften (§§ 211 bis 222). Diese werden durch eine Vielzahl von Normen außerhalb dieses Abschnitts ergänzt (z.B. §§ 178, 227 Abs. 1, 239 Abs. 4, 251 und 306c). 1

Als Tötungsdelikte i.e.S. werden dort bestimmte vorsätzliche (§§ 211, 212 und 216; vgl. §§ 1 bis 3) und fahrlässige (§ 222; vgl. § 4) Tötungen erfasst. Diese Tatbestände dienen ausnahmslos dem Schutz des Rechtsguts (menschliches) Leben (*Lackner/Kühl*, vor § 211 Rn. 1; *Otto*, § 2 Rn. 3). Wie sich aus § 216, der sogar eine Tötung trotz entsprechenden Verlangens des Getöteten unter Strafe stellt, ableiten lässt, ist dieses Rechtsgut nicht disponibel, d.h. es ist nicht verzichtbar (*Krey/Heinrich*, Rn. 1). Darüber hinaus sind im 16. Abschnitt der Abbruch der Schwangerschaft (§§ 218 bis 219b) und die – examensrelevante – Aussetzung (§ 221; vgl. § 5) geregelt. Der im Jahr 1954 in das StGB eingefügte Tatbestand des Völkermords (§ 220a; vgl. BGHSt 45, 64; 46, 292; *BGH* NStZ 1994, 232; 1999, 236; *Ambos*, NStZ 1999, 226) ist seit 30. Juni 2002 mit modifizierten Voraussetzungen in den § 6 VStGB überführt worden (hierzu *Werle/Jeßberger*, JZ 2002, 725, 727). 2

§ 1. Totschlag (§§ 212, 213)

A. Grundlagen

Die – vorzugswürdige – h.L. sieht den Totschlag (§ 212 Abs. 1) innerhalb der vorsätzlichen Tötungsdelikte als den **Grundtatbestand** an (*Lackner/Kühl*, vor § 211 Rn. 22, 24; Schönke/Schröder/*Eser*, Vorbem §§ 211 ff. Rn. 5 ff.; *Otto*, § 2 Rn. 14). Dieser kann einerseits unter den Voraussetzungen des § 211 Abs. 2 zum Mord qualifiziert und andererseits als Tötung auf Verlangen (§ 216 Abs. 1) privilegiert sein (*Fischer*, § 216 Rn. 2). Bei den in den §§ 212 Abs. 2, 213 vorgesehenen besonders bzw. minder schweren Fällen handelt es sich dagegen um bloße Strafzumessungsnormen (vgl. Rn. 14 f.; LK/*Jähnke*, § 213 Rn. 2; a.A. für § 213 1. Alt. etwa *Maurach/Schroeder/Maiwald*, BT 1, § 2 Rn. 28: Privilegierung). 1

Im Unterschied dazu definiert die Rechtsprechung die §§ 211, 212 und 216 als jeweils selbständige, d.h. nicht aufeinander aufbauende Tatbestände (ständig seit BGHSt 1, 368, 370; 6, 329, 330; 22, 375, 377; 50, 1, 5; auch 2

BGHSt 36, 231, 233 ff. – „Mittäterfall", trotz der Annahme, eine mittäterschaftlich begangene Tötung könne bei einem Täter als Mord und beim anderen als Totschlag gewertet werden; mit Blick auf die von der Literatur erhobenen Einwände allerdings zweifelnd *BGH* – 5. Strafsenat – NJW 2006, 1008, 1012 f.; s. auch *Fischer*, § 211 Rn. 98). Das kann insbesondere für die Strafbarkeit von Beteiligten Konsequenzen haben (vgl. § 2 Rn. 84 f.). Diese Auffassung vermag nicht zu überzeugen, weil die tatbestandlichen Voraussetzungen des Totschlags vollständig in den §§ 211 und 216 enthalten sind und dort lediglich durch weitere zu höherer bzw. niedrigerer Strafdrohung führende Merkmale ergänzt werden (ebenso ablehnend *Krey/Heinrich*, Rn. 27; *Maurach/Schroeder/Maiwald*, BT 1, § 2 Rn. 5).

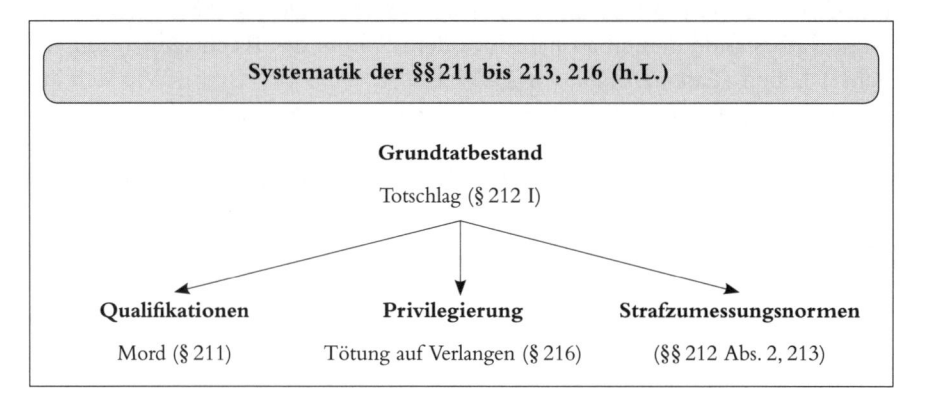

Systematik der §§ 211 bis 213, 216 (h.L.)

Grundtatbestand

Totschlag (§ 212 I)

Qualifikationen	Privilegierung	Strafzumessungsnormen
Mord (§ 211)	Tötung auf Verlangen (§ 216)	(§§ 212 Abs. 2, 213)

Aufbauhinweise: Wer der Lehre folgt, muss die Prüfung streng genommen stets mit § 212 beginnen und dann ggf. mit § 211 oder § 216 fortsetzen. Nach der Rechtsprechung muss dagegen an sich sofort die in Betracht kommende spezielle Vorschrift angesprochen werden. Materiell-rechtlich wirkt sich der unterschiedliche Aufbau jedoch nicht aus. Die Prüfungsreihenfolge sollte von den Schwerpunkten der Aufgabe abhängig gemacht werden. Beispielsweise bietet sich ein Einstieg allein mit § 212 an, wenn sich entscheidungserhebliche Fragen auf den Ebenen von Rechtswidrigkeit und Schuld stellen. Andernfalls ist auch eine gemeinsame Prüfung des § 212 mit § 211 bzw. § 216 durchaus empfehlenswert (vgl. *Wessels/Hettinger*, Rn. 134 ff. und 153; auch *Freund*, JuS 1997, 331, 333 f.).

3 Einer Darstellung und Stellungnahme zum Streit zwischen Rechtsprechung und Lehre bedarf es nur, wenn die Prüfung nicht auf einen Täter beschränkt ist, sondern das Verhalten von Beteiligten zu beurteilen und das unterschiedlich gesehene Verhältnis zwischen den genannten Normen materiell-rechtlich bedeutsam ist (vgl. § 2 Rn. 84 f.).

B. Tatbestand

I. Objektiver Tatbestand

Gemäß § 212 Abs. 1 wird bestraft, „wer einen Menschen tötet, ohne Mörder zu sein". Der letzte Satzteil dient allein der Abgrenzung zum § 211.

4

Grundstruktur des Totschlagtatbestands			
Objektiver Tatbestand		**Subjektiver Tatbestand**
Tatobjekt (Rn. 5 ff.)	Tathandlung (Rn. 10 f.)	Vorsatz (Rn. 12)

1. Tatobjekt

Tatobjekt kann nur ein **anderer Mensch** sein. Nicht strafbar ist daher nach heute einhelliger Ansicht die – versuchte oder vollendete – Selbsttötung (SK/*Horn*, § 212 Rn. 7). Bei entsprechender Fallgestaltung ist zu erörtern, ob sich eine Tat überhaupt gegen einen – schon oder noch – **lebenden** Menschen im strafrechtlichen Sinn richtet. Dabei ist allein der Zeitpunkt der Einwirkung des Täters auf das Opfer bedeutsam, nicht dagegen der des ggf. vorgelagerten Handelns oder eines nachfolgenden Schadens (BGHSt 31, 348, 352 – „Fall der verkannten Schwangerschaft"; *Wessels/Hettinger*, Rn. 12 ff.).

5

a) Lebensbeginn

Während § 1 BGB für die Rechtsfähigkeit des Menschen auf die Vollendung der Geburt abstellt, bezieht das Strafrecht mit Blick auf Art. 2 Abs. 2 GG in den Schutzbereich der Tötungsdelikte bereits den risikobehafteten Geburtsvorgang selbst mit ein (BGHSt 31, 348, 350 f. – „Fall der verkannten Schwangerschaft"; *Kühl*, JA 2009, 321 ff.; zur Frage der Strafbarkeit sog. Präimplantationsdiagnostik nach dem Embryonenschutzgesetz *BGH* NStZ 2010, 579).

6

Merke: Als dessen Beginn wird bei natürlichem Verlauf das Einsetzen der Eröffnungswehen angesehen (BGHSt 32, 194, 196 f. – „Eröffnungswehenfall"; *Fischer*, Vor §§ 211–216 Rn. 2).

Bei einer operativen Entbindung (sog. Kaiserschnitt) kommt es auf die Öffnung des Uterus an (*Lackner/Kühl*, vor § 211 Rn. 3; *Rengier*, § 3 Rn. 3 a.E.; *Kühl*, JA 2009, 321).

7

Kapitel 1. Tötungsdelikte und Aussetzung

> **Vertiefungshinweis:** Diese Vorverlagerung gegenüber dem Zivilrecht wurde bislang auch aus dem Wortlaut des § 217 Abs. 1 („Kind *in* ... der Geburt tötet") abgeleitet. Der Tatbestand der Kindestötung ist durch das 6. StrRG mit Wirkung zum 1. April 1998 zwar ersatzlos gestrichen worden (BGBl. I 1998, S. 164, 174). Dies führt aber angesichts des Gesamtgefüges des 16. Abschnitts des StGB und der gerade während des Geburtsvorgangs erhöhten Schutzbedürftigkeit menschlichen Lebens zu keiner anderen Bewertung, zumal der Gesetzgeber an der bisherigen Auslegung ersichtlich nichts ändern wollte.

> **Merke:** Hat das menschliche Leben nach den genannten Maßstäben begonnen, so genießt es absoluten Schutz, auf den kein Mensch wirksam verzichten kann.

b) Lebensende

8   Auf der anderen Seite endet der Schutzbereich der Tötungstatbestände mit dem Tod eines Menschen. Dessen Eintritt wurde früher mit dem irreversiblen Stillstand von Kreislauf und Atmung bestimmt (sog. klinischer Tod; Schönke/Schröder/*Eser*, Vorbem §§ 211 ff. Rn. 16). Dieser Zeitpunkt hat jedoch infolge medizinisch-technischer Entwicklungen (z.B. von Beatmungsgeräten) seine Aussagekraft eingebüßt. Die h.M. stellt daher mittlerweile – im Rahmen der auf den Sterbeprozess bezogenen erforderlichen normativen Bewertung der Todeszäsur – auf das endgültige **Erlöschen der Gehirntätigkeit** ab (*Fischer*, Vor §§ 211–216 Rn. 5 ff.; instruktiv *D. Sternberg-Lieben*, JA 1997, 80, 82).

> **Merke:** Entscheidend für den Eintritt des Todes eines Menschen ist das Absterben seines Gehirns (sog. Hirntod), wobei es nicht auf bloße Gehirnteile, sondern auf das Gesamthirn ankommt (SK/*Horn*, § 212 Rn. 5; *Kühl*, JA 2009, 321, 323; *D. Sternberg-Lieben*, JA 1997, 80, 82 ff.; vgl. auch §§ 3 Abs. 2 Nr. 2, 16 Abs. 1 Nr. 1 TPG).

9   Das ist zu befürworten, weil der Mensch (erst) durch die vollständige Zerstörung seines Lebenszentrums seine personal-individuelle Existenz unwiederbringlich verliert (*Wessels/Hettinger*, Rn. 21; *D. Sternberg-Lieben*, JA 1997, 80, 84).

2. Tathandlung

10   Die Tathandlung bezeichnet das Gesetz allgemein als Töten. Es ist daher für die Begehung des § 212 Abs. 1 ohne Belang, auf welche Weise ein Mensch zu Tode gebracht wird, ob er etwa erwürgt, erstochen, erschossen oder vergiftet wird (weitere Beispiele bei Schönke/Schröder/*Eser*, § 212 Rn. 3). Entscheidend ist nur, ob das Verhalten des Täters den Tod eines anderen verursacht hat (vgl. § 222).

> **Vertiefungshinweis:** Die Feststellung dieser Kausalität macht in juristischen Prüfungsaufgaben zumeist keine Probleme, während ihr Nachweis in der Praxis gelegentlich schwierige – vor allem medizinische, physikalische und chemische – Fragen aufwirft (vgl. dazu *Deutscher/Körner*, wistra 1996, 292 und 327; *Hamm*, StV 1997, 159; *Volk*, NStZ 1996, 105). So kann beispielsweise die Klärung der Frage problematisch sein, ob der Tod eines Schwerkranken aufgrund einer kurz zuvor verabreichten opiathaltigen Infusion oder krankheitsbedingt eingetreten ist (BGHSt 42, 301 – „Arztfall"; vgl. ferner § 9 Rn. 4).

Für die Bejahung des § 212 Abs. 1 genügt es bereits, wenn der ohnehin nahe bevorstehende Todeseintritt – sei es auch nur kurzfristig – beschleunigt wird. Denn als Töten ist anerkanntermaßen jede Verkürzung menschlichen Lebens anzusehen (BGHSt 21, 59, 61; *Fischer*, § 212 Rn. 3). Die Frage weiterer Lebensfähigkeit ist irrelevant; auch „unaufhaltsam verlöschendes Leben" ist geschützt (*Otto*, § 2 Rn. 11). Handelt es sich beim Verhalten des Täters um ein Unterlassen (§ 13 Abs. 1), so ist umgekehrt zu prüfen, ob die an sich gebotene Handlung mit an Sicherheit grenzender Wahrscheinlichkeit das Leben nicht nur unwesentlich verlängert hätte (*BGH* StV 1994, 425; *Lackner/Kühl*, § 212 Rn. 2). 11

II. Subjektiver Tatbestand

Hinsichtlich der objektiven Tatbestandsmerkmale muss der Täter zumindest mit bedingtem Vorsatz handeln (BGHSt 14, 193; *Vassilaki/Hütig*, Jura 1997, 266). Insbesondere bei einer äußerst **gefährlichen Gewalthandlung** gegen das Opfer – beispielsweise bei einem wuchtigen Messerstich in dessen Oberkörper, Hals oder Kopf (*BGH*, Urteil vom 16. 12. 2004, Az.: 4 StR 465/04), bei einem kräftigen Schlag mit einem Baseballschläger oder einer Metallstange gegen den Kopf (*BGH*, Beschluss vom 17. 6. 2004, Az.: 1 StR 62/04; Urteil vom 24. 3. 2005, Az.: 3 StR 402/04), bei massiven Tritten gegen den Kopf eines wehrlos am Boden Liegenden (*BGH* NStZ 2003, 431; 2007, 639) und bei erheblichen Würge- und Strangulierungshandlungen (*BGH* NStZ 2004, 330) – liegt es regelmäßig nahe, dass der Täter mit der Möglichkeit, dass es zu Tode kommt, rechnet (hierzu *Edlbauer*, JA 2008, 725). Beginnt er gleichwohl sein gefährliches Tun oder setzt es fort, so nimmt er einen solchen „Erfolg" auch billigend in Kauf (*BGH* StV 1997, 7; zur diesbezüglichen Beurteilung von Schüssen im ehemaligen innerdeutschen Grenzgebiet *Willnow*, JR 1997, 221, 224), wenn sich nicht aufgrund von Besonderheiten, etwa der konkreten Angriffsweise, der psychischen Verfassung des Täters oder seiner Motivation anderes ergibt (*BGH* NStZ 2006, 169; Urteil vom 19. 7. 2001, Az.: 4 StR 144/01). 12

Beispiele: A drängt mit seinem Pkw bei einer Geschwindigkeit von mehr als 80 km/h den Motorradfahrer B von der Straße ab, so dass dieser stürzt (*BGH* NStZ-RR 2005, 372).

C wirft eine mit Benzin gefüllte „Brandflasche" in einen Imbiss, in dem sich Menschen aufhalten (*BGH* NStZ-RR 2000, 165; zum Anzünden eines mit Benzin übergossenen Menschen *BGH* StraFo 2010, 389, 390).

D schlägt E nieder. Er nimmt sodann einen 20 kg schweren Gullydeckel hoch und wirft ihn mit beiden Händen wuchtig aus Brusthöhe dem noch immer auf der Erde liegenden E auf den Kopf. – Bei diesem Geschehensablauf liegt (wenigstens) bedingter Tötungsvorsatz auf der Hand (gleichwohl – abwegig – verneint durch *LG Rostock* NStZ 1997, 391 m. krit. Anm. *Fahl*, dort weitere Beispiele).

Beachte: Soweit der BGH Urteile, die bedingten Tötungsvorsatz aufgrund des gefährlichen Vorgehens des Täters bejahen, als rechtsfehlerhaft aufhebt, liegt dies häufig nicht daran, dass die landgerichtlichen Feststellungen nach den bezeichneten Maßstäben einen derartigen Vorsatz nicht tatsächlich tragen könnten.

13   Der BGH bemängelt in diesem Zusammenhang zumeist (nur) das Fehlen einer besonders sorgfältigen Beweiswürdigung, derer es im Hinblick auf die gegenüber der Tötung eines Menschen psychisch bestehende hohe Hemmschwelle grundsätzlich bedarf (BGHR StGB § 211 Abs. 2 Heimtücke 22; StGB § 212 Abs. 1 Vorsatz, bedingter 44; *Maurach/Schroeder/Maiwald*, BT 1, § 2 Rn. 9). Urteile werden also häufig aufgehoben, weil das Tatgericht den besonderen Anforderungen, seine Überzeugung vom bedingten Tötungsvorsatz mit Tatsachen belegt zu begründen, nicht hinreichend nachgekommen ist.

III. Besonders und minder schwerer Fall (§§ 212 Abs. 2, 213)

14   § 212 Abs. 2 sieht für besonders schwere Fälle des Totschlags die Verhängung lebenslanger Freiheitsstrafe vor (zum Aufbau vgl. *Hohmann/Sander*, BT 1, § 1 Rn. 128). Dies setzt voraus, dass das in der Tat zum Ausdruck gekommene Verschulden des Täters im Vergleich zum „Normalfall" des § 212 Abs. 1 außergewöhnlich groß ist. Hierfür genügt nicht schon die bloße Nähe der die Tat oder den Täter kennzeichnenden Umstände zu einem Mordmerkmal gemäß § 211 Abs. 2. Es müssen vielmehr schulderhöhende Momente von besonderem Gewicht hinzukommen (BGHR StGB § 212 Abs. 2 Umstände, schulderhöhende 1 bis 4; *BGH* NStZ 2001, 647; NStZ-RR 2004, 205, 206), wobei auch die Belange des Opfers eine Rolle spielen (*BGH*, Urteil vom 12. 8. 1997, Az.: 1 StR 348/97).

15   Umgekehrt senkt § 213 den Strafrahmen für minder schwere Fälle auf Freiheitsstrafe von einem bis zu zehn Jahren. Die somit gegebene erhebliche Überschneidung mit dem Regelstrafrahmen des § 212 Abs. 1 ist auch dogmatisch nicht unproblematisch (vgl. *Sander/Hohmann*, NStZ 1998, 273, 274). § 213 ist eine bloße **Strafzumessungsnorm**. Dieser Kategorisierung ent-

sprechend ist ihre Anwendbarkeit für jeden Beteiligten gesondert nach der Schuld zu prüfen (vgl. *Hohmann/Sander*, BT 1, § 1 Rn. 187; *Wessels/Hettinger*, Rn. 180). Sie bezieht sich allein auf § 212, wie sich aus ihrem Wortlaut und der Systematik des 16. Abschnitts des StGB ergibt (*BGH*, Beschluss vom 5. 10. 2010, Az.: 1 StR 478/10; *Krey/Heinrich*, Rn. 50; a.A. *Maurach/Schroeder/Maiwald*, BT 1, § 2 Rn. 29).

> **Merke:** § 213 1. Alt. will den Täter begünstigen, der aus berechtigtem Zorn handelt, weil er vor der Tat seinerseits körperlich oder durch ein ihn – sei es verbal oder in anderer Weise – schwer beleidigendes Verhalten des Opfers angegriffen worden ist (BGHSt 34, 37; *BGH* NStZ 1996, 33; zum sog. Motivbündel *BGH* NStZ 2004, 500).

Eine vollendete Körperverletzung gemäß § 223 (vgl. § 6 Rn. 2 ff.) ist dafür nicht erforderlich (BGHR StGB § 213 1. Alt. Misshandlung 5; *BGH* StV 2003, 73; Beschluss vom 12. 6. 2002, Az.: 5 StR 221/02). Erstreckt sich das provozierende Verhalten über eine längere Zeit, genügt es, dass dasjenige unmittelbar vor der Tat „der Tropfen war, der das Fass zum Überlaufen brachte" (*BGH* NStZ 2004, 631, 632; *Otto*, § 5 Rn. 8). **16**

Durch die Provokation muss der Täter „auf der Stelle zur Tat hingerissen worden" sein. Dies beschränkt den Anwendungsbereich des § 213 jedoch nicht auf sog. Spontantaten. Vielmehr ist entscheidend, ob die Kränkung oder Reizung des Täters im Tatzeitpunkt noch angehalten hat (*BGH*, Beschluss vom 28. 9. 2010, Az.: 5 StR 358/10). Ein derartiger „motivationspsychologischer Zusammenhang" kann ausnahmsweise noch nach einer oder sogar mehreren Stunden bestehen (*BGH* NStZ 1995, 83; *Fischer*, § 213 Rn. 9a). **17**

Der Täter muss im Übrigen „ohne eigene Schuld" provoziert worden sein. Daran fehlt es, wenn er selbst zu dem Verhalten des Tatopfers in nahem zeitlichen Zusammenhang mit dem Tatgeschehen schuldhaft Veranlassung gegeben hat (*BGH* NStZ 1998, 191, 192). **18**

§ 213 2. Alt. eröffnet den Ausnahmestrafrahmen, wenn „sonst ein minder schwerer Fall" vorliegt. Dies ist zu bejahen, wenn nach einer Gesamtabwägung aller be- und entlastenden Umstände, vor allem des gesamten Tatbildes der Regelstrafrahmen des § 212 Abs. 1 als unangemessen hart erscheint (*BGH* NStZ-RR 2002, 140; s. auch *Fischer*, § 213 Rn. 16). Insoweit sind die Anforderungen jedoch nicht zu niedrig anzusetzen. **19**

> **Vertiefungshinweis:** Nach der Vorstellung des Gesetzgebers soll diese Voraussetzung nach der Streichung des § 217 (vgl. Rn. 7; zu dieser Norm *Mitsch*, JuS 1996, 407) insbesondere bei Kindestötungen durch die Mutter „in oder gleich nach der Geburt" angenommen werden (BT-Drs. 13/8587, S. 34; hierzu BGHR StGB § 212 Abs. 1 Kindstötung 1). Dies liegt aber jedenfalls bei einer Wiederholungstat fern (*BGH* NStZ-RR 2004, 80).

C. Täterschaft und Teilnahme, Versuch sowie Konkurrenzen

20　Für Täterschaft und Teilnahme gelten die allgemeinen Vorschriften (§§ 25 ff.; *BGH* NStZ 1996, 434; StV 1996, 659; auch BGHSt 36, 231 – „Mittäterfall"). Daher ist die Teilnahme an der **tatbestandslosen Selbsttötung** eines anderen Menschen (vgl. Rn. 5; BGHSt 32, 367, 371 – „Wittig-Fall"; 46, 279, 288 f.; s. auch den ungewöhnlichen Fall *BGH* NStZ 2003, 537) grundsätzlich nicht strafbar.

21　Dies gilt allerdings nur dann, wenn diese Selbsttötung auf eigenverantwortlicher Willensentschließung und vollständiger Erfassung der Situation beruht (BGHSt 32, 262, 263 f. – „Heroinspritzenfall"). Fehlt es daran und ist dies dem Mitwirkenden bewusst oder handelt dieser aus anderen Gründen kraft überlegen Sachwissens, das ihn das Todesrisiko besser erfassen oder beherrschen lässt (grotesk die entsprechende Konstellation in BGHSt 32, 38 – „Siriusfall"), so kommt eine Strafbarkeit wegen eines in mittelbarer Täterschaft (§ 25 Abs. 1 2. Alt.) begangenen Tötungsdelikts in Betracht (Schönke/Schröder/*Eser*, Vorbem §§ 211 ff. Rn. 37).

> **Merke:** Als Kriterien für die Beurteilung des freiverantwortlichen Handelns des zur eigenen Tötung Entschlossenen können die in § 20 genannten psychischen Zustände herangezogen werden. Vertretbar ist bei der Lösung von Aufgaben aber auch ein Rückgriff auf die zur Rechtserheblichkeit einer Einwilligung entwickelten Maßstäbe (vgl. § 6 Rn. 13; *Wessels/Hettinger*, Rn. 48; *Kühl*, JA 2009, 321, 327; s. auch BGHSt 32, 38, 41 f. – „Siriusfall").

22　In Bezug auf die – examensrelevante – Versuchsstrafbarkeit des Totschlags finden die allgemeinen Grundsätze uneingeschränkt Anwendung (§§ 22 ff.). Dabei ist auf der Basis des sog. Rücktrittshorizonts in den meisten Fällen § 24 zu erörtern, weil der Täter häufig die Möglichkeit des Weiterhandelns hat (instruktiv BGHSt 33, 295; *Maurach/Schroeder/Maiwald*, BT 1, § 2 Rn. 20; *Siebrecht*, JuS 1997, 1101, 1103).

> **Beachte:** Ist der Täter vom Totschlagsversuch strafbefreiend zurückgetreten, aber wegen einer zugleich verwirklichten Körperverletzung zu bestrafen, so dürfen der Tötungsvorsatz sowie ausschließlich darauf bezogene Tatbestandsverwirklichungen bei der Strafzumessung nicht berücksichtigt werden (BGHSt 42, 43, 44 f.).

23　Konkurrenzfragen stellen sich vor allem im Verhältnis zu den Körperverletzungsdelikten. Diese treten nach h.M. hinter einer vollendeten Tötung als subsidiär zurück (*BGH* NStZ 2004, 684; *Lackner/Kühl*, § 212 Rn. 9; differenzierend Schönke/Schröder/*Eser*, § 212 Rn. 17 ff.).

Merke: Zwischen einem nur versuchten Tötungsdelikt und einer durch dieselbe Handlung vollendeten Körperverletzung besteht Tateinheit (§ 52).

Der Umstand, dass es tatsächlich zu einer Körperschädigung gekommen ist, wird nur durch eine Aufnahme des verwirklichten Tatbestands in den Schuldspruch (Urteilstenor) hinreichend berücksichtigt (BGHSt 44, 196 unter Aufgabe entgegenstehender Rechtsprechung [BGHSt 16, 122; 21, 265; 22, 248]; *Maatz*, NStZ 1995, 209, 210 ff.; a.A. *Siebrecht*, JuS 1997, 1101, 1104: unzulässige Doppelverwertung des Vorsatzes). 24

D. Kontrollfragen

1. In welchem Verhältnis stehen die §§ 211 bis 216 zueinander? → Rn. 1 f.
2. Welche zwei Zeitpunkte markieren Beginn und Ende menschlichen Lebens i.S.d. Tötungsdelikte? → Rn. 6 ff.
3. Handelt es sich bei einer nur geringfügigen Verkürzung eines ohnehin „verlöschenden" Lebens um ein Töten gemäß § 212 Abs. 1? → Rn. 11
4. Welche Tatumstände können für die Frage des Tötungsvorsatzes bedeutsam sein? → Rn. 12
5. Unter welchen Voraussetzungen kann ein an der Selbsttötung eines anderen Menschen Beteiligter strafbar sein? → Rn. 21

Aufbauschema (§§ 212, 213)

1. Tatbestand
   a) Objektiver Tatbestand
      (1) Einen (anderen) Menschen
      (2) Töten
   b) Subjektiver Tatbestand
      – Vorsatz
2. Rechtswidrigkeit
3. Schuld
4. Minder schwerer Fall
   a) Benannter minder schwerer Fall (§ 213 1. Alt.)
   b) Ggf. unbenannter minder schwerer Fall (§ 213 2. Alt.)
   c) Vorsatz

Empfehlungen zur vertiefenden Lektüre:
Leitentscheidungen: BGHSt 31, 348 – „Fall der verkannten Schwangerschaft"; BGHSt 32, 38 – „Siriusfall"; BGHSt 32, 194 – „Eröffnungswehenfall"; BGHSt 32, 262 – „Heroinspritzenfall"; BGHSt 32, 367 – „Wittig-Fall"; BGHSt 36, 231 – „Mittäterfall"; BGHSt 42, 301 – „Arztfall".

Aufsätze: *Edlbauer*, Der Stich ins Herz, JA 2008, 725; *Kühl*, „Wer einen Menschen tötet" – Der objektive Tatbestand des Totschlags gemäß § 212 StGB, JA 2009, 321; *Maatz*, Kann ein (nur) versuchtes schwereres Delikt den Tatbestand eines vollendeten milderen Delikts verdrängen? – Die Konkurrenz-Rechtsprechung in Fällen versuchten Totschlags/Mordes, versuchter Vergewaltigung und versuchter Nötigung auf dem Prüfstand, NStZ 1995, 209; *Mitsch*, Grundfälle zu den Tötungsdelikten, JuS 1996, 407; *D. Sternberg-Lieben*, Tod und Strafrecht, JA 1997, 80.

Übungsfallliteratur: *Siebrecht*, Der praktische Fall – Strafrecht: Brutaler Besuch, JuS 1997, 1101; *Vassilaki/Hütig*, Übungsklausur Strafrecht: Der „Don Giovanni"-Fall, Jura 1997, 266.

§ 2. Mord (§ 211)

A. Grundlagen

1   Unabhängig vom bestehenden Streit über das Verhältnis zwischen den §§ 211, 212 (vgl. § 1 Rn. 1 f.) handelt es sich beim Mord jedenfalls um einen Tatbestand mit im Vergleich zum Totschlag erhöhtem Unrechts- und Schuldgehalt (BGHSt 33, 363, 365 – „Verbalattackenfall"). Dieser resultiert aus dem Vorliegen wenigstens eines der in § 211 Abs. 2 vorgesehenen insgesamt neun Merkmale. Diese sog. Mordmerkmale treten zur – schon durch § 212 erfassten – vorsätzlichen Tötung eines Menschen erschwerend hinzu (*Otto*, § 4 Rn. 1).

2   Im Hinblick darauf hält der Gesetzgeber als alleinige Rechtsfolge die **lebenslange Freiheitsstrafe** für angemessen (§ 211 Abs. 1). Die Verhängung dieser absoluten Strafe (§ 38 Abs. 1) ist verfassungsrechtlich grundsätzlich nicht zu beanstanden (BVerfGE 45, 187 – „Fall der lebenslangen Freiheitsstrafe"). Jedoch muss gewährleistet sein, dass sie stets in einem gerechten Verhältnis zur Schwere der Tat und zum Maß der Schuld des Täters steht. Dafür bedarf es ggf. einer restriktiven Auslegung des Mordtatbestands (vgl. Rn. 19 f.; zur Rechtsfolgenlösung Rn. 26 ff.). Darüber hinaus muss die Möglichkeit der Aussetzung des Strafrests zur Bewährung auch bei lebenslanger Freiheitsstrafe unter bestimmten Voraussetzungen eingeräumt werden. Dieser Forderung des BVerfG ist der Gesetzgeber mit der Einfügung des § 57a nachgekommen (vgl. Rn. 89).

B. Tatbestand

Die Mordmerkmale werden meistens – der Ausgestaltung des § 211 Abs. 2 entsprechend – in drei Gruppen zusammengefasst (*Rengier*, § 4 Rn. 6; *Wessels/Hettinger*, Rn. 85; a.A. SK/*Horn*, § 211 Rn. 7: sechs Mordtatbestände). 3

Gruppen der Mordmerkmale (h.M.)		
1. Gruppe (Beweggrund)	**2. Gruppe (Begehungsweise)**	**3. Gruppe (Zweck)**
• aus Mordlust (Rn. 54 ff.) • zur Befriedigung des Geschlechtstriebs (Rn. 57 ff.) • Habgier (Rn. 61 ff.) • sonst niedriger Beweggrund (Rn. 69 ff.)	• Heimtücke (Rn. 9 ff.) • Grausamkeit (Rn. 41 ff.) • mit gemeingefährlichen Mitteln (Rn. 46 ff.)	• zur Ermöglichung einer anderen Straftat (Rn. 76 ff.) • zur Verdeckung einer anderen Straftat (Rn. 82 f.)

Diese Einteilung lässt sich vor allem bei der Prüfung der Strafbarkeit von Tatbeteiligten fruchtbar machen (vgl. Rn. 84 f.). Im Übrigen ist es hilfreich, die den Mord beschreibenden Umstände als „normale" Tatbestandsmerkmale zu behandeln (*Maurach/Schroeder/Maiwald*, BT 1, § 2 Rn. 23). Dabei erleichtert die Erkenntnis, dass § 211 Abs. 2 sowohl primär objektiv als auch überwiegend subjektiv geprägte Merkmale enthält, den Normzugang (LK/*Jähnke*, § 211 Rn. 2). 4

> **Merke:** Die neun Mordmerkmale sind dementsprechend teils (auch) im objektiven, teils nur im subjektiven Tatbestand zu prüfen.

Zum objektiven Tatbestand gehören nach h.M. die sich auf die Tatbegehung selbst beziehenden Umstände der sog. 2. Gruppe, da diese für das äußere Tatbild kennzeichnend sind (*Wessels/Hettinger*, Rn. 101) und der Tatbezug erkennbar überwiegt (*Krey/Heinrich*, Rn. 41: für die Grausamkeit). 5

Umgekehrt sind die Merkmale der 3. Gruppe (Ermöglichungs- und Verdeckungs*absicht*) eindeutig als subjektive Komponenten – der Absicht rechtswidriger Zueignung (§ 242) vergleichbar – ausgestaltet. Ebenso verhält es sich bei einer **zur** Befriedigung des Geschlechtstriebs begangenen oder durch sonst niedrige Beweggründe **motivierten** Tat (*Maurach/Schroeder/Maiwald*, BT 1, § 2 Rn. 40). 6

Die Merkmale der Mordlust und der Habgier sind nach zutreffender h.M. – trotz ihrer objektiven Bestandteile – ebenfalls dem subjektiven Tatbestand zuzuordnen. Denn eine Gesamtabwägung ergibt, dass sie überwiegend sub- 7 jektiv geprägt sind. Dafür spricht zunächst ihre auf persönliche Interessen des Täters abstellende Fassung (**Lust, Gier**). Aber auch ihre Gleichstellung mit den übrigen Modalitäten der 1. Gruppe (vgl. Rn. 3) lässt darauf schließen.

Grundstruktur des Mordtatbestands (h.M.)	
Objektiver Tatbestand	Subjektiver Tatbestand
• Tatobjekt (§ 1 Rn. 5 ff.) • Tathandlung (§ 1 Rn. 10 f.) • Objektive Mordmerkmale (Rn. 5 und 8 ff.)	• Vorsatz bzgl. Tötung und objektiver Mordmerkmale (Rn. 51 ff.) • Subjektive Mordmerkmale (Rn. 6 f. und 54 ff.)

Aufbau- und Vertiefungshinweis: Verschiedentlich werden Merkmale des § 211 Abs. 2 dogmatisch auf der Schuldebene angesiedelt (einen kurzen Überblick gibt *Otto*, § 4 Rn. 2; differenzierend Schönke/Schröder/*Eser*, § 211 Rn. 6; *Wessels/Hettinger*, Rn. 92, 101, 123; ablehnend SK/*Horn*, § 211 Rn. 3). Die dafür angeführten Gesichtspunkte sind zwar durchaus bedenkenswert. Bei der Bearbeitung einer Prüfungsaufgabe empfiehlt es sich aber, im Einklang mit der h.A. den auch sonst verwendeten Aufbau zu wählen, um eigene Irritationen (und nicht zuletzt auch solche der Prüfer) zu vermeiden.

I. Objektiver Tatbestand

8   Über das Erfordernis der Tötung eines (anderen) Menschen (vgl. § 1 Rn. 5 ff.) hinaus enthält § 211 Abs. 2 drei objektive Mordmerkmale.

1. Heimtücke

9   Das Festlegen der Voraussetzungen dieses – in Ausbildung und Praxis sehr relevanten – Mordmerkmals steht im Mittelpunkt erheblicher Bemühungen von Rechtsprechung und Wissenschaft. Ein Konsens besteht gleichwohl noch immer nur hinsichtlich des zu wählenden Ausgangspunkts, von dem aus dann diverse Vorschläge entwickelt werden (vgl. Rn. 19 ff.).

Merke: Heimtücke erfordert jedenfalls, dass der Täter die Arg- und darauf beruhende Wehrlosigkeit des Opfers bewusst zur Tötung ausnutzt (BGHSt 39, 353, 368; *Fischer*, § 211 Rn. 34; *Otto*, § 4 Rn. 17; *Miehe*, JuS 1996, 1000, 1003; vgl. zur subjektiven Komponente des bewussten Ausnutzens Rn. 52 f.).

10 Gegenüber einem Totschlag (§ 212) ist der Unrechtsgehalt somit erhöht, weil der Täter sein Opfer in einer hilflosen Lage überrascht und dadurch daran hindert, dem Anschlag auf sein Leben – zumindest diesen erschwerend –

zu begegnen (BGHSt – GS – 11, 139, 143; 39, 353, 368; *Maurach/Schroeder/ Maiwald*, BT 1, § 2 Rn. 43).

> **Merke:** Ein Opfer ist arglos, wenn es sich in der unmittelbaren Tatsituation eines vorsätzlichen tätlichen Angriffs des Täters auf sein Leben oder (wenigstens) seine körperliche Unversehrtheit nicht versieht (BGHSt 33, 363, 365 – „Verbalattackenfall"; 39, 353, 368: „keine Feindseligkeit"; *Wessels/Hettinger*, Rn. 110).

a) Arglosigkeit

Es ist nicht erforderlich, dass der Täter diese argfreie Situation selbst herbeigeführt oder gefördert hat. Es reicht aus, wenn er eine vorgefundene Lage für sein Vorhaben ausnutzt (BGHSt 32, 382, 384 – „Gefesselte-Liebe-Fall"; *BGH* NStZ 2006, 502, 503). **11**

(1) Arglosigkeit i.d.S. setzt nach h.M. allerdings voraus, dass das Opfer überhaupt die Fähigkeit zum Argwohn besitzt. Das ist für Kleinstkinder – bei normaler Entwicklung aber nicht mehr für wenigstens drei Jahre alte Kinder (*BGH* NStZ 1995, 230, 231; NStZ 2006, 338, 339; *Rengier*, § 4 Rn. 27) – zu verneinen, solange sie nicht in der Lage sind, einem anderen Menschen Vertrauen entgegenzubringen, also konstitutionell ohne Arg sind (Schönke/ Schröder/*Eser*, § 211 Rn. 25b). Jedoch ist dann ggf. die Arglosigkeit einer Schutzperson in Betracht zu ziehen (BGHSt 32, 382, 387 – „Gefesselte-Liebe-Fall"; *Fischer*, § 211 Rn. 43a; s. auch *BGH*, Beschluss vom 22. 7. 2010, Az.: 4 StR 180/10 zu einer wegen einer Kreislaufschwäche wehrlosen Erwachsenen), wenn diese den Schutz wirksam hätte erbringen können (*BGH* StV 2009, 524, 525). **12**

Schlafende sind zwar ebenfalls nicht fähig, eine Situation in Bezug auf ihre eventuelle Bedrohlichkeit zu beurteilen und ggf. argwöhnisch zu sein. Es ist jedoch anerkannt, dass sie ihre Arglosigkeit gewissermaßen „mit in den Schlaf nehmen", so dass ihre heimtückische Tötung möglich ist (BGHSt 23, 119, 120; 32, 382, 386 – „Gefesselte-Liebe-Fall"; *BGH* NStZ-RR 2004, 139, 140; SK/*Horn*, § 211 Rn. 30). **13**

Anders soll es nach h.A. regelmäßig (*BGH* NStZ 2008, 569) bei – auch alkoholbedingter – Bewusstlosigkeit sein, weil diese im Unterschied zum Schlaf nicht abgewendet werden kann (*Lackner/Kühl*, § 211 Rn. 7; *Wessels/Hettinger*, Rn. 110, 120; differenzierend LK/*Jähnke*, § 211 Rn. 42: betrunkene Bewusstlose können arglos sein). Das vermag nicht zu überzeugen, weil eine trennscharfe Unterscheidung zum „arglos Einschlafenden" nicht möglich ist. Auch dieser kann vom Schlaf gewissermaßen „überwältigt" werden. Zudem ist der geringere Schutz des – ob mit oder ohne Arg – bewusstlos werdenden Menschen trotz vergleichbarer Gefährlichkeit seiner Lage nicht einsichtig (*Fischer*, § 211 Rn. 42a; *Krey/Heinrich*, Rn. 43 ff.; *Otto*, § 4 Rn. 31; *Kutzer*, NStZ 1994, 110, 111). Dasselbe gilt im Ergebnis für einen in ein sog. Langzeitkoma gefal- **14** lenen Menschen (a.A. *BGH* NStZ 2008, 93, 94; StV 2009, 524, 525: maßgeblich die Arglosigkeit schutzbereiter Pflegekräfte).

15 (2) An der Arglosigkeit fehlt es aufgrund der konkreten Tatsituation, wenn der Täter seinem Opfer „in offen feindseliger Haltung" gegenübertritt. Das ist aber dann nicht der Fall, wenn das Opfer die drohende Gefahr gleichwohl erst im letzten Augenblick erkennt (*BGH* NStZ-RR 1997, 168) und ihm deshalb keine Möglichkeit mehr bleibt, dem Angriff zu begegnen (*BGH* NStZ 2006, 96; NStZ-RR 2004, 14, 16). Eine bloß verbale Attacke des Täters lässt die Arglosigkeit des Opfers regelmäßig ebensowenig entfallen (*BGH* NStZ 1999, 506; Schönke/Schröder/*Eser*, § 211 Rn. 24) wie eine generell feindselige, zu einer lediglich latenten Angst führende Atmosphäre (*BGH* NStZ-RR 2007, 174; NStZ 2009, 501, 502; 2010, 450, 451) oder ein beispielsweise berufsbedingt – etwa bei einem Polizisten – bestehendes allgemeines Misstrauen (*Rengier*, § 4 Rn. 26 mit weiteren Beispielen). Anders kann es liegen, wenn es bereits in der Vergangenheit zu massiven Tätlichkeiten und ernsthaften Todesdrohungen gekommen ist (*BGH* NStZ-RR 2004, 234, 235). Auch wird ein Erpresser regelmäßig nicht arglos sein, wenn er seine Tat in direkter Konfrontation mit seinem Opfer zu vollenden versucht und deshalb mit einer Verteidigung gegen seinen rechtswidrigen Angriff rechnen muss (BGHSt 48, 207, 210 f.; kritisch *Zaczyk*, JuS 2004, 750; s. aber auch *BGH* NStZ 2007, 523, 525).

16 Arglos kann ein Mensch schließlich auch (wieder) sein, wenn ein Angriff ihn zwar Übles seitens des Täters hatte befürchten lassen, dieser Angriff aber tatsächlich oder zumindest nach Ansicht des Opfers beendet ist (BGHSt 28, 210, 211; 33, 363, 365 – „Verbalattackenfall"; 39, 353, 369; LK/*Jähnke*, § 211 Rn. 42; vgl. aber auch *BGH* NStZ 1993, 341 – „Startbahn-18-West-Fall").

Beachte: Bei der Prüfung der Arglosigkeit ist in der Regel auf den Zeitpunkt des Beginns des ersten mit Tötungsvorsatz geführten Angriffs abzustellen. Es kommt also darauf an, ob das Opfer bei Eintritt der Tat in das Versuchsstadium (noch) arglos ist (BGHSt 32, 382, 384 – „Gefesselte-Liebe-Fall"; BGHR StGB § 211 Abs. 2 Heimtücke 22; *Fischer*, § 211 Rn. 37; *Kaspar*, JA 2007, 699, 700).

17 Eine Ausnahme wird insoweit nur zugelassen, wenn der Täter das Opfer nach einem wohlüberlegten Plan mit Tötungsvorsatz in einen Hinterhalt lockt. Tritt er dem bis dahin arglosen Opfer nun in offen feindlicher Haltung entgegen, vermag dies an der listigen Ausnutzung der (ursprünglichen) Arglosigkeit nichts mehr zu ändern (BGHSt 22, 77, 79; *Fischer*, § 211 Rn. 37a und 41; LK/*Jähnke*, § 211 Rn. 41; *Krey/Heinrich*, Rn. 33).

b) Wehrlosigkeit

Wehrlos ist, wer zu seiner Verteidigung überhaupt nicht imstande oder **18** mindestens in seiner Abwehrbereitschaft und -fähigkeit im Augenblick der Tat stark eingeschränkt ist (*Wessels/Hettinger*, Rn. 112). Bei Anlegung dieses Maßstabs ist ein Mensch nicht wehrlos, wenn er mit Aussicht auf Erfolg Verteidigungsmittel einsetzen, Hilfe herbeirufen oder auch zu fliehen versuchen kann (LK/*Jähnke*, § 211 Rn. 46).

> **Beachte:** Das Opfer muss gerade infolge seiner Arglosigkeit wehrlos sein, d.h. es bedarf insoweit einer ursächlichen Verknüpfung (BGHSt 32, 382, 388 – „Gefesselte-Liebe-Fall"; Schönke/Schröder/*Eser*, § 211 Rn. 24a; SK/*Horn*, § 211 Rn. 30 a.E.).

Beispiel: B lässt sich von ihrer Bekannten A freiwillig an Armen und Beinen fesseln. Im Anschluss daran kommt A der Gedanke, B zu erdrosseln. Als sie ein Kopftuch mehrfach umschlägt, erkennt B das Vorhaben, kann sich dagegen jedoch aufgrund der Fesselung nicht wehren. – Eine heimtückische Tötung liegt nicht vor. Denn B ist zur Tatzeit zwar wehr-, aber nicht mehr arglos. Ihre ursprüngliche Arglosigkeit ist ohne Bedeutung, weil A – etwa bei der Fesselung der B – noch keinen Tötungsentschluss gefasst hatte (BGHSt 32, 382, 388 f. – „Gefesselte-Liebe-Fall"; vgl. aber auch die abweichenden Konstellationen in BGHR StGB § 211 Abs. 2 Heimtücke 20; *BGH* NJW 2007, 3587, 3589).

c) Versuche restriktiver Auslegung des Merkmals Heimtücke

Die dargestellten Grundanforderungen (vgl. Rn. 9 ff.) reichen anerkann- **19** termaßen nicht aus, um den Anwendungsbereich der Heimtückemodalität hinreichend einzugrenzen. Denn ein Täter wird dem vorgesehenen Opfer überwiegend gerade nicht offen entgegentreten, so dass derartige Tötungen in der Regel ohne weitere Differenzierungsmöglichkeit als heimtückisch zu bewerten wären (SK/*Horn*, § 211 Rn. 32: „jeder Überfall auf einen Arglosen").

Dies aber entspräche nicht der gerade für das Merkmal der Heimtücke **20** – und im Übrigen nur noch für die sog. Verdeckungsabsicht (vgl. Rn. 82 f.) – aufgestellten Forderung des BVerfG, Fälle mit deutlich vermindertem Unrechts- und Schuldgehalt, bei denen die Verhängung lebenslanger Freiheitsstrafe unverhältnismäßig wäre, aus dem Mordtatbestand „herauszufiltern" (BVerfGE 45, 187 – „Fall der lebenslangen Freiheitsstrafe").

> **Beispielsfall 1 – Tod im Wald:** Der Langstreckenläufer B absolviert sein abend- **21** liches Training in einem Waldgebiet. Dabei hört er Musik aus seinem MP3-Player und hängt seinen Gedanken nach. An einer Lichtung hat sich A in einem Gebüsch versteckt. Als B sich nähert, wird er von A mit einer Pistole erschossen. Diesem war klar, dass ihn der ihm unbekannte B aufgrund der Umstände nicht wahrnehmen konnte.
> Strafbarkeit des A?

Lösung:

22 A hat vorsätzlich einen Menschen getötet (§ 212 Abs. 1). Er könnte dies heimtückisch getan haben. Für andere Mordmerkmale – insbesondere für ein Handeln aus Mordlust (vgl. Rn. 54 ff.) – sind die Angaben im Sachverhalt dagegen nicht ausreichend. B war in der konkreten Situation arg- und infolgedessen wehrlos. Da A dies bewusst zur Tatbegehung ausgenutzt hat, sind die Grundvoraussetzungen einer heimtückischen Tötung (§ 211 Abs. 2; vgl. Rn. 9 ff. und 52) erfüllt. Deren weitergehende Anforderungen sind jedoch umstritten.

23 (1) Der BGH und Teile der Literatur verlangen ergänzend eine Tatbegehung in sog. **feindlicher Willensrichtung** (BGHSt 32, 382, 383 – „Gefesselte-Liebe-Fall"; *BGH* NStZ-RR 1997, 168; SK/*Horn*, § 211 Rn. 31 a.E.). Hierfür wird folgendes **Argument** angeführt:

24 Diese Lösung beschränkt den Heimtückebegriff sinnvoll. Denn es werden vor allem die Fälle ausgeschieden, denen wegen Fehlens von Feindseligkeit und Eigensucht der Unrechts- und Schuldgehalt eines Mordes nicht innewohnt, weil der Täter „zum Besten seines Opfers" zu handeln meint.

Beispiel: A verabreicht dem schwerkranken B – ohne dessen Wunsch – aus Mitleid eine tödliche Injektion, um ihm weiteres Leiden und einen schweren Todeskampf zu ersparen (BGHSt 37, 376, 377; *BGH* StV 2009, 524, 525).

25 Das diese Lösung feindliche Willensrichtung ausschließende Motiv muss ernsthaft und achtenswert, die zugrundeliegende Wertung seitens des Täters objektiv nachvollziehbar sein (*Maurach/Schroeder/Maiwald*, BT 1, § 2 Rn. 45). In diese Richtung gehende Anhaltspunkte für eine ausnahmsweise „positiv motivierte" Tötung lassen sich dem Sachverhalt nicht entnehmen, so dass A nach dieser Auffassung heimtückisch getötet hat.

26 (2) Darüber hinaus hat der BGH die sog. **Rechtsfolgenlösung** entwickelt. Diese bezieht sich ausschließlich auf das Merkmal der Heimtücke (BGHSt 42, 301, 304 – „Arztfall"). Dieser Ansatz eröffnet trotz Erfüllung des Mordtatbestands die Möglichkeit, in „Grenzfällen" im Wege einer analogen Anwendung des § 49 Abs. 1 Nr. 1 eine zeitige Freiheitsstrafe von drei bis zu fünfzehn Jahren zu verhängen. Dafür sind allerdings Entlastungsfaktoren erforderlich, die nicht lediglich nach § 213 Berücksichtigung finden würden, sondern den Charakter **außergewöhnlicher Umstände** haben (BGHSt – GS – 30, 105, 118 ff. – „Rechtsfolgenlösungsfall"; vgl. auch *BGH* NStZ 1996, 434 f.; 2005, 154, 155; NStZ-RR 2006, 200, 201; StV 2002, 598, 599 m. w. N.), d.h. der BGH wollte nicht allgemein einen Sonderstrafrahmen für minder schwere Fälle einführen (BGHR StGB § 211 Abs. 1 Strafmilderung 7). Auch darf auf diese „außerordentliche" Strafrahmenverschiebung erst zurückgegriffen werden, wenn eine solche nicht schon durch einen gesetzlich vertypten Milderungsgrund möglich ist (BGHSt 48, 255, 263). Für diesen Ansatz sprechen diese **Argumente:**

§ 2. Mord   17

- In Fällen, in denen aufgrund sog. vertypter Milderungsgründe (z.B. §§ 13 Abs. 2, 17 Abs. 2, 21, 23 Abs. 2) eine Strafmilderung vorgeschrieben oder zugelassen ist, tritt an die Stelle lebenslanger eine zeitige Freiheitsstrafe. Vom Gesetz nicht ausdrücklich vorgesehene, aber außergewöhnliche Entlastungsfaktoren können bei wertender Betrachtung dieselbe Wirkung haben.   27
- Diese Lösung ermöglicht in allen in Betracht kommenden Heimtückefällen die Verhängung der schuldangemessenen Strafe, ohne in die allgemeine Dogmatik zum § 211 einzugreifen.   28

Aufbau- und Vertiefungshinweis: Durch eine notstandsnahe, ausweglos erscheinende Situation motivierte, in großer Verzweiflung begangene, aus tiefem Mitleid oder aus „gerechtem Zorn" aufgrund einer schweren Provokation verübte Taten können solche Umstände aufweisen, ebenso Taten, die in einem vom Opfer verursachten und ständig neu angefachten, zermürbenden Konflikt oder in schweren Kränkungen des Täters durch das Opfer, die das Gemüt immer wieder heftig bewegen, ihren Grund haben (BGHSt – GS – 30, 105, 119 – „Rechtsfolgenlösungsfall"; vgl. auch *Maurach/Schroeder/Maiwald*, BT 1, § 2 Rn. 46). – Die Prüfung der Rechtsfolgenlösung des BGH hat am Ende des den § 211 betreffenden Teils, d.h. nach der Schuld, zu erfolgen, da es insoweit allein um den Strafausspruch geht.

Derart „notstandsnahe" Tatmotive des A sind im Beispielsfall ohnehin nicht ersichtlich.   29

(3) Das Schrifttum fordert dagegen für die Heimtückemodalität überwiegend einen (besonders) **verwerflichen Vertrauensbruch**, d.h. der Täter muss ihm entgegengebrachtes Vertrauen bewusst missbrauchen (SK/*Horn*, § 211 Rn. 32; *Martin*, JuS 1998, 85, 86; *Miehe*, JuS 1996, 1000, 1004). Das Ausnutzen eines Vertrauensverhältnisses – vor allem, aber nicht nur aus persönlichen Bindungen – berechtigt zum Vorwurf gesteigerter Verwerflichkeit der Tat (*Otto*, § 4 Rn. 25). Hierfür wird dieses **Argument** vorgebracht: 30

Dieser Ansatz verhindert, dass „jeder Überfall auf einen Ahnungslosen" einen Totschlag zum Mord macht (vgl. Rn. 19), und ermöglicht somit, dass § 211 nur „höchstverwerfliche" Tötungen erfasst.   31

Will man es für einen derartigen Vertrauensbruch nicht schon genügen lassen, dass das Opfer allgemein vom „Wohlwollen seiner Umgebung" ausgeht und diese Erwartung widerlegt wird (Schönke/Schröder/*Eser*, § 211 Rn. 26), so fehlt es im Beispielsfall an einem den besonderen Mordunwert (vgl. Rn. 1) begründenden Vertrauensbruch des A gegenüber B, so dass nur § 212 erfüllt ist.   32

(4) Eine andere Meinung will trotz heimtückischer Begehungsweise Mord verneinen, wenn eine Tötungshandlung aufgrund umfassender Gesamtwürdigung aller Tatumstände und der Täterpersönlichkeit als nicht besonders verwerflich erscheint (sog. **negative Typenkorrektur**). Dieses Korrektiv soll   33

18 Kapitel 1. Tötungsdelikte und Aussetzung

– im Unterschied zum Vorschlag des Vertrauensbruchs (vgl. Rn. 30 ff.) – nicht auf Heimtücke beschränkt sein (Schönke/Schröder/*Eser*, § 211 Rn. 10). Es wird auf folgendes **Argument** gestützt:

34 Die negative Typenkorrektur erlaubt eine flexible Erfassung vorsätzlicher Tötungen unter dem Gesichtspunkt der Billigkeit trotz „formaler" Verwirklichung eines Mordmerkmals.

35 Gesichtspunkte, die im Beispielsfall gegen die besondere Verwerflichkeit der Tötung des B durch A sprechen könnten, enthält der Sachverhalt nicht.

(5) Stellungnahme:

36 Die negative Typenkorrektur vermag schon deshalb nicht zu überzeugen, weil sie sich auf sämtliche Mordmodalitäten bezieht. Dessen bedarf es nicht, da die meisten Merkmale – auch unter verfassungsrechtlichem Aspekt (BVerfGE 45, 187 – „Fall der lebenslangen Freiheitsstrafe") – eng genug gefasst sind. Der „korrigierende" Ansatz ist aber auch dann abzulehnen, wenn man ihn auf die Heimtücke beschränkt. Denn der bezeichnete Maßstab der (besonderen) Verwerflichkeit ist als tatbestandsbegrenzendes Moment mit Blick auf Art. 103 Abs. 2 GG zu unbestimmt (BGHSt – GS – 30, 105, 115 – „Rechtsfolgenlösungsfall"; *Kaspar*, JA 2007, 699, 703).

37 Der letztgenannte Einwand greift auch gegen das vorgeschlagene Kriterium des Vertrauensbruchs durch, zumal auch in Bezug darauf eine Prüfung besonderer Verwerflichkeit erfolgen soll (BGHSt – GS – 30, 105, 115 f. – „Rechtsfolgenlösungsfall"; *Wessels/Hettinger*, Rn. 108; *Kett-Straub*, JuS 2009, 515, 520). Zudem zieht dieser Ansatz das kaum verständliche Ergebnis nach sich, dass Heimtücke ausscheidet, weil zwischen Täter und Opfer bis zur Tat keine persönliche Beziehung bestanden hat (vgl. Rn. 32; BGHSt 28, 210, 211 f.; a.A. Schönke/Schröder/*Eser*, § 211 Rn. 26; *Miehe*, JuS 1996, 1000, 1004).

38 Da es sich bei der sog. Rechtsfolgenlösung nicht um eine tatbestandliche Restriktion handelt, ändert sie an dem auf Mord lautenden Schuldspruch, der aber gerade schwerstes Unrecht signalisiert, nichts (*Wessels/Hettinger*, Rn. 89; *Miehe*, JuS 1996, 1000, 1003). Sie begegnet im Übrigen erheblichen methodischen Einwänden, weil sie dem bezüglich der Rechtsfolge klar erkennbaren Willen des Gesetzgebers widerspricht (SK/*Horn*, § 211 Rn. 31a), d.h. jedenfalls eine für eine Analogie erforderliche planwidrige Regelungslücke fehlt (*Geppert*, Jura 2007, 270, 272), und eine Berechtigung für eine derartige richterliche Rechtsfortbildung nicht besteht (*Krey/Heinrich*, Rn. 67 f.; *Wessels/Hettinger*, Rn. 89; vgl. auch *Maurach/Schroeder/Maiwald*, BT 1, § 2 Rn. 27: „krampfhaft originelle Lösung"; *Kett-Straub*, JuS 2009, 515, 516: „Drahtseilakt").

39 Auch der eine feindliche Willensrichtung fordernde Ansatz des BGH kann nicht restlos zufriedenstellen. Denn er vermag eine nicht plausible Begünstigung von Tätern, die die Möglichkeit und keine Skrupel haben, einen Men-

schen mit dem Ziel der Tötung offen anzugreifen (hierzu LK/*Jähnke*, § 211 Rn. 47), nicht auszuschließen. Gleichwohl erscheint der vom BGH eingeschlagene Weg beim jetzigen Stand der Diskussion als vorzugswürdig. Seine Vorteile überwiegen die Bedenken jedenfalls dann, wenn man ihn im Zusammenhang mit den hohen Anforderungen sieht, die der BGH zu Recht an die subjektive Seite der Heimtücke stellt (vgl. Rn. 52 f.; *Wessels/Hettinger*, Rn. 108).

Hinweis: Eine Auseinandersetzung mit den verschiedenen Ansichten ist bei der Bearbeitung von Aufgaben nur notwendig, wenn diese – wie im Beispielsfall – zu unterschiedlichen Lösungen führen. Sonst genügt eine knappe Darstellung des Streitstands nebst der Feststellung, dass dieser sich im konkreten Fall nicht auswirkt.

Ergebnis: A hat sich somit eines Mordes (§ 211 Abs. 2) in – von seinem Vorsatz umfasster – heimtückischer Begehungsweise schuldig gemacht. **40**

2. Grausamkeit

Grausam ist nach allgemeiner Ansicht eine Tötung, die schwere Leiden **41** körperlicher oder seelischer Art hervorruft und zudem einer gefühllosen und unbarmherzigen Gesinnung entspringt (BGHSt 3, 180 f.). Die Schmerzen oder Qualen müssen dafür nach Art und Dauer das für die Tötung erforderliche Maß übersteigen (*BGH* NStZ-RR 2006, 236, 237; *Britz/Müller-Dietz*, Jura 1997, 313, 320; *Siebrecht*, JuS 1997, 1101, 1102).

Beispiele: A wirft den schwer verletzten B in einen Abwasserschacht und verschließt diesen mit einem schweren Deckel in dem Bewusstsein, dass B sich aus dieser Situation nicht mehr werde befreien können (BGHR StGB § 211 Abs. 2 grausam 7).
C lässt ihr einjähriges Kind „planmäßig" verhungern (*BGH* NStZ 1982, 379).

Bei der Bewertung der Auswirkungen des Täterverhaltens kommt es auf **42** das konkrete Opfer an. Ist dieses beispielsweise infolge eingetretener Bewusstlosigkeit nicht (mehr) zum Empfinden ihm zugefügter Schmerzen fähig, scheidet das Mordmerkmal aus (*BGH*, Urteil vom 19. 9. 2007, Az.: 2 StR 248/07; LK/*Jähnke*, § 211 Rn. 54).

Für sich genommen kann grausames Verhalten den Tatbestand des Mordes **43** nur dann erfüllen, wenn es Bestandteil des Tötungsgeschehens selbst ist. Was vor dessen Beginn liegt – z.B. grausames Vorgehen „nur" mit Körperverletzungsvorsatz –, reicht in der Regel insoweit nicht aus (*BGH* NStZ 2008, 29 m. Anm. *H. Schneider*).

Beispiel: A drückt auf Armen und Beinen des gefesselten B Zigaretten aus. Erst im Anschluss daran kommt A die Idee, B zu töten. Diese setzt er mit einem gezielten Pistolenschuss um.

44 Entsprechendes gilt für ein Verhalten, das dem Vorgang des Tötens erst nachfolgt. Deshalb genügt „grausiges" Verhalten wie etwa das Zerstückeln der Leiche nicht. Die Grausamkeit muss allerdings nicht notwendig in der Ausführungshandlung i.e.S. liegen, sondern kann sich auch aus den Umständen ergeben, unter denen die Tötung eingeleitet und vollzogen wird (BGHSt 37, 40, 41; BGH NStZ 1986, 265 m. Anm. *M. Amelung*; *Fischer*, § 211 Rn. 56; vgl. auch *Krey/Heinrich*, Rn. 60).

45 Die der Grausamkeit zugrundeliegende Gesinnung braucht schließlich kein allgemeiner Charakterzug des Täters zu sein (*Lackner/Kühl*, § 211 Rn. 10), was in der Praxis ohnehin kaum feststellbar wäre. Es genügt, wenn sie ihn bei der Tatbegehung beherrscht hat. Dies ist regelmäßig schon anzunehmen, wenn der Täter dem Opfer die Schmerzen bewusst zugefügt hat (LK/*Jähnke*, § 211 Rn. 55; Schönke/Schröder/*Eser*, § 211 Rn. 27).

3. Mit gemeingefährlichen Mitteln

46 Diese Modalität ist am meisten auf das äußere Tatgeschehen bezogen. **Gemeingefährlich** sind solche Mittel, deren konkreter Einsatz geeignet ist, eine Mehrzahl von Menschen an Leib oder Leben zu gefährden. Dazu zählen etwa Brandsetzungsmittel und Explosionsstoffe (BGHSt 34, 13, 14; 38, 353, 354f. – „Pistolenfall"; *BGH* NJW 1985, 1477, 1478).

Beispiele: A setzt ein von mehreren Mietparteien bewohntes Haus mit Benzin in Brand, um den ebenfalls dort wohnenden B zu töten (*BGH* NStZ 1993, 385).

C zündet in einer von über 200 Menschen besuchten Diskothek eine Bombe (*BGH* NStZ 2005, 35).

D öffnet das Ventil einer Gasflasche, so dass sich in einer Garage ein Luftgasgemisch bildet, das beim Einschalten des Lichtschalters explodieren und in einer Entfernung von 50 Metern Zerstörungen verursachen kann (*BGH*, Beschluss vom 18. 2. 2005, Az.: 2 StR 551/04).

47 Die – vor dem Inkrafttreten des 6. StrRG verschiedentlich vertretbar kritisierte (Schönke/Schröder/*Eser*, § 211 Rn. 29) – Einbeziehung der Leibesgefahr ist grundsätzlich zu befürworten, nachdem der Gesetzgeber den vergleichbaren Streit im Rahmen des § 221 ungeachtet der Überschrift des 16. Abschnitts des StGB nunmehr i.d.S. entschieden hat (BT-Drs. 13/8587, S. 34; a.A. *Krey/Heinrich*, Rn. 61). Jedoch bedarf es zumindest der Gefahr einer **schweren** Gesundheitsschädigung (vgl. § 5 Rn. 14).

48 Das Mordmerkmal hat seinen Grund in der besonderen Rücksichtslosigkeit, mit der der Täter sein Ziel durch die Schaffung unberechenbarer Gefahren für andere durchzusetzen sucht (LK/*Jähnke*, § 211 Rn. 57). Daraus ergibt sich, dass die Verwendung eines abstrakt-generell gefährlichen Mittels für sich allein nicht ausreicht. Vielmehr muss sein Einsatz derart erfolgen, dass der Täter eine Ausdehnung der Gefahr über das von ihm gezielt angegriffene Tatopfer hinaus nicht in seiner Gewalt hat (BGHSt 34, 13, 14; *BGH* NJW 1985,

1477, 1478). Kann er die konkrete Situation dagegen – evtl. aufgrund besonderer Fähigkeiten – in diesem Sinn kontrollieren, ist das Merkmal „gemeingefährlich" zu verneinen (BGHSt 38, 353, 354 – „Pistolenfall"; *Miehe*, JuS 1996, 1000, 1004; *Rengier*, StV 1986, 405 f.; *Riemenschneider*, JuS 1997, 627, 630).

Beispiele: A tötet B zwar mittels einer Bombe. Als Tatort wählt er aber ein einsames Waldgebiet, so dass eine Gefährdung Dritter ausgeschlossen ist (*v. Danwitz*, Jura 1997, 569, 574).
C wirft einen 30 kg schweren Stein von einer Autobahnbrücke auf das allein nahende Fahrzeug des D (BGHR StGB § 211 Abs. 2 Gemeingefährliche Mittel 4).

Dasselbe gilt grundsätzlich erst recht, wenn der Täter sein Opfer mit einem **49** typischerweise beherrschbaren Tatmittel (z.B. einer Pistole) angreift, selbst wenn er dabei in Kauf nimmt, dass der Schuss fehlgeht und einen Unbeteiligten aus einer größeren Personengruppe treffen kann (BGHSt 38, 353, 355 f. – „Pistolenfall": ausgenommen aber Maschinenpistolen und -gewehre; a.A. bzgl. dieser Waffen *v. Danwitz*, Jura 1997, 569, 573; vgl. auch *BGH* NStZ 1993, 341; *Fischer*, § 211 Rn. 60; *Lackner/Kühl*, § 211 Rn. 11). Bei dieser Konstellation fehlt es an der für das erhöhte Unrecht des Mordtatbestands erforderlichen Möglichkeit der **kumulativen Gefährdung** mehrerer Menschen (*Krey/Heinrich*, Rn. 61; *O. Hohmann*, JuS 1994, 860, 861 f.; *Mitsch*, JuS 1997, 788, 792; a.A. *Rengier*, JuS 1993, 460, 461).

Vertiefungshinweis: Geht es um den Einsatz eines **Kraftfahrzeuges**, ist zu differenzieren: Die Gemeingefährlichkeit ist etwa zu bejahen, wenn der Täter „zügig" über Caféterrassen und Gehwege fährt und es dabei nicht in der Hand hat, wieviele der sich dort aufhaltenden Menschen er als „Repräsentanten der Allgemeinheit" gefährdet (*BGH* NStZ 2006, 167, 168; 2006, 503 [vorsätzliche „Geisterfahrt" auf der Autobahn mit über 100 km/h]). Ist es dagegen in der konkreten Tatsituation ausgeschlossen, dass über das ausersehene Opfer hinaus andere Personen gefährdet werden, lenkt der Täter das Fahrzeug z.B. auf eine neben der Straße befindliche leere Grünfläche, so setzt er es nicht gemeingefährlich ein (*BGH* NStZ 2007, 330; s. auch Urteil vom 9.10.2003, Az.: 4 StR 127/03).

Ebenfalls genügt es nicht, wenn der Täter nur eine bereits vorgefundene **50** gemeingefährliche Situation zur Tat ausnutzt. Insofern ist es gleichgültig, auf welche Weise diese Lage entstanden ist. Abzulehnen ist hingegen die Ansicht, das Mordmerkmal des „gemeingefährlichen Mittels" sei generell durch ein **Unterlassen** nicht zu verwirklichen, weil es dann nicht „eingesetzt" werde (BGHSt 34, 13, 14; ebenso *BGH* NStZ 2010, 87 m. krit. Anm. *Bachmann/ Goeck*, NStZ 2010, 510, trotz als „durchaus bedenkenswert" eingestufter Einwände; offen gelassen von BGHSt 48, 147, 149). Denn zumindest dann, wenn der Täter selbst – noch ohne Tötungsvorsatz – der Gefahrenverursacher und ihm hieraus eine Garantenstellung erwachsen ist, ist nicht ersichtlich, weshalb sein garantenpflichtwidriges Unterlassen, die von ihm als unkontrollierbar erkannte Gefahr abzuwenden, das in Rede stehende Mordmerkmal nicht erfüllen soll (*Fischer*, § 211 Rn. 61; *Roxin*, AT II, § 32 Rn. 239; *Grünewald*, Jura 2005, 519, 521).

II. Subjektiver Tatbestand

1. Vorsatz

51   In Bezug auf die Tötung eines Menschen genügt bedingter Vorsatz (*Fischer*, § 211 Rn. 78 i.V.m. § 212 Rn. 6). Insoweit sind die zum § 212 dargestellten Maßstäbe (vgl. § 1 Rn. 12 f.) bei Mord ebenfalls anzulegen.

52   Bedingter Vorsatz reicht nach h.M. auch als subjektive Entsprechung der objektiven Mordmerkmale aus (*Lackner/Kühl*, § 211 Rn. 14 f.; *Mitsch*, JuS 1997, 788, 794; a.A. für die Grausamkeit *Otto*, § 4 Rn. 55: auf Schmerzzufügung gerichtete Absicht). Der Täter muss aber insbesondere die Umstände kennen, aus denen die Gemeingefährlichkeit des eingesetzten Tatmittels folgt (SK/*Horn*, § 211 Rn. 51). Ebenso verhält es sich bei der Bewertung einer Tötung als heimtückisch oder grausam (*BGH* NStZ 1982, 379). Der Täter muss jedoch zur Einschätzung seiner Tat als sozialethisch unerträglich nicht selbst gelangen (*Fischer*, § 211 Rn. 78 und 82; Schönke/Schröder/*Eser*, § 211 Rn. 38).

> **Merke:** Für Heimtücke ist es zudem erforderlich, dass der Täter die Situation, aus der sich vor allem die Arg- und Wehrlosigkeit des Opfers ergibt, **bewusst zur Tötung ausnutzt** (BGHSt 33, 363, 365 – „Verbalattackenfall"; 34, 355, 358 f.; 39, 353, 369 f.; *Vassilaki/Hütig*, Jura 1997, 266, 268).

53   Daran kann der Täter u.a. aufgrund seiner psychischen Verfassung gehindert sein, wenn er beispielsweise aus plötzlich aufsteigender Verbitterung und Wut (*BGH* NStZ 1987, 555), in einer verzweifelten und affektiv angespannten Lage (*BGH* StV 1997, 290 f.; NStZ-RR 2005, 264, 265; s. aber auch *BGH* StV 2010, 287, 288 f. zu erhaltener Einsichtsfähigkeit; NStZ-RR 2010, 175) oder unter einem verminderte Steuerungsfähigkeit (§ 21) herbeiführenden Einfluss von Alkohol und Medikamenten (*BGH*, Urteil vom 25. 11. 2004, Az.: 5 StR 401/04) oder einer psychischen Erkrankung (*BGH* NStZ 2005, 384) handelt. Ein Ausnutzungsbewusstsein liegt auch bei demjenigen fern, der seine Tat wenige Minuten zuvor angekündigt hat und daher regelmäßig nicht mehr damit rechnen wird, sein Opfer werde noch arglos sein (*BGH* NStZ 2007, 268, 269). Anders kann es sein, wenn der Täter ungeachtet der Drohung seinem Opfer auflauert, um es mit dem Angriff zu überraschen (*BGH* NStZ 2009, 264). Die strenge Prüfung dieser Voraussetzung stellt – besonders in der Praxis – ein wichtiges Instrument der gebotenen restriktiven Auslegung dieses Mordmerkmals dar (vgl. Rn. 39; *Krey/Heinrich*, Rn. 59).

Beachte: Hat die Prüfung zur Annahme lediglich bedingten Tötungsvorsatzes geführt, scheidet Mordlust als Tatmodalität stets aus (vgl. Rn. 56). Auch die Begehung einer Tötung in Ermöglichungs- bzw. Verdeckungsabsicht, zur Befriedigung des Geschlechtstriebs sowie aus Habgier ist damit unter bestimmten Umständen nicht kompatibel (vgl. Rn. 59, 63 und 81 f.).

2. Subjektive Mordmerkmale

a) Mordlust

Die Tötung aus Mordlust stellt – ebenso wie die zur Befriedigung des Geschlechtstriebs und die aus Habgier (vgl. Rn. 57 ff. und 61 ff.) – ein gesetzliches Beispiel sog. niedriger Beweggründe dar (vgl. Rn. 69 ff.; *Lackner/Kühl*, § 211 Rn. 4). Im Unterschied zu den sonstigen Modalitäten der 1. Gruppe verfolgt der Täter hier jedoch keinen über das Töten selbst hinausgehenden Zweck. Mit diesem Merkmal sollen vielmehr Fälle erfasst werden, bei denen kein in der Person des Opfers oder in der besonderen Tatsituation liegender Anlass die Tat bestimmt (BGHSt 34, 59, 61 – „Bahnhofsklofall"; *BGH* NStZ 2007, 522, 523; *Lackner/Kühl*, § 211 Rn. 4). 54

Merke: Aus Mordlust tötet, wem es auf nichts weiter als nur darauf ankommt, einen Menschen sterben zu sehen (*BGH*, Beschluss vom 14. 1. 2010, Az.: 5 StR 435/09; SK/*Horn*, § 211 Rn. 9).

Dies ist etwa bei einer Tötung eines „Zufallsopfers" aus reinem Mutwillen anzunehmen (Schönke/Schröder/*Eser*, § 211 Rn. 15). Gleiches gilt, wenn jemand einen Menschen aus Angeberei, aus Neugier oder zum Zeitvertreib tötet oder die Tat als nervliches Stimulans oder als „sportliches Vergnügen" betrachtet (BGHSt 34, 59, 61 – „Bahnhofsklofall"; *Maurach/Schroeder/Maiwald*, BT 1, § 2 Rn. 31; *Wessels/Hettinger*, Rn. 94). 55

Beispiel: A und B beschließen, die C zu töten, „weil es ihnen Spaß macht, andere zu schlagen und ihrer Gewalttätigkeit ausgeliefert zu sehen". Sie versetzen der C Faustschläge in das Gesicht, zertrümmern eine Weinflasche auf ihrem Kopf, fesseln sie, treten ihr mehrfach „aus Freude an Gewalt" in die Rippen und versuchen mit einer Gartenschere, ihr den Bauch aufzuschneiden. Schließlich strangulieren sie C (*BGH* NStZ 1994, 239 m. krit. Anm. *Fabricius*, StV 1995, 637; weitere ebenso instruktive wie erschreckende Beispiele gibt *Otto*, § 4 Rn. 6).

Eine Tötung unterfällt aber nicht schon deshalb diesem Merkmal, weil ein Motiv für sie nicht feststellbar ist (*Fischer*, § 211 Rn. 8). 56

Beachte: Da der Tod bei diesem Merkmal vom Täter „bezweckt" sein muss, kommt Mordlust dann nicht mehr in Betracht, wenn hinsichtlich des Todeseintritts nur bedingter Vorsatz festgestellt worden ist (*BGH* NStZ 2002, 84, 85; *Fischer*, § 211 Rn. 79; SK/*Horn*, § 211 Rn. 9; a.A. *Kühl*, JA 2009, 566, 567).

b) Zur Befriedigung des Geschlechtstriebs

57 Dieses Mordmerkmal erfüllt, wer das Töten als ein Mittel zur geschlechtlichen Befriedigung benutzt (BGHSt 50, 80, 86 – „Kannibalenfall"; *BGH* NStZ 2001, 598). Es erfasst anerkanntermaßen drei unterschiedliche Fallgestaltungen. Es ist zunächst auf den Täter anzuwenden, der sein Opfer tötet, um durch die Tötungshandlung selbst sexuelle Befriedigung zu finden (BGHSt 7, 353, 354 – „Lustmordfall"; LK/*Jähnke*, § 211 Rn. 7).

58 Darüber hinaus erfüllt diese Modalität, wer einen Menschen deshalb umbringt, weil er im Anschluss daran seine sexuellen Bedürfnisse an der Leiche befriedigen will. Denn auch dadurch wird das Töten als Mittel zur Verwirklichung sexueller Interessen eingesetzt (BGHSt 7, 353, 354 – „Lustmordfall"; *BGH* NStZ-RR 1998, 133). Ebenso verhält es sich, wenn der Täter die Tötung mit einer Videokamera aufzeichnet, um beim späteren Ansehen der Aufnahme seinen Geschlechtstrieb zu befriedigen (BGHSt 50, 80, 86 f. – „Kannibalenfall" m. abl. Anm. *Otto*, JZ 2005, 799; *Rengier*, § 4 Rn. 12; *Kühl*, JA 2009, 566, 569).

59 Schließlich tötet zur Befriedigung des Geschlechtstriebs, wer bei der Begehung eines Sexualdelikts – insbesondere einer sexuellen Nötigung in der Form der Vergewaltigung (§ 177 Abs. 2 Nr. 1) – das Sterben des Opfers billigend in Kauf nimmt und so dessen Tod ebenfalls der Durchsetzung seiner sexuellen Ziele unterordnet (*BGH* MDR 1982, 946, 947; SK/*Horn*, § 211 Rn. 10; *Mitsch*, JuS 1997, 788, 794).

Beispiel: A nötigt B gegen ihren Willen zum Geschlechtsverkehr, wobei er sie zur Durchführung der Tat unter Inkaufnahme der Lebensgefahr mit einem Taschentuch knebelt. Infolgedessen erstickt B noch während der Tatbegehung (BGHSt 19, 101, 102, 105).

Merke: Nur in der letzten Konstellation ist lediglich bedingter Tötungsvorsatz mit der Befriedigungsabsicht vereinbar (*Maurach/Schroeder/Maiwald*, BT 1, § 2 Rn. 32). Anders ist es bei den beiden erstgenannten Fallvarianten, weil der Täter dort die Befriedigung seines Geschlechtstriebs gerade durch oder erst im Anschluss an die gelungene Tötung anstrebt.

60 Während es einerseits im Hinblick auf die subjektive Ausgestaltung des Mordmerkmals des Eintritts sexueller Befriedigung nicht bedarf (BGHSt 50, 80, 87 – „Kannibalenfall"; *BGH* MDR 1982, 946, 947), ist andererseits eine Tötung nur mit dem Ziel, in sexuelle Erregung zu geraten, nicht ausreichend (Schönke/Schröder/*Eser*, § 211 Rn. 16; *Otto*, § 4 Rn. 9).

c) Habgier

61 Das Merkmal der Habgier setzt ein Streben nach materiellen Gütern oder Vorteilen voraus, das in seiner Hemmungs- und Rücksichtslosigkeit das er-

§ 2. Mord   25

trägliche Maß weit übersteigt und in der Regel durch eine triebhafte Eigensucht bestimmt ist (BGHSt 29, 317; *BGH* NStZ 1993, 385).

> **Merke:** Habgier bedeutet ein noch über die Gewinnsucht hinaus gesteigertes abstoßendes Gewinnstreben um jeden Preis (Schönke/Schröder/*Eser*, § 211 Rn. 17; *Radtke*, Jura 1997, 477, 483). Der Tod eines Menschen dient allein als Mittel dafür, materielle Vorteile zu erlangen (SK/*Horn*, § 211 Rn. 12).

Voraussetzung ist es also, dass sich das Vermögen des Täters – objektiv oder zumindest nach seiner Vorstellung – durch den Tod des Opfers unmittelbar vermehrt oder dass durch die Tat jedenfalls eine sonst nicht vorhandene Aussicht auf eine unmittelbare Vermögensvermehrung entsteht. **62**

Beispiele: Habgierig handelt etwa, wer einen Menschen tötet, um dessen Erbe zu werden oder einen anderen als Erben zu beseitigen (*BGH*, Beschluss vom 18. 11. 2004, Az.: 1 StR 457/04), um die ihn begünstigende, für den Fall des Todes des Opfers abgeschlossene Lebensversicherung ausgezahlt zu bekommen, um die von einem Dritten für die Tötung ausgesetzte Belohnung zu erhalten („gedungener Mörder"; *BGH* NStZ 2006, 34, 35; Urteil vom 16. 7. 2003 Az.: 2 StR 68/03) oder um einen dem Opfer gehörenden Gegenstand an sich bringen zu können (*BGH* NStZ 1993, 385).

Im letzten Beispiel (sog. Raubmord) genügt es daher nicht, wenn der Täter erst nach der Tötungshandlung den Wegnahmevorsatz fasst (Schönke/Schröder/*Eser*, § 211 Rn. 17 a.E.). Dagegen steht es der Annahme von Habgier – wie auch von Raub (§§ 249 ff.; MünchKomm/*Sander*, § 249 Rn. 8) – nicht entgegen, dass die Wegnahmehandlung der Tötung nachfolgt. **63**

> **Beachte:** Habgier ist mit der Annahme lediglich bedingten Tötungsvorsatzes nicht vereinbar, wenn der Tod des Opfers zur Erlangung des erstrebten Vorteils gerade erforderlich ist (LK/*Jähnke*, § 211 Rn. 8 a.E.: etwa bei einer Lebensversicherung).

Der (wirtschaftliche) Wert der erstrebten Vorteile ist grundsätzlich ohne Bedeutung. Es kommt m.a.W. nicht darauf an, ob sich der Täter durch die Tötung in beträchtlichem Umfang oder nur geringfügig besser stellen will (BGHSt 29, 317, 318; Schönke/Schröder/*Eser*, § 211 Rn. 17; SK/*Horn*, § 211 Rn. 13). **64**

Streit besteht dagegen über die Frage, ob es für die (zumindest erstrebte) Vermögensmehrung ausreicht, dass der Täter lediglich ihm drohende Einbußen abwehren, insbesondere die Geltendmachung ihm gegenüber bestehender Forderungen vereiteln will (**Ersparung von Aufwendungen**). **65**

Beispiele: A tötet die schwangere B, um nicht für das von ihm stammende Kind Unterhalt zahlen zu müssen (BGHSt 10, 399).
C bringt D um, um diesem ein Darlehen nicht zurückzahlen zu müssen (*BGH* NJW 2002, 2188, 2189).

66 Die Frage ist richtigerweise zu bejahen. Denn auch bei dieser Fallgestaltung handelt der Täter in erheblicher Weise rücksichtslos, um seine Vermögenslage im Ergebnis günstiger zu gestalten, als sie sich ohne die Tat entwickeln würde (BGHSt 10, 399; *BGH* NStZ 1993, 385; *Fischer*, § 211 Rn. 11; *Lackner/Kühl*, § 211 Rn. 4; *Maurach/Schroeder/Maiwald*, BT 1, § 2 Rn. 33; *Otto*, § 4 Rn. 12; *Wessels/Hettinger*, Rn. 94b; a.A. SK/*Horn*, § 211 Rn. 14: aber evtl. niedrige Beweggründe). Es wirkt sich auf den Unrechtsgehalt bei wertender Betrachtung nicht in relevanter Weise aus, ob – im obigen Beispiel (vgl. Rn. 65) – A tötet, um auf diese Weise seiner Unterhaltsverpflichtung von vornherein zu entgehen, oder ob er zunächst Zahlungen leistet, sich aber dann mittels Tötung der B die entsprechende Geldsumme „zurückholt".

67 An derart rücksichtslosem Gewinnstreben i.S.d. Habgier fehlt es auch nicht in Fällen, in denen dem Täter die angestrebte wirtschaftliche Besserstellung aufgrund der bestehenden Rechtslage zusteht, er also gewaltsam „zu seinem Recht kommen will" (*Maurach/Schroeder/Maiwald*, BT 1, § 2 Rn. 33; differenzierend Schönke/Schröder/*Eser*, § 211 Rn. 17; *Otto*, § 4 Rn. 12; a.A. SK/ *Horn*, § 211 Rn. 14; *Kühl*, JA 2009, 566, 572; *Rengier*, § 4 Rn. 13a).

> **Beispiel:** B hat ein A gehörendes Gemälde in Besitz. Als B trotz eines fälligen Anspruchs des A die Herausgabe verweigert, bringt A ihn um und das Bild an sich.

68 Der Annahme von Habgier steht schließlich nicht zwingend entgegen, dass der Täter aus mehreren Beweggründen gehandelt hat. Bei einem solchen „**Motivbündel**" kommt es vielmehr nach h.M. darauf an, ob das übersteigerte Gewinnstreben im Einzelfall für die Tötung neben den anderen Beweggründen (z.B. Wut, Rache) mitbestimmend, d.h. „bewusstseinsdominant" war (BGHSt 42, 301, 304 – „Arztfall"; *Lackner/Kühl*, § 211 Rn. 4; *Fischer*, § 211 Rn. 10).

d) Sonst niedrige Beweggründe

69 Als „Auffangmodalität" der 1. Gruppe dienen die sonst niedrigen Beweggründe. Liegt also eine Tötung aus Mordlust, zur Befriedigung des Geschlechtstriebs oder aus Habgier vor, treten sie hinter dem speziellen Merkmal zurück (LK/*Jähnke*, § 211 Rn. 2).

> **Aufbauhinweis:** Daher ist zunächst zu prüfen, ob eines der speziellen Merkmale der 1. Gruppe erfüllt ist. Erst in einem weiteren Schritt sind ggf. die sonst niedrigen Beweggründe zu erörtern.

> **Merke:** Niedrig sind Beweggründe, die nach allgemeiner sittlicher Wertung auf tiefster Stufe stehen, durch ungehemmte triebhafte Eigensucht bestimmt und deshalb besonders verwerflich, „ja verächtlich" sind (BGHSt 3, 132 f.; 42, 226, 228).

§ 2. Mord

Die Bewertung der Beweggründe in Bezug auf die Tat hat aufgrund einer **70** Gesamtwürdigung aller äußeren und inneren für die Handlungsantriebe maßgeblichen Faktoren zu erfolgen (BGHR StGB § 211 Abs. 2 Niedrige Beweggründe 34). Diese (restriktive) Würdigung gibt Gelegenheit, die Taten, bei denen die Verhängung lebenslanger Freiheitsstrafe unverhältnismäßig wäre, „abzuschichten" (*Krey/Heinrich*, Rn. 56).

Das entscheidende Kriterium besteht darin, ob zwischen dem Anlass der **71** Tat und ihren Folgen ein unerträgliches, d.h. besonders krasses Missverhältnis besteht (*BGH* MDR 1993, 1102, 1103; SK/*Horn*, § 211 Rn. 8; *Otto*, § 4 Rn. 13; *Siebrecht*, JuS 1997, 1101, 1103).

Beispiele: A erschießt einen Stadtstreicher aus Verärgerung darüber, dass dieser seinen „Stammplatz" unter einer Brücke trotz eines einige Tage zuvor durch A ausgesprochenen „Platzverweises" nicht verlassen hat (*BGH* NStZ 1997, 182).

B tötet den ihm unbekannten C und verbrennt dessen Leiche in seinem Auto, um auf diese Weise selbst als tot zu gelten und beruflich wie privat ein „neues Leben" beginnen zu können (*BGH* NStZ 1985, 454).

D erschießt seine Schwägerin E, um zu verhindern, dass deren von ihm verursachte Schwangerschaft bekannt wird (*BGH* NStZ 2003, 146).

F wird bei einer Geschwindigkeitskontrolle mit seinem Fahrzeug „geblitzt". Um ein Bußgeldverfahren gegen sich zu verhindern, erschießt er den Polizisten G (*BGH*, Urteil vom 17. 8. 2001, Az.: 2 StR 159/01).

H ersticht I, weil diese sich nicht auf ein Gespräch mit ihm eingelassen hat (*BGH*, Urteil vom 6. 2. 2002, Az.: 2 StR 489/01).

Als weitere Beispiele niedriger Beweggründe kommen insbesondere Tat- **72** motive wie Wut, Hass und Rachsucht (BGHR StGB § 211 Abs. 2 Niedrige Beweggründe 36; *Vassilaki/Hütig*, Jura 1997, 266, 270), ebenso Neid und übersteigerte Eifersucht (*BGH* StV 2001, 571, 572; *Krey/Heinrich*, Rn. 29; *Otto*, § 4 Rn. 13; ausführlich *Schütz*, JA 2007, 23; s. auch *BGH* NStZ 2011, 35 zu berechtigter Eifersucht), „besonders krasse Selbstsucht" (*BGH* NStZ 2009, 210) sowie Ausländerfeindlichkeit – wobei es genügt, dass der Täter sich die rassistischen Beweggründe anderer zu eigen macht (*BGH* NStZ 1994, 124) – in Betracht.

Beispiele: A ist in einem gegen sich geführten Strafverfahren vom Zeugen B wahrheitsgemäß belastet worden. Um diesen hierfür zu „bestrafen", ersticht A ihn (*BGH* NStZ 2006, 97; zu einem „Akt der Selbstjustiz" *BGH* NStZ-RR 2010, 175).

Mit demselben Ziel erschießt C seinen Bekannten D, weil dieser seine Schulden nicht zurückgezahlt hat (*BGH* NStZ 2008, 273, 275; zur Steinigung eines sog. Drogenschuldners s. *BGH*, Beschluss vom 22. 4. 2004, Az.: 3 StR 115/04).

E tötet F, die Mutter des gemeinsamen Kindes, um dieses „allein zu besitzen" (*BGH* Beschluss vom 2. 10. 2008, Az.: 4 StR 444/08).

G wirft ihr neugeborenes Kind in einen Graben, weil sie „noch etwas erleben" und für ein Kind noch keine Verantwortung übernehmen will (*BGH* NStZ 2009, 210).

Da seine Freundin I sich von ihm trennen will, erwürgt H sie, damit „sie kein anderer bekommen könne" (*BGH* NStZ 2002, 540).

Beachte: Derart negativ besetzte Motive tragen die Annahme niedriger Beweggründe zwar oft, aber nicht notwendig. Vielmehr ist in einem gesonderten Prüfungsschritt festzustellen, ob sie ihrerseits auf einer niedrigen Einstellung des Täters beruhen oder ob es sich ausnahmsweise in der konkreten Tatsituation um eine menschlich verständliche Reaktion handelt (Schönke/Schröder/*Eser*, § 211 Rn. 18), die Tat beispielsweise aus tiefer Verzweiflung und innerer Ausweglosigkeit heraus oder als Reaktion auf eine erhebliche Beleidigung begangen wurde.

Beispiele: A ist von B verlassen worden. Er ist darüber so verzweifelt, dass er sie erschießt und sich anschließend durch einen Schuss in den Kopf selbst schwere Verletzungen zufügt (*BGH*, Urteil vom 1. 2. 2005, Az.: 5 StR 529/04; s. auch *BGH* NStZ 2002, 34; 2004, 14, 15; 2006, 338, 340; NStZ-RR 2004, 234, 235; 2006, 340).

C ersticht D, nachdem diese ihm mit der Begründung, er „sei ohnehin impotent", ihre Absicht, sich von ihm zu trennen, mitgeteilt hat (*BGH*, Urteil vom 20. 2. 2002, Az.: 5 StR 545/01).

73   Vergleichbares gilt auch bei einer Tatbegehung aus sog. **politischen Gründen** (*BGH* NStZ 1993, 341 – „Startbahn-18-West-Fall"). Im Rahmen der erforderlichen Gesamtwürdigung kann allerdings die Erwägung von ausschlaggebender Bedeutung sein, dass in einer Demokratie (auch) politische Konflikte grundsätzlich gewaltfrei auszutragen sind (*Otto*, § 4 Rn. 16; tendenziell ebenso *Lackner/Kühl*, § 211 Rn. 5 a.E.; differenzierend SK/*Horn*, § 211 Rn. 16; *Maurach/Schroeder/Maiwald*, BT 1, § 2 Rn. 38). Aus niedrigen Beweggründen handelt jedenfalls, wer aus terroristischen Motiven gezielt an der politischen Auseinandersetzung Unbeteiligte tötet (*BGH* NStZ 2005, 35, 36). Dasselbe gilt dann, wenn das Opfer allein wegen seiner Zugehörigkeit zu einer politischen, sozialen oder ethnischen Gruppe quasi als deren „Repräsentant" getötet wird (*BGH* NStZ 2004, 89; NStZ-RR 2011, 7).

74   Ähnlich den auf die objektiven Merkmale bezogenen subjektiven Anforderungen (vgl. Rn. 52 f.) müssen dem Täter die Umstände bewusst sein, die die Niedrigkeit seiner Beweggründe ausmachen (BGHR StGB § 211 Abs. 2 Niedrige Beweggründe 34). Dies bedarf bei Spontantaten genauerer Prüfung (*BGH* NStZ 2003, 307: „bei plötzlichen Situationstaten"; s. auch *BGH*, Urteil vom 6. 2. 2002, Az.: 2 StR 489/01). An der genannten Voraussetzung kann es etwa fehlen, wenn er bei der Tat unter dem Einfluss starker emotionaler oder triebhafter Regungen stand, sofern er nicht in der Lage war, diese Antriebe gedanklich zu beherrschen und willentlich zu steuern (BGHSt 35, 116, 121 – „Zeitschriftenwerberfall II"; *BGH* NStZ 1997, 81 m. krit. Anm. *Wagner*, NStZ 1998, 36; *Fischer*, § 211 Rn. 28: Verzweiflung, z.B. bei im Anschluss beabsichtigter Selbsttötung), etwa infolge einer erheblichen Persönlichkeitsstörung (*BGH* NStZ 2004, 620, 621; 2007, 525; NStZ-RR 2006, 199; zur Belastung einer Täterin durch die kurz zuvor erfolgte Geburt des sogleich getöteten Kindes s. BGHR StGB § 212 Abs. 1 Kindstötung 1). Es ist allerdings nicht erforderlich, dass der Täter sein Vorgehen aufgrund der be-

kannten Umstände selbst als verwerflich bewertet (*BGH*, Urteil vom 10. 11. 2004, Az.: 2 StR 248/04; *Otto*, § 4 Rn. 14; *Wessels/Hettinger*, Rn. 100).

> **Vertiefungshinweis:** Der Maßstab für die Bewertung eines Beweggrundes ist grundsätzlich den Vorstellungen der Rechtsgemeinschaft der Bundesrepublik Deutschland und nicht den Anschauungen einer Volksgruppe, die die rechtlichen und sittlichen Werte dieser Rechtsgemeinschaft nicht anerkennt, zu entnehmen (*BGH* NStZ 2005, 35, 36; 2006, 284). Deshalb wird das Motiv der sog. **Blutrache** regelmäßig als niedrig einzustufen sein, wenn allein die Verletzung eines Ehrenkodex als todeswürdig angesehen oder ein Angehöriger einer Sippe als Vergeltung für das Verhalten eines anderen Sippenangehörigen, an dem ihn keine persönliche Schuld trifft, getötet wird (*BGH* NStZ 2006, 286, 287 f.; NJW 2010, 2224, 2226). Das Bewusstsein niedriger Tatumstände kann allerdings in besonderen Ausnahmefällen fehlen, wenn der aus einem völlig anderen Kulturkreis stammende Täter noch derart stark von den Vorstellungen und Anschauungen seiner Heimat beherrscht wird, dass er sich von ihnen zur Tatzeit aufgrund seiner Persönlichkeit und der gesamten Lebensumstände nicht lösen konnte (*BGH* NStZ 1995, 79: Tötung aus „Blutrache" zur Wiederherstellung der „Familienehre"). Dies wird jedoch meistens zu verneinen sein, wenn er bereits längere Zeit in Deutschland lebt (*BGH* NStZ 2002, 369, 370; NStZ-RR 2004, 361 [Tötung wegen des Besitzes von Portraitfotos einer unverschleierten Frau]) oder sogar dort aufgewachsen ist (*BGH* NJW 2004, 1965, 1966; Beschlüsse vom 23. 3. 2004, Az.: 4 StR 466/03 und 4 StR 9/04).

Bei einem sog. Motivbündel (vgl. Rn. 68) ist der Beweggrund zu ermitteln und hinsichtlich der Niedrigkeit zu beurteilen, der vorherrschend war und der Tat „ihr Gepräge gegeben hat" (*BGH* NStZ 1997, 81 m. krit. Anm. *Wagner*, NStZ 1998, 36; 2004, 14, 15; NStZ-RR 2004, 234, 235; LK/*Jähnke*, § 211 Rn. 23). 75

e) Ermöglichungsabsicht

Nach der 3. Gruppe von Modalitäten (vgl. Rn. 3) begeht schließlich einen Mord, wer einen Menschen tötet, um eine andere Straftat zu ermöglichen (oder zu verdecken; vgl. Rn. 82 f.). 76

Wie die subjektive Fassung („um") zeigt, muss die andere Tat mit der Tötung nur angestrebt, nicht aber tatsächlich begangen werden. Da es somit allein auf die Vorstellung des Täters ankommt, reicht es im Übrigen aus, dass dieser sein beabsichtigtes Verhalten irrtümlich für strafbar hält (BGHSt 28, 93, 94 f. zum vergleichbaren § 315 Abs. 3 Nr. 2 [seit 1. April 1998 § 315 Abs. 3 Nr. 1 b]; *Rengier*, § 4 Rn. 48; weitergehend *Maurach/Schroeder/Maiwald*, BT 1, § 2 Rn. 34: Vorstellung einer Ordnungswidrigkeit genügt). Es ist auch hinreichend, dass die Tat eines Dritten ermöglicht werden soll (*Miehe*, JuS 1996, 1000, 1004; ebenso für Verdeckungsabsicht BGHSt 9, 180, 182 f.). 77

Eine **andere Straftat** ist jedenfalls gegeben, wenn diese zur Tötung im Verhältnis der Tatmehrheit steht, weil beide Delikte dann durch verschiedene Handlungen begangen sind (§ 53). Jedoch steht auch Tateinheit (§ 52) der 78

Annahme einer anderen Straftat i.S.d. § 211 Abs. 2 nur dann zwingend entgegen, wenn beide Tatbestände durch eine identische Handlung verwirklicht werden oder das zweite Delikt lediglich die Vollendung des ersten darstellt (*Mitsch*, JuS 1997, 788, 792).

> **Beispiel:** A tötet B. Im Anschluss entwendet er B – wie geplant – das Geld. – Bei dieser Fallgestaltung hat A zur Ermöglichung einer anderen Straftat getötet (BGHSt 39, 159, 160 – „Pfarrerfall").

79 Dieser differenzierende Ansatz ist sachgerecht, weil die Grenzziehung zwischen Mord und Totschlag nicht von den Zufälligkeiten der Konkurrenzregeln abhängen darf (BGHSt 35, 116, 125 f. – „Zeitschriftenwerberfall II"; *Lackner/Kühl*, § 211 Rn. 12; s. auch *Krey/Heinrich*, Rn. 79), zumal diese über das Ausmaß von Unrecht und Schuld und damit für die Strafzumessung kaum etwas aussagen (BGHR StGB vor § 1 Serienstraftaten, Betrug 2).

> **Merke:** Einer kausalen Verknüpfung zwischen dem Tötungs- und dem zu ermöglichenden Delikt bedarf es nicht. Die Tötungshandlung muss vielmehr nur **final** auf eine andere Straftat ausgerichtet sein (BGHSt 39, 159, 160 – „Pfarrerfall"; *Fischer*, § 211 Rn. 67; *Wessels/Hettinger*, Rn. 124; zur finalen Verknüpfung beim § 249 vgl. *Hohmann/Sander*, BT 1, § 5 Rn. 11 ff.).

80 Es ist daher für die Annahme der Ermöglichungsabsicht schon ausreichend, dass sich der Täter für die zum Tode führende Handlung entscheidet, weil er glaubt, auf diese Weise die andere Tat schneller oder leichter begehen zu können. Das Leben eines anderen wird auch dann in einer die Strafwürdigkeit erhöhenden Weise eingesetzt, wenn seine Vernichtung als taugliches, wenn auch nicht notwendiges Mittel zur Durchführung einer anderen Straftat verwendet wird (BGHSt 39, 159, 160 f. – „Pfarrerfall"; *BGH* NStZ 1998, 352, 353; *Bosch*, JA 2007, 418, 419).

81 Daraus folgt zugleich, dass das Vorliegen (nur) bedingten Tötungsvorsatzes grundsätzlich mit Ermöglichungsabsicht vereinbar ist (BGHSt 39, 159, 160 – „Pfarrerfall"; *Miehe*, JuS 1996, 1000, 1004 f.; a.A. *Radtke*, Jura 1997, 477, 484). Anders ist es nur bei einer Fallgestaltung, bei der der Täter sein erstrebtes Ziel nicht allein infolge der Tötungs*handlung*, sondern nur durch den **Tod des Opfers** erreichen kann (*Otto*, § 4 Rn. 57; *Wessels/Hettinger*, Rn. 127).

> **Beispiel:** A ist der Begünstigte einer Lebensversicherung des B. Diesen tötet A, um die Versicherungssumme zu erhalten.

f) Verdeckungsabsicht

82 Die Ausführungen zur Ermöglichungsabsicht gelten für eine Tötung zur Verdeckung einer anderen Straftat in gleichem Maße, insbesondere die zum Vorliegen einer anderen – nicht notwendig vom Täter selbst begangenen (BGHSt 9, 180, 182; *Geppert*, Jura 2004, 242, 246; *Norouzi*, JuS 2005, 914, 916)

§ 2. Mord   31

– Straftat (vgl. Rn. 78 f.; ergänzend BGHSt 35, 116 – „Zeitschriftenwerberfall II"; *BGH* NStZ 1998, 621, 622; NStZ-RR 1999, 101; 1999, 234) und zum Tötungsvorsatz (vgl. Rn. 81). Daher genügt es für dieses Mordmerkmal nicht, wenn der Täter von Beginn an mit wenigstens bedingtem Tötungsvorsatz handelt und während der ohne Zäsur erfolgenden Tatausführung als weiteres Motiv hinzutritt, durch den Tod des Opfers die bis dahin erfolgten Handlungen zu verdecken (*BGH* StV 2001, 553; NStZ 2002, 253; 2003, 312; ebenso für ein „Verdecken" durch Unterlassen selbst bei einer zeitlichen Zäsur *BGH* StraFo 2007, 123, 124; s. auch *Geppert*, Jura 2004, 242, 245 f.). Zudem ist auch hier zumindest direkter Vorsatz erforderlich, wenn die Tatverdeckung – nach Auffassung des Täters – nur bei Tötung des Opfers gelingen kann (BGHSt 21, 283, 284 f.; s. auch BGHR StGB § 211 Abs. 2 Verdeckung 13; LK/*Jähnke*, § 211 Rn. 22; *Maurach/Schroeder/Maiwald*, BT 1, § 2 Rn. 36; *Saliger*, ZStW 109 [1997], 302, 320 f.), d.h. er den Tod des Opfers zur Verdeckung zu benötigen meint (*Hinderer*, JA 2009, 25, 31).

Beispiel: A bricht in den Keller der mit ihm gut bekannten B ein, weil er deren Koffer stehlen will. Als B ihn zufällig bemerkt, erwürgt er diese, um eine Strafanzeige zu verhindern.

An dieser Verknüpfung fehlt es, wenn der Täter annimmt, sein Opfer könne **83** ihn auch im Falle des Überlebens nicht identifizieren (*BGH*, Beschluss vom 4. 8. 2010, Az.: 2 StR 239/10). Eine bereits erfolgte Entdeckung der vorhergehenden Tat steht der Verdeckungsabsicht nicht zwingend entgegen. Da dieses Mordmerkmal subjektiv ausgestaltet ist, ist es entscheidend, dass der Täter das Bekanntwerden der Tat – sofern er davon noch nichts weiß – oder andernfalls wenigstens die Aufdeckung seiner Täterschaft in einem die Strafverfolgung sicherstellenden Umfang verhindern will (BGHSt 50, 11; *BGH* NStZ-RR 1997, 132; NStZ 2004, 329; Schönke/Schröder/*Eser*, § 211 Rn. 34; *Riemenschneider*, JuS 1997, 627, 630; zum sog. Motivbündel *BGH* NStZ 2005, 332; vgl. auch Rn. 68 und 75). Ohne Bedeutung ist es, ob die andere Tat überhaupt prozessual verfolgbar wäre (*BGH* NStZ-RR 2004, 333). Hingegen genügt es nicht, wenn der Täter einen Belastungszeugen tötet, damit dieser nicht über die bereits polizeilich aufgeklärte Tat in der Hauptverhandlung gegen ihn aussagt (*Bosch*, JA 2007, 418, 419).

Beachte: Zwar wird es dem mit Verdeckungsabsicht handelnden Täter im Regelfall darum gehen, sich der Strafverfolgung zu entziehen. Das Mordmerkmal erfordert dies aber nicht. Es genügt vielmehr auch, dass der Täter eine Tat „zudecken" will, um außerstrafrechtliche Konsequenzen zu vermeiden (BGHSt 41, 8 f. – „Haschischdealfall"; *BGH* NStZ 1999, 243; 1999, 615, 616; *Saliger*, ZStW 109 [1997], 302, 308 f. und 317; a.A. *Lackner/Kühl*, § 211 Rn. 12; *Geppert*, Jura 2004, 242, 245; *Rengier*, § 4 Rn. 56: sonst niedrige Beweggründe).

Beispiel: A hat den Drogendealer B betrogen. Um den Betrug zu verschleiern und damit massive Forderungen seitens des B zu verhindern, tötet A diesen (BGHSt 41, 8 – „Haschischdealfall").

> **Vertiefungshinweise:** Der BGH hat in einer Entscheidung erwogen, es könne sich trotz Einordnung in die 3. Gruppe (auch) bei Ermöglichungs- und Verdeckungsabsicht um gesetzliche Beispiele niedriger Beweggründe handeln. Er meint, diese „Lösung entspräche dem Prinzip der Gleichwertigkeit aller mordqualifizierenden Motive, trüge zu deren Harmonisierung bei und böte den Vorteil, einem möglicherweise ungerechten Automatismus zu wehren, kraft dessen (insbesondere) das Verdeckungsmotiv ohne Rücksicht auf die den jeweiligen Fall mitprägenden Umstände ausnahmslos zur Bejahung des Mordtatbestands führt". Ob dieser Weg tatsächlich gangbar ist, hat der BGH jedoch offengelassen (BGHSt 35, 116, 126 f. – „Zeitschriftenwerberfall II"; vgl. auch SK/*Horn*, § 211 Rn. 63; kritisch *Saliger*, ZStW 109 [1997], 302, 331: die 3. Gruppe enthält eigenständige Mordmerkmale).
>
> Will der Täter weder Tat noch Täterschaft verdecken, sondern sich durch die Tötung eines Menschen lediglich der berechtigten Festnahme oder Vollstreckung einer Freiheitsstrafe entziehen, so liegt ein Handeln aus niedrigen Beweggründen nahe (vgl. Rn. 69 ff.; *Miehe*, JuS 1996, 1000, 1005; *Riemenschneider*, JuS 1997, 627, 633; *Saliger*, ZStW 109 [1997], 302, 313).

C. Täterschaft und Teilnahme, Versuch, Konkurrenzen sowie besondere Schwere der Schuld

84 Für Täterschaft und Teilnahme sind die allgemeinen Regeln anzuwenden (§§ 25 ff.; vgl. etwa *BGH* StV 1996, 659). Dabei ist in Prüfungsaufgaben vor allem das zwischen BGH und Lehre umstrittene Verhältnis zwischen § 211 und § 212 relevant (vgl. § 1 Rn. 1 f.). Handelt es sich nämlich bei Mord um einen eigenständigen Tatbestand, so sind die Merkmale des § 211 Abs. 2 **strafbegründend**. Qualifizieren sie dagegen § 212, so haben sie (lediglich) **strafschärfende** Wirkung.

> **Beachte:** Diese Unterscheidung wirkt sich nur bei den Modalitäten der 1. und 3. Gruppe aus (vgl. Rn. 3 f.; *BGH* NStZ 2006, 288, 289). Denn sie werden von der h.M. zu Recht als besondere persönliche Merkmale i.S.d. § 28 eingestuft (*Fischer*, § 211 Rn. 92; *Lackner/Kühl*, § 211 Rn. 16; *Krey/Heinrich*, Rn. 20 f.; differenzierend Schönke/Schröder/*Eser*, § 211 Rn. 49).

85 Wer dem BGH folgt, hat also § 28 Abs. 1 zu prüfen (BGHSt 23, 39; *BGH*, Urteil vom 13. 10. 2004, Az.: 2 StR 206/04). Nach Ansicht der Lehre ist § 28 Abs. 2 anwendbar (*Wessels/Hettinger*, Rn. 143).

Vertiefungshinweis: Die Milderung des § 28 Abs. 1 versagt der BGH schon dann, wenn Täter und Teilnehmer zwar unterschiedliche, letztlich aber Modalitäten „gleicher Art" erfüllt haben (BGHSt 23, 39, 40; 50, 1, 5 und 9: sog. **Kreuzung der Mordmerkmale**; *Lackner/Kühl*, § 211 Rn. 16; Schönke/Schröder/*Eser*, § 211 Rn. 54 a.E.; ablehnend *Rengier*, § 5 Rn. 11; *Geppert*, Jura 2008, 34, 39f.; *Vietze*, Jura 2003, 394, 396f. m. Beispielen).

Für die tatbezogenen Umstände der 2. Gruppe (vgl. Rn. 3) reicht es dagegen aus, dass ein Beteiligter sie in seinen Vorsatz (§ 16 Abs. 1) aufgenommen hat (*BGH* NStZ 1996, 434, 435). § 28 gilt insoweit nicht (Schönke/Schröder/*Eser*, § 211 Rn. 51; *Wessels/Hettinger*, Rn. 140). 86

Hinsichtlich der Versuchsstrafbarkeit weist § 211 gegenüber § 212 keine relevanten Besonderheiten auf. Es wird daher auf die dortige Darstellung verwiesen (vgl. § 1 Rn. 22; zum Versuch beim Unterlassen BGHSt 38, 356; *BGH* StV 2007, 17, 18). 87

Das Gleiche gilt für die Konkurrenzen zu den Körperverletzungsdelikten (vgl. § 1 Rn. 23f.). Das Verhältnis zu § 212 hängt von der Entscheidung des diesbezüglich zwischen BGH und Lehre bestehenden Streits ab (vgl. § 1 Rn. 1f.). Verwirklicht der Täter mit einer Handlung mehr als ein Mordmerkmal, so stehen die Modalitäten nicht in Tateinheit zueinander, sondern stellen nur verschiedene Begehungsformen derselben Tat dar (*Lackner/Kühl*, § 211 Rn. 17). Mit § 239 kann Tateinheit bestehen (*BGH*, Beschluss vom 14. 7. 2005, Az.: 4 StR 134/05), ebenso mit § 251, nachdem das 6. StrRG klargestellt hat, dass die Todesfolge „wenigstens" leichtfertig herbeigeführt worden sein muss (BGBl. I 1998, S. 164, 178; zur Problematik vgl. *Hohmann/Sander*, BT 1, § 6 Rn. 37ff.), und den §§ 306b, 306c (*BGH* StraFo 2010, 122). 88

Übersicht zu den §§ 211, 212, 28 am Beispiel des besonderen persönlichen Merkmals Habgier		
Sachverhalt	Strafbarkeit nach BGH	Strafbarkeit nach h. L.
Täter tötet aus Habgier Teilnehmer weiß davon	§ 211 §§ 211, 26/27, 28 Abs. 1, 49 Abs. 1	§ 211 §§ 212, 26/27, 28 Abs. 2
Täter tötet aus Habgier Teilnehmer weiß nichts davon	§ 211 §§ 212, 26/27	§ 211 §§ 212, 26/27
Täter tötet aus Habgier Teilnehmer handelt aus Habgier	§ 211 §§ 211, 26/27	§ 211 §§ 211, 26/27
Täter tötet aus Habgier Teilnehmer handelt aus Mordlust	§ 211 §§ 211, 26/27 („Kreuzung")	§ 211 §§ 211, 26/27, 28 Abs. 2
Täter tötet ohne Mordmerkmal Teilnehmer handelt aus Habgier	§ 212 §§ 212, 26/27	§ 212 §§ 211, 26/27, 28 Abs. 2

89 Erfolgt eine Verurteilung zu lebenslanger Freiheitsstrafe, so hat das Gericht zugleich – nicht erst die für die Entscheidung über die Aussetzung des Strafrests zur Bewährung zuständige Strafvollstreckungskammer (BVerfGE 86, 288) – festzustellen, ob die **Schuld** des Täters **besonders schwer wiegt** (§ 57a Abs. 1 Nr. 2). Dies erfordert eine zusammenfassende Gesamtwürdigung von Tat und Täterpersönlichkeit (BGHSt – GS – 40, 360, 370; *Schäfer/Sander/van Gemmeren*, Rn. 843 ff.). Dabei ist § 46 Abs. 3 entsprechend anzuwenden (BGHSt 42, 226, 228 f. m. Anm. *Horn*, JR 1997, 248).

D. Kontrollfragen

1. An welcher Stelle des üblichen Aufbaus sind die Mordmerkmale zu prüfen? → Rn. 4
2. Welche Grundanforderungen werden an die Heimtücke gestellt? → Rn. 9 ff.
3. Welche ergänzenden Voraussetzungen werden in Bezug auf Heimtücke verlangt? → Rn. 19 ff.
4. Warum wird eine Eingrenzung des Heimtückebegriffs für notwendig gehalten? → Rn. 19 f.
5. Welche Einwände lassen sich gegen die einzelnen Ansätze erheben? → Rn. 36 ff.
6. Auf welches Verhalten muss sich die Grausamkeit beziehen? → Rn. 43 f.
7. Wann ist ein Tatmittel gemeingefährlich? → Rn. 46
8. Ist die Annahme von bedingtem Tötungsvorsatz mit allen Mordmerkmalen vereinbar? → Rn. 56, 59, 81 f.
9. Was versteht man unter Habgier? → Rn. 61
10. Sind Motive wie z.B. Wut, Hass, Neid und Eifersucht stets niedrige Beweggründe? → Rn. 72
11. Wann liegt bei Ermöglichungs- und Verdeckungsabsicht eine andere Straftat vor? → Rn. 78 f., 82
12. Ist zwischen Tötung und zu ermöglichendem bzw. zu verdeckendem Delikt eine kausale Verknüpfung erforderlich? → Rn. 79, 82

Aufbauschema (§ 211)

1. Tatbestand
    a) Objektiver Tatbestand
        (1) Einen (anderen) Menschen
        (2) Töten
        (3) Ggf. objektive Mordmerkmale (heimtückisch, grausam, mit gemeingefährlichen Mitteln)

§ 2. Mord 35

> b) Subjektiver Tatbestand
> (1) Tötungsvorsatz
> (2) Ggf. Vorsatz bzgl. der objektiven Mordmerkmale
> (3) Ggf. subjektive Mordmerkmale (Mordlust, zur Befriedigung des Geschlechtstriebs, Habgier, sonst niedrige Beweggründe, Ermöglichungs- und Verdeckungsabsicht)
> 2. Rechtswidrigkeit
> 3. Schuld
> 4. Ggf. Verhältnismäßigkeit der lebenslangen Freiheitsstrafe

Empfehlungen zur vertiefenden Lektüre:
Leitentscheidungen: BVerfGE 45, 187 – „Fall der lebenslangen Freiheitsstrafe"; BGHSt 7, 353 – „Lustmordfall"; BGHSt – GS – 30, 105 – „Rechtsfolgenlösungsfall"; BGHSt 32, 382 – „Gefesselte-Liebe-Fall"; BGHSt 33, 363 – „Verbalattackenfall"; BGHSt 34, 59 – „Bahnhofsklofall"; BGHSt 35, 116 – „Zeitschriftenwerberfall II"; BGHSt 38, 353 – „Pistolenfall"; BGHSt 39, 159 – „Pfarrerfall"; BGHSt 41, 8 – „Haschischdealfall"; BGHSt 42, 301 – „Arztfall"; BGHSt 50, 80 – „Kannibalenfall"; *BGH* NStZ 1993, 341 – „Startbahn-18-West-Fall".

Aufsätze: *von Danwitz*, Die Tötung eines Menschen mit gemeingefährlichen Mitteln, Jura 1997, 569; *Geppert*, Zum Begriff der „Verdeckungsabsicht" in § 211 StGB, Jura 2004, 242; *Geppert*, Zum Begriff der „heimtückischen" Tötung in § 211 StGB, vornehmlich an Hand neuerer höchstrichterlicher Rechtsprechung, Jura 2007, 270; *Geppert*, Die Akzessorietät der Teilnahme (§ 28 StGB) und die Mordmerkmale, Jura 2008, 34; *Grünewald*, Zur Strafbarkeit eines Mordes durch Unterlassen – erläutert an den sog. tatbezogenen Mordmerkmalen der 2. Gruppe –, Jura 2005, 519; *Kaspar*, Das Mordmerkmal der Heimtücke, JA 2007, 699; *Kett-Straub*, Die Tücken der Heimtücke in der Klausur, JuS 2007, 515; *Kühl*, Die drei speziellen niedrigen Beweggründe des § 211 II StGB, JA 2009, 566; *Mitsch*, Straftatverdeckung mit bedingtem Tötungsvorsatz als Mordversuch – BGHSt 41, 358, JuS 1997, 788; *Rengier*, Das Mordmerkmal „mit gemeingefährlichen Mitteln", StV 1986, 405; *Saliger*, Zum Mordmerkmal der Verdeckungsabsicht, ZStW 109 (1997), 302; *Schütz*, „Niedrige Beweggründe" beim Mordtatbestand, JA 2007, 23; *Vietze*, Gekreuzte Mordmerkmale in der Strafrechtsklausur, Jura 2003, 393; *Zaczyk*, Das Mordmerkmal der Heimtücke und die Notwehr gegen eine Erpressung, JuS 2004, 750.

Übungsfallliteratur: *Bosch*, Basics Strafrecht: „Das Lächeln der Lisa", JA 2007, 418; *Britz/Müller-Dietz*, Examensklausur Strafrecht: Überfall auf einen Taxifahrer mit tödlichen Folgen, Jura 1997, 313; *Cornelius*, Klausur Strafrecht: „Verletzte Gefühle", JA 2009, 425; *Dessecker*, Übungsklausur Strafrecht (für Anfänger): Zwei Tötungsversuche mit glimpflichem Ausgang, Jura 2000, 592; *Hinderer*, Klausur Strafrecht: „Eine schlechte Partnerwahl", JA 2009, 25; *O. Hohmann*, Der praktische Fall – Strafrecht: Ein Banküberfall mit Hindernissen, JuS 1994, 860; *Miehe*, Der praktische Fall – Strafrecht: Ein Ausbruch, der nichts einbrachte, JuS 1996, 1000; *Norouzi*, Zwischenprüfungsklausur – Strafrecht: Verdeckungsmord durch Unterlassen, JuS 2005, 914; *Radtke*, Übungshausarbeit Strafrecht (für Fortgeschrittene): Ein Schlag mit Folgen, Jura 1997, 477; *Riemenschneider*, Der praktische Fall – Strafrecht: „Ein Beifahrer steigt aus", JuS 1997, 627; *Siebrecht*, Der praktische Fall – Strafrecht: Brutaler Besuch, JuS 1997, 1101; *Vassilaki/Hütig*, Übungsklausur Strafrecht: Der „Don Giovanni"-Fall, Jura 1997, 266; *Weißer*, Fortgeschrittenenklausur – Strafrecht: Tötungsdelikte und Beteiligungsfragen – Tödliche Erlösung, JuS 2009, 135.

§ 3. Tötung auf Verlangen (§ 216)

A. Grundlagen

1   Bei der Tötung auf Verlangen handelt es sich um eine Privilegierung gegenüber § 212 (vgl. § 1 Rn. 1). Diese findet ihren Grund in dem im Vergleich zum Totschlag durch den Todeswunsch des Opfers geminderten Unrechts- und Schuldgehalt der Tat (*Lackner/Kühl*, § 216 Rn. 1; Schönke/Schröder/*Eser*, § 216 Rn. 1).

B. Tatbestand

I. Objektiver Tatbestand

2   Wie der Totschlag verlangt § 216 Abs. 1 die Tötung eines (anderen) Menschen (vgl. § 1 Rn. 5 ff.).

> **Aufbau- und Vertiefungshinweis:** Für die Frage, ob die Prüfung zunächst mit § 212 oder sofort mit § 216 begonnen werden sollte, gelten die Aufbauhinweise zu den §§ 211, 212 entsprechend (vgl. § 1 Rn. 2; s. auch *Wessels/Hettinger*, Rn. 166). – Die wenig hilfreiche Bezeichnung einer Tötung als sog. aktive Sterbehilfe (z.B. Verabreichen einer tödlichen Infusion durch den Arzt) ändert an deren Erfassung als Tathandlung i.S.d. §§ 211 ff. nichts (*Lackner/Kühl*, vor § 211 Rn. 7). Ob ein Behandlungsabbruch, etwa durch Abschalten eines lebenserhaltenden Geräts, ebenfalls als Tun zu beurteilen ist oder ggf. den Grundsätzen zum Unterlassen (vgl. § 1 Rn. 11) unterliegt, ist Tat- und Wertungsfrage (BGHSt 40, 257, 265 f. – „Pflegeheimfall", auch zur sog. passiven Sterbehilfe; kritisch *Otto*, § 6 Rn. 19 ff.; vgl. auch *Kutzer*, ZRP 1997, 117 ff. zur sog. indirekten Sterbehilfe; *ders.*, NStZ 1994, 110; zur sog. Patientenverfügung vgl. Rn. 14).

3   Der Tötung muss eine (qualifizierte) Anstiftung des Täters durch den Getöteten vorausgegangen sein (SK/*Horn*, § 216 Rn. 3). Dieser muss den Täter durch sein ausdrückliches und ernstliches Verlangen zur Tat bestimmt haben.

4   Für ein derartiges Verlangen ist – nicht zuletzt angesichts des Rechtsguts Leben – mehr als eine Einwilligung oder gar ein bloßes Erdulden der Tötung erforderlich (BGHSt 50, 80, 92 – „Kannibalenfall"; *Wessels/Hettinger*, Rn. 156: „ernstliches Begehren"). Deshalb ist es bedenklich, dass die h.M. es auch dann bejahen will, wenn die Initiative zur Tötung zunächst nicht vom Opfer selbst ausgegangen ist (Schönke/Schröder/*Eser*, § 216 Rn. 5). Diese Auffassung lässt zuviel Raum für unerträgliche „Tötungsanregungen" an nicht mehr „er-

§ 3. Tötung auf Verlangen

wünschte" Menschen und wird damit dem Zweck des § 216, die Unantastbarkeit fremden Lebens zu gewährleisten (BGHSt 32, 367, 379 – „Wittig-Fall"), nicht gerecht.

Der Tod muss vom Opfer ausdrücklich verlangt werden. Dies muss eindeutig und unmissverständlich geschehen. Worte sind dafür nicht unbedingt notwendig. Je nach Konstellation können etwa auch Gesten, Gebärden o.ä. genügen, sofern sie den Todeswunsch zweifelsfrei erkennen lassen (*Lackner/Kühl*, § 216 Rn. 2; *Maurach/Schroeder/Maiwald*, BT 1, § 2 Rn. 62; zur Patientenverfügung vgl. Rn. 2). Dagegen darf auf das Verlangen des Opfers nicht allein aus den Umständen geschlossen werden (LK/*Jähnke*, § 216 Rn. 6). 5

Beispiel: Der schwerkranke B ist allein, mittellos und depressiv. Deshalb schließt A auf dessen Wunsch, nicht länger zu leben, und tötet den B.

Das Todesverlangen muss zudem ernstlich sein, also auf einer freien Willensbildung eines Einsichts- und Urteilsfähigen beruhen (vgl. § 1 Rn. 21; *Fischer*, § 216 Rn. 9; *Krey/Heinrich*, Rn. 108). Es darf daher nicht nur einer Augenblicksstimmung folgen (vgl. *BGH* Urteil vom 7. 10. 2010, Az.: 3 StR 168/10) und ist somit insbesondere wirkungslos, wenn es durch Täuschung herbeigeführt worden ist. 6

Beispiel: A möchte seine Freundin B ohne große Gegenwehr umbringen. Er spielt ihr daher vor, selbst aus dem Leben scheiden zu wollen. B glaubt ihm. Da sie ohne A ebenfalls nicht mehr leben möchte, schlägt sie ihm – wie von A erhofft – vor, er solle erst sie und dann sich selbst töten. A kommt nur dem ersten Teil des Vorschlags nach.

Schließlich muss das Verlangen des Opfers den Täter zur Tötung bestimmen, m.a.W. als Tatantrieb wirken (*Lackner/Kühl*, § 216 Rn. 2). Wie bei der Anstiftung (§ 26) bedarf es einer entscheidenden Einwirkung auf den Willen des Täters. Daran fehlt es, wenn dieser ohnehin bereits zur Tat entschlossen war (sog. omnimodo facturus; *Fischer*, § 216 Rn. 10; *Maurach/Schroeder/Maiwald*, BT 1, § 2 Rn. 62 a.E.). Allerdings ist es nicht erforderlich, dass der Täter **allein** aufgrund der Beeinflussung durch das Opfer handelt. Weitere Motive sind insoweit unschädlich, sofern die Einwirkung seitens des Opfers handlungsleitend (BGHSt 50, 80, 91 f. – „Kannibalenfall") bzw. dominierend bleibt (Schönke/Schröder/*Eser*, § 216 Rn. 9; *Rengier*, § 6 Rn. 8; *Wessels/Hettinger*, Rn. 158). 7

II. Subjektiver Tatbestand

Subjektiv ist bedingter Vorsatz ausreichend, der sich über die Tötung hinaus auf das Vorliegen des ausdrücklichen und ernstlichen Sterbeverlangens des Opfers beziehen muss (*Lackner/Kühl*, § 216 Rn. 5; Schönke/Schröder/*Eser*, § 216 Rn. 14). 8

C. Täterschaft und Teilnahme, Begehung durch Unterlassen, Versuch, Rechtswidrigkeit sowie Konkurrenzen

9   Für die Tatbeteiligten i.S.d. §§ 25 ff. gelten die dortigen Regeln grundsätzlich uneingeschränkt. Eine Teilnahme wird allerdings in der Regel in einer Beihilfe (§ 27) bestehen. Jedoch ist eine Anstiftung (§ 26) durch einen Dritten dogmatisch nicht ausgeschlossen, wenn sie dem den Täter zur Tötung bestimmenden Verlangen des Opfers (vgl. Rn. 3 ff.) seine ausschlaggebende Funktion nicht nimmt, sondern mit diesem zusammen wirksam, also ebenfalls kausal wird (Schönke/Schröder/*Eser*, § 216 Rn. 18).

> **Beachte:** Bei der durch das Opfer hervorgerufenen Tatmotivation handelt es sich nach h.M. um ein besonderes persönliches Merkmal, so dass § 28 anzuwenden ist (zur insoweit bestehenden Problematik vgl. § 2 Rn. 84 f.; *Fischer*, § 216 Rn. 14; *Lackner/Kühl*, § 216 Rn. 2 a.E.; *Rengier*, § 6 Rn. 12; a.A. *Otto*, § 6 Rn. 73).

> **Vertiefungshinweis:** Bei der sog. einseitig fehlgeschlagenen Doppelselbsttötung wird von der h.A. bei der Frage der Strafbarkeit des Überlebenden auf das Kriterium der Tatherrschaft abgestellt. Hätte der Getötete „bis zuletzt" das gemeinsame Unternehmen abbrechen können, so liegt § 216 nicht vor (BGHSt 19, 135, 139 f. – „Gisela-Fall"; *Lackner/Kühl*, § 216 Rn. 3 a.E.; LK/*Jähnke*, § 216 Rn. 12 ff.; zu den Zufälligkeiten des zeitlichen Ablaufs *Krey/Heinrich*, Rn. 103 ff.).

10 Nach den anerkannten Grundsätzen scheint § 216 auch durch ein Unterlassen begangen werden zu können, sofern für den Untätigen eine Garantenstellung besteht (§ 13).

> **Beispiel:** A will sich vergiften. Sie fordert ihren Ehemann B eindeutig und ernsthaft auf, ihr Vorhaben auch dann nicht zu verhindern, wenn sie bewusstlos geworden ist. B respektiert ihren Wunsch.

11 Im Beispiel wird die Garantenstellung des B ohnehin nur relevant, wenn A vor dem Tod für eine gewisse Zeit ihr Bewusstsein bzw. ihren freiverantwortlichen Willen verliert. Stirbt sie dagegen unmittelbar im Anschluss an ihre auf freier Entscheidung beruhende Tötungshandlung, ist für eine Rettungspflicht des B kein Raum. Vielmehr hätte er eine derartige Selbsttötung der A zuvor sogar unterstützen dürfen (etwa durch Besorgen von Tabletten), ohne sich strafbar zu machen (vgl. § 1 Rn. 20; *Fischer*, Vor §§ 211–216 Rn. 12a).

12 Die Annahme eines strafbaren Unterlassens im Falle eines – im Übrigen von Zufälligkeiten abhängigen – den freien Willen des Suizidenten ausschließenden Zustands steht dazu in einem nicht nachvollziehbaren Wertungswiderspruch und ist daher in Übereinstimmung mit der h.L. abzulehnen (LK/

Jähnke, § 216 Rn. 9; Schönke/Schröder/*Eser*, § 216 Rn. 10; *Krey/Heinrich*, Rn. 90; *Wessels/Hettinger*, Rn. 162 ff.; a.A. BGHSt 32, 367, 373 ff. – „Wittig-Fall"). Dies gilt jedenfalls dann, wenn keine Anhaltspunkte für eine Änderung des zunächst geäußerten Todeswillens bestehen (zu diesbezüglichen empirischen Erkenntnissen der Suizidforschung vgl. BGHSt 32, 367, 376 – „Wittig-Fall").

§ 216 Abs. 2 stellt den Versuch unter Strafe. Bei einem strafbefreienden **13** Rücktritt (§ 24) von der Tötung auf Verlangen bleibt eine Bestrafung wegen eines bereits vollendeten Körperverletzungsdelikts an sich möglich. Jedoch ist hier die sog. **Sperrwirkung des milderen Gesetzes** zu beachten. Danach scheidet die Anwendung von Tatbeständen aus dem Bereich der §§ 223 ff. aus, soweit diese im Unterschied zu § 216 Verbrechen (§ 12 Abs. 1) oder zumindest mit einem höheren Strafrahmen bedroht sind (*Lackner/Kühl*, § 216 Rn. 7; Schönke/Schröder/*Eser*, § 212 Rn. 25; *Rengier*, § 6 Rn. 11; a.A. *Gerhold*, JuS 2010, 113, 115 f.: Lösung auf der Strafzumessungsebene). In der Regel wird daher nur eine Bestrafung gemäß § 223 in Betracht kommen.

Die Möglichkeit einer sog. **Patientenverfügung**, mit der durch einen **14** einwilligungsfähigen Volljährigen für zukünftige Lebens- und Behandlungssituationen namentlich Heilbehandlungen und ärztliche Eingriffe untersagt werden können, ist seit 1. September 2009 in § 1901a BGB ausdrücklich vorgesehen (hierzu *Fischer*, Vor §§ 211–216 Rn. 26 ff.; *Diehn/Rebhan*, NJW 2010, 326; *Reus*, JZ 2010, 80 [auch zu den strafrechtlichen Konsequenzen]). Diese kann im Einzelfall auch einen durch aktives Tun vorgenommenen Abbruch einer Behandlung **rechtfertigen**, die medizinisch zur Erhaltung oder Verlängerung des Lebens geeignet ist (*BGH* NJW 2011, 161, 162). Selbstverständlich nicht erfasst sind Eingriffe, die das Beenden des Lebens vom Krankheitsprozess „abkoppeln" (*BGH* NJW 2010, 2963, 2967 m. Anm. *Mandla*, NStZ 2010, 698). Zudem sind stets die Voraussetzungen der §§ 1901a, 1901b BGB zu beachten, durch die strengere Beweisanforderungen an die Feststellung des behandlungsbezogenen Patientenwillens verfahrensrechtlich abgesichert und übereilte Entscheidungen vermieden werden sollen (*BGH* NJW 2011, 161, 162).

Eine dem Rücktritt von der versuchten Tötung auf Verlangen (vgl. Rn. 13) **15** vergleichbare Problematik besteht auf der Konkurrenzebene. Auch hier darf die privilegierende Funktion des § 216 nicht ins Leere gehen. Daher findet die genannte Sperrwirkung bei den Konkurrenzen ebenfalls Anwendung (Schönke/Schröder/*Eser*, § 212 Rn. 25). Auch im Verhältnis zum Mord ist § 216 eine abschließende, d.h. dem § 211 vorgehende Spezialregelung (*Lackner/Kühl*, § 216 Rn. 1; LK/*Jähnke*, § 216 Rn. 2).

Hinweis: Da § 211 wegen Spezialität des § 216 und damit (nur) nach Konkurrenzregeln nicht zur Anwendung kommt, empfiehlt es sich, seine Voraussetzungen vollständig zu prüfen, sofern die Schwerpunkte der Aufgabe nicht eindeutig anders gesetzt sind.

D. Kontrollfragen

1. Welche Anforderungen sind an das Todesverlangen des Opfers zu stellen? → Rn. 3 ff.
2. Ist eine Tötung auf Verlangen durch Unterlassen strafbar? → Rn. 10 ff.
3. Wie wirkt sich die sog. Sperrwirkung des milderen Gesetzes im Zusammenhang mit § 216 aus? → Rn. 13 f.

Aufbauschema (§ 216)

1. Tatbestand
   a) Objektiver Tatbestand
      (1) Einen (anderen) Menschen
      (2) Töten
      (3) Durch ausdrückliches und ernstliches Verlangen des Getöteten bestimmt
   b) Subjektiver Tatbestand
      – Vorsatz
2. Rechtswidrigkeit
3. Schuld

Empfehlungen zur vertiefenden Lektüre:
Leitentscheidungen: BGHSt 19, 135 – „Gisela-Fall"; BGHSt 32, 367 – „Wittig-Fall"; BGHSt 40, 257 – „Pflegeheimfall"; BGHSt 50, 80 – „Kannibalenfall".

Aufsätze: *Diehn/Rebhan*, Vorsorgevollmacht und Patientenverfügung, NJW 2010, 326; *Gerhold*, Schwere Körperverletzung bei Rücktritt von einer versuchten Tötung auf Verlangen, JuS 2010, 113; *Reus*, Die neue gesetzliche Regelung der Patientenverfügung und die Strafbarkeit des Arztes, JZ 2010, 80.

§ 4. Fahrlässige Tötung (§ 222)

A. Grundlagen

1 Die fahrlässige Tötung schließt den 16. Abschnitt des StGB ab. Wie die Vorsatztaten (§§ 211, 212 und 216; vgl. §§ 1 bis 3) schützt die Vorschrift das Rechtsgut Leben (*Maurach/Schroeder/Maiwald*, BT 1, § 3 Rn. 1).

B. Tatbestand

Auch § 222 erfordert die Tötung eines (anderen) Menschen (vgl. § 1 **2**
Rn. 5 ff.). Diese muss durch Fahrlässigkeit verursacht werden. Insoweit gelten
die allgemeinen Grundsätze (LK/*Jähnke*, § 222 Rn. 3; *Mitsch*, JuS 1996, 407,
410). Es bedarf somit einer – objektiven und subjektiven – Sorgfaltspflichtverletzung des Täters, die für den Tod kausal geworden ist und es erlaubt, diesen dem Täter zuzurechnen (*Wessels/Hettinger*, Rn. 190; zur Zurechnung vgl.
Rn. 3).

Beispiele: A tritt dem am Boden liegenden B ohne Tötungsvorsatz mehrfach mit dem
„bestiefelten" Fuß gegen den Kopf, bis B das Bewusstsein verliert. Dieser stirbt wenig
später infolge der erlittenen Verletzungen (*Siebrecht*, JuS 1997, 1101, 1102; zum § 227 vgl.
§ 8 Rn. 29 ff.).
 C verlässt ihre Wohnung, ohne sich um noch glimmende Zigaretten zu kümmern.
Diese verursachen einen Brand, in dem die Kinder der C zu Tode kommen (*BGH* NStZ
2005, 446).

> **Vertiefungshinweis:** Da aus medizinischen Maßnahmen besonders ernste, vom
> Patienten regelmäßig nicht einzuschätzende Folgen entstehen können, sind an die
> ärztliche Sorgfalt hohe Anforderungen zu stellen (*BGH* NJW 2000, 2754, 2758; zur
> Verantwortlichkeit eines im Rahmen des Beweissicherungsdienstes einen Brech-
> mitteleinsatz durchführenden Arztes *BGH* NJW 2010, 2595; zu den Anforderun-
> gen bei Bauleistungen BGHSt 47, 224; 53, 38). Im Übrigen kommen im Einzelfall
> spezielle Bestimmungen als Maßstab der erforderlichen Sorgfalt in Betracht, bei-
> spielsweise das Gefahrgutbeförderungsgesetz (GGBefG; *BGH*, Urteil vom 25. 6.
> 2009, Az.: 4 StR 610/08) oder die StVO, aber auch Sport- oder technische Regeln
> (vgl. MünchKomm/*Hardtung*, § 222 Rn. 18).

Der Pflichtwidrigkeits- bzw. Zurechnungszusammenhang kann durch **3**
Handlungen Dritter unterbrochen werden, insbesondere durch von diesen
verübte vorsätzliche Straftaten, mit deren Begehung der Täter nicht rechnen
und die er somit nicht vorhersehen konnte (LK/*Jähnke*, § 222 Rn. 9; *Riemenschneider*, JuS 1997, 627, 628).

Beispiel: A hat als Inhaber eines Mietshauses Renovierungsabfälle im Hauseingangsbe-
reich zwischengelagert. Diese setzt B vorsätzlich in Brand. In den Flammen sterben sieben
Hausbewohner (*OLG Stuttgart* NStZ 1997, 190).

Diesbezüglich können auch die Grundsätze des sog. erlaubten Risikos **4**
(*Krey/Heinrich*, Rn. 120 ff.) bedeutsam sein. Gleiches gilt für das Prinzip der
Eigenverantwortlichkeit (*Wessels/Hettinger*, Rn. 191). Mangels einer Haupttat
ist nicht strafbar, wer etwa eine auf freiem Willensentschluss beruhende
Selbstschädigung oder gar -tötung (vgl. § 1 Rn. 20) vorsätzlich unterstützt.

Eine Bestrafung wegen nur fahrlässiger Mitwirkung an einer solchen Selbsttötung verstieße mithin gegen das in den §§ 15 und 18 ausgedrückte Stufenverhältnis beider Schuldformen und bedeutete einen **Wertungswiderspruch** (BGHSt 24, 342, 343 f. – „Selbstmordfall"; 32, 262, 263 ff. – „Heroinspritzenfall"; *BGH* NStZ 1985, 25 – „Stechapfelteefall"; s. aber BGHSt 37, 179 für Delikte nach dem BtMG).

> **Beachte:** Beim § 222 ist somit die Kontrollüberlegung erforderlich, ob der Täter strafbar wäre, wenn er – sogar – vorsätzlich gehandelt hätte (BGHSt 53, 288, 292). Denn die Haftung für fahrlässiges Verhalten darf nicht weiter gehen als für vorsätzliches (SK/*Horn*, § 212 Rn. 21; *Krey/Heinrich*, Rn. 118).

> **Vertiefungshinweis:** Die Richtigkeit dieser Ansicht zeigt die Überlegung, dass andernfalls ein Angeklagter sich mit der Behauptung verteidigen müsste, er habe den sich selbst tötenden Menschen nicht nur fahrlässig, sondern vorsätzlich unterstützt (BGHSt 24, 342, 344 – „Selbstmordfall").

5 Ist danach die Zurechenbarkeit des von einem Dritten selbst herbeigeführten Todes zu verneinen, fehlt es bereits am Tatbestand (*Fischer*, § 222 Rn. 28). Die Strafbarkeit beginnt nach gängiger Ansicht erst dort, wo der Täter kraft überlegenen Sachwissens das Todesrisiko besser erfasst als derjenige, der sich selbst gefährdet, weil er die Tragweite seines Tuns nicht erkennt (BGHSt 32, 262, 265 – „Heroinspritzenfall"; *BayObLG* NStZ-RR 1997, 51; *Fischer*, § 222 Rn. 28a; *Wessels/Hettinger*, Rn. 191 a.E.). Dies ist jedoch nur für die Strafbarkeit wegen eines Vorsatzdeliktes zutreffend. Für den Tatbestand der fahrlässigen Tötung (oder Körperverletzung) genügt es nach richtiger Ansicht hingegen bereits, wenn der Täter das Risiko bei Beachtung der gebotenen Sorgfalt rechtlich erheblich besser als das Opfer hätte erfassen können (BGHSt 53, 288, 291 f.; MünchKomm/*Hardtung*, § 222 Rn. 23; vertiefend *Hardtung*, NStZ 2001, 206, 207).

6 Der BGH schränkt die dargelegten Grundsätze dann ein, wenn der Täter „die naheliegende Möglichkeit einer bewussten Selbstgefährdung dadurch schafft, dass er ohne Mitwirkung und ohne Einverständnis des Opfers eine erhebliche Gefahr für ein Rechtsgut des Opfers oder ihm nahestehender Personen begründet und damit für dieses ein einsichtiges Motiv für gefährliche Rettungsmaßnahmen schafft" (BGHSt 39, 322, 325 – „Brand-Retter-Fall").

> **Beispiel:** A setzt das Wohnhaus des B in Brand. Dessen Sohn C erkennt das für ihn bestehende Risiko, eilt aber gleichwohl in das in Flammen stehende Gebäude, um dort befindliche Menschen zu retten. Dabei stirbt er.

7 Die Einbeziehung sich in solchen Situationen selbst gefährdender Personen in den Schutzbereich namentlich des § 222 hält der BGH für sachgerecht, sofern es sich nicht „um einen von vornherein sinnlosen oder mit offensichtlich unverhältnismäßigen Wagnissen verbundenen Rettungsversuch handelt" (BGHSt 39, 322, 325 f. – „Brand-Retter-Fall").

Dieser – von der h.L. gebilligte (*Fischer*, § 222 Rn. 31; *Schönke/Schröder/ Eser*, § 222 Rn. 3) – Ansatz verdient keine Zustimmung. Er ist weder dogmatisch begründbar noch praktikabel. Denn für die Eigenverantwortlichkeit ist nur von Bedeutung, ob jemand sich in voller Kenntnis der Situation den sich aus ihr ergebenden Gefahren bewusst aussetzt (ebenso *Otto*, § 9 Rn. 11). Das Motiv dafür kann für die Strafbarkeit des Täters nicht von Bedeutung sein. Gleiches gilt für die – in der Praxis häufig kaum zu klärende – Frage, ob das Handeln des Getöteten „sinnlos" und „unverhältnismäßig gewagt" war oder noch „vernünftig". **8**

C. Täterschaft und Konkurrenzen

Eine Beteiligung mehrerer an einer fahrlässigen Tötung ist als Nebentäterschaft möglich (BGHSt 4, 20, 21; *BGH* NJW 2010, 1087, 1092 m. Anm. *Kühl*; *Lackner/Kühl*, § 222 Rn. 2; *Maurach/Schroeder/Maiwald*, BT 1, § 3 Rn. 7). **9**

Beispiel: Jeweils sorgfaltswidriges Verhalten des Statikers und des Bauleiters führen zum Einsturz eines Hauses, der den Tod eines Menschen verursacht.

Auf der Konkurrenzebene tritt § 222 hinter durch den Tod eines Menschen erfolgsqualifizierten Delikten (z.B. §§ 227, 251) als subsidiär zurück (BGHSt 8, 54; *Lackner/Kühl*, § 222 Rn. 5; differenzierend *Schönke/Schröder/ Eser*, § 222 Rn. 6). Werden durch eine fahrlässige Handlung mehrere Menschen getötet, liegt gleichartige Tateinheit vor (§ 52; *Fischer*, § 222 Rn. 34), die im Schuldspruch zum Ausdruck kommen muss (*BGH*, Urteil vom 21. 3. 2002, Az.: 3 StR 340/01). Zu einem im Anschluss an einen tödlichen Unfall begangenen Verstoß gegen § 142 besteht in der Regel Tatmehrheit (§ 53; vgl. *Hohmann/Sander*, BT 1, § 20 Rn. 54). **10**

D. Kontrollfragen

1. Welche Maßstäbe sind beim § 222 an die Fahrlässigkeit anzulegen? → Rn. 2
2. Wie wirkt sich das Prinzip der Eigenverantwortlichkeit im Rahmen des § 222 aus? → Rn. 4 f.
3. Ist dieses Prinzip für bestimmte Fälle einzuschränken? → Rn. 6 ff.

> **Aufbauschema (§ 222)**
>
> 1. Tatbestand
>   a) Objektiver Tatbestand
>   (1) Den Tod
>   (2) Eines (anderen) Menschen
>   (3) Durch (objektive) Fahrlässigkeit verursachen
>   b) Subjektiver Tatbestand
>   – Subjektive Fahrlässigkeit
>   Zu einem anderen möglichen Aufbau der Fahrlässigkeitsprüfung siehe u.a. *Rengier*, AT, § 52 Rn. 12, der im Tatbestand die **objektive Sorgfaltspflichtverletzung** und bei der Schuld die **subjektive Sorgfaltspflichtverletzung** sowie die **subjektive Voraussehbarkeit** prüft.
> 2. Rechtswidrigkeit
> 3. Schuld

Empfehlungen zur vertiefenden Lektüre:
Leitentscheidungen: BGHSt 24, 342 – „Selbstmordfall"; BGHSt 32, 262 – „Heroinspritzenfall"; BGHSt 39, 322 – „Brand-Retter-Fall"; *BGH* NStZ 1985, 25 – „Stechapfelteefall".
Aufsatz: *Mitsch*, Grundfälle zu den Tötungsdelikten, JuS 1996, 407.
Übungsfallliteratur: *Riemenschneider*, Der praktische Fall – Strafrecht: „Ein Beifahrer steigt aus", JuS 1997, 627; *Siebrecht*, Der praktische Fall – Strafrecht: Brutaler Besuch, JuS 1997, 1101.

§ 5. Aussetzung (§ 221)

A. Grundlagen

1   Bei der Aussetzung handelt es sich um ein konkretes Gefährdungsdelikt, so dass es zu ihrer Vollendung des Todes eines Menschen nicht bedarf (*Hörnle*, Jura 1998, 169, 177; *Mitsch*, JuS 1996, 407, 408). Die Vorschrift schützt – ungeachtet der Überschrift des 16. Abschnitts – nicht nur das Leben als Rechtsgut, sondern auch die körperliche Unversehrtheit (*Schlüchter*, § 221 Rn. 1). Trotz geringer praktischer Bedeutung ist § 221 durchaus prüfungsrelevant.

B. Tatbestände

2   § 221 Abs. 1 enthält zwei eigenständige Tatbestände, die sich allerdings nur hinsichtlich des unter Strafe gestellten Verhaltens unterscheiden.

§ 5. Aussetzung

Aufbau der objektiven Tatbestände		
§ 221 Abs. 1 Nr. 1		§ 221 Abs. 1 Nr. 2
• Einen Menschen (Rn. 3)		
• In hilflose Lage versetzen (Rn. 4 ff.)		• Trotz bestehender Beistandspflicht (Rn. 8 f.) • In hilfloser Lage im Stich lassen (Rn. 10 f.)
• Und dadurch der Gefahr des Todes oder einer schweren Gesundheitsschädigung aussetzen (Rn. 13 f.)		

I. Objektive Tatbestände

1. Tatobjekt

Beim Tatopfer muss es sich – im Unterschied zu § 221 in der bis 31. März **3** 1998 geltenden Fassung – nicht mehr um eine zur Tatzeit aufgrund bestimmter Umstände hilflose Person handeln. Beide Tathandlungen können sich vielmehr gegen **jeden Menschen** richten.

2. Tathandlungen

a) § 221 Abs. 1 Nr. 1

Gemäß § 221 Abs. 1 Nr. 1 muss ein Mensch in eine hilflose Lage versetzt **4** werden.

> **Vertiefungshinweis:** Diese Verhaltensbeschreibung lässt nach ihrem Wortlaut einen gegenüber dem in § 221 a.F. enthaltenen „Aussetzen" erweiterten Kreis möglicher Tathandlungen prinzipiell zu (*Hörnle*, Jura 1998, 169, 177). Jedoch wollte der Gesetzgeber diese Handlungsvariante nur präziser fassen, nicht aber ihren Anwendungsbereich erweitern. Auch die systematische Stellung des § 221 spricht für eine begrenzende Auslegung, so dass die zum früheren Aussetzen entwickelten Grundsätze nach wie vor anwendbar sind.

> **Merke:** Danach muss das Opfer aus einer sichereren Lage an einen anderen Ort verbracht werden, an dem es „schutzlos Lebens- oder Leibesgefahren preisgegeben ist" und es dem Zufall überlassen bleibt, ob ihm rechtzeitig Hilfe zuteil wird (BGHSt 21, 44, 45 f. – „Mutterfall"; 26, 35, 36 f. – „Gastgeberfall"; *Krey/Heinrich*, Rn. 134; a.A. – jedoch nicht tragend – BGHSt 52, 153, 156 f. – „Hausstandfall"; *Lackner/Kühl*, § 221 Rn. 3: Ortsveränderung nicht mehr erforderlich; *Wessels/Hettinger*, Rn. 199; *Jäger*, JuS 2000, 31, 32).

Eine relative Verschlechterung seiner Situation reicht mithin aus (BGHSt **5** 4, 113, 115; 52, 153, 157 – „Hausstandfall"; *Maurach/Schroeder/Maiwald*, BT 1,

§ 4 Rn. 6). Auf welche Weise – z.B. durch Gewalt, Täuschung oder List – dies geschieht, ist unerheblich (SK/*Horn/Wolters*, § 221 Rn. 4). **Hilflosigkeit** liegt vor, wenn hilfsfähige und -bereite Personen sowie potentiell rettungsgeeignete Sachen fehlen (*BGH* NStZ 2008, 395).

b) § 221 Abs. 1 Nr. 2

6 **Beispielsfall 2 – Rabenmann:** A ist der Ehemann der vollständig gelähmten B, die zur Nahrungsaufnahme der Hilfe bedarf. A pflegt B aufopferungsvoll. Am Ende eines auf wenige Stunden angelegten Ausflugs an die See beschließt er jedoch, den Aufenthalt um zwei Tage zu verlängern. Als A in die Wohnung zurückkehrt, findet er B, deren Tod er nicht gewollt, deren Betreuung während seiner Abwesenheit er aber nicht organisiert hat, in lebensbedrohlichem Zustand vor, der erst durch notärztliche Hilfe abgewendet werden kann.

Strafbarkeit des A aufgrund von Normen des 16. Abschnitts des StGB?

Lösung:

7   Da A einerseits ohne Tötungsvorsatz gehandelt und andererseits die Lage der B nicht i.S.d. § 221 Abs. 1 Nr. 1 räumlich verändert hat, kommt auf der Grundlage der hier vertretenen Ansicht von den Straftaten gegen das Leben nur § 221 Abs. 1 Nr. 2 in Betracht.

8   **(1)** Dafür müsste A die B in seiner Obhut gehabt haben oder ihr sonst beizustehen verpflichtet gewesen sein.

Merke: Für die Begründung einer solchen Obhuts- oder Beistandspflicht sind nach h.M. die Grundsätze heranzuziehen, die bei den unechten Unterlassungsdelikten für die Entstehung einer Garantenstellung gelten (BGHSt 26, 35, 37 – „Gastgeberfall"; Schönke/Schröder/*Eser*, § 221 Rn. 10; *Otto*, § 10 Rn. 3; *Mitsch*, JuS 1996, 407, 408).

9   Danach kommen etwa Ingerenz (vgl. *BGH*, Urteil vom 24. 8. 1999, Az.: 5 StR 81/99), die tatsächliche Übernahme einer Beistandsfunktion (BGHSt 52, 153, 158 – „Hausstandfall") oder vor allem – wie hier für A – eheliche und verwandtschaftliche Beziehungen als pflichtbegründend in Betracht. Dagegen genügt es noch nicht, dass jemand einem Verunglückten oder sonst Hilfsbedürftigen beisteht, solange er für diesen durch sein Verhalten die Rettungsmöglichkeiten nicht sogar verringert (*BGH* NStZ 1994, 84, 85 – „Michaela-Fall" m. Anm. *Hoyer*).

10   **(2)** A müsste – entgegen seiner Beistandspflicht – seine sich ersichtlich in hilfloser Lage (vgl. Rn. 4) befindliche Frau im Stich gelassen haben. Da er beim Verlassen der Wohnung von seiner baldigen, die Versorgung der B sicherstellenden Rückkehr ausging, kann es nur auf den Zeitpunkt ankommen, in dem er die Verlängerung seines Ausflugs beschloss.

Da es somit einer (weiteren) räumlichen Trennung nicht bedurfte, hat A **11** durch seine bloße pflichtwidrige Nichtrückkehr seine Frau im Stich gelassen. Dies ist mit dem allgemeinen Wortsinn dieser Begehungsvariante vereinbar und entspricht zudem der gesetzgeberischen Intention, die dem Ersetzen der in § 221 a.F. enthaltenen Tathandlung des Verlassens (vgl. dazu BGHSt 21, 44, 47 ff. – „Mutterfall"; 38, 78, 79 f. – „Selbstmordversuchsfall") durch das Imstichlassen zugrundelag (BT-Drs. 13/8587, S. 34; hierzu BGHSt 52, 153, 158 – „Hausstandfall"; MünchKomm/*Hardtung*, § 221 Rn. 17 f.).

Zwischenergebnis: Die Tathandlung des § 221 Abs. 1 Nr. 2 liegt vor. **12**

3. Tatfolge

Bei beiden Aussetzungstatbeständen (§ 221 Abs. 1 Nr. 1 und 2) muss der **13** Täter schließlich durch sein Verhalten, d.h. kausal (*BGH* NStZ 1994, 84, 85 – „Michaela-Fall" m. Anm. *Hoyer*) das Opfer der Gefahr des Todes oder einer schweren Gesundheitsschädigung aussetzen.

> **Vertiefungshinweis:** Dieses bislang aus der Kategorisierung des § 221 als konkretes Gefährdungsdelikt (vgl. Rn. 1) und seiner systematischen Stellung hergeleitete (ungeschriebene) Merkmal (Schönke/Schröder/*Eser*, § 221 Rn. 8) ist durch das 6. StrRG nun ausdrücklich in den Tatbestand eingefügt worden.

Mit der **schweren Gesundheitsschädigung** verwendet § 221 Abs. 1 **14** einen Begriff, der bereits vor dem 6. StrRG in den §§ 218 Abs. 2 S. 2 Nr. 2, 330 S. 2 Nr. 1 und 2 (jetzt: § 330 Abs. 2 Nr. 1) sowie 330a Abs. 1 enthalten war. Zur Auslegung kann daher auf die zu den genannten Normen entwickelten Grundsätze zurückgegriffen werden (z.B. *Fischer*, § 218 Rn. 18 i.V.m. § 176a Rn. 10 ff.). Die schwere Gesundheitsschädigung ist somit umfassender als die schwere Körperverletzung (§ 226; vgl. § 8). Sie erfasst etwa auch solche Schäden, die das Opfer in seiner Arbeitsfähigkeit nachhaltig beeinträchtigen oder es in eine langwierige Krankheit stürzen (MünchKomm/*Hardtung*, § 221 Rn. 19; *Sander/Hohmann*, NStZ 1998, 273, 275). Im Beispielsfall bestand für B sogar eine konkrete Todesgefahr.

II. Subjektiver Tatbestand

Subjektiv ist für § 221 Abs. 1 Nr. 1 und 2 wenigstens bedingter Vorsatz **15** notwendig, der sich auch auf die durch den Täter verursachte Gefährdung beziehen muss (*Fischer*, § 221 Rn. 19; *Lackner/Kühl*, § 221 Rn. 6; *Wessels/Hettinger*, Rn. 205).

Ergebnis: A hat sich danach im Beispielsfall gemäß § 221 Abs. 1 Nr. 2 schul- **16** dig gemacht, da sich aus den Umständen ergibt, dass ihm die für seine Frau bestehende Gefahr bewusst war.

III. Qualifikationen (§ 221 Abs. 2 und 3) und minder schwere Fälle (§ 221 Abs. 4)

17   Die Qualifikationen sind durchweg als Verbrechen (§ 12 Abs. 1) ausgestaltet. Während § 221 Abs. 2 Nr. 2 und Abs. 3 an die zumindest fahrlässige (§ 18; BGHSt 21, 44, 50 – „Mutterfall") Verursachung schwerer Folgen anknüpft (BGHSt 26, 35 – „Gastgeberfall" zur Todesfolge), setzt § 221 Abs. 2 Nr. 1 voraus, dass der Täter die Aussetzung zum Nachteil seines Kindes (1. Alternative) oder einer Person begeht, die ihm zur Erziehung oder Betreuung in der Lebensführung anvertraut ist (2. Alternative). Durch die zweite Alternative sollen insbesondere Stief- und Pflegeeltern erfasst werden (*Schlüchter*, § 221 Rn. 5; *Hörnle*, Jura 1998, 169, 177).

18   Für minder schwere Fälle (nur) der Qualifikationstatbestände sieht § 221 Abs. 4 abgestufte Strafrahmen vor. Deren Anwendung kann zu einer im Vergleich zu § 221 Abs. 3 a.F. milderen Strafe führen (§ 2 Abs. 3).

C. Täterschaft und Teilnahme, Begehung durch Unterlassen, Versuch sowie Konkurrenzen

19   Bezüglich Täterschaft und Teilnahme gelten keine Besonderheiten. Die spezielle Pflichtenstellung beim § 221 Abs. 1 Nr. 2 ist jedoch mit der h.M. als – strafbegründendes – besonderes persönliches Merkmal (§ 28 Abs. 1) anzusehen (LK/*Jähnke*, § 221 Rn. 34; a.A. Schönke/Schröder/*Eser*, § 221 Rn. 11; differenzierend MünchKomm/*Hardtung*, § 221 Rn. 28).

20   Die Verwirklichung des Begehungstatbestands des § 221 Abs. 1 Nr. 1 ist auch durch Unterlassen (§ 13) möglich, etwa durch das Nichtverhindern eines Ortswechsels des Opfers (Schönke/Schröder/*Eser*, § 221 Rn. 5; SK/*Horn/Wolters*, § 221 Rn. 5).

21   § 221 Abs. 1 Nr. 2 ähnelt dagegen durch das Erfordernis einer Obhuts- oder Beistandspflicht eher einem unechten Unterlassungsdelikt, zumal es für das Imstichlassen keiner räumlichen Distanzierung zum Opfer bedarf (vgl. Rn. 10 f.). Da diese Variante nach dem Wortsinn aber auch durch aktives Tun (bei gleichwohl erforderlicher Pflichtenstellung) begehbar ist, handelt es sich um ein **Delikt sui generis**, das den Unterlassungstatbestand mit umschließt (für § 221 Abs. 1 a.F. abwägend BGHSt 38, 78, 81 – „Selbstmordversuchsfall"; a.A. Schönke/Schröder/*Eser*, § 221 Rn. 10: Begehungsdelikt).

22   Der Versuch der Grundtatbestände ist nicht strafbar, wohl aber derjenige der Qualifikationen. Dies ist für § 221 Abs. 2 Nr. 1 eindeutig, aber auch für die Erfolgsqualifikationen des § 221 Abs. 2 Nr. 2 und Abs. 3 zu bejahen (*Fischer*, § 221 Rn. 18; SK/*Horn/Wolters*, § 221 Rn. 16; a.A. LK/*Jähnke*, § 221 Rn. 40; *Rengier*, § 10 Rn. 22).

§ 5. Aussetzung 49

Tateinheit kommt z.B. mit den §§ 142, 223 ff. in Betracht (Schönke/Schröder/*Eser*, § 221 Rn. 18). Hinter vorsätzlichen Tötungsdelikten tritt § 221 dagegen auf der Konkurrenzebene zurück (*Fischer*, § 221 Rn. 28). Umgekehrt ist die Norm gegenüber § 323c das speziellere Delikt (*Lackner/Kühl*, § 221 Rn. 9).

23

D. Kontrollfragen

1. Wie lässt sich § 221 deliktstypisch kategorisieren? → Rn. 1
2. Worin unterscheiden sich die beiden Aussetzungstatbestände? → Rn. 2
3. Was versteht man unter einer schweren Gesundheitsschädigung? → Rn. 14
4. Gibt es für Tatbeteiligte Besonderheiten zu beachten? → Rn. 19

Aufbauschema (§ 222)

1. Tatbestände
   a) Objektiver Tatbestand
      (1) Einen (anderen) Menschen
      (2) In eine hilflose Lage versetzen (§ 221 Abs. 1 Nr. 1) oder in einer hilflosen Lage trotz Obhuts- oder Beistandspflicht im Stich lassen (§ 221 Abs. 1 Nr. 2)
      (3) Ihn dadurch der Gefahr des Todes oder einer schweren Gesundheitsschädigung aussetzen
   b) Subjektiver Tatbestand
      – Vorsatz
2. Rechtswidrigkeit
3. Schuld

Empfehlungen zur vertiefenden Lektüre:
Leitentscheidungen: BGHSt 21, 44 – „Mutterfall"; BGHSt 26, 35 – „Gastgeberfall"; BGHSt 38, 78 – „Selbstmordversuchsfall"; BGHSt 52, 153 – „Hausstandfall"; *BGH* NStZ 1994, 84 – „Michaela-Fall".

Aufsätze: *Hörnle*, Die wichtigsten Änderungen des Besonderen Teils des StGB durch das 6. Gesetz zur Reform des Strafrechts, Jura 1998, 169; *Mitsch*, Grundfälle zu den Tötungsdelikten, JuS 1996, 407.

Kapitel 2. Straftaten gegen die körperliche Unversehrtheit

1 Die den Schutz menschlichen **Lebens** bezweckenden Vorschriften (vgl. §§ 1 bis 5) werden vor allem durch die im 17. Abschnitt des StGB zusammengefassten Straftaten gegen die körperliche Unversehrtheit (§§ 223 bis 231) ergänzt, die das Rechtsgut der **menschlichen Gesundheit** vor fremdverschuldeten Beeinträchtigungen schützen sollen. Hinzu tritt § 340, der die Körperverletzung im Amt gesondert unter Strafe stellt (vgl. dazu *Rengier*, ZStW 111 [1999], 1, 26 f.; *Wolters*, JuS 1998, 582, 586). Gemäß § 340 Abs. 3 gelten die §§ 224 bis 229 entsprechend. Wie sich aus § 228 ergibt, ist das geschützte Rechtsgut prinzipiell disponibel, d.h. dessen Träger kann darauf verzichten (vgl. § 6 Rn. 13 ff.).

Systematik der Körperverletzungsdelikte	
Grundtatbestand	
Vorsätzliche Körperverletzung (§ 223)	
Qualifikationen	**Fahrlässigkeitstatbestand**
Gefährliche Körperverletzung (§ 224)	Fahrlässige Körperverletzung (§ 229)
Misshandlung von Schutzbefohlenen (§ 225)	**Sonderfall**
Schwere Körperverletzung (§ 226)	Beteiligung an einer Schlägerei (§ 231)
Körperverletzung mit Todesfolge (§ 227)	
Körperverletzung im Amt (§ 340)	

2 Wie bei den Tötungsdelikten kann auch bei den Körperverletzungsdelikten Tatobjekt nur ein **anderer lebender Mensch** sein (vgl. § 1 Rn. 5 ff.). Da es insofern allein auf den Zeitpunkt der Verletzungs*handlung* ankommt, werden Einwirkungen auf die Leibesfrucht durch die §§ 223 ff. selbst dann nicht erfasst, wenn sie sich (auch noch) nach der Geburt in Körperschäden auswirken (*Krey/Heinrich*, Rn. 184 ff.; zur vergleichbaren Konstellation des nach der Geburt eintretenden Todes vgl. § 1 Rn. 5; BGHSt 31, 348, 352 – „Fall der verkannten Schwangerschaft"; differenzierend Schönke/Schröder/*Eser*, § 223 Rn. 1a; vertiefend *Tepperwien*, Pränatale Einwirkungen). Anderes kann allerdings gelten für körperliche Folgen, die bei der Schwangeren selbst eintreten (*Wessels/Hettinger*, Rn. 247).

§ 6. Vorsätzliche Körperverletzung (§ 223)

A. Grundlagen

§ 223 stellt den Grundtatbestand der vorsätzlichen Straftaten gegen die 1
körperliche Unversehrtheit dar. Es handelt sich um ein Erfolgsdelikt, das als
Zustands-, nicht als Dauerdelikt ausgestaltet ist.

> **Aufbauhinweis:** Kommen bei der Fallbearbeitung mehrere Körperverletzungstatbestände in Betracht, sollte grundsätzlich mit § 223 begonnen werden. Es empfiehlt sich, das Delikt in Abweichung von der gesetzlichen Überschrift als **vorsätzliche Körperverletzung** zu bezeichnen, um es von der fahrlässigen Begehungsweise (§ 229) deutlich abzugrenzen. Sind die Voraussetzungen des § 223 unzweifelhaft erfüllt, kann jedoch eine im Rahmen des Qualifikationstatbestands (z.B. § 224) erfolgende Prüfung wegen der größeren Übersichtlichkeit der Darstellung vorteilhaft sein.

B. Tatbestand

Grundstruktur des Körperverletzungstatbestands		
Objektiver Tatbestand		**Subjektiver Tatbestand**
Tatobjekt (Rn. 2)	Tathandlung (Rn. 3 ff.)	Vorsatz (Rn. 8)

I. Objektiver Tatbestand

Eine Körperverletzung begeht, „wer eine andere Person körperlich miss- 2
handelt oder an der Gesundheit schädigt" (§ 223 Abs. 1). Beide Alternativen
stehen selbständig nebeneinander und sind infolgedessen gesondert zu prüfen
(*Rengier*, § 13 Rn. 13). Sie sind allerdings weitgehend, wenn auch nicht völlig
deckungsgleich (*Maurach/Schroeder/Maiwald*, BT 1, § 9 Rn. 1).

1. Körperliche Misshandlung (§ 223 Abs. 1 1. Alt.)

Eine körperliche Misshandlung ist eine üble, unangemessene Behandlung,
die das körperliche Wohlbefinden nicht nur unerheblich beeinträchtigt
(BGHSt 25, 277).

3 Diese Voraussetzung ist jedenfalls erfüllt, wenn es infolge einer Einwirkung auf den Körper eines anderen zu einem Substanzschaden oder gar -verlust kommt (Schönke/Schröder/*Eser*, § 223 Rn. 3).

Beispiele: B erleidet durch einen Tritt des A einen Armbruch. C verliert durch einen Faustschlag des D einen Zahn.

4 Eine Misshandlung gemäß § 223 Abs. 1 1. Alt. kann aber auch ohne Verletzung der körperlichen Integrität vorliegen. Beispielsweise ist die Begehungsvariante zu bejahen, wenn der Täter einem anderen Benzin oder Brennspiritus über den Kopf gießt (*BGH* NJW 1995, 2643; NStZ 2007, 701) oder ihn mit Teer beschmiert (*Wessels/Hettinger*, Rn. 256), selbst wenn es nicht zu einer Schädigung etwa von Augen oder Haut kommt, nicht aber generell bei jedem Schlag oder Stoß (*BGH* StV 2001, 680; s. ferner *BGH*, Beschluss vom 21. 4. 2005, Az.: 4 StR 76/05 zu einem folgenlosen Fesseln der Hände).

5 Eine Beeinträchtigung lediglich des **seelischen** Wohlbefindens durch eine vom Täter verursachte psychisch-emotionale Reaktion (z.B. Schreck, Angst, Ekel) ist grundsätzlich nicht ausreichend. Anderes gilt aber dann, wenn die Reaktion zugleich zu körperlichen Nebenwirkungen führt, etwa starke Magenbeschwerden oder langanhaltende Schlafstörungen hervorruft (*BGH* NStZ 2000, 25; *Krey/Heinrich*, Rn. 190 ff.).

Beispiel: In nächtlichen Telefonanrufen bedroht A die B. Diese hat große Angst und erleidet infolgedessen einen Nervenzusammenbruch mit 20minütigem Weinkrampf (BGHR StGB § 223 Abs. 1 Gesundheitsbeschädigung 2).

Vertiefungshinweis: § 30 WStG stellt die körperliche Misshandlung und Gesundheitsschädigung eines soldatischen Untergebenen durch einen Vorgesetzten unter Strafe, § 31 WStG die ggf. auch durch psychische Einwirkung begangene entwürdigende Behandlung (ausführlich BGHSt 53, 145, 158 ff. und 167).

6 Da es sich um eine **üble** unangemessene Behandlung handeln muss, scheiden dagegen unerhebliche Einwirkungen aus dem Anwendungsbereich der Vorschrift aus, beispielsweise ein leichter Klaps auf den Po sowie ein kurzes Anstoßen oder Kratzen. Gleiches gilt für ein einmaliges Anspucken (insoweit kommt § 185 in Betracht; vgl. § 14). Für die aus Sicht eines objektiven Dritten zu beantwortende Frage der Erheblichkeit spielt es im Übrigen keine Rolle, ob das Vorgehen des Täters Schmerzen hervorruft (*BGH* NJW 1995, 2643) oder vom Opfer überhaupt wahrgenommen wird.

Beispiele: Auch ein schlafender, bewusstloser oder allgemein schmerzunempfindlicher Mensch kann körperlich misshandelt werden (LK/*Lilie*, § 223 Rn. 7). Schmerzloses Vorgehen wie das Abschneiden von Haaren kann genügen (*Otto*, § 15 Rn. 2).

> **Vertiefungshinweise:** Zu Maßnahmen an vom Körper abgetrennten Körperteilen und -substanzen (z.B. kurzzeitig entnommenem Augapfel, Eigenblutspende oder eingefrorenem Sperma) s. *Fischer*, § 223 Rn. 2; MünchKomm/*Joecks*, Vor § 223 Rn. 14 ff.; SK/*Horn/Wolters*, § 223 Rn. 5a; *Otto*, Jura 1996, 219. – Der Tatbestand der **Misshandlung von Schutzbefohlenen** (§ 225) ist wesentlich enger gefasst als § 223 Abs. 1 1. Alt.: **Quälen** (§ 225 Abs. 1 1. Var.) bedeutet das Verursachen länger dauernder oder sich wiederholender Schmerzen oder Leiden (BGHSt 41, 113, 115). Dieses Merkmal wird typischerweise durch mehrere Handlungen verwirklicht, die dann als auf Dauer angelegter Komplex eine Handlungseinheit bilden (*BGH* NStZ-RR 2007, 304, 306, auch zur schweren Gesundheitsbeschädigung gemäß § 225 Abs. 3 Nr. 1). **Roh** ist eine Misshandlung (§ 225 Abs. 1 2. Var.), wenn sie aus einer gefühllosen, gegen die Leiden des Opfers gleichgültigen Gesinnung heraus erfolgt (*BGH* NStZ 2004, 94; 2007, 405), beispielsweise ein Kind massiv getreten und mit Fäusten geschlagen sowie an den Haaren gerissen und ihm der Mund mit trockenem Brot vollgestopft wird (*BGH*, Beschluss vom 7. 12. 2006, Az.: 2 StR 470/06; s. auch BGHSt 52, 153, 156). Eine Verwirklichung des Tatbestands durch Unterlassen ist möglich (*BGH*, Urteil vom 4. 7. 2002, Az.: 3 StR 64/02), wobei bedingter Vorsatz ebenfalls genügt (*BGH* NStZ 2004, 94, 95). § 225 Abs. 3 Nr. 2 verdrängt auf der Konkurrenzebene § 171 (*BGH*, Beschluss vom 4. 8. 2010, Az.: 2 StR 298/10).

2. Gesundheitsschädigung (§ 223 Abs. 1 2. Alt.)

Eine Gesundheitsschädigung begeht, wer einen von den normalen körperlichen Funktionen des Opfers nachteilig abweichenden pathologischen Zustand hervorruft, steigert (BGHSt 43, 346, 354 – „Röntgenstrahlenfall"; *Lackner/Kühl*, § 223 Rn. 5) oder zumindest aufrechterhält.

Einen derartigen Zustand hält nicht nur aufrecht, wer seine Linderung unterlässt (hierzu *Hardtung*, JuS 2008, 864, 868), sondern auch derjenige, welcher dafür sorgt, dass ein sich sonst bessernder Zustand dies nicht tut. Hinsichtlich der erforderlichen Erheblichkeit der Einwirkung auf den Körper eines anderen gelten die Ausführungen zur 1. Begehungsvariante entsprechend. Auch die Gesundheitsschädigung braucht vom Opfer weder bemerkt noch als schmerzhaft empfunden zu werden (vgl. Rn. 6; LK/*Lilie*, § 223 Rn. 12). Bei primär psychischen Beeinträchtigungen ist sie nur zu bejahen, wenn diese den Körper im weitesten Sinne in einen pathologischen, somatisch objektivierbaren Zustand versetzen (vgl. Rn. 5; *BGH* NStZ 1997, 123; großzügiger Schönke/Schröder/*Eser*, § 223 Rn. 6). Dieser Zustand muss allerdings nicht von Dauer sein (BGHSt 43, 346, 354 – „Röntgenstrahlenfall"). 7

> **Beispiele:** Ansteckung eines anderen mit einer nicht ganz unerheblichen Krankheit, insbesondere mit einer Geschlechtskrankheit oder dem humanen Immunmangel-Virus (HIV), ohne dass es schon zum Ausbruch der Krankheit gekommen sein muss (BGHSt 36, 1, 6 – „Soldaten-Aids-Fall"; *Knauer*, GA 1998, 428); wiederholte nicht indizierte Röntgenbestrahlung (BGHSt 43, 346, 354 ff. – „Röntgenstrahlenfall"); Verursachung von Rauschzuständen, zumindest bei eingetretener Bewusstlosigkeit (*BGH* NStZ 1986, 266, 267); „post-shooting-Trauma" nach einem auf das Opfer abgegebenen Schuss (*BGH*, Be-

schluss vom 28. 7. 1998, Az.: 4 StR 240/98); Verursachung einer Rauchvergiftung (*Heger*, JA 2008, 859, 860).

II. Subjektiver Tatbestand

8   Für den subjektiven Tatbestand ist bedingter Vorsatz ausreichend. Es genügt somit, dass der Täter eine körperliche Misshandlung oder Gesundheitsschädigung eines anderen für möglich hält und trotzdem handelt (*BGH*, Urteil vom 14. 10. 1998, Az.: 3 StR 258/98; *Fischer*, § 223 Rn. 20).

C. Täterschaft und Teilnahme, Begehung durch Unterlassen, Versuch, Rechtswidrigkeit, Konkurrenzen sowie Verfolgbarkeit

9   Für Täterschaft und Teilnahme gelten die allgemeinen Vorschriften (§§ 25 ff.). Daher ist insbesondere die Beteiligung an der tatbestandslosen Selbstverletzung eines anderen Menschen nicht strafbar, es sei denn, die – bezüglich der Mitwirkung an fremder Selbsttötung dargestellten (vgl. § 1 Rn. 21) – Voraussetzungen mittelbarer Täterschaft (§ 25 Abs. 1 2. Alt.) lägen vor (*Maurach/Schroeder/Maiwald*, BT 1, § 8 Rn. 7; s. aber die Ausnahmeregelungen der §§ 17 WStG, 109 für die Selbstverstümmelung, um sich zur Erfüllung des soldatischen Dienstes untauglich zu machen).

10 Beide Tatbestandsalternativen können bei Vorliegen einer Garantenstellung auch durch Unterlassen verwirklicht werden (SK/*Horn/Wolters*, § 223 Rn. 25; vgl. zur strafrechtlichen Verantwortlichkeit von Mitarbeitern in „Drogenberatungsstellen mit Konsummöglichkeit" *Hoffmann-Riem*, NStZ 1998, 7, 12). Daher macht sich etwa der vorsätzlichen Körperverletzung schuldig, wer als Hersteller oder Vertriebshändler von ihm in den Verkehr gebrachte Produkte nicht zurückruft, nachdem er erkannt hat, dass diese auch bei bestimmungsgemäßem Gebrauch gesundheitliche Schäden bei den Verbrauchern hervorrufen (BGHSt 37, 106, 114 ff. – „Ledersprayfall", dort auch zu den Kausalitätsanforderungen). Ebenso erfüllt § 223 Abs. 1, wer unter Verletzung seiner Handlungspflicht zur Aufrechterhaltung erheblicher Schmerzen beiträgt (*BGH* NStZ 1995, 589) oder die zur Vermeidung körperlicher Schäden gebotene ärztliche Behandlung nicht herbeiführt (*BGH* StV 1998, 536).

Beispiel: A unternimmt nichts, obwohl er erkennt, dass seine Ehefrau, die infolge unzureichender Nahrungs- und Flüssigkeitsaufnahme „in Apathie und Bewegungsunfähigkeit" verfallen ist, der notärztlichen Hilfe bedarf (*BGH* StV 1998, 536).

11 Die versuchte Körperverletzung ist strafbar (§§ 223 Abs. 2, 22). Insoweit gelten die allgemeinen Regeln uneingeschränkt.

Vertiefungshinweis: Diese durch das 6. StrRG vorgenommene Vorverlagerung der Strafbarkeit wird in der Praxis zu erheblichen Beweisproblemen führen, vor allem in Bezug auf Versuchsbeginn und Rücktritt (*Schlüchter*, § 223 Rn. 8; *Sander/ Hohmann*, NStZ 1998, 273, 275). Soweit die Neuregelung positiv bewertet wird, wird dies dementsprechend auch mit wenig praxisrelevanten Vorteilen begründet, etwa bei der Handhabung von Fällen der aberratio ictus und der nur objektiv gerechtfertigten, ohne Rechtfertigungswillen begangenen Körperverletzung (*Rengier*, ZStW 111 [1999], 1, 4f.). Auch dass § 223 Abs. 2 namentlich dann praktisch bedeutsam werden soll, wenn die Ursächlichkeit eines Handelns für eine Körperverletzung nicht festgestellt werden kann (*Wessels/Hettinger*, Rn. 250), trifft nicht zu. Denn in einem solchen Fall wird sich kaum einmal die subjektive Tatseite nachweisen lassen. Dies gilt besonders dann, wenn die Kausalität auch durch einen Sachverständigen nicht belegt werden kann.

Bei der Prüfung der Rechtswidrigkeit kommen prinzipiell alle anerkannten Rechtfertigungsgründe in Betracht. Eine Körperverletzung kann daher beispielsweise durch Notwehr (§ 32) gerechtfertigt sein. Das sog. **Züchtigungsrecht** kommt dagegen nicht mehr in Frage (*Rengier*, § 13 Rn. 14). Denn es kann auf das ursprünglich zugrundeliegende Gewohnheitsrecht nicht mehr gestützt werden, nachdem der Gesetzgeber durch den am 1. Januar 2002 in Kraft getretenen § 1631 Abs. 2 S. 2 BGB (sogar) für personensorgeberechtigte Personen (z.B. die Eltern, § 1626 Abs. 1 S. 2 BGB) „körperliche Bestrafungen" ausdrücklich als unzulässig eingestuft hat (vgl. *Fischer*, § 223 Rn. 18a; ebenso schon zum vorherigen Recht *Otto*, Jura 2001, 670, 671). Für Lehrer hatte sich ein derartiges „Züchtigungsverbot" bereits zuvor aus schulgesetzlichen Regelungen zahlreicher Bundesländer ergeben (für Baden-Württemberg *BGH* NStZ 1993, 591; einen Überblick gibt LK/*Lilie*, § 223 Rn. 10). 12

Wer eine Körperverletzung mit **Einwilligung** der verletzten Person (zu den Wirksamkeitsvoraussetzungen vgl. *BGH* NStZ 2000, 87, 88; *Otto*, § 15 Rn. 18; s. auch *Bollacher/Stockburger*, Jura 2006, 908, 910f. m. Prüfungsschemata; *Kunz*, JuS 1996, 39, 41) vornimmt, handelt nur dann rechtswidrig, wenn die Tat trotz der Einwilligung gegen die guten Sitten verstößt (§ 228; zu den §§ 2 KastrG, 8 TPG und anderen Sonderregelungen s. MünchKomm/*Hardtung*, § 228 Rn. 13f.). 13

Beachte: Diese Regelung bezieht sich nicht nur auf § 223, sondern auch auf dessen Qualifikationen (nach der ausdrücklichen Verweisung in § 340 Abs. 3 auch auf die Körperverletzung im Amt; *Rengier*, ZStW 111 [1999], 1, 27) und auf § 229 (*Fischer*, § 228 Rn. 4; a.A. MünchKomm/*Hardtung*, § 228 Rn. 4).

Ein Verstoß gegen die guten Sitten ist zu bejahen, wenn **die Tat selbst** dem Anstandsgefühl aller billig und gerecht Denkenden, also nicht nur den 14

Wertvorstellungen einzelner gesellschaftlicher Gruppen widerspricht. Dies wird umso eher der Fall sein, je schwerer die Tat wiegt, und daher grundsätzlich anzunehmen sein, wenn das Opfer bei vorausschauender objektiver Betrachtung (ex ante) in die Gefahr einer schweren Gesundheitsschädigung (§ 226 Abs. 1; *Rengier*, § 20 Rn. 2b; *Hardtung*, JuS 2008, 960) oder gar in eine konkrete Todesgefahr gebracht wird (BGHSt 49, 34, 44; 49, 166, 173; *BGH* NStZ 2010, 389, 390). Nicht maßgebend für die Sittenwidrigkeit sind dagegen die Einwilligung und die mit ihr verfolgten Ziele (BGHSt 4, 88, 91; *BGH* NStZ 2000, 87, 88).

Beispiele: Gerechtfertigt sind danach regelmäßig Verletzungen, die beim sportlichen Wettkampf etwa durch Übereifer verursacht (differenzierend *Fischer*, § 228 Rn. 22) oder die bei sadomasochistischen Praktiken dem „Opfer" zugefügt werden (vgl. BGHSt 49, 166, 172 f.; *Maurach/Schroeder/Maiwald*, BT 1, § 8 Rn. 14; differenzierend MünchKomm/ *Hardtung*, § 228 Rn. 45). Dagegen verstoßen das sog. Auto-Surfen (Fahren mit auf dem Autodach liegenden Personen; *OLG Düsseldorf* NStZ-RR 1997, 325, 327 m. Bespr. *Hammer*, JuS 1998, 785) und das Verprügelnlassen als „Aufnahmeprüfung" in eine Jugendgang (*BayObLG* NJW 1999, 372, 373) gegen die guten Sitten.

15 Auch **ärztliche Behandlungsmaßnahmen** bedürfen der – u.U. mutmaßlichen (vgl. zu den Anforderungen BGHSt 35, 246, 249; 45, 219, 221 ff.) – Einwilligung des Patienten, wenn sie in dessen körperliche Integrität eingreifen (z.B. Blinddarmoperation, Ziehen eines Zahns, auch Behandlung mit Gammastrahlen in therapeutisch wirksamer Dosis). Denn unabhängig von dem damit verfolgten Zweck erfüllen diese den Tatbestand (zumindest) des § 223 Abs. 1 auch dann, wenn sie medizinisch indiziert sind, lege artis ausgeführt werden und erfolgreich verlaufen (st. Rspr. seit RGSt 25, 375, 377 ff.; vgl. BGHSt 43, 306, 308 – „Gammastrahlenfall"; *BGH* NStZ 1996, 34, 35 m. krit. Anm. *Jordan*, JR 1997, 32; 2004, 442).

16 Dies wird allerdings von einem Teil der Literatur mit dem Argument bestritten, es handele sich bei einem ärztlichen Eingriff um *Heil*behandlung, die gerade nicht auf eine Beeinträchtigung der körperlichen Unversehrtheit abzielt (*Lackner/Kühl*, § 223 Rn. 8 ff.). Dies trifft zwar zu, vermag aber die wertende Beschränkung des Tatbestands nicht zu rechtfertigen. Denn schon über die an die Beschränkung zu stellenden Anforderungen besteht keine Einigkeit (*Wessels/Hettinger*, Rn. 328 f.), sie ist somit unbestimmt.

17 Entscheidend ist jedoch, dass die Herausnahme ärztlicher Maßnahmen aus dem Anwendungsbereich der §§ 223 ff. das Selbstbestimmungsrecht des Patienten und seinen Schutz vor eigenmächtigen Heilbehandlungen in nicht akzeptabler Weise schmälern würde (*Krey/Heinrich*, Rn. 219; *Meyer*, GA 1998, 415, 417 f.; vgl. dazu auch BGHSt 45, 219, 221). Hinzu kommt, dass der Gesetzgeber den 17. Abschnitt des StGB durch das 6. StrRG zwar reformiert, eine zunächst vorgeschlagene Regelung des „eigenmächtigen Heileingriffs" (dazu *Meyer*, GA 1998, 415, 421) in Kenntnis des dargelegten Streits aber

nicht übernommen hat. Daraus lässt sich schließen, dass er die bestehende Praxis akzeptieren wollte (*Schlüchter*, § 223 Rn. 7).

> **Merke:** Die Einwilligung ist nur wirksam erteilt, wenn der Patient in der gebotenen Weise über den Eingriff, seinen Verlauf, seine Erfolgsaussichten, seine Risiken und mögliche Behandlungsalternativen aufgeklärt worden ist (*BGH* NStZ 1996, 34; 2008, 278, 279; StV 2008, 464, 465; *BGH* NJW 2011, 1088 zur Aufklärung über die Anwendung einer Außenseitermethode; vgl. zu den Einzelheiten Münch-Komm/*Joecks*, § 223 Rn. 68 ff.; Schönke/Schröder/*Eser*, § 223 Rn. 40 ff.).

> **Vertiefungshinweis:** Einen Überblick über die Ausgestaltung der ärztlichen Aufklärungs- und Dokumentationspflicht durch die Zivilgerichte gibt Palandt/*Sprau*, § 823 Rn. 152 ff.; zur strafprozessualen Sicherstellung (Beschlagnahme) von Krankenakten nach den §§ 94 ff. StPO, auch zur Reichweite des Beschlagnahmeverbots des § 97 Abs. 1 Nr. 2 StPO vgl. BGHSt 43, 300, 302 ff.; BGHR StPO § 244 Abs. 2 Krankenunterlagen 1.

Auf der Konkurrenzebene tritt die „einfache" Körperverletzung hinter ihren Qualifikationen zurück. Das gilt insbesondere auch für das Verhältnis zur Körperverletzung im Amt (*Rengier*, ZStW 111 [1999], 1, 27). Tateinheit (§ 52) kann beispielsweise mit § 113 (MünchKomm/*Joecks*, § 223 Rn. 107), § 241 (*BGH* NStZ 2010, 512; Beschluss vom 13. 2. 2002, Az.: 2 StR 523/01) und den §§ 249 ff. (*BGH* NStZ-RR 1999, 173) bestehen. Auch mit einem **versuchten** vorsätzlichen Tötungsdelikt steht eine vollendete Körperverletzung in Tateinheit (vgl. § 1 Rn. 23 f.). Erfüllt eine Handlung beide Alternativen des § 223 Abs. 1, liegt gleichwohl nur *eine* vorsätzliche Körperverletzung vor (*Wessels/Hettinger*, Rn. 260). **18**

Anders als ihre Qualifikationen ist die „einfache" vorsätzliche Körperverletzung ein relatives Antragsdelikt (vgl. § 40 Rn. 9 f.), d.h. sie wird nur auf Antrag verfolgt, sofern nicht die Staatsanwaltschaft (ggf. der Generalbundesanwalt; vgl. *BGH* Beschluss vom 13. 10. 1998, Az.: 4 StR 483/98) das besondere öffentliche Interesse an der Strafverfolgung bejaht (§ 230 Abs. 1 S. 1; zum Verfolgungsinteresse bei Sportverletzungen *Reinhart*, SpuRt 1997, 1). **19**

D. Kontrollfragen

1. Wann liegt eine körperliche Misshandlung (§ 223 Abs. 1 1. Alt.) vor? → Rn. 3 ff.
2. Was wird unter einer Gesundheitsschädigung (§ 223 Abs. 1 2. Alt.) verstanden? → Rn. 7
3. Bedarf eine ärztliche Heilbehandlung einer vorherigen Einwilligung? → Rn. 15 ff.

> **Aufbauschema (§ 223)**
>
> 1. Tatbestand
>   a) Objektiver Tatbestand
>   (1) Eine andere Person
>   (2) Körperlich misshandeln (§ 223 Abs. 1 1. Alt.) oder an der Gesundheit schädigen (§ 223 Abs. 1 2. Alt.)
>   b) Subjektiver Tatbestand
>   – Vorsatz
> 2. Rechtswidrigkeit
> 3. Schuld
> 4. Strafverfolgungsvoraussetzungen (§ 230; vgl. § 40 Rn. 9 f.)

Empfehlungen zur vertiefenden Lektüre:
Leitentscheidungen: BGHSt 31, 348 – „Fall der verkannten Schwangerschaft"; BGHSt 36, 1 – „Soldaten-Aids-Fall"; BGHSt 37, 106 – „Ledersprayfall"; BGHSt 43, 306 – „Gammastrahlenfall"; BGHSt 43, 346 – „Röntgenstrahlenfall".

Aufsätze: *Bollacher/Stockburger*, Der ärztliche Heileingriff in der strafrechtlichen Fallbearbeitung, Jura 2006, 908; *Hammer*, „Auto-Surfen" – Selbstgefährdung oder Fremdgefährdung? – OLG Düsseldorf, NStZ-RR 1997, 325, JuS 1998, 785; *Knauer*, AIDS und HIV – Immer noch eine Herausforderung für die Strafrechtsdogmatik, GA 1998, 428; *Otto*, Rechtfertigung einer Körperverletzung durch das elterliche Züchtigungsrecht, Jura 2001, 670; *Rengier*, Die Reform und Nicht-Reform der Körperverletzungsdelikte durch das 6. Strafrechtsreformgesetz, ZStW 111 (1999), 1.

Übungsfallliteratur: *Britz/Müller-Dietz*, Examensklausur Strafrecht: Überfall auf einen Taxifahrer mit tödlichen Folgen, Jura 1997, 313; *Hardtung*, Gift in der Wurst – Ein Bericht über eine strafrechtliche Hausarbeit, JuS 1996, 1088; *Heger*, Klausur Strafrecht: „Lästige Mieter", JA 2008, 859; *Ingelfinger*, Der praktische Fall – Strafrecht: Die untreuen Helfer, JuS 1998, 531; *Nelles/Pöppelmann*, Semesterabschlußarbeit Strafrecht: „Die Basis ist das Fundament der Grundlage", Jura 1997, 210; *Siebrecht*, Der praktische Fall – Strafrecht: Brutaler Besuch, JuS 1997, 1101.

§ 7. Gefährliche Körperverletzung (§ 224)

A. Grundlagen

1 § 224 bedroht als Qualifikationstatbestand fünf Begehungsweisen der „einfachen" Körperverletzung (§ 223) mit erhöhter Strafe, weil diese allgemein als besonders gefährlich erscheinen (BGHSt 19, 352, 353; MünchKomm/ *Hardtung*, § 224 Rn. 1; kritisch *Otto*, § 16 Rn. 2).

B. Tatbestand

I. Objektiver Tatbestand

Der objektive Tatbestand ist erfüllt, wenn der Täter in einer der in § 224 Abs. 1 Nr. 1 bis 5 aufgeführten Weisen „die Körperverletzung begeht", d.h. die fünf Modalitäten stehen selbständig nebeneinander. Stets bedarf es einer gewissen Erheblichkeit (MünchKomm/*Hardtung*, § 224 Rn. 1). 2

> **Beispielsfall 3 – Denkzettel:** A möchte B einen Denkzettel verpassen, weil dieser ihn zuvor in seiner Stammkneipe beschimpft hat. Als B auf die Toilette geht, folgt A ihm. Im Toilettenvorraum kippt er dem überraschten B zunächst aus kurzer Entfernung Salzsäure in das Gesicht. Anschließend rammt er B sein Taschenmesser in den Arm und verschwindet. Das Eindringen von Säure verätzt das linke Auge und verschlechtert dessen Sehkraft um 10 %. Die durch den Stich verursachte Wunde ist nach zwei Wochen verheilt.
> Strafbarkeit des A? 3

Lösung:

Ein (versuchtes) Tötungsdelikt scheidet im Beispielsfall von vornherein aus. A hat B jedoch durch Säure und Stich körperlich misshandelt und an der Gesundheit geschädigt (§ 223 Abs. 1; vgl. § 6 Rn. 3 ff.). Er könnte dies in den qualifizierten Formen des § 224 Abs. 1 Nr. 1 bis 3 getan haben. 4

1. Durch Beibringen von Gift oder anderen gesundheitsschädlichen Stoffen (§ 224 Abs. 1 Nr. 1)

a) Gift oder anderer gesundheitsschädlicher Stoff

Danach müsste A als Tatmittel Gift oder einen anderen gesundheitsschädlichen Stoff verwendet haben. Als **Stoff** ist jede feste, flüssige oder gasförmige Materie zu verstehen (MünchKomm/*Hardtung*, § 224 Rn. 5; vgl. die Beispiele Rn. 6). 5

> **Merke:** Gift ist jede Substanz, die im konkreten Fall geeignet ist, durch chemische oder chemisch-physikalische Wirkung die Gesundheit zu schädigen (MünchKomm/*Hardtung*, § 224 Rn. 9). Andere gesundheitsschädigende Stoffe sind dagegen solche, die mechanisch, thermisch oder biologisch auf den Körper des Opfers einwirken (*Fischer*, § 224 Rn. 4).

Je nach den konkreten Tatumständen kommen bei entsprechender Verwendung auch an sich unschädliche Stoffe „des täglichen Bedarfs" als Tatmittel in Betracht, z.B. Kochsalz (BGHSt 51, 18, 22 f.) oder Zucker (*Rengier*, § 14 Rn. 5). Eine Eignung zur Gesundheits*zerstörung* ist im Unterschied zur inso- 6 weit anders lautenden Vorgängervorschrift (§ 229 a.F.) nicht erforderlich (BGHSt 51, 18, 22; *Hörnle,* Jura 1998, 169, 178; vgl. zum § 229 a.F. BGHSt 15, 113 – „Salzsäure-Sehvermögen-Fall I"; 32, 130 – „Salzsäure-Sehvermögen-Fall II"). Jedoch bedarf es im Hinblick auf den Strafrahmen des § 224 (bei erhöhter Mindeststrafe Freiheitsstrafe bis zu zehn Jahren) einer restriktiven Interpretation der möglichen Stoffe (Tatmittel). Deshalb muss die durch sie in Betracht kommende Gesundheitsschädigung – wie beim § 224 Abs. 1 Nr. 2 (vgl. Rn. 18) – erheblich sein (BGHSt 51, 18, 22; MünchKomm/*Hardtung,* § 224 Rn. 7; *Wessels/Hettinger,* Rn. 267; *Rengier,* ZStW 111 [1999], 1, 8; *Wolters,* JuS 1998, 582, 583).

Beispiele: (für Gift) Arsen, Blei, Leuchtgas, Pilz- und Schlangengift, Zyankali; (für andere gesundheitsschädigende Stoffe) Bakterien, Krankheitserreger (HI-Virus), radioaktiv kontaminierte Substanzen; nicht jedoch elektrischer Strom sowie Gamma-, Röntgen- und radioaktive Strahlen, da diese keine Stoffe i.S.d. Nr. 1 sind (*Fischer,* § 224 Rn. 4; insoweit kommt aber § 224 Abs. 1 Nr. 5 in Betracht; vgl. Rn. 29)

7   Bei der von A verwendeten Salzsäure handelt es sich um ein Gift (vgl. BGHSt 15, 113, 114 – „Salzsäure-Sehvermögen-Fall I"; s. auch *BGH,* Beschluss vom 13. 11. 2003, Az.: 3 StR 359/03 [Oxazepam-Tabletten]; Beschluss vom 21. 4. 2009, Az.: 4 StR 531/08; Beschluss vom 23. 2. 2010, Az.: 1 StR 652/09 [jeweils zu sog. KO-Tropfen]). Die damit verursachte körperliche Beeinträchtigung des B lag oberhalb der Erheblichkeitsgrenze. Das verwendete Messer zählt dagegen nicht zu den Tatmitteln des § 224 Abs. 1 Nr. 1, denn es ist als „Stoff" nicht zur Gesundheitsschädigung durch **eigene Wirkungskraft** in der Lage.

b) Beibringen

8   Als spezifizierte Körperverletzungshandlung bezeichnet § 224 Abs. 1 Nr. 1 das „Beibringen". Dafür ist es erforderlich, dass der Täter das Tatmittel derart mit dem Körper des Opfers in Verbindung bringt, dass es seine gesundheitsschädigende Wirkung entfalten kann (BGHSt 15, 113, 114 – „Salzsäure-Sehvermögen-Fall I"). Typischerweise wird der schädigende Stoff dabei in das Körperinnere gelangen, etwa durch Einspritzen, Schlucken- oder Einatmenlassen. Nicht zweifelsfrei ist es dagegen, ob auch das Herstellen eines lediglich äußeren Kontakts (z.B. durch Auftragen auf die Haut) ein Beibringen darstellen kann (a.A. *Wessels/Hettinger,* Rn. 265: Streit erledigt).

9   **(1)** Einerseits wird die Auffassung vertreten, dass das Beibringen auch äußerlich wirkende Gifte und Stoffe erfasst (vgl. *Fischer,* § 224 Rn. 6; MünchKomm/*Hardtung,* § 224 Rn. 10; *Otto,* § 16 Rn. 5; *Rengier,* ZStW 111 [1999], 1, 8 f.). Dafür sprechen folgende **Argumente:**

10 • Die Ansicht, dass ein Beibringen das „Verinnerlichen" der gefährlichen Stoffe erfordere, ist von einem Teil der Literatur zum § 229 a.F. vertreten

worden. Mit diesem Ansatz sollten die als weniger gefährlich erscheinenden Fälle nur äußerer Verwendung der Stoffe aus dem Anwendungsbereich der als Verbrechenstatbestand ausgestalteten Vorschrift ausgenommen werden. Infolge der herabgesetzten Mindeststrafe ist diese restriktive Auslegung nicht mehr geboten.

- Stoffe, die zwar gesundheitsschädigend, aber im konkreten Fall nicht gesundheitszerstörend sein konnten und **deshalb** nicht unter § 229 a.F. fielen, wurden vielfach als gefährliches Werkzeug gemäß § 223a a.F. (= § 224 Abs. 1 Nr. 2) angesehen (z.B. siedendes Wasser; vgl. *Hardtung*, JuS 1996, 1088, 1089). Insofern wurde ein Eindringen in das Körperinnere nicht verlangt. Es gibt keinen Grund dafür, dass dies nun bei der Prüfung der mit demselben Strafrahmen wie § 224 Abs. 1 Nr. 2 ausgestatteten Nummer 1 erforderlich sein soll. 11

(2) Nach anderer Ansicht ist ein Stoff nur dann i.S.d. § 224 Abs. 1 Nr. 1 12 „beigebracht", wenn seine Wirkung im Innern des Körpers eintritt (*Schlüchter*, § 224 Rn. 5). Ins Feld geführt werden diese **Argumente:**

- Der Wortlaut des § 224 Abs. 1 Nr. 1 weicht von den Qualifikationen der Nummern 2, 3 und 5 ab. Er lässt nicht schon die Begehung der Körperverletzung „mittels" eines Gifts oder anderen gefährlichen Stoffs genügen, sondern verlangt deren Beibringung. Diese unterschiedliche Fassung muss ernst genommen werden. Ihr kann am plausibelsten dadurch entsprochen werden, dass aus ihr die Notwendigkeit eines besonders engen Kontakts zwischen Tatmittel und Körper des Opfers dergestalt hergeleitet wird, dass das Tatmittel im Körperinnern wirkt. 13

- Diese Auslegung erlaubt nicht nur eine trennscharfe Abgrenzung zwischen § 224 Abs. 1 Nr. 1 und 2 (Gifte und andere gesundheitsschädliche Stoffe müssen im Innern des Körpers wirken, gefährliche Werkzeuge i.S.d. Nummer 2 können nur solche Gegenstände sein, die von außen auf den Körper einwirken), sondern sie erhält § 224 Abs. 1 Nr. 1 seine eigenständige Bedeutung. Diese wäre anderenfalls zweifelhaft, weil die Vorschrift als spezielle Ausgestaltung des § 224 Abs. 1 Nr. 2 verstanden werden könnte. 14

(3) **Stellungnahme:** Die zweite Auffassung verdient den Vorzug. Sie wird 15 der Gesetzessystematik und der von den übrigen Qualifikationen der gefährlichen Körperverletzung abweichenden Fassung des § 224 Abs. 1 Nr. 1 am ehesten gerecht.

Die Ansicht ist jedoch zu präzisieren. Da es nach ihr allein auf die besonders gefährliche **Wirkung** des Mittels im Körper ankommt, kann es keine Rolle spielen, auf welchem Weg diese Wirkung herbeigeführt wird. Tritt sie beispielsweise allein schon dadurch ein, dass ein Gift auf die Haut des Opfers aufgetragen wird, so liegt darin ein „Beibringen". Die Grenze des möglichen Wortsinns wird durch ein solches Verständnis nicht überschritten. Denn der Begriff des „Beibringens" enthält zwar eine Komponente des heimlichen, 16 unmerklichen Vorgehens, das gerade im Einflößen eines Gifts bestehen kann (vgl. *Brockhaus/Wahrig*, Deutsches Wörterbuch, 1. Bd., 1980, S. 573; *Trübner*, Deutsches Wörterbuch, 1. Bd., 1939, S. 266; jeweils Stichwort: beibringen). Sein Sinngehalt wird damit aber nicht ausgeschöpft. Das Wort kann ebenso i.S.d. äußeren Versetzens eines Hiebs, Stoßes oder auch einer Wunde verwendet werden (vgl. *Grimm*, Deutsches Wörterbuch, 1. Bd., 1854, S. 1358; *Wahrig*, Deutsches Wörterbuch, 1991, S. 245; jeweils Stichwort: beibringen).

> **Merke:** Beibringen ist danach jedes Herstellen eines Kontakts zwischen gesundheitsgefährdendem Stoff und Körper des Opfers, sofern der Stoff im Anschluss – in Abgrenzung zu § 224 Abs. 1 Nr. 2 (vgl. Rn. 20) – zumindest auch im **Innern** des Körpers schädigend **wirksam** wird.

17 **Zwischenergebnis:** Im Beispielsfall hat A somit die Salzsäure dem B beigebracht, da diese infolge des Kontakts mit dem Auge zu dessen Verätzung führte. Da A vorsätzlich gehandelt hat (vgl. Rn. 31), ist er einer gefährlichen Körperverletzung gemäß § 224 Abs. 1 Nr. 1 schuldig.

---

2. Mittels einer Waffe oder eines anderen gefährlichen Werkzeugs (§ 224 Abs. 1 Nr. 2)

a) Gefährliches Werkzeug

18 A könnte die Körperverletzung zudem mittels eines gefährlichen Werkzeugs begangen haben. Ein **gefährliches Werkzeug** ist jeder bewegliche Gegenstand, der nach seiner objektiven Beschaffenheit und nach der Art seiner Verwendung im Einzelfall geeignet ist, erhebliche Verletzungen zu verursachen (*Lackner/Kühl*, § 224 Rn. 5).

19 Diesem Oberbegriff lassen sich Teile des Körpers (z.B. die Faust oder das Knie) nach h.A. nicht subsumieren (*Rengier*, § 14 Rn. 14; *Kretschmer*, Jura 2008, 916, 919; a.A. *Hilgendorf*, ZStW 112 [2000], 811). Das Erfordernis der **Beweglichkeit** folgert die h.M. zutreffend aus der Wortlautgrenze (Art. 103 Abs. 2 GG; BGHSt 22, 235, 236; a.A. LK/*Lilie*, § 224 Rn. 27; *Rengier*, § 14 Rn. 16; s. auch MünchKomm/*Hardtung*, § 224 Rn. 13 ff.). Danach genügt es z.B. nicht, wenn das Opfer gegen eine Wand, den Fußboden oder einen Felsen gestoßen wird (*Krey/Heinrich*, Rn. 248 ff.; insoweit kommt ggf. § 224 Abs. 1 Nr. 5 in Betracht). Setzt der Täter einen beweglichen Gegenstand ein, ist es jedoch unerheblich, ob dieser gegen das Opfer oder dieses gegen den Gegenstand bewegt wird (*Nelles/Pöppelmann*, Jura 1997, 210, 212), etwa der Kopf des Opfers auf einen festgestellten Schraubendreher gestoßen wird (MünchKomm/*Hardtung*, § 224 Rn. 28).

§ 7. Gefährliche Körperverletzung   63

> **Vertiefungshinweis:** Der Körper muss jedoch gerade durch den Gegenstand („mittels") geschädigt werden (*BGH*, Beschluss vom 19. 10. 2010, Az.: 4 StR 264/10; *Kretschmer*, Jura 2008, 916, 920). Hierfür genügt es beispielsweise nicht, wenn das Opfer von einem durch den Täter geführten Pkw abrutscht und sich beim Sturz verletzt (*BGH*, Beschluss vom 10. 7. 2008, Az.: 4 StR 220/08; s. auch *BGH* NStZ 2007, 405) oder der Körperschaden erst durch ein etwa durch Schüsse ausgelöstes Unfallgeschehen eintreten soll (*BGH* NStZ 2006, 572, 573).

Gefährliche Gegenstände sind in Abgrenzung zu § 224 Abs. 1 Nr. 1 (vgl. **20** Rn. 15 f.) zudem nur solche, deren Wirkung sich darauf beschränkt, den Körper des Opfers von außen zu schädigen.

Beispiele: Eisenstangen, Steine, Biergläser, Weinflaschen (*BGH*, Urteil vom 10. 12. 2008, Az.: 2 StR 338/08), abgeschlagene Flaschenhälse (*BGH* NStZ 2002, 597, 598), Gullydeckel, Eishockey- und Baseballschläger, Fahrradketten, Rasierklingen (Schönke/Schröder/*Stree*, § 224 Rn. 5), Metallschläuche (*BGH*, Urteil vom 13. 1. 2006, Az.: 2 StR 463/05), Straßen- und Turnschuhe bei Tritten ins Gesicht oder die Bauchgegend (*BGH* NStZ 1999, 616; s. auch *BGH* NStZ 2003, 662, 663; 2010, 151; Beschluss vom 7. 12. 2006, Az.: 2 StR 470/06; Urteil vom 15. 9. 2010; Az.: 2 StR 395/10).

Auch an sich ungefährliche Gegenstände können Tatmittel i.S.d. § 224 **21** Abs. 1 Nr. 2 sein, wenn sie bei ihrem konkreten Einsatz geeignet sind, Verletzungen erheblicher Art herbeizuführen.

Beispiele: A zieht B eine Plastiktüte über den Kopf und verursacht so dessen Bewusstlosigkeit.
C würgt D mit einem Schnürsenkel oder mit einer Krawatte.
E schlägt F mit einem Ledergürtel in das Gesicht (*BGH* NStZ 2002, 597) und auf das Gesäß (*BGH*, Urteil vom 16. 3. 2005, Az.: 1 StR 432/04; s. aber auch *BGH* NStZ 2007, 95).
G gießt H kochendes Wasser auf Unterleib und Beine, was zu Verbrühungen führt (*BGH*, Beschluss vom 28. 7. 2004, Az.: 2 StR 207/04; s. auch *BGH*, Urteil vom 27. 1. 2011, Az.: 4 StR 487/10 zum sprühen mit Haushaltsreiniger).
I verursacht bei J Brandwunden, indem er auf dessen Brust und Armen (*BGH* NStZ 2002, 86) sowie oberhalb der Nase Zigaretten ausdrückt (*BGH* NStZ 2002, 30; a.A. *OLG Köln* StV 1994, 244, 246; differenzierend MünchKomm/*Hardtung*, § 224 Rn. 25).
K kippt einen Schrank auf den am Boden liegenden L (*BGH*, Beschluss vom 20. 12. 2006, Az.: 1 StR 576/06).
M sticht N Nähnadeln unter die Zehennägel (*BGH*, Urteil vom 19. 2. 2002, Az.: 1 StR 546/01).

b) Waffe

Als „ausgestanzten" Unterfall des „anderen" gefährlichen Werkzeugs hebt **22** die Vorschrift ausdrücklich Waffen hervor. Dieser Begriff ist im technischen Sinn zu verstehen, d.h. er erfasst neben Schusswaffen i.S.d. § 1 Abs. 2 Nr. 1 WaffG (z.B. Selbstladekurzwaffen; *BGH* StV 1997, 7) insbesondere auch Hieb- und Stoßwaffen (§ 1 Abs. 2 Nr. 2a WaffG). Es handelt sich dabei um

Geräte, die dazu geeignet und bestimmt sind, Menschen auf mechanischem oder chemischem Wege körperlich zu verletzen (BGHSt 4, 125, 127). Deren Verwendung erfüllt das Merkmal jedoch nur dann, wenn diese im **konkreten Fall** gerade als gefährliches Werkzeug erfolgt. Diese Voraussetzung ist beispielsweise bei einem leichten Schlag mit einer Pistole gegen Arme, Beine oder Rücken des Opfers zu verneinen (*Schlüchter*, § 224 Rn. 8), bei einem Messerstich jedoch zu bejahen (*BGH* NStZ 2005, 97; 2009, 25).

23 **Zwischenergebnis:** Im Beispielsfall hat A durch den Einsatz seines Taschenmessers auch § 224 Abs. 1 Nr. 2 vorsätzlich (vgl. Rn. 31) verwirklicht.

3. Mittels eines hinterlistigen Überfalls (§ 224 Abs. 1 Nr. 3)

24 Da B vom Angriff des A überrascht wurde, könnte dieser die Körperverletzung auch mittels eines hinterlistigen Überfalls begangen haben. Ein **Überfall** ist ein plötzlicher Angriff, auf den sich der Angegriffene nicht rechtzeitig einstellen kann (Schönke/Schröder/*Stree*, § 224 Rn. 10). Ein solcher Angriff des A liegt vor. Das Gesetz verlangt aber seine hinterlistige Begehung.

> **Merke:** Hinterlist setzt voraus, dass der Täter planmäßig in einer auf Verdeckung seiner wahren Absicht berechneten Weise vorgeht, um dadurch dem Angegriffenen die Abwehr zu erschweren (*BGH* NStZ 2005, 97; LK/*Lilie*, § 224 Rn. 31; *Hardtung*, JuS 1996, 1088, 1089).

Beispiele: A streckt B die Hand zur Begrüßung hin, um ihn in Sicherheit zu wiegen, schlägt dann aber wie geplant unvermittelt zu (ähnliches Beispiel bei *Wessels/Hettinger*, Rn. 279).

C lockt D unter dem Vorwand, sie für eine Zeitschrift fotografieren zu wollen, in seine Wohnung. Dort gibt er ihr einen mit einem Schlafmittel vermischten Saft, um im Anschluss sexuelle Handlungen an ihr ausführen zu können (*BGH*, Urteil vom 15. 9. 1998, Az.: 5 StR 173/98; BGHR StGB § 223a Abs. 1 Hinterlist 2).

25 Ein derart listiges Vorgehen des A (*BGH* NStZ-RR 2009, 42, 43; *Fischer*, § 224 Rn. 10: äußerliche Manifestierung erforderlich) lässt sich im Beispielsfall dem Sachverhalt nicht entnehmen. Allein das Ausnutzen des Überraschungsmoments, etwa durch einen plötzlichen Angriff von hinten, genügt für § 224 Abs. 1 Nr. 3 nicht (*BGH* NStZ 2005, 97; NStZ-RR 2009, 42, 43). Im Hinblick darauf ist es nicht unproblematisch, die Voraussetzungen des § 224 Abs. 1 Nr. 3 in Fällen zu bejahen, in denen sich ein Täter vor dem überraschenden Angriff auf das Opfer vor diesem verbirgt, ihm auflauert oder sich anschleicht (so aber *BGH* NStZ 2005, 40; NStZ-RR 2009, 77, 78; s. auch *BGH*, Urteil vom 15. 9. 2010, Az.: 2 StR 395/10).

26 **Ergebnis:** A hat § 224 Abs. 1 Nr. 1 und 2 verwirklicht. Er hat B zwar durch zwei Handlungen verletzt. Diese bilden aber eine natürliche Handlungseinheit. A ist daher wegen einer gefährlichen Körperverletzung zu bestrafen.

§ 7. Gefährliche Körperverletzung

4. Mit einem anderen Beteiligten gemeinschaftlich (§ 224 Abs. 1 Nr. 4)

§ 224 Abs. 1 Nr. 4 erfüllt, wer die Körperverletzung mit einem anderen Beteiligten gemeinschaftlich begeht. Danach bedarf es des einverständlichen Zusammenwirkens lediglich zweier Personen (MünchKomm/*Hardtung*, § 224 Rn. 31 f.). 27

> **Beachte:** Diese müssen sich grundsätzlich am Tatort aufhalten, da nur dann die vom § 224 vorausgesetzte besondere Gefährlichkeit der Tatbegehung für das Opfer gegeben ist (vgl. Rn. 1).

Wirken jedoch drei oder mehr Personen zusammen, ist es ausreichend, wenn wenigstens zwei von ihnen am Tatort sind (*Wessels/Hettinger*, Rn. 281). 28

Es genügt im Übrigen, wenn es sich bei den Zusammenwirkenden um einen Täter und einen Teilnehmer handelt. Zwar enthält § 224 Abs. 1 Nr. 4 das Merkmal der Gemeinschaftlichkeit und knüpft damit begrifflich an § 25 Abs. 2 an. Er bezeichnet aber die Person, mit der der Täter zusammenwirken muss, ausdrücklich als „Beteiligten" und verwendet damit einen in § 28 Abs. 2 legaldefinierten Terminus. Daraus lässt sich mit noch hinreichender Deutlichkeit entnehmen, dass es eines mittäterschaftlichen Vorgehens nicht bedarf (ebenso BGHSt 47, 383, 386 f.; noch offen gelassen von *BGH*, Beschluss vom 5. 4. 2000, Az.: 3 StR 95/00; *Schlüchter*, § 224 Rn. 11; *Hörnle*, Jura 1998, 169, 178; *Lesch*, JA 1998, 474, 475; kritisch *Rengier*, ZStW 111 [1999], 1, 9 f.; *Wolters*, JuS 1998, 582, 584; a.A. *Krey/Heinrich*, Rn. 252 ff.; *Schroth*, NJW 1998, 2861). 29

> **Vertiefungshinweis:** Das bedeutet, dass auch die Anstiftung durch einen am Tatort Anwesenden ohne dessen weiteres Eingreifen in die Tatausführung oder die bloße psychische Beihilfe (Anfeuern des Täters, Beifallklatschen) geeignet sind, für den Täter die Voraussetzungen des Qualifikationstatbestands zu begründen. Insofern lassen sich Fallgestaltungen denken, bei denen dies im Hinblick auf die spürbar erhöhte Mindestfreiheitsstrafe unter Unrechts- und Schuldgesichtspunkten nicht unbedenklich erscheint. Eine restriktive Auslegung der Vorschrift wäre daher an sich zu befürworten (so *Schroth*, NJW 1998, 2861, 2862; s. auch BGHSt 47, 383, 387). Für diese werden jedoch kaum abstrakte Kriterien entwickelbar, sondern allenfalls Fallgruppen zu bilden sein (vgl. *Wessels/Hettinger*, Rn. 281). Dagegen wiederum würde der schwerwiegende Einwand fehlender Bestimmtheit und Rechtssicherheit bestehen. Deshalb ist es vorzugswürdig, dem geminderten Unrechts- und Schuldgehalt durch die Annahme eines in § 224 Abs. 1 vorgesehenen minder schweren Falls Rechnung zu tragen.

5. Mittels einer das Leben gefährdenden Behandlung (§ 224 Abs. 1 Nr. 5)

30 Gefährlich i.S.d. § 224 Abs. 1 Nr. 5 ist eine Körperverletzung, die mittels einer das Leben gefährdenden Behandlung begangen wird. Dafür ist der Eintritt einer konkreten Gefahr nicht erforderlich. Es genügt vielmehr, dass die zu beurteilende Handlung geeignet war, eine Lebensgefährdung herbeizuführen (vgl. BGHSt 36, 1, 9 – „Soldaten-Aids-Fall"; BGHR StGB § 223a Abs. 1 Lebensgefährdung 1, 7 und 8; *BGH* NStZ 2004, 618; NStZ-RR 2010, 176; MünchKomm/*Hardtung*, § 224 Rn. 36; *Siebrecht*, JuS 1997, 1101, 1104). Diese Auslegung findet nicht zuletzt eine Stütze in den Materialien zum 6. StrRG (BT-Drs. 13/8587, S. 83; vgl. dazu *Ingelfinger*, JuS 1998, 531, 536).

> **Merke:** Ob eine „Behandlung" geeignet ist, das Leben des Opfers zu gefährden, ist zwar unter Berücksichtigung der **konkreten Umstände** des Falls zu prüfen. Der Eintritt einer **konkreten Gefahr** ist dafür aber nicht notwendig (BGHSt 36, 1, 9 – „Soldaten-Aids-Fall").

Beispiele: A drosselt B mit einem Sicherheitsgurt, so dass dieser „gerade noch Luft bekommt" (BGHR StGB § 250 Abs. 1 Nr. 2 Beisichführen 4; s. auch *BGH* NStZ-RR 2006, 11), Sehstörungen erleidet (*BGH* NJW 2002, 3264, 3265) bzw. bewusstlos wird (*BGH* NStZ 2007, 339).
C setzt D „in exzessiver Weise" medizinisch nicht indizierten Röntgenstrahlen aus (BGHSt 43, 346, 356 – „Röntgenstrahlenfall"; weitere Beispiele bei *Lackner/Kühl*, § 224 Rn. 8).
E versetzt einem neun Wochen alten Kind wuchtige Faustschläge gegen den Kopf (*BGH*, Urteil vom 6. 6. 2007, Az.: 2 StR 105/07).

> **Vertiefungshinweis:** Ähnlich wie beim § 224 Abs. 1 Nr. 2 (vgl. Rn. 19) muss gerade die Art der Behandlung geeignet sein, das Leben zu gefährden („mittels"). Daher genügt es beispielsweise nicht, wenn das Opfer durch einen für sich genommen ungefährlichen Stoß des Täters auf die Fahrbahn stürzt und erst infolge dessen dem Risiko ausgesetzt ist, durch einen nachfolgenden Unfall getötet zu werden (*BGH* NStZ 2007, 34, 35; s. auch *BGH* NStZ 2010, 276).

II. Subjektiver Tatbestand

31 Bei allen fünf Qualifikationstatbeständen ist ein Handeln mit bedingtem Vorsatz ausreichend. Dies gilt insbesondere auch für § 224 Abs. 1 Nr. 1 (*Wolters*, JuS 1998, 582, 584) und Nr. 3 (a.A. MünchKomm/*Hardtung*, § 224 Rn. 29 und 46: Absicht erforderlich). Bei § 224 Abs. 1 Nr. 5 muss der Täter lediglich die Umstände kennen, aus denen sich die Gefährlichkeit seines Tuns für das Opfer ergibt. Dagegen ist es nicht erforderlich, dass er sie selbst als lebensgefährdend bewertet (BGHSt 36, 1, 15 – „Soldaten-Aids-Fall"; kritisch *Wessels/*

Hettinger, Rn. 284). Es bedeutet keinen Widerspruch, einen derartigen *Gefährdungs*vorsatz anzunehmen, einen bedingten *Tötungs*vorsatz aber zu verneinen (BGHSt 36, 1, 15 f. – „Soldaten-Aids-Fall"; *BGH* StV 1998, 536).

C. Täterschaft und Teilnahme, Begehung durch Unterlassen, Versuch sowie Konkurrenzen

Für Täterschaft und Teilnahme gelten die allgemeinen Grundsätze der §§ 25 ff. Daher ist insbesondere auch eine sukzessive Mittäterschaft möglich. Ist jedoch das die Körperverletzung qualifizierende Geschehen (z.B. ein Messerstich) beim Eintritt des zweiten Täters bereits abgeschlossen, so darf ihm dieses selbst dann nicht zugerechnet werden, wenn er davon bei seinem Eingreifen Kenntnis hatte (*BGH* NStZ 1997, 272; s. auch *BGH*, Beschluss vom 23. 4. 2002, Az.: 3 StR 505/01). Wer an einer Körperverletzung lediglich als Anstifter oder Gehilfe mitwirkt und der Täter infolgedessen § 224 Abs. 1 Nr. 4 verwirklicht (vgl. Rn. 29), wird nicht allein dadurch zum Mittäter (*BGH* NStZ-RR 2010, 236). 32

Eine gefährliche Körperverletzung kann bei Bestehen einer Garantenstellung durch Unterlassen begangen werden (vgl. § 6 Rn. 10; *BGH* StV 1998, 536). Das gilt grundsätzlich auch für die Begehungsvarianten des § 224 Abs. 1 Nr. 2 und 4. Den Bedenken der diesbezüglich abweichenden Meinung (MünchKomm/*Hardtung*, § 224 Rn. 41; SK/*Horn/Wolters*, § 224 Rn. 21, 29; Schönke/Schröder/*Stree*, § 224 Rn. 11) ist allerdings im Einzelfall durch eine besonders sorgfältige Prüfung Rechnung zu tragen, ob das Unterlassen der Verwirklichung des gesetzlichen Tatbestands durch ein Tun entspricht (§ 13 Abs. 1). 33

Die versuchte gefährliche Körperverletzung ist strafbar (§§ 224 Abs. 2, 22). Es gelten die allgemeinen Regelungen der §§ 22 ff. 34

§ 224 geht als Qualifikation dem § 223 (Grundtatbestand) vor, tritt hingegen hinter die vollendeten – spezielleren – §§ 226, 227 zurück (*BGH*, Beschluss vom 25. 7. 2007, Az.: 2 StR 252/07 [zu den §§ 224 Abs. 1 Nr. 2, 226]; Beschluss vom 30. 8. 2006, Az.: 2 StR 198/06 [zum § 227]). Ist jedoch die schwere Körperverletzung (§ 226) durch eine das Leben gefährdende Behandlung (§ 224 Abs. 1 Nr. 5) verursacht worden, erscheint die Annahme von Tateinheit (§ 52) als vorzugswürdig, um das begangene Unrecht auch im Urteilstenor deutlich zu machen (BGHSt 53, 23, 24; *BGH* NStZ-RR 2009, 278). Sind die §§ 226, 227 nur versucht, kann ebenfalls Tateinheit bestehen (MünchKomm/*Hardtung*, § 224 Rn. 52). Gleiches gilt im Verhältnis zu einem versuchten Tötungsdelikt (vgl. § 1 Rn. 23 f.), zum § 125a (*BGH*, Beschluss vom 6. 4. 2009, Az.: 5 StR 94/09) und zum § 309 (*Fischer*, § 309 Rn. 16). 35

D. Kontrollfragen

1. Wie lassen sich die Begehungsweisen des § 224 Abs. 1 Nr. 1 und 2 voneinander abgrenzen? → Rn. 15 f. und 20
2. Setzt § 224 Abs. 1 Nr. 4 mittäterschaftliches Vorgehen voraus? → Rn. 28
3. Wann liegt eine das Leben gefährdende Behandlung vor? → Rn. 29

Aufbauschema (§ 224)

1. Tatbestand
   a) Objektiver Tatbestand
      (1) Begehen einer Körperverletzung (§ 223 Abs. 1)
      (2) Durch Beibringung von Gift oder anderen gesundheitsschädlichen Stoffen (§ 224 Abs. 1 Nr. 1) oder mittels einer Waffe oder eines anderen gefährlichen Werkzeugs (§ 224 Abs. 1 Nr. 2) oder mittels eines hinterlistigen Überfalls (§ 224 Abs. 1 Nr. 3) oder mit einem anderen Beteiligten gemeinschaftlich (§ 224 Abs. 1 Nr. 4) oder mittels einer das Leben gefährdenden Behandlung (§ 224 Abs. 1 Nr. 5)
   b) Subjektiver Tatbestand
      – Vorsatz
2. Rechtswidrigkeit
3. Schuld

Empfehlungen zur vertiefenden Lektüre:
Leitentscheidungen: BGHSt 15, 113 – „Salzsäure-Sehvermögen-Fall I"; BGHSt 32, 130 – „Salzsäure-Sehvermögen-Fall II"; BGHSt 36, 1 – „Soldaten-Aids-Fall"; BGHSt 43, 346 – „Röntgenstrahlenfall".

Aufsätze: *Hörnle*, Die wichtigsten Änderungen des Besonderen Teils des StGB durch das 6. Gesetz zur Reform des Strafrechts, Jura 1998, 169; *Hilgendorf*, Körperteile als „gefährliche Werkzeuge", ZStW 112 (2000), 811; *Kretschmer*, Die gefährliche Körperverletzung (§ 224 StGB) anhand neuer Rechtsprechung, Jura 2008, 916; *Rengier*, Die Reform und Nicht-Reform der Körperverletzungsdelikte durch das 6. Strafrechtsreformgesetz, ZStW 111 (1999), 1; *Schroth*, Zentrale Interpretationsprobleme des 6. Strafrechtsreformgesetzes, NJW 1998, 2861; *Wolters*, Die Neufassung der Körperverletzungsdelikte, JuS 1998, 582.

Übungsfallliteratur: *Britz/Müller-Dietz*, Examensklausur Strafrecht: Überfall auf einen Taxifahrer mit tödlichen Folgen, Jura 1997, 313; *Hardtung*, Gift in der Wurst – Ein Bericht über eine strafrechtliche Hausarbeit, JuS 1996, 1088; *Heger*, Klausur Strafrecht: „Lästige Mieter", JA 2008, 859; *Ingelfinger*, Der praktische Fall – Strafrecht: Die untreuen Helfer, JuS 1998, 531; *Nelles/Pöppelmann*, Semesterabschlußarbeit Strafrecht: „Die Basis ist das Fundament der Grundlage", Jura 1997, 210; *Siebrecht*, Der praktische Fall – Strafrecht: Brutaler Besuch, JuS 1997, 1101.

§ 8. Schwere Körperverletzung und Körperverletzung mit Todesfolge (§§ 226, 227)

A. Grundlagen

Die §§ 226, 227 qualifizieren die vorsätzliche Körperverletzung für den 1 Fall zum Verbrechen (§ 12 Abs. 1), dass diese zu besonders schweren Folgen beim Opfer führt. Mit Ausnahme des § 226 Abs. 2 (vgl. Rn. 26) sind die Tatbestände als erfolgsqualifizierte Delikte ausgestaltet (*Lackner/Kühl*, § 226 Rn. 1 und § 227 Rn. 1).

B. Tatbestände

> **Prüfungsabfolge der Tatbestände der §§ 226 Abs. 1, 227 Abs. 1**

1. Vorsätzliche, rechtswidrige und schuldhafte Körperverletzung (Rn. 4)
   2. Eintritt einer schweren Folge nach den §§ 226 Abs. 1 und 227 Abs. 1 (Rn. 5 ff., 10 ff., 17 ff. und 29)
      3. Kausalität und Unmittelbarkeitszusammenhang zwischen Körperverletzung und schwerer Folge (Rn. 8, 15 und 30 ff.)
         4. Wenigstens Fahrlässigkeit bezüglich der Herbeiführung der schweren Folge (Rn. 16 und 38)

I. Schwere Körperverletzung (§ 226)

Körperverletzungen i.S.d. Vorschrift sind solche, die bestimmte schwere 2 Folgen bewirken, die die verletzte Person dauernd erheblich beeinträchtigen, also voraussichtlich nicht in absehbarer Zeit ausheilen können (*BGH* NStZ 2005, 261, 262). Ihrer Annahme steht nicht entgegen, dass das Opfer bald nach der Verletzung stirbt (a.A. wegen der dann fehlenden Langwierigkeit MünchKomm/*Hardtung*, § 226 Rn. 6 und 7 a.E.). Sie sind in § 226 Abs. 1 Nr. 1 bis 3 abschließend aufgeführt (BGHSt 28, 100, 101 – „Nierenfall").

1. Objektiver Tatbestand

> **Beispielsfall 4 – Verheerende Pump-Gun:** A will sich an seiner ehemaligen 3 Freundin B rächen, weil diese sich von ihm getrennt hat. Er schießt deshalb ohne Tötungsvorsatz mit einer Pump-Gun auf die Beine der 20 Jahre alten B. Einer der

> Splitter der verwendeten Munition verletzt jedoch eine Niere so schwer, dass diese entfernt werden muss, ein anderer dringt in das rechte Handgelenk ein und verursacht dessen irreversible Versteifung. Im Krankenhaus wird es zudem versehentlich unterlassen, einen Splitter aus dem Unterleib zu entfernen. Dies führt dazu, dass B nicht mehr schwanger werden kann.
> Strafbarkeit des A?

Lösung:

4 Ein (versuchtes) Tötungsdelikt scheidet wegen des fehlenden Vorsatzes aus. A hat B jedoch mittels einer Waffe (§ 224 Abs. 1 Nr. 2; vgl. § 7 Rn. 18 ff.) und mittels einer das Leben gefährdenden Behandlung (§ 224 Abs. 1 Nr. 5; vgl. § 7 Rn. 30) am Körper verletzt. Durch die gefährliche Körperverletzung könnte er außerdem schwere Folgen gemäß § 226 Abs. 1 Nr. 1 bis 3 hervorgerufen haben.

a) Verlust des Sehvermögens, des Gehörs, des Sprechvermögens oder der Fortpflanzungsfähigkeit (§ 226 Abs. 1 Nr. 1)

5 Als Folge der Körperverletzung hat B ihre Empfängnisfähigkeit und damit die Fortpflanzungsfähigkeit (§ 226 Abs. 1 Nr. 1 4. Var.; vgl. zur Sterilisation nach einem Kaiserschnitt BGHSt 45, 219) eingebüßt. Dazu zählen auch die Gebär- und die Zeugungsfähigkeit (*Lesch*, JA 1998, 474, 475; zum Begriff *Scheffler*, Jura 1996, 505). Kinder können die bei ihnen noch nicht entwickelte, aber als Anlage vorhandene Fortpflanzungsfähigkeit ebenfalls verlieren (*Fischer*, § 226 Rn. 5).

6 Als gleichwertig sieht § 226 Abs. 1 Nr. 1 den Verlust des Sehvermögens (Fähigkeit, visuell die Umwelt wahrzunehmen) auf zumindest einem Auge, des Gehörs insgesamt (Fähigkeit, artikulierte Laute wahrzunehmen) und des Sprechvermögens (Fähigkeit zu artikuliertem Reden) an (*Fischer*, § 226 Rn. 2a bis 4; SK/*Horn/Wolters*, § 226 Rn. 6).

Beispiele: Infolge eines Messerstichs des A in das rechte Auge des B verbleibt diesem nur noch eine Sehfähigkeit von 5%.
C schlägt D derart auf den Kopf, dass dessen rechtes Ohr taub wird und auf dem linken Ohr ein Resthörvermögen von 5% verbleibt, so dass D einen neben ihr startenden Lkw vergleichbar wahrnimmt wie eine Person mit intaktem Gehör eine neben sich zu Boden fallende Stecknadel (*BGH*, Beschluss vom 8. 12. 2010, Az.: 5 StR 516/10).

Beachte: Die durch § 226 Abs. 1 Nr. 1 erfassten Fähigkeiten sind bereits „verloren", wenn sie im Wesentlichen und dauerhaft, d.h. zumindest auf unbestimmte Zeit aufgehoben sind (*Lackner/Kühl*, § 226 Rn. 2; MünchKomm/*Hardtung*, § 226 Rn. 19).

7 An einer dauerhaften Einbuße einer Fähigkeit kann es fehlen, wenn diese durch eine medizinische, insbesondere operative Maßnahme wiederhergestellt

§ 8. Schwere Körperverletzung, Todesfolge 71

werden kann. Jedoch ist insoweit Zurückhaltung geboten. Nur eine Heilmaßnahme, die für das Opfer kein unzumutbares Risiko enthält, steht der Annahme des Tatbestandsmerkmals entgegen (SK/*Horn/Wolters*, § 226 Rn. 7).

> **Merke:** Der Verlust der geschützten Fähigkeiten muss schließlich unmittelbare Folge der Körperverletzung sein. Dieselbe enge Verknüpfung ist auch beim § 226 Abs. 1 Nr. 2 und 3 erforderlich.

Dafür ist über bloße Kausalität hinaus notwendig, dass sich die im Grundtatbestand typischerweise angelegte **spezifische Gefahr** in der schweren Folge realisiert hat (*Nelles/Pöppelmann*, Jura 1997, 210, 213; *Siebrecht*, JuS 1997, 1101). Im Beispielsfall ist dieser spezifische Gefahrzusammenhang gegeben. Zwar hat zum Verlust der Empfängnisfähigkeit die unzureichende ärztliche Behandlung beigetragen. Dieses Risiko und die schwere Folge selbst waren aber durch den Treffer in den Unterleib der B nach allgemeiner Lebenserfahrung vorgegeben (vgl. *Kunz*, JuS 1996, 39, 42). 8

Zwischenergebnis: Der objektive Tatbestand des § 226 Abs. 1 Nr. 1 4. Var. ist erfüllt. 9

b) Verlust oder dauernde Unbrauchbarkeit eines wichtigen Körpergliedes (§ 226 Abs. 1 Nr. 2)

Das Vorgehen des A könnte weiterhin dazu geführt haben, dass B ein wichtiges Glied ihres Körpers verloren hat (Niere; § 226 Abs. 1 Nr. 2 1. Alt.) oder dauernd nicht mehr gebrauchen kann (Hand; § 226 Abs. 1 Nr. 2 2. Alt.). 10

> **Merke:** Glied des Körpers ist nach h.M. jeder Körperteil, der mit dem Rumpf oder einem anderen Körperteil durch ein **Gelenk** verbunden ist (SK/*Horn/Wolters*, § 226 Rn. 8; *Krey/Heinrich*, Rn. 254), also beispielsweise nicht die Nase (*Fischer*, § 226 Rn. 6).

Im Beispielsfall erfüllt die Hand diese Voraussetzung. Innere Organe gehören dagegen nach zutreffender h.M. nicht dazu. Allerdings können ihr Verlust oder ihre dauerhafte Funktionsunfähigkeit den Verletzten ebenfalls schwerwiegend beeinträchtigen. Jedoch würde man, wollte man ein inneres Organ als „Glied" bezeichnen, die Grenze zulässiger Wortauslegung (Art. 103 Abs. 2 GG) überschreiten. Zudem bedürfte es dann (zumindest teilweise) des § 226 Abs. 1 Nr. 1 nicht mehr (BGHSt 28, 100, 102 – „Nierenfall"; *Wessels/Hettinger*, Rn. 288; a.A. *Otto*, § 17 Rn. 6; *Rengier*, § 15 Rn. 9). Der Verlust der Niere der B im Beispielsfall wird daher durch § 226 Abs. 1 Nr. 2 nicht erfasst. 11

> **Merke:** Wichtig i.S.d. § 226 Abs. 1 Nr. 2 ist ein Glied, wenn es für den Gesamtorganismus allgemein bedeutsam ist (*Fischer*, § 226 Rn. 7).

12 Entsprechend der Schutzrichtung der Vorschrift (vgl. Rn. 2) ist dies der Fall, wenn der Verlust oder die dauernde Gebrauchsunfähigkeit des Glieds regelmäßige menschliche Verrichtungen wesentlich beeinträchtigt (SK/*Horn/ Wolters*, § 226 Rn. 9). Das ist schon für einen Finger, insbesondere für Daumen und Zeigefinger, erst recht aber (wie im Beispielsfall) hinsichtlich einer Hand als „zentralem" Glied des menschlichen Körpers zu bejahen. Insofern können individuelle Körpereigenschaften des Opfers berücksichtigt werden, etwa diejenige als Rechts- oder Linkshänder (BGHSt 51, 252, 255 f.; MünchKomm/*Hardtung*, § 226 Rn. 27).

13 Für die Beurteilung der Wichtigkeit will eine in der Literatur vertretene Ansicht darüber hinaus auch sonstige individuelle Verhältnisse des Opfers heranziehen. Vor allem sollen berufliche Fähigkeiten (z.B. Stenotypistin, Berufspianist) zu berücksichtigen sein (*Maurach/Schroeder/Maiwald*, BT 1, § 9 Rn. 21; *Otto*, § 17 Rn. 7). Dieser Ansatz erscheint auf den ersten Blick plausibel. Gegen ihn spricht aber entscheidend das Erfordernis der Rechtssicherheit und -klarheit. Denn er würde in der Praxis u.U. Beweiserhebungen notwendig machen, ob ein Glied – für den Täter zudem zumindest erkennbar (vgl. Rn. 26) – gerade für das konkrete Opfer wichtig ist.

14 Im Beispielsfall hat B den verletzten Arm zwar nicht verloren (§ 226 Abs. 1 Nr. 2 1. Alt.). Dafür wäre dessen Lostrennung vom Körper erforderlich gewesen (*Lackner/Kühl*, § 226 Rn. 3: völliger physischer Verlust; MünchKomm/ *Hardtung*, § 226 Rn. 29; *Struensee*, Straftaten gegen das Leben und die körperliche Unversehrtheit, Rn. 77). Das Gesetz stellt einem derartigen Substanzverlust aber den **dauernden Funktionsverlust** gleich (§ 226 Abs. 1 Nr. 2 2. Alt.). Für diesen ist es nicht erforderlich, dass das verletzte Glied überhaupt keine Funktion mehr erfüllt. Es reicht entsprechend der Auslegung des § 226 Abs. 1 Nr. 1 (vgl. Rn. 6) aus, dass es im Wesentlichen nicht mehr verwendet werden kann (*Krey/Heinrich*, Rn. 256; *Rengier*, ZStW 111 [1999], 1, 15 f.; kritisch *Struensee*, Straftaten gegen das Leben und die körperliche Unversehrtheit, Rn. 77), also so viele Funktionen ausgefallen sind, dass es weitgehend unbrauchbar geworden ist (BGHSt 51, 252, 256 f.; *BGH* NStZ-RR 2009, 78), etwa auch infolge einer Gehirn- oder Rückenmarksverletzung (MünchKomm/*Hardtung*, § 226 Rn. 30).

Beispiele: Versteifung des Kniegelenks, auch wenn das Opfer noch unter Nachziehen des verletzten Beins laufen kann, nicht aber schon das Gefühl, Daumen und Zeigefinger wären „eingeschlafen".

15 Diese Voraussetzung ist auch bei einer steifen Hand zu bejahen. Der erforderliche Unmittelbarkeitszusammenhang (vgl. Rn. 7 f.) liegt im Beispielsfall ebenfalls vor.

16 Zwischenergebnis: Der objektive Tatbestand des § 226 Abs. 1 Nr. 2 2. Alt. ist durch die verursachte Handverletzung erfüllt.

c) Dauernde Entstellung oder Verfall in Siechtum, Lähmung oder geistige Krankheit oder Behinderung (§ 226 Abs. 1 Nr. 3)

Hinsichtlich des steifen Handgelenks kommt von den in § 226 Abs. 1 Nr. 3 aufgeführten schweren Folgen allein das Merkmal der Lähmung (§ 226 Abs. 1 Nr. 3 3. Var.), bezüglich des Verlusts der Niere das Verfallen in Siechtum (§ 226 Abs. 1 Nr. 3 2. Var.; BGHSt 28, 100 – „Nierenfall") in Betracht. **17**

> **Merke:** Lähmung ist die erhebliche Beeinträchtigung (schon) eines Körperteils, sofern diese den ganzen Körper in Mitleidenschaft zieht (*Fischer*, § 226 Rn. 12).

Beispiele: Versteifung des Hüftgelenks, die eine Fortbewegung nur noch an Krücken zulässt; bei vergleichbaren Folgen auch Versteifung des Knie- (BGHR StGB § 224 Abs. 1 Lähmung 1) und des Ellenbogengelenks (*Nelles/Pöppelmann*, Jura 1997, 210, 213).

Im Unterschied dazu genügt die Versteifung eines Handgelenks grundsätzlich nicht (SK/*Horn/Wolters*, § 226 Rn. 15). Anhaltspunkte, die im Beispielsfall ausnahmsweise eine andere Bewertung zulassen könnten, sind dem Sachverhalt nicht zu entnehmen. **18**

> **Merke:** Siechtum liegt bei einem chronischen Krankheitszustand vor, der den Gesamtorganismus in Mitleidenschaft zieht und zu einem Schwinden der körperlichen oder geistigen Kräfte sowie zu allgemeiner Hinfälligkeit führt (*Lackner/Kühl*, § 226 Rn. 4).

Beispiel: A schlägt B mehrfach mit einem Baseballschläger heftig auf den Kopf und verursacht dadurch Schädelbrüche und irreparable Gehirnverletzungen. In deren Folge leidet B an schweren epileptischen Anfällen und ist zu 50% erwerbsgemindert (*BGH*, Urteil vom 22. 1. 1997, Az.: 3 StR 52/96; s. auch *BGH* NStZ 2007, 325, 326; Urteil vom 19. 7. 2001, Az.: 4 StR 144/01).

Im Beispielsfall ist der Verlust der Niere zwar nicht reversibel und in diesem Sinn chronisch. Jedoch sind die für das Merkmal „Siechtum" erforderlichen weiteren, den gesamten Körper der B beeinträchtigenden Folgen aus dem Sachverhalt nicht ersichtlich. **19**

Gemäß § 226 Abs. 1 Nr. 3 1. Var. liegt eine schwere Körperverletzung auch dann vor, wenn das Opfer als Folge der Verletzung dauernd entstellt wird. **20**

> **Merke:** Eine Entstellung ist gegeben, wenn die körperliche Gesamterscheinung des Verletzten in erheblicher Weise verunstaltet ist (*Fischer*, § 226 Rn. 9).

Die Verunstaltung muss von ihrem Gewicht her den übrigen schweren Folgen des § 226 in etwa gleichkommen (*BGH* StV 1992, 115). **21**

Beispiele: Erhebliche Fehlstellung des verletzten Fußes mit damit verbundener Gehbehinderung (BGHR StGB § 224 Abs. 1 Entstellung 1); Verlust der Brustwarze (*BGH*, Urteil vom 24. 1. 2002, Az.: 3 StR 402/01), der Nasenspitze oder der Ohrmuschel, Narben am Hals (*Wessels/Hettinger*, Rn. 292) oder im Gesicht (BGHSt 53, 23, 24; s. auch *BGH* StraFo 2010, 389); nicht dagegen zahlreiche Narben und eine starke „rot-blau Verfärbung" der Haut auf der Hand (*BGH* StV 1992, 115) oder eine 20 cm lange, in der Kniekehle beginnende Narbe (*BGH* NStZ 2006, 686)

22 Dass die Verunstaltung üblicherweise verdeckt und beispielsweise nur beim Sport oder im Intimleben für Dritte sichtbar ist, steht der Bejahung des Merkmals „Entstellung" nicht entgegen (*Lackner/Kühl*, § 226 Rn. 4), weil diese Tatvariante alle sozialen Situationen erfassen soll (*Rengier*, § 15 Rn. 19). An ihrer notwendigen Dauerhaftigkeit fehlt es, wenn diese durch ärztliche Eingriffe (z.B. der sog. **kosmetischen Chirurgie**) bereits behoben oder verdeckt ist oder wenigstens die Möglichkeit dazu besteht. Jedoch gilt dies nur für Maßnahmen, die medizinisch sicher ausführbar und dem Opfer zumutbar sind (vgl. Rn. 7; *Fischer*, § 226 Rn. 9a). Es kommt insoweit nur auf das äußere Erscheinungsbild, nicht auf die Wiederherstellung verlorener Körperfunktionen an (SK/*Horn/Wolters*, § 226 Rn. 14).

Beispiel: Eine „aus fünf Zähnen bestehende, gut sitzende und gut aussehende Prothese" beseitigt die durch das Ausschlagen von Schneidezähnen entstandene Verunstaltung (BGHSt 24, 315, 317 f. – „Prothesenfall").

23 Gemäß § 226 Abs. 1 Nr. 3 4. Var. handelt es sich auch dann um eine schwere Körperverletzung, wenn die verletzte Person in eine geistige Krankheit oder Behinderung verfällt. Unter geistigen Krankheiten sind die krankhaften seelischen Störungen i.S.d. § 20 zu verstehen, d.h. die exogenen und endogenen Psychosen (*Lackner/Kühl*, § 226 Rn. 4; SK/*Horn/Wolters*, § 226 Rn. 15). Dem Merkmal der Behinderung kommt daher keine eigenständige Bedeutung zu (*Wolters*, JuS 1998, 582, 585; a.A. *Schroth*, NJW 1998, 2861, 2862 f.: erfasst Schädelverletzung mit Gehirnbeteiligung).

Beispiel: Sprach- und Koordinationsstörungen auslösende Hirnverletzung (*BGH*, Urteil vom 22. 1. 1997, Az.: 3 StR 52/96; s. auch *BGH*, Urteil vom 19. 7. 2001, Az.: 4 StR 144/01; *Rengier*, ZStW 111 [1999], 1, 17 f.).

24 In Siechtum, Lähmung oder geistige Krankheit (oder Behinderung) muss das Opfer „verfallen" sein, d.h. es muss infolge der Körperverletzung derart in einen der genannten Krankheitszustände versetzt worden sein, dass sich der Zeitraum von dessen Beseitigung nicht absehen lässt (*Fischer*, § 226 Rn. 10). Die Bedeutung dieses Merkmals ist gering, da den Krankheitszuständen selbst bereits eine Komponente der Dauerhaftigkeit eigen ist.

25 **Zwischenergebnis:** Die Voraussetzungen des § 226 Abs. 1 Nr. 3 liegen nicht vor.

2. Subjektiver Tatbestand

26 Die Körperverletzung selbst muss zumindest mit bedingtem Vorsatz begangen werden. In bezug auf deren schwere Folge ist zu unterscheiden. Ist sie fahrlässig (§ 18) oder bedingt vorsätzlich herbeigeführt worden, ist § 226 Abs. 1 anwendbar. Hat der Täter die schwere Folge dagegen mit direktem Vorsatz (wissentlich oder sogar absichtlich) verursacht, greift der Qualifikationstatbestand des § 226 Abs. 2 (*BGH* NJW 2001, 980, 981) ein, der eine Freiheitsstrafe nicht unter drei Jahren androht. Seiner Annahme steht nicht entgegen, dass der Täter alternativ zur Herbeiführung der schweren Folge (sogar) den Tod seines Opfers erreichen wollte (BGHR StGB § 226 Abs. 2 Schwere Körperverletzung 2; a.A. MünchKomm/*Hardtung*, § 226 Rn. 46).

27 Dass A im Beispielsfall mit der vorsätzlichen Körperverletzung der B die bei dieser eingetretenen schweren Folgen anstrebte oder ihre Herbeiführung als sicher ansah, lässt sich dem Sachverhalt nicht hinreichend klar entnehmen. Angesichts der Gefährlichkeit seines Vorgehens ist aber insoweit bedingter Vorsatz zu bejahen.

28 **Ergebnis:** A hat sich gemäß § 226 Abs. 1 Nr. 1 4. Var. und Nr. 2 2. Alt. strafbar gemacht. Die ebenfalls verwirklichten §§ 223 Abs. 1, 224 Abs. 1 Nr. 2 und 5 treten hinter dem spezielleren § 226 zurück (vgl. Rn. 45).

II. Körperverletzung mit Todesfolge (§ 227)

1. Objektiver Tatbestand

29 Der objektive Tatbestand ist erfüllt, wenn der Täter durch die Körperverletzung den Tod der verletzten Person verursacht (§ 227 Abs. 1).

a) Unmittelbarkeitszusammenhang

30 Wie beim § 226 (vgl. Rn. 7 f.) bedarf es einer über die bloße Kausalität hinausgehenden besonderen Verknüpfung zwischen Körperverletzung und schwerer Folge (sog. **Unmittelbarkeitszusammenhang**). Denn § 227 soll mit seiner hohen Strafandrohung gerade der mit einer Körperverletzung verbundenen Gefahr des Eintritts der qualifizierenden Todesfolge entgegenwirken (SK/*Horn*/*Wolters*, § 227 Rn. 2).

31 An dieser engen Verknüpfung fehlt es grundsätzlich, wenn der Tod durch das Eingreifen eines Dritten oder das eigene Verhalten des Opfers herbeigeführt worden ist (BGHSt 31, 96, 99 – „Hochsitzfall"; sehr weitgehend BGH NStZ 2009, 92, 93).

Beispiel: A schlägt B nieder und flieht. Der zufällig hinzukommende C tritt dem benommen auf dem Bürgersteig liegenden B, mit dem er verfeindet ist, mit Springerstiefeln wuchtig gegen den Kopf, so dass B eine Hirnverletzung erleidet, an der er stirbt. – A hat zwar durch seine Körperverletzung C erst die Gelegenheit gegeben, B die tödliche Verletzung zuzufügen. Darin hat sich aber keine spezifische Gefahr der von ihm begangenen Körperverletzung verwirklicht (vgl. BGHSt 32, 25, 28).

32   Ebenso kann es liegen, wenn der Täter der Körperverletzung selbst durch ein weiteres Verhalten den Tod des Opfers verursacht.

Beispiel: A schlägt B mit einem Faustschlag ins Gesicht nieder. Den bewusstlosen B hält A für tot und wirft ihn zur Spurenbeseitigung in einen Fluss, in dem B ertrinkt. – Da sich im Ertrinken nicht die eigentümliche Gefahr des vorangegangenen Schlags realisiert hat, ist A nicht nach § 227, sondern nur wegen gefährlicher Körperverletzung (§ 224 Abs. 1 Nr. 5; vgl. § 7 Rn. 30) in Tatmehrheit (§ 53) mit fahrlässiger Tötung (§ 222; vgl. § 4) zu bestrafen (vgl. *BGH* StV 1998, 203).

Beachte: Ein zum Tode führendes Verhalten des Opfers unterbricht den Unmittelbarkeitszusammenhang ausnahmsweise nicht, wenn dieses nicht eigenverantwortlich erfolgt (BGHR StGB § 226 Todesfolge 5 – „Panikfall").

33   An der Eigenverantwortlichkeit fehlt es etwa, wenn das Opfer nach mit Baseballschlägern gegen Kopf und Körper geführten Schlägen benommen ist, unter dem Eindruck, „sich angesichts der unabwendbaren Übermacht der Angreifer und deren Brutalität in einer völlig ausweglosen Lage zu befinden", in Panik gerät, völlig die Selbstkontrolle verliert, sich aus dem Fenster einer hochgelegenen Wohnung stürzt und infolgedessen zu Tode kommt (BGHR StGB § 226 Todesfolge 5 – „Panikfall"; *BGH* NStZ 2008, 278; *Fischer*, § 227 Rn. 4).

34   Der Unmittelbarkeitszusammenhang ist auch nicht deshalb zu verneinen, weil das Opfer an einer körperlichen Vorschädigung leidet, die im Zusammenwirken mit den Folgen der Körperverletzung zum Tode führt (*BGH* NStZ 1997, 341).

Beispiel: A wird von mehreren Angreifern grundlos lebensgefährlich verletzt. Dies führt zu einer psychisch bedingten Überbelastung des aufgrund einer Verengung der Herzkranzschlagader vorgeschädigten Herzens und dadurch zum tödlichen Herzinfarkt.

b) Anknüpfung an Körperverletzungshandlung oder -erfolg?

35   Umstritten ist die Frage, ob bei der Prüfung des Unmittelbarkeitszusammenhangs allein an den Körperverletzungs*erfolg* anzuknüpfen ist (*Lackner/Kühl*, § 227 Rn. 2; MünchKomm/*Hardtung*, § 227 Rn. 11; *Krey/Heinrich*, Rn. 271 f., 275) oder ob darüber hinaus auch die **körperverletzende Handlung** zu berücksichtigen ist (h.M.; BGHSt 14, 110; 31, 96 – „Hochsitzfall"; 48, 34, 37 f.; *BGH* NStZ 2008, 278; *Fischer*, § 227 Rn. 3 a ff.; *Wessels/Hettinger*, Rn. 299). Sie ist in Fällen bedeutsam, in denen der – stets erforderlichen (zum sonst möglichen Versuch vgl. Rn. 41 ff.) – Körperverletzung selbst keine spezifisch lebensbedrohliche Gefahr innewohnt (vertiefend zur Problematik *Kühl*, Jura 2002, 810, 813).

§ 8. Schwere Körperverletzung, Todesfolge 77

Beispiel: A schlägt B mehrmals kräftig mit einem Baseballschläger gegen den Kopf. B erleidet Platzwunden und eine Nasenbeinfraktur. Obwohl die Verletzungen nicht lebensgefährlich sind, stirbt er infolge der durch den Überfall verursachten Aufregung wenig später an einem Herzinfarkt. – Da die Verletzungen nicht lebensgefährlich waren, hat sich im Tod des B kein durch sie hervorgerufenes spezifisches Risiko verwirklicht. Die Mindermeinung würde daher zur Verneinung des § 227 Abs. 1 gelangen.

> **Merke:** Ist die Körperverletzung selbst nicht lebensbedrohlich, ist mit der vorzugswürdigen h.M. ergänzend die körperverletzende Handlung in die Prüfung des Unmittelbarkeitszusammenhangs einzubeziehen. Dieser Grundsatz gilt entsprechend beim § 226 (vgl. Rn. 7 f.).

Danach genügt es, dass dieser Handlung das Risiko eines tödlichen Ausgangs anhaftet und sich dann dieses dem Handeln des Täters eigentümliche Risiko beim Eintritt des Todes verwirklicht (BGHSt 31, 96, 99 – „Hochsitzfall"; *BGH* NStZ 1997, 341). Im obigen Beispiel (vgl. Rn. 35) hat A Gewalthandlungen begangen, die für B das Risiko eines tödlichen Ausgangs in sich bargen. Kräftige Schläge mit einem Baseballschläger gegen den Kopf eines Menschen können ohne weiteres zu dessen Tod führen. Im Tod des B hat sich daher die dem Grundtatbestand (§ 223) anhaftende eigentümliche Gefahr niedergeschlagen (vgl. *BGH* NStZ 1997, 341; s. auch *BGH* NStZ 1994, 394). 36

Gegen diese Auffassung spricht insbesondere nicht der Wortlaut des § 227 Abs. 1 (a.A. *Krey/Heinrich*, Rn. 271). Zwar trifft es zu, dass dort von „Körperverletzung" die Rede ist. Der angefügte Klammerzusatz „§§ 223 bis 226" bezieht aber die Strafbarkeit nach den §§ 223 Abs. 2, 224 Abs. 2 und 225 Abs. 2 und damit die gesamte körperverletzende Tat ab ihrem Eintritt in das Versuchsstadium mit ein (*Rengier*, ZStW 111 [1999], 1, 19 f.; *Safferling*, Jura 2004, 64, 67; a.A. *Schlüchter*, § 227 Rn. 9). Hinzu kommt, dass die erste Begehungsvariante des Grundtatbestands (§ 223 Abs. 1 1. Alt.) nach ihrer Definition als üble, unangemessene Behandlung (vgl. § 6 Rn. 2) ausdrücklich eine **Handlungskomponente** enthält. Schon deshalb verstößt die h.M. nicht gegen die Wortlautgrenze des Art. 103 Abs. 2 GG. 37

2. Subjektiver Tatbestand

Wie beim § 226 (vgl. Rn. 26) muss die Körperverletzung selbst zumindest mit bedingtem Vorsatz begangen werden (zum Unterlassen vgl. Rn. 41). Hinsichtlich der Todesfolge genügt es, dass dem Täter wenigstens – „leichteste" (*BGH*, Beschluss vom 26. 2. 2003, Az.: 5 StR 27/03) – Fahrlässigkeit zur Last fällt (§ 18). Da schon in der Begehung des Grunddelikts eine Sorgfaltspflichtverletzung liegt, ist einzig zu prüfendes Kriterium der Fahrlässigkeit die Voraussehbarkeit der tödlichen Folge (BGHSt 24, 213, 215; *Fischer*, § 227 Rn. 7a; *Wessels/Hettinger*, Rn. 306). Diese ist zu bejahen, wenn die Folge nicht außerhalb aller Lebenserfahrung liegt und auch der Täter sie nach seinen persönli- 38 chen Kenntnissen und Fähigkeiten in der konkreten Tatsituation voraussehen kann. Die Voraussehbarkeit braucht sich dabei nicht auf alle Einzelheiten des tödlichen Geschehensablaufs zu erstrecken (BGHSt 48, 34, 39; BGH NStZ 2008, 686, 687).

Beispiel: A schlägt den Kopf des B mehrfach wuchtig gegen eine Holzbank. Hierdurch kommt es zu einer Blutung zwischen den Hirnhäuten, die vom Arzt zu spät erkannt wird und daher zum Tod führt (*BGH*, Urteil vom 15. 7. 1975, Az.: 1 StR 120/75).

39   Aus dem Wortlaut des § 18 („wenigstens") folgt, dass der Tatbestand des § 227 Abs. 1 auch dann erfüllt ist, wenn der Täter bezüglich der Todesfolge sogar vorsätzlich handelt (*Lackner/Kühl*, § 227 Rn. 3; *Cornelius*, JA 2009, 425, 428; *Rengier*, ZStW 111 [1999], 1, 21; a.A. SK/*Horn/Wolters*, § 227 Rn. 2; *Krey/Heinrich*, Rn. 263 f.; zu den Konkurrenzen vgl. Rn. 45).

C. Täterschaft und Teilnahme, Begehung durch Unterlassen, Versuch sowie Konkurrenzen

40   Für Täterschaft und Teilnahme gelten die allgemeinen Regeln der §§ 25 ff. (vgl. *BGH* NStZ 1994, 394). Daher ist auch sukzessive Mittäterschaft möglich (*BGH* NStZ 1994, 339), sofern nicht das Vorgehen des Hinzutretenden auf den späteren Tod keinen Einfluss mehr hat (*BGH* NStZ 2009, 631, 632).

Beachte: Ein Täter oder Teilnehmer der Körperverletzung ist nur dann nach den §§ 226 und 227 strafbar, wenn ihm selbst hinsichtlich der schweren Folge wenigstens Fahrlässigkeit vorzuwerfen ist (*BGH* NStZ 1997, 82; SK/*Horn/Wolters*, § 226 Rn. 22, 22a und § 227 Rn. 13 f.).

41   Besteht eine Garantenstellung, können die §§ 226, 227 grundsätzlich auch durch Unterlassen verwirklicht werden (*BGH* NStZ 2007, 469 [zum § 227]; *Fischer*, § 227 Rn. 6; *Lackner/Kühl*, § 227 Rn. 3). Eine Strafbarkeit nach § 227 kommt jedoch lediglich in Betracht, wenn erst durch das Unterbleiben der gebotenen Handlung eine Todesgefahr geschaffen wird. Nur dann entspricht das Unterlassen der Verwirklichung der Körperverletzung durch positives Tun (§ 13 Abs. 1) und weist die im Unterlassen liegende Körperverletzung diejenige spezifische Gefährlichkeit auf, der entgegenzuwirken Zweck des § 227 ist (*BGH* NStZ 1995, 589, 590; insofern zweifelnd *BGH* NStZ 2006, 686; vertiefend *Ingelfinger*, GA 1997, 573, 586 ff.). Knüpft der Unterlassungstäter an eine von einem Handelnden begangene Körperverletzung an, muss er die Vorstellung haben, die Körperverletzung lasse nach Art, Ausmaß und Schwere den Tod des Opfers besorgen (BGHSt 41, 113, 118, auch zum Merkmal „Quälen" in § 225). Diese Grundsätze gelten entsprechend beim § 226.

§ 8. Schwere Körperverletzung, Todesfolge

Merke: Da es sich bei den §§ 226 und 227 um Verbrechen handelt, ist deren Versuch grundsätzlich strafbar (§§ 12 Abs. 1, 23 Abs. 1).

Dies gilt zunächst für die Konstellation, bei der eine schwere Folge zwar 42 nicht eingetreten, aber vom Täter versucht worden ist (**versuchte Erfolgsqualifikation**; vgl. BGHSt 21, 194; *BGH* NStZ 2006, 686; *Wessels/Beulke*, Rn. 617). Für den versuchten § 227 hat dies allerdings wegen der Konkurrenz (vgl. Rn. 45) zum dann zugleich vorliegenden versuchten Tötungsdelikt geringe praktische Bedeutung (*Kühl*, Jura 2003, 19).

Als zweite Fallgestaltung kommt in Betracht, dass (ausnahmsweise) bereits 43 durch den – nach § 223 Abs. 2 strafbaren – Versuch einer Körperverletzung eine schwere Folge i.S.d. §§ 226, 227 herbeigeführt wird (**erfolgsqualifizierter Versuch**; BGHSt 48, 34, 38).

Beispiel: A will B niederschlagen. Als dieser dem Angriff ausweicht, stürzt er auf den Hinterkopf und stirbt an einer dadurch verursachten Gehirnblutung.

Der erfolgsqualifizierte Versuch ist unter zwei Voraussetzungen nach den 44 §§ 226, 227 strafbar. Einerseits muss die tatsächlich eingetretene – beim § 227 tödliche – Körperverletzung eine ganz andere sein als die vom Täter gewollte, weil sonst nicht nur eine versuchte, sondern eine vollendete Körperverletzung vorliegt. Andererseits muss dem Täter, anknüpfend an die Körperverletzungs*handlung* (vgl. Rn. 35 ff.), trotz der wesentlichen Abweichung im Kausalverlauf hinsichtlich der schweren Folge Fahrlässigkeit zur Last fallen (beachtenswerte Kritik an der Vereinbarkeit beider Voraussetzungen bei SK/ *Horn/Wolters*, § 227 Rn. 12; *Schlüchter*, § 227 Rn. 10; s. auch MünchKomm/ *Hardtung*, § 227 Rn. 25).

Die vollendeten §§ 226, 227 gehen als Qualifikationstatbestände den 45 §§ 223, 224 vor (vgl. § 6 Rn. 18 und § 7 Rn. 34; zum § 231 vgl. § 10 Rn. 18; differenzierend SK/*Horn/Wolters*, § 226 Rn. 27). Wird die Todesfolge vorsätzlich herbeigeführt, verdrängt das Tötungsdelikt den subsidiären § 227 (BGHSt 20, 269, 271; *Lackner/Kühl*, § 227 Rn. 5; zum Versuch vgl. *Schlüchter*, § 227 Rn. 10). Umgekehrt tritt § 222 hinter § 227 zurück. Tateinheit (§ 52) kann mit Nötigung (§ 240) bestehen (*BGH*, Urteil vom 27. 1. 2011, Az.: 4 StR 502/10).

D. Kontrollfragen

1. Wie lassen sich die §§ 226 Abs. 1, 227 dogmatisch einordnen? → Rn. 1
2. Was ist ein wichtiges Glied i.S.d. § 226 Abs. 1 Nr. 2? → Rn. 10
3. Welche besondere Verknüpfung zwischen Körperverletzung und schwerer Folge ist bei den §§ 226, 227 erforderlich? → Rn. 7 f. und 35 ff.

4. Unter welchen subjektiven Voraussetzungen ist die Teilnahme an den §§ 226, 227 strafbar? → Rn. 40
5. Welche Konstellationen des Versuchs der §§ 226, 227 gibt es? → Rn. 41 ff.

Aufbauschema (§§ 226, 227)

1. Vorsätzliche Körperverletzung
   a) Tatbestand
   b) Rechtswidrigkeit
   c) Schuld
2. Schwere Folge i.S.d. § 226 Abs. 1 oder des § 227
   a) Eintritt und Verursachung der schweren Folge
   b) Tatbestandsspezifischer Gefahrzusammenhang zwischen Grunddelikt und Erfolgsqualifikation
   c) Wenigstens Fahrlässigkeit hinsichtlich der Herbeiführung der schweren Folge

---

Empfehlungen zur vertiefenden Lektüre:
Leitentscheidungen: BGHSt 24, 213 – „Mitzecherfall"; BGHSt 24, 315 – „Prothesenfall"; BGHSt 28, 100 – „Nierenfall"; BGHSt 31, 96 – „Hochsitzfall"; BGHR StGB § 226 Todesfolge 5 – „Panikfall".

Aufsätze: *Ingelfinger*, Die Körperverletzung mit Todesfolge durch Unterlassen und die Entsprechensklausel des § 13 Abs. 1 Halbs. 2 StGB, GA 1997, 573; *Kühl*, Das erfolgsqualifizierte Delikt (Teil I): Das vollendete erfolgsqualifizierte Delikt, Jura 2002, 810; *Kühl*, Das erfolgsqualifizierte Delikt (Teil II): Versuch des erfolgsqualifizierten Delikts und Rücktritt, Jura 2003, 19; *Rengier*, Die Reform und Nicht-Reform der Körperverletzungsdelikte durch das 6. Strafrechtsreformgesetz, ZStW 111 (1999), 1; *Scheffler*, Die Wortsinngrenze bei der Auslegung, Jura 1996, 505; *Schroth*, Zentrale Interpretationsprobleme des 6. Strafrechtsreformgesetzes, NJW 1998, 2861; *Wolters*, Die Neufassung der Körperverletzungsdelikte, JuS 1998, 582.

Übungsfallliteratur: *Cornelius*, Klausur Strafrecht: „Verletzte Gefühle", JA 2009, 425; *Heger*, Klausur Strafrecht: „Lästige Mieter", JA 2008, 859; *Nelles/Pöppelmann*, Semesterabschlußarbeit Strafrecht: „Die Basis ist das Fundament der Grundlage", Jura 1997, 210; *Radtke*, Übungshausarbeit Strafrecht (für Fortgeschrittene): Ein Schlag mit Folgen, Jura 1997, 477; *Safferling*, Examensklausur Strafrecht: Verfolgung mit tödlichem Ausgang, Jura 2004, 64; *Siebrecht*, Der praktische Fall – Strafrecht: Brutaler Besuch, JuS 1997, 1101; *Wolter*, Klausur Strafrecht: „Irrsinniger Ausländerhass", JA 2007, 354.

§ 9. Fahrlässige Körperverletzung (§ 229)

A. Grundlagen

§ 229 ergänzt den durch die vorsätzlichen Straftaten gegen die körperliche 1
Unversehrtheit bezweckten Schutz (vgl. vor § 6 Rn. 1), indem er auch die
(nur) fahrlässige Körperverletzung unter Strafe stellt. In der Praxis findet er
vor allem bei im Straßenverkehr herbeigeführten Körperverletzungen Anwendung (LK/*Hirsch*, § 229 Rn. 11, 18 ff.; zu einem trotz hochgradig ansteckender Hepatitis-B-Infektion operierenden Chirurgen *BGH* NStZ 2003,
657).

B. Tatbestand

§ 229 ist erfüllt, wenn der Täter eine objektive und subjektive Sorgfalts- 2
pflichtverletzung begangen hat, die für eine Körperverletzung kausal geworden ist und es erlaubt, diese dem Täter zuzurechnen. Der Tatbestand ist somit
ebenso aufgebaut wie der des § 222 (*Fischer*, § 229 Rn. 3; *Lackner/Kühl*,
§ 229 Rn. 1). Die dortigen Ausführungen gelten daher entsprechend. Insbesondere wird auf die Darstellungen zur Fahrlässigkeit (vgl. § 4 Rn. 2), zur
Kausalität (vgl. § 4 Rn. 2) sowie zum Pflichtwidrigkeits- und Zurechnungszusammenhang (vgl. § 4 Rn. 3 ff.) verwiesen. Diese bedürfen nur weniger Ergänzungen:

Der Begriff der Körperverletzung entspricht dem des § 223, d.h. er umfasst 3
sowohl die Gesundheitsschädigung (vgl. § 6 Rn. 7) als auch die körperliche
Misshandlung (vgl. § 6 Rn. 2 ff.). Anders als die §§ 223 ff. differenziert § 229
nicht zwischen verschiedenen Begehungsformen und Verletzungsfolgen.
Derartige Unterschiede können jedoch bei der Strafzumessung berücksichtigt werden (*Maurach/Schroeder/Maiwald*, BT 1, § 9 Rn. 39; *Schäfer/Sander/van
Gemmeren*, Rn. 343, 396).

Die Feststellung der Kausalität kann vor allem in der Praxis problematisch 4
und u. U. nur unter Zuziehung von Sachverständigen möglich sein. Dies gilt
etwa für medizinische und chemische Ursachenzusammenhänge. Zu beachten ist allerdings, dass es nach h.M. eines absolut sicheren Wissens über Wirkungsweisen beispielsweise von Industrieprodukten nicht bedarf (BGHSt 41,
206, 214 ff. – „Holzschutzmittelfall"; LR/*Sander*, § 261 Rn. 10).

Speziell kann § 229 anwendbar sein, wenn eine den Körper eines anderen 5
verletzende Handlung zwar zum Tode führt, aber für den Täter nur der Eintritt einer Körperverletzung vorhersehbar war (*Lackner/Kühl*, § 229 Rn. 2).

Darüber hinaus kann derjenige nach § 229 strafbar sein, der an sich aufgrund eines Erlaubnistatbestands rechtmäßig handelt, dabei jedoch dessen Grenzen fahrlässig überschreitet oder ein aus seinem Vorgehen resultierendes Risiko trotz dazu bestehender Möglichkeit vorwerfbar nicht mindert (BGHSt 27, 313, 314 f.; *BGH* NJW 1999, 2533, 2534; *Fischer*, § 229 Rn. 3a).

Beispiel: A sieht, wie sein Freund B von zwei Tätern angegriffen wird. Um B zu helfen, schlägt er einem der Angreifer mit dem Griff eines Revolvers auf den Kopf. Dabei löst sich ungewollt ein Schuss, der den Angreifer schwer verletzt. – § 229 ist zu bejahen, wenn A beim Gebrauch der Waffe Sicherungsvorkehrungen außer Acht ließ, die ihm nach der Sachlage abzuverlangen waren und die bei ihrer Anwendung die ungewollte Nebenwirkung verhindert hätten, etwa die vorherige Kontrolle des Sicherungsmechanismus.

C. Täterschaft, Konkurrenzen und Verfolgbarkeit

6   Eine Beteiligung mehrerer an einer fahrlässigen Körperverletzung ist als Nebentäterschaft möglich (LK/*Hirsch*, § 229 Rn. 10).

7   Werden durch eine fahrlässige Handlung mehrere Menschen verletzt, liegt gleichartige Tateinheit vor (§ 52; vgl. § 4 Rn. 10). Tatmehrheit (§ 53) kommt vor allem zu den §§ 142, 323c in Betracht (Schönke/Schröder/*Stree*, § 229 Rn. 8).

8   Wie § 223 ist auch die fahrlässige Körperverletzung ein relatives Antragsdelikt. Sie wird also nur auf Antrag verfolgt, sofern nicht die Staatsanwaltschaft das besondere öffentliche Interesse an der Strafverfolgung bejaht (§ 230 Abs. 1 S. 1; vgl. § 6 Rn. 19 und § 40 Rn. 9 f.).

D. Kontrollfragen

1. Was ist unter Körperverletzung i.S.d. § 229 zu verstehen? → Rn. 3
2. Auf welche besonderen Konstellationen kann § 229 anwendbar sein? → Rn. 5

Aufbauschema (§ 229)

1. Tatbestand
    a) Objektiver Tatbestand
        (1) Körperverletzung
        (2) Einer anderen Person
        (3) Durch (objektive) Fahrlässigkeit verursachen
    b) Subjektiver Tatbestand
    – Subjektive Fahrlässigkeit

Zu einem anderen möglichen Aufbau der Fahrlässigkeitsprüfung siehe u.a. *Rengier*, AT, § 52 Rn. 12, der im Tatbestand die **objektive Sorgfaltspflichtverletzung** und bei der Schuld die **subjektive Sorgfaltspflichtverletzung** sowie die **subjektive Voraussehbarkeit** prüft.
2. Rechtswidrigkeit
3. Schuld
4. Strafverfolgungsvoraussetzungen (§ 230; vgl. § 40 Rn. 9 f.)

Empfehlungen zur vertiefenden Lektüre:
Leitentscheidung: BGHSt 41, 206 – „Holzschutzmittelfall".

§ 10. Beteiligung an einer Schlägerei (§ 231)

A. Grundlagen

Bei § 231 handelt es sich nach h.M. um ein **abstraktes Gefährdungsdelikt** (*Lackner/Kühl*, § 231 Rn. 1). Da körperliche Auseinandersetzungen zwischen mehr als zwei Personen erfahrungsgemäß oft schwerwiegende Folgen haben, soll wegen dieser Gefährlichkeit schon der Beteiligung daran entgegengetreten werden, ohne dass es auf den – oft nicht möglichen – Nachweis der Ursächlichkeit gerade dieser Beteiligung für die schweren Folgen der Schlägerei ankommt (BGHSt 16, 130, 132). § 231 untersagt also schon die Beteiligung an einer Schlägerei als solche. Die Vorschrift soll dementsprechend das Leben und die Gesundheit aller durch eine Schlägerei Gefährdeten schützen (BGHSt 33, 100, 103 f. – „Gastwirtfall"; s. auch BGHSt 39, 305, 308 – „Notwehrfall"). 1

B. Tatbestand und objektive Strafbarkeitsbedingung

§ 231 setzt wie üblich die Verwirklichung eines objektiven sowie eines dazu kongruenten subjektiven Tatbestands voraus. Hinzu tritt eine außerhalb des Tatbestands stehende objektive Bedingung der Strafbarkeit (vgl. Rn. 12 ff.). 2

Grundstruktur des Schlägereitatbestands		
Tatbestand		**Objektive Bedingung der Strafbarkeit**
Objektiver Tatbestand	Subjektiver Tatbestand	Tod oder schwere Körperverletzung (Rn. 12 ff.)
Tathandlung (Rn. 3 ff.)	Vorsatz (Rn. 11)	

I. Objektiver Tatbestand

3   Den objektiven Tatbestand des § 231 Abs. 1 verwirklicht, wer sich entweder an einer Schlägerei oder an einem von mehreren verübten Angriff beteiligt (*Henke*, Jura 1985, 585, 586: Schaffen einer „Gefährdungsquelle").

1. Schlägerei (§ 231 Abs. 1 1. Alt.)

Eine Schlägerei liegt vor, wenn an einer mit gegenseitigen Körperverletzungen verbundenen Auseinandersetzung gleichzeitig mehr als zwei Personen aktiv mitwirken (BGHSt 31, 124, 125 – „Jockelfall"; *Lackner/Kühl*, § 231 Rn. 2).

4   Für das Merkmal der Schlägerei ist es ohne Bedeutung, ob sich ein Beteiligter rechtmäßig verhält, sich z.B. nur im Rahmen seines Notwehrrechts (§ 32) gegen zwei Angreifer wehrt, oder handelt, ohne dass gegen ihn ein Schuldvorwurf erhoben werden kann (*Maurach/Schroeder/Maiwald*, BT 1, § 11 Rn. 6; vgl. aber Rn. 10). Allerdings genügt es nicht, wenn sich der Angegriffene auf bloße Schutzwehr beschränkt, weil es dann an **gegenseitigen** Körperverletzungen fehlt (SK/*Horn/Wolters*, § 231 Rn. 3; *Otto*, § 23 Rn. 2).

Beispiel: A und B schlagen auf C ein. Dieser hält lediglich seine Aktentasche schützend vor sich (BGHSt 15, 369, 371). – § 231 Abs. 1 ist nicht erfüllt, jedoch § 224 Abs. 1 Nr. 5 (vgl. § 7 Rn. 30).

5   Die Tathandlung besteht in der Beteiligung an der Schlägerei. Beteiligung ist untechnisch zu verstehen, also nicht i.S. von Täterschaft und Teilnahme (vgl. § 28 Abs. 2; *Fischer*, § 231 Rn. 8; MünchKomm/*Hohmann*, § 231 Rn. 14). Daher genügt jede physische oder psychische Mitwirkung an der körperlichen Auseinandersetzung in feindseliger Weise (differenzierend *Lackner/Kühl*, § 231 Rn. 3).

Beachte: Beteiligt sein kann nur, wer am Tatort anwesend ist (*Krey/Heinrich*, Rn. 298). Abwesende können nur Teilnehmer gemäß den §§ 26 und 27 sein (vgl. Rn. 16).

6   Die Mitwirkung braucht nach h.M. nicht in einem Mitschlagen zu bestehen (a.A. unter Hinweis auf Art. 103 Abs. 2 GG MünchKomm/*Hohmann*, § 231 Rn. 8). Ausreichend ist jede aktive Anteilnahme am Fortgang der Auseinandersetzung, etwa durch Anfeuern oder Reichen von Tatmitteln (z.B. Steine, Messer; *Fischer*, § 231 Rn. 8). Wer dagegen lediglich zu schlichten versucht („Abwiegler") oder Erste Hilfe leistet, handelt nicht in feindseliger Weise und beteiligt sich aus diesem Grund nicht an der Schlägerei (SK/*Horn/Wolters*, § 231 Rn. 5; *Wessels/Hettinger*, Rn. 350; s. auch MünchKomm/*Hohmann*, § 231 Rn. 6).

2. Von mehreren verübter Angriff (§ 231 Abs. 1 2. Alt.)

Als zweite Alternative sieht § 231 Abs. 1 den von mehreren verübten An- 7
griff vor.

> **Merke:** Darunter ist die in feindseliger Willensrichtung unmittelbar auf den Körper eines anderen abzielende Einwirkung von mindestens zwei Personen zu verstehen (BGHSt 31, 124, 126 – „Jockelfall"; 33, 100, 102 – „Gastwirtfall").

Dafür genügt es nicht, dass zwei Personen sich lediglich gemeinsam gegen 8
den Angriff eines Einzelnen wehren (*Fischer*, § 231 Rn. 4). Da der Angriff nur auf den Körper des Angegriffenen **abzielen** muss, ist es für seinen Beginn nicht erforderlich, dass es bereits zu Gewalttätigkeiten gekommen ist (BGHSt 33, 100, 102f. – „Gastwirtfall"; *Lackner/Kühl*, § 231 Rn. 2). Ausreichend kann schon die Verfolgung des Opfers sein (*Henke*, Jura 1985, 585, 587).

Die Tathandlung besteht auch bei der zweiten Tatbestandsalternative in der 9
Beteiligung. Das zum § 231 Abs. 1 1. Alt. Ausgeführte gilt daher entsprechend (vgl. Rn. 5f.). Zu ergänzen ist, dass die Angreifer nicht unbedingt mittäterschaftlich zu handeln brauchen, aber – im Unterschied zur Schlägerei, bei der eine Parteibildung nicht stattfinden muss – dergestalt zusammenwirken müssen, dass eine Einheitlichkeit des Angriffs, des Angriffsgegenstands und des Angriffswillens besteht (BGHSt 2, 160, 163; 31, 124, 126f. – „Jockelfall"; 33, 100, 102 – „Gastwirtfall").

3. Vorwerfbarkeit der Beteiligung (§ 231 Abs. 2)

§ 231 Abs. 2 regelt, dass nach Absatz 1 nicht strafbar ist, „wer an der Schlä- 10
gerei oder dem Angriff beteiligt war, ohne dass ihm dies vorzuwerfen ist". Ein derartiger Vorwurf kann dann nicht erhoben werden, wenn zugunsten eines Beteiligten ein Rechtfertigungs- oder Entschuldigungsgrund eingreift, und zwar **für die gesamte Zeit** seiner Beteiligung (*Wessels/Hettinger*, Rn. 352; *Henke*, Jura 1985, 585, 586 m. Beispielen; s. auch *Wolters*, JuS 1998, 582, 585).

> **Beachte:** Ist die Beteiligung nicht insgesamt durch einen Rechtfertigungs- oder Entschuldigungsgrund gedeckt, sondern nur eine Teilhandlung, die einen weiteren Tatbestand erfüllt, so ist nur die Verwirklichung dieses Tatbestands gerechtfertigt oder entschuldigt.

Beispiel: A beteiligt sich grundlos an einer Massenschlägerei. In deren Verlauf greift B ihn mit einem Messer an. Um sich zu verteidigen, schlägt A seinerseits dem B einen Stein auf den Kopf. – Die gefährliche Körperverletzung gegen B (§ 224 Abs. 1 Nr. 2 und 5, vgl. § 7 Rn. 18ff. und 30) ist durch Notwehr (§ 32) gerechtfertigt. Dies ändert an der Strafbarkeit nach § 231 Abs. 1 jedoch nichts (BGHSt 39, 305, 308f. – „Notwehrfall"; 43, 15; SK/ *Horn/Wolters*, § 231 Rn. 6).

> **Vertiefungs- und Aufbauhinweis:** Während über die Kriterien für die Frage der Vorwerfbarkeit der Beteiligung grundsätzlich Einigkeit besteht, ist die dogmatische Einordnung des § 231 Abs. 2 umstritten. Eine Meinung sieht in der Regelung allein einen Hinweis des Gesetzgebers auf das mögliche Eingreifen von Rechtfertigungs- und Entschuldigungsgründen (SK/*Horn/Wolters*, § 231 Rn. 6; *Krey/Heinrich*, Rn. 295; *Laubenthal*, JA 2004, 39, 44). Nach anderer Auffassung schränkt § 231 Abs. 2 die Tatbestände des § 231 Abs. 1 ein. Rechtfertigungs- und Entschuldigungsgründe wirken demnach ausnahmsweise bereits tatbestandsausschließend (ausführlich *Eisele*, ZStW 110 [1998], 69, 74 ff.; *Henke*, Jura 1985, 585, 588; unentschieden *Fischer*, § 231 Rn. 10; *Lackner/Kühl*, § 231 Rn. 4).
>
> Die zweite Ansicht ist vorzugswürdig. Nach ihr enthält § 231 Abs. 2 nicht nur den Hinweis auf eine Selbstverständlichkeit, sondern sie misst der Vorschrift eine eigenständige, wenn auch ungewöhnliche Bedeutung zu. Sie ist auch mit dem Wortlaut der Norm zwanglos in Einklang zu bringen. Denn dieser verbindet die Vorwerfbarkeit sprachlich eindeutig mit der Beteiligung, knüpft also inhaltlich unmittelbar an die tatbestandliche Handlung an (MünchKomm/*Hohmann*, § 231 Rn. 19; vgl. zum § 227 a.F. *Eisele*, ZStW 110 [1998], 69, 76).
>
> Wer der hier vertretenen Ansicht folgt, muss bei Vorliegen entsprechender Anhaltspunkte § 231 Abs. 2 im Anschluss an den objektiven Tatbestand des § 231 Abs. 1 erörtern. Anderenfalls werden die in Betracht kommenden Rechtfertigungs- und Entschuldigungsgründe an üblicher Stelle geprüft. Einer Diskussion der dogmatischen Einordnung des § 231 Abs. 2 bedarf es jedoch bei der Lösung einer Aufgabe regelmäßig nicht.

II. Subjektiver Tatbestand

11   Die Merkmale des objektiven Tatbestands – einschließlich der für die Vorwerfbarkeit relevanten Umstände – müssen vorsätzlich verwirklicht werden (BGHSt 2, 160, 163). Zu diesen gehört die objektive Bedingung der Strafbarkeit nicht (vgl. Rn. 15). Dementsprechend sind darauf bezogene Irrtümer für die Strafbarkeit ohne Belang (*Gottwald*, JA 1998, 771, 773; *Kretschmer*, Jura 1998, 244, 246).

III. Objektive Bedingung der Strafbarkeit

12   Die Beteiligung an einer Schlägerei ist stets verboten. **Strafbar** ist sie aber nur, „wenn durch die Schlägerei oder den Angriff der Tod eines Menschen oder eine schwere Körperverletzung (§ 226) verursacht worden ist" (SK/*Horn/Wolters*, § 231 Rn. 2). Bei dieser Voraussetzung handelt es sich um eine objektive Bedingung der Strafbarkeit (*Lackner/Kühl*, § 231 Rn. 5; *Gottwald*, JA 1998, 771; *Kunz*, JuS 1996, 39, 42; kritisch *Roxin*, AT I, § 23 Rn. 12). Die insoweit erhobenen verfassungsrechtlichen Bedenken (vgl. *Rönnau/Bröckers*, GA 1995, 549, m. w. N.) sind nicht stichhaltig.

§ 10. Beteiligung an einer Schlägerei

Merke: Erforderlich ist insoweit nur die Kausalität zwischen der Schlägerei oder dem Angriff mehrerer einerseits und der schweren Folge andererseits (*Wessels/Hettinger*, Rn. 357).

Ist sie gegeben, kann ein Beteiligter auch dann bestraft werden, wenn sich 13 nicht klären lässt, ob gerade sein Verhalten den Tod oder die schwere Körperverletzung verursacht hat, oder wenn dies sogar ausgeschlossen werden kann (*Eisele*, ZStW 110 [1998], 69, 70).

Beispiel: A hat an einer Massenschlägerei teilgenommen, in deren Verlauf B den C unbemerkt von A durch einen Schlag gegen den Kopf getötet hat. – A ist allein wegen der Beteiligung an der Schlägerei, deren Risiko sich verwirklicht hat, nach § 231 strafbar.

Da es allein auf die Kausalität der Schlägerei oder des Angriffs – jeweils als 14 Gesamtgeschehen begriffen – ankommt, ist es für die Strafbarkeit nach h.M. auch ohne Bedeutung, ob jemand gerade zum Zeitpunkt der Verursachung der schweren Folge beteiligt war, vorher ausgeschieden oder erst danach in die Auseinandersetzung eingetreten ist (BGHSt 14, 132, 134; 16, 130, 132; a.A. *Lackner/Kühl*, § 231 Rn. 5; *Otto*, § 23 Rn. 6; *Rengier*, § 18 Rn. 11: keine Strafbarkeit sich nachträglich Beteiligender; *Krey/Heinrich*, Rn. 297: Strafbarkeit nur bei Beteiligung während der Zeit der Verursachung). Diese Ansicht wird dem Zweck der Vorschrift gerecht, in der Praxis Beweisschwierigkeiten zu vermeiden (vgl. Rn. 1).

Besteht der bezeichnete Ursachenzusammenhang, ist es zudem unerheb- 15 lich, ob der Verletzte oder Getötete ein unbeteiligter Dritter war (z.B. ein Passant), ob er sich die Verletzung als Angegriffener bei der Verteidigung versehentlich selbst beigebracht hat oder ob er einer der Angreifer war. Demgemäß ist auch der Beteiligte, dessen Verletzung erst die Anwendbarkeit der Norm begründet, nach § 231 strafbar (BGHSt 33, 100, 104 – „Gastwirtfall"). Ebenfalls strafbar ist, wer durch eine Notwehrhandlung selbst die objektive Bedingung der Strafbarkeit setzt (BGHSt 39, 305, 308 f. – „Notwehrfall"; vgl. Rn. 4).

Beachte: Die schwere Folge braucht als objektive Bedingung der Strafbarkeit nicht von Vorsatz oder Fahrlässigkeit eines Beteiligten umfasst zu sein (BGHSt 33, 100, 103 – „Gastwirtfall"; a.A. *Roxin*, AT I, § 23 Rn. 12: Vorhersehbarkeit erforderlich; vgl. dazu *Montenbruck*, JR 1986, 138, 139).

Aufbauhinweis: Bei der Fallbearbeitung kann dies dadurch deutlich gemacht werden, dass die objektive Strafbarkeitsbedingung erst nach dem subjektiven Tatbestand erörtert wird (*Gottwald*, JA 1998, 771, 772; *Kretschmer*, Jura 1998, 244, 245 Fn. 19; allgemein *Freund*, JuS 1997, 331). Wegen der Nähe zum objektiven Tatbestand

> kommt aber auch eine an diesen anschließende Prüfung in einem gesonderten Gliederungspunkt in Betracht.

C. Täterschaft und Teilnahme, Versuch sowie Konkurrenzen

16 Jeder i.S.d. § 231 Abs. 1 Beteiligte ist Täter. Für die Anstiftung und Beihilfe gelten grundsätzlich die allgemeinen Regeln der §§ 26, 27. Beihilfe kann etwa in einem allgemeinen Fördern einer Schlägerei bestehen, ohne dass für eine Seite Partei ergriffen wird (MünchKomm/*Hohmann*, § 231 Rn. 29; SK/ *Horn/Wolters*, § 231 Rn. 7).

Beispiele: Indem A fernab der Schlägerei die alarmierte Polizei daran hindert, sich an den Ort der Auseinandersetzung zu begeben, macht er sich der Beihilfe (§ 27) zum § 231 schuldig.
B schlägt C vor, sich an einer auf der gegenüberliegenden Straßenseite stattfindenden Schlägerei zu beteiligen. Kommt C dem Vorschlag nach, ist B wegen Anstiftung (§ 26) zu bestrafen.

17 Die nur versuchte Beteiligung an einer Schlägerei ist nicht strafbar.
18 Auf der Konkurrenzebene kann § 231 infolge seines speziellen Rechtsguts (vgl. Rn. 1) grundsätzlich mit Tötungs- und Körperverletzungsdelikten in Tateinheit stehen (§ 52; BGHSt 33, 100, 104 – „Gastwirtfall" zum § 224; *BGH*, Urteil vom 2. 10. 2008, Az.: 3 StR 236/08; *BGH*, Urteil vom 27. 1. 2011, Az.: 4 StR 502/10 zu § 227; *Fischer*, § 231 Rn. 11; kritisch *Montenbruck*, JR 1986, 138, 141: Konsumtion des § 231 Abs. 1 2. Alt.). Gleiches gilt im Verhältnis zu den §§ 113, 125 (BGHSt 14, 132, 136; MünchKomm/*Hohmann*, § 231 Rn. 31; SK/*Horn/Wolters*, § 231 Rn. 9).

D. Kontrollfragen

1. Welche Kriterien sind für die Prüfung der Vorwerfbarkeit i.S.d. § 231 Abs. 2 heranzuziehen? → Rn. 10
2. Wie ist die in § 231 Abs. 1 vorgesehene schwere Folge dogmatisch einzuordnen? → Rn. 12 ff.
3. Welche Auswirkung hat diese Einordnung auf den subjektiven Tatbestand und den Prüfungsaufbau? → Rn. 11, 15 f.

Aufbauschema (§ 231)

1. Tatbestand
   a) Objektiver Tatbestand
      (1) Beteiligung an einer Schlägerei (§ 231 Abs. 1 1. Alt.)
          oder
          Beteiligung an einem von mehreren verübten Angriff (§ 231 Abs. 1 2. Alt.)
      (2) Ohne dass dies vorzuwerfen ist (§ 231 Abs. 2, vgl. Rn. 10)
   b) Subjektiver Tatbestand
      – Vorsatz
   c) Objektive Bedingung der Strafbarkeit
      – Verursachung des Todes eines Menschen oder einer schweren Körperverletzung durch die Schlägerei oder den Angriff
2. Rechtswidrigkeit
3. Schuld

Empfehlungen zur vertiefenden Lektüre:
Leitentscheidungen: BGHSt 31, 124 – „Jockelfall"; BGHSt 33, 100 – „Gastwirtfall"; BGHSt 39, 305 – „Notwehrfall".

Aufsätze: *Eisele*, Die „unverschuldete" Beteiligung an einer Schlägerei, ZStW 110 (1998), 69; *Gottwald*, Die objektive Bedingung der Strafbarkeit, JA 1998, 771; *Henke*, Beteiligung an einer Schlägerei (§ 227 StGB), Jura 1985, 585; *Montenbruck*, Zur „Beteiligung an einer Schlägerei", JR 1986, 138; *Rönnau/Bröckers*, Die objektive Strafbarkeitsbedingung im Rahmen des § 227 StGB, GA 1995, 549; *Wolters*, Die Neufassung der Körperverletzungsdelikte, JuS 1998, 582.

Übungsfallliteratur: *Kretschmer*, Übungsklausur Strafrecht: „Ein folgenschweres letztes Bier", Jura 1998, 244; *Kunz*, Der praktische Fall – Strafrecht: Eine Schlägerei mit üblen Folgen, JuS 1996, 39; *Laubenthal*, Klausur Strafrecht: „Eine Festzeltprügelei", JA 2004, 39.

Kapitel 3. Freiheitsberaubung, Nötigung und Hausfriedensbruch

1 Allein oder vorrangig die Freiheit der Person schützen die im 18. Abschnitt des StGB zusammengefassten Tatbestände, allerdings nicht allgemein, sondern jeweils spezielle Ausprägungen (vgl. § 11 Rn. 1, § 12 Rn. 1 und § 13 Rn. 1). In der Praxis und Ausbildung sind hiervon insbesondere die Nötigung (§ 240), die Freiheitsberaubung (§ 239), der erpresserische Menschenraub und die Geiselnahme (§§ 239a, 239b; vgl. *Hohmann/Sander*, BT 1, § 14) von Bedeutung. Zu den Freiheitsdelikten zählt – trotz seiner systematischen Stellung an der Spitze des Straftaten gegen die öffentliche Ordnung zusammenfassenden 7. Abschnitts des StGB – auch der Hausfriedensbruch (§ 123; *Rengier*, § 30 Rn. 1; *Geppert*, Jura 1989, 378).

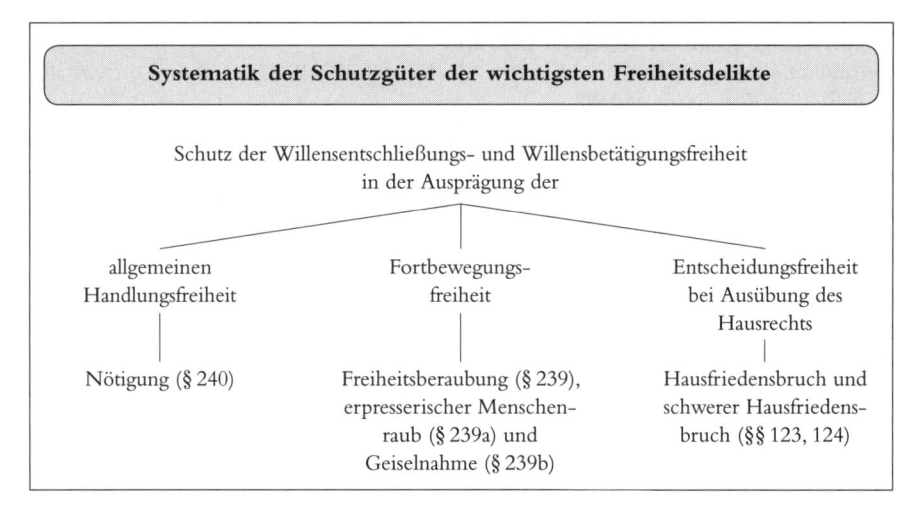

Systematik der Schutzgüter der wichtigsten Freiheitsdelikte

Schutz der Willensentschließungs- und Willensbetätigungsfreiheit
in der Ausprägung der

allgemeinen Handlungsfreiheit	Fortbewegungsfreiheit	Entscheidungsfreiheit bei Ausübung des Hausrechts
Nötigung (§ 240)	Freiheitsberaubung (§ 239), erpresserischer Menschenraub (§ 239a) und Geiselnahme (§ 239b)	Hausfriedensbruch und schwerer Hausfriedensbruch (§§ 123, 124)

---

2 Allen Vorschriften ist es gemeinsam, dass sie ein Handeln gegen den Willen des Verletzten voraussetzen, so dass nach zutreffender h.M. bereits der Tatbestand entfällt, wenn der Betroffene einverstanden ist (sog. tatbestandsausschließendes Einverständnis; vgl. § 11 Rn. 14, § 12 Rn. 29 und § 13 Rn. 10 ff.).

§ 11. Freiheitsberaubung (§ 239)

A. Grundlagen

§ 239 schützt die potentielle Fortbewegungsfreiheit, d.h. die Freiheit des 1 einzelnen, nach Belieben den jeweiligen Aufenthaltsort verlassen zu können (BGHSt 14, 314, 316 – „Amandafall"; BGHSt 32, 183, 188 f. – „Missbrauchsfall"; *Lackner/Kühl*, § 239 Rn. 1; MünchKomm/*Wieck-Noodt*, § 239 Rn. 1; *Rengier*, § 22 Rn. 2). Es kommt deshalb nicht darauf an, dass der Wille aktuell betätigt wird. Hingegen schützt § 239 weder die Freiheit, einen bestimmten Ort aufzusuchen, noch diejenige, an einem bestimmten Ort zu bleiben (Schönke/Schröder/*Eser/Eisele*, § 239 Rn. 4; *Geppert/Bartl*, Jura 1985, 221).

> **Merke:** § 239 schützt allein die Möglichkeit, sich vom Aufenthaltsort wegbewegen zu können (MünchKomm/*Wieck-Noodt*, § 239 Rn. 1).

B. Tatbestand

Grundstruktur des Tatbestands		
Objektiver Tatbestand		Subjektiver Tatbestand
Tatobjekt	Tathandlung	
Ein anderer Mensch (Rn. 2 ff.)	Einsperren oder auf andere Weise der Freiheit berauben (Rn. 9 ff.)	Vorsatz (Rn. 15)

I. Objektiver Tatbestand

1. Tatobjekt

Als Tatobjekt kommt grundsätzlich jeder Mensch in Betracht, der über die 2 natürliche Fähigkeit verfügt, willkürlich seinen Aufenthaltsort zu verlassen (MünchKomm/*Wieck-Noodt*, § 239 Rn. 7). Hierfür ist es unerheblich, ob dieser für sein Verhalten verantwortlich ist und ob er seinen Aufenthaltsort nur mit Hilfe anderer oder mit technischen Hilfsmitteln verlassen kann (MünchKomm/*Wieck-Noodt*, § 239 Rn. 8).

Beispiele: Geistig Behinderte, Beinamputierte, stark Sehbehinderte, nicht hingegen Säuglinge, denen die Fähigkeit zur willkürlichen Fortbewegung (noch) fehlt (*BayObLG* JZ 1952, 237).

> **Beachte:** Umstritten ist es, in welchem Umfang die potentielle Fortbewegungsfreiheit geschützt ist (Überblick bei *Geppert/Bartl,* Jura 1985, 221, 222 f. und *Park/Schwarz,* Jura 1995, 294 ff.).

3 **a)** Ein Teil des Schrifttums erachtet die potentielle Fortbewegungsfreiheit nur dann als schutzwürdig, wenn sich der Betroffene der Tatsache bewusst ist, seinen Aufenthaltsort nicht verlassen zu können, unabhängig davon, ob er dies tatsächlich will (*Otto,* § 28 Rn. 3; *Park/Schwarz,* Jura 1995, 294, 296).

Beispiel: A verschließt für eine Stunde die Tür der Institutsbibliothek. Der dort anwesende B bemerkt dies, arbeitet aber trotzdem weiter.

4 **b)** Die Gegenposition der h.M. gewährt der potentiellen Fortbewegungsfreiheit einen umfassenden Schutz. Es ist danach gerade nicht erforderlich, dass der Betroffene die Einschränkung seiner Bewegungsfreiheit wahrnimmt, so dass jeder Mensch, der tatsächlich zur Fortbewegung fähig ist (vgl. Rn. 2), als taugliches Tatobjekt in Betracht kommt (BGHSt 32, 183, 187 f. – „Missbrauchsfall"; OLG *Köln* NStZ 1985, 550, 551; *Lackner/Kühl,* § 239 Rn. 1; MünchKomm/*Wieck-Noodt,* § 239 Rn. 13; *Fahl,* Jura 1998, 456, 461).

Beispiel: Im obigen Beispiel (vgl. Rn. 3) bemerkt B das Abschließen der Tür nicht, weil er die ganze Zeit konzentriert forscht.

5 **c)** Eine vermittelnde Position scheidet Personen, bei denen die Möglichkeit der Willensbildung und -betätigung aktuell ausgeschlossen ist (z.B. Schlafende und Bewusstlose), als taugliche Objekte einer Freiheitsberaubung aus (*Fischer,* § 239 Rn. 4; *Joecks,* § 239 Rn. 10; *Krey/Heinrich,* Rn. 315). Daher können z.B. Schlafende und Bewusstlose nicht ihrer Fortbewegungsfreiheit beraubt werden. Dies gilt ebenfalls für Personen, die in den Zustand der Hypnose versetzt worden sind, weil sie kein eigenes Wachbewusstsein mehr haben (*Gerke,* HRRS 2009, 373, 375).

Beispiel: Einbrecher A schließt den schlafenden Wohnungsinhaber B ein, damit seine Tat möglichst lange unentdeckt bleibt. Noch bevor B aufwacht, öffnet seine nachts heimkehrende Ehefrau die Schlafzimmertür.

6 **d)** Der letztgenannten Auffassung ist zu folgen, denn allein sie findet eine Stütze im Gesetz. Für sie sprechen weiter folgende **Argumente:**

7 • § 239 Abs. 1 enthält im Gegensatz zu früheren Fassungen die Worte „des *Gebrauchs* der persönlichen" (Freiheit) nicht mehr, so dass der Tatbestand

§ 11. Freiheitsberaubung 93

keine Beschränkung auf die Beeinträchtigung eines aktuell betätigten Fortbewegungswillens erfordert.
- Wegen der in § 239 Abs. 2 vorgesehenen Versuchsstrafbarkeit kann vom Tatbestand nicht allein die potentielle Fortbewegungsfreiheit geschützt sein. Anderenfalls kommen für den Versuchstatbestand nur solche Handlungen in Betracht, die unter keinen Umständen zur Vollendung hätten führen können, während erfolgstaugliche Handlungen diesen regelmäßig bereits vollenden, es sei denn, sie schlagen im konkreten Fall jeweils fehl. 8

Hinweis: Grund für die extensive Auslegung des Tatbestands war vor allem das Bestreben, den Bereich des nach früherer Rechtslage straflosen Versuchs durch eine Vorverlagerung des Vollendungszeitpunkts einzuschränken. Dies ist nach der Einführung des § 239 Abs. 2 durch das 6. StrRG nicht mehr erforderlich.

2. Tathandlung

Die Tathandlung des § 239 Abs. 1 besteht darin, dass ein Mensch gegen oder ohne seinen Willen der persönlichen Fortbewegungsfreiheit beraubt wird. Dies kann durch Einsperren oder auf andere Weise geschehen. 9

a) **Einsperren** heißt, eine Person durch äußere Vorrichtungen am Verlassen eines umschlossenen Raums zu hindern (*Fischer*, § 239 Rn. 7 *Wessels/Hettinger*, Rn. 372). 10

Beispiele: Verriegeln der einzigen Tür, Versperren des Ausgangs durch Wachposten oder eine geschlossene „Menschenmauer" (*OLG Köln* NStZ 1985, 550, 551)

b) Daneben kann jemand **auf andere Weise** seiner Freiheit beraubt werden. Dafür kommt jedes Mittel in Betracht, das tauglich ist, einem anderen die Möglichkeit der Fortbewegung zu nehmen (*Schönke/Schröder/Eser/Eisele*, § 239 Rn. 6; *Park/Schwarz*, Jura 1995, 294, 296). Es braucht dem Einsperren nicht ähnlich zu sein. 11

Beispiele: Festhalten (*OLG Hamm* JMBlNW 1964, 31), Festbinden auf einem Stuhl oder Bett (*OLG Koblenz* NJW 1985, 1409), Betäuben, Nichtanhalten eines fahrenden Fahrzeugs (*BGH* NStZ 1992, 33, 34; 2005, 507, 508), Vorspiegelung, eine Tür sei verschlossen – nicht aber das Fesseln nur der Hände, weil hierdurch die Möglichkeit des Fortbewegens vom Aufenthaltsort nicht ausgeschlossen wird (*BGH*, Beschluss vom 30. 10. 2007, Az.: 4 StR 470/07)

c) Beide Handlungsmodalitäten der Freiheitsberaubung erfordern nicht, dass die geschaffene physische Barriere eine absolute, unüberwindliche ist (*LK/Träger/Schluckebier*, § 239 Rn. 13 f.). Ausreichend ist es vielmehr, wenn das an sich mögliche Verlassen des Aufenthaltsorts im konkreten Einzelfall für das Opfer mit einer Gefahr für Leib oder Leben verbunden ist (*SK/Horn/* 12

Wolters, § 239 Rn. 6; *Maurach/Schroeder/Maiwald*, BT 1, § 14 Rn. 5; *Rengier*, § 22 Rn. 12).

Beispiele: A schließt die 70 Jahre alte B in einem Raum ein, bei dem der Abstand zwischen der Unterkante des Fensters und dem Erdboden 1,70 Meter beträgt.

C hindert die D dadurch am Verlassen seines Pkw, dass er die Fahrt mit hoher Geschwindigkeit fortsetzt (*BGH* NStZ 1992, 33, 34).

E nimmt der nackt badenden F die Kleidung weg – keine Freiheitsberaubung auf andere Weise (*BGH* NStZ/M 1995, 225; LK/*Träger/Schluckebier*, § 239 Rn. 16), da es an der erforderlichen Gefahr für Leib oder Leben fehlt.

13   Daher kommen neben Gewalt (vgl. § 12 Rn. 5 ff.) auch Drohung mit gegenwärtiger Gefahr für Leib und Leben sowie List in Betracht (MünchKomm/*Wieck-Noodt*, § 239 Rn. 21; Schönke/Schröder/*Eser/Eisele*, § 239 Rn. 6; *Krey/Heinrich*, Rn. 314), wenn hierdurch beim Tatopfer die – unzutreffende – Vorstellung einer solchen Gefahr hervorgerufen oder diesem gegenüber eine psychische Schranke errichtet wird, die ihm ein Verlassen seines Aufenthaltsorts als unzumutbar erscheinen lässt. Regelmäßig reicht die Drohung mit einem empfindlichen Übel i.S.d. § 240 Abs. 1 (vgl. § 12 Rn. 11 ff.) nicht aus, wohl aber die Drohung mit einer gegenwärtigen Gefahr für Leib oder Leben (*BGH* NJW 1993, 1807 f. – „Arbeitsplatzfall"; *Lackner/Kühl*, § 239 Rn. 2; *Rengier*, § 22 Rn. 11).

Beispiele: A hält B eine geladene Pistole vor, um ihn am Verlassen des Raums zu hindern.

C hindert den 16 Jahre alten D mit der Ankündigung von weiteren Schlägen und der Drohung, sonst im Freien schlafen zu müssen, am Verlassen eines – unverschlossenen – Kellerraums (*BGH* NStZ 2001, 420).

> **Merke:** Eine Mindestdauer der Freiheitsentziehung ist vom Tatbestand nicht vorausgesetzt, jedoch werden nach ganz h.M. völlig unbedeutende Beeinträchtigungen von diesem nicht erfasst (*BGH* NStZ 2003, 271; NStZ-RR 2003, 168; *OLG Hamm* JMBlNW 1964, 31 f.; *Rengier*, § 22 Rn. 13; *Geppert/Bartl*, Jura 1985, 221 f.).

14   Als tatbestandsmäßig sind von der Rechtsprechung Zeiträume von einer halben Stunde (BGHSt 14, 314, 315), zwei bis drei Minuten (RGSt 33, 324, 325) und sogar einer Minute (*BGH* NJW 1967, 941) Dauer angesehen worden. Maßgeblich sind aber stets die Umstände des Einzelfalls, so dass bei einer intensiven Einwirkung auf die Fortbewegungsfreiheit (z.B. Fesselung) ein sehr kurzer Zeitraum ausreichen kann (*Krey/Heinrich*, Rn. 313; *Park/Schwarz*, Jura 1995, 294, 297), während bei einer verbleibenden (Rest-) Bewegungsfreiheit eine Freiheitsentziehung von wenigen Minuten noch unterhalb der Erheblichkeitsschwelle liegen kann.

Beispiel: A schließt B für drei Minuten in den Räumen der juristischen Fakultätsbibliothek ein.

d) Ein Einverständnis des Betroffenen mit dem Entzug der Fortbewegungsfreiheit schließt bereits den Tatbestand aus, da § 239 Abs. 1 ein Handeln gegen oder ohne den Willen des Betroffenen voraussetzt (sog. tatbestandsausschließendes Einverständnis; *BGH* NJW 1993, 1807 – „Arbeitsplatzfall"; *Lackner/Kühl*, § 239 Rn. 5; *Rengier*, § 22 Rn. 16; a.A. *Otto*, § 28 Rn. 9: rechtfertigende Einwilligung). Dies gilt nicht für das erschlichene oder durch Drohung erzwungene Einverständnis, soweit die eingesetzte Täuschung oder Drohung gerade Tatmittel der Freiheitsberaubung sind. Lässt die Täuschung jedoch das Bewusstsein, den Aufenthaltsort verlassen zu können, unberührt, schließt auch ein erschlichenes Einverständnis den Tatbestand aus (*Rengier*, § 22 Rn. 7f. und 16; *Park/Schwarz*, Jura 1995, 294, 297f.). 15

II. Subjektiver Tatbestand

Es ist hinreichend, dass der Täter mit bedingtem Vorsatz handelt (*Lackner/Kühl*, § 239 Rn. 6), d.h. es für möglich hält, dass er mit seinem Verhalten verursacht, dass ein anderer Mensch die Möglichkeit verliert, seinen Aufenthaltsort zu verlassen. 16

III. Qualifikation, Erfolgsqualifikationen und minder schwerer Fall der Freiheitsberaubung (§ 239 Abs. 3, 4 und 5)

§ 239 Abs. 3 Nr. 1 ist nach der insoweit eindeutigen „aktivistischen" Formulierung eine Qualifikation der Freiheitsberaubung, so dass der Täter auch insoweit zumindest bedingt vorsätzlich handeln muss (SK/*Horn/Wolters*, § 239 Rn. 16; *Nelles*, in: Dencker u.a., 3. Teil Rn. 12; a.A. *Lackner/Kühl*, § 239 Rn. 9; *Otto*, § 28 Rn. 11: § 18). Hingegen handelt es sich bei § 239 Abs. 3 Nr. 2 (zur schweren Gesundheitsschädigung vgl. § 5 Rn. 8) und Abs. 4 um Erfolgsqualifikationen, so dass § 18 anzuwenden ist. Hinsichtlich der spezifischen Voraussetzungen eines erfolgsqualifizierten Delikts gelten die Ausführungen zu den §§ 226, 227 entsprechend (vgl. § 8 Rn. 1, 8, 30ff. und 38f.). 17

In minder schweren Fällen der schweren Freiheitsberaubung (§ 239 Abs. 3) ist der Strafrahmen auf Freiheitsstrafe von sechs Monaten bis fünf Jahren, in minder schweren Fällen der Freiheitsberaubung mit Todesfolge (§ 239 Abs. 4) auf Freiheitsstrafe von einem Jahr bis zu zehn Jahren reduziert. 18

C. Täterschaft und Teilnahme, Begehung durch Unterlassen, Versuch sowie Konkurrenzen

19 Bezüglich Täterschaft und Teilnahme bestehen keine Besonderheiten, so dass die §§ 25 ff. uneingeschränkt Anwendung finden. Die Freiheitsberaubung kann daher grundsätzlich in mittelbarer Täterschaft begangen werden, wenn der Hintermann die Tatherrschaft innehat, insbesondere deshalb, weil das „Werkzeug" irrt. Praktisch bedeutsam ist dies, wenn staatliche Organe durch Täuschung zum freiheitsentziehenden Eingreifen veranlasst werden (BGHSt 3, 4, 5 f.; 42, 275, 276; *OLG Schleswig* NStZ 1985, 74; *Maurach/Schoeder/Maiwald*, BT 1, § 14 Rn. 8).

Beispiel: A bezichtigt B wahrheitswidrig des sexuellen Missbrauchs und erreicht so, dass dieser von der Polizei vorläufig festgenommen (§ 127 Abs. 2 StPO) wird.

> **Beachte:** Beruht die Freiheitsentziehung auf einem Urteil, so liegt dagegen keine mittelbare Täterschaft vor. Das Gericht entscheidet jedenfalls in der Hauptverhandlung aufgrund einer umfassenden eigenverantwortlichen Prüfung aller erhobenen Beweise (vgl. §§ 261 und 264 Abs. 1 StPO) und ist daher nicht gutgläubiges Werkzeug eines Anzeigenden (so auch *Otto*, § 28 Rn. 7).

20 Die Freiheitsberaubung kann grundsätzlich auch durch Unterlassen begangen werden, wenn der Unterlassende eine Garantenstellung innehat (§ 13; *BGH* GA 1963, 16; NStZ-RR 2009, 366; *Fischer*, § 239 Rn. 10; MünchKomm/*Wieck-Noodt* § 239 Rn. 28). Bloßes Zurücklassen an einem abgelegenen Ort reicht hierfür allein nicht aus (*BGH* NStE Nr. 3 zu § 239 StGB).

Beispiele: Im obigen Beispiel (vgl. Rn. 14) bemerkt A zwar, B versehentlich in der Fakultätsbibliothek eingeschlossen zu haben, unternimmt aber nichts, um ihn zu befreien.
Der Leiter einer Justizvollzugsanstalt (JVA) veranlasst die Entlassung des Strafgefangenen C nicht, obwohl die Staatsanwaltschaft als Vollstreckungsbehörde (§ 451 StPO) dies wegen vollständiger Verbüßung der Strafe angeordnet hat.

21 Nach § 239 Abs. 2 ist der Versuch der einfachen Freiheitsberaubung (§ 239 Abs. 1) strafbar. Da es sich bei § 239 Abs. 3 und 4 um Verbrechen handelt, ist deren Versuch ebenfalls strafbar (vgl. §§ 12 Abs. 1, 23 Abs. 2). Dies gilt sowohl für die Konstellation der versuchten Erfolgsqualifikation als auch für die des erfolgsqualifizierten Versuchs (vgl. hierzu die entsprechenden Ausführungen § 8 Rn. 42 ff.).

22 § 239 ist gegenüber § 240 lex specialis, wenn sich das abgenötigte Verhalten allein auf die bloße Duldung der Freiheitsentziehung beschränkt (BGHSt 30, 235; *OLG Koblenz* VRS 49, 347, 350; *Park/Schwarz*, Jura 1995, 294, 298). Verfolgt die Handlung des Täters hingegen einen darüber hinausgehenden

§ 11. Freiheitsberaubung   97

Zweck, liegt Idealkonkurrenz (§ 52) zwischen Freiheitsberaubung und Nötigung vor (*Krey/Heinrich*, Rn. 318; *Otto*, Jura 1989, 497, 498).

Tateinheit ist ferner möglich zwischen § 239 Abs. 1 und den §§ 153 ff., 164 **23** (*Park/Schwarz*, Jura 1995, 294, 298), zwischen § 239 Abs. 3 Nr. 2 und den §§ 224 ff. bzw. § 239 Abs. 4 und den §§ 211 ff. (SK/*Horn/Wolters*, § 239 Rn. 23). Soweit die Freiheitsberaubung dagegen nur typische Begleiterscheinung der Tatbestandsverwirklichung anderer Delikte ist, tritt § 239 als subsidiäres Delikt zurück (BGHR StGB § 177 Abs. 1 Konkurrenzen 5 und 8; § 239 Abs. 1 Konkurrenzen 8; Schönke/Schröder/*Eser/Eisele*, § 239 Rn. 14 – jedoch Tateinheit, wenn die Freiheitsentziehung über das zur Verwirklichung des anderen Tatbestands Erforderliche hinausgeht; *BGH* NStZ 1999, 83; StraFo 2005, 82). Dies gilt nicht nur hinsichtlich der §§ 177, 239a, 239b, 249, sondern auch in Bezug auf § 240, wenn der Freiheitsentzug notwendige Begleiterscheinung des abgenötigten Verhaltens ist (*Otto*, Jura 1989, 497, 498).

Beispiel: A überrascht B bei einem Ehebruch mit Frau A. Mit vorgehaltener Pistole zwingt er B, zu Frau B mitzugehen, um dieser seine Tat zu „beichten" (nach *Otto*, Jura 1989, 497).

D. Kontrollfragen

1. Welches ist das von § 239 geschützte Rechtsgut und in welchem Umfang wird dies geschützt? → Rn. 1 und 3 ff.
2. Setzt eine vollendete Freiheitsberaubung voraus, dass der Täter eine für das Tatopfer absolute, unüberwindliche Barriere errichtet? → Rn. 12
3. In welchem Konkurrenzverhältnis steht § 239 zu § 240? → Rn. 22 f.

Aufbauschema (§ 239)

1. Tatbestand
   a) Objektiver Tatbestand
      (1) Mensch, der aktuell zur Bildung und Betätigung eines Fortbewegungswillens fähig ist
      (2) Einsperren oder auf andere Weise der Freiheit berauben
   b) Subjektiver Tatbestand
      – Vorsatz
2. Rechtswidrigkeit
3. Schuld

Kapitel 3. Freiheitsberaubung, Nötigung und Hausfriedensbruch

Empfehlungen zur vertiefenden Lektüre:
Leitentscheidungen: BGHSt 14, 314 – „Amandafall"; BGHSt 32, 183 – „Missbrauchsfall"; *BGH* NJW 1993, 1807 – „Arbeitsplatzfall".

Aufsätze: *Geppert/Bartl*, Probleme der Freiheitsberaubung, insbesondere zum Schutzgut des § 239 StGB, Jura 1985, 221; *Park/Schwarz*, Die Freiheitsberaubung (§ 239 StGB), Jura 1995, 294.

Übungsfälle: *Hecker*, Examensklausur Strafrecht: Das brennende Hausboot, Jura 1999, 197; *Mitsch*, Der praktische Fall – Strafrecht: Kein Kavalier der Straße, JuS 1993, 222.

§ 12. Nötigung (§ 240)

A. Grundlagen

1   Die Nötigung (§ 240) schützt das Rechtsgut der Willensentschließungs- und Willensbetätigungsfreiheit, und zwar in seiner Ausprägung der allgemeinen Handlungsfreiheit (BVerfGE 73, 206, 237; BVerfGE 92, 1, 13 – „Sitzblockadefall"; *Lackner/Kühl*, § 240 Rn. 1; *Maurach/Schroeder/Maiwald*, BT 1, § 12 Rn. 9 ff. und § 13 Rn. 6; *Geppert*, Jura 2006, 31; einschränkend SK/*Horn/Wolters*, § 240 Rn. 3: nur als rechtlich garantierte Freiheit, d.h. keine solche Freiheit verliert, wer nur beansprucht wird, soweit er gegenüber dem anderen allgemein rechtlich gebunden ist).

B. Tatbestand

2   Der Tatbestand der Nötigung ist erfüllt, wenn der Täter vorsätzlich einen Menschen mit Gewalt oder durch Drohung mit einem empfindlichen Übel zu einer Handlung, Duldung oder Unterlassung veranlasst (§ 240 Abs. 1).

Grundstruktur des Nötigungstatbestands		
Objektiver Tatbestand		Subjektiver Tatbestand
Tathandlung	Taterfolg	
Nötigen mit Gewalt oder durch Drohung mit einem empfindlichen Übel (Rn. 2 ff.)	Handlung, Duldung oder Unterlassung (Rn. 9 ff.)	Vorsatz (Rn. 28)
Kausalität (Rn. 26)		

I. Objektiver Tatbestand

1. Tatobjekt

Tatobjekt der Nötigung kann jede (lebende) natürliche Person sein, die zur **3** natürlichen Willensbildung und -betätigung fähig ist (*Geppert*, Jura 2006, 31, 32). Die Tat kann daher auch gegen Kinder, Betrunkene oder Geisteskranke begangen werden (MünchKomm/*Gropp/Sinn*, § 240 Rn. 26). Hingegen können juristische Personen als solche nicht Opfer einer Nötigung sein (Münch-Komm/*Gropp/Sinn*, § 240 Rn. 26; *Geppert*, Jura 2006, 31, 32), genötigt werden können jedoch deren (menschliche) Organe und Vertreter.

2. Tathandlung

Die Tathandlung des § 240 Abs. 1 ist das Nötigen mit Gewalt oder durch **4** Drohung mit einem empfindlichen Übel. Nötigen bedeutet, einem Menschen ein von ihm nicht gewolltes Verhalten aufzuzwingen, ihn gegen seinen Willen zu einem Tun, Dulden oder Unterlassen bestimmen (*BGH NStZ* 2000, 140, 141).

a) Als Zwangsmittel kommt zunächst Gewalt in Betracht. **Gewalt** i.S.d. **5** § 240 Abs. 1 liegt vor, wenn der Täter durch Entfaltung körperlicher Kraft unmittelbar oder mittelbar auf den Körper eines anderen wirkenden Zwang ausübt, um einen geleisteten oder erwarteten Widerstand zu überwinden oder von vornherein auszuschließen (BGHSt 41, 182, 185 f. – „Autobahnblockadefall"; *BGH* NJW 1995, 2862; *Fischer*, § 240 Rn. 8 ff.; *Wessels/Hettinger*, Rn. 383).

> **Vertiefungshinweise:** Die ganz h.M. unterscheidet entsprechend der Wirkung der Gewalt zwei Erscheinungsformen: **Vis absoluta** liegt vor, wenn die Gewaltanwendung zur Folge hat, dass dem Opfer die Willensbildung und -realisierung unmöglich wird. Hingegen wird bei **vis compulsiva** zwar ein Motivationsdruck auf den Betroffenen ausgeübt, dennoch verbleibt ihm ein Handlungsspielraum (*Fischer*, § 240 Rn. 9 f.; *Krey/Heinrich*, Rn. 329; *Wessels/Hettinger*, Rn. 396; *Geppert*, Jura 2006, 31, 33). Dieser Differenzierung kommt im Rahmen des § 240 Abs. 1 lediglich theoretische Bedeutung zu (anders etwa bei § 253; vgl. *Hohmann/Sander*, BT 1, § 13 Rn. 19).

Beispiele: A schlägt B bewusstlos und durchsucht dessen Wohnung – vis absoluta.
C schlägt D solange, bis dieser ein vorgelegtes Dokument unterzeichnet – vis compulsiva.
Die einzelnen Aspekte des Gewaltbegriffs sind im Grundsatz anerkannt. Ihr Bedeutungsgehalt unterliegt jedoch in der historischen Entwicklung bis in die jüngste Zeit Veränderungen (vgl. dazu *Krey/Heinrich*, Rn. 330 ff.; *Arnold*, JuS 1997, 289 ff.).

(1) Für das Vorliegen von Gewalt ist es nicht erforderlich, dass der Täter **6** erhebliche körperliche Kraft entfaltet (BVerfGE 104, 92, 102 f.; BGHSt 41,

182, 185 – „Autobahnblockadefall"; *K. Amelung*, NJW 1995, 2584, 2589 f.; *Schroeder*, JuS 1995, 875, 877 f.). Ein nur geringfügiger körperlicher Kraftaufwand ist ausreichend (*Rengier*, § 23 Rn. 5).

Beispiele: A schließt die Tür und sperrt B ein, indem er den Schlüssel im Schloss dreht (RGSt 13, 49).
C schüttet D sog. K.O.-Tropfen ins Glas (BGHSt 1, 145; *BGH* StV 1991, 149).
E blockiert in bewusstem und gewolltem Zusammenwirken mit anderen den Straßenverkehr, in dem sie sich auf die Fahrbahn niedersetzen (vgl. zum Sachverhalt BGHSt 37, 350, 353).

7   (2) Gewalt i.S.d. § 240 Abs. 1 setzt einen auf das Opfer körperlich (physisch) vermittelten Zwang voraus; ein lediglich seelisch vermittelter Zwang genügt nicht (BVerfGE 92, 1, 16 ff. – „Sitzblockadefall"; BGHSt 41, 182, 185 – „Autobahnblockadefall"; BGHSt 44, 34, 40 – „Castorfall"; *OLG Düsseldorf* NJW 1999, 2912).

8   Einer unmittelbaren Einwirkung auf den Körper des Opfers bedarf es daher nicht (*Wessels/Hettinger*, Rn. 394), so dass auch eine Einwirkung auf Sachen genügt, wenn sie vom Betroffenen körperlich wahrgenommen wird.

Beispiel: Vermieter A entfernt im Winter die Türen und die Fenster der Wohnung des B, um ihn zum Auszug zu zwingen (RGSt 9, 58).

9   Für die umstrittene Behandlung der sog. **Blockadefälle** (vgl. Beispiel Rn. 6) folgt daraus, dass Gewalt immer dann, aber auch nur dann zu bejahen ist, wenn einer von der Blockade betroffenen Person die beabsichtigte Fortbewegung durch tatsächliche Hindernisse nahezu unmöglich gemacht wird (BGHSt 41, 182, 185 – „Autobahnblockadefall"; BGHSt 44, 34, 40 – „Castorfall"; *Rengier*, § 23 Rn. 17 und 26; *Hoyer*, JuS 1996, 200, 202; a.A. *Krey/Heinrich*, Rn. 348). Solche Hindernisse begründen deshalb einen körperlich wirkenden Zwang, weil das Tatopfer die Sperre mit seinen Kräften entweder überhaupt nicht oder zumindest nur unter Gefährdung der eigenen körperlichen Integrität überwinden kann (*Hoyer*, JuS 1996, 200, 202). Hierbei ist wie stets bei der Bewertung einer Handlung als Gewalt eine Würdigung aller Umstände des Einzelfalls erforderlich (BGHSt 23, 46, 49).

Beispiele: A blockiert in bewusstem und gewolltem Zusammenwirken mit mehreren hundert Menschen eine Kreuzung: Gewalt (*BGH* NStZ 1995, 593).
Die Insassen eines Kleinbusses verteilen sich auf die Fahrbahnen einer Autobahn und blockieren so den Verkehr: Gewalt nur gegenüber den Fahrern, die durch die vor ihnen blockadebedingt haltenden Fahrzeuge an der Weiterfahrt gehindert werden (BGHSt 41, 182, 184 – „Autobahnblockadefall"; diese Rechtsprechung verstößt nicht gegen das Analogieverbot, *BVerfG*, Beschluss vom 7. 3. 2011, Az.: 1 BvR 388/05).
B legt sich auf ein Gleis der Deutschen Bahn AG, um einen Zug an der Weiterfahrt zu hindern: keine Gewalt (a.A. *BayObLG* NJW 1995, 268, 269; *Krey/Heinrich*, Rn. 348).

§ 12. Nötigung 101

C, D und E stemmen sich gegen die Motorhaube des von F geführten Pkw, um ihn an der Einfahrt in eine Parklücke zu hindern: – keine Gewalt (*Rengier*, § 23 Rn. 21; a.A. *OLG Naumburg* NStZ 1998, 623, 624; *Krey/Heinrich*, Rn. 348).

Der körperliche Zwang muss vom Opfer nicht notwendig als solcher empfunden werden, so dass auch Schlafende, Bewusstlose oder Betrunkene als taugliches Tatobjekt der Nötigung in Betracht kommen, wenn die Gewalt zur Überwindung eines erwarteten Widerstands eingesetzt wird (BGHSt 25, 237, 238; *Rengier*, § 23 Rn. 29; a.A. für Schlafende und Bewusstlose MünchKomm/ *Gropp/Sinn*, § 240 Rn. 26). 10

> **Vertiefungshinweis:** Damit setzt der Tatbestand des § 240 Abs. 1 Gewalt gegen eine Person voraus (*Otto*, § 27 Rn. 15), so dass ein einheitlicher Gewaltbegriff im StGB zur Anwendung kommt (*Hohmann/Sander*, BT 1, § 13 Rn. 20; a.A. *Rengier*, § 23 Rn. 37; *Wessels/Hettinger*, Rn. 386 ff.).

> **Merke: Gewalt** i.S.d. § 240 Abs. 1 setzt dreierlei voraus, nämlich
> erstens die Entfaltung von Körperkraft durch den Täter,
> die zweitens einen unmittelbar oder mittelbar auf den Körper eines anderen wirkenden Zwang ausübt und
> drittens einen geleisteten oder erwarteten Widerstand überwinden oder ausschließen soll (BGHSt 41, 182, 185 f. – „Autobahnblockadefall"; *BGH* NJW 1995, 2862; *Fischer*, § 240 Rn. 8 ff.; *Wessels/Hettinger*, Rn. 383).

b) § 240 Abs. 1 stellt der Gewalt als Nötigungsmittel die **Drohung mit einem empfindlichen Übel** gleich. 11

> **Merke: Drohung** ist das Inaussichtstellen eines Übels, dessen Eintritt der Drohende als von seinem Willen abhängig darstellt (BGHSt 16, 386, 387; *Fischer*, § 240 Rn. 31; MünchKomm/*Gropp/Sinn*, § 240 Rn. 67; *Sinn*, JuS 2009, 577, 582). Es kommt nicht darauf an, ob der Täter die Drohung wahr machen will oder kann (BGHSt 23, 294, 295; *Geppert*, Jura 2006, 31, 36).

Ausreichend hierfür ist es, dass die Drohung objektiv ernstlich erscheint und vom Bedrohten ernst genommen werden soll (*Wessels/Hettinger*, Rn. 404; *Geppert*, Jura 2006, 31, 36). Der Täter muss das angedrohte Übel in der Weise zur Disposition stellen, dass es nicht eintritt, wenn der Bedrohte sich dem Täterwillen fügt (*Hoyer*, GA 1997, 451, 454 f.; *Schroeder*, NJW 1996, 2627, 2629). Unerheblich ist es hierbei, ob die Drohung ausdrücklich oder konkludent erfolgt (*Sinn*, JuS 2009, 577, 582). 12

Eine Drohung liegt auch dann vor, wenn der Täter ankündigt, ein Dritter werde das in Aussicht gestellte Übel verwirklichen, und beim Opfer die Vorstellung erweckt, er könne den Dritten in dieser Richtung beeinflussen und 13 wolle dies auch (BGHSt 7, 197, 198; *BGH* NStZ 1987, 222). Hingegen liegt keine Drohung, sondern lediglich eine Warnung vor, wenn der Täter nicht vorgibt, auf den Eintritt des Übels Einfluss zu haben (*Fischer*, § 240 Rn. 36; *Geppert*, Jura 2006, 31, 36; *Sinn*, JuS 2009, 577, 582).

Beispiel: A wirbt für seine Betriebsratsliste. Sein Mitbewerber B erklärt C und D, er habe vom Chef gehört, dass im Falle eines Siegs der Liste des A bei den anstehenden Betriebsratswahlen zahlreiche Entlassungen erfolgen werden.

14 Mit einem **empfindlichen Übel** wird gedroht, wenn die in Aussicht gestellte negative Folge geeignet ist, einen besonnenen Menschen in der konkreten Situation zu dem erstrebten Verhalten zu bestimmen (BGHSt 32, 165, 174; *BGH* NStZ 1992, 278; *OLG Karlsruhe* NStZ-RR 1996, 296; *Lackner/Kühl*, § 240 Rn. 13; *Geppert*, Jura 2006, 31, 36; *Sinn*, JuS 2009, 577, 583).

15 Dem genügt auch die (aktive) Drohung mit einem Unterlassen (*BGH* NStZ 2000, 86, 87; *Sinn*, JuS 2009, 577, 583), d.h. das Inaussichtstellen eines Übels, das eintritt, sofern der Täter in einen für das Opfer nachteilig verlaufenden Kausalprozess nicht eingreift, obwohl er vorgibt, dies zu können.

16 **Beispielsfall 5 – Diebstahl mit Folgen:** Gegen Studentin A, die in der Universitätsbibliothek zum wiederholten Mal beim Diebstahl eines Buchs gestellt wird, formuliert die Bibliotheksleitung eine Strafanzeige (§ 158 StPO). Bibliotheksrat B wendet sich daraufhin an A und erklärt, er könne die Anzeige aus der Welt schaffen, wenn sie mit ihm schlafe, was sie auch tut, um eine Strafanzeige zu verhindern.
Strafbarkeit des B wegen Nötigung?

Lösung:

17 Eine Strafbarkeit des B wegen Nötigung (§ 240 Abs. 1) setzt zunächst voraus, dass er A mit einem empfindlichen Übel gedroht hat.

18 Die Einleitung eines Strafverfahrens stellt für A wegen der damit einhergehenden Belastungen und der zu erwartenden Verurteilung ein empfindliches Übel dar. Fraglich ist es jedoch, unter welchen Voraussetzungen die von B in Aussicht gestellte Passivität als Drohung i.S.d. § 240 Abs. 1 zu bewerten ist.

19 Teile des Schrifttums und der Rechtsprechung qualifizieren die Ankündigung eines Unterlassens nur dann als Drohung mit einem Übel, wenn eine Rechtspflicht zum Handeln besteht (*OLG Hamburg* NJW 1980, 2592; *Joecks*, § 240 Rn. 25; *Wessels/Hettinger*, Rn. 409; ebenso *BGH* NStZ 1982, 287 in die Entscheidung nicht tragenden Erwägungen). Hiernach scheidet eine Drohung des B aus, weil diesen keine Pflicht trifft, die Weiterleitung der Strafanzeige zu verhindern. Angeführt werden folgende **Argumente:**

20 • Nur wenn insoweit eine Rechtspflicht zum Handeln vorausgesetzt ist, kann der gesetzliche Tatbestand zuverlässig seine Funktion erfüllen, strafbares von nichtstrafbarem Verhalten zu unterscheiden (*Wessels/Hettinger*, Rn. 409; *Horn*, NStZ 1983, 497, 498f.).

- Wer lediglich mitteilt, ein dem Opfer bereits drohendes Übel nicht abzu- 21
wenden, kündigt dieses selbst gerade nicht an, sondern stellt einen Vorteil
für Wohlverhalten in Aussicht.

Nach der Gegenauffassung kommt es nicht darauf an, ob das angekündigte 22
Unterlassen eine Rechtspflicht zum Handeln verletzen würde, so dass auch –
wie im Beispielsfall – in einem rechtmäßigen Unterlassen die Drohung mit
einem empfindlichen Übel liegen kann (BGHSt 31, 195 – „Kaufhausdetektivfall"; BGHSt 44, 68, 75 f.; *Fischer*, § 240 Rn. 34; MünchKomm/*Gropp/Sinn*,
§ 240 Rn. 87; *Otto*, § 27 Rn. 23 f.). Die **Argumente** der Vertreter dieser Auffassung sind:

- Eine Übertragung der für ein unechtes Unterlassungsdelikt geltenden 23
Grundsätze auf ein Begehungsdelikt durch Ankündigung einer Unterlassung ist verfehlt (BGHSt 31, 195, 201 – „Kaufhausdetektivfall"; *Otto*, § 27
Rn. 23; *Geppert*, Jura 2006, 31, 37).
- Die Ankündigung der Abwendung eines bereits drohenden Übels er- 24
scheint nur vordergründig als Vorteil für den Betroffenen. Tatsächlich aber
droht dem Opfer ein Übel, auf dessen Eintritt der Täter vorgibt, Einfluss zu
haben (*Otto*, § 27 Rn. 24).
- Die Strafbarkeit darf nicht von der Zufälligkeit abhängen, ob sich der Täter 25
für die Drohung mit einem rechtmäßigen aktiven Tun (hier: Absenden der
Strafanzeige) statt mit einem ebenfalls rechtmäßigen Unterlassen (hier:
Nichtverhindern des Absendens der Strafanzeige) entscheidet. Der auf das
Opfer ausgeübte Motivationsdruck ist in beiden Fällen der gleiche (BGHSt
31, 195, 202 – „Kaufhausdetektivfall"; *Rengier*, § 23 Rn. 48 f.).

Stellungnahme: Das Täterverhalten entspricht unabhängig davon, ob eine 26
Rechtspflicht zum Handeln besteht, der Modalität des § 240 Abs. 1. Der Täter stellt den Eintritt eines Übels als von seinem Willen abhängig dar (*Otto*,
§ 27 Rn. 23; *Rengier*, § 23 Rn. 49). Zudem gewährleistet nur die Einbeziehung (auch) eines rechtmäßigen Unterlassens eine Erfassung aller Fälle einer
Willensbeeinflussung, die wegen der Koppelung von Mittel und Zweck als
sozial unerträglich erscheinen (vgl. hierzu Rn. 33 f.; *Geppert*, Jura 2006, 31,
37). Mithin droht B der A mit einem empfindlichen Übel.

c) Gewalt und das angedrohte Übel können sich auch gegen einen Dritten 27
richten, wenn diese vom Empfänger der Drohung für sich als Übel empfunden werden (BGHSt 16, 316, 318; 38, 83, 86; *Lackner/Kühl*, § 240 Rn. 11 und
15).

Beispiel: Der Strafgefangene A droht dem Leiter der JVA mit der Tötung des im gleichen Haftraum untergebrachten B, falls ihm kein Funkgerät ausgehändigt wird (BGHSt
38, 83, 86).

3. Taterfolg und Kausalität

28 Der von § 240 Abs. 1 vorausgesetzte Taterfolg kann in einer beliebigen „Handlung, Duldung oder Unterlassung" des Opfers bestehen und muss durch die Nötigungshandlung bedingt sein (BGHSt 37, 350, 353; *BGH* NJW 1997, 1082, 1083; NStZ 2004, 385, 386; NStZ-RR 2006, 77; MünchKomm/ *Gropp/Sinn*, § 240 Rn. 95 ff.; *Rengier*, § 23 Rn. 54; *Sinn*, JuS 2009, 577, 583). Im Beispielsfall sind diese Voraussetzungen gegeben, weil A mit B aufgrund dessen Drohung geschlafen hat.

29 Entsprechend § 239 Abs. 1 (vgl. § 11 Rn. 15) schließt auch bei § 240 Abs. 1 ein wirksames Einverständnis des Betroffenen mit dem Entzug der allgemeinen Willensbildungs- und Willensbetätigungsfreiheit bereits den Tatbestand aus, da ein Handeln gegen oder ohne den Willen des Betroffenen vorausgesetzt ist (sog. tatbestandsausschließendes Einverständnis; BGHSt 14, 81, 82; *Wessels/Hettinger*, Rn. 399).

II. Subjektiver Tatbestand

30 Der subjektive Tatbestand erfordert nach zutreffender h.M. zumindest bedingten Vorsatz (BGHSt 5, 245, 246; *Otto*, § 27 Rn. 25). Teilweise wird demgegenüber im Schrifttum hinsichtlich des Nötigungserfolgs Absicht im technischen Sinne gefordert (MünchKomm/*Gropp/Sinn*, § 240 Rn. 103; Schönke/ Schröder/*Eser/Eisele*, § 240 Rn. 34; *Maurach/Schroeder/Maiwald*, BT 1, § 13 Rn. 41; *Geppert*, Jura 2006, 31, 38; *Sinn*, JuS 2009, 577, 583 f.); diese Ansicht findet jedoch keine Stütze im Gesetz.

31 Zwischenergebnis: Im Beispielsfall kam es B auf den Nötigungserfolg an, so dass nach beiden Auffassungen die Voraussetzungen des subjektiven Tatbestands erfüllt sind. B handelte also tatbestandsmäßig i.S.d. § 240 Abs. 1.

III. Rechtswidrigkeit

32 Rechtswidrig ist die Tat, wenn allgemeine Rechtfertigungsgründe fehlen und die Voraussetzungen des § 240 Abs. 2 vorliegen. Dieser enthält eine spezielle Rechtswidrigkeitsregel, die nach h.M. nur dann zu prüfen ist, wenn kein allgemeiner Rechtfertigungsgrund eingreift (*Otto*, § 27 Rn. 31; *Sinn*, JuS 2009, 577, 584).

33 Verwerflichkeit meint einen erhöhten Grad der sozialethischen Missbilligung der für den erstrebten Zweck angewendeten Mittel (BGHSt 17, 328, 331 f.; *OLG Köln* NJW 1986, 2443 f.; *Sinn*, JuS 2009, 577, 584). Aufgrund der insoweit geforderten umfassenden Abwägung müssen unter Berücksichtigung sämtlicher Umstände des Einzelfalls (*BVerfG* NJW 1992, 2689, 2690; BGHSt 44, 34, 44 – „Castorfall") auch der verfolgte Zweck und der Zusammenhang von Zweck und Mittel in die Würdigung einfließen (BVerfGE 73,

206, 245 ff.; BGHSt 35, 270, 275 f. – „Munitionsdepotfall"; *OLG Stuttgart* NJW 1991, 994).

Danach ist die Tat jedenfalls dann verwerflich, wenn sowohl Nötigungsmittel als auch der verfolgte Zweck rechtlich zu missbilligen sind. Die Verwerflichkeit kann aber auch aus der rechtlichen Missbilligung entweder des verfolgten Zwecks oder des eingesetzten Nötigungsmittels allein folgen und zwar um so eher, je intensiver das eingesetzte Nötigungsmittel bzw. je stärker der verfolgte Zweck die Willensfreiheit des Opfers beeinträchtigt (*Otto*, § 27 Rn. 38 f.; *Rengier*, § 23 Rn. 61 ff.; *Sinn*, JuS 2009, 577, 584). 34

Zwischenergebnis: Obgleich B mit einem rechtmäßigen Unterlassen droht, stellt die erzwungene Handlung einen erheblichen Eingriff in die Freiheit der sexuellen Selbstbestimmung der A dar. Die Tat erweist sich damit als verwerflich und mithin rechtswidrig. B hat sich, da er auch schuldhaft handelte, wegen Nötigung (§ 240 Abs. 1) strafbar gemacht. 35

Vertiefungshinweis: Außerordentlich strittig ist es auch nach der Entscheidung des *BVerfG* vom 24.10.2001 (BVerfGE 104, 92 109 ff.), ob (und ggf. wie weit) namentlich bei den Blockadefällen etwaige respektable **Fernziele** von Demonstranten bei der Verwerflichkeitsprüfung zu berücksichtigen sind.

Nach h.M., die wegen des Bestimmtheitsgebots (Art. 103 Abs. 2 GG) vorzugswürdig ist, kann als angestrebter Zweck nur das in Absatz 1 genannte Handeln, Dulden oder Unterlassen verstanden werden, das der Täter vom Opfer erzwungen hat oder erzwingen will (BVerfGE 73, 206, 260 f.; BGHSt 35, 270, 276 – „Munitionsdepotfall"; *Krey/Heinrich*, Rn. 380b). Fernziele sind danach lediglich im Rahmen der Strafzumessung beachtlich (vgl. § 46 Abs. 2).

Nach anderer Auffassung sind neben dem Nahziel auch die (politischen) Fernziele des Demonstranten schon im Rahmen des § 240 Abs. zu berücksichtigen. Das Erfordernis der Gesamtabwägung macht es notwendig, auch ernsthafte Handlungsmotive – wie etwa Sorgen und echte Gewissensnot – einzubeziehen (Schönke/Schröder/*Eser/Eisele*, 240 Rn. 29; *Rengier*, § 23 Rn. 68; vgl. auch BVerfGE 104, 92, 109 ff.: Berücksichtigung der vom Täter verfolgten Fernziele ist verfassungsrechtlich nicht ausgeschlossen).

Die h.M. ist vorzugswürdig: Zum einen ist die nach der anderen Auffassung erforderliche Wertung des verfolgten Fernziels als respektabel mit dem Bestimmtheitsgebot nicht zu vereinbaren. Gerade die kontroverse öffentliche Diskussion des Bahnprojekts „Stuttgart 21" zeigt, dass die Einordnung von Fernzielen als respektabel eine unvorhersehbare Wertung des entscheidenden Richters voraussetzt. Zudem ist es aus der Perspektive der Insassen eines anlässlich der sog. Montagsdemonstrationen von Gegnern des Bahnprojekts eingekesselten Fahrzeugs unerheblich, ob und ggf. welches Fernziele die Demonstranten verfolgen. Sie werden unabhängig von dem von den Tätern verfolgten Fernziel schlicht am weiteren Fortkommen gehindert.

IV. Besonders schwere Fälle (§ 240 Abs. 4)

36 § 240 Abs. 4 sieht für besonders schwere Fälle (zur dogmatischen Einordnung von sog. Regelbeispielen vgl. *Hohmann/Sander*, BT 1, § 1 Rn. 125 ff.) einen höheren Strafrahmen vor. Ein besonders schwerer Fall liegt nach § 240 Abs. 4 S. 2 Nr. 1 1. Alt. regelmäßig bei einer Nötigung zu einer sexuellen Handlung vor. Wegen des spezielleren, eine höhere Strafe androhenden § 177 erlangt dieses Regelbeispiel nur für sexuelle Nötigungen durch Drohung mit einem – einfachen – empfindlichen Übel oder für sexuelle Handlungen Bedeutung, die von § 177 nicht erfasst sind (*Nelles*, in: Dencker u.a., 3. Teil Rn. 20). Als ein weitere Regelbeispiel nennt § 240 Abs. 4 S. 2 Nr. 1 2. Alt die Nötigung zur Eingehung einer Ehe und Nummer 2 die Nötigung zum Schwangerschaftsabbruch (vgl. dazu *OLG Düsseldorf*, Urteil vom 31. 7. 2009, Az.: III–VIa 1/09; vgl. auch *BGH*, Beschluss vom 24. 3. 2010, Az.: 2 StR 406/09).

37 Tauglicher Täter eines besonders schweren Falls der Nötigung nach § 240 Abs. 4 S. 2 Nr. 3 kann nur ein Amtsträger i.S.d. § 11 Abs. 1 Nr. 2 sein. Ein Missbrauch der Befugnisse liegt vor, wenn der Amtsträger an sich im Rahmen der ihm tatsächlich zustehenden Befugnisse handelt, von ihnen aber gesetz- oder pflichtwidrig Gebrauch macht, indem er sie als Nötigungsmittel zur Erreichung anderer als der gesetzlich zulässigen Zwecke einsetzt. Der Missbrauch der Stellung liegt schon dann vor, wenn der Amtsträger sich Befugnisse oder Kompetenzen anmaßt, die ihm tatsächlich nicht zustehen, und diese als Nötigungsmittel zur Erreichung eigener Zwecke einsetzt (*Joecks*, § 240 Rn. 50; *Nelles*, in: Dencker u.a., 3. Teil Rn. 22).

38 **Ergebnis:** B ist Beamter i.S.d. § 11 Abs. 1 Nr. 2 und maßt sich – da er außerhalb seines Zuständigkeitsbereichs handelt – ihm tatsächlich nicht zustehende Kompetenzen an, die er als Nötigungsmittel zur Erreichung egoistischer Ziele einsetzt. Sein Verhalten verwirklicht mithin das Regelbeispiel des § 240 Abs. 4 S. 2 Nr. 3. Zugleich ist das Regelbeispiel des § 240 Abs. 4 S. 2 Nr. 1 1. Alt. erfüllt. B hat sich wegen Nötigung in einem besonders schweren Fall gemäß § 240 Abs. 1, 4 S. 2 Nr. 1 1. Alt. und Nr. 3 strafbar gemacht.

C. Täterschaft und Teilnahme, Begehung durch Unterlassen, Versuch und Vollendung sowie Konkurrenzen

39 In Bezug auf Täterschaft und Teilnahme bestehen keine Besonderheiten, so dass die §§ 25 ff. ohne jede Einschränkung anwendbar sind.

40 Beide Handlungsmodalitäten des § 240 Abs. 1 können auch durch Unterlassen verwirklicht werden, wenn der Täter eine Garantenstellung (§ 13) in-

nehat (*BayObLG* NJW 1963, 1260 f.; *Timpe*, JuS 1992, 748 ff.; zur davon zu unterscheidenden Drohung mit einem Unterlassen vgl. Rn. 15 ff.).

Der **Versuch** der Nötigung ist strafbar (§§ 240 Abs. 3, 22) und beginnt **41** dann, wenn der Täter zur Nötigungshandlung, also zur Anwendung von Gewalt oder Drohung unmittelbar ansetzt (BGHSt 44, 34, 40 – „Castorfall"; *Fischer*, § 240 Rn. 56). Die Tat ist auch dann nur versucht, wenn der erstrebte Erfolg zwar eintritt, die Nötigungshandlung dafür aber nicht kausal war (*Geppert*, Jura 2006, 31, 41).

Vollendet ist die Tat, sobald das Opfer unter der Einwirkung des Nöti- **42** gungsmittels mit der vom Täter erstrebten Handlung begonnen hat (*BGH* NStZ 2004, 385; NStZ-RR 2006, 77; MünchKomm/*Gropp/Sinn*, § 240 Rn. 160; Schönke/Schröder/*Eser/Eisele*, § 240 Rn. 13; a.A. *Otto*, § 27 R. 50: Vollendung erst mit dem Erreichen des vom Täter erstrebten Ziels). Eine nur scheinbare Mitwirkung des Opfers, etwa um den Täter zu überführen, ist nicht ausreichend (*BGH* NStZ 2004, 442, 443).

Hinsichtlich der Konkurrenzen gilt das zur Freiheitsberaubung Ausge- **43** führte entsprechend, d.h. soweit die Nötigung nur typische Begleiterscheinung der Tatbestandsverwirklichung anderer Delikte ist, tritt § 240 als subsidiäres Delikt zurück (*Geppert*, Jura 2006, 31, 41). Nur wenn der Täter weitergehende Zwecke verfolgt, kommt Tateinheit mit den durch dieselbe Handlung verwirklichten Delikten in Betracht (vgl. § 11 Rn. 22; *Fischer*, § 240 Rn. 63 f.).

D. Kontrollfragen

1. Wie wird Gewalt i.S.d. § 240 Abs. 1 definiert? → Rn. 5
2. Unter welchen Voraussetzungen liegt in den sog. Blockadefällen Gewalt vor? → Rn. 9
3. Ist eine Drohung mit einem für das Opfer nachteiligen Unterlassen dem Tatbestand des § 240 Abs. 1 zu subsumieren? → Rn. 15 ff.
4. Welche Besonderheiten sind bei § 240 bezüglich des allgemeinen Deliktsmerkmals der Rechtswidrigkeit zu beachten? → Rn. 32 ff.

Aufbauschema (§ 240)

1. Tatbestand
   a) Objektiver Tatbestand
      (1) Nötigen mit Gewalt oder durch Drohung mit einem empfindlichen Übel
      (2) Nötigungserfolg: Handlung, Duldung oder Unterlassung
      (3) Kausalität

108   Kapitel 3. Freiheitsberaubung, Nötigung und Hausfriedensbruch

> b) Subjektiver Tatbestand
> – Vorsatz
> 2. Rechtswidrigkeit einschließlich § 240 II
> 3. Schuld
> 4. Besonders schwerer Fall
> a) Regelbeispiele des § 240 Abs. 4 S. 2 Nr. 1 bis 3
> b) Ggf. unbenannter besonders schwerer Fall (§ 240 Abs. 4 S. 1)
> c) Vorsatz

Empfehlungen zur vertiefenden Lektüre:
Leitentscheidungen: BVerfGE 92, 1 – „Sitzblockadefall"; BGHSt 31, 195 – „Kaufhausdetektivfall"; BGHSt 35, 270 – „Munitionsdepotfall"; BGHSt 41, 182 – „Autobahnblockadefall"; BGHSt 44, 34 – „Castorfall".

Aufsätze: *K. Amelung,* Sitzblockaden, Gewalt und Kraftentfaltung, NJW 1995, 2584; *Geppert,* Die Nötigung (§ 240 StGB), Jura 2006, 31; *Sinn,* Die Nötigung, JuS 2009, 577; *Zopfs,* Drohen mit einem Unterlassen?, JA 1998, 813.

Übungsfälle: *Gierhake,* Klausur Strafrecht: Urlaubsvorbereitung, JA 2008, 429; *Hillenkamp,* Der praktische Fall – Strafrecht: Ein besonderes Sylvesterfeuerwerk, JuS 1991, 821; *Solbach,* Revisionsrechtliche Klausur: Unerlaubtes Abschleppen, JA 1994, 60; *Thoss,* Examensklausur Strafrecht: Ladendiebstahl mit Folgen, Jura 2002, 351.

§ 13. Hausfriedensbruch und schwerer Hausfriedensbruch (§§ 123, 124)

A. Grundlagen

1   Von § 123 geschütztes Rechtsgut ist das **Hausrecht**, d.h. die Befugnis des Hausrechtsinhabers, darüber zu bestimmen, wer sich innerhalb der geschützten Örtlichkeiten aufhalten darf (*OLG Hamm* NJW 1982, 2676, 2677; *Krey/Heinrich,* Rn. 431; *Otto,* § 35 Rn. 1). Der allein § 123 Abs. 1 1. Alt. qualifizierende schwere Hausfriedensbruchs (§ 124) schützt neben dem Hausrecht zugleich den öffentlichen Frieden (*Krey/Heinrich,* Rn. 455; *Otto,* § 35 Rn. 21) und stellt, wie auch in der Formulierung des Tatbestands deutlich wird, eine Mischform des Hausfriedensbruchs und des Landfriedensbruchs gemäß § 125 dar (SK/*Rudolphi/Stein,* § 124 Rn. 1).

> **Aufbauhinweis:** Die Tatbestände der §§ 123, 124 sind regelmäßig von untergeordneter Prüfungsrelevanz. Zudem wird insbesondere § 123 nicht selten von anderen Delikten konsumiert (vgl. Rn. 23). Im Gutachten ist es deshalb in der Regel fehlerhaft, mit diesem zu beginnen, vielmehr ist § 123 im Anschluss an das konsumierende Delikt kurz zu erörtern (zu § 123 Abs. 2 vgl. Rn. 25).

B. Tatbestände

I. Hausfriedensbruch (§ 123 Abs. 1)

Der Tatbestand des § 123 Abs. 1 enthält die Handlungsalternativen des Eindringens und des Verweilens. Die Widerrechtlichkeit des Eindringens ist ebenso wie das Fehlen einer Befugnis zum Verweilen kein Merkmal des Tatbestands, sondern lediglich ein Hinweis auf das allgemeine Deliktsmerkmal der Rechtswidrigkeit (*Fischer*, § 123 Rn. 34 und 37; *Lackner/Kühl*, § 123 Rn. 6 und 10). 2

1. Objektiver Tatbestand

a) Als **geschützte Örtlichkeiten** nennt § 123 Abs. 1 an erster Stelle Wohnungen und Geschäftsräume. **Wohnungen** sind Gebäude oder Teile von solchen, die einem einzelnen oder einer Gruppe von Menschen als Unterkunft dienen (*Lackner/Kühl*, § 123 Rn. 3; *Wessels/Hettinger*, Rn. 579), während **Geschäftsräume** für gewerbliche, künstlerische oder wissenschaftliche Tätigkeiten bestimmt sind (*Lackner/Kühl*, § 123 Rn. 3; *Rengier*, § 30 Rn. 3). 3

Als Teile der Wohnung oder des Geschäftsraums sind auch die Nebenräume (z.B. Flure, Toiletten, Keller und Dachböden) einschließlich sog. offener Zubehörflächen geschützt, die zwar selbst nicht abgeschlossen sind, aber eine enge räumliche und funktionale Anbindung zur geschützten Örtlichkeit aufweisen (*OLG Oldenburg* NJW 1985, 1352 – „Kaufhauspassagenfall"; MünchKomm/*Wieck-Noodt*, § 123 Rn 12; *Krey/Heinrich*, Rn. 432a; a.A. *K. Amelung*, NJW 1986, 2075, 2079). 4

Beispiele: Gartenterrasse, Vorgarten, offene Kaufhauspassage (*OLG Oldenburg* NJW 1985, 1352 – „Kaufhauspassagenfall"), nicht aber die werkseigene Zufahrt zum Haupttor eines Kernkraftwerks (*BayObLG* NJW 1995, 269, 271: keine funktionale Anbindung)

Wie bei § 243 Abs. 1 S. 2 Nr. 1 und § 244 Abs. 1 Nr. 3 muss es sich hierbei nicht notwendig um eine unbewegliche Sache handeln, so dass z.B. auch Verkaufs- und Campingzelte sowie Bau- und Wohnwagen vom Tatbestand geschützt sind (*Wessels/Hettinger*, Rn. 579). 5

Hingegen kommt als **befriedetes Besitztum** nur eine unbewegliche Sache in Betracht, die mittels zusammenhängender – nicht notwendig lückenloser – Schutzwehren in äußerlich erkennbarer Weise gegen das beliebige Betreten durch andere gesichert ist (MünchKomm/*Wieck-Noodt*, § 123 Rn 14; *Otto*, § 35 Rn. 6; *Rengier*, § 30 Rn. 4). 6

Beispiele: Friedhöfe; Feldscheunen; Schrebergärten und Abbruchhäuser, wenn diese gegen willkürliches Betreten gesichert sind (*OLG Hamm* NJW 1982, 2676, 2677; *AG Wiesbaden* NJW 1991, 188)

110 Kapitel 3. Freiheitsberaubung, Nötigung und Hausfriedensbruch

7   Dies ist bei einer Eingrenzung des räumlichen Bereichs, die den Zugang Unberechtigter von der – u. U. auch einfachen – Überwindung eines physischen Hindernisses abhängig macht, stets der Fall (*OLG Frankfurt a.M.* NJW 2006, 1746, 1747; MünchKomm/*Wieck-Noodt*, § 123 Rn 12). Jedoch wird ein Bereich nicht bereits deshalb zu einem befriedeten Besitztum, weil er unter dem Straßenniveau liegt und damit naturgemäß über Abgrenzungen verfügt (*OLG Frankfurt a.M.* NJW 2006, 1746, 1747).

Beispiel: Unterirdische Verkehrsfläche, die ausschließlich dem Fußgängerverkehr als Straßenunterführung und als Zugang zu U- und S-Bahnanlagen sowie zu Geschäftslokalen und sonstigen von der Öffentlichkeit genutzten Einrichtungen dient (*OLG Frankfurt a.M.* NJW 2006, 1746, 1747)

8   Abgeschlossene Räume sind **zum öffentlichen Dienst bestimmt,** wenn in ihnen Tätigkeiten aufgrund öffentlich-rechtlicher Vorschriften ausgeübt werden (z.B. Schulen, Universitäten, Gerichtsgebäude und Kirchen; BGHSt 30, 350, 353; *OLG Jena* NJW 2006, 1892; *Rengier*, § 30 Rn. 6). Zum öffentlichen Verkehr bestimmt sind abgeschlossene Räume, die dem Personen- und Gütertransportverkehr dienen und allgemein zugänglich sind, aber auch die Transportmittel selbst (*Lackner/Kühl*, § 123 Rn. 4), ebenfalls dann, wenn es sich um solche privater Verkehrsunternehmen handelt (*OLG Hamburg* NStZ 2005, 276).

Beispiele: Wartesäle, Bahnhofshallen, Eisenbahnwaggons, Straßenbahnwagen

9   **b) Ein Eindringen** (§ 123 Abs. 1 1. Alt.) setzt ein Betreten der geschützten Örtlichkeit gegen oder ohne den Willen des Berechtigten voraus. Es ist hierfür ausreichend, wenn der Täter mit einem Teil des Körpers in die geschützte Örtlichkeit hineingelangt (MünchKomm/*Wieck-Noodt*, § 123 Rn. 25; SK/*Rudolphi/Stein*, § 123 Rn. 12a; *Krey/Heinrich*, Rn. 437; *Geppert*, Jura 1989, 378, 379).

10 Berechtigter ist der Inhaber des Hausrechts (*Rengier*, § 30 Rn. 18). Dies braucht nicht der Eigentümer zu sein. Mietern, Pächtern und Inhabern des Nießbrauchsrechts steht das Hausrecht ebenso zu, wie Personen, denen ein Grundstück vertraglich zur Nutzung überlassen worden ist. (*LG Hamburg* NJW 2006, 2131). Der Inhaber des Hausrechts muss zum Zeitpunkt der Tathandlung stets ein stärkeres Recht in Bezug auf die Räumlichkeit als der Störer inne haben (*Fischer*, § 123 Rn. 3; *Otto*, BT, § 35 Rn. 2). An der ehelichen Wohnung hat jeder Ehegatte das Hausrecht inne. Er darf Personen den Zutritt gewähren, deren Anwesenheit dem anderen Ehegatten zuzumuten ist (*Fischer* § 123 Rn. 4; MünchKomm/*Wieck-Noodt*, § 123 Rn 38). Gleiches gilt im Hinblick auf Mitinhaber einer Wohnung, die keine Ehegatten sind. Voraussetzung ist stets, dass der Berechtigte den Besitz rechtmäßig erlangt hat (*OLG Düsseldorf* NJW 1991, 186, 187), wobei er dann allerdings auch nach

Ablauf des das Recht zum Besitz begründenden Rechtsverhältnisses Inhaber des Hausrechts bleibt. Denn das Hausrecht des Mieters findet seine Legitimation als eine auch strafrechtlich geschützte Rechtsposition darin, dass der Vermieter die Verfügungsbefugnis über den Mietgegenstand auf den Mieter übertragen hat. Das Hausrecht des Mieters endet erst, wenn der Eigentümer wieder den unmittelbaren Besitz am Mietgegenstand erlangt hat (*OLG Hamburg* NJW 2006, 2131; *Lackner/Kühl*, § 123 Rn. 10).

Ein entgegenstehender Wille muss weder ausdrücklich noch schlüssig erklärt sein, ausreichend ist es, wenn er sich aus den Umständen ergibt (sog. mutmaßlicher Wille). Liegt jedoch eine ausdrückliche Erklärung vor, scheidet ein Rückgriff auf den mutmaßlichen Willen aus (*Geppert*, Jura 1989, 378, 380). **11**

> **Merke:** Ist der Inhaber des Hausrechts mit dem Betreten einverstanden, so handelt es sich nicht um ein Eindringen (sog. tatbestandsausschließendes Einverständnis).

Ein Einverständnis ist auch dann beachtlich, wenn es durch eine Täuschung erschlichen oder mit Nötigungsmitteln erzwungen wurde, solange es trotzdem einen Erklärungsgehalt hat (*Krey/Heinrich*, Rn. 437; *Otto*, § 35 Rn. 10; a.A. SK/*Rudolphi/Stein*, § 123 Rn. 18b: kein wirksames Einverständnis). **12**

An einem Eindringen fehlt es zudem, wenn nur einer von mehreren gleichrangigen Hausrechtsinhabern einem Dritten die Anwesenheit gestattet, sofern die Anwesenheit des Besuchers den anderen zumutbar ist (*Fischer*, § 123 Rn. 4; *Wessels/Hettinger*, Rn. 595; *Heinrich*, JR 1997, 89, 92 ff.). Die Zumutbarkeit entfällt bei groben oder nachhaltigen und wiederholten Verstößen gegen die für das menschliche Zusammenleben geltenden Regeln der Achtung und Rücksichtnahme auf eine andere das Hausrecht ausübende Person (*OLG Hamm* NJW 1965, 2067, 2068). **13**

> **Merke:** Das Betreten fremder Räume zur Verfolgung eines widerrechtlichen oder unerwünschten Zwecks (etwa zur Begehung von Straftaten) ist regelmäßig ein Eindringen.

Das gilt nach h.M. aber dann nicht, wenn eine Räumlichkeit betroffen ist, die aufgrund einer generellen Erlaubnis für den allgemeinen Publikumsverkehr geöffnet ist (*Rengier*, § 30 Rn. 11; *Wessels/Hettinger*, Rn. 590 f.), es sei denn, nach dem äußeren Erscheinungsbild des Betretens wird offensichtlich, dass dieses Verhalten von dem abweicht, das durch die generelle Zutrittserlaubnis gedeckt ist (*Krey/Heinrich*, Rn. 450; *Geppert*, Jura 1989, 378, 381). **14**

Beispiel: A betritt mit gezogener Maschinenpistole und einem Wollstrumpf über dem Gesicht während der Öffnungszeiten eine Bank, um diese auszurauben (*Geppert*, Jura 1989, 378, 381).

15 § 123 Abs. 1 2. Alt. ist ein echtes Unterlassungsdelikt (MünchKomm/ *Wieck-Noodt*, § 123 Rn 49; *Kühl*, JuS 2007, 497, 498). Es liegt vor, wenn der Täter sich **nicht** aus einer geschützten Örtlichkeit (vgl. Rn. 3 ff.) **entfernt, obwohl** er dazu vom Berechtigten **aufgefordert worden ist**. Als Berechtigte kommen neben dem Hausrechtsinhaber auch dessen Vertreter im Willen in Betracht (BGHSt 21, 224, 226 f. – „Zeitschriftenwerberfall"; *Maurach/ Schroeder/Maiwald*, BT 1, § 30 Rn. 19).

Beispiele: Hausangestellte, Untermieter, Kinder, sofern sie zu einem vernünftigen Urteil im Stande sind (BGHSt 21, 224, 226 – „Zeitschriftenwerberfall")

16 Die Aufforderung zum Verlassen kann sowohl durch eine ausdrückliche als auch durch eine schlüssige Erklärung erfolgen. An die Schlüssigkeit der Aufforderungserklärung sind keine hohen Anforderungen zu stellen, so dass ein Klingelzeichen oder ein Hinweis auf bestimmte Öffnungszeiten genügen kann (*Geppert*, Jura 1989, 378, 382).

2. Subjektiver Tatbestand

17 Beide Handlungsalternativen des § 123 Abs. 1 setzen vorsätzliches Handeln des Täters voraus; ausreichend ist bedingter Vorsatz (*Lackner/Kühl*, § 123 Rn. 11).

II. Schwerer Hausfriedensbruch (§ 124)

1. Objektiver Tatbestand

18 § 124 qualifiziert allein § 123 Abs. 1 1. Alt dadurch, dass eine Menschenmenge, die sich öffentlich und in der Absicht, Gewalttätigkeiten gegen Personen oder Sachen zu begehen, zusammengerottet hat, in eine der geschützten Örtlichkeiten (vgl. Rn. 3 ff.) eindringt.

19 Eine Menschenmenge ist eine Mehrheit von Personen, deren Zahl nicht mehr sofort überschaubar ist und die für einen Außenstehenden als räumlich verbundenes Ganzes erscheint. Der zur Menschenmenge gehörende Personenkreis muss so groß sein, dass es auf das Hinzukommen oder Weggehen eines einzelnen Menschen nicht mehr ankommt (BGHSt 33, 306, 308; *BGH* NStZ 1993, 538; *LG Frankfurt a.M.* StV 1983, 463 f.; *Otto*, § 35 Rn. 22). Eine Menschenmenge rottet sich zusammen, wenn sie zu einem gewaltsamen oder bedrohlichem Zweck zusammentritt, wobei der friedensstörende Wille äußerlich erkennbar sein muss (*Lackner/Kühl*, § 121 Rn. 3; *Otto*, § 35, Rn. 22).

20 § 124 erfordert die Teilnahme an solchen Handlungen, d.h. der Täter muss sowohl an der Zusammenrottung als auch an dem Eindringen teilnehmen und dadurch die von der Zusammenrottung ausgehende Gefahr steigern (*Fischer*, § 124 Rn. 11; *Lackner/Kühl*, § 124 Rn. 3 und 4; *Otto*, § 35 Rn. 23). Aus-

reichend hierfür ist es, dass dem Täter das Eindringen anderer zugerechnet werden kann (§ 25; *Lackner/Kühl*, § 124 Rn. 4; Schönke/Schröder/*Lenckner/ Sternberg-Lieben*, § 124 Rn. 19).

2. Subjektiver Tatbestand

Der subjektive Tatbestand erfordert zumindest bedingten Vorsatz. Die Absicht zur Begehung von Gewalttaten muss der Täter nicht in eigener Person aufweisen; es genügt, wenn die entsprechende Absicht anderer von seinem (bedingten) Vorsatz umfasst ist (*Fischer*, § 124 Rn. 13; MünchKomm/*Wieck-Noodt*, § 123 Rn 20; *Otto*, § 35 Rn. 24) 21

C. Täterschaft und Teilnahme, Begehung durch Unterlassen, Konkurrenzen sowie Verfolgbarkeit

Nach h.M. handelt es sich bei § 123 nicht um ein eigenhändiges Delikt (*Rengier*, § 30 Rn. 1; *Geppert*, Jura 1989, 378, 379; a.A. *Herzberg*, ZStW 82 [1970], 896, 927), so dass die §§ 25 ff. ohne jede Einschränkung anwendbar sind. 22

> **Beachte:** Die Begehung der Tatmodalität des Eindringens (§ 123 Abs. 1 1. Alt.) durch unechtes Unterlassen ist nur möglich, wenn ein Garant, dem die Beaufsichtigung eines anderen obliegt, das Betreten einer geschützten Örtlichkeit durch diesen nicht verhindert (SK/*Rudolphi/Stein*, § 123 Rn. 19 f.; *Otto*, § 35 Rn. 11).

Demgegenüber dringt nach h.M. auch derjenige durch Unterlassen ein, der einen geschützten Raum, den er zuvor erlaubt, unvorsätzlich, gerechtfertigt oder entschuldigt betreten hat, nicht verlässt, obwohl er erkennt, dass seine Berechtigung erloschen, er einem Irrtum erlegen, der Rechtfertigungs- oder Entschuldigungsgrund weggefallen ist (BGHSt 21, 224, 225 f. – „Zeitschriftenwerberfall"; Schönke/Schröder/*Lenckner/Sternberg-Lieben*, § 123 Rn. 13; *Wessels/Hettinger*, Rn. 592). Dies hat freilich eine Umgehung der in § 123 Abs. 1 2. Alt. formulierten Strafbarkeitsvoraussetzungen zur Folge (*Joecks*, § 123 Rn. 29; *Geppert*, Jura 1989, 378, 382) und ist daher abzulehnen. 23

§ 123 Abs. 1 2. Alt ist gegenüber § 123 Abs. 1 1. Alt. subsidiär (BGHSt 21, 224, 225 – „Zeitschriftenwerberfall"; *Lackner/Kühl*, § 123 Rn. 13). Als typische Begleittat wird § 123 Abs. 1 von §§ 242, 243 Abs. 1 S. 2 Nr. 1 und 244 Abs. 1 Nr. 3 konsumiert (*Hohmann/Sander*, BT 1, § 1 Rn. 191). Tateinheit (§ 52) kommt mit Delikten in Betracht, die der Begründung oder der Aufrechterhaltung des Hausfriedensbruchs dienen sollen (z.B. §§ 113, 223, 303), während Straftaten, die durch Hausfriedensbruch erst ermöglicht werden sollen (z.B. §§ 177 Abs. 1, Abs. 2 S. 2 Nr. 1, 242, 249), zu diesem in Realkonkur- 24 renz (§ 53) stehen (BGHSt 18, 29, 32 f.; a.A. Schönke/Schröder/*Lenckner/ Sternberg-Lieben*, § 123 Rn. 36: Tateinheit). Gleiches gilt hinsichtlich solcher Straftaten, die nur gelegentlich des Hausfriedensbruchs begangen werden (Schönke/Schröder/*Lenckner/Sternberg-Lieben*, § 123 Rn. 36; *Rengier*, § 30 Rn. 30).

25 Gegenüber § 123 Abs. 1 ist § 124 das speziellere Delikt. Tateinheit von § 124 und § 125 ist möglich (*Lackner/Kühl*, § 124 Rn. 6; *Otto*, § 35 Rn. 25); dem steht die Subsidiaritätsklausel des § 125 nicht entgegen (zu dieser vgl. BGHSt 43, 237).

26 Der Hausfriedensbruch ist ein absolutes Antragsdelikt, d.h. die Tat wird nur auf Antrag verfolgt (§ 123 Abs. 2; vgl. § 40 Rn. 2 und 5). Antragsberechtigt ist der Inhaber des Hausrechts, bei mehreren Inhabern jeder für sich (Schönke/Schröder/*Lenckner/Sternberg-Lieben*, § 123 Rn. 38). Die Befugnis der Ausübung des Hausrechts umfasst nicht ohne weiteres die Übertragung der Antragsbefugnis (*OLG Brandenburg* NJW 2002, 693 f.).

D. Kontrollfragen

1. Handelt es sich bei einer offenen Kaufhauspassage um eine von § 123 Abs. 1 geschützte Örtlichkeit? → Rn. 4
2. Ist eine Tatbegehung des § 123 Abs. 1 1. Alt. durch Unterlassen möglich? → Rn. 22 f.
3. Wie wird das Merkmal „Menschenmenge" i.S.d. § 124 definiert? → Rn. 19

Aufbauschema (§ 123)

1. Tatbestand
   a) Objektiver Tatbestand
      (1) Wohnung, Geschäftsraum, befriedetes Besitztum, abgeschlossener, zum öffentlichen Dienst oder Verkehr bestimmter Raum
      (2) Eindringen oder Verweilen trotz Aufforderung zum Verlassen
   b) Subjektiver Tatbestand
      – Vorsatz
2. Rechtswidrigkeit
3. Schuld
4. Besondere Strafverfolgungsvoraussetzungen (§ 123 Abs. 2; vgl. § 40 Rn. 2 und 5)

§ 13. Hausfriedensbruch   115

Aufbauschema (§ 124)

1. Tatbestand
   a) Objektiver Tatbestand
      (1) Wohnung, Geschäftsraum, befriedetes Besitztum, abgeschlossener, zum öffentlichen Dienst oder Verkehr bestimmter Raum
      (2) Menschenmenge, die sich öffentlich in der Absicht zusammenrottet, Gewalttätigkeiten zu begehen
      (3) Eindringen der Menschenmenge
      (4) Teilnahme an Zusammenrotten und Eindringen
   b) Subjektiver Tatbestand
      – Vorsatz
2. Rechtswidrigkeit
3. Schuld

Empfehlungen zur vertiefenden Lektüre:
Leitentscheidungen: BGHSt 21, 224 – „Zeitschriftenwerberfall"; *OLG Oldenburg* NJW 1985, 1352 – „Kaufhauspassagenfall".

Aufsätze: *Geppert*, Zu einigen immer wiederkehrenden Streitfragen im Rahmen des Hausfriedensbruches (§ 123 StGB), Jura 1989, 378.

Kapitel 4. Beleidigung, Üble Nachrede und Verleumdung

1 Der 14. Abschnitt des StGB regelt die Strafbarkeit von Ehrverletzungen. Diese können durch Tatsachenbehauptungen und Werturteile begangen werden. In Frage kommen Äußerungen gegenüber dem Beleidigten selbst und gegenüber Dritten.

2 Die Äußerung von Werturteilen fällt immer allein in den Bereich des § 185. Bei Tatsachenbehauptungen gegenüber dem Beleidigten kommt ebenfalls nur § 185 in Betracht. Erfolgen sie gegenüber Dritten, so muss differenziert werden: Ist die Tatsache wahr, kann wiederum nur § 185 einschlägig sein. Ist sie nachweisbar unwahr, greift § 187 ein, bei ihrer Nichterweislichkeit dagegen § 186.

> **Merke:** Die §§ 186 und 187 kann lediglich erfüllen, wer eine nicht nachweisbare oder gar unwahre Tatsache über einen Betroffenen einem Dritten gegenüber behauptet.

Systematik der Beleidigungsdelikte

Adressat	Tatsachenbehauptung	Werturteil
Beleidigter	§§ 185, 192 (§ 14 Rn. 6 ff.)	§ 185 (§ 14 Rn. 6 ff.)
Dritter	Tatsache wahr: §§ 185, 192 (§ 14 Rn. 6 ff.) Tatsache nichterweislich: § 186 (§ 15 Rn. 2 ff.) Tatsache unwahr: § 187 (§ 16 Rn. 2 ff.)	§ 185 (§ 14 Rn. 6 ff.)

§ 14. Beleidigung (§ 185)

A. Grundlagen

1 Die §§ 185 ff. schützen die Ehre (BGHSt 36, 145 – „Sexualdelikt-Beleidigung-Fall"; *Lackner/Kühl*, Vor § 185 Rn. 1), d.h. den verdienten personalen Achtungsanspruch (vgl. BGHSt – GS – 11, 67, 68; *Wessels/Hettinger*, Rn. 464).

§ 14. Beleidigung   117

Die genaue Bedeutung und die sozialethische Herleitung des geschützten Rechtsguts Ehre sind zwar äußerst umstritten, dies hat jedoch für die Rechtspraxis kaum Bedeutung (vgl. *Fischer*, Vor § 185 Rn. 2; LK/*Hilgendorf* Vor § 185 Rn. 1 ff.).

> **Merke:** Eine Verletzung der Ehre ist anzunehmen, wenn dem Betroffenen zu Unrecht Dinge nachgesagt werden, die, träfen sie zu, seinen Geltungswert minderten (vgl. BGHSt 36, 145, 148 –„Sexualdelikt-Beleidigung-Fall"; *Lackner/Kühl*, Vor § 185 Rn. 1; LK/*Hilgendorf*, Vor § 185 Rn. 18).   2

B. Tatbestand

I. Objektiver Tatbestand

1. Tatobjekte

Als Tatobjekte kommen natürliche Personen und Kollektive in Betracht.   3

a) Träger des Rechtsguts ist zunächst ausnahmslos jeder lebende **Mensch**   4
(BGHSt 7, 129, 132; *Fischer*, Vor § 185 Rn. 8; SK/*Rudolphi/Rogall*, § 185 Rn. 6). Das Andenken Verstorbener genießt hingegen nur im Rahmen des § 189 Schutz. Einzelpersonen können auch unter einer **Kollektivbezeichnung** beleidigt werden, sofern die Bezeichnung sich auf eine nach äußeren Kennzeichen konkretisierbare Gruppe bezieht.

Beispiele: Als ausreichend konkretisierte Kollektivbezeichnungen sind angesehen worden: alle aktiven Soldaten (BGHSt 36, 83, 87), alle Patentanwälte (*BayObLG* 1953, 554), näher gekennzeichnete Polizeibeamte (RGSt 45, 138; *OLG Frankfurt* NJW 1977, 1353; *KG* JR 1990, 124), nicht hingegen: alle Christen (*LG Köln* MDR 1982, 771), nicht näher bestimmbare Richter eines großen Gerichts (*KG* JR 1978, 422).

b) Die §§ 185 ff. schützen nach zutreffender Auffassung aber nicht nur natürliche Personen. Das wird in der Literatur mit der Begründung, nur Menschen verfügten über eine Ehre, bestritten. § 194 Abs. 3 zeigt aber, dass nach dem Willen des Gesetzgebers auch Kollektive, z.B. **Behörden**, als solche geschützt werden (*BVerfG* NJW 2000, 3421; LK/*Hilgendorf*, Vor § 185 Rn. 27; *Geppert*, Jura 2005, 244, 245; a.A. *Fischer*, Vor § 185 Rn. 9; zu Recht kritisch zur weiten Ausdehnung der Beleidigungsfähigkeit *Wessels/Hettinger*, Rn. 468), denn auch sie können schutzwürdiges soziales Ansehen genießen. Eine besondere **Familienehre** ist hingegen nicht geschützt (BGHSt 6, 186, 192; *Lackner/Kühl*, Vor § 185 Rn. 5; *Geppert*, Jura 2005, 244).   5

Kapitel 4. Beleidigung, Üble Nachrede und Verleumdung

> **Merke:** Personengemeinschaften und Verbände sind passiv beleidigungsfähig, wenn sie eine anerkannte soziale Funktion erfüllen, einen einheitlichen Willen bilden können und in ihrer Existenz nicht vom Wechsel ihrer Mitglieder abhängen (BGHSt 6, 186, 191; *Lackner/Kühl*, Vor § 185 Rn. 5).

Beispiele: Die Rspr. hat dies angenommen für die Bundeswehr (§ 194 Abs. 3; BGHSt 36, 83, 88), politische Parteien (*OLG Düsseldorf* MDR 1979, 692), Kapitalgesellschaften (BGHSt 6, 186, 191), Gewerkschaften (*BGH* NJW 1971, 1655) sowie einzelne Polizeidienststellen (*LG Mannheim* NStZ 1996, 360), nicht hingegen für die Polizei im Ganzen (*OLG Düsseldorf* StraFo 2003, 316).

2. Tathandlung

6   Tathandlung des § 185 1. Alt. ist es, dass der Täter einen anderen (vgl. Rn. 3 ff.) „beleidigt".

> **Beachte:** Die Tathandlung kann in dreierlei Weise verwirklicht werden, nämlich durch
> erstens ein beleidigendes Werturteil gegenüber dem Betroffenen,
> zweitens ein beleidigendes Werturteil über den Betroffenen gegenüber einem Dritten und
> drittens das Behaupten ehrenrühriger Tatsachen gegenüber dem Betroffenen.

7   a) Die **Form der Kundgabe** der Missachtung ist unerheblich. Sie kann mündlich, schriftlich, bildlich, symbolisch oder durch schlüssige Handlungen erfolgen. Der Täter muss bewusst in Richtung auf einen anderen etwas äußern, der Betroffene oder ein Dritter dies wahrnehmen (vgl. LK/*Hilgendorf*, § 185 Rn. 10; *Wessels/Hettinger*, Rn. 479). Deshalb scheiden beispielsweise von einem anderen mitgehörte Selbstgespräche oder Tagebuchaufzeichnungen, die später gelesen werden, aus (vgl. LK/*Hilgendorf*, § 185 Rn. 10).

8   Bei Äußerungen im **engsten Familienkreis oder in engsten Vertrauensverhältnissen** handelt es sich ebenfalls nicht um eine Kundgabe, zumindest dann nicht, wenn die Vertraulichkeit des Gespräches sicher gestellt ist (BVerfGE 90, 255; *Fischer*, § 185 Rn. 12; *Krey/Heinrich*, Rn. 417; *Otto*, BT, § 32 Rn. 52; *Geppert*, Jura 1983, 530, 534). Dem steht auch eine behördlich angeordnete Überwachung der Kommunikation nicht entgegen (*BVerfG* NJW 2007, 1194, 1195).

Beispiel: A schreibt ihrem Bruder B, der inhaftiert ist und Suizidgedanken geäußert hat. Sie tröstet ihn mit dem Hinweis, er müsse bedenken, dass die ihn umgebenden Bediensteten der JVA Kretins seien – keine Beleidigung (*BVerfG* StV 1994, 434, 435).

9   Richtigerweise ist in diesen Fällen eine telelogische Reduktion des Tatbestandes geboten, um zu gewährleisten, dass jedermann in seinem **engsten Lebensbereich** frei reden kann (*Wessels/Hettinger*, Rn. 482 f.). Dies gilt

§ 14. Beleidigung   119

grundsätzlich auch für die Beziehung zwischen Rechtsanwalt und Mandant (§ 148 StPO; *Lackner/Kühl*, § 185 Rn. 9; *Otto*, § 32 Rn. 52; *Wessels/Hettinger*, Rn. 486), die allerdings nicht generell einen beleidigungsfreien Raum eröffnet. Jedenfalls sind beleidigende Äußerungen des Rechtsanwalts nicht stets straffrei.

Beispiel: Der Verteidiger A schreibt an seinen in Haft befindlichen Mandanten, der Richter B sei unfähig und faul, an seinem Verstand müsse man mit Fug und Recht zweifeln (BGHSt 53, 257, 263f.).

b) Gegenstand der Kundgabe kann ein Werturteil oder eine Tatsachenbehauptung sein. Entscheidungserheblich ist die Differenzierung zwischen beiden nur bei der Äußerung gegenüber einem Dritten, weil insoweit lediglich die Kundgabe eines beleidigenden Werturteils i.S.d. § 185 tatbestandsmäßig ist. Für die Abgrenzung gelten die gleichen Regeln wie bei § 263, wo ebenfalls zwischen diesen Begriffen zu unterscheiden ist (*Hohmann/Sander*, BT 1, § 11 Rn. 9 bis 14).   10

> **Merke:** Ein Werturteil ist dann beleidigend, wenn hierdurch die Miss- oder Nichtachtung eines anderen kundgetan wird.

Ob eine solche Kundgabe vorliegt, ist eine Frage der jeweiligen Umstände des Einzelfalls (*Haft*, S. 63). Verallgemeinernde Maßstäbe lassen sich nicht gewinnen; es kommt ganz darauf an, wer was zu wem sagt und unter welchen Umständen dies geschieht (*KG* JR 1984, 165 m. Anm. *Otto*; *Wessels/Hettinger*, Rn. 510). Keine Beleidigungen sind jedenfalls bloße Unhöflich- oder Nachlässigkeiten (*Wessels/Hettinger*, Rn. 509).   11

Beispiele für Beleidigungen: Tippen an die Stirn (*OLG Düsseldorf* NJW 1960, 1072), Ansinnen von Geschlechtsverkehr gegen Entgelt (*BGH* NStZ 1992, 33, 34), die herabsetzend gemeinte Bezeichnung als „Jude" (BGHSt 8, 325), als „Schwuler" (*KG* NStZ 1992, 385, 386), eines Polizisten als „Bulle" (*LG Essen* NJW 1980, 1639; a.A. *KG* JR 1984, 165, 166), u.U. die Äußerung „Jeder Soldat ist ein potentieller Mörder" (so etwa *BayObLG* NJW 1991, 1493, 1494).

Beispiele für Nichtbeleidigungen: die provozierende Anrede mit „Du" (*OLG Düsseldorf* JR 1990, 345 m. Anm. *Keller*) und das Beobachten eines Liebespaars beim öffentlichen Austausch von Zärtlichkeiten (*BayObLG* NJW 1962, 1782).

(1) Nach ganz überwiegender Ansicht kann die Beleidigung einzelner Personen unter einer **Kollektivbezeichnung** erfolgen, sofern der Kreis der betroffenen Personen klar umgrenzt und die Zuordnung der Einzelnen zweifelsfrei ist (BGHSt 11, 207, 208 – „Kollektivbezeichnungsfall"; *Lackner/Kühl*, Vor § 185 Rn. 3; *Krey/Heinrich*, Rn. 396; *Geppert*, Jura 1983, 430, 438).   12

Beispiele: „Die Soldaten der Bundeswehr" (BGHSt 36, 83, 85 f.), „die Patentanwälte" (*BayObLG* NJW 1953, 554) und „die Gesamtheit der jetzt in Deutschland lebenden Juden" (BGHSt 11, 207, 208 – „Kollektivbezeichnungsfall"); nicht aber „die Christen" (*LG Köln* MDR 1982, 771), „die Akademiker" (BGHSt 11, 207, 209 – „Kollektivbezeichnungsfall") oder „alle Soldaten der Welt" (BVerfGE 93, 266, 302 – „Soldaten-sind-Mörder-Fall").

> **Beachte:** Die Beleidigung Einzelner unter einer Kollektivbezeichnung darf nicht mit der Beleidigung einer Personengemeinschaft verwechselt werden, bei der diese selbst angegriffen wird (vgl. Rn. 5).

13 Eine Beleidigung unter einer Kollektivbezeichnung liegt auch vor, wenn eine Person aus dem Kollektiv bezeichnet wird, aber offenbleibt, wer gemeint ist, so dass indirekt jeder aus der Gruppe betroffen ist (vgl. BGHSt 14, 48, 49 f. – „Fraktionsverdächtigungsfall"; *Wessels/Hettinger*, Rn. 475).

Beispiel: A behauptet, im Stadtrat von X sitze ein korrupter Politiker.

14 (2) Als Kundgabe der Missachtung kommen auch **sexualbezogene Handlungen** in Betracht. Nach h.M. stellen diese allerdings nur dann eine Beleidigung dar, wenn das Verhalten des Täters über das übliche Erscheinungsbild eines Sexualdelikts hinausgeht und deutlich den Eindruck erweckt, er wolle den Angegriffenen herabsetzen (BGHSt 36, 145, 148 ff. – „Sexualdelikt-Beleidigung-Fall"; *BGH* NStZ 2007, 218; *Lackner/Kühl*, § 185 Rn. 6; *Sander*, S. 15). Sexuelle Äußerungen und Ansinnen stellen nur dann eine beleidigende Herabsetzung der Person dar, wenn der Täter selbst das angesonnene Verhalten als verwerflich oder ehrenrührig ansieht (*BGH* NStZ-RR 2006, 338).

15 (3) Auch die Behauptung einer wahren Tatsache kann den Tatbestand des § 185 als sog. **Formalbeleidigung** (§ 192) erfüllen. Das ist dann der Fall, wenn sich aus der Form oder den Umständen, unter denen die wahre Tatsache geäußert wird, eine Miss- oder Nichtachtung ergibt (*Krey/Heinrich*, Rn. 402 a.E.; *Wessels/Hettinger*, Rn. 508).

Beispiel: A erzählt an der Hochzeitstafel mit lauter Stimme wahre Begebenheiten aus dem sexuellen Vorleben der Braut.

16 (4) Schließlich genügt eine sog. **mittelbare Beleidigung**, bei der außer dem direkt Betroffenen auch ein Dritter verletzt wird, zur Tatbestandserfüllung (*Wessels/Hettinger*, Rn. 476).

Beispiel: Die Bezeichnung eines Menschen als „Hurensohn" betrifft diesen und seine Mutter.

II. Subjektiver Tatbestand

Es genügt bedingter Vorsatz. Der Täter muss es für möglich halten, dass 17 seine Äußerung (objektiv) eine Missachtung darstellt und von einem anderen wahrgenommen wird (*Fischer*, § 185 Rn. 17). Eine besondere „Kränkungs- oder Beleidigungsabsicht" braucht nicht vorzuliegen (*BGH* NStZ 1992, 34; *Lackner/Kühl*, § 185 Rn. 10; LK/*Hilgendorf*, § 185 Rn. 35).

Wird der Tatbestand durch die Behauptung einer ehrenrührigen Tatsache 18 gegenüber dem Betroffenen erfüllt (vgl. Rn. 6), muss sich der Vorsatz – anders als bei § 186 (vgl. § 15 Rn. 5) – auch auf deren Unwahrheit erstrecken (*Lackner/Kühl*, § 185 Rn. 11; LK/*Hilgendorf*, § 185 Rn. 35; a.A. *OLG Frankfurt a.M.* MDR 1980, 495; *Hansen*, JuS 1974, 104: Übertragung der Beweislastumkehr des § 186).

III. Tätliche Beleidigung (§ 185 2. Alt.)

Für die § 185 1. Alt. qualifizierende tätliche Beleidigung ist ein höherer 19 Strafrahmen vorgesehen. Es muss sich um eine unmittelbar gegen den Körper gerichtete Handlung mit ehrverletzendem Charakter, wie etwa das Anspucken oder eine Ohrfeige handeln (*BGH* NStZ 2009, 172; *Lackner/Kühl*, § 185 Rn. 13).

Beispiel: A gießt dem Polizeibeamten B absichtlich Bier über sein Diensthemd (*OLG Frankfurt a.M.* NJW 1987, 389).

C. Rechtswidrigkeit

Grundsätzlich kann jeder Rechtfertigungsgrund die Rechtswidrigkeit 20 eines Angriffs auf die Ehre ausschließen (*Wessels/Hettinger*, Rn. 515), insbesondere kommen Notwehr (BGHSt 3, 217) und Einwilligung (BGHSt – GS – 11, 67, 72) in Betracht.

Einen besonderen Rechtfertigungsgrund normiert § 193 (h.M.; vgl. 21 BGHSt 18, 182; *Lackner/Kühl*, § 193 Rn. 1; *Geppert,* Jura 1985, 25). Er gilt ausschließlich für Beleidigungsdelikte des 14. Abschnitts des StGB (*Fischer*, § 193 Rn. 4; differenzierend *Lackner/Kühl*, § 193 Rn. 2).

Aufbauhinweis: § 193 ist erst zu prüfen, wenn kein allgemeiner Rechtfertigungsgrund vorliegt (*Lackner/Kühl*, § 193 Rn. 4f.; *Tenckhoff,* JuS 1989, 198).

Die in § 193 genannten Fallgruppen verbindet das Prinzip der **Wahrneh-** 22 **mung berechtigter Interessen**. Eine Rechtfertigung ist in diesen Fällen nur möglich, wenn die Rechtsgutsbeeinträchtigung ein angemessenes Mittel zur Erreichung eines berechtigten Zwecks ist (SK/*Rudolphi/Rogall*, § 193 Rn. 22; *Wessels/Hettinger*, Rn. 518). Das Interesse des Verletzten muss durch ein berechtigtes Interesse des Täters (oder einer ihm nahestehenden Person) zumindest aufgewogen werden (so zutreffend BGHSt 18, 182, 184f. – „Callgirlringfall"; *OLG Frankfurt a.M.* NJW 1991, 2032, 2035; *Fischer*, § 193 Rn. 9; *Lackner/Kühl*, § 193 Rn. 10).

23   Im Kern findet eine Interessenabwägung zwischen Ehrenschutz und berechtigtem Interesse, insbesondere der **Meinungsfreiheit** (Art. 5 GG), statt. Dabei kann der Einzelne auch Interessen der Allgemeinheit wahrnehmen (BGHSt 18, 182, 187; SK/*Rudolphi/Rogall*, § 193 Rn. 15). Im Gegensatz zu evidenten Unwahrheiten sind Meinungen durch die Elemente der Stellungnahme und des Dafürhaltens gekennzeichnet (BVerfGE 90, 241, 247); auch wenn solche Werturteile polemisch oder verletzend formuliert sind, unterfallen sie der Meinungsfreiheit (BVerfGE 54, 129, 138f.), welche allerdings eine Schranke in § 185 StGB findet. Daher ist die Verletzung der persönlichen Ehre gegen die drohende Beeinträchtigung der Meinungsfreiheit abzuwägen. Das Ergebnis hängt von den Umständen des Einzelfalls und dem Gesamtzusammenhang der Äußerung ab (*BVerfG* NJW 2009, 3016; 2005, 3274f.).

24   Dabei ist jedoch zu beachten, dass für Äußerungen, die in erster Linie zur Bildung der öffentlichen Meinung beitragen sollen, eine Vermutung für die freie Rede spricht (BVerfGE 93, 266, 294). Denn im **politischen Meinungskampf** müssen auch massivere Attacken hingenommen werden (*BGH* NJW 2000, 1162). Nur dort muss die Meinungsfreiheit regelmäßig hinter den Ehrenschutz zurücktreten, wo es sich um sog. **Schmähkritik** handelt. Dies ist zurückhaltend und lediglich dann anzunehmen, wenn die Diffamierung der Person im Vordergrund steht und jedes sachliche Anliegen zurücktritt (*BVerfG* NJW 2009, 749; 2009, 3016, 3018; *Wessels/Hettinger*, Rn. 518).

Beispiele: Die im Rahmen einer Talk-Show gefallene Äußerung „durchgeknallter Staatsanwalt" durfte nicht als Schmähkritik eingestuft werden (*BVerfG* NJW 2009, 3016); die Bezeichnung eines politischen Gegners in einer Presseerklärung als „Zigeunerjude" ließ allerdings eine solche Einordnung zu (*BVerfG*, Beschluss vom 12.7.2005, Az.: 1 BvR 2097/02); die Bezeichnung der Abtreibungspraxis als „Babycaust" (*BGH* NJW 2000, 1162) muss hingenommen werden; weitere Beispiele bei *Fischer*, § 193 Rn. 21).

25   Für den besonders wichtigen Bereich von **Veröffentlichungen in der Presse** ist zu beachten, dass bei tatsächlichen Behauptungen eine Erkundigungspflicht besteht (Rechercheflicht der Presse); auch Massenmedien sind zur wahrheitsgemäßen Berichterstattung verpflichtet (BGHSt 14, 48, 51 – „Fraktionsverdächtigungsfall"; *Wessels/Hettinger*, Rn. 518). Eine bewusst unvollständige Presseberichterstattung kann ehrverletzenden Charakter haben (*BGH* NJW 2006, 601).

§ 14. Beleidigung   123

Vertiefungshinweis: Das BVerfG gibt angesichts des Gewichts des Grundrechts zu Recht häufig der Meinungsfreiheit den Vorrang vor dem Ehrenschutz, was in den Entscheidungen zur Äußerung, Soldaten der Bundeswehr seien „potentielle Mörder" (vgl. etwa BVerfGE 93, 266 – „Soldaten-sind-Mörder-Fall") besonders deutlich wird. Wegen der dadurch immer geringer werdenden Bedeutung des Schutzes der Ehre (des Einzelnen) sehen zahlreiche Stimmen in der Literatur diese Entwicklung und auch die mit ihr verbundene Verlagerung der „fachlichen" Auslegung der §§ 185 ff. auf das BVerfG sehr kritisch (vgl. *Krey/Heinrich*, Rn. 397a, 407; *Wessels/Hettinger*, Rn. 518 a.E.; *Herdegen*, NJW 1994, 2933 f.; zu Recht krit. *Fischer*, § 193 Rn. 24 ff.; *O. Hohmann/Grothe*, JR 1997, 364, 365 f.).

Einer besonderen Abwägung (zwischen der Kunstfreiheit [Art. 5 Abs. 3 **26** S. 1 GG] und dem Persönlichkeitsrecht des Betroffenen) bedarf es, wenn durch **Kunstwerke**, insbesondere durch Karikaturen, jemandes Ehre verletzt wird (*Lackner/Kühl*, § 193 Rn. 14).

Beispiel: A veröffentlicht eine Karikatur, die einen Politiker als Schwein darstellt, welches mit einem Schwein kopuliert, das richterliche Amtstracht trägt (*OLG Hamburg* NJW 1985, 1654).

Merke: Die Wahrnehmung berechtigter Interessen setzt außerdem – wie alle Rechtfertigungsgründe – ein **subjektives Element** voraus. Es muss dem Täter auf die Interessenwahrnehmung ankommen (BGHSt 18, 182, 186 – „Callgirlringfall"; *Lackner/Kühl*, § 193 Rn. 9; Schönke/Schröder/*Lenckner*, § 193 Rn. 23). Nur dann kann er sich auf diese berufen.

D. Täterschaft und Teilnahme, Begehung durch Unterlassen, Versuch, Konkurrenzen, Rechtsfolgen sowie Verfolgbarkeit

§ 185 ist ein eigenhändiges Delikt. Täter einer Beleidigung kann daher nur **27** sein, wer selbst Missachtung äußert (*OLG Köln* NJW 1996, 2878, 2879). Mittelbare Täterschaft ist deshalb ausgeschlossen (a.A. Schönke/Schröder/*Lenckner*, § 185 Rn. 17 a.E.), Teilnahme dagegen nach allgemeinen Regeln möglich.

§ 185 kann nach h.M. auch durch **Unterlassen** verwirklicht werden (*OLG* **28** *Köln* NJW 1996, 2878, 2879; SK/*Rudolphi/Rogall*, § 185 Rn. 16; *Tenckhoff*, JuS 1988, 199, 204; a.A. *Krey/Heinrich*, Rn. 421). Diese Konstellation darf nicht mit Fällen verwechselt werden, in denen ein Unterlassen des Täters einen eigenen Erklärungswert hat, somit konkludente Äußerung von Missachtung und damit „Tun" ist (vgl. auch LK/*Hilgendorf*, § 185 Rn. 25).

Beispiele: A erwidert provokativ den Gruß des B nicht. – Missachtung durch konkludentes Handeln
B lässt durch Nichtstun eine zunächst rein interne Erklärung, worin C Bestechlichkeit nachgesagt wird, an D gelangen (Beispiel nach SK/*Rudolphi/Rogall*, § 185 Rn. 7). – Falls B eine Garantenstellung hat, könnte er sich durch Unterlassen strafbar gemacht haben.

29   Der Versuch des § 185 ist nicht strafbar. Strafbarkeit ist demnach nur gegeben, wenn die Beleidigung **vollendet** ist. Dies ist der Fall, wenn die missachtende Äußerung zur Kenntnis eines anderen – nicht notwendig des Betroffenen – gelangt und von diesem verstanden wird (BGHSt 9, 17, 19; *Fischer*, § 185 Rn. 14; LK/*Hilgendorf*, § 185 Rn. 26; *Geppert*, Jura 1983, 530, 533).

30   Geschieht die Beleidigung durch eine Handlung gegenüber mehreren Personen, so liegt gleichartige **Tateinheit** vor (§ 52; vgl. *BGH*, Beschluss vom 18. 11. 2008, Az.: 1 StR 621/08; Schönke/Schröder/*Lenckner*, § 185 Rn. 20). Die §§ 90, 90b verdrängen als speziellere Vorschriften § 185 (*Lackner/Kühl*, § 185 Rn. 14). Tateinheit kann, vor allem bei einer tätlichen Beleidigung mit § 223 bestehen (*Fischer*, § 185 Rn. 20). Falls neben einem Sexualdelikt eine Beleidigung vorliegt (vgl. Rn. 14) kommt ebenfalls § 52 in Betracht (BGHSt 35, 76, 78; *Fischer*, § 185 Rn. 20).

31   § 36 schafft einen persönlichen Strafausschließungsgrund (sog. **Indemnität**) für parlamentarische Äußerungen, sofern keine verleumderische Beleidigung (§§ 187, 188 Abs. 2, 90 Abs. 3, 103) vorliegt. Die Vorschrift setzt verfassungsrechtliche Regeln (etwa in Art. 46 Abs. 1 GG) um.

32   § 199 – die sog. Kompensation – gibt dem Gericht die Möglichkeit, bei wechselseitigen Beleidigungen einen oder beide Beleidiger für straffrei zu erklären. Die Vorschrift ist nur anwendbar, wenn bei beiden Beteiligten tatbestandsmäßige, rechtswidrige und schuldhafte Beleidigungen vorliegen. Sie trägt der Erregungssituation des Angegriffenen Rechnung und ist deshalb nur anwendbar, wenn eine Beleidigung **„auf der Stelle" erwidert** wird. Dieser Begriff ist nicht nur zeitlich, sondern vor allem psychologisch zu verstehen (*BGH* StV 1995, 23 betreffend die gleiche Formulierung bei § 233 a.F.; *Fischer*, § 199 Rn. 6). Deshalb kann § 199 auch bei Beleidigungen durch Presseveröffentlichungen angewendet werden. Soweit auch derjenige für straffrei erklärt werden kann, der zuerst beleidigt hat, wird dies damit begründet, dass der Täter seine „Strafe" in Form der Gegenbeleidigung bereits erhalten hat (poena naturalis; vgl. *Krey/Heinrich*, Rn. 428).

33   Neben der in § 185 vorgesehenen Strafe muss das Gericht bei öffentlich oder durch die Verbreitung von Schriften begangenen Beleidigungen als Nebenfolge (vgl. *Fischer*, § 200 Rn. 1) auch anordnen, dass die Verurteilung öffentlich (z.B. in einer Zeitung) bekannt gemacht wird (§ 200 Abs. 1). Dies setzt allerdings einen Antrag des Verletzten voraus.

34   § 185 ist – wie alle Beleidigungsdelikte – nach § 194 Abs. 1 Satz 1 grundsätzlich ein absolutes Antragsdelikt (vgl. § 40 Rn. 2 und 5 ff).

§ 14. Beleidigung   125

Bei durch Veröffentlichung in der Presse begangenen Beleidigungen ist die **35** kurze Verjährungsfrist nach dem jeweiligen Landespressegesetz zu beachten.

E. Kontrollfragen

1. Worin ist eine Verletzung der Ehre zu sehen? → Rn. 2
2. Was ist der Unterschied zwischen der Beleidigung unter einer Kollektivbezeichnung und der Beleidigung einer Personengemeinschaft? → Rn. 5, 12f.
3. In welchen Formen kann der Tatbestand des § 185 verwirklicht werden? → Rn. 7
4. Was ist eine Formalbeleidigung, was eine tätliche Beleidigung? → Rn. 15, 19
5. Wann rechtfertigt die Wahrnehmung berechtigter Interessen? → Rn. 21 ff.
6. Was ist bei Äußerungen im politischen Meinungskampf zu beachten? → Rn. 24

Aufbauschema (§ 185)

1. Tatbestand (§ 185 1. Alt.)
   a) Objektiver Tatbestand
      (1) Einen anderen
      (2) Beleidigen
   b) Subjektiver Tatbestand
      – Vorsatz
2. Rechtswidrigkeit
   a) Allgemeine Rechtfertigungsgründe
   b) Ggf. § 193
3. Schuld
4. Persönlicher Strafausschließungsgrund nach § 36
5. Kompensation (§ 199)
6. Besondere Strafverfolgungsvoraussetzung (§ 194)

Empfehlungen zur vertiefenden Lektüre:
Leitentscheidungen: BVerfGE 93, 266 – „Soldaten-sind-Mörder-Fall"; *BVerfG* NJW 2009, 3016 – „Durchgeknallter-Staatsanwalt-Fall"; BGHSt 11, 207 – „Kollektivbezeichnungsfall"; BGHSt 14, 48 – „Fraktionsverdächtigungsfall"; BGHSt 18, 182 – „Callgirlringfall"; BGHSt 36, 145 – „Sexualdelikt-Beleidigung-Fall".

Aufsätze: *Geppert*, Straftaten gegen die Ehre, Jura 1983, 530 und 580; *ders.*, Zur Systematik der Beleidigungsdelikte und zur Bedeutung des Wahrheitsbeweises im Rahmen der §§ 185 ff. StGB, Jura 2002, 278; *ders.* Zur passiven Beleidigungsfähigkeit von Personengemeinschaften und von Einzelpersonen unter einer Kollektivbezeichnung, Jura 2005, 244; *Küpper*, Straftaten gegen die Ehre, JA 1985, 453; *Otto*, Der strafrechtliche Schutz von ehrverletzenden Meinungsäußerungen, NJW 2005, 575.

Übungsfälle: *Bohnert*, Übungsfall Strafrecht, Jura 2004, 640; *Esser/Krickl*, Klausur – Strafrecht: Von verhinderten Meistern und hartnäckigen Liebhabern, JA 2008, 787; *Kaspar*, Übungsklausur – Strafrecht: Ehrdelikte, JuS 2005, 526; *Krahl*, Der praktische Fall – Strafrecht: Streit um einen Parkplatz, JuS 2003, 1187; *Roxin/Schünemann/Haffke*, Strafrechtliche Klausurenlehre mit Fallrepetitorium, 4. Aufl., 1982, S. 205 ff.

§ 15. Üble Nachrede (§ 186)

A. Grundlagen

1   § 186 betrifft ehrverletzende Tatsachenbehauptungen, die nicht erweislich wahr sind, gegenüber einem Dritten. Die Vorschrift schützt – wie § 185 – die Ehre (vgl. § 14 Rn. 1).

B. Tatbestand

I. Objektiver Tatbestand

2   Üble Nachrede setzt zunächst voraus, dass in Beziehung auf einen anderen (vgl. § 14 Rn. 3 ff.) eine **Tatsache** behauptet oder verbreitet wird. Nicht unter § 186 fällt – im Unterschied zu § 185 – also die Äußerung von Werturteilen (vgl. § 14 Rn. 6). Häufig handelt es sich um eine schwierige Unterscheidung, bei der nicht allein Wortlaut und Form der Äußerung, sondern auch deren Sinn und der Gesamtzusammenhang zu beachten sind (*BGH NJW* 1993, 930, 931; 1994, 2614, 2615; *Lackner/Kühl*, § 186 Rn. 3). Das insgesamt überwiegende Element gibt den Ausschlag (BGHSt 6, 159, 162; Schönke/Schröder/*Lenckner*, § 186 Rn. 4).

3   So ist einerseits die Bezeichnung von Soldaten als „Mörder" eigentlich eine Tatsachenbehauptung, aber regelmäßig als herabsetzendes Werturteil gemeint (vgl. BVerfGE 93, 266, 289 – „Soldaten-sind-Mörder-Fall"). Andererseits werden Tatsachenbehauptungen nicht allein dadurch zu Werturteilen, dass ihnen ein wertendes Schimpfwort beigemischt wird (BGHSt 12, 287, 291 f.; SK/*Rudolphi/Rogall*, § 186 Rn. 6). Die Tatsache muss **ehrenrührig**, d.h. geeignet sein, einen Menschen verächtlich zu machen oder öffentlich herabzuwürdigen. Damit sind alle Facetten des Ehrbegriffs (vgl. § 14 Rn. 1) erfasst (Schönke/Schröder/*Lenckner*, § 186 Rn. 5). Die bloße Eignung der Behauptung zu diesem Zweck genügt; ein „Erfolg" muss nicht eintreten (*Lackner/Kühl*, § 186 Rn. 4).

> **Merke:** „Behaupten" bedeutet, etwas als nach eigener Überzeugung wahr hinstellen (*Wessels/Hettinger*, Rn. 493). Die Behauptung kann auch in versteckter Form erfolgen, beispielsweise als Frage oder Schlussfolgerung (vgl. SK/*Rudolphi/Rogall*, § 186 Rn. 9). „**Verbreiten**" ist dagegen die Weitergabe einer fremden Äußerung (*Fischer*, § 186 Rn. 9; *Krey/Heinrich*, Rn. 415).

Die Tatsache muss in Beziehung auf einen anderen behauptet werden, also einerseits diesen „Anderen" identifizierbar benennen, andererseits einem Dritten zur Kenntnis gebracht werden (*Fischer*, § 186 Rn. 10; LK/*Hilgendorf*, § 186 Rn. 5; SK/*Rudolphi/Rogall*, § 186 Rn. 12;). Wird die Tatsache nur gegenüber dem Betroffenen behauptet, liegt § 185 vor (vgl. § 14 Rn. 6). 4

II. Subjektiver Tatbestand

Erforderlich ist zumindest bedingter Vorsatz. Dieser muss sich darauf erstrecken, dass eine ehrenrührige Tatsache behauptet oder verbreitet wird und diese Äußerung einem Dritten zur Kenntnis gelangt (*Fischer*, § 186 Rn. 13; LK/*Hilgendorf*, § 186 Rn. 11;). Eine Beleidigungsabsicht ist – wie bei § 185 – nicht erforderlich (vgl. § 14 Rn. 17). 5

III. Objektive Bedingung der Strafbarkeit

Der Umstand, dass die behauptete oder verbreitete Tatsache **nicht erweislich wahr** ist, ist nach der zutreffenden h.M. objektive Bedingung der Strafbarkeit (BGHSt 11, 273, 274; LK/*Hilgendorf*, § 186 Rn. 12; *Geppert*, Jura 1983, 580, 583; *Tenckhoff*, JuS 1988, 618, 622; a.A. *Sax* JZ 1976, 81). Folge dieser Einordnung ist vor allem, dass sich der Vorsatz nicht auf die Wahrheit der Tatsache bzw. deren Erweislichkeit erstrecken muss (*Lackner/Kühl*, § 186 Rn. 7a; Schönke/Schröder/*Lenckner*, § 186 Rn. 119; krit. *Fischer*, § 186 Rn. 13). 6

Beispiel: A behauptet gegenüber B ehrenrührige Tatsachen betreffend den C. Vorher hat er im Rahmen seiner Möglichkeiten Nachforschungen angestellt und glaubt, die Tatsachen seien wahr. Im Strafverfahren misslingt der Wahrheitsbeweis. A ist nach § 186 strafbar.

Der erforderliche Wahrheitsbeweis ist bereits geführt, wenn feststeht, dass die Tatsache wenigstens in ihrem Kern zutrifft, geringe Übertreibungen sind unschädlich (BGHSt 18, 182, 183 – „Callgirlringfall"; *Lackner/Kühl*, § 186 Rn. 7a a.E.; *Wessels/Hettinger*, Rn. 502 a.E.). 7

> **Beachte:** Handelt es sich bei der behaupteten oder verbreiteten Tatsache um eine Straftat, gilt die Beweisregel des § 190.

8   Von Bedeutung ist es, dass nicht etwa auf den Wahrheitsbeweis verzichtet werden kann, wenn feststeht, dass ohne Rücksicht auf ihn eine Verurteilung entweder an § 193 scheitern würde oder nach § 192 möglich wäre (BGHSt 11, 273, 276 f.; 27, 290, 292 – „Megaphonfall"; *Fischer*, § 186 Rn. 12).

IV. Qualifikationen (§§ 186 und 188 Abs. 1)

9   Der Tatbestand der Üblen Nachrede wird in § 186 qualifiziert, wenn die Tat öffentlich (vgl. § 23 Rn. 5) oder durch das Verbreiten von Schriften (§ 11 Abs. 3) begangen wird.

10 Eine weitere Qualifikation enthält § 188 Abs. 1. Wird die Tathandlung des § 186 öffentlich, in einer (nichtöffentlichen) Versammlung oder durch Schriften gegen eine im politischen Leben stehende Person begangen, stehen die Motive dafür im Zusammenhang mit dieser Stellung und ist die Tat geeignet, das öffentliche Wirken des Betroffenen zu erschweren, erhöht sich die Mindeststrafe auf drei Monate und die Höchststrafe auf fünf Jahre. Für die Beurteilung der Eignung kommt es nach zutreffender Ansicht nicht allein auf den Inhalt der Tatsachenbehauptung an, diese muss sich vielmehr aus der konkreten Tat im Zusammenhang mit ihren Begleitumständen ergeben (*Fischer*, § 188 Rn. 3; MünchKomm/*Regge* Rn. 11 f.; LK/*Hilgendorf* Rn. 4; a.A. BGH NJW 1954, 649; NStZ 1981, 300: es kommt allein auf den Inhalt der Tatsachenbehauptung an).

Beispiel für die Qualifikation: A behauptet, der Bundestagsabgeordnete B sei korrupt (vgl. BGHSt 3, 73, 75).

C. Rechtswidrigkeit

11 Neben allgemeinen Rechtfertigungsgründen (vgl. § 14 Rn. 20) kommt auch bei § 186 vor allem die Wahrnehmung berechtigter Interessen (§ 193) in Betracht (vgl. § 14 Rn. 21 ff.).

D. Täterschaft und Teilnahme, Begehung durch Unterlassen, Konkurrenzen, Rechtsfolgen sowie Verfolgbarkeit

12 Bezüglich Täterschaft und Teilnahme, Begehung durch Unterlassen, Rechtsfolgen sowie Verfolgbarkeit gilt das bei § 185 Ausgeführte (vgl. § 14 Rn. 27 ff.) entsprechend.

13 § 185 tritt als „Auffangtatbestand" der Beleidigungsdelikte grundsätzlich hinter § 186 zurück (BGHSt 6, 161; *Lackner/Kühl*, § 186 Rn. 11). Allerdings

§ 15. Üble Nachrede

kommt auch Tateinheit (§ 52) in Betracht, etwa wenn die Behauptung ehrverletzender Tatsachen gegenüber Dritten zugleich auch eine davon verschiedene Formalbeleidigung ist (vgl. § 14 Rn. 15; *Fischer*, § 185 Rn. 20). Im Übrigen gelten für die Konkurrenzen die gleichen Grundsätze wie bei § 185 (vgl. § 14 Rn. 30).

E. Kontrollfragen

1. Was ist unter „Behaupten", was unter „Verbreiten" einer Tatsache zu verstehen? → Rn. 3
2. Welches ist der systematisch zutreffende Ort der Prüfung der Nichterweislichkeit der Wahrheit der behaupteten Tatsache im Prüfungsaufbau? → Rn. 6
3. Wann ist der Wahrheitsbeweis geführt? → Rn. 7

Aufbauschema (§ 186)

1. Tatbestand
   a) Objektiver Tatbestand
      (1) Eine Tatsache, welche verächtlich zu machen oder in der öffentlichen Meinung herabzuwürdigen geeignet ist
      (2) In Bezug auf einen anderen
      (3) Behaupten oder Verbreiten
   b) Subjektiver Tatbestand
      – Vorsatz
   c) Objektive Bedingung der Strafbarkeit
      – Tatsache ist nicht erweislich wahr
2. Rechtswidrigkeit
   a) Allgemeine Rechtfertigungsgründe
   b) Ggf. § 193
3. Schuld
4. Persönlicher Strafausschließungsgrund nach § 36
5. Kompensation (§ 199)
6. Besondere Strafverfolgungsvoraussetzung (§ 194)

Empfehlungen zur vertiefenden Lektüre:
Leitentscheidungen: BGHSt 14, 48 – „Fraktionsverdächtigungsfall"; BGHSt 18, 182 – „Callgirlringfall"; BGHSt 27, 290 – „Megaphonfall".

Aufsätze: *Geppert*, Straftaten gegen die Ehre, Jura 1983, 530 und 580; *ders.*, Zur Systematik der Beleidigungsdelikte und zur Bedeutung des Wahrheitsbeweises im Rahmen der §§ 185 ff. StGB, Jura 2002, 278; *Küpper*, Straftaten gegen die Ehre, JA 1985, 453.

Übungsfälle: *Bohnert,* Übungsfall Strafrecht, Jura 2004, 640; *Kaspar,* Übungsklausur – Strafrecht: Ehrdelikte, JuS 2005, 526; *Kuhlen/Roth,* Der praktische Fall – Strafrecht: Ein Experiment in der U-Bahn, JuS 1995, 711; *Roxin/Schünemann/Haffke,* Strafrechtliche Klausurenlehre mit Fallrepetitorium, 4. Aufl., 1982, S. 205 ff.

§ 16. Verleumdung (§ 187)

A. Grundlagen

1 § 187 erfasst wie § 186 ausschließlich ehrverletzende Tatsachenbehauptungen gegenüber Dritten. Diese müssen jedoch unwahr sein (vgl. § 15 Rn. 5). Im Unterschied zu den übrigen Vorschriften des 14. Abschnitts des StGB schützt § 187 neben dem Rechtsgut der Ehre auch das Vermögen (vgl. *Hohmann/Sander,* BT 1, § 11 Rn. 62 ff.), weil er die sog. Kreditgefährdung unter Strafe stellt (vgl. *Lackner/Kühl,* § 187 Rn. 2; LK/*Hilgendorf* § 187 Rn. 3).

B. Tatbestand

I. Objektiver Tatbestand

2 Eine Verleumdung kommt nur beim Behaupten oder Verbreiten einer Tatsache in Betracht. Insoweit gelten die Ausführungen zu § 186 entsprechend (vgl. § 15 Rn. 2 f.).

3 Tatbestandsmerkmal ist aber – anders als bei § 186 – zudem, dass die Tatsache **unwahr** ist. Hierbei kommt es auf den Kern der fraglichen Aussage an (zur vergleichbaren Problematik bei §§ 145d und 164 vgl. § 24 Rn. 5 ff. und § 23 Rn. 22 f.). Unwesentliche Abweichungen sind unschädlich (*Lackner/Kühl,* § 187 Rn. 1). Der Tatbestand enthält zwei Begehungsvarianten.

4 Wie bei § 186 muss die Tatsache geeignet sein, einen Menschen verächtlich zu machen oder öffentlich herabzuwürdigen, und sie muss in Beziehung auf einen anderen behauptet werden (vgl. § 15 Rn. 3).

5 Bei der Kreditgefährdung muss die Tatsachenbehauptung (vgl. § 15 Rn. 2 ff.) speziell geeignet sein, das Vertrauen zu gefährden, das jemand hinsichtlich der Erfüllung seiner vermögensrechtlichen Verbindlichkeiten genießt (*Fischer,* § 187 Rn. 3a). Die Tat kann insoweit auch gegen **juristische Personen** begangen werden (vgl. LK/*Hilgendorf,* § 187 Rn. 3; Schönke/Schröder/*Lenckner,* § 187 Rn. 4).

II. Subjektiver Tatbestand

In Bezug auf die objektiven Tatbestandsmerkmale genügt bedingter Vorsatz. 6

> **Merke:** Hinsichtlich der Unwahrheit der Tatsache muss darüber hinaus **wider besseres Wissen** gehandelt werden. Erforderlich ist daher der Nachweis diesbezüglicher Kenntnis des Täters (dolus directus 2. Grades; *Fischer*, § 187 Rn. 4; *Lackner/Kühl*, § 187 Rn. 1 a.E.).

III. Qualifikationen

Wird der Tatbestand des § 187 öffentlich (vgl. § 15 Rn. 8), in einer Versammlung oder durch das Verbreiten von Schriften (§ 11 Abs. 3) begangen, ist die Tat in beiden Varianten qualifiziert. Geschieht die Verleumdung unter den Voraussetzungen des § 188 Abs. 1 (vgl. § 15 Rn. 10), sieht § 188 Abs. 2 Freiheitsstrafe von sechs Monaten bis zu fünf Jahren vor. 7

C. Rechtswidrigkeit

§ 193 (vgl. § 14 Rn. 21 ff.) kommt auch bei der Verleumdung in Betracht (BGHSt 14, 48, 51; *Fischer*, § 193 Rn. 3; *Geppert*, Jura 1983, 580, 582). Seine Voraussetzungen werden allerdings regelmäßig nicht vorliegen. 8

D. Täterschaft und Teilnahme, Begehung durch Unterlassen, Konkurrenzen, Rechtsfolgen sowie Verfolgbarkeit

Bezüglich Täterschaft und Teilnahme, Begehung durch Unterlassen, Rechtsfolgen und Verfolgbarkeit gilt das bei § 185 Ausgeführte (vgl. § 14 Rn. 27 ff.) entsprechend. 9

§ 187 verdrängt im Normalfall die §§ 185 und 186. Wegen der unterschiedlichen Tatbestandsstrukturen und Schutzbereiche ist aber – wie im Verhältnis des § 186 zu § 185 (vgl. § 15 Rn. 13) – auch Tateinheit (§ 52) zu beiden Vorschriften möglich (vgl. Schönke/Schröder/*Lenckner*, § 187 Rn. 8). Ansonsten steht die Tat nicht selten in Tateinheit zu den §§ 153 ff. und 164. Beide Varianten des Tatbestands können in Tateinheit zusammentreffen (LK/*Hilgendorf*, § 188 Rn. 3; SK/*Rudolphi/Rogall,* § 188 Rn. 11). 10

Kapitel 4. Beleidigung, Üble Nachrede und Verleumdung

11 Der persönliche Strafausschließungsgrund der Indemnität gilt für § 187 nicht (§ 36 S. 2).

E. Kontrollfragen

1. Was ist der Unterschied zwischen § 186 und § 187? → Rn. 1
2. Welche Vorsatzform ist bzgl. des Tatbestandsmerkmals „unwahr" erforderlich? → Rn. 6

Aufbauschema (§ 187)

1. Tatbestand
   a) Objektiver Tatbestand
      (1) Eine unwahre Tatsache,
         – welche geeignet ist, einen Dritten verächtlich zu machen, in der öffentlichen Meinung herabzuwürdigen
         – oder dessen Kredit zu gefährden
      (2) Behaupten oder Verbreiten
   b) Subjektiver Tatbestand
      (1) Vorsatz
      (2) Handeln wider besseres Wissen bzgl. der Unwahrheit der Tatsache
2. Rechtswidrigkeit
   a) Allgemeine Rechtfertigungsgründe
   b) Ggf. § 193
3. Schuld
4. Kompensation (§ 199)
5. Besondere Strafverfolgungsvoraussetzung (§ 194)

Empfehlungen zur vertiefenden Lektüre:
Aufsätze: *Geppert*, Straftaten gegen die Ehre, Jura 1983, 530 und 580; *ders.*, Zur Systematik der Beleidigungsdelikte und zur Bedeutung des Wahrheitsbeweises im Rahmen der §§ 185 ff. StGB, Jura 2002, 278; *ders.* Zur passiven Beleidigungsfähigkeit von Personengemeinschaften und von Einzelpersonen unter einer Kollektivbezeichnung, Jura 2005, 244.

Übungsfälle *Kaspar*, Übungsklausur – Strafrecht: Ehrdelikte, JuS 2005, 526; *Kuhlen/Roth*, Der praktische Fall – Strafrecht: Ein Experiment in der U – Bahn, JuS 1995, 711; *Roxin/ Schünemann/Haffke*, Strafrechtliche Klausurenlehre mit Fallrepetitorium, 4. Aufl., 1982, S. 205.

Kapitel 5. Urkundendelikte

Die überwiegende Zahl der Urkundendelikte ist im 23. Abschnitt des **1** StGB zusammengefasst. Zu ihnen gehören darüber hinaus die Falschbeurkundung im Amt (§ 348), die Fälschung von Geld und Wertzeichen (§§ 146 ff.) sowie u.U. der Verwahrungsbruch (§ 133). Als Tatobjekte kommen neben Urkunden (vgl. § 17 Rn. 4 ff.) insbesondere technische Aufzeichnungen (vgl. § 18 Rn. 2 ff.) und Daten in Betracht. Sie werden in unterschiedlichem Umfang vor Angriffen gegen
- die **Echtheit** (vgl. § 17 Rn. 33 ff. und § 18 Rn. 10 ff.),
- die **inhaltliche Wahrheit** (vgl. § 20 Rn. 1),
- die **äußere Unversehrtheit** und die **Verfügbarkeit** (vgl. § 19 Rn. 1) sowie
- die **bestimmungsgemäße Verwendung** (vgl. § 17 Rn. 47) geschützt.

Die damit durch das Gesetz vorgegebene Systematik der strafrechtlich re- **2** levanten Angriffsrichtungen und Tatobjekte veranschaulicht die folgende Übersicht.

Systematik der Urkundendelikte

Angriffsrichtung Tatobjekte	Echtheit	Inhaltliche Wahrheit	Äußere Unversehrtheit oder Verfügbarkeit	Bestimmungsgemäße Verwendung
Urkunden	§§ 267, 275, 276, 276a, 277 2. und 3. Var., 279 i.V.m. 277	§§ 271, 276, 276a, 277 1. Alt., 278, 279 i.V.m. 277 oder 278, 348	§§ 273, 274 Abs. 1 Nr. 1, 133 Abs. 1 und Abs. 2	§ 281
Daten	§§ 269, 274 Abs. 1 Nr. 2	§§ 271, 348	§ 274 Abs. 1 Nr. 2	–
Technische Aufzeichnungen	§§ 268, 274 Abs. 1 Nr. 1	–	§ 274 Abs. 1 Nr. 1	–
Zahlungsmittel, Wertzeichen und -papiere	§§ 146, 147, 148, 149, 152, 152a	–	–	–

§ 17. Urkundenfälschung (§ 267)

A. Grundlagen

1 § 267 Abs. 1 pönalisiert drei Handlungsmodalitäten, die sich jeweils auf Urkunden beziehen. Der Begriff der Urkunde ist mithin von zentraler Bedeutung. Er ist zudem für andere Vorschriften (vgl. vor § 17 Rn. 1) von besonderer Relevanz.

2 Das von § 267 geschützte Rechtsgut ist vor allem das Vertrauen in die Zuverlässigkeit und die Sicherheit des Rechtsverkehrs, insbesondere des Beweisverkehrs mit Urkunden (BGHSt 2, 50, 52; 40, 203, 206 – „Versandhandelfall"; *Lackner/Kühl*, § 267 Rn. 1; MünchKomm/*Erb* § 267 Rn. 1; *Otto*, § 69 Rn. 1). Daneben ist aber auch, wie aus Absatz 3 Satz 2 Nummern 1 und 2 folgt, das Vermögen geschützt (so auch *Fischer*, § 267 Rn. 1; zum Rechtsgut Vermögen vgl. *Hohmann/Sander*, BT 1, § 11 Rn. 1 und 62 ff.)

B. Tatbestand

3 Der objektive Tatbestand des § 267 Abs. 1 verlangt, dass der Täter „eine unechte Urkunde herstellt, eine echte Urkunde verfälscht oder eine unechte oder verfälschte Urkunde gebraucht". Subjektiv muss er vorsätzlich in Bezug auf die Merkmale des objektiven Tatbestands und zudem in der Absicht handeln, im Rechtsverkehr zu täuschen.

Grundstruktur des Tatbestands der Urkundenfälschung			
Objektiver Tatbestand		**Subjektiver Tatbestand**	
Tatobjekt	*Tathandlung*	Vorsatz (Rn. 49)	Absicht der Täuschung im Rechtsverkehr (Rn. 50 ff.)
Echte Urkunde (Rn. 33)	Verfälschen (Rn. 44 ff.)		
Unechte Urkunde (Rn. 33)	Herstellen (Rn. 33 ff.) oder Gebrauchen (Rn. 47 ff.)		
Verfälschte Urkunde (Rn. 44)	Gebrauchen (Rn. 47 ff.)		

I. Objektiver Tatbestand

1. Tatobjekt

Tatobjekt der Urkundenfälschung ist eine Urkunde i.S.d. (materiellen) **4**
Strafrechts.

> **Merke:** Nach h.M. ist dies eine verkörperte Erklärung (**Perpetuierungsfunktion**), die ihrem gedanklichen Inhalt nach geeignet und bestimmt ist, im Rechtsverkehr Beweis zu erbringen (**Beweisfunktion**), und die ihren Aussteller erkennen lässt (**Garantiefunktion**; vgl. BGHSt 4, 284, 285; *BGH* StV 1994, 18; wistra 2010, 226; *Lackner/Kühl*, § 267 Rn. 2).

Beispiele: Zeugnisse, schriftliche Verträge, ausgefüllte Schecks, Ausweise, Urteile.

a) Essentiell für eine Urkunde ist die Erklärung eines menschlichen Ge- **5**
dankens. Erforderlich ist ein menschliches Verhalten, das geeignet ist – allgemein oder nur für Eingeweihte verständlich –, eine bestimmte Vorstellung über einen Sachverhalt hervorzurufen (*Lackner/Kühl*, § 267 Rn. 3; *Samson*, JA 1979, 369, 370). Dieses muss eine dauerhafte, d.h. hinreichend feste Fixierung durch einen körperlichen Gegenstand erfahren (BGHSt 34, 375, 376; *Freund*, Rn. 71).

Hierfür ist ein rechtsverbindlicher Erklärungswille nicht erforderlich. Es **6**
reicht aus, dass sich der Erklärende bewusst ist, dass er überhaupt einen Gedanken äußert und körperlich fixiert.

Beispiel: Das von einem Schüler in einem Diktat Niedergeschriebene bildet nicht nur die vom Lehrer vorgegebenen Wörter ab, sondern enthält eine Erklärung des Schülers darüber, wie nach seiner Ansicht die Wörter gemäß den Regeln der Rechtschreibung geschrieben werden (BGHSt 17, 297, 298).

(1) Die Urkunde muss über ihr körperliches Dasein hinaus menschliche **7**
Gedanken erklären. Daran fehlt es bei selbsttätig durch Maschinen bewirkten technischen Aufzeichnungen (*OLG Karlsruhe* NStZ 2002, 652, 653; vgl. dazu aber § 19 Rn. 2 ff.) sowie bei Blanketten und Formularen, die erst durch das Ausfüllen eine bestimmte Gedankenerklärung erhalten (*BayObLG* NStZ-RR 1998, 331; *OLG Rostock*, Beschluss vom 10. 4. 2003 – 1 Ss 37/03 I 32/03; *LG Berlin* wistra 1985, 241, 242 f.; *Otto*, § 70 Rn. 7; vgl. auch Rn. 44). Gleiches gilt für Augenscheinsobjekte, die allein aufgrund ihrer Existenz und Beschaffenheit lediglich bestimmte Schlussfolgerungen zulassen und so zum Beweis von Tatsachen dienen (*Rengier*, § 32 Rn. 2; *Wessels/Hettinger*, Rn. 793).

Beispiele: Schaublätter von sog. Fahrtenschreibern in einem Lkw (*OLG Karlsruhe* NStZ 2002, 652, 653), Fahrzeugspuren, Fußspuren, Blutflecken am Tatort, der menschliche Leichnam (RGSt 17, 103, 106)

8 Mehrere Einzelurkunden können durch räumlich-dauerhafte Zusammenfassung, die auf Gesetz, Geschäftsgebrauch oder Vereinbarung der Beteiligten beruht, zu einer Gesamturkunde werden.

> **Merke:** Eine **Gesamturkunde** liegt vor, wenn die körperlich oder zumindest durch chronologische Ordnung und lückenlose Paginierung verbundenen Einzelurkunden gerade wegen der Verbindung einen eigenständigen über den jeweiligen Gedankeninhalt der Einzelurkunden hinausgehenden Gedankeninhalt haben (BGHSt 4, 60, 61; *OLG Jena* wistra 2010, 111, 113 f.; *Krey/Heinrich*, Rn. 688; krit. NK/*Puppe*, § 267 Rn. 41 ff.).

9 In der Regel beinhaltet diese übergeordnete Gedankenerklärung die Aussage, ein wegen ihrer Abgeschlossenheit erschöpfendes und vollständiges Bild über das Zustandekommen oder Nichtzustandekommen bestimmter Rechtsbeziehungen zu geben (BGHSt 4, 60, 61).

Beispiele: Handelsbücher eines Kaufmanns (RGSt 69, 396, 398), Personalakten (*OLG Düsseldorf* NStZ 1981, 25, 26), Sparkassenbücher (BGHSt 19, 20, 21); nicht aber die Handakte eines Rechtsanwalts (BGHSt 3, 395, 399 f.) sowie Reisepässe hinsichtlich dort aufgebrachter Vermerke (*BayObLG* NJW 1990, 264; *OLG Hamm* NStZ-RR 1998, 331).

10 (2) Die Gedankenerklärung muss in einer Sache dauerhaft verkörpert sein, d.h. sie muss eine hinreichend feste Verbindung mit einem körperlichen Gegenstand aufweisen und visuell erfassbar sein (BGHSt 36, 375, 376; MünchKomm/*Erb*, § 267 Rn. 39; *Rengier*, § 32 Rn. 3; *Wessels/Hettinger*, Rn. 792). Nach zutreffender h.M. kann die Verkörperung nicht nur durch Schriftzeichen, sondern auch durch Zeichen und Symbole erfolgen, denen allgemein oder nur unter Eingeweihten eine bestimmte Bedeutung zukommt (BGHSt 9, 235, 238 f.; *BayObLG* NJW 1980, 1957; *Lackner/Kühl*, § 267 Rn. 3 und 10; *Wessels/Hettinger*, Rn. 804; a.A. *Otto*, § 70 Rn. 9: nur Schriftzeichen).

11 Danach fehlt die Urkundeneigenschaft etwa dem gesprochenen Wort, der analogen oder digitalen Aufzeichnung einer menschlichen Erklärung sowie elektronisch gespeicherten Daten (etwa einer E-Mail), weil die vorausgesetzte optische Wahrnehmbarkeit nicht gegeben ist. Bei einem Schriftzeichen im Sand fehlt zumindest die erforderliche feste und dauerhafte Verbindung mit einer Sache (SK/*Hoyer*, § 267 Rn. 25 f.; *Wessels/Hettinger*, Rn. 794; krit. *Freund*, Rn. 88).

§ 17. Urkundenfälschung   137

Merke: Dagegen liegt eine Urkunde vor, wenn eine Gedankenerklärung, die sich auf einen bestimmten Gegenstand bezieht, mit diesem Bezugsobjekt räumlich fest – aber nicht notwendig untrennbar – derart zu einer Beweismitteleinheit verbunden ist, dass beide einen einheitlichen Beweis- und Erklärungswert in sich vereinigen (sog. **zusammengesetzte Urkunde**; BGHSt 5, 75, 79; 34, 375, 376; BGH NStZ 1984, 73, 74; *Rengier*, § 32 Rn. 17).

Beispiele: Beglaubigte Fotokopien, beglaubigte Abschriften (*Otto*, § 70 Rn. 26), Lichtbildausweise (BGHSt 17, 97).

Sind im Unterschied hierzu zwei an sich selbständige Urkunden verbunden, wird die daraus gebildete Beweiseinheit als **abhängige Urkunde** bezeichnet (*KG* wistra 1984, 233; *Fischer*, § 267 Rn. 13). 12

Der zutreffende Ansatzpunkt der h.M., die den Begriff Urkunde nicht nur auf Gedankenerklärungen in Schriftform beschränkt (vgl. Rn. 10), und die Möglichkeit einer verbundenen Erklärung (vgl. Rn. 11) lassen die Anerkennung von Beweiszeichen als Urkunden zu. 13

Merke: Beweiszeichen drücken erst und allein dadurch, dass sie auf einem Gegenstand angebracht werden, einen menschlichen Gedanken aus (BGHSt 9, 235; 16, 95; *BayObLG* NJW 1980, 1057; SK/*Hoyer*, § 267 Rn. 36).

Beispiele: Amtliche Kraftfahrzeugkennzeichen (BGHSt 18, 66, 70; *OLG Stuttgart* NStZ-RR 2001, 370), Künstlerzeichen (Signatur) auf einem Gemälde (*OLG Frankfurt a.M.* NJW 1970, 673, 674), Preisauszeichnungen auf der Ware (*OLG Köln* NJW 1979, 729f. – „Oberhemdenfall"; *OLG Düsseldorf* NJW 1982, 2268), Merkzeichen auf einem Bierdeckel (*RG* DStR 1919, 77).

Keine Urkunden sind hingegen nach einhelliger Auffassung sog. **Kenn-** oder **Unterscheidungszeichen**. Diese sind bloße Ordnungsmerkmale, die an einem Gegenstand angebracht werden, um ihn von gleichartigen Gegenständen zu unterscheiden (BGHSt 2, 370; SK/*Hoyer*, § 267 Rn. 34; *Wessels/Hettinger*, Rn. 806). 14

Beispiele: Eigentümer- oder Herstellerzeichen (BGHSt 2, 370); Wäschemonogramm (*Wessels/Hettinger*, Rn. 806); Namenszeichen auf Tieren (RGSt 36, 15, 17).

Die im Einzelfall u.U. schwierige Abgrenzung von Beweiszeichen einerseits und (reinem) Kennzeichen andererseits muss sich stets an der Funktion des Zeichens orientieren (*Wessels/Hettinger*, Rn. 807; krit. zum Ganzen *Maurach/Schroeder/Maiwald*, BT 1, § 65 Rn. 26ff.; *Otto*, § 70 Rn. 8). 15

Urkundenart	Merkmale
Übersicht zu den Merkmalen der einzelnen Urkundenarten	
Zusammengesetzte Urkunde	Feste Verbindung einer gegenstandsbezogenen Gedankenerklärung mit dem Bezugsobjekt zu einer Beweismitteleinheit (vgl. Rn. 11)
Abhängige Urkunde	Verbindung von Einzelurkunden zu einer Beweismitteleinheit derart, dass ein einheitlicher Erklärungswert entsteht (vgl. Rn. 12)
Gesamturkunde	Verbindung von Einzelurkunden zu einer Beweismitteleinheit derart, dass ein über den jeweiligen Inhalt der Einzelurkunden hinausgehender, für sich bestehender Gedanke erklärt wird (vgl. Rn. 8)
Beweiszeichen	Eine Gedankenerklärung schaffende Verbindung von Zeichen und Symbolen mit einem Gegenstand (vgl. Rn. 13)

16 b) Nach h.M. erfordert der strafrechtliche Urkundenbegriff weiterhin, dass die verkörperte Gedankenerklärung zum Beweis einer rechtserheblichen Tatsache geeignet und bestimmt ist (BGHSt 5, 295, 296; *BGH* GA 1971, 180; *BayObLG* NStZ-RR 2002, 305; *Lackner/Kühl*, § 267 Rn. 11; *Wessels/Hettinger*, Rn. 795; a.A. *Otto*, § 70 Rn. 20 ff.: kein taugliches Merkmal für die Bestimmung des Urkundenbegriffs).

17 (1) Eine Gedankenerklärung ist zum Beweis geeignet, wenn sie – etwa in einem gerichtlichen Verfahren – zur Überzeugungsbildung beitragen kann (SK/*Hoyer*, § 267 Rn. 30). Die Eignung zum Beweis einer rechtserheblichen Tatsache ist allein nach objektiven Kriterien zu beurteilen (*BayObLG* NJW 1981, 772, 773; *OLG München* NStZ-RR 2010, 173, 174; *Rengier*, § 32 Rn. 4). Es kommt daher weder auf die rechtliche Wirksamkeit noch auf die Funktion der Gedankenerklärung an.

Beispiele: Preisangaben für Waren nach der Preisangabenverordnung (BGHSt 31, 91, 92), Liebesbriefe, die ehewidrige Beziehungen belegen (BGHSt 13, 235, 238), Aufsichtsarbeiten, die einen bestimmten Leistungsstand nachweisen (BGHSt 17, 297, 298; *BayObLG* NJW 1981, 772, 773), der Namenszug des Künstlers auf einem Gemälde (RGSt 76, 29; *OLG Frankfurt a.M.* NJW 1970, 673, 674), mit den Personalien des Inhabers versehene Zeitkarten eines Verkehrsverbunds, die zur Nutzung bestimmter Strecken berechtigen (*BayObLG* NStZ-RR 2002, 305)

18 Ausreichend ist es, dass die verkörperte Gedankenerklärung für sich allein oder zusammen mit anderen Umständen bei der Überzeugungsbildung entscheidend mitwirken kann; den vollen Beweis muss sie nicht erbringen (*Wessels/Hettinger*, Rn. 796; *Freund*, Rn. 101).

§ 17. Urkundenfälschung

Beachte: Bei unechten Urkunden ist demzufolge zu fragen, ob sie – ihre Echtheit unterstellt – zur Überzeugungsbildung einen Beitrag leisten könnten; etwa, ob eine Prüfungsleistung den Nachweis eines bestimmten Ausbildungsstands des Prüflings erbringen würde.

(2) Die zudem erforderliche Beweisbestimmung der verkörperten Gedankenerklärung ist hingegen allein nach subjektiven Kriterien zu beurteilen (BGHSt 13, 235, 239; *Lackner/Kühl*, § 267 Rn. 13). Sie liegt vor, wenn in Bezug auf die Gedankenäußerung der Wille oder das Bewusstsein besteht, sie solle oder könne zur Überzeugungsbildung über eine rechtlich erhebliche Tatsache zumindest beitragen (*Lackner/Kühl*, § 267 Rn. 13; *Wessels/Hettinger*, Rn. 797). Die Beweisbestimmung kann durch einen Willensakt des Ausstellers schon anlässlich der Errichtung der Urkunde erfolgen (sog. **Absichtsurkunden**; *Lackner/Kühl*, § 267 Rn. 13; *Rengier*, § 32 Rn. 5; *Freund*, Rn. 109 f.). Erfolgt die Beweisbestimmung erst nach der Errichtung der Urkunde durch deren Aussteller oder einen Dritten, spricht man von **Zufallsurkunden** (BGHSt 13, 235, 238; *Rengier*, § 32 Rn. 5). 19

Zur Beweisbestimmung bedarf es keines zielgerichteten Willens, sondern es genügt bereits die Einführung der verkörperten Erklärung in den Rechtsverkehr mit dem Wissen, dass ein Dritter rechtliche Reaktionen daran knüpfen und sie zu Beweiszwecken nutzen kann (*Wessels/Hettinger*, Rn. 798). Praktische Bedeutung kommt dem bei den sog. Deliktsurkunden zu, die einen strafbaren oder sonst rechtswidrigen Inhalt haben. Für diese lässt sich eine Beweisbestimmung nicht mit der Erwägung verneinen, dass dem Aussteller die Absicht gefehlt hat, dem Empfänger ein Beweismittel zu verschaffen (Schönke/Schröder/*Cramer/Heine*, § 267 Rn. 14; *Rengier*, § 32 Rn. 6; vgl. aber auch *Krey/Heinrich*, Rn. 702: „fragwürdige ... Ansicht"). 20

Beispiel: A schreibt einen beleidigenden Brief an B, die den Brief bei der Stellung eines Strafantrags vorlegt.

Eine Beweisbestimmung fehlt indes bei Entwürfen und Kopiervorlagen, die nicht selbst für den Rechtsverkehr bestimmt sind (BGHSt 3, 82, 85; *BayObLG* NJW 1992, 3311, 3312; MünchKomm/*Erb* § 267 Rn. 85; *Radtke*, JuS 1995, 236). Entfällt die Beweisbestimmung nachträglich, endet damit die Urkundeneigenschaft (BGHSt 4, 284). An der vorausgesetzten Beweisbestimmung fehlt es zudem dann, wenn die Urkunde nach den Vorstellungen des Ausstellers nicht fertig gestellt ist (*OLG Jena* wistra 2010, 111, 112). 21

c) Der Begriff der Urkunde erfordert schließlich, dass die verkörperte, zum Beweis geeignete und bestimmte Gedankenerklärung ihren Aussteller erkennen lässt. Es kommt hierfür nicht darauf an, ob es sich um eine natürliche oder juristische Person handelt und ob diese real oder erfunden ist. Entscheidend ist es allein, dass die Urkunde auf eine Person hinweist, die als (ggf. 22

scheinbarer) Urheber hinter der Erklärung steht (BGHSt 13, 382, 384; *Wessels/Hettinger*, Rn. 801).

> **Merke: Aussteller** einer Urkunde ist die Person, die sich nach außen zu der verkörperten Erklärung als Urheber bekennt und dieselbe sich i.d.S. geistig zurechnen lässt bzw. zurechnen lassen muss (sog. Geistigkeitstheorie; BGHSt 13, 382, 385; *OLG Koblenz* NJW 1995, 1624, 1625; *Otto*, § 70 Rn. 10 f.; *Freund*, Rn. 113 ff.).

23 (1) Das ist regelmäßig – nach der Geistigkeitstheorie aber nicht notwendig – die Person, die die Urkunde körperlich hergestellt hat. Bedeutung erlangt die Geistigkeitstheorie vornehmlich in den Fällen der verdeckten Stellvertretung (vgl. Rn. 37 ff.) und beim Einsatz von Schreibhilfen. Schreiben von Behörden und juristischen Personen rühren stets von diesen selbst und nicht von der mit eigenem Namen unterzeichnenden natürlichen Person her (BGHSt 7, 149, 152; 17, 11, 12 f.; Schönke/Schröder/*Cramer/Heine*, § 267 Rn. 52; *Krey/Heinrich*, Rn. 711 f.).

Beispiele: Der schreibunkundige A lässt von B einen Text schreiben, den B auch mit dem Namen des A unterzeichnet.

Das polizeiliche Vernehmungsprotokoll weist als Aussteller weder den unterzeichnenden Beamten noch den ebenfalls unterzeichnenden Beschuldigten, sondern allein die Polizeibehörde aus (*LG Dresden* NZV 1998, 217).

24 „Geistiger" Urheber einer Erklärung ist auch derjenige, der sich eine fremde geistige Leistung, die er u.U. selbst zu erbringen gar nicht in der Lage ist, zu eigen macht und sich nach außen zu ihr bekennt (*BayObLG* NJW 1981, 772, 773; *Rengier*, § 32 Rn. 12; *Otto*, JuS 1987, 761, 764).

Beispiele: A lässt vom Rechtsanwalt B ein Vertragsangebot erarbeiten, das er mit seinem Namen unterzeichnet.

Rechtskandidat C versieht in der ersten juristischen Staatsprüfung eine von D gefertigte Klausurbearbeitung mit seiner Prüflistennummer und legt diese als seine Arbeit dem Aufsichtsführenden vor (*BayObLG* NJW 1981, 772).

25 (2) Der Aussteller muss stets aus der Urkunde selbst erkennbar sein. Ist dies erst durch Auslegung möglich, müssen die hierfür maßgeblichen Indizien in der Urkunde selbst enthalten sein (*Fischer*, § 267 Rn. 7 f.). Erklärungen, die anonym erfolgen, sind daher keine Urkunden. Unproblematisch ist dies in den Fällen sog. offener Anonymität, in denen der Urheber mit der Erklärung erkennbar nicht in Zusammenhang gebracht werden will.

Beispiele: A unterzeichnet im obigen Beispiel (vgl. Rn. 20) den beleidigenden Brief entweder gar nicht oder mit dem Namen „Donald Duck", um Unannehmlichkeiten aus dem Weg zu gehen.

§ 17. Urkundenfälschung 141

Mangels eines Garanten, der für die Erklärung einstehen will, liegt sog. **26** versteckte Anonymität vor, wenn der Erklärende mit einem Allerweltsnamen („Schmidt") ohne individualisierenden Zusatz oder mit einer unleserlichen Unterschrift unterzeichnet. Anders ist hingegen zu entscheiden, wenn der Urheber der Erklärung sich hinter einem entsprechenden Namen verbergen, dem Erklärungsempfänger aber vortäuschen will, dass eine bestimme Person diese Erklärung abgegeben hat (BGHSt 5, 149, 151; *Rengier*, § 32 Rn. 10; *Wessels/Hettinger*, Rn. 802; *Seier*, JA 1979, 133, 136). Entscheidend ist insoweit stets die Sicht dessen, dem gegenüber der Beweis geführt wird (*Lackner/Kühl*, § 267 Rn. 14).

Beispiele: Polizeibeamter A unterzeichnet eine Strafanzeige gegen Kollegen wegen Körperverletzung im Amt mit dem Namen „Meier", um zwar ein Strafverfahren einzuleiten, aber zugleich dem Vorwurf des „Verrats" aus dem Weg zu gehen – wegen versteckter Anonymität keine Urkunde.
B unterzeichnet anlässlich eines Hotelaufenthalts den Beherbergungsvertrag mit dem Namen „Müller", um unerkannt abreisen zu können – Urkunde, da eine Person als Aussteller erscheint.

(3) Die Erkennbarkeit des Ausstellers ist maßgebliches Kriterium bei der **27** Entscheidung, ob einem Vervielfältigungsexemplar Urkundenqualität zuerkannt werden kann.

Merke: Werden in einem technischen Verfahren mehrere Exemplare einer Erklärung hergestellt, so sind sie immer jeweils dann eine Urkunde, wenn das Einzelstück nach dem Willen des Ausstellers oder nach der Verkehrssitte dazu geeignet und bestimmt ist, im Rechtsverkehr Beweis zu erbringen (*LG Paderborn* NJW 1989, 178, 179; *Rengier*, § 32 Rn. 21).

Urkundenqualität kommt danach unbestritten den Durchschriften zu, die **28** eine schriftgetreue Abbildung der Erstschrift enthalten und gerade deshalb hergestellt werden, damit neben der Urschrift noch eine zweite Urkunde vorhanden ist (*KG* wistra 1984, 233; *Geppert*, Jura 1990, 271). Gleiches gilt für Mehrfachausfertigungen und Hektografien einer Urkunde (*Otto*, § 70 Rn. 20).
Keine Urkundenqualität weisen hingegen die einfachen Abschriften und – **29** nach überwiegender Auffassung – die als solche erkennbaren Fotokopien auf, weil weder der Aussteller der Urschrift für deren Richtigkeit einsteht noch eine andere Person als Aussteller erkennbar ist. Sie verkörpern zudem keine Erklärung, sondern bilden nur eine an anderer Stelle verkörperte Erklärung ab (BGHSt 24, 140, 142 – „Fotokopienfall"; *BayObLG* NStZ 1994, 88 m. krit. Anm. *Mitsch*; *Geppert*, Jura 1990, 271, 273; zu beglaubigten Abschriften vgl. Rn. 11). Dies gilt entsprechend für Ausdrucke gescannter Dokumente. Hierbei handelt es sich um bloße Ausdrucke einer Computer-Datei, die keine

Authentizitätsmerkmale ausweisen, sondern – wie eine Fotokopie – lediglich ein Abbild eines anderen Schriftstücks widerspiegeln (*BGH* StraFo 2010, 169). Auch wenn Fotokopien und Ausdrucke gescannter Dokumente im Geschäfts- und Rechtsverkehr faktisch wie Urschriften behandelt werden und weitgehend an ihre Stelle getreten sind, verzichtet, wer sich im Rechtsverkehr mit ihnen begnügt, bewusst auf die für eine Urkunde konstitutive Garantiefunktion (ähnlich *BGH* StraFo 2010, 169; *Krey/Heinrich*, Rn. 717; *Kienapfel*, NJW 1971, 1781, 1784).

30 Wird hingegen durch geschickte – bei durchschnittlicher Aufmerksamkeit nicht erkennbare (*Zaczyk*, NJW 1989, 2515 ff.) – Manipulation der Anschein einer Originalurkunde (Urschrift) erweckt, liegt nach zutreffender h.M. eine Urkunde vor, da der Anschein einer Erklärung hervorgerufen wird (*BGH* wistra 2001, 360; NStZ 2003, 543; *OLG Dresden* wistra 2001, 360; *OLG Düsseldorf* NStZ 2001, 317; *OLG Nürnberg* NStZ-RR 2007, 16; *OLG Stuttgart* NStZ 2007, 158; *Rengier*, § 32 Rn. 27; a.A. *Geppert*, Jura 1990, 271, 274).

Beispiele: A legt in der Apotheke eine Farbkopie eines Rezepts vor, um den Anschein eines Originalrezepts hervorzurufen und die verordneten Medikamente nochmals zu erhalten (*OLG Nürnberg* NStZ-RR 2007, 16).

B legt Farbkopien eines Behindertenausweises sichtbar in seinem auf einem Behindertenparkplatz abgestellten Fahrzeug aus, um seine Parkberechtigung vorzutäuschen (*OLG Stuttgart* NStZ 2007, 158).

31 Bei Verwendung moderner Kommunikationsmittel ist die Urkundeneigenschaft einer digital übermittelten Abbildung eines Schriftstücks zweifelhaft. Bei dem sog. **Telefax** produziert das Empfangsgerät ein Abbild der vom Sendegerät erfassten, digitalisierten und übertragenen Vorlage. Die wohl h.M. bejaht für diese Art des Telefax die Urkundeneigenschaft (MünchKomm/*Erb* § 267 Rn. 89; Schönke/Schröder/*Cramer/Heine*, § 267 Rn. 43; SK/*Hoyer*, 267 Rn. 21 f.; *Krey/Heinrich*, Rn. 717a; differenzierend *Rengier*, § 32 Rn. 28). Im Unterschied zur Fotokopie, die bei entsprechender Verwendung lediglich die in der Originalurkunde verkörperte Erklärung abbilden solle, trete bei der Übermittlung per Telefax der Ausdruck des Empfangsgeräts an die Stelle der Originalurkunde (Schönke/Schröder/*Cramer/Heine*, § 267 Rn. 43). Wendet man dagegen in zutreffender Weise die o.g. Grundsätze an, so zeigt sich, dass ein Telefax keine Urkunde ist (so im Ergebnis auch *OLG Oldenburg* NStZ 2009, 391; *OLG Zweibrücken* NJW 1998, 2918; *Welp*, FS Stree/Wessels, 1993, S. 511, 520). Bei dem Ausdruck des Empfangsgeräts handelt es sich – wie bei einer Fotokopie – nur um das erkennbare Abbild einer an anderer Stelle verkörperten Erklärung. Das **Computerfax**, bei dem im Gegensatz zum Telefax beim Absender keine verkörperte Gedankenerklärung erforderlich ist, weil es „aus" dem PC des Absenders in das Empfangsgerät (Telefax oder PC) übermittelt wird, ist ebenfalls keine Urkunde. Eine Gedankenerklärung wird zwar durch den Ausdruck eines derart empfangenen Faxes beim Empfänger verkörpert, jedoch ermöglichen die Absenderangaben nicht die Unterscheidung zwischen Urheber und Übermittler der Erklärung. Ebenfalls fehlen dem **Ausdruck einer E-Mail** und der Datei eines gescannten Dokuments die Urkundeneigenschaft, da der ausdruckende Empfänger und der Aussteller nicht notwendig identisch sind (MünchKomm/*Erb*, § 267 Rn. 89; zur E-Mail als solcher vgl. Rn. 11).

2. Tathandlungen

Der Tatbestand der Urkundenfälschung unterscheidet die Handlungsvarianten des Herstellens einer unechten Urkunde (§ 267 Abs. 1 1. Var.), des Verfälschens einer echten Urkunde (§ 267 Abs. 1 2. Var.) und des Gebrauchens einer unechten oder verfälschten Urkunde (§ 267 Abs. 1 3. Var.).

a) Eine unechte Urkunde stellt her, wer selbst (*BGH* StV 1989, 304 f.) eine 33 verkörperte Gedankenerklärung hervorbringt, die nicht von demjenigen herrührt, der aus ihr als geistiger Urheber hervorgeht (vgl. Rn. 22). Unerheblich ist es, wie der Anschein der Urheberschaft hervorgerufen wird. Dies kann handschriftlich, aber auch mittels einer Bildbearbeitungssoftware erfolgen (*BGH* NStZ 1999, 620). Echt ist eine Urkunde hingegen, wenn sie tatsächlich von demjenigen herrührt, der als ihr Aussteller erkennbar ist (BGHSt 33, 159, 160; *Rengier*, § 33 Rn. 5).

Merke: Allein entscheidendes Kriterium für die Unechtheit einer Urkunde ist die Identitätstäuschung, d.h. eine Täuschung über die Person des wirklichen Ausstellers. Auf die Richtigkeit des Erklärten kommt es hingegen nicht an (BGHSt 9, 44, 45; *BGH* NStZ-RR 2008, 83, 84).

Dementsprechend ist eine inhaltlich unwahre Urkunde echt, wenn sie von 34 demjenigen stammt, der aus ihr als Aussteller hervorgeht. Es handelt sich lediglich um eine sog. schriftliche Lüge (vgl. *BGH* NJW 1993, 2759 – „Stellvertretungsfall"; *BGH* wistra 2010, 226). Eine inhaltlich wahre Urkunde ist hingegen dann unecht, wenn der Aussteller nicht diejenige Person ist, von der sie herzurühren scheint.

Beispiele: Eine unechte Urkunde trotz inhaltlicher Wahrheit liegt vor, wenn A, der B ein Darlehen gewährt hat, sich aber die Auszahlung nicht hat quittieren lassen, eine Quittung ausstellt, die er mit „B" unterzeichnet, um bei Fälligkeit die Auszahlung des Darlehens nachweisen zu können.
Eine echte Urkunde liegt dagegen im obigen Beispiel (vgl. Rn. 24) vor, weil die Urkunde von Rechtskandidat C herrührt, der aus ihr als Aussteller zu erkennen ist, auch wenn die Klausurbearbeitung in Wahrheit nicht über den Wissensstand des C, sondern über den seines Helfers D Auskunft gibt (*BayObLG* NJW 1981, 772, 773).

> **Vertiefungshinweis:** Entsprechend den o.g. Grundsätzen sind Geld (§ 146) und die diesem in den §§ 151 und 152 gleichgestellten Papiere „falsch", wenn sie nicht oder nicht in der vorliegenden Form von demjenigen stammen, der jeweils als Aussteller erscheint (*Lackner/Kühl*, § 146 Rn. 3).

35 **(1)** Die Täuschung über die Identität des Ausstellers der Urkunde erfolgt regelmäßig durch den Gebrauch eines fremden Namens (*Rengier*, § 33 Rn. 10; *Wessels/Hettinger*, Rn. 827). Zwingend und ausreichend ist dies freilich nicht.

36 Lediglich eine bloße Namenstäuschung (sog. Namenslüge), nicht aber eine Identitätstäuschung liegt vor, wenn trotz der Verwendung des falschen Namens allgemein oder zumindest in der konkreten Beweissituation der Urheber der Urkunde zweifelsfrei individualisierbar oder aber die Identität für die Beteiligten ohne Bedeutung ist (BGHSt 33, 159, 160; *BGH* StV 1997, 635, 636; StraFo 2003, 253, 254; *Wessels/Hettinger*, Rn. 828; *Otto*, JuS 1987, 761, 767).

> **Beispiel:** Die Politiker A und B tragen sich anlässlich eines Hotelaufenthalts allein deshalb unter den Namen C und D in den Meldenachweis ein, weil sie unerkannt bleiben wollen.

37 Eine Identitätstäuschung kann darüber hinaus trotz Zeichnens mit fremdem Namen ausscheiden, wenn sich der Namensträger bei der Herstellung der Urkunde wirksam vertreten lässt. Insoweit kommt es allein auf eine Vertretung im tatsächlichen Vollzug der Unterschrift, nicht aber auf eine rechtlich wirksame Verpflichtung des Vertretenen an (*Otto*, § 70 Rn. 15).

> **Beachte:** Eine in diesem Sinne wirksame Vertretung setzt allerdings voraus:
> - Der Vertreter (Unterzeichnende) will den als Aussteller Erscheinenden vertreten.
> - Der Vertretene (Namensträger) will vertreten werden.
> - Eine Vertretung ist rechtlich zulässig (BGHSt 33, 159, 161 f.; *BayObLG* NJW 1989, 2149; *Krey/Heinrich*, Rn. 710; *Otto*, § 70 Rn. 13).

38 Unzulässig ist eine derartige Stellvertretung insbesondere dann, wenn die Eigenhändigkeit der Herstellung oder Unterzeichnung gesetzlich vorgeschrieben oder im Rechtsverkehr erwartet wird, wie dies etwa beim eigenhändigen Testament (§ 2247 BGB) bzw. bei Prüfungsarbeiten (*BayObLG* NJW 1981, 772, 774) der Fall ist.

39 Die Unterzeichnung für eine andere natürliche Person mit eigenem Namen und unter Offenlegung des Vertretungsverhältnisses (sog. offene Stellvertretung) ist auch dann keine Identitätstäuschung, wenn das Vertretungsverhältnis nicht besteht. Eine entsprechende Urkunde weist als ihren Aussteller nicht den Vertretenen, sondern den Erklärenden aus (*BGH* NJW

§ 17. Urkundenfälschung   145

1993, 2759 – „Stellvertretungsfall"). Die wahrheitswidrige Behauptung der Vertretungsmacht ist lediglich eine schriftliche Lüge (*Fischer*, § 267 Rn. 18 a; *Jung*, JuS 1994, 174).

(2) Hingegen kann trotz des Gebrauchs des eigenen Namens eine Urkunde unecht sein, nämlich dann, wenn den Umständen nach auf einen anderen als Aussteller hingewiesen wird, von dem die in der Urkunde verkörperte Erklärung nicht herrührt. Dies ist etwa dann der Fall, wenn aufgrund der Verwendung eines Zusatzes (etwa „sen.") eine andere natürliche Person als Aussteller erscheint. Erscheint wegen des verwendeten Briefbogens oder Stempels und des Zusatzes „i.A." oder „i.V." eine juristische Person, Behörde (BGHSt 7, 149, 152f.) oder Personenhandelsgesellschaft (BGHSt 17, 11) als Aussteller, liegt ebenfalls trotz Gebrauchs des eigenen Namens eine Identitätstäuschung vor (Schönke/Schröder/*Cramer/Heine*, § 267 Rn. 52; *Krey/Heinrich*, Rn. 711; a.A. *Zielinski*, wistra 1994, 1, 2f.). **40**

Unterschiedlich wird die Frage beantwortet, ob die Verwendung eines dem Inhaber zustehenden, aber sonst nicht gebrauchten Vornamens ebenfalls zur Identitätstäuschung führt. Entgegen der h.M. (BGHSt 40, 203, 205f. – „Versandhandelfall"; *Lackner/Kühl*, § 267 Rn. 19; *Wessels/Hettinger*, Rn. 827) scheidet eine solche aus, weil die Erklärung gerade von der als ihr Aussteller erkennbaren Person herrührt und mithin echt ist (*Sander/Fey*, JR 1995, 206; krit. *Mewes*, NStZ 1996, 14). Hieran vermag auch die – zutreffende – Tatsache nichts zu ändern, dass der Vorname einer Person besonders von im Versandhandel tätigen Unternehmen als Unterscheidungsmerkmal bei der computergestützten Kundenerfassung gebraucht wird (darauf aber abstellend BGHSt 40, 203, 205f. – „Versandhandelfall"). **41**

(3) Eine echte Urkunde liegt grundsätzlich auch dann vor, wenn die Ausstellung der Urkunde mit dem eigenen Namen durch Täuschung erschlichen oder mit Nötigungsmitteln erzwungen wird (Schönke/Schröder/*Cramer/Heine*, § 267 Rn. 55; *Rengier*, § 33 Rn. 20; differenzierend LK/*Zieschang*, § 267 Rn. 25; a.A. *Freund*, Rn. 155). Setzt der Nötigende jedoch willensbrechende Gewalt ein, ist die Urkunde unecht, da es dann an einem Erklärungswillen des Genötigten fehlt (*Lackner/Kühl*, § 267 Rn. 19; vgl. aber Rn. 55). **42**

(4) Eine unechte Urkunde stellt schließlich her, wer ein Blankett, das selbst keine Urkunde ist (vgl. Rn. 7), ohne Erlaubnis oder entgegen einer Anweisung des als Aussteller Erscheinenden vervollständigt (BGHSt 5, 295 ff.; BGH NJW 1967, 742; *Rengier*, § 33 Rn. 19). **43**

b) Die Handlungsvariante des Verfälschens (§ 267 Abs. 1 2. Var.) erfordert als Tatobjekt eine vorhandene echte Urkunde (vgl. Rn. 33; MünchKomm/*Erb*, § 267 Rn. 180). Diese wird verfälscht, wenn die durch sie verkörperte Gedankenerklärung eine unbefugte, nachträgliche inhaltliche Änderung erfährt, die den Anschein erweckt, als habe der ursprüngliche Aussteller die Erklärung in der Form abgegeben, die sie durch die Änderung erhalten hat **44**

(*BGH* GA 1963, 16, 17; *OLG Köln* NStZ 2010, 520, 521; *AG Waldbröl* NJW 2005, 2870; *Wessels/Hettinger*, Rn. 842). Dafür genügt es nicht, wenn lediglich die Lesbarkeit einer Urkunde beeinträchtigt wird (*BayObLG* NZV 1999, 213, 214; *Lackner/Kühl*, § 267 Rn. 20; vgl. aber *OLG Düsseldorf* NJW 1997, 1793 m. abl. Anm. *Krack*, NStZ 1997, 602).

Beispiele: A ersetzt im Zeugnis über das Bestehen der ersten juristischen Staatsprüfung die Note „ausreichend (4,7 Punkte)" durch „befriedigend (7,2 Punkte)".

Transporteur B entfernt die Position „3 Computer" aus den Frachtpapieren seines Auftraggebers, um die Computer auf eigene Rechnung verkaufen zu können.

Dagegen wird der Urkundeninhalt nicht verändert, wenn C die amtlichen Kennzeichen seines Kfz mit einer durchsichtigen sog. Antiblitzfolie überklebt, die die fotografische Wiedergabe des Nummernschilds verhindert (*BGH* NJW 2000, 229 f.), wenn D das Entwerterfeld eines Fahrausweises mit einer durchsichtigen Folie überklebt (*OLG Düsseldorf* NJW 1983, 2341, 3342) und wenn von einem ausländischen Führerschein ein von einer deutschen Behörde angebrachter Aufkleber entfernt wird, aus dem sich ergibt, das der Führerschein in Deutschland ungültig ist (*OLG Köln* NStZ 2010, 521, 522).

> **Beachte:** Kein Verfälschen liegt vor, wenn der Handelnde den gedanklichen Inhalt der Urkunde vollständig beseitigt und so die Urkundenqualität erlischt (*BayObLG* NJW 1990, 264, 265). Gleiches gilt, wenn er den Namen des Ausstellers entfernt, durch seinen ersetzt und so eine neue, echte Urkunde schafft (*BGH* NJW 1954, 1375). Jedoch kommt in diesen Konstellationen eine Urkundenunterdrückung i.S.d. § 274 Abs. 1 Nr. 1 (vgl. § 19 Rn. 14 ff.) in Betracht.

45 Regelmäßig liegt in dem Verfälschen einer echten Urkunde zugleich das Herstellen einer neuen, zumeist unechten Urkunde, weil die als Ergebnis der Manipulation verkörperte Erklärung nicht von der Person herrührt, die als Aussteller der Urkunde erscheint (zu den Konkurrenzen vgl. Rn. 57).

Beispiel: A verfälscht im obigen Beispiel (vgl. Rn. 44) nicht nur eine echte Urkunde, sondern stellt zugleich auch eine unechte Urkunde her.

46 Es ist umstritten, ob auch der Aussteller der ursprünglichen Urkunde selbst diese verfälschen kann. Die h.M. bejaht dies, wenn der Aussteller die verkörperte Gedankenerklärung inhaltlich verändert, nachdem bereits ein Dritter ein Beweisführungsrecht an der Urkunde erlangt hat, da anderenfalls dem Verfälschen überhaupt kein „eigenständiger" Anwendungsbereich zukommt (BGHSt 13, 382, 387; *BGH* wistra 1989, 100, 101; *AG Paffenhofen* NStZ-RR 2004, 170; *Rengier*, § 33 Rn. 22; *Geppert*, Jura 1990, 271 f.).

Beispiel: A nimmt Steuervorteile für Waren in Anspruch, die in einer strukturschwachen Region produziert werden. Der Nachweis der Subventionsvoraussetzungen erfolgt durch die Vorlage von Rechnungsdurchschriften mit Herkunftsvermerk. Als A bemerkt, dass zwar die an seine Kunden versandten Rechnungsoriginale, nicht aber deren Durchschriften den Vermerk tragen, ergänzt er diesen nachträglich (*KG* wistra 1984, 233).

§ 17. Urkundenfälschung

Die h.M. trifft nicht zu. Der den Inhalt seiner Erklärung nachträglich ver- **47** ändernde Aussteller täuscht nämlich nicht über die Person des Ausstellers (MünchKomm/*Erb*, § 267 Rn. 192). Er führt lediglich jemanden darüber irre, nicht die alte, sondern von Anfang an die neue Erklärung abgegeben zu haben. Dies ist freilich eine von § 267 Abs. 1 nicht erfasste schriftliche Lüge (vgl. Rn. 34). Der hierin liegende Angriff auf den inhaltlichen Fortbestand einer Urkunde erfährt strafrechtlichen Schutz allein durch § 274 Abs. 1 Nr. 1 und ggf. § 133 (*Joecks*, § 267 Rn. 79 a.E.; SK/*Hoyer*, § 267 Rn. 83; *Otto*, JuS 1987, 761, 768 f.; *Freund*, Rn. 189 ff.).

> **Vertiefungshinweis:** Ist Tatobjekt ein Beweiszeichen oder eine zusammengesetzte Urkunde, erfolgt das Verfälschen sowohl durch Verändern des Inhalts als auch durch Vertauschen der verbundenen Sache (*Rengier*, § 33 Rn. 26). In Prüfungsaufgaben ist das Augenmerk stets darauf zu richten, ob die einzelnen Bestandteile überhaupt mit der erforderlichen Festigkeit zu einer Beweiseinheit verbunden sind (vgl. BGHSt 5, 75, 79 f.; *Wessels/Hettinger*, Rn. 846).

c) Die Handlungsvariante des **Gebrauchens** (§ 267 Abs. 1 3. Var.) liegt vor, wenn der Täter die unechte oder verfälschte Urkunde der Wahrnehmung der zu täuschenden Person so zugänglich macht, dass die Möglichkeit der Kenntnisnahme ohne weiteres besteht. Nicht erforderlich ist es, dass die Kenntnisnahme tatsächlich erfolgt (BGHSt 36, 64, 65; *BGH* GA 1973, 179; *Lackner/Kühl*, § 267 Rn. 23; MünchKomm/*Erb*, § 267 Rn. 197).

Beispiele: A führt ein Kfz, an dem unechte „amtliche" Kennzeichen befestigt sind (BGHSt 18, 66, 70 f.)
B zeigt in einer Polizeikontrolle einen Führerschein vor, bei dem er die eingetragenen Fahrerlaubnisklassen verändert hat (BGHSt 33, 105, 110 – „Führerscheinfall").
Hingegen gebraucht B den manipulierten Führerschein nicht, wenn er ihn zwar bei sich führt, eine Polizeikontrolle aber nicht erfolgt (*BGH* StV 1989, 304).

> **Vertiefungshinweis:** Der Tatbestand des Missbrauchs von Ausweispapieren (§ 281 Abs. 1 1. Alt.) stimmt hinsichtlich der Tathandlung mit § 267 Abs. 1 3. Var. überein, erfordert als Tatobjekt jedoch einen echten Ausweis. Ist er gefälscht, gelangt nur § 267 Abs. 1 zur Anwendung.

Der Täter muss dem zu Täuschenden stets die unmittelbare sinnliche Wahr- **48** nehmung des Urkundenoriginals ermöglichen. Nicht ausreichend ist nach zutreffender Auffassung die nur mittelbare Wahrnehmung, etwa durch Vorlage einer Abschrift (*Lackner/Kühl*, § 267 Rn. 23; SK/*Hoyer*, § 267 Rn. 87 f.). Dementsprechend stellt entgegen der wohl h.M. (*BGH* wistra 1993, 341, 342; *BayObLG* NJW 1991, 216; *Fischer*, § 267 Rn. 24; *Rengier*, § 33 Rn. 35) die Vorlage einer als solchen erkennbaren Fotokopie einer unechten oder verfälschten Urkunde kein Gebrauchen der Urkunde selbst dar. Auch bei dieser

Tatmodalität muss sich das von § 267 besonders geschützte Vertrauen in die Echtheit der Urkunde auf das Original und nicht lediglich auf dessen Abbild beziehen (SK/*Hoyer*, § 267 Rn. 87; *Maurach/Schroeder/Maiwald*, BT 2 § 65 Rn. 69; *Otto*, JuS 1987, 761, 768).

> **Vertiefungshinweise:** Soweit in Übereinstimmung mit der wohl h.M. die Vorlage der Fotokopie einer unechten oder verfälschten Urkunde als ausreichend erachtet wird, ist es erforderlich, dass die Kopiervorlage selbst die Merkmale einer Urkunde (vgl. Rn. 4 ff.) aufweist (*BGH* MDR/H 1976, 813; *BGH* wistra 1993, 225; *BayObLG* NJW 1992, 3311, 3312).
> Die Tathandlungen des § 146 Abs. 1 Nr. 1 1. und 2. Alt. entsprechen denen des § 267 Abs. 1 1. und 2. Var.: Nachmachen ist Herstellen (vgl. Rn. 33 ff.) von falschem (vgl. Rn. 33) Geld, Verfälschen (vgl. Rn. 44 ff.) ist Verändern von echtem Geld. Sichverschaffen i.S.d. § 146 Abs. 1 Nr. 2 setzt voraus, dass der Täter das Falschgeld mit dem Willen zu eigenständiger Verfügung annimmt (BGHSt 44, 62 m. Anm. *Puppe*, NStZ 1998, 479). § 146 Abs. 1 Nr. 3 stellt schließlich das Inverkehrbringen von falschem Geld unter Strafe. Inverkehrbringen heißt, das Falschgeld derart aus der eigenen Verfügungsgewalt zu entlassen, dass ein anderer tatsächlich in die Lage versetzt wird, sich seiner zu bemächtigen und beliebig damit umzugehen, insbesondere es weiterzuleiten (BGHSt 42, 162, 167 f.; vgl. zum Ganzen *Bartholme*, JA 1993, 197).

II. Subjektiver Tatbestand

49 Der subjektive Tatbestand erfordert zunächst Vorsatz. Der zumindest bedingte Vorsatz muss neben der Tathandlung (Herstellen, Verfälschen und Gebrauchen) die Merkmale umfassen, die die Urkundeneigenschaft begründen (*BGH* NStZ 1999, 619 f.; *Lackner/Kühl*, § 267 Rn. 24; MünchKomm/*Erb*, § 267 Rn. 201).

50 Hinzutreten muss die Absicht der Täuschung im Rechtsverkehr. Der Täter muss insoweit zumindest mit direktem Vorsatz (dolus directus 2. Grades) handeln, d.h. die Täuschung als sichere Folge seines Handelns voraussehen (BGHSt 5, 149, 151; *BayObLG* NJW 1998, 2917; *Lackner/Kühl*, § 267 Rn. 25; a.A. MünchKomm/*Erb*, § 267 Rn. 209; NK/*Puppe*, § 267 Rn. 103: dolus eventualis und SK/*Hoyer*, § 267 Rn. 92: dolus directus 1. Grades).

51 Zur Täuschung handelt, wer mittels der Urkunde im Rechtsverkehr täuschen, d.h. einen Irrtum erregen und dadurch ein rechtserhebliches Verhalten erreichen will (*Fischer*, § 267 Rn. 30; *Seier*, JA 1979, 133). Hierfür ist es unerheblich, ob mit der unechten oder verfälschten Urkunde über ein wirklich bestehendes Rechtsverhältnis Beweis erbracht wird (BGHSt 33, 105, 109 f. – „Führerscheinfall"; *Otto*, § 70 Rn. 53; a.A. Schönke/Schröder/*Cramer/Heine*, § 267 Rn. 88). Der Täter will jedenfalls erreichen, dass der zu Täuschende die Urkunde für echt hält (vgl. hierfür das Beispiel Rn. 34).

52 Die Täuschung muss speziell im Rechtsverkehr erfolgen. Das ist dann der Fall, wenn der zu Täuschende aufgrund seines Irrtums zu einem rechtserheb-

§ 17. Urkundenfälschung 149

lichen Verhalten motiviert werden soll. Daher handelt der Täter dann nicht zur Täuschung im Rechtsverkehr, wenn er lediglich Angehörige beruhigen (*RGSt* 47, 199, 200 f.) oder gegenüber dem Partner einer Liebesbeziehung jünger erscheinen will (*BayObLG* MDR 1958, 264).

> **Vertiefungshinweis:** Die Gleichstellungsklausel des § 270 bezieht auch solche Fälle (deklaratorisch) in den § 267 Abs. 1 ein, in denen nicht die unmittelbare Täuschung eines Menschen, sondern die fälschliche Beeinflussung einer Datenverarbeitung bezweckt werden soll (*Rengier*, § 33 Rn. 42). Im Übrigen gilt § 270 für alle Tatbestände, die das Merkmal „zur Täuschung im Rechtsverkehr" enthalten.

III. Besonders schwere Fälle und qualifizierte Urkundenfälschung (§ 267 Abs. 3 und 4)

§ 267 Abs. 3 stellt für besonders schwere Fälle (zur dogmatischen Einord- 53 nung von sog. Regelbeispielen vgl. *Hohmann/Sander*, BT 1, § 1 Rn. 125 ff.) einen höheren Strafrahmen zur Verfügung und nennt als Regelbeispiele das gewerbsmäßige und bandenmäßige Handeln (Nummer 1; vgl. *Hohmann/Sander*, BT 1, § 1 Rn. 154), das Herbeiführen eines Vermögensverlusts großen Ausmaßes (Nummer 2; vgl. *Hohmann/Sander*, BT 1, § 11 Rn. 174), den Missbrauch seiner Befugnisse oder seiner Stellung durch einen Amtsträger (Nummer 4; vgl. § 12 Rn. 37) sowie das Herbeiführen einer erheblichen Gefährdung der Sicherheit des Rechtsverkehrs aufgrund einer großen Anzahl, d.h. zumindest 100 (a.A. *Joecks*, § 267 Rn. 90: wenigstens 50) unechter oder verfälschter Urkunden (Nummer 3). Eine entsprechende konkrete (*Otto*, § 70 Rn. 56) Gefährdung liegt vor, wenn ein unübersehbarer Personenkreis nicht näher individualisierter Erklärungsempfänger in rechtserheblichen Positionen so beeinflusst wird, dass ein Schaden an einer Vielzahl höchstpersönlicher Rechtsgüter droht (SK/*Hoyer*, § 267 Rn. 103 f.).

§ 267 Abs. 4 stellt die gewerbsmäßige Tatbegehung als Bandenmitglied als 54 Qualifikationstatbestand unter Strafe. Als Bandenzweck ist die Begehung von Straftaten nach den §§ 263 bis 264 oder 267 bis 269 vorausgesetzt. Das Qualifikationsmerkmal ist in der Urteilsformel zum Ausdruck zu bringen (*BGH* NStZ 2007, 269).

C. Täterschaft und Teilnahme, Versuch sowie Konkurrenzen

Bezüglich Täterschaft und Teilnahme bestehen keine Besonderheiten, so 55 dass die §§ 25 ff. uneingeschränkt Anwendung finden (MünchKomm/*Erb*, § 267 Rn. 213). Die Urkundenfälschung ist kein eigenhändiges Delikt (*BGH* NStZ 2010, 342, 343). Daher begeht beispielsweise eine Urkundenfälschung in mittelbarer Täterschaft (§§ 267 Abs. 1, 25 Abs. 1 2. Alt.), wer mit vis absoluta einen anderen zur Herstellung einer Urkunde zwingt (*Rengier*, § 33 Rn. 20; vgl. Rn. 42). Wer sich mit einem anderen über den entgeltlichen Erwerb einer noch anzufertigenden falschen (Promotions-)Urkunde einigt, macht sich der Anstiftung zur Urkundenfälschung strafbar, sofern das Dokument abredegemäß geschaffen wird (*BGH* NStZ-RR 2008, 371 f.).

56   Ein strafbarer Versuch (§§ 267 Abs. 2, 22) liegt vor, sobald mit der Ausführungshandlung begonnen wird (*Fischer*, § 267 Rn. 32; zu den Einzelheiten im Zusammenhang mit dem besonders schweren Fall vgl. *Hohmann/Sander*, BT 1, § 1 Rn. 167 ff.).

57   Für das Verhältnis der einzelnen Begehungsformen des § 267 untereinander gilt, dass die 1. Variante hinter der 2. Variante zurücktritt, wenn der Täter eine echte Urkunde verfälscht und dadurch zugleich eine unechte Urkunde herstellt (*Rengier*, § 33 Rn. 23). § 267 Abs. 1 konsumiert – wie dies bei regelmäßig gleichzeitiger Verwirklichung stets der Fall ist – die darüber hinaus verwirklichte Urkundenunterdrückung (§ 274 Abs. 1 Nr. 1; *Lackner/Kühl*, § 274 Rn. 8). Fälscht oder verfälscht der Täter zunächst eine Urkunde und gebraucht diese wie geplant anschließend, begeht er nur eine Tat; die Begründung ist jedoch umstritten (vgl. etwa BGHSt 5, 291, 283; 17, 97, 99; *BGH* wistra 2008, 182 f.; *Wessels/Hettinger*, Rn. 853; *Geppert*, Jura 1988, 158, 163). Hat es bei der Fälschung noch am konkreten Vorsatz hinsichtlich des Gebrauchens gefehlt, so liegen demgegenüber zwei selbständige Taten vor (*BGH* NStZ-RR 1998, 269, 270). Unter dieser Prämisse bilden mehrere Fälle des Gebrauchens einer unechten oder verfälschten Urkunde ebenfalls selbständige Taten (*Fischer*, § 267 Rn. 44).

58   Tateinheit ist u.a. möglich mit den §§ 263 ff., 185 ff. sowie mit § 133 (*Fischer*, § 267 Rn. 45). Hinter den §§ 146 ff. und 277 tritt § 267 zurück (*BGH* NStZ 2005, 329; *Lackner/Kühl*, § 267 Rn. 28).

D. Kontrollfragen

1. Welches sind die drei Funktionen einer Urkunde i.S.d. Strafrechts? → Rn. 4
2. Ist eine Fotokopie, die als solche erkennbar ist, als Urkunde zu qualifizieren? → Rn. 29
3. Welches ist das alleinige Kriterium für die Beurteilung der Echtheit einer Urkunde? → Rn. 33
4. Verfälscht der Aussteller einer Urkunde diese, wenn er selbst nachträglich deren Inhalt verändert? → Rn. 46 f.
5. Unter welchen Voraussetzungen liegt die Handlungsvariante des Gebrauchens einer Urkunde vor? → Rn. 47 f.
6. Wann handelt der Täter zur Täuschung im Rechtsverkehr? → Rn. 51 f.

> **Aufbauschema (§ 267 Abs. 1 bis 3)**
>
> 1. Tatbestand
>   a) Objektiver Tatbestand
>   (1) Unechte, echte oder verfälschte Urkunde
>   (2) Herstellen, Verfälschen oder Gebrauchen der Urkunde
>   b) Subjektiver Tatbestand
>   (1) Vorsatz
>   (2) Handeln zur Täuschung im Rechtsverkehr
> 2. Rechtswidrigkeit
> 3. Schuld
> 4. Besonders schwerer Fall
>   a) Regelbeispiele des § 267 Abs. 3 S. 2 Nr. 1 bis 4
>   b) Ggf. unbenannter besonders schwerer Fall (§ 267 Abs. 3 S. 1)
>   c) Vorsatz

Empfehlungen zur vertiefenden Lektüre:
Leitentscheidungen: BGHSt 24, 140 – „Fotokopienfall"; BGHSt 33, 105 – „Führerscheinfall"; BGHSt 40, 203 – „Versandhandelfall"; *BGH* NJW 1993, 2759 – „Stellvertretungsfall"; *OLG Köln* NJW 1979, 729 – „Oberhemdenfall".

Aufsätze: *Geppert*, Zur Urkundsqualität von Durchschriften, Abschriften und insbesondere Fotokopien, Jura 1990, 271; *Otto*, Die Probleme der Urkundenfälschung (§ 267 StGB) in der neueren Rechtsprechung und Lehre, JuS 1987, 761; *Puppe*, Die neuere Rechtsprechung zu den Fälschungsdelikten, JZ 1997, 490.

Übungsfälle: *Dedy*, Preiswert Wohnen und Trinken, Jura 2002, 137; *Fahl*, Hausarbeit Strafrecht: Verteidigerhonorar stinkt nicht, JA 2004, 624; *Hardtung*, Per Fax in die Freiheit – Ein Bericht über eine strafrechtliche Hausarbeit, JuS 1998, 719; *Hellmann/Beckemper*, Klausur Strafrecht: Zahlung mit dem guten Namen, JA 2004, 891; *Kühl/Lange,* Fortgeschrittenenklausur – Strafrecht: (Computer-)Betrug und Urkundsdelikte – Bankgeschäfte, JuS 2010, 42; *Radtke*, Der praktische Fall – Strafrecht: Eine Bewerbung mit kleinen Fehlern, JuS 1995, 236; *Rotsch*, Referendarklausur – Strafrecht: Urkundenfälschung, Diebstahl und Betrug, JuS 2004, 607; *Zieschang*, Klausur Strafrecht: Urkundentricks, JA 2008, 192.

§ 18. Fälschung technischer Aufzeichnungen (§ 268)

A. Grundlagen

Der Tatbestand des § 268 ist dem des § 267 nachgebildet und unterscheidet 1 sich von diesem vor allem dadurch, dass Tatobjekt nicht eine Urkunde, sondern eine technische Aufzeichnung ist. Die Grundstruktur des § 268 entspricht damit der des § 267 (vgl. dazu das Schaubild § 18 Rn. 3). Dementsprechend ist das vom § 268 in erster Linie geschützte Rechtsgut ebenfalls das Vertrauen in die Zuverlässigkeit und Sicherheit des Beweisverkehrs, soweit hieran technische Aufzeichnungen teilhaben (BGHSt 28, 300, 304 – „Fahrtenschreiberfall I"; *Lackner/Kühl*, § 268 Rn. 1; *Krey/Heinrich*, Rn. 718).

B. Tatbestand

I. Objektiver Tatbestand

1. Tatobjekt

2   § 268 Abs. 2 definiert das Tatobjekt, eine technische Aufzeichnung, als „eine Darstellung von Daten, Mess- oder Rechenwerten, Zuständen oder Geschehensabläufen, die durch ein technisches Gerät ganz oder zum Teil selbsttätig bewirkt wird, den Gegenstand der Aufzeichnung allgemein oder für Eingeweihte erkennen lässt und zum Beweis einer rechtlich erheblichen Tatsache bestimmt ist, gleichviel ob ihr die Bestimmung schon bei der Herstellung oder später gegeben wird".

Beispiele: Fahrtenschreiberdiagramm („Tachometerscheibe"), von einem Computer errechnete Daten wie etwa ein Gebührenbescheid eines städtischen Ver- und Entsorgungsunternehmens, EDV-Kontoauszug, Wiegekarte einer gemeindlichen Fahrzeugwaage, Fotoaufnahme einer automatischen, mit einer Messvorrichtung versehenen Kamera, wie etwa eines „Rotlichtblitzes".

3   **a)** Die Legaldefinition des § 268 Abs. 2 bedarf der Erörterung, soweit sie nicht den von der h.M. für den Urkundenbegriff aufgestellten Kriterien (vgl. § 17 Rn. 4 ff.) entspricht:

4   **(1)** Aus dem Begriff der „Darstellung" wie auch aus dem der „Aufzeichnung" folgt, dass § 268 Abs. 1 eine **Perpetuierung** der beweiserheblichen Informationen erfordert. Dafür bedarf es keiner Darstellung auf einem vom Gerät abtrennbaren Informationsträger (*MünchKomm/Erb*, § 268 Rn. 12; *Puppe*, JZ 1986, 949; a.A. BGHSt 29, 204, 205 – „Kilometerzählerfall"; *Otto*, § 74 Rn. 5; *Wessels/Hettinger*, Rn. 862). Da die Verkörperung selbst – anders als bei Urkunden (vgl. § 17 Rn. 11) – nicht notwendig in visuell wahrnehmbarer Weise erfolgen muss, genügt etwa auch eine elektromagnetische Fixierung auf Datenträgern (*Fischer*, § 268 Rn. 3). Hierfür macht es keinen Unterschied, ob die elektronisch erfassten Daten auf einem mobilen Datenträger (etwa USB-Stick und DVD) oder einer dauerhaft eingebauten Festplatte gespeichert werden (so auch MünchKomm/*Erb*, § 268 Rn. 12).

5   Jedoch ist wie auch bei Urkunden eine feste, auf Dauer angelegte Verkörperung erforderlich. Daran fehlt es, wenn die Anzeige eines Messgeräts nach dem Messvorgang oder beim Ausschalten des Geräts endgültig erlischt bzw.

§ 18. Fälschung technischer Aufzeichnungen 153

in ihre Ursprungsstellung zurückgesetzt wird (Schönke/Schröder/*Cramer/ Heine*, § 268 Rn. 9; *Rengier*, § 34 Rn. 4). Das gilt für Anzeigen, die zwar dauerhaft sind, aber sich z.b. durch Addition verändern in gleicher Weise (BGHSt 29, 204, 205 – „Kilometerzählerfall"; *Krey/Heinrich*, Rn. 724; *Hilgendorf*, JuS 1997, 323, 328; *Kitz*, JA 2001, 303, 305; a.A. MünchKomm/*Erb*, § 267 Rn. 11; Schönke/Schröder/*Cramer/Heine*, § 268 Rn. 9).

Beispiele: Strom-, Gas- und Kilometerzähler.

Trotz der Tatsache, dass der jeweilige Messwert nicht gelöscht wird, sondern in die nachfolgenden Messwerte mit einfließt, liegt wegen der relativen Flüchtigkeit der einzelnen Messwerte, die einer fortlaufenden Veränderung unterworfen sind, keine dauerhafte Verkörperung und damit keine technische Aufzeichnung vor (a.A. *OLG Frankfurt a.M.* NJW 1979 118; *Joecks*, § 268 Rn. 9; SK/*Hoyer*, § 268 Rn. 10). 6

(2) Die Aufzeichnung muss von dem Gerät **selbständig bewirkt** sein, d.h. dieses muss durch einen in seiner Konstruktion oder seiner Programmierung festgelegten automatischen Vorgang einen Aufzeichnungsinhalt mit einem neuen und eigenständigen Informationsgehalt hervorbringen (*Otto*, § 74 Rn. 5; *Wessels/Hettinger*, Rn. 867). Hierfür ist eine nur teilweise Selbständigkeit ausreichend, wenn die menschliche Mitwirkung den Aufzeichnungsvorgang nicht beeinflusst, sondern sich auf bloßes Ingangsetzen beschränkt (*Lackner/Kühl*, § 268 Rn. 4; *Otto*, § 74 Rn. 7). Dementsprechend sind Fotokopien nie (BGHSt 24, 140, 142; *Krey/Heinrich*, Rn. 720; krit. *Freund*; Urkundenstraftaten, Rn. 253; a.A. *Kitz*, JA 2001, 303, 305) und Fotografien, Film- sowie Fernsehaufnahmen grundsätzlich keine selbsttätig bewirkten Aufzeichnungen, sofern sie nicht durch vollautomatisch arbeitende Geräte erstellt werden, wie dies z.B. bei der Verkehrsüberwachung der Fall ist (*Lackner/Kühl*, § 268 Rn. 4; *Wessels/Hettinger*, Rn. 868). 7

(3) Die Identifizierbarkeit des aufzeichnenden Geräts setzt § 268 Abs. 1 nicht voraus (MünchKomm/*Erb*, § 268 Rn. 30; SK/*Hoyer*, § 268 Rn. 2; *Maurach/Schroeder/Maiwald*, BT 2, § 65 Rn. 84). 8

b) Unecht ist eine technische Aufzeichnung, wenn sie überhaupt nicht oder nicht in ihrer konkreten Gestalt aus einem in seinem automatischen Ablauf unberührten Herstellungsvorgang stammt, obwohl sie diesen Eindruck erweckt (BGHSt 28, 300, 303f. – „Fahrtenschreiberfall I"; *Lackner/Kühl*, § 268 Rn. 7). Hierfür kommt es – wie beim § 267 Abs. 1 – nicht auf die inhaltliche Richtigkeit an (*Krey/Heinrich*, Rn. 728; *Wessels/Hettinger*, Rn. 859) 9

2. Tathandlung

a) Die Tatmodalität des § 268 Abs. 1 Nr. 1 1. Alt entspricht der des § 267 Abs. 1 1. Var. (vgl. § 17 Rn. 33 ff.). Eine unechte Aufzeichnung stellt her, wer 10 den Anschein hervorruft, sie sei das Ergebnis eines ordnungsgemäßen Aufzeichnungsvorgangs eines dafür bestimmten Geräts (*Fischer*, § 268 Rn. 12). Dies kann sowohl durch das Anfertigen einer Imitation als auch durch eine störende Einwirkung gerade auf den Aufzeichnungsvorgang geschehen, die zu einer inhaltlichen Unrichtigkeit der Aufzeichnung führt (*BayObLG* NStZ-RR 2001, 371; *OLG Karlsruhe* NStZ 2002, 652f.; *OLG München* NJW 2006, 2132, 2133), so dass § 268 Abs. 3 – deklaratorisch – einen Unterfall des Herstellens beschreibt (*Krey/Heinrich*, Rn. 730; *Maurach/Schroeder/Maiwald*, BT 2, § 65 Rn. 85).

Beispiele: A zeichnet von Hand Linien auf das Blankett einer Tachometerscheibe, um den Eindruck einer selbsttätig bewirkten Aufzeichnung hervorzurufen.

B verwendet eine gerätefremde Tachometerscheibe (BGHSt 40, 26 – „Fahrtenschreiberfall II") und C verbiegt den Schreibstift des Tachometers (*BayObLG* NStZ-RR 1996, 36), um jeweils die Aufzeichnung einer geringeren als der tatsächlich gefahrenen Geschwindigkeit zu bewirken.

D tauscht die mit seinem Namen versehene Tachometerscheibe gegen die mit dem Namen seines Beifahrers aus, um die Einhaltung der Lenk- und Ruhezeiten vorzutäuschen – weil der Aufzeichnungsvorgang nicht beeinflusst wird, scheidet der Tatbestand aus (*OLG Karlsruhe* NStZ 2002, 652f.).

E bringt Reflektoren hinter der Frontscheibe seines Pkw an, die das Blitzlicht einer automatischen Verkehrsüberwachungsanlage reflektieren und dadurch eine Überbelichtung der Aufnahme im Bereich des Fahrzeugführers hervorrufen – weil eine Aufzeichnung verhindert wird, scheidet der Tatbestand aus (*OLG München* NJW 2006, 2132, 2133).

11 Schaltet der Täter den Aufzeichnungsvorgang zeitweilig ab, so scheidet nach h.M. § 268 Abs. 3 aus (*BayObLG* NJW 1974, 325; *Krey/Heinrich*, Rn. 725; a.A. *Lackner/Kühl*, § 268 Rn. 8: stets § 268 Abs. 3). Richtigerweise ist jedoch danach zu differenzieren, ob das zeitweilige Abschalten störende Einwirkungen auf den Aufzeichnungsvorgang hat und so dessen Ergebnis beeinflusst, ob es eine Aufzeichnung überhaupt verhindert oder eine technisch selbsttätige kontinuierliche Aufzeichnung Funktionsmerkmal des Geräts ist (Schönke/Schröder/*Cramer/Heine*, § 268 Rn. 48a). Nur in den beiden letzten Fällen scheidet der Tatbestand aus (*Fischer*, § 268 Rn. 13). Dies gilt auch, wenn der Täter lediglich die von dem Gerät zugrunde zulegenden Daten verändert, nicht aber den selbsttätigen Aufzeichnungsvorgang beeinflusst.

12 Für die Frage, ob das Weiterarbeitenlassen eines nicht ordnungsgemäß funktionierenden Geräts als Herstellen einer unechten Aufzeichnung zu bewerten ist, ist wie folgt zu differenzieren:

13 • Beruht der Defekt nicht auf einem menschlichen Eingriff, ist die Aufzeichnung zwar unrichtig, aber echt, da sie aus einem in seinem automatischen Ablauf unberührten Herstellungsvorgang stammt, so dass bereits deshalb der Tatbestand ausscheidet (BGHSt 28, 300, 306 – „Fahrtenschreiberfall I"; MünchKomm/*Erb*, § 268 Rn. 45; *Kitz*, JA 2001, 303, 305). Zu-

§ 18. Fälschung technischer Aufzeichnungen

dem entspricht das bloße Unterlassen eines Garanten, ein defektes Gerät nicht zu entstören, nicht einer störenden Einwirkung i.S.d. § 268 Abs. 3 i.V.m. § 13 Abs. 1, da eine solche ein menschliches Eingreifen erfordert (BGHSt 28, 300, 307 – „Fahrtenschreiberfall I"; *BayObLG* VRS 55, 425, 426; *Fischer*, § 268 Rn. 13 f.).

- Beruht der Defekt auf Manipulationen eines Dritten und sind diese dem Täter bekannt, ist das bewusste Ausnutzen des Defekts zur Herstellung eines unrichtigen Aufzeichnungsvorgangs tatbestandsmäßig i.S.d. §§ 268 Abs. 1 Nr. 1 1. Alt., Abs. 3 i.V.m. 13, soweit der Täter Garant für das ordnungsgemäße Funktionieren ist (MünchKomm/*Erb*, § 268 Rn. 44; *Otto*, § 74 Rn. 14; offen gelassen in BGHSt 28, 300, 307 – „Fahrtenschreiberfall I"; a.A. *Krey/Heinrich*, Rn. 731: stets aktives Tun erforderlich). **14**

b) § 268 Abs. 1 Nr. 1 2. Alt. entspricht § 267 Abs. 1 2. Var. (vgl. § 17 Rn. 44 ff.). Als Tatobjekt ist daher eine echte technische Aufzeichnung erforderlich. Diese wird verfälscht, wenn die vom Gerät automatisch hergestellten Zeichen eine nachträgliche inhaltliche Veränderung erfahren und hierbei der Eindruck erweckt wird, sie seien das Ergebnis eines ordnungsgemäßen Herstellungsvorgangs (*Fischer*, § 268 Rn. 12; *Rengier*, § 34 Rn. 11). **15**

c) § 268 Abs. 1 Nr. 2 entspricht § 267 Abs. 1 3. Var. Insoweit kann uneingeschränkt auf die dortigen Ausführungen (vgl. § 17 Rn. 47 f.) verwiesen werden. **16**

II. Subjektiver Tatbestand, besonders schwere Fälle und qualifizierte Fälschung technischer Aufzeichnungen (§§ 268 Abs. 5 i.V.m. 267 Abs. 3 und 4)

Auch zum Vorsatz und zur Täuschung im Rechtsverkehr gelten die Ausführungen zu § 267 in gleicher Weise (vgl. § 17 Rn. 49 ff.). § 268 Abs. 4 ordnet für besonders schwere und qualifizierte Fälle der Fälschung technischer Aufzeichnungen die entsprechende Geltung des § 267 Abs. 3 und 4 (vgl. dazu § 17 Rn. 53 f.) an. **17**

C. Täterschaft und Teilnahme, Versuch sowie Konkurrenzen

Bezüglich Täterschaft und Teilnahme, Versuch sowie Konkurrenzen bestehen gegenüber § 267 ebenfalls keine Besonderheiten (vgl. dazu § 17 Rn. 55 ff.). Zwischen § 267 und § 268 kommt Tateinheit (§ 52) in Betracht (*Wessels/Hettinger*, Rn. 876; a.A. *Hilgendorf*, JuS 1997, 323, 328). **18**

D. Kontrollfragen

1. Wann ist eine technische Aufzeichnung echt, wann ist sie unecht? → Rn. 10
2. Hat eine Unterbrechung des Aufzeichnungsvorgangs eine unechte technische Aufzeichnung zur Folge? → Rn. 11
3. Unter welchen Voraussetzungen unterfällt das Weiterarbeitenlassen eines gestörten Geräts dem § 268 Abs. 1 Nr. 1, Abs. 3? → Rn. 12 ff.

Aufbauschema (§ 268 Abs. 1 bis 5 1. Alt)

1. Tatbestand
   a) Objektiver Tatbestand
      (1) Unechte, echte oder verfälschte technische Aufzeichnung
      (2) Herstellen bzw. ergebnisbeeinflussendes Stören des Aufzeichnungsvorgangs, Verfälschen oder Gebrauchen der technischen Aufzeichnung
   b) Subjektiver Tatbestand
      (1) Vorsatz
      (2) Absicht der Täuschung im Rechtsverkehr
2. Rechtswidrigkeit
3. Schuld
4. Besonders schwerer Fall
   a) Regelbeispiele der §§ 268 Abs. 5 i.V.m. 267 Abs. 3 S. 2 Nr. 1 bis 4
   b) Ggf. unbenannter schwerer Fall (§§ 268 Abs. 5 i.V.m. 267 Abs. 3 S. 1)
   c) Vorsatz

Empfehlungen zur vertiefenden Lektüre:
Leitentscheidungen: BGHSt 28, 300 – „Fahrtenschreiberfall I"; BGHSt 29, 204 – „Kilometerzählerfall"; BGHSt 40, 26 – „Fahrtenschreiberfall II".

Aufsätze: *Freund*, Grundfälle zu den Urkundendelikten, JuS 1994, 207; *Kitz*, Examensrelevante Bereiche „moderner Kriminalität", JA 2001, 303; *Puppe*, Die neuere Rechtsprechung zu den Fälschungsdelikten, JZ 1997, 490.

§ 19. Urkundenunterdrückung (§ 274)

A. Grundlagen

Der Tatbestand des § 274 pönalisiert Angriffe gegen die Unversehrtheit **1** und Verfügbarkeit von tatsächlichen (echten) Beweismitteln (*Wessels/Hettinger*, Rn. 886). Er unterscheidet sich insoweit von den §§ 267 und 268, die die Erlangung scheinbar echter Beweismittel unter Strafe stellen. Wie diese schützt § 274 das Rechtsgut des Vertrauens in die Sicherheit und Zuverlässigkeit des Rechtsverkehrs.

B. Tatbestand

Hauptanwendungsfall des § 274 Abs. 1 ist die Urkundenunterdrückung **2** (Nummer 1; vgl. *Rengier*, § 36 Rn. 1).

> **Beispielsfall 6 – Straßenbahn zum Nulltarif:** A erwirbt einen Einzelfahrschein **3** der Berliner Verkehrsbetriebe (BVG) und überklebt das Feld, auf dem der Entwertungsstempel angebracht wird, mit Klarsichtfolie. Er besteigt eine Straßenbahn und führt die Fahrkarte ordnungsgemäß in den Entwerter ein. Hierbei wird auf den Fahrausweis ein Entwertungsvermerk gestempelt, der aus Datum, Uhrzeit und einer Kennziffer besteht, aus der sich das benutzte Verkehrsmittel sowie die Fahrtrichtung ermitteln lassen. Nach dem Fahrtende wischt A den Entwertungsstempel ab, um die Fahrkarte weiterhin in entsprechender Weise nutzen zu können.
> Strafbarkeit des A?

Lösung:
Fraglich ist zunächst, ob A durch das **Bekleben** des Fahrausweises mit **4** Klarsichtfolie eine echte Urkunde verfälscht hat (§ 267 Abs. 1 2. Var.). Der nicht entwertete Fahrausweis ist eine Urkunde. Er verkörpert die zum Beweis geeignete und bestimmte Erklärung der BVG, dass sein Inhaber zur einmaligen Inanspruchnahme einer bestimmten Beförderungsleistung berechtigt ist. Dieser gedankliche Inhalt des Fahrausweises hat keine Veränderung durch das Überkleben erfahren (vgl. dazu § 17 Rn. 44). A hat sich daher nicht wegen des Verfälschens einer Urkunde strafbar gemacht. Ebenfalls hat er sich insoweit nicht wegen des Herstellens einer unechten Urkunde (§ 267 Abs. 1 1. Var.) strafbar gemacht, weil trotz des Überklebens die ursprüngliche Ausstellerin (BVG) als solche erkennbar bleibt (vgl. zum Ganzen *OLG Düsseldorf* NJW 1983, 2341 f.).

5   A könnte jedoch wegen des **Entfernens** des Entwertungsvermerks einer Urkundenunterdrückung (§ 274 Abs. 1 Nr. 1) schuldig sein.

I. Objektiver Tatbestand

1. Tatobjekt

6   Bei dem entwerteten Fahrausweis müsste es sich zunächst um ein von § 274 Abs. 1 Nr. 1 geschütztes Beweismittel handeln.

7   **a)** Als Tatobjekte des § 274 Abs. 1 Nr. 1 kommen Urkunden und technische Aufzeichnungen in Betracht. Stets müssen diese echt sein, unechte Urkunden oder unechte technische Aufzeichnungen erfahren keinen Schutz (*Fischer*, § 274 Rn. 1a; MünchKomm/*Erb*, § 274 Rn. 8; *Wessels/Hettinger*, Rn. 888).

8   Indem A den Entwertungsvermerk abwischte, ließ er zwar die in dem Fahrausweis selbst liegende Erklärung der BVG unangetastet, wirkte aber auf eine zweite, mit diesem verbundene Erklärung ein, deren Aussteller ebenfalls die BVG ist. Der Entwertungsstempel enthält die Erklärung, dass A den Fahrausweis zu einem bestimmten Zeitpunkt auf einer bestimmten Linie benutzt hat. Der Aussteller ist zwar nicht wörtlich, aber aus den Umständen erkennbar.

9   Bei dem Entwertungsstempel handelt es sich um die Verkörperung einer menschlichen Erklärung und nicht um eine technische Aufzeichnung, da die Darstellung der Daten nicht selbsttätig bewirkt ist (vgl. dazu § 18 Rn. 7), sondern auf Voreinstellungen beruht, die Menschen vorgenommen haben (ähnlich *Ranft*, Jura 1993, 84, 86). Der Stempel und der Fahrausweis weisen eine feste verkörperte Verbindung auf (vgl. dazu *Puppe*, JR 1983, 429, 431; *Schroeder*, JuS 1991, 301, 303; a.A. *Ranft*, Jura 1993, 84, 85 f.) und bilden somit eine echte zusammengesetzte Urkunde.

10 **b)** Dieses Beweismittel darf dem Täter nicht oder nicht ausschließlich gehören.

> **Merke:** Gehören i.S.d. § 274 Abs. 1 Nr. 1 meint nicht die Eigentumsverhältnisse, sondern vielmehr das Recht, die Urkunde oder die technische Aufzeichnung zum Beweis im Rechtsverkehr zu gebrauchen (BGHSt 29, 192, 194 – „Planierraupenfall"; MünchKomm/*Erb*, § 274 Rn. 17 ff.; *Wessels/Hettinger*, Rn. 889).

11 Konsequenz dieser von der ratio der Vorschrift gebotenen Auslegung ist es insbesondere, dass als Täter auch der Eigentümer des Beweismittels selbst in Betracht kommt, wenn ihm daran kein oder jedenfalls kein ausschließliches Recht zur Beweisführung zusteht.

Beispiel: A beschädigt beim Ausparken das Kfz des B. Er bringt unter dessen Scheibenwischer eine seiner Visitenkarten an, auf der er den Unfallhergang sowie die Bereitschaft,

§ 19. Urkundenunterdrückung   159

den entstandenen Schaden auszugleichen, notiert hat. – Obgleich A Eigentümer der Visitenkarte geblieben ist, steht das Recht, mit ihr Beweis zu erbringen, jedenfalls auch B zu (*BayObLG* NJW 1968, 1896).

Zwischenergebnis: Im Beispielsfall steht das Recht, mit der im Entwertungsstempel liegenden Erklärung Beweis zu führen, nicht allein dem A, sondern auch der BVG zu. Die Verkehrsbetriebe können damit im Rechtsverkehr den Nachweis erbringen, dass der Fahrausweisinhaber eine Beförderungsleistung in Anspruch genommen hat (*Puppe*, JR 1983, 429, 430; *Ranft*, Jura 1993, 84, 86; zweifelnd *Schroeder*, JuS 1991, 300, 304). 12

> **Beachte:** Eine Urkunde „gehört" insbesondere dann nicht allein dem Eigentümer, wenn die Rechtsordnung ihm Herausgabe- oder zumindest Vorlagepflichten auferlegt (BGHSt 29, 192, 194 – „Planierraupenfall"; Schönke/Schröder/*Cramer/Heine*, § 274 Rn. 5).

Entsprechende Pflichten können Normen des Zivilrechts (etwa §§ 371 S. 1, 402, 716 Abs. 1, 810 BGB, 118 Abs. 1, 157 Abs. 3 HGB) und des öffentlichen Rechts begründen; dies gilt für letztere nach h.M. allerdings dann nicht, wenn sie lediglich öffentlich-rechtliche Überwachungsmaßnahmen erleichtern sollen (beispielsweise §§ 31a Abs. 3, 57a Abs. 2 4 StVZO, 31 S. 1 BImSchG; vgl. *OLG Düsseldorf* JR 1991, 250; Schönke/Schröder/*Cramer/Heine*, § 274 Rn. 5; *Wessels/Hettinger*, Rn. 889; a.A. *Fischer*, § 274 Rn. 2; SK/*Hoyer*, § 274 Rn. 9). 13

Beispiele: Ausschließlich dem Inhaber gehören der Reisepass, auch wenn er im Eigentum des ausstellenden Staats steht (*BayObLG* NJW 1997, 1592 – „Reisepassfall"), der Führerschein (*OLG Braunschweig* NJW 1960, 1120, 1121) und das Fahrtenschreiberschaublatt (*OLG Düsseldorf* JR 1991, 250).

> **Beachte:** Bestehen Herausgabe- und Vorlegungspflichten, ist richtigerweise danach zu differenzieren, wem das Recht *zur* Beweisführung und wem das für § 274 irrelevante bloße Recht *auf* Beweisführung zusteht. Bspw. steht beim Führerschein das Recht zur Beweisführung dem Inhaber, dem bei einer allgemeinen Verkehrskontrolle tätigen Polizeibeamten nur das Recht zu, die Beweisführung durch den Fahrzeugführer zu verlangen (*OLG Düsseldorf* JR 1991, 250, 251).

> **Vertiefungshinweis:** Der durch das 6. StrRG in das StGB eingefügte Tatbestand des Veränderns amtlicher Ausweise (§ 273) soll die vom Gesetzgeber angenommene Strafbarkeitslücke schließen, die zuvor für das Entfernen und Unkenntlichmachen von belastenden Vermerken in amtlichen Ausweisen bestand (vgl. *Sander/Hohmann*, NStZ 1998, 273, 278), weil diese, wie etwa ein Reisepass, zum einen keine Gesamturkunde sind (vgl. § 17 Rn. 9), zum anderen i.S.d. § 274 Abs. 1 Nr. 1 dem Aussteller ausschließlich gehören (vgl. dazu *OLG Köln* NStZ 2010, 520, 521; *Reichert*, StV 1998, 51).

2. Tathandlung

14 **a)** Als eine von drei Handlungsmodalitäten stellt § 274 Abs. 1 Nr. 1 das Vernichten einer Urkunde oder technischen Aufzeichnung unter Strafe. Ein Beweismittel wird vernichtet, wenn sein beweiserheblicher Inhalt vollständig beseitigt wird. Eine Einwirkung auf den Urkundenkörper ist nicht erforderlich (*BGH* NJW 1954, 1375; MünchKomm/*Erb*, § 274 Rn. 40; *Wessels/Hettinger*, Rn. 891).

> **Beispiele:** A kehrt im obigen Beispiel (vgl. Rn. 11) zum Unfallort zurück und radiert den auf der Visitenkarte geschriebenen Text aus.
> B macht die Gewichtsangabe auf der Wiegekarte einer gemeindlichen Fahrzeugwaage vollständig unkenntlich.

15 **Zwischenergebnis:** Im Beispielsfall hat A die im Entwertungsstempel zum Ausdruck kommende Gedankenerklärung beseitigt, mithin eine zusammengesetzte Urkunde vernichtet und den objektiven Tatbestand des § 274 Abs. 1 Nr. 1 verwirklicht.

16 **b)** Hat die Handlung des Täters hingegen zwar eine Beeinträchtigung des Beweiswerts zur Folge, besteht aber die Urkunde bzw. die technische Aufzeichnung als solche mit Beweisqualität fort, liegt die Handlungsvariante des Beschädigens vor (*OLG Düsseldorf* NJW 1983, 2341, 2342; MünchKomm/*Erb*, § 274 Rn. 41; *Rengier*, § 36 Rn. 6). In Betracht kommen insoweit sowohl Veränderungen des Inhalts, als auch Einwirkungen auf den Urkundenkörper.

> **Beispiel:** Im obigen Beispiel (vgl. Rn. 11) kehrt A an den Unfallort zurück und trennt den Teil von der Visitenkarte ab, auf dem er seine Bereitschaft niedergelegt hat, den Schaden auszugleichen.

17 **c)** Eine Urkunde bzw. eine technische Aufzeichnung wird unterdrückt (§ 274 Abs. 1 Nr. 1 3. Var.), wenn das Beweismittel dem Beweisführungsberechtigten dauernd oder zeitweilig entzogen wird (MünchKomm/*Erb*, § 274 Rn. 42). Unerheblich ist es hierbei, ob der Täter mit Zueignungsabsicht handelt (*OLG Düsseldorf* NJW 1989, 115, 116; *Fischer*, § 274 Rn. 5; a.A. *Wessels/Hettinger*, Rn. 893: Zueignungsabsicht schließt § 274 Abs. 1 Nr. 1 aus).

> **Beispiel:** Im obigen Beispiel (vgl. Rn. 11) kehrt A an den Unfallort zurück und nimmt die Visitenkarte wieder an sich (*BayObLG* NJW 1968, 1896, 1897).

II. Subjektiver Tatbestand

18 Der subjektive Tatbestand erfordert Vorsatz. Der zumindest bedingte Vorsatz muss neben der Tathandlung (Vernichten, Beschädigen oder Unterdrücken) das Tatobjekt, insbesondere das daran bestehende Beweisführungsrecht eines anderen umfassen. Hinzutreten muss die Absicht, einem anderen Nachteil zuzufügen. Der Täter muss insoweit zumindest mit direktem Vorsatz (dolus directus 2. Grades) handeln, d.h. mit dem Wissen, dass der Nachteil die sichere Folge seiner Tat ist (*BGH* wistra 1995, 23, 28; *OLG Düsseldorf* NStZ 1981, 25, 26; *Wessels/Hettinger*, Rn. 896; a.A. *Otto*, § 72 Rn. 6: dolus directus 1. Grades; NK/*Puppe*, § 274 Rn. 12: bedingter Vorsatz).

Der als sicher vorausgesehene Nachteil kann ein Vermögensnachteil sein, notwendig ist dies jedoch nicht. Es genügt vielmehr die Beeinträchtigung jedes im Rechtsverkehr erheblichen Rechtsguts aufgrund einer Verschlechterung der Beweislage (BGHSt 29, 192, 196 – „Planierraupenfall"; *BGH* NStZ 2010, 332, 333; MünchKomm/*Erb*, § 274 Rn. 49; *Maurach/Schroeder/Maiwald*, BT 2, § 65 Rn. 106). Daher reicht nicht die Beeinträchtigung irgendeines Rechtsguts außerhalb des Rechts- oder Beweisverkehrs (*Fischer*, § 274 Rn. 6), etwa ein Nachteil für den Ehefrieden. Auch die Vereitelung des staatlichen Straf- oder Bußgeldanspruchs ist deshalb kein relevanter Nachteil, da dieser nicht bei einem „anderen" eintritt (*OLG Düsseldorf* JR 1991, 250, 252; a.A. *Bottke*, JR 1991, 252, 254 f.). **19**

Im Beispielsfall hat A aufgrund einer Parallelwertung in der Laiensphäre erkannt, dass der entwertete Fahrausweis eine zusammengesetzte Urkunde ist, an der (auch) den Verkehrsbetrieben ein Beweisführungsrecht zusteht. Als sichere Folge seiner Handlung sah er einen vermögenswerten Nachteil für die BVG voraus, nämlich die Verschlechterung ihrer Beweislage. **20**

Ergebnis: A hat sich wegen Urkundenunterdrückung (§ 274 Abs. 1 Nr. 1 3. Var.) und – nach h.M. – hiermit tateinheitlich wegen Leistungserschleichung (§ 265a Abs. 1 3. Var.; vgl. krit. hierzu *Hohmann/Sander*, BT 1, § 12 Rn. 12 ff.) strafbar gemacht. **21**

C. Täterschaft und Teilnahme, Versuch sowie Konkurrenzen

Bezüglich Täterschaft und Teilnahme bestehen keine Besonderheiten, so dass die §§ 25 ff. ohne Einschränkung anzuwenden sind. **22**

Der Versuch der Urkundenunterdrückung (§§ 274 Abs. 2, 22) ist strafbar. **23**

Durch das Verfälschen einer Urkunde bzw. einer technischen Aufzeichnung wird regelmäßig zugleich das vorhandene Beweismittel unterdrückt, so dass § 274 Abs. 1 Nr. 1 von § 267 bzw. § 268 konsumiert wird (*Lackner/Kühl*, § 274 Rn. 8; *Wessels/Hettinger*, Rn. 898; a.A. *Fischer*, § 274 Rn. 8: Tateinheit). Hinter den Eigentumsdelikten tritt § 274 Abs. 1 Nr. 1 grundsätzlich als subsidiär zurück (a.A. *Fischer*, § 274 Rn. 8: Tateinheit), während bei den Handlungsvarianten des Vernichtens und Beschädigens gegenüber der Sachbeschädigung (§ 303) Spezialität besteht (*Lackner/Kühl*, § 274 Rn. 8; *Wessels/Hettinger*, Rn. 898). **24**

D. Kontrollfragen

1. Wie ist das Merkmal „gehören" i.S.d. § 274 Abs. 1 Nr. 1 zu definieren? → Rn. 10 ff.
2. Begründen öffentlich-rechtliche Herausgabe- und Vorlagepflichten ein Beweisführungsrecht i.S.d. § 274 Abs. 1 Nr. 1? → Rn. 13
3. Welcher Art muss der Nachteil sein, den der Täter als sichere Folge seines Handelns voraussehen muss? → Rn. 19

Aufbauschema (§ 274 Abs. 1 Nr. 1)

1. Tatbestand
   a) Objektiver Tatbestand
      (1) Echte Urkunde oder echte technische Aufzeichnung
      (2) Vernichten, Beschädigen oder Unterdrücken des Beweismittels
   b) Subjektiver Tatbestand
      (1) Vorsatz
      (2) Absicht, einem anderen Nachteil zuzufügen
2. Rechtswidrigkeit
3. Schuld

Empfehlungen zur vertiefenden Lektüre:
Leitentscheidungen: BGHSt 29, 192 – „Planierraupenfall"; *BayObLG* NJW 1997, 1592 – „Reisepassfall".

Aufsätze: *Freund*, Grundfälle zu den Urkundendelikten, JuS 1994, 207; *Ranft*, Strafrechtliche Probleme der Beförderungserschleichung, Jura 1993, 84.

Übungsfälle: *Baier*, Referendarexamensklausur – Strafrecht: Urkundsdelikte, Sachbeschädigung und Betrug, JuS 2004, 56; *Dedy*, Preiswert Wohnen und Trinken, Jura 2002, 137; *I. Sternberg-Lieben*, Der gefälschte Caspar David Friedrich, Jura 1996, 544.

§ 20. Mittelbare Falschbeurkundung (§ 271)

A. Grundlagen

1   Im Unterschied zu den §§ 267, 268 stellt § 271 Angriffe gegen die inhaltliche Wahrheit von Beweismitteln unter Strafe (*Rengier*, § 37 Rn. 1). Geschütztes Rechtsgut ist das Vertrauen in die Sicherheit und Zuverlässigkeit des Rechtsverkehrs, soweit es in die Beweiskraft öffentlicher Urkunden gesetzt wird (*Krey/Heinrich*, Rn. 735).

B. Tatbestand

Der Zugang zum Tatbestand des § 271 wird erleichtert, wenn man sich 2 dessen Funktion vor Augen führt, für bestimmte Beteiligungsformen im Zusammenhang mit § 348 Strafbarkeitslücken zu schließen.

> **Vertiefungshinweis:** § 348 bedroht einen Amtsträger mit Strafe, der vorsätzlich innerhalb seiner Zuständigkeit in einer öffentlichen Urkunde eine rechtserhebliche unwahre Tatsache beurkundet.

Täter des § 348, eines sog. echten Amtsdelikts, kann nur ein Amtsträger 3 i.S.d. § 11 Abs. 1 Nr. 2 sein; andere Personen scheiden als Mittäter und mittelbare Täter aus. Nichtamtsträger können daher nur als Anstifter (§§ 348 I, 26, 28 Abs. 1) oder Gehilfen (§§ 348 Abs. 1, 27, 28 Abs. 1) bestraft werden, was eine vorsätzliche und rechtswidrige Haupttat erfordert. Ist der Amtsträger hinsichtlich der beurkundeten Tatsache gutgläubig und weiß nur der Außenstehende um die Falschheit der beurkundeten Tatsache, macht dieser sich weder wegen einer Falschbeurkundung im Amt in mittelbarer Täterschaft (§§ 348 Abs. 1, 25 Abs. 1 2. Alt.) noch einer Teilnahme strafbar. Eben diese Lücke soll § 271 schließen (*Rengier*, § 37 Rn. 4 ff.; *Wessels/Hettinger*, Rn. 903 f.).

> **Aufbauhinweis:** Im strafrechtlichen Gutachten ist daher zunächst die Strafbarkeit des Amtsträgers wegen Falschbeurkundung im Amt (§ 348 Abs. 1) sowie im Anschluss daran eine mögliche Beteiligung des Nichtamtsträgers zu prüfen. Erst und nur dann, wenn letzterer insoweit wegen fehlender Haupttat straflos ist, kommt § 271 Abs. 1 in Betracht.

I. Objektiver Tatbestand

1. Tatobjekt

Tatobjekt sind ausschließlich öffentliche Urkunden, Bücher, Dateien und 4 Register, niemals Privaturkunden. Die Legaldefinition der öffentlichen Urkunde im § 415 ZPO gilt auch für das Strafrecht (BGHSt 19, 19, 21 – „Sparbuchfall"; *Rengier*, § 37 Rn. 12). Danach sind öffentliche Urkunden solche, „die von einer Behörde innerhalb der Grenzen ihrer Amtsbefugnisse oder von einer mit öffentlichem Glauben versehenen Person innerhalb des ihr zugewiesenen Geschäftskreises in der vorgeschriebenen Form aufgenommen sind".

> **Beachte:** Nicht jede öffentliche Urkunde ist notwendig ein taugliches Objekt. Die Tatbestände des § 271 (vgl. Rn. 7 und 9) gewähren nur einer solchen Beurkundung besonderen Schutz, die
> 1. für den Rechtsverkehr nach außen bestimmt und
> 2. mit einer besonderen Beweiswirkung, nämlich einer solchen „für und gegen jedermann" versehen ist (BGHSt 6, 380, 381; 33, 190, 191 f.; *Lackner/Kühl*, § 271 Rn. 2).

5   Diese besondere Beweiswirkung bezieht sich nicht zwingend immer auf alle in einer öffentlichen Urkunde niedergeschriebenen Erklärungen, Verhandlungen und Tatsachen (*OLG Koblenz* NStZ-RR 2010, 259, 261). Welche Teile der Beurkundung umfasst sind, ist durch Auslegung zu ermitteln, wofür neben einschlägigen gesetzlichen Regelungen (etwa den §§ 892, 2365, 2366 BGB, 60 PStG) auch die Verkehrsanschauung maßgeblich ist (BGHSt – GS – 22, 201, 203 – „Kraftfahrzeugscheinfall"; BGHSt 42, 131 f.; *BGH* NStZ 1998, 620, 621; NJW 2010, 248, 249; *Wessels/Hettinger*, Rn. 910). Diesbezüglich hat sich eine nicht immer widerspruchsfreie Kasuistik herausgebildet (vgl. die Übersichten bei *Fischer*, § 271 Rn. 10 ff.; *Lackner/Kühl*, § 271 Rn. 3).

Beispiele: Beim Führerschein erstreckt sich die öffentliche Beweiskraft darauf, dass eine Fahrerlaubnis erteilt und dass der augenblickliche Besitzer mit der im Führerschein bezeichneten Person identisch ist (BGHSt 25, 95, 96; 34, 299, 301), nicht aber auf den dort eingetragenen akademischen Grad (*BGH* NJW 1955, 839, 840) oder darauf, dass der Erteilung der Fahrerlaubnis eine Fahrprüfung vorausging (*OLG Hamm* NStZ 1988, 26).

Die öffentliche Beweiskraft umfasst bei der Zulassungsbescheinigung Teil I (früher: Fahrzeugschein) nicht die Richtigkeit der Fahrgestell- und Motornummer (BGHSt 20, 186, 188; *BGH* NStZ 2009, 387, 388) und – im Gegensatz zum Führerschein – der Angaben zur Person (BGHSt – GS – 22, 201, 203 ff. – „Kraftfahrzeugscheinfall"), bezieht sich aber darauf, dass das darin beschriebene Fahrzeug unter Zuteilung eines bestimmten Kennzeichens zum öffentlichen Verkehr zugelassen ist (BGHSt 20, 186, 188).

Bei der Duldungsbescheinigung nach §§ 60a, 78 AufenthG erstreckt sich der öffentliche Glaube nicht auf die Personalangaben (*OLG Koblenz* NStZ-RR 2010, 259, 261; vgl. auch BGHSt 54, 140 ff.).

2. Tathandlungen

6   **a)** Bewirken i.S.d. § 271 ist jedes Verursachen einer Beurkundung oder Speicherung, das nicht als mittelbare Täterschaft oder Teilnahme zur Falschbeurkundung im Amt strafbar ist (*Otto*, § 71 Rn. 11; *Wessels/Hettinger*, Rn. 913). Die i.d.S. bewirkte Beurkundung einer Erklärung, Verhandlung oder Tatsache muss stets eine solche sein, die an der vom Tatbestand erforderten besonderen Beweiskraft der öffentlichen Urkunde teilhat.

> **Merke:** Falsch ist die bewirkte Beurkundung, wenn das Beurkundete nicht mit der Wirklichkeit übereinstimmt (*Krey/Heinrich*, Rn. 742; *Otto*, § 71 Rn. 7).

§ 20. Mittelbare Falschbeurkundung

b) § 271 Abs. 2 entspricht § 267 Abs. 1 3. Var. Insoweit kann uneingeschränkt auf die obigen Ausführungen (vgl. § 17 Rn. 47f.) verwiesen werden. Für das Gebrauchen einer Falschbeurkundung ist es irrelevant, ob deren Herstellung nach § 271 bestraft worden ist oder werden kann. Entscheidend ist es allein, dass sie inhaltlich unwahr ist (*Lackner/Kühl*, § 271 Rn. 10; *Rengier*, § 37 Rn. 26). 7

II. Subjektiver Tatbestand

Der Täter muss hinsichtlich aller Merkmale des objektiven Tatbestands vorsätzlich handeln; ausreichend ist bedingter Vorsatz (*Lackner/Kühl*, § 271 Rn. 9). Der Vorsatz muss auch mindestens als Wertung in der Laiensphäre die besondere Beweiswirkung des Beurkundungsinhalts umfassen (*OLG Oldenburg* NStZ 2010, 278f.). Gebraucht der Täter eine Falschbeurkundung, muss die Absicht der Täuschung im Rechtsverkehr hinzutreten (vgl. dazu § 17 Rn. 50ff.). 8

III. Qualifizierte mittelbare Falschbeurkundung (§ 271 Abs. 3)

§ 271 Abs. 3 qualifiziert die Tatbestände nach § 271 Abs. 1 und 2. Erforderlich ist hierfür objektiv ein Handeln gegen Entgelt (vgl. dazu § 11 Abs. 1 Nr. 9) und subjektiv Bereicherungs- oder Schädigungsabsicht. Die Absicht, für sich oder einen Dritten einen Vermögensvorteil zu erlangen, besteht auch dann, wenn der Täter Aufwendungen ersparen will (etwa für eine erneute Fahrerlaubnisprüfung; BGHSt 34, 299, 302f.). Der erstrebte Vermögensvorteil braucht nach h.M. nicht notwendig ein rechtswidriger zu sein (*Fischer*, § 271 Rn. 18b; *Maurach/Schroeder/Maiwald*, BT 2, § 66 Rn. 22; a.A. etwa *Otto*, § 71 Rn. 25). Die Absicht, eine andere Person zu schädigen, ist im weitesten Sinne zu verstehen und muss nicht auf einen Vermögensschaden gerichtet sein, ausreichend ist jeder Nachteil (*Fischer*, § 271 Rn. 18c). 9

C. Täterschaft und Teilnahme, Versuch sowie Konkurrenzen

Bezüglich Täterschaft und Teilnahme bestehen keine Besonderheiten, so dass die §§ 25ff. – trotz der Funktion des § 271 selbst, bestimmte Beteiligungsformen im Zusammenhang mit § 348 zu pönalisieren (vgl. Rn. 3) – ohne Einschränkung anwendbar sind. 10

Der Versuch der mittelbaren Falschbeurkundung ist stets strafbar (§§ 271 Abs. 4, 22). Der Versuch beginnt bereits dann, wenn der Täter die Urkunde, die er als Werkzeug des Bewirkens nutzen will, einem die Beurkundung lediglich vorbereitenden Beamten vorlegt (*OLG Hamm* NJW 1977, 640f.). 11

12 § 267 einerseits und die §§ 271, 348 andererseits schließen einander bereits tatbestandlich wegen ihrer jeweils unterschiedlichen Schutzrichtung bezüglich des Herstellens ein und derselben Urkunde aus. Gebraucht der Täter jedoch beim Bewirken der Falschbeurkundung i.S.d. § 267 Abs. 1 3. Var. eine unechte Urkunde, kommt Tateinheit in Betracht (§ 52; *Lackner/Kühl*, § 271 Rn. 12). Im Übrigen, insbesondere wegen des Gebrauchens einer Falschbeurkundung durch den nach § 271 oder § 348 strafbaren Täter, gilt im Wesentlichen dasselbe wie bei § 267 (vgl. § 17 Rn. 57). Als spezieller Tatbestand verdrängt § 271 Abs. 3 den des § 271 Abs. 1 (*BGH*, Beschluss vom 9. 7. 1999, Az.: 2 StR 97/99; zum Verhältnis des § 271 und der Beteiligung an § 348 vgl. Rn. 3). § 271 wird von § 95 Abs. 2 Nr. 2 AufenthG konsumiert (BGHSt 54, 140, 145).

D. Kontrollfragen

1. Welche Funktion erfüllt der Tatbestand des § 271? → Rn. 3
2. Wie wird der Begriff öffentliche Urkunde i.S.d. Strafrechts definiert? → Rn. 4
3. Welches ist das alleinige Kriterium für die Beurteilung der Falschheit einer Beurkundung? → Rn. 6

Aufbauschema (§ 271)

1. Tatbestand
   a) Objektiver Tatbestand
      (1) Öffentliche Urkunden, Bücher, Dateien oder Register
      (2) Bewirken einer inhaltlich unwahren Beurkundung oder Speicherung (§ 271 Abs. 1)
      oder
      Gebrauchen einer inhaltlich unwahren Beurkundung oder Speicherung (§ 271 Abs. 2)
   b) Subjektiver Tatbestand
      (1) Vorsatz
      (2) Für § 271 Abs. 2 zudem Absicht der Täuschung im Rechtsverkehr
2. Rechtswidrigkeit
3. Schuld

Empfehlungen zur vertiefenden Lektüre:
Leitentscheidungen: BGHSt 19, 19 – „Sparbuchfall"; BGHSt – GS – 22, 201 – „Kraftfahrzeugscheinfall".

Aufsatz: *Freund*, Grundfälle zu den Urkundendelikten, JuS 1994, 305.

Kapitel 6. Rechtspflegedelikte

Zu den sog. Rechtspflegedelikten, die ausschließlich oder vorrangig dem Schutz der inländischen staatlichen Rechtspflege dienen, zählen vor allem die im neunten Abschnitt des StGB zusammengefassten Aussagedelikte (§§ 153 bis 163), die falsche Verdächtigung (§ 164), das Vortäuschen einer Straftat (§ 145d), die Strafvereitelung (§§ 258, 258a) sowie die Begünstigung (§ 257). Letztere ist wegen ihres Charakters als Anschlusstat im Zusammenhang mit der Hehlerei (§ 259) erörtert (vgl. *Hohmann/Sander*, BT 1, § 18).

§ 21. Falsche uneidliche Aussage (§ 153)

A. Grundlagen

§ 153 schützt die inländische staatliche Rechtspflege, namentlich das Vertrauen in deren Gerechtigkeit, das durch unwahre Aussagen gefährdet wird (BGHSt – GS – 8, 301, 309 – „Unterhalt-Geschlechtsverkehrfall"; BGHSt 10, 142, 143; *Lackner/Kühl*, vor § 153 Rn. 1 f.; *Wessels/Hettinger*, Rn. 738).

Die Vorschrift ist – soweit Zeugen oder Sachverständige Täter sind – der Grundtatbestand der Aussagedelikte. Die §§ 159, 160 enthalten u.a. in Bezug auf diesen Tatbestand Bestimmungen, welche die Täterschafts- und Teilnahmeregelungen des Allgemeinen Teils ergänzen (vgl. Rn. 31 f. und 35 ff.). Spezielle Möglichkeiten der Strafmilderung und des Absehens von Strafe bieten die §§ 157 und 158 (vgl. Rn. 40 f.).

B. Tatbestand

Die uneidliche Falschaussage ist ein Tätigkeitsdelikt in Form eines abstrakten Gefährdungsdelikts (vgl. *BGH* NJW 1999, 2378, 2380 zu § 156; Münch-Komm/*Müller*, vor § 153 ff. Rn. 18; *Geppert*, Jura 2002, 173), so dass die Tatbestandsverwirklichung weder eine sachlich unrichtige Entscheidung noch eine entsprechende konkrete Gefahr voraussetzt (*Rengier*, § 49 Rn. 2; *Wessels/Hettinger*, Rn. 739; *Geppert*, Jura 2002, 173).

Beispiel: A sagt als Zeuge in der Hauptverhandlung vorsätzlich falsch aus. Strafrichter B erkennt die Aussage sofort als wahrheitswidrig – A handelt tatbestandsmäßig.

I. Objektiver Tatbestand

1. Zuständige Stelle

4   Der objektive Tatbestand des § 153 setzt zunächst voraus, dass die Aussage vor einer zur eidlichen Vernehmung von Zeugen oder Sachverständigen zuständigen Stelle erfolgt. Als solche hebt § 153 **Gerichte** hervor, d.h. inländische Behörden, die Aufgaben der Rechtsprechung wahrnehmen (*Lackner/ Kühl*, § 153 Rn. 3).

> **Beispiele:** Ordentliche Gerichte, Verwaltungs-, Arbeits-, Sozial-, Finanz- und Disziplinargerichte

5   Soweit richterliche Aufgaben von einem Rechtspfleger wahrgenommen werden (vgl. § 3 RPflG), ist dieser unbeschadet des § 4 Abs. 2 Nr. 1 RPflG „Gericht" (BGHSt 34, 224, 230 ff.; *OLG Hamburg* NJW 1984, 935 f.; *Maurach/Schroeder/Maiwald*, BT 2, § 75 Rn. 32). **Andere** zuständige **Stellen** sind bspw. nach § 12 Abs. 3 KonsularG deutsche Konsularbeamte, das Bundespatentamt (§ 46 Abs. 1 PatG) und unter den Voraussetzungen des § 22 BNotO Notare (MünchKomm/*Müller*, § 153 Rn. 64). Diesen stellt § 162 Abs. 2 – ausschließlich für den Tabestand des § 153 – einen Untersuchungsausschuss eines Gesetzgebungsorgans des Bundes oder eines Landes gleich. Es muss sich stets um einen parlamentarischen Untersuchungsausschuss i.S.d. Art. 44 GG oder entsprechender Bestimmungen der Landesverfassung handeln (Schönke/Schröder/*Lenckner/Bosch*, § 162 Rn 4). Eine unwahre Aussage vor einem Untersuchungsausschuss ist hiernach selbst dann strafbar, wenn dieser nicht zur eidlichen Vernehmung berechtigt ist, wie etwa Untersuchungsausschüsse des Bundestags nach dem PUAG (MünchKomm/*Müller*, § 153 Rn. 65).

> **Beachte:** Polizeibehörden und Staatsanwaltschaften sind nicht zur eidlichen Vernehmung befugt. Diese behält § 161a Abs. 1 S. 3 StPO ausdrücklich dem Richter vor. Aussagen gegenüber Beamten der Staatsanwaltschaft oder der Polizei können daher nie den Tatbestand des § 153 erfüllen (*Geppert*, Jura 2002, 173, 176; *Reese*, JA 2005, 612, 614); diesbezüglich kommen aber die §§ 145d, 164 und 258 in Betracht (vgl. §§ 23, 24 und 25).

> **Vertiefungshinweis:** Die Zuständigkeit einer Behörde zur Abnahme einer eidesstattlichen Versicherung i.S.d. § 156 setzt voraus, dass die Behörde eine allgemeine Zuständigkeit dafür innehat, dass die betreffende Versicherung über den Gegenstand, auf den sie sich bezieht, und in dem Verfahren, zu dem sie eingereicht wird, abgegeben werden darf und dass sie rechtlich nicht völlig wirkungslos ist (*BGH* StV 1985, 505; *OLG Frankfurt a.M.* NStZ-RR 1996, 294; *OLG Köln* StV 1999, 319 f.).

2. Tauglicher Täter

Taugliche Täter einer uneidlichen Falschaussage können ausschließlich **6**
Personen sein, die im Rahmen einer Vernehmung als Zeugen oder Sachverständige aussagen (MünchKomm/*Müller*, § 153 Rn. 4; *Otto*, § 97 Rn. 35; *Geppert*, Jura 2002, 173, 176; *Reese*, JA 2005, 612). Als Täter scheiden daher im Strafverfahren der Beschuldigte bzw. der Angeklagte (§ 157 StPO), im Zivilprozess grds. die Parteien (vgl. aber § 445 Abs. 1 ZPO) und vor einem parlamentarischen Untersuchungsausschuss, der nicht zur eidlichen Vernehmung berechtigt ist, der Betroffene aus (*Wessels/Hettinger*, Rn. 749).

3. Falsch aussagen

Vor der zuständigen Stelle muss der Täter **falsch aussagen**. Zur Aussage **7**
i.S.d. § 153 gehören sowohl der Bericht des Vernommenen als auch seine Antwort auf Fragen. Grundsätzlich ist nur eine mündliche Aussage vor dem Vernehmenden tatbestandsmäßig (MünchKomm/*Müller*, § 153 Rn. 8). Ist ausnahmsweise nach § 186 GVG eine schriftliche Verständigung zulässig, wird diese vom Tatbestand ebenfalls erfasst. Im Übrigen reichen schriftliche Erklärungen nicht aus (*OLG München* MDR 1968, 939f.; *Otto*, § 97 Rn. 34; a.A. Schönke/Schröder/*Lenckner/Bosch*, vor § 153 Rn. 22: auch schriftliche Erklärungen, wenn sie – wie etwa im Fall des § 411 Abs. 1 ZPO – eine prozessual vollwertige Aussage darstellen).

a) Eine Aussage ist **falsch**, wenn sich ihr Inhalt („was ausgesagt wird") **8**
nicht mit ihrem eigentlichen Gegenstand („was ausgesagt werden müsste") deckt (*Lackner/Kühl*, vor § 153 Rn. 3; *Wessels/Hettinger*, Rn. 741). Während diese Definition anerkannt ist, besteht Streit darüber, was in ihrem Sinn den Gegenstand der Aussage bildet (vgl. dazu zusammenfassend *Wolf*, JuS 1991, 177 ff.).

> **Beispielsfall 7 – Trainerstunde:** Gegen den Tennistrainer A ist ein Strafverfahren **9**
> wegen des – zutreffenden – Verdachts anhängig, am 23. 5. 2010 um 17.00 Uhr nach einem Verkehrsunfall die Unfallstelle unerlaubt verlassen zu haben. In der Hauptverhandlung sagt der Zeuge B, der von der Richtigkeit seiner Aussage überzeugt ist, aus, dass A ihm zur Tatzeit Tennisunterricht erteilt hat. B hätte allerdings bei genauerem Nachdenken seinen Irrtum erkennen können, weil er an diesem Tag seinen Geburtstag gefeiert und daher ausnahmsweise keinen Tennisunterricht genommen hatte.
> Ist der objektive Tatbestand des § 153 erfüllt?

Lösung:

B könnte sich wegen uneidlicher Falschaussage (§ 153) strafbar gemacht **10**
haben. Er hat – wie der objektive Tatbestand zunächst voraussetzt – vor einem Gericht als Zeuge ausgesagt. Zu prüfen ist, ob diese Aussage falsch ist.

170 Kapitel 6. Rechtspflegedelikte

11   Nach **h.M.** ist die Wirklichkeit Gegenstand der Aussage. Diese ist daher falsch, wenn ihr Inhalt nicht mit dem tatsächlichen Sachverhalt übereinstimmt (sog. **objektive Theorie**; BGHSt 7, 147, 148 f. – „Offenbarungseidfall"; *OLG München* NJW 2009, 3043; *OLG Koblenz* NStZ 1984, 551, 552; *Joecks*, vor § 153 Rn. 5 a.E.; *Krey/Heinrich*, Rn. 552; *Geppert*, Jura 2002, 173, 175). Danach hat B falsch ausgesagt. Die **Argumente** der h.M. sind:
12 • Das vom § 153 geschützte Vertrauen in die Gerechtigkeit der Rechtspflege wird typischerweise durch objektiv unwahre Aussagen gefährdet (*Rengier*, § 49 Rn. 8), weil die Beurteilungsgrundlage für die Tätigkeit der Rechtspflege die Wirklichkeit und nicht eine irgendwie geartete Vorstellung von ihr ist.
13 • Nach § 160 leistet auch derjenige einen falschen Eid, der die Wahrheit zu beschwören glaubt. Das StGB gründet also auf der objektiven Theorie (*Rengier*, § 49 Rn. 8).
14   Hingegen ist nach der heute nicht mehr vertretenen sog. **subjektiven Theorie** das Vorstellungsbild des Aussagenden der Gegenstand der Aussage (LK/*Willms*, 10. Aufl. vor § 153 Rn. 10). Da im Beispielsfall der Inhalt der Aussage und die Vorstellung des B übereinstimmen, ist dessen Aussage nicht falsch. Als **Argument** hierfür wurde angeführt:
15 • Die menschliche Wahrnehmung erfolgt immer über die Sinnesorgane. Gegenstand der Erfahrung kann deshalb keine reale Tatsache, sondern nur die Vorstellung von dieser Tatsache sein. Allein diese kann vom Zeugen erfragt werden (LK/*Willms*, 10. Aufl. vor § 153 Rn. 9).
16   Nach der sog. **Pflichtentheorie** ist eine Aussage falsch, wenn ihr Inhalt von dem Wissen bzw. Erinnerungsbild abweicht, das der Zeuge oder Sachverständige bei prozessordnungsgemäßem Verhalten hätte reproduzieren können. Hierfür bedarf es einer kritischen Überprüfung und gewissenhaften Erforschung des Erinnerungsvermögens (MünchKomm/*Müller*, § 153 Rn. 50; SK/*Rudolphi*, vor § 153 Rn. 42; *Otto*, § 97 Rn. 7 ff.). Im Beispielsfall ist die Aussage des B mangels gewissenhafter Erforschung seines Erinnerungsvermögens falsch. Die Vertreter der Pflichtentheorie berufen sich auf folgende **Argumente**:
17 • Die richterlichen Überzeugungsbildung, der für die Funktionsweise der Rechtspflege wesentliche Bedeutung zukommt (§ 261 StPO), wird nur dann wirksam vor Beeinträchtigung geschützt, wenn der Aussagende nach kritischer Prüfung seines Erinnerungsvermögens sein Vorstellungsbild oder Wissen zu dem Beweisthema mit allen Zweifeln und ihm ernst erscheinenden Vorbehalten wiedergibt (*Otto*, § 97 Rn. 13).
18 • Objektive und subjektive Theorie führen zu kriminalpolitisch nicht akzeptablen Konsequenzen, denn nach diesen Theorien ist es straflos möglich, Aussagen beliebigen Inhalts zu machen, sofern diese zufällig mit der Wirklichkeit übereinstimmen oder der Zeuge bzw. Sachverständige von der inhaltlichen Richtigkeit der Aussage überzeugt ist (*Otto*, § 97 Rn. 14).

Stellungnahme: Entgegen der Auffassung der Vertreter der Pflichtentheorie 19 führt die von der h.M. vertretene objektive Theorie nicht zu kriminalpolitisch unakzeptablen Ergebnissen. Vielmehr ist sie mit dem Schutzzweck des § 153 (vgl. Rn. 1) und der Systematik des neunten Abschnitts des StGB (vgl. vor § 21 Rn. 1) zu vereinbaren. Der subjektiven Theorie steht zum einen der Wortlaut des § 160 entgegen (vgl. Rn. 13; MünchKomm/*Müller*, § 153 Rn. 48), zum anderen hat sie die seltsam anmutende Konsequenz, dass eine Aussage auch dann nicht (objektiv) falsch ist, wenn der Aussagende sich irrt (*Wolf*, JuS 1991, 177, 180). Die Pflichtentheorie ist ebenfalls nicht mit dem Wortlaut der §§ 153 ff. zu vereinbaren, weil sie auch objektiv falsche Aussagen als pflichtgemäß und damit als nicht tatbestandsmäßig bewertet (vgl. *Otto*, § 97 Rn. 7: Übereinstimmung von Aussage und Realität „ist für die Beurteilung der Aussage nur *mittelbar* von Bedeutung"). Zudem stellt sie die Praxis vor die nur schwer zu lösende Schwierigkeit, insofern das Erinnerungsvermögen des Aussagenden prüfen zu müssen.

Ergebnis: B hat vor einem Gericht falsch ausgesagt und mithin den objektiven Tatbestand des § 153 verwirklicht. 20

Aussagetheorien			
Eine Aussage ist falsch, wenn ihr Inhalt und ihr Gegenstand nicht übereinstimmen (Rn. 7)			
Inhalt (unstr.)	Gegenstand (str.)		
	Objektive Theorie	Subjektive Theorie	Pflichtentheorie
Wortlaut der Aussage	Wirklichkeit (Rn. 11)	Vorstellungsbild des Aussagenden (Rn. 14)	Vorstellungsbild des Aussagenden, wie es sich nach pflichtgemäßer Gedächtnisprüfung darstellen müsste (Rn. 16)

b) Auf der Grundlage der h.M. kommen als **Gegenstand** einer Aussage 21 sowohl innere als auch äußere Tatsachen, d.h. konkrete, dem Beweis zugängliche Vorgänge oder Zustände der Vergangenheit oder Gegenwart (vgl. zu den Einzelheiten *Hohmann/Sander*, BT 1, § 11 Rn. 9 f.), bei Sachverständigen auch Werturteile (vgl. dazu *Hohmann/Sander*, BT 1, § 11 Rn. 14) in Betracht.

Beispiele: B sagt im Beispielsfall 7 (vgl. Rn. 9) aus, A habe ihm zur Tatzeit Tennisunterricht erteilt – äußere Tatsache.
B sagt im Beispielsfall 7 aus, nach seiner Erinnerung habe A ihm zur Tatzeit Tennisunterricht erteilt – innere Tatsache.

> **Vertiefungshinweis:** Nach der subjektiven und der Pflichtentheorie kann Gegenstand der Aussage stets nur eine innere Tatsache, ein Erlebnisbild sein, unabhängig davon, ob dieses selbst auf eine innere oder äußere Tatsache bezogen ist (vgl. LK/ *Willms*, 10. Aufl. vor § 153 Rn. 9; *Otto*, § 97 Rn. 7).

22 Der Wahrheitspflicht unterliegen alle, aber auch nur die Angaben, die **Gegenstand der Vernehmung** sind (*Otto*, § 97 Rn. 16). Hierzu zählen sowohl die Angaben zur Person (vgl. etwa §§ 68 Abs. 1 S. 1 StPO, 395 Abs. 2 S. 1 ZPO) als auch die Angaben zur Sache (vgl. z.B. §§ 69 Abs. 1 S. 1 StPO, 396 Abs. 1 ZPO). Im Strafverfahren bildet grundsätzlich die gesamte prozessuale Tat den Vernehmungsgegenstand (§§ 69 Abs. 1 S. 2, 264 StPO; für den Sachverständigen gilt dies nach § 72 StPO entsprechend), während im Zivilprozess der Vernehmungsgegenstand durch den Beweisbeschluss förmlich begrenzt ist (§§ 358, 359 ZPO; MünchKomm/*Müller*, § 153 Rn. 17).

> **Vertiefungshinweis:** Hinsichtlich des Begriffs der Falschheit i.S.d. § 156 gelten die Ausführungen zu § 153 entsprechend. Umfang und Grenzen der Wahrheitspflicht bestimmen sich nach dem Verfahrensgegenstand und den Regeln, die für das Verfahren gelten, in dem die eidesstattliche Versicherung abgegeben wird (*OLG Frankfurt a.M.* NStZ-RR 1998, 72). Beispielsweise erstreckt sich die Wahrheitspflicht in einem Verfahren zur Abgabe einer eidesstattlichen Versicherung gemäß § 807 ZPO ausschließlich auf solche Angaben, die dem Gläubiger Kenntnis derjenigen Vermögensgegenstände verschaffen, die möglicherweise seinem Zugriff in der Zwangsvollstreckung unterliegen (*BayObLG* NStZ 1999, 563f.; *OLG Köln* StV 1999, 319).
> Bei unverlangt abgegebenen eidesstattlichen Versicherungen kommt es darauf an, welches Beweisthema sich der Äußernde selbst gestellt hat und ob, von diesem Thema aus gesehen, Tatsachen ausgeklammert und verschwiegen wurden, deren Mitteilung die Bedeutung des Erklärten grundlegend verändert hätte. Nicht tatbestandsmäßig sind daher nur diejenigen Tatsachenbehauptungen, die für das konkrete Verfahren ohne jede mögliche Bedeutung sind (*BGH* NJW 1990, 918, 920).

> **Beachte:** Der Vernehmungsgegenstand kann im Einzelfall durch Fragen des vernehmenden Richters (§§ 69 Abs. 2 StPO, 396 Abs. 2 und 3 ZPO) oder mit dessen Zustimmung auch durch Fragen anderer Verfahrensbeteiligter (§§ 240 Abs. 2 StPO, 397 Abs. 1 und 2 ZPO) erweitert werden. Hierfür kommt es weder auf die Bedeutung noch die Erheblichkeit der erfragten Tatsache an (BGHSt 2, 90, 92; *BGH* wistra 1991, 264; *KG* JR 1978, 77, 78 m. zust. Anm. *Willens*).

23 Sog. **Spontanäußerungen** eines Zeugen, die außerhalb des Vernehmungsgegenstands liegen, werden nach h.M. von der Wahrheitspflicht selbst dann nicht erfasst, wenn sie entscheidungserhebliche Tatsachen betreffen (BGHSt 25, 244, 246; *BGH* NStZ 1982, 464; a.A. SK/*Rudolphi*, vor § 153 Rn. 25: Wahrheitspflicht gilt, wenn entscheidungserhebliche Tatsachen betroffen sind).

§ 21. Falsche uneidliche Aussage

Beispiel: A wird als Zeuge in einem Zivilrechtsstreit über den Inhalt von Kaufverhandlungen vernommen. Um dessen Glaubwürdigkeit zu überprüfen, fragt der Prozessbevollmächtigte der Beklagten den A, ob er auch in einem anderen Zivilverfahren des Klägers als Zeuge ausgesagt habe. Das bestätigt A, erwähnt dabei, dass er auch dort wahrheitsgemäß ausgesagt habe, und fügt – insoweit wahrheitswidrig – hinzu: „Sechs oder sieben andere Zeugen haben in diesem Rechtsstreit in ihrer Vernehmung das gleiche bekundet, wie ich auch" (*BGH* NStZ 1982, 464).

Beachte: Beantwortet der Zeuge eine Beweisfrage wörtlich und dem Sinn nach wahrheitsgemäß, ist die Aussage auch dann nicht falsch, wenn er Wissen zu einem ungefragten Thema verschweigt (BGHSt 3, 221, 224 f.).

Spontane Äußerungen werden aber dann vom Tatbestand erfasst, wenn sie 24 auf nachträgliche Erweiterung des Beweisthemas durch Fragen des vernehmenden Richters (vgl. Rn. 22) hin bestätigt werden (BGHSt 25, 244, 246).

c) Die prozessuale Aussage- und Wahrheitspflicht gebietet es dem Zeugen 25 und dem Sachverständigen, ungefragt alle Tatsachen anzugeben, die erkennbar mit dem Vernehmungsgegenstand zusammenhängen und entscheidungserheblich sind (vgl. etwa §§ 66c Abs. 1 StPO, 392 Abs. 1 S. 3 ZPO). Daher ist eine unvollständige Aussage falsch, wenn sie als vollständig hingestellt wird (*Lackner/Kühl*, vor § 153 Rn. 5; *Otto*, § 97 Rn. 23).

Beispiel: A wird in einem Unterhaltsprozess ihres nichtehelichen Kinds gegen B zu der Frage vernommen, ob sie in der gesetzlichen Empfängniszeit des § 1600d Abs. 3 S. 1 BGB auch mit C und D geschlechtlich verkehrt habe. Ob sie darüber hinaus mit einem weiteren Mann geschlafen hat, wird sie nicht gefragt. A sagt wahrheitsgemäß aus, dass sie in der fraglichen Zeit mit C und D keinen Geschlechtsverkehr ausgeübt hat, verschweigt aber, dass sie in dieser Zeit mit E intime Kontakte hatte (BGHSt 3, 221).

Ein pflichtwidriges Verschweigen von Tatsachen scheidet auch dann aus, 26 wenn der Zeuge die Aussage erkennbar verweigert und damit nicht falsch, sondern überhaupt nicht aussagt (*OLG Zweibrücken* StV 1993, 423). Ebenfalls nicht tatbestandsmäßig ist das Verschweigen von Vermutungen, weil diese keine Tatsachen sind (*BGH* StV 1990, 110).

d) Die Tatbestandsmäßigkeit einer falschen Aussage wird nach h.M. grund- 27 sätzlich nicht durch Verfahrensmängel in Bezug auf den Zeugen oder Sachverständigen ausgeschlossen. Allerdings kann der Verfahrensmangel in der Strafzumessung als schuld- und damit als strafmildernder Umstand berücksichtigt werden (BGHSt 8, 186, 189 ff.; *BGH* wistra 1999, 261; StV 2003, 505; *Fischer*, § 154 Rn. 19; zusf. *Geppert*, Jura 1988, 496 ff.).

Beispiele: Vernehmung ohne Belehrung über das Auskunftsverweigerungsrecht des § 55 StPO (BGHSt 8, 186) oder unter Verletzung der §§ 69, 241 Abs. 2 StPO, 396 ZPO (*Otto*, § 97 Rn. 26).

28 Demgegenüber scheidet nach zutreffender Auffassung § 153 dann aus, wenn der Verstoß so schwer wiegt, dass die falsche Aussage unverwertbar ist und das Gericht die Möglichkeit hatte, die Unverwertbarkeit der Aussage zu erkennen (NK/*Vormbaum*, § 153 Rn. 32 ff.; *Otto*, § 97 Rn. 29; weiter SK/*Rudolphi*, vor § 153 Rn. 34 f.: Unverwertbarkeit schließt stets den Tatbestand aus). Das Vertrauen in die Gerechtigkeit der Rechtspflege ist zwar abstrakt gefährdet, wenn das Gericht die Aussage trotz ihrer Unverwertbarkeit berücksichtigt. Für diese Gefährdung ist aber nicht der Aussagende, sondern der erkennende Richter als Garant eines rechtsstaatlichen Verfahrens verantwortlich (*Otto*, § 97 Rn. 28).

> **Beachte:** Allerdings können auch nach h.M. in „extremen Grenzfällen" Verfahrensmängel den Tatbestand ausschließen, nämlich dann, wenn das Gericht als deren Folge unzuständig ist oder wegen eines Verstoßes gegen § 136a StPO, der auch für Vernehmungen von Zeugen und Sachverständigen gilt, von einer freien Mitteilung eigenen Wissens, mithin von einer Aussage nicht mehr gesprochen werden kann (LK/*Ruß*, vor § 153 Rn. 30; Schönke/Schröder/*Lenckner/Bosch*, vor § 153 Rn. 22).

II. Subjektiver Tatbestand

29 Der subjektive Tatbestand des § 153 erfordert Vorsatz (*Lackner/Kühl*, § 153 Rn. 5; *Wessels/Hettinger*, Rn. 750). Der zumindest bedingte Vorsatz muss sich darauf erstrecken, dass die Aussage möglicherweise falsch (vgl. Rn. 19), von der Wahrheitspflicht umfasst und die vernehmende Stelle zuständig ist (*Otto*, § 97 Rn. 36).

C. Täterschaft und Teilnahme, Konkurrenzen sowie Bestrafung

30 § 153 ist ein **eigenhändiges Delikt** (MünchKomm/*Müller*, § 153 Rn. 73). Wer nicht selbst als Zeuge oder Sachverständiger aussagt, kann weder Mittäter noch mittelbarer Täter sein.

31 Der Tatbestand des § 160 soll die Strafbarkeit der in mittelbarer Täterschaft begangenen Falschaussage gewährleisten. Wegen seiner gegenüber § 153 geringeren Strafdrohung kommt § 160 nur eine Ergänzungsfunktion zu (*Eschenbach*, Jura 1993, 407 f.).

32 Der Tatbestand des § 160 scheidet dementsprechend aus, wenn entweder eine strafbare Anstiftung (§§ 153, 26) oder eine strafbare versuchte Anstiftung (§§ 153, 159, 30 Abs. 1) zu der einschlägigen uneidlichen Falschaussage vorliegt (*Rengier*, § 49 Rn. 49; *Wessels/Hettinger*, Rn. 783).

Vertiefungshinweis: Der objektive Tatbestand des § 160 setzt eine unvorsätzliche Falschaussage des Verleiteten, der subjektive Tatbestand einen hierauf gerichteten Vorsatz des Verleitenden voraus (*Fischer*, § 160 Rn. 3 f.; *Maurach/Schroeder/Maiwald*, BT 2, § 75 Rn. 97 und 100; *Otto*, § 97 Rn. 92; zusammenfassend *Eschenbach*, Jura 1993, 407 ff.). Nach anderer Auffassung ist der Tatbestand auch dann erfüllt, wenn der Verleitete entgegen der Vorstellung des verleitenden Hintermanns vorsätzlich falsch aussagt (BGHSt 21, 116, 117 f.; *Lackner/Kühl*, § 160 Rn. 4; Schönke/Schröder/*Lenckner/Bosch*, § 160 Rn. 9; *Heinrich*, JuS 1995, 1115, 1118), weil die vom Vorsatz des Verleitenden umfasste unvorsätzliche Falschaussage des Verleiteten in dessen vorsätzliche Falschaussage als Minus mit enthalten oder letztere zumindest eine nur unwesentliche Abweichung von Vorstellung und Wirklichkeit ist (*Lackner/Kühl*, § 160 Rn. 4). Diese Konstruktion vermag vor allem deshalb nicht zu überzeugen, weil es ihrer zur strafrechtlichen Erfassung dieses Verhaltens nicht bedarf, da § 160 Abs. 2 den Versuch des Verleitens unter Strafe stellt (so im Ergebnis auch *Krey/Heinrich*, Rn. 572; *Otto*, 97 Rn. 92).

Teilnahme ist nach den allgemeinen Regeln möglich (MünchKomm/*Müller*, § 153 Rn. 74; *Rengier*, § 49 Rn. 53; *Heinrich*, JuS 1995, 1115, 1116). Allein das Benennen eines Zeugen in der Erwartung, dieser werde falsch aussagen, ist weder als Anstiftung (§ 26) noch als Beihilfe (§ 27) tatbestandsmäßig (*OLG Bamberg* NStZ-RR 2007, 75 f.; *OLG Hamm* NStZ 1993, 82, 83 – „Gaststättenfall"; *LG Münster* StV 1994, 134; *Heinrich*, JuS 1995, 1115 – 1116 f. und 1118 f.; *Reese*, JA 2005, 612, 613). Es handelt sich insoweit um ein zulässiges prozessordnungsgemäßes Verhalten, dessen Strafbarkeit dann nicht ernsthaft diskutiert wird, wenn z.B. ein Staatsanwalt in der Anklageschrift (§ 200 Abs. 1 S. 3 StPO) oder ein Richter anlässlich der Vorbereitung (§ 214 Abs. 1 S. 1 StPO) oder Durchführung (§ 244 Abs. 2 StPO) der Hauptverhandlung einen Zeugen benennt bzw. lädt, der möglicherweise falsch aussagen wird. 33

Allerdings soll nach der Rechtsprechung eine Beihilfe durch Unterlassen möglich sein, wenn der Gehilfe unter dem Gesichtspunkt der Ingerenz eine Garantenstellung innehat, weil er den Aussagenden in eine besondere, dem jeweiligen gerichtlichen Verfahren nicht mehr eigentümliche (inadäquate) Gefahr der Falschaussage gebracht hat (BGHSt 17, 321, 323; *BGH* NStZ 1993, 489 – „Verkehrsunfall-Fall"; *OLG Düsseldorf* NJW 1994, 272, 274; *Reese*, JA 2005, 612, 613; zusammenfassend *Bartholme*, JA 1998, 204 ff.). 34

Beispiele: Der wegen Betrugs angeklagte A wird von seiner Lebensgefährtin B zur Hauptverhandlung begleitet. Das Gericht entschließt sich, B als Zeugin zu hören. B sagt in ihrer Vernehmung wahrheitswidrig aus. A bemerkt dies, schreitet aber dennoch nicht ein, weil ihm die Aussage gelegen kommt – keine Garantenstellung, da es an einem gefahrbegründenden Vorverhalten fehlt (*OLG Düsseldorf* NJW 1994, 272).

Der an einem Verkehrsunfall beteiligte C benennt D in der Erwartung als Zeugen, dass dieser seine wahrheitswidrige Version des Unfallhergangs vor Gericht bestätigt. D sagt in Anwesenheit des klagenden C – wie erwartet – falsch aus. Das Gericht unterbricht die Sitzung, um D in der Verhandlungspause Gelegenheit zu geben, seine Aussage zu überdenken. In der Pause halten sich C und D auf dem Gerichtsflur auf, ohne miteinander zu sprechen. Als nach der Pause die Vernehmung fortgesetzt wird, bestätigt D seine bisherige Aussage – Beihilfe durch Unterlassen (nach *BGH* NStZ 1993, 489 – „Verkehrsunfall-Fall").

35 § 159 erweitert den Anwendungsbereich der ausschließlich für Verbrechen (vgl. § 12 Abs. 1) geltenden §§ 30 Abs. 1, 31 Abs. 1 Nr. 1 und Abs. 2 u.a. auf den Vergehenstatbestand des § 153. Diese Regelung ist kriminalpolitisch bedenklich, weil der Versuch der uneidlichen Falschaussage selbst nicht mit Strafe bedroht ist (vgl. Rn. 38).

36 Die Rechtsprechung trägt diesen Bedenken dadurch Rechnung, dass sie im Wege der teleologischen Reduktion die Anwendbarkeit des § 159 auf diejenigen Fälle beschränkt, in denen die in Aussicht genommene Haupttat im Falle ihrer Begehung den Tatbestand des § 153 (bzw. des § 156) verwirklicht hätte (BGHSt 24, 38, 40; zust. LK/*Ruß*, § 159 Rn. 1; *Krey/Heinrich*, Rn. 587). Praktische Bedeutung kommt dem vor allem bei irriger Annahme der Zuständigkeit der vernehmenden Stelle zu (vgl. Rn. 4 f.).

Beispiel: A übergibt in einem Strafverfahren gegen ihren Ehemann B dem erkennenden Gericht eine als „eidesstattliche Versicherung" bezeichnete schriftliche Erklärung, in der sie wahrheitswidrig erklärt, sie wisse, dass B unschuldig sei. B hatte A hierzu bestimmt (BGHSt 24, 38) – keine Strafbarkeit, da die eidesstattliche Versicherung in der Hauptverhandlung, in der für die Schuld- und Rechtsfolgenfrage der Strengbeweis gilt, kein zulässiges Beweismittel ist.

37 Die Rechtsprechung stößt im Schrifttum weitgehend auf Ablehnung, weil der Wortlaut des § 159 einer entsprechenden Differenzierung entgegensteht (so z.B. SK/*Rudolphi*, § 159 Rn. 2 f.; *Otto*, § 97 Rn. 79; *Wessels/Hettinger*, Rn. 781). Dieser Einwand verkennt jedoch, dass hier eine Gesetzeskorrektur zugunsten des Täters erfolgt, die das Analogieverbot des Art. 103 Abs. 2 GG nicht verletzt (*Krey/Heinrich*, Rn. 587).

38 Der Versuch der uneidlichen Falschaussage ist straflos. Vollendet ist die Tat, wenn die Vernehmung abgeschlossen ist, d.h. einerseits der Vernehmende zu erkennen gegeben hat, dass er von dem Zeugen oder Sachverständigen keine weitere Auskunft über den Vernehmungsgegenstand mehr erwartet, andererseits der Aussagende deutlich gemacht hat, dass er nichts mehr bekunden und das bisher Bekundete als seine Aussage gelten lassen will (BGHSt – GS – 8, 301, 314 – „Unterhalt-Geschlechtsverkehrfall"; *BayObLG* StV 1989, 251). Berichtigt der Zeuge oder Sachverständige bis zu diesem Zeitpunkt seine unwahre Aussage, bleibt er straflos, weil die Tat nicht vollendet wird (BGHSt – GS – 8, 301, 314 – „Unterhalt-Geschlechtsverkehrfall").

39 Wiederholt der Täter in verschiedenen Verhandlungsterminen eines Verfahrens seine uneidliche Falschaussage, liegt nur eine Tat vor, wenn die Vernehmung in den einzelnen Terminen nicht abgeschlossen (vgl. Rn. 38) wurde (BGHSt – GS – 8, 301, 312 – „Unterhalt-Geschlechtsverkehrfall"). Eine Aus-

sage, die mehrere falsche Angaben enthält, ist ebenfalls nur eine Tat (*OLG Köln* StV 1983, 507 f.). Tatmehrheit (§ 53) ist hingegen gegeben, wenn der Täter in mehreren jeweils abgeschlossenen (vgl. Rn. 38) Vernehmungen desselben Verfahrens die gleiche Falschaussage wiederholt oder eine unwahre Bekundung durch eine andere ebenfalls unwahre Bekundung ersetzt (*Fischer*, § 153 Rn. 17). Tateinheit (§ 52) ist u.a. möglich mit den §§ 257, 145d, 164, 257, 258 und 263 (*Lackner/Kühl*, § 153 Rn. 8; zum Verhältnis zwischen den §§ 153, 26 und § 263 vgl. BGHSt 43, 317 ff., zu dem zwischen § 153 sowie § 154 vgl. § 22 Rn. 17).

> **Vertiefungshinweis:** Mehrere in demselben Rechtszug abgegebene falsche eidesstattliche Versicherungen stehen in Tatmehrheit (§ 53), soweit sie nicht durch zusätzliche Umstände materiellrechtlich zu einer einheitlichen Tat verklammert werden (*BGH* NJW 1999, 2378, 2379 f.; beachte jedoch Rn. 36).

§ 157 (**Aussagenotstand**) sieht eine Strafmilderung und im Falle einer **40** falschen uneidlichen Aussage auch das vollständige Absehen von Strafe fakultativ vor, wenn der Täter die Unwahrheit gesagt hat, um die Gefahr, wegen einer vor dem Aussagedelikt begangenen, noch verfolgbaren Tat bestraft oder einer freiheitsentziehenden Maßregel unterzogen zu werden, von sich oder einem Angehörigen abzuwenden (vgl. *BGH* NStZ 2005, 33, 34). Enthält eine Aussage falsche Angaben zu mehreren, nicht zueinander in Verbindung stehenden Vernehmungsgegenständen, findet § 157 keine Anwendung, wenn nur in Bezug auf einige dieser Angaben die besondere Konfliktsituation des § 157 Abs. 1 besteht. Denn der Täter hätte im Übrigen ohne Not wahr aussagen können (*BGH* NJW 2000, 154, 156 f.).

Eine Milderung der Strafe oder das Absehen von Strafe ermöglicht auch **41** § 158, wenn der Täter nach Vollendung der Tat seine Angaben rechtzeitig (vgl. § 158 Abs. 2) berichtigt. Ein Berichtigen i.S.d. § 158 Abs. 1 setzt voraus, dass der Täter sowohl die Unwahrheit der früheren Aussage bekennt als auch durch die wahre Aussage ersetzt (BGHSt 18, 348; *Fischer*, § 158 Rn. 4). Freiwilligkeit ist für § 158 nicht erforderlich (*Krey/Heinrich*, Rn. 555). Die Form, in der das Berichtigen erfolgt, ist unerheblich (BGHSt 18, 348 f.; *OLG Hamburg* JR 1981, 383).

D. Kontrollfragen

1. Welches ist das für die Bewertung einer Aussage als falsch maßgebliche Kriterium? → Rn. 19
2. Ist eine Aussage auch dann falsch, wenn ein Zeuge nicht alle mit dem Vernehmungsgegenstand zusammenhängenden und entscheidungserheblichen Tatsachen angibt? → Rn. 25

3. Welche Funktion erfüllt § 160? → Rn. 31
4. Unter welchen Voraussetzungen kommt eine Beihilfe durch Unterlassen zur falschen uneidlichen Aussage in Betracht? → Rn. 34

Aufbauschema (§ 153)

1. Tatbestand
   a) Objektiver Tatbestand
      (1) Vor Gericht oder einer anderen zur eidlichen Vernehmung von Zeugen und Sachverständigen zuständigen Stelle
      (2) Als Zeuge oder Sachverständiger
      (3) Uneidlich falsch aussagen
   b) Subjektiver Tatbestand
      – Vorsatz
2. Rechtswidrigkeit
3. Schuld
4. Ggf. Strafmilderung oder Absehen von Strafe gemäß den §§ 157, 158

Empfehlungen zur vertiefenden Lektüre:
Leitentscheidungen: BGHSt 7, 147 – „Offenbarungseidfall"; BGHSt – GS – 8, 301 – „Unterhalt-Geschlechtsverkehrfall"; *BGH* NStZ 1993, 489 – „Verkehrsunfall-Fall"; *OLG Hamm* NStZ 1993, 82 – „Gaststättenfall".

Aufsätze: *Geppert*, Welche Bedeutung hat die Nichtbeachtung strafprozessualer Vorschriften für die Strafbarkeit nach den §§ 153 ff. StGB?, Jura 1988, 496; *ders.*, Grundfragen der Aussagedelikte (§§ 153 ff.), Jura 2002, 173; *Heinrich*, Die strafbare Beteiligung des Angeklagten an falschen Zeugenaussagen, JuS 1995, 1115; *Reese*, Die Aussagedelikte als Prüfungsaufgabe, JA 2005, 612; *Wolf*, Falsche Aussage, Eid und eidesgleiche Beteuerungen, JuS 1991, 177.

Übungsfälle: *Kelker*, Ein Kneipenbesuch mit Folgen, Jura 1996, 89; *Goeckenjan*, Fortgeschrittenenklausur – Strafrecht: Probleme im Straßenverkehr und vor Gericht – Der misslungene Kinoabend, JuS 2008, 702.

§ 22. Meineid (§ 154)

A. Grundlagen

1   Der Meineid (§ 154) qualifiziert – soweit ein Zeuge oder ein Sachverständiger falsch aussagt – § 153, wenn der Täter seine Aussage beschwört. Im übrigen, d.h. namentlich beim Partei- (§ 452 ZPO) oder Dolmetschereid (§ 185

§ 22. Meineid   179

GVG) ist § 154 eigenständiger Tatbestand (*Otto*, § 97 Rn. 38; *Wessels/Hettinger*, Rn. 753). Er schützt die inländische staatliche Rechtspflege, vor allem das Vertrauen in deren Gerechtigkeit (vgl. hierzu § 21 Rn. 1).

B. Tatbestand

§ 154 ist wie § 153 ein Tätigkeitsdelikt in Form eines abstrakten Gefährdungsdelikts (Schönke/Schröder/*Lenckner/Bosch*, § 154 Rn. 2), so dass der Tatbestand auch dann verwirklicht ist, wenn es zu keiner unrichtigen Entscheidung kommt (vgl. § 21 Rn. 3). 2

I. Objektiver Tatbestand

1. Zuständige Stelle

Aussage und Eidesleistung müssen vor Gericht (vgl. § 21 Rn. 4) oder einer anderen zur Abnahme von Eiden zuständigen Stelle (vgl. § 21 Rn. 5) erfolgen. Neben der allgemeinen Zuständigkeit muss im konkreten Verfahren der Eid gesetzlich zulässig und die eidesabnehmende Person zu diesem Akt berechtigt sein (BGHSt 10, 8, 13; 12, 56, 57 f.; *Otto*, § 97 Rn. 41; *Rengier*, § 49 Rn. 21). Dies ist bei der Eidesabnahme durch Rechtsreferendare (vgl. § 10 S. 2 GVG) oder Rechtspfleger (vgl. § 4 Abs. 2 Nr. 1 RPflG) nicht der Fall (*Reese*, JA 2005, 612, 613). 3

2. Tauglicher Täter

> **Merke:** Der Kreis der tauglichen Täter ist – im Gegensatz zum § 153 (vgl. § 21 Rn. 6) – nicht auf Zeugen und Sachverständige beschränkt (MünchKomm/*Müller*, § 154 Rn. 11). Insoweit kommen auch die Parteien eines Zivilprozesses (§ 452 ZPO) und Dolmetscher (vgl. § 189 GVG; BGHSt 4, 154) in Betracht.

Nach zutreffender Auffassung kommt diesen Personen aber nur dann Täterqualität zu, wenn sie eidesfähig und -mündig sind (vgl. § 60 Abs. 1 Nr. 1 1. und 2. Alt. StPO; MünchKomm/*Müller*, § 154 Rn. 13; *Krey/Heinrich*, Rn. 563; *Otto*, § 97 Rn. 40; *Wessels/Hettinger*, Rn. 753 f.). Nach anderer Ansicht kann auch ein Eidesunmündiger tauglicher Täter sein, wenn er im Falle seiner versehentlichen Vereidigung trotz seiner Jugend die erforderliche Eideseinsicht besitzt (BGHSt 10, 142, 144; *Fischer*, vor § 153 Rn. 11; *Lackner/Kühl*, § 154 Rn. 2). Dies vermag jedoch deshalb nicht zu überzeugen, weil die ausdrückliche Beschränkung des § 157 Abs. 2 auf uneidliche Falschaussagen nur den Schluss zulässt, dass ein Eidesunmündiger nie Täter des § 154 sein kann (Arzt/Weber/*Hilgendorf*, § 47 Rn. 103). Zudem begründet § 60 Abs. 1 Nr. 1 1. Alt. StPO die unwiderlegliche Vermutung, dass Jugendlichen unter 16 Jahren die 4 erforderliche Einsichtsfähigkeit in den besonderen Unrechtsgehalt eines Eidesdelikts fehlt (*Rengier*, § 49 Rn. 20; *Wessels/Hettinger*, Rn. 754).

3. Falsch schwören

5   Die Tathandlung des § 154 besteht darin, dass der Täter vor der zuständigen Stelle „**falsch schwört**", d.h. eine Falschaussage i.S.d. § 153 (vgl. § 21 Rn. 7 ff.) durch das Sprechen der Worte „Ich schwöre es" als wahr und vollständig bekräftigt (vgl. §§ 64 Abs. 1 und 2 StPO, 481 Abs. 1 und 2 ZPO; vgl. MünchKomm/*Müller*, § 154 Rn. 14).

6   a) Die Eidesleistung umfasst bei der Vernehmung von Zeugen die Angaben sowohl zur Sache als auch zur Person (§§ 69 Abs. 1 S. 1, 68 Abs. 1 StPO, 395 Abs. 2, 392 S. 3 ZPO). Eine Partei, die im Zivilprozess gemäß den §§ 445 ff. ZPO vernommen wird, hat, wenn sie aussagt, in Bezug auf die Wahrheit und Vollständigkeit ihrer Aussage die gleichen Pflichten wie ein Zeuge (vgl. § 21 Rn. 22 ff.; BGH MDR 1968, 597, 598).

7   Der Sachverständigeneid bezieht sich hingegen allein auf den Inhalt des erstatteten Gutachtens (§§ 79 Abs. 2 2. Hs. StPO, 410 Abs. 1 S. 2 ZPO). Unwahre Angaben eines Sachverständigen zu seiner Person werden daher allein von § 153 erfasst (*Lackner/Kühl*, § 154 Rn. 7; *Wessels/Hettinger*, Rn. 756). Der Eid des Dolmetschers erstreckt sich auf die treue und gewissenhafte Übertragung (vgl. § 189 GVG), so dass ein Meineid in Betracht kommt, wenn er falsch übersetzt (BGHSt 4, 154).

> **Vertiefungshinweis:** § 155 stellen den Eid ersetzende Bekräftigungen (§§ 65 StPO, 484 ZPO) und die Berufung auf frühere Eidesleistungen oder Bekräftigungen (§ 67 StPO) dem Eid gleich.

8   b) Im Strafprozess erfolgt die Vereidigung von Zeugen und Sachverständigen stets im Wege des **Nacheids**, d.h. erst nach Abschluss (vgl. § 21 Rn. 38) der Aussage (§§ 59 Abs. 2 S. 1, 79 Abs. 2 StPO). Dies gilt im Zivilprozess uneingeschränkt nur hinsichtlich des Zeugen (§ 392 S. 1 ZPO), während der Sachverständige auch vor der Erstattung des Gutachtens beeidigt werden kann (§ 410 Abs. 1 S. 1 ZPO; sog. **Voreid**). Für Dolmetscher ist der Voreid zwingend vorgeschrieben (§ 189 Abs. 1 S. 1 GVG).

9   c) Entgegen der h.M. (BGHSt 10, 142 f.; 16, 232, 235 f.; *Rengier*, § 49 Rn. 36) können trotz Einhaltung der wesentlichen Förmlichkeiten für das Gericht erkennbare Verfahrensmängel in Bezug auf den Zeugen oder Sachverständigen den Tatbestand des § 154 ausschließen, wenn sie die Unverwertbarkeit der Aussage nach sich ziehen. Die diesbezüglichen Ausführungen zu § 153 (vgl. § 21 Rn. 27 ff.) gelten entsprechend.

§ 22. Meineid   181

II. Subjektiver Tatbestand

Der subjektive Tatbestand des § 154 setzt vorsätzliches Handeln voraus. Der **10** zumindest bedingte Vorsatz muss sich darauf erstrecken, dass die Aussage falsch, der unrichtige Aussageteil vom Eid erfasst und die Zuständigkeit zur Eidesabnahme gegeben ist (*Lackner/Kühl*, § 154 Rn. 9; MünchKomm/*Müller*, § 154 Rn. 27; *Otto*, § 97 Rn. 43; *Geppert*, Jura 2002, 173, 177).

> **Vertiefungshinweis:** § 161 Abs. 1 bedroht u.a. den **fahrlässigen** Falscheid mit Strafe. Eine Verletzung der Sorgfaltspflicht kommt z.B. in Betracht, wenn ein Zeuge es aus Nachlässigkeit an der gebotenen Anspannung des Gedächtnisses fehlen lässt oder er Zweifel über den Umfang seiner Wahrheits- und Eidespflicht nicht durch Rückfragen beim vernehmenden Richter ausräumt (*OLG Köln* MDR 1980, 421 u. *OLG Koblenz* NStZ 1984, 551 zu § 163 a.F.; Schönke/Schröder/*Lenckner/Bosch*, § 161 Rn. 3ff.). Im Zivilprozess normiert § 378 ZPO als Sorgfaltsanforderung für den Zeugen, dass er, soweit dies Aussagen über seine Wahrnehmungen erleichtert, ihm zur Verfügung stehende Aufzeichnungen und andere Unterlagen einzusehen hat. Diese Anforderungen gelten im Strafverfahren auch ohne ausdrückliche Regelung.

C. Täterschaft und Teilnahme, Versuch, Konkurrenzen sowie Bestrafung

Bezüglich Täterschaft und Teilnahme bestehen gegenüber § 153 keine Be- **11** sonderheiten, die dortigen Ausführungen (vgl. § 21 Rn. 30 ff.) gelten daher entsprechend.

Der Versuch des Meineids (§§ 154, 22) ist strafbar und beginnt beim Nach- **12** eid (vgl. Rn. 8) mit dem Sprechen der Eidesworte (BGHSt 4, 172, 176; 31, 178, 182; *Lackner/Kühl*, § 154 Rn. 10; *Otto*, § 97 Rn. 45). Das Erheben der Schwurhand (§§ 64 Abs. 4 StPO, 481 Abs. 4 ZPO) allein ist nicht ausreichend (*Krey/Heinrich*, Rn. 556). Vollendet ist der Nacheid und damit § 154 mit der Beendigung des Schwurs (*Rengier*, § 49 Rn. 24). Hingegen setzt beim Voreid (vgl. Rn. 8) der Täter erst mit dem Beginn der Falschaussage unmittelbar zur Tatbestandsverwirklichung an, Vollendung tritt mit dem Abschluss der Vernehmung ein (*Lackner/Kühl*, § 154 Rn. 10).

Kommt eine Bestrafung des Täters wegen Versuchs des Meineids (§§ 154, **13** 22) in Betracht, weil dieser irrig die Zuständigkeit des Vernehmenden zur Abnahme des Eids annimmt, ist richtigerweise zu differenzieren:
- Ein strafbarer untauglicher Versuch liegt nach allgemeinen Grundsätzen **14** vor, wenn der Täter fälschlich einen *Sachverhalt* annimmt, der, läge er vor, die Voraussetzungen des Meineids vor einer zuständigen Behörde erfüllen würde (*Otto*, § 97 Rn. 45; *Rengier*, § 49 Rn. 25).

Beispiel: Rechtsreferendar A führt unter der Aufsicht eines Richters die Beweisaufnahme in einem Zivilprozess durch. B, der A für den Richter hält, beschwört seine falsche Aussage diesem gegenüber.

15 • Hingegen ist ein strafloses Wahndelikt gegeben, wenn der Täter bei zutreffender Sachverhaltskenntnis aufgrund unzutreffender *rechtlicher Erwägungen* den Vernehmenden zur Abnahme von Eiden für zuständig hält (sog. umgekehrter Subsumtionsirrtum; *Fischer*, § 154 Rn. 11; *Krey/Heinrich*, Rn. 559; a.A. BGHSt 3, 248, 255; 12, 56, 58: strafbarer untauglicher Versuch).

Beispiel: Im obigen Beispiel (vgl. Rn. 14) erkennt B, dass A Rechtsreferendar ist. Er beschwört seine falsche Aussage in der irrigen Vorstellung, A dürfe Eide abnehmen.

16 Tritt der Täter nach § 24 Abs. 1 S. 1 1. Alt. strafbefreiend vom Versuch des Meineids (§§ 154, 22) zurück, bleibt beim Nacheid (vgl. Rn. 8) die Strafbarkeit wegen falscher uneidlicher Aussage (§ 153) hiervon unberührt, da der Eid der bereits vollendeten falschen Aussage erst nachfolgt. Diesbezüglich kommt nur eine Strafmilderung oder das Absehen von Strafe nach § 158 in Betracht (vgl. § 21 Rn. 41). Demgegenüber tritt beim Voreid in entsprechenden Konstellationen völlige Straffreiheit ein, da die dann lediglich „versuchte" Falschaussage straflos ist (vgl. § 21 Rn. 38).

17 Ist eine beeidete Aussage in mehreren Punkten falsch, liegt nur eine Tat nach § 154 vor (vgl. § 21 Rn. 39; *Fischer*, § 154 Rn. 20). § 153 ist gegenüber § 154 subsidiär, wenn die Vereidigung im gleichen Termin oder in einem späteren Termin derselben Instanz erfolgt (*Krey/Heinrich*, Rn. 565). Wird der Täter erst in der zweiten Instanz vereidigt, besteht zwischen § 153 im ersten Rechtszug und § 154 Tatmehrheit (§ 53; *Wessels/Hettinger*, Rn. 761). Der im zweiten Rechtszug erneut verwirklichte § 153 tritt hinter § 154 zurück. Daneben gelten die Ausführungen zu den Konkurrenzen bei § 153 (vgl. § 21 Rn. 39) entsprechend.

Beachte: § 157 findet beim Meineid nur auf Zeugen und Sachverständige, nicht aber auf gemäß den §§ 445 ff. ZPO vernommene Parteien im Zivilprozess und Dolmetscher Anwendung und ermöglicht ausschließlich eine Strafmilderung.

18 Eine analoge Anwendung auf Zivilprozessparteien scheidet aus, weil es an der von § 157 Abs. 1 vorausgesetzten Zwangslage fehlt. Die Partei kann die Aussage und Eidesleistung beliebig verweigern (vgl. § 446 ZPO) und muss dabei allenfalls prozessuale Nachteile in Kauf nehmen (Schönke/Schröder/*Lenckner/Bosch*, § 157 Rn. 3). Im Übrigen gelten die obigen Ausführungen (vgl. § 21 Rn. 40) entsprechend. Bei mehrfachen Unrichtigkeiten in einer beeideten Aussage, bei denen die Voraussetzungen des § 157 Abs. 1 nur zum Teil erfüllt sind, ist dieser nur dann anwendbar, wenn zwischen den verschiedenen

falschen Angaben ein innerer Zusammenhang besteht (*BGH* NJW 2000, 154, 156 f.; vgl. § 21 Rn. 40).

Berichtigt der Täter die unwahren Angaben (vgl. hierzu § 21 Rn. 41) nach **19** Vollendung des Meineids, ermöglicht § 158 Abs. 1 eine Strafmilderung oder das Absehen von Strafe.

D. Kontrollfragen

1. Wer kann Täter des § 154 sein? → Rn. 3 f.
2. Wann beginnt beim Voreid, wann beim Nacheid der Versuch? → Rn. 12

Aufbauschema (§ 154)

1. Tatbestand
   a) Objektiver Tatbestand
      (1) Vor Gericht oder einer anderen zur Abnahme von Eiden zuständigen Stelle
      (2) Falsch schwören
   b) Subjektiver Tatbestand
      – Vorsatz
2. Rechtswidrigkeit
3. Schuld
4. Ggf. Strafmilderung oder Absehen von Strafe gemäß den §§ 157, 158

Empfehlungen zur vertiefenden Lektüre:
Aufsätze: *Geppert*, Grundfragen der Aussagedelikte (§§ 153 ff. StGB), Jura 2002, 173; *Reese*, Die Aussagedelikte als Prüfungsaufgabe, JA 2005, 612; *Wolf*, Falsche Aussage, Eid und eidesgleiche Beteuerungen, JuS 1991, 177.
Übungsfall: *Mitsch*, Fortgeschrittenenklausur – Strafrecht: Teilnahme, Versuch und Rücktritt bei Aussagedelikten, JuS 2005, 340.

§ 23. Falsche Verdächtigung (§ 164)

A. Grundlagen

Nach zutreffender h.M. schützt § 164 sowohl die inländische staatliche **1** Rechtspflege gegen unberechtigte Inanspruchnahme als auch den Einzelnen gegen ungerechtfertigte staatliche Verfolgung (BGHSt 5, 66, 68 – „Einwilligungsfall"; 9, 240, 242; *Lackner/Kühl*, § 164 Rn. 1; *Geilen*, Jura 1984, 251). Beide Schutzgüter stehen alternativ und nicht kumulativ nebeneinander, so dass bereits die Verletzung eines von ihnen für § 164 ausreicht (*Krey/Heinrich*, Rn. 589; *Wessels/Hettinger*, Rn. 686 ff.).

> **Vertiefungshinweis:** Nach anderen im Schrifttum vertretenen Auffassungen dient § 164 entweder ausschließlich dem Individualgüterschutz (NK/*Vormbaum*, § 164 Rn. 10) oder aber allein dem Schutz der staatlichen Rechtspflege (*Maurach/Schroeder/Maiwald*, BT 2, § 99 Rn. 5; *Otto*, § 95 Rn. 1). Der erstgenannten Ansicht steht freilich die systematische, im Anschluss an den die §§ 153 ff. enthaltenden Abschnitt erfolgte Einordnung des § 164 entgegen, während der Annahme eines nur auf die Rechtspflege bezogenen Schutzzwecks der Wortlaut des § 165 widerstreitet, wo der Verdächtigte als „*Verletzter*" bezeichnet ist (SK/*Rudolphi/Rogall*, § 164 Rn. 1).

> **Beachte:** Die Anerkennung der Alternativität der Schutzzwecke durch die h.M. hat zur Konsequenz, dass
> einerseits eine Einwilligung des Verletzten die Tat nicht rechtfertigen kann, da der Verletzte nur zur Verfügung über eines der geschützten Rechtsgüter befugt ist (BGHSt 5, 66, 68 – „Einwilligungsfall"),
> und andererseits auch auf die Verdächtigung eines Deutschen gegenüber ausländischen Behörden deutsches Strafrecht gemäß § 7 Abs. 1, 2 Nr. 1 anwendbar ist (*BGH* JR 1965, 306, 307).

B. Tatbestände

2   § 164 enthält in den Absätzen 1 und 2 jeweils eigenständige Tatbestände. § 164 Abs. 1 ist eine abschließende Sonderregelung (vgl. Rn. 31), so dass in der Fallbearbeitung dessen Prüfung vorrangig erfolgen muss (*Rengier*, § 50 Rn. 21).

I. Verdächtigungstatbestand (§ 164 Abs. 1)

1. Objektiver Tatbestand

3   Tathandlung des § 164 Abs. 1 ist vor allem das Verdächtigen eines anderen gegenüber einer Behörde wegen einer rechtswidrigen Tat.

4   **a)** Das Verdächtigen muss sich stets gegen „einen anderen" richten, so dass eine Selbstbezichtigung vom Tatbestand nicht erfasst ist (SK/*Rudolphi/Rogall*, § 164 Rn. 29). Ebenfalls nicht tatbestandsmäßig sind Strafanzeigen gegen Unbekannt, da eine bestimmte Person verdächtigt werden muss (BGHSt 13, 219, 220). Der Täter muss den anderen allerdings nicht namentlich bezeichnen. Es reicht aus, wenn er den von der Verdächtigung Gemeinten so beschreibt, dass er unschwer ermittelt werden kann (*OLG Brandenburg* NJW 1997, 141, 142;

§ 23. Falsche Verdächtigung 185

Lackner/Kühl, § 164 Rn. 2; MünchKomm/*Zopfs*, § 164 Rn. 16; *Wessels/Hettinger*, Rn. 690). Die Person muss im Übrigen verfolgbar sein, so dass etwa Tote als Verdächtigte ausscheiden.

b) Das Verdächtigen muss gegenüber einer der im Tatbestand genannten 5 Stellen, d.h. bei einer Behörde (vgl. § 11 Abs. 1 Nr. 7), einem zur Entgegennahme von Anzeigen zuständigen Amtsträger (vgl. § 11 Abs. 1 Nr. 2; § 158 Abs. 1 StPO: insbesondere Polizeibeamte und Staatsanwälte), einem militärischen Vorgesetzten, oder öffentlich erfolgen (*Piatkowski/Saal*, JuS 2005, 979). Öffentlich ist das Verdächtigen, wenn es für einen nach Zahl und Individualität unbestimmten Kreis von Personen, die nicht durch persönliche Beziehungen untereinander verbunden sind, wahrnehmbar ist (vgl. *Fischer*, § 80a Rn. 3; MünchKomm/*Zopfs*, § 164 Rn. 11 ff.).

> **Merke: Verdächtigen** heißt, einen Verdacht gegen eine bestimmte andere Person zu begründen, auf diese umzulenken oder einen bereits bestehenden Verdacht zu verstärken (BGHSt 14, 240, 246; *Lackner/Kühl*, § 164 Rn. 4; *Otto*, § 95 Rn. 4).

(1) Es ist umstritten, ob hierfür das ausdrückliche oder stillschweigende 6 Behaupten einer Tatsache vorausgesetzt ist oder ob schon eine Manipulation des vorhandenen Beweismaterials oder das Schaffen belastender Indizien ausreicht.

> **Beispielsfall 8 – Der Platztausch:** Der erheblich angetrunkene A streift mit seinem Pkw in einer schmalen Straße mehrere am Straßenrand abgestellte Fahrzeuge. Er hält an und kommt mit seiner ebenfalls – aber unter geringerem – Alkoholeinfluss stehenden Ehefrau B überein, dass sie gegenüber der Polizei erklärt, das Fahrzeug geführt zu haben. A stellt den Fahrersitz und die Fahrzeugspiegel in eine Position, die der Körpergröße der kleineren B entspricht, und nimmt selbst auf dem Beifahrersitz Platz, den er erst nach Eintreffen der Polizei wieder verlässt. Gegenüber den Beamten erklärt B verabredungsgemäß, das Fahrzeug selbst geführt zu haben, während A von seinem prozessualen Schweigerecht Gebrauch macht. Die Polizisten nehmen die Einlassung der B zu Protokoll und dokumentieren die Positionen von Fahrersitz und Fahrzeugspiegeln.
> Haben sich A und B nach § 164 strafbar gemacht?

7

Lösung:
B hat sich nicht wegen falscher Verdächtigung (§ 164 Abs. 1) strafbar ge- 8 macht. Die Selbstbezichtigung ist nicht tatbestandsmäßig (vgl. Rn. 4).

> **Vertiefungshinweis:** Jedoch kommt eine Strafbarkeit der B nach den §§ 145d und 258 in Betracht (vgl. hierzu §§ 24 und 25).

9   A hat hingegen durch sein Handeln Indizien geschaffen, die den von der B gegen sich selbst geschaffenen Tatverdacht verstärken. Dies hat er auch zur Wahrnehmung durch Polizeibeamte, also zur Entgegennahme von Anzeigen zuständigen Amtsträgern (vgl. § 158 Abs. 1 StPO), getan. Zweifelhaft ist es jedoch, ob dieses Verhalten ein Verdächtigen i.S.d. § 164 Abs. 1 darstellt.

10   Nach einer im Schrifttum vertretenen Ansicht unterfällt diesem Merkmal nur das ausdrückliche oder stillschweigende Behaupten von Tatsachen (NK/*Vormbaum*, § 164 Rn. 18 ff.; *Wessels/Hettinger*, Rn. 692 ff.). Hierfür wird folgendes **Argument** vorgebracht:

11   Die im Absatz 2 enthaltene Formulierung „*sonstige* Behauptungen tatsächlicher Art" lässt schwerlich eine andere Auslegung zu als diejenige, dass auch vom Absatz 1 „*Behauptungen tatsächlicher Art*" erfasst sind (NK/*Vormbaum*, § 164 Rn. 21).

12   Demgegenüber kann nach h.M. ein Verdächtigen auch durch Manipulation von Beweismitteln erfolgen (BGHSt 9, 240, 241; *Joecks*, § 164 Rn. 7; MünchKomm/*Zopfs*, § 164 Rn. 21; *Otto*, § 95 Rn. 4; *Rengier*, § 50 Rn. 7). Die **Argumente** der h.M. sind:

13   • Nach seinem *natürlichen* Wortsinn erfasst § 164 jedes Herbeiführen eines Verdachts (MünchKomm/*Zopfs*, § 164 Rn. 22; SK/*Rudolphi/Rogall*, § 164 Rn. 12).

14   • Der Wortlaut des § 164 Abs. 1 ist offener formuliert als der des Abs. 2, so dass eine einschränkende Auslegung, wie sie durch die Gegenauffassung erfolgt, nicht geboten ist (MünchKomm/*Zopfs*, § 164 Rn. 22; *Rengier*, § 50 Rn. 7; *Geilen*, Jura 1984, 251, 253).

15   • Bei der Formulierung des § 164 Abs. 2 handelt es sich lediglich um eine „verunglückte, stilistische Überleitung", auf die eine dem Wortlaut des Abs. 1 zuwiderlaufende Auslegung nicht gestützt werden kann (*Geilen*, Jura 1984, 251, 253).

16 **Stellungnahme:** Die h.M. hat die besseren Argumente auf ihrer Seite. Der Normtext schränkt die Art und Weise des Verdächtigens nicht ein. Dementsprechend muss die staatliche Rechtspflege unabhängig davon tätig werden, in welcher Form ihren Organen ein Verdacht unterbreitet wird (§ 152 Abs. 2 StPO). § 164 aber soll diese Amtsträger vor ungerechtfertigter Inanspruchnahme schützen (vgl. Rn. 1). Mithin hat A eine andere verdächtigt.

17   **(2)** Hingegen genügt bloßes Leugnen der eigenen Tatbeteiligung und Schweigen (vgl. § 136 Abs. 1 StPO) zur Erfüllung des Tatbestands auch dann nicht, wenn daraus Schlüsse zu Lasten anderer gezogen werden können, weil keine Tatsachen behauptet werden (*OLG Düsseldorf* NJW 1992, 1119 f. – „Beifahrerfall"; *OLG Frankfurt a.M.* DAR 1999, 225 f.; *Otto*, § 95 Rn. 4; *Wessels/Hettinger*, Rn. 696; *Piatkowski/Saal*, JuS 2005, 979). Beschränkt sich der Täter jedoch nicht darauf, sondern belastet darüber hinaus – wie im Beispielsfall – Dritte, kommt ein Verdächtigen i.S.d. § 164 Abs. 1 in Betracht

(*OLG Düsseldorf* NJW 1992, 1119, 1120 – „Beifahrerfall"; *OLG Hamm* VRS 32, 441 f.), weil er dann die Grenzen prozessual zulässiger Verteidigung überschreitet.

(3) Als Gegenstand der Verdächtigung kommen für § 164 Abs. 1 nur Straftaten, die verfolgbar (*BGH*, Beschluss vom 7. 11. 2001, Az.: 2 StR 417/01; *OLG Hamm* NStZ-RR 2002, 167, 168), und Dienstpflichtverletzungen, die geahndet werden können, in Betracht (*Lackner/Kühl*, § 164 Rn. 5; *Otto*, § 95 Rn. 5). Bloße Standespflichten in Berufen mit Ehrgerichtsbarkeit, z.B. Ärzte, Rechtsanwälte, Steuerberater und Wirtschaftsprüfer, zählen nicht dazu (*Lackner/Kühl*, § 164 Rn. 5). Begründen etwa die geschilderten Tatsachen lediglich den Verdacht eines zwar tatbestandlichen, aber gerechtfertigten Verhaltens, ist der von § 164 Abs. 1 intendierte Schutz nicht tangiert, die Rechtspflege vor ungerechtfertigter Inanspruchnahme zu bewahren. Umgekehrt liegt § 164 Abs. 1 bei der Schilderung eines Sachverhalts unter Verschweigen der rechtfertigenden Umstände vor (*OLG Brandenburg* NJW 1997, 141; *OLG Karlsruhe* NStZ-RR 1997, 37, 38). 18

Zwischenergebnis: Im Beispielsfall verdächtigt A seine Frau zumindest einer Tat gemäß § 315c Abs. 1 Nr. 1a, Abs. 3 Nr. 1 (zu § 315c vgl. § 36 Rn. 3 ff.). 19

(4) Die vom Täter behaupteten Tatsachen bzw. geschaffenen Indizien müssen nach den konkreten Umständen geeignet sein, mindestens den für behördliches Einschreiten erforderlichen Verdachtsgrad zu begründen (§ 152 Abs. 2 StPO: sog. Anfangsverdacht). Es muss also der Anschein eines Sachverhalts hervorgebracht werden, der bei rechtlicher Würdigung einem damit befassten Amtsträger Anlass gibt, in eine Tatsachenprüfung einzutreten (*BGH*, Beschluss vom 7. 11. 2001, Az.: 2 StR 417/01; *BayObLG* NJW 1957, 1644; *OLG Düsseldorf* NJW 2000, 3582, 3583; *Lackner/Kühl*, § 164 Rn. 4). Auch dieses Erfordernis ist im Beispielsfall erfüllt. 20

Hat eine Behauptung bereits eine Einleitung strafrechtlicher Ermittlungen bewirkt, liegt in der **bloßen Wiederholung** der Behauptung kein erneutes Verdächtigen (BGHSt 44, 209, 215). 21

c) Die Verdächtigung muss schließlich unwahr sein. Hierfür entscheidendes Kriterium ist es nach h.L. allein, ob eine behauptete Tatsache oder ein geschaffenes Indiz der Realität widerspricht (*Lackner/Kühl*, § 164 Rn. 7; *Otto*, § 95 Rn. 6; *Rengier*, § 50 Rn. 12; *Geilen*, Jura 1984, 300, 302; *Piatkowski/Saal*, JuS 2005, 979). Demgegenüber vertritt insbesondere die Rechtsprechung unter Berufung auf den Gesetzeswortlaut den Standpunkt, dass es auf die Unwahrheit der Beschuldigung als solcher ankommt (BGHSt 35, 50 f. – „Preisetikettenfall"; *OLG Rostock* NStZ 2005, 335; ebenso *Krey/Heinrich*, Rn. 596c). 22

Zugunsten der h.L. streiten die besseren Argumente. Der Wortlaut des § 164 Abs. 1 ist insoweit wenig aussagekräftig, so dass für die Auslegung allein 23 der Schutzzweck des § 164 Abs. 1 maßgeblich ist. Danach kommt es nur auf die Wahrheit der Verdachtstatsachen an (*Rengier*, § 50 Rn. 12; *Geilen*, Jura 1984, 300, 302). Denn die staatliche Rechtspflege wird auch dann unberechtigt in Anspruch genommen, wenn nach der prozessualen Lage hinreichende Verdachtstatsachen fehlen, die die Durchführung eines Ermittlungsverfahrens rechtfertigen können (*Rengier*, § 50 Rn. 12).

> **Beachte:** Entscheidend für die Unwahrheit ist es allein, dass der Verdacht in seinem wesentlichen Inhalt unrichtig ist. Übertreibungen und das Weglassen von bloßen Nebensächlichkeiten stehen grundsätzlich der Wahrheit nicht entgegen, es sei denn, hierdurch wird der Verdacht einer substantiell anderen Tat geschaffen (*OLG München* NStZ 2010, 219, 220; *Lackner/Kühl*, § 164 Rn. 7; SK/*Rudolphi/Rogall*, § 164 Rn. 28; *Wessels/Hettinger*, Rn. 700).

24 **Ergebnis:** Im Beispielsfall ist nach beiden Auffassungen der von A geschaffene Verdacht unwahr. A hat mithin B der Wahrheit zuwider einer rechtswidrigen Tat verdächtigt. Der objektive Tatbestand des § 164 Abs 1 ist erfüllt. Zudem handelte A vorsätzlich, rechtswidrig und schuldhaft.

---

2. Subjektiver Tatbestand

25 **a)** Der subjektive Tatbestand des § 164 Abs. 1 verlangt zunächst vorsätzliches Handeln hinsichtlich der Merkmale des objektiven Tatbestands. Bezüglich der Vorsatzanforderungen ist zu differenzieren. Die Unwahrheit der Behauptung oder manipulierten Beweislage bzw. die Relevanz der verschwiegenen Umstände (vgl. Rn. 22) muss der Täter sicher kennen (dolus directus 2. Grades; MünchKomm/*Zopfs*, § 164 Rn. 40). Im Übrigen ist bedingter Vorsatz ausreichend (*OLG Brandenburg* NJW 1997, 141, 142; *OLG Karlsruhe* NStZ-RR 1997, 37, 38; *Maurach/Schroeder/Maiwald*, BT 2, § 99 Rn. 22).

> **Vertiefungshinweis:** Fällt der Verdacht auf eine andere als die vom Täter anvisierte Person, liegt nach zutreffender h.M. nur eine unwesentliche Abweichung im Kausalverlauf vor, weil das geschützte Rechtsgut, die Rechtspflege, wie vom Täter beabsichtigt, gefährdet ist (BGHSt 9, 240, 242f.; *Fischer*, § 164 Rn. 12; *Maurach/Schroeder/Maiwald*, BT 2, § 99 Rn. 22; a.A. *Rengier*, § 50 Rn. 25: straflose versuchte Falschverdächtigung).

26 **b)** Für die darüber hinaus erforderliche „Absicht" genügt dolus directus 2. Grades, d.h. das sichere Wissen des Täters, dass die falsche Verdächtigung die Einleitung eines Ermittlungsverfahrens gegen den Verdächtigten zur Folge haben wird (BGHSt 13, 219, 221 f.; 18, 204, 206; *OLG Düsseldorf* NStZ-RR 1996, 198; *Fischer*, § 164 Rn. 13; MünchKomm/*Zopfs*, § 164 Rn. 42). Es genügt, dass der Täter das Verfahren als solches will, d.h. unabhängig von sei-

§ 23. Falsche Verdächtigung   189

nem Ausgang (*Lackner/Kühl*, § 164 Rn. 9). Im Unterschied zu § 258 Abs. 5 schließt Selbstbegünstigungsabsicht den subjektiven Tatbestand grundsätzlich nicht aus (BGHSt 18, 204, 205 ff.; *Lackner/Kühl*, § 164 Rn. 4).

II. Behauptungstatbestand (§ 164 Abs. 2)

§ 164 Abs. 2 erweitert den Anwendungsbereich des Abs. 1 auf solche Verdächtigungen, die geeignet sind, ein behördliches Verfahren oder andere behördliche Maßnahmen gegen den Verdächtigten herbeizuführen (*BGH MDR/H* 1978, 623; *BayObLG* NJW 1958, 1103; *OLG Celle* BeckRS 2008, 02076; NStZ-RR 2009, 370; *Otto*, § 95 Rn. 9). 27

Beispiele: Sicherungs- und Bußgeldverfahren (*OLG Celle* NStZ-RR 2009, 370), Verfahren zur Entziehung behördlicher Erlaubnisse (etwa Fahr-, Gewerbe- und Schankerlaubnis), Sorgerechtsverfahren sowie Ehrengerichtsverfahren gegen Rechtsanwälte, Steuerberater und Ärzte (MünchKomm/*Zopfs*, § 164 Rn. 38)

> **Merke:** Im Unterschied zu § 164 Abs. 1 muss die Verdächtigung durch wahrheitswidrige Behauptungen erfolgen. Beweismanipulationen sind von § 164 Abs. 2 nicht erfasst (*Lackner/Kühl*, § 164 Rn. 6; *Wessels/Hettinger*, Rn. 703).

In subjektiver Hinsicht bestehen hingegen gegenüber § 164 Abs. 1 keine Abweichungen (*Wessels/Hettinger*, Rn. 703); die diesbezüglichen Ausführungen gelten entsprechend (vgl. Rn. 25). 28

III. Falsche Verdächtigung zur Selbstbegünstigung (§ 164 Abs. 3)

Der Qualifikationstatbestand des § 164 Abs. 3 S. 1 (*Lackner/Kühl*, § 164 Rn. 12) bedroht Handlungen im Sinne von Abs. 1 und 2 mit einem gegenüber den Grundtatbeständen deutlich erhöhten Strafrahmen von sechs Monaten bis zu zehn Jahren. 29

1. Objektiver Tatbestand

In objektiver Hinsicht setzt § 164 Abs. 3 S. 1 die Begehung des objektiven Tatbestands des § 164 Abs. 1 oder Abs. 2 (vgl. Rn. 3 ff. und Rn. 27) voraus. 30

2. Subjektiver Tatbestand

In subjektiver Hinsicht ist es zunächst erforderlich, dass der Täter vorsätzlich hinsichtlich der Merkmale des objektiven Tatbestands des § 164 Abs. 1 oder Abs. 2 handelt. In Bezug auf die unwahren Angaben und darauf, dass diese die Einleitung eines Verfahrens gegen den Verdächtigten zur Folge haben, ist zudem sicheres Wissen (dolus directus 2. Grades) vorausgesetzt (vgl. 31

Rn. 25). Hinzukommen muss schließlich die Absicht (dolus directus 1. Grades), für sich selbst eine Strafmilderung nach Maßgabe des § 46b oder des § 31 BtMG zu erlangen (Schönke/Schröder/*Lenckner/Bosch*, § 164 Rn. 32a). Ob der Täter dieses Ziel erreicht, ist für die Erfüllung des Qualifikationstatbestandes ohne Belang.

> **Beachte:** Die Selbstbegünstigungsabsicht wirkt bei § 164 Abs. 3 im Gegensatz zu ihrer sonst angenommenen Wirkung (vgl. etwa § 257 und § 258 Abs. 5) nicht strafmildernd, sondern straferhöhend, weil sie mit einer Drittschädigungsabsicht verbunden ist (*Lackner/Kühl*, § 164 Rn. 12).

C. Täterschaft und Teilnahme sowie Konkurrenzen

32   Bezüglich Täterschaft und Teilnahme bestehen keine Besonderheiten, so dass die §§ 25 ff. ohne Einschränkung anzuwenden sind.

33   Der Versuch der falschen Verdächtigung ist nicht mit Strafe bedroht, so dass erst mit Vollendung der Tathandlung ein strafbares Verhalten in Betracht kommt. Vollendet ist die Tat, wenn die Verdächtigung einer Behörde oder einem der im Tatbestand genannten Amtsträger bekannt geworden ist (*LG Osnabrück* NStZ-RR 2007, 136; MünchKomm/*Zopfs*, § 164 Rn. 44). Darauf, ob dieser tatsächlich „Verdacht geschöpft" hat, kommt es nicht an (*Lackner/ Kühl*, § 164 Rn. 10; *Otto*, § 95 Rn. 10).

> **Vertiefungshinweis:** Eine freiwillige Richtigstellung durch den Täter kann nach diesem Zeitpunkt nur durch analoge Anwendung des § 158 berücksichtigt werden (*Lackner/Kühl*, § 164 Rn. 10; *Otto*, § 95 Rn. 10; *Rengier*, § 50 Rn. 26; a.A. SK/*Rudolphi/Rogall*, § 164 Rn. 45: Gesetzgeber hat trotz Kenntnis des Problems bislang keine andere Regelung getroffen).

34   Wiederholt ein Täter seine falsche Verdächtigung bei derselben Stelle ohne zusätzliches Vorbringen zur Stärkung der Verdachtsmomente, so liegt eine mitbestrafte Nachtat vor (*OLG Düsseldorf* NStZ-RR 2000, 169). § 164 Abs. 1 verdrängt als lex specialis § 164 Abs. 2 (*Otto*, § 95 Rn. 11; *Wessels/Hettinger*, Rn. 690). Hinter § 164 Abs. 3 treten Abs. 1 und 2 zurück (Gesetzeseinheit). Tateinheit (§ 52) kommt insbesondere mit den §§ 153 ff., 187, 187a in Betracht (*Lackner/Kühl*, § 164 Rn. 13; SK/*Rudolphi/Rogall*, § 164 Rn. 49; zum Verhältnis zu § 145d vgl. § 24 Rn. 24).

> **Vertiefungshinweis:** Von der Erhebung einer öffentlichen Klage wegen falscher Verdächtigung *soll* abgesehen werden, solange ein Straf- oder Disziplinarverfahren wegen der angezeigten oder behaupteten Tat anhängig ist (§ 154e Abs. 1 StPO). Ist

die öffentliche Klage bereits erhoben, stellt das Gericht *zwingend* das Verfahren bis zum Abschluss des Straf- oder Disziplinarverfahrens wegen der angezeigten oder behaupteten Tat ein (§ 154e Abs. 2 StPO).

D. Kontrollfragen

1. Welche Rechtsgüter schützt § 164 und in welchem Verhältnis stehen diese zueinander? → Rn. 1
2. Ist es zur Erfüllung des objektiven Tatbestands des § 164 Abs. 1 erforderlich, dass der Täter ausdrücklich oder stillschweigend eine Tatsache behauptet oder genügt schon das Manipulieren von Beweismaterial? → Rn. 6 ff.
3. Welche Wirkung hat eine vom Täter verfolgte Selbstbegünstigungsabsicht im Allgemeinen, welche bei § 164 Abs. 3? → Rn. 30

Aufbauschema (§ 164 Abs. 1)

1. Tatbestand
   a) Objektiver Tatbestand
      (1) Einen anderen
      (2) Gegenüber einer Behörde oder einem zur Entgegennahme von Anzeigen zuständigen Amtsträger oder militärischen Vorgesetzten oder öffentlich
      (3) Einer rechtswidrigen Tat oder der Verletzung einer Dienstpflicht
      (4) Verdächtigen
   b) Subjektiver Tatbestand
      (1) Vorsatz; hinsichtlich der Unwahrheit der Verdächtigung bzw. der behaupteten Tatsache sicheres Wissen
      (2) Absicht, ein behördliches Verfahren oder andere behördliche Maßnahmen gegen den Verdächtigten herbeizuführen oder fortdauern zu lassen
2. Rechtswidrigkeit
3. Schuld

Aufbauschema (§ 164 Abs. 3)

1. Tatbestand
   a) Objektiver Tatbestand
      (1) Einen anderen

(2) Gegenüber einer Behörde oder einem zur Entgegennahme von Anzeigen zuständigen Amtsträger oder militärischen Vorgesetzten oder öffentlich
(3) Einer rechtswidrigen Tat oder der Verletzung einer Dienstpflicht
(4) Verdächtigen
  b) Subjektiver Tatbestand
    (1) Vorsatz; hinsichtlich der Unwahrheit der Verdächtigung bzw. der behaupteten Tatsache sicheres Wissen
    (2) Absicht, ein behördliches Verfahren oder andere behördliche Maßnahmen gegen den Verdächtigten herbeizuführen oder fortdauern zu lassen
    (3) Absicht, eine Strafmilderung oder ein Absehen von Strafe nach § 46b oder § 31 BtmG zu erlangen
2. Rechtswidrigkeit
3. Schuld

Empfehlungen zur vertiefenden Lektüre:
Leitentscheidungen: BGHSt 5, 66 – „Einwilligungsfall"; BGHSt 35, 50 – „Preisetikettenfall"; *OLG Düsseldorf* NJW 1992, 1119 – „Beifahrerfall".

Aufsätze: *Geilen*, Grundfragen der falschen Verdächtigung, Jura 1984, 251 und 300; *Piatkowski/Saal*, Examensprobleme im Rahmen der Straftatbestände zum Schutz der Rechtspflege, JuS 2005, 979.

Übungsfall: *Kuhlen*, Der praktische Fall – Strafrecht: Der Platztausch, JuS 1990, 396.

§ 24. Vortäuschen einer Straftat (§ 145d)

A. Grundlagen

1   Die Tatbestände der § 145d Abs. 1 Nr. 1 und Abs. 2 Nr. 1 schützen die inländische staatliche Rechtspflege vor unnützer Inanspruchnahme (*OLG Frankfurt a.M.* NStZ 2002, 209, 210; *Geppert*, Jura 2000, 383), die insbesondere durch das Lenken der Verfolgungstätigkeit in eine falsche Richtung erfolgt. § 145d Abs. 1 Nr. 2 und § 145d Abs. 2 Nr. 2 dienen dem Schutz der präventivpolizeilich tätigen Organe des Staats, vor allem der Polizei, gegen unberechtigte Inanspruchnahme, damit sie ihre ganze Kraft zur Erfüllung der ihnen obliegenden Aufgaben einsetzen können (BGHSt 19, 305, 307f. – „Platztauschfall"; *OLG Karlsruhe* MDR 1992, 1166, 1167 – „Schussverletzungsfall"; *Otto*, § 95 Rn. 12; *Rengier*, § 51 Rn. 1; *Geppert*, Jura 2000, 383).

B. Tatbestände

§ 145d enthält sieben Tatbestände. Die des Absatzes 1 stellen die Vortäuschung von rechtswidrigen Taten unter Strafe, die des Absatzes 2 die Täuschung über den Beteiligten an einer rechtswidrigen Tat. Die jeweiligen Nummern 1 erfassen Handlungen in Bezug auf begangene, die Nummern 2 jeweils hinsichtlich bevorstehender Taten (*Maurach/Schroeder/Maiwald*, BT 2, § 99 Rn. 26). Bei Absatz 3 Nr. 1 handelt es sich um einen Qualifikationstatbestand von Abs. 1 Nr. 1 und Abs. 2 Nr. 1. Jeweils eigenständige Tatbestände sind § 145d Abs. 3 Nr. 2 und Nr. 3. 2

> **Vertiefungshinweis:** Ist die bevorstehende Tat ein Verbrechen und liegt ein (vermeintlicher) Versuch der Beteiligung (§ 30) vor, kommen allein die Tatbestände der § 145d Abs. 1 Nr. 1 und Abs. 2 Nr. 1 zur Anwendung.

Systematik der Tatbestände des § 145d					
Absatz 1		**Absatz 2**		**Absatz 3**	
Vortäuschen einer rechtswidrigen Tat als solcher		Täuschung über den Beteiligten		Vortäuschen oder Täuschung	
Nummer 1	**Nummer 2**	**Nummer 1**	**Nummer 2**	**Nummer 2**	**Nummer 3**
Als tatsächlich begangen	Als unmittelbar bevorstehend	An einer tatsächlich begangenen rechtswidrigen Tat	An einer unmittelbar bevorstehenden rechtswidrigen Tat	Einer rechtswidrigen Tat als solcher als tatsächlich begangen	Über den Beteiligten an einer tatsächlich begangenen oder unmittelbar bevorstehenden rechtswidrigen Tat
Ggf. Absatz 3 Nr. 1 (Qualifikation) Absicht, eine Strafmilderung oder ein Absehen von Strafe nach § 46b oder § 31 BtMG zu erlangen		Ggf. Absatz 3 Nr. 1 (Qualifikation) Absicht, eine Strafmilderung oder ein Absehen von Strafe nach § 46b oder § 31 BtMG zu erlangen			Absicht, eine Strafmilderung oder ein Absehen von Strafe nach § 46b oder § 31 BtMG zu erlangen

I. Vortäuschen einer rechtswidrigen Tat (§ 145d Abs. 1 Nr. 1 und 2)

1. Objektiver Tatbestand

3 **a)** Tathandlung des § 145 Abs. 1 Nr. 1 ist das Vortäuschen, eine rechtswidrige Tat sei begangen worden. Dieses muss gegenüber einer Behörde (vgl. § 11 Abs. 1 Nr. 7; § 158 StPO sowie § 23 Rn. 5) oder einer zur Entgegennahme von Anzeigen zuständigen Stelle ohne Behördencharakter erfolgen. Zu diesen zählen militärische Dienststellen und nach h.M. zudem parlamentarische Untersuchungsausschüsse (*Lackner/Kühl*, § 145d Rn. 2; *Wessels/Hettinger*, Rn. 707; a.A. *Fischer*, § 145d Rn. 3).

> **Merke: Vortäuschen** ist das Erregen oder Verstärken einer objektiv unrichtigen Verdachtslage (*Otto*, § 95 Rn. 14; *Rengier*, § 51 Rn. 2) durch ausdrückliches oder konkludentes Behaupten von Tatsachen oder Schaffen einer verdachtsbegründenden Beweislage (MünchKomm/*Zopfs*, § 145d Rn. 19; SK/*Rudolphi/Rogall*, § 145d Rn. 13; *Wessels/Hettinger*, Rn. 706).

4 Der Verdacht muss **falsch** sein. Maßgeblich hierfür ist es, ob die den Gegenstand des Verdachts bildende Tat tatsächlich begangen worden ist.

> **Beachte:** Im Unterschied zum § 164 (vgl. § 23 Rn. 12 ff.) ist daher der Tatbestand nicht verwirklicht, wenn der Täter zum Beweis einer tatsächlich begangenen rechtswidrigen Tat falsche Behauptungen aufstellt (*Otto*, § 95 Rn. 14; *Wessels/Hettinger*, Rn. 706).

5 Denn in diesem Fall werden die Strafverfolgungsorgane nicht unnütz in Anspruch genommen, sondern im Gegenteil gerade veranlasst, eine wirklich begangene Tat zu verfolgen (*Geppert*, Jura 2000, 383, 384). Dies gilt auch, wenn die Darstellung einer tatsächlich begangenen Straftat Übertreibungen oder Vergröberungen enthält (sog. **Täuschung mit Wahrheitskern**; *BayObLG* NJW 1988, 83; *OLG Karlsruhe* MDR 1992, 1166, 1167 – „Schussverletzungsfall"; *Lackner/Kühl*, § 145d Rn. 4; *Rengier*, § 51 Rn. 4; *Geppert*, Jura 2000, 383, 384). Hingegen ist die Behandlung einer weiterreichenden Täuschung über eine tatsächlich begangene Tat äußerst umstritten. Im Einzelnen werden folgende Lösungsansätze vertreten:

6 • § 145d Abs. 1 Nr. 1 liegt nicht vor, wenn die wirkliche Tat und die vom Täter vorgetäuschte Tat sich auch nur partiell überschneiden, da die Behörden insoweit zu einer umfassenden Aufklärung verpflichtet sind und daher keine relevante Mehrarbeit anfällt (*OLG Hamm* NStZ 1987, 558; SK/*Rudolphi/Rogall*, § 145d Rn. 18; *Otto*, § 95 Rn. 14).

- Der Tatbestand ist nur dann erfüllt, wenn der Täter derart übertreibt, dass ein Vergehen als ein Verbrechen erscheint, so dass die vorgetäuschte Schwere der Tat ein prinzipiell gesteigertes Verfolgungsinteresse schafft (*Krümpelmann*, JuS 1985, 763, 766 f.). 7
- Der Tatbestand ist stets dann verwirklicht, wenn das tatsächliche Geschehen aufgrund der Vortäuschung ein völlig anderes Gepräge erhält, das geeignet ist, unnötige erhebliche Mehrarbeit der Strafverfolgungsorgane zu bewirken, etwa wenn ein Privatklagedelikt als Offizialdelikt hingestellt wird (*Joecks*, § 145d Rn. 12 a.E.; MünchKomm/*Zopfs*, § 145d Rn. 24; *Stree*, NStZ 1987, 559, 560). 8
- Ähnlich stellt die Rechtsprechung zu Recht darauf ab, ob die Ermittlungsbehörden aufgrund der Täuschung zu einem erheblichen Mehraufwand hätten veranlasst werden können (*OLG Hamm* NStZ 1987, 558, 559; *OLG Karlsruhe* MDR 1992, 1166, 1167 – „Schussverletzungsfall"). Im Hinblick auf das von § 145d geschützte Rechtsgut (vgl. Rn. 1) ist es unerheblich, wie die Tat dogmatisch einzuordnen ist oder ob sich die Taten partiell überschneiden. 9

Gegenstand des Vortäuschens muss eine rechtswidrige Tat (§ 11 Abs. 1 Nr. 5) sein. Diese muss als verfolgbar geschildert werden, da sonst keine unnütze Tätigkeit von Rechtspflegeorganen ausgelöst wird (SK/*Rudolphi*/*Rogall*, § 145d Rn. 16; *Maurach*/*Schroeder*/*Maiwald*, BT 2, § 99 Rn. 16). 10

Beispiel: A behauptet, die zwölfjährige B (vgl. § 19) habe seine Brieftasche gestohlen.

Eine falsche Selbstbezichtigung erfüllt den Tatbestand des § 145d Abs. 1 Nr. 1 – im Gegensatz zum § 164 (vgl. § 23 Rn. 4) – stets, weil auch sie eine ungerechtfertigte Inanspruchnahme der Ermittlungsbehörden nach sich ziehen kann. Hingegen scheidet der Tatbestand bei einer Tatvertuschung aus, da der Täter gerade Ermittlungen verhindern will (*Otto*, § 95 Rn. 15). 11

Nicht erforderlich ist es, dass Rechtspflegeorgane aufgrund der vorgetäuschten Tat ermittelnd tätig geworden sind. Es reicht aus, dass die Vortäuschung geeignet ist, ein Einschreiten der Ermittlungsbehörden zu veranlassen (*OLG Hamburg* StV 1995, 588, 589; *Lackner*/*Kühl*, § 145d Rn. 4). 12

b) Für die Tathandlung des § 145d Abs. 1 Nr. 2 – das Vortäuschen, die Verwirklichung einer der in § 126 Abs. 1 abschließend aufgezählten rechtswidrigen Taten stehe bevor – gelten die Ausführungen zum § 145d Abs. 1 Nr. 1 (vgl. Rn. 3 ff.) entsprechend. 13

Beispiel: A schickt an die „Bahnhofsvorstände" verschiedener Hauptbahnhöfe Drohbriefe, in denen er ankündigt, dass mit Bombenanschlägen auf Einrichtungen der Deutschen Bahn AG zu rechnen sei, obwohl dies nicht zutrifft (BGHSt 34, 329).

2. Subjektiver Tatbestand

14 Die subjektiven Tatbestände des § 145d Abs. 1 verlangen jeweils vorsätzliches Handeln hinsichtlich der objektiven Tatbestandsmerkmale. Bezüglich der Vorsatzanforderungen ist zu differenzieren. Der Täter muss sicher wissen, dass eine rechtswidrige Tat tatsächlich nicht begangen worden ist oder nicht bevorsteht (dolus directus 2. Grades; *OLG Karlsruhe*, NStZ-RR 2003, 234, 235; MünchKomm/*Zopfs*, § 145d Rn. 39). Im Übrigen ist bedingter Vorsatz ausreichend (*Lackner/Kühl*, § 145d Rn. 9; MünchKomm/*Zopfs*, § 145d Rn. 39; *Otto*, § 95 Rn. 16).

II. Täuschung über den Beteiligten an einer rechtswidrigen Tat (§ 145d Abs. 2 Nr. 1 und 2)

1. Objektiver Tatbestand

15 a) § 145d Abs. 2 Nr. 1 bedroht denjenigen mit Strafe, der die in Absatz 1 (vgl. Rn. 3) bezeichneten Stellen über einen Beteiligten an einer rechtswidrigen Tat zu täuschen sucht.

16 Eine **Täuschung über einen Beteiligten** liegt nur vor, wenn der Verdacht auf einen Unbeteiligten gelenkt werden soll (*Krey/Heinrich*, Rn. 606a; *Wessels/Hettinger*, Rn. 714). Ob dem Täter dies gelingt, ist – wie bei § 145d Abs. 1 (vgl. Rn. 12) – unerheblich; entscheidend ist die prinzipielle Eignung der Täuschung, ein behördliches Einschreiten gegen einen bestimmten Unbeteiligten zu veranlassen. Dementsprechend entfällt der Tatbestand, wenn lediglich eine Anzeige gegen Unbekannt erstattet wird (BGHSt 6, 251, 255; MünchKomm/*Zopfs*, § 145d Rn. 33; *Otto*, § 95 Rn. 18).

> **Merke:** Der Tatbestand ist auch dann nicht erfüllt, wenn die Tat in der Person des unbeteiligten Dritten gerade keine Straftat darstellt (BGHSt 19, 305, 307 – „Platztauschfall"; *OLG Zweibrücken* NStZ 1991, 530; SK/*Rudolphi/Rogall*, § 145d Rn. 28; *Maurach/Schroeder/Maiwald*, BT 2, § 99 Rn. 29).

Beispiel: A führt trotz einer BAK von mindestens 2,02 ‰ einen Pkw und prallt infolge seiner alkoholbedingten Fahruntüchtigkeit gegen einen Laternenmast, der daraufhin umknickt. Gegenüber der Polizei erklärt A, seine – nüchterne – Ehefrau sei Fahrerin des Wagens gewesen (*OLG Zweibrücken* NStZ 1991, 530).

17 Bloßes Leugnen der eigenen Tatbeteiligung wird von § 145d Abs. 2 Nr. 1 auch dann nicht erfasst, wenn dadurch der Verdacht notwendig auf einen Unbeteiligten fällt, da sonst eine dem deutschen Strafverfahrensrecht fremde Wahrheitspflicht eines Tatverdächtigen konstituiert würde (*Krey/Heinrich*, Rn. 612; *Wessels/Hettinger*, Rn. 714).

Beispiel: Im obigen Beispiel (vgl. Rn. 16) werden nur A und seine Ehefrau von der Polizei an der Unfallstelle angetroffen. A erklärt, nicht gefahren zu sein.

Beschränkt sich ein Tatverdächtiger allerdings nicht darauf, seine Täterschaft zu leugnen, sondern lenkt er den Verdacht durch weitergehende Handlungen auf einen Unbeteiligten, ist der Tatbestand erfüllt (MünchKomm/*Zopfs*, § 145d Rn. 35). 18

Ein Erschweren der Ermittlungen in irgendeiner Weise genügt nicht (*KG* JR 1989, 26, 27; a.A. *Otto*, § 95 Rn. 19: Verursachen von Mehrarbeit ist ausreichend). Versucht beispielsweise eine an einer Straftat unbeteiligte Person, den Verdacht vom Täter dadurch abzulenken, dass sie ihm ein falsches Alibi verschafft, ohne zugleich einen anderen Verdacht zu begründen, scheidet der Tatbestand des § 145d Abs 2 Nr. 1 aus, weil die Strafverfolgungsorgane nicht (unmittelbar) zu unnützen Ermittlungen veranlasst werden (*BayObLG* JR 1985, 294, 295; *Wessels/Hettinger*, Rn. 714). 19

Es ist umstritten, ob die rechtswidrige Tat, über deren Beteiligten der Täter zu täuschen sucht, tatsächlich begangen worden sein muss. Zum Teil wird unter Hinweis auf die Schutzrichtung des § 145d vertreten, dass es für die Irreführung der Behörde keine Rolle spielt, ob die Tat objektiv begangen ist oder nur im Vorstellungsbild des über einen Tatbeteiligten täuschenden Täters existiert (*OLG Hamm* NJW 1963, 2138f.; *Maurach/Schroeder/Maiwald*, BT 2, § 99 Rn. 30). 20

Nach zutreffender h.M. scheidet der Tatbestand des § 145d Abs. 2 Nr. 1 jedoch aus, wenn der Täter nur irrtümlich eine strafbare Handlung annimmt und über einen hieran Beteiligten zu täuschen sucht (*OLG Frankfurt a.M.* NJW 1975, 1895, 1896; *KG* JR 1989, 26; *Fischer*, § 145d Rn. 7; *Otto*, § 95 Rn. 20). Nur diese Auslegung gewährleistet einen jeweils eigenständigen Anwendungsbereich von § 145d Abs. 1 und 2. Beruht die unnütze Inanspruchnahme von Strafverfolgungsorganen auf einer Täuschung über das Vorliegen einer Straftat, ist § 145d Abs. 1, bei einer Täuschung über einen Beteiligten § 145d Abs. 2 einschlägig. 21

b) § 145d Abs. 2 Nr. 2 erweitert den Anwendungsbereich des Absatzes 2 Nummer 1 auf die Fälle, in denen sich die Täuschung über den Beteiligten auf eine tatsächlich bevorstehende Tat bezieht. 22

2. Subjektiver Tatbestand

In subjektiver Hinsicht ist für die Tatbestände des § 145d Abs. 2 erforderlich, dass der Täter vorsätzlich hinsichtlich der Merkmale des objektiven Tatbestands handelt. Nur in Bezug auf die unwahren Angaben über den Beteiligten ist sicheres Wissen (dolus directus 2. Grades) vorausgesetzt. Im Übrigen reicht bedingter Vorsatz aus (*OLG Frankfurt a.M.* NStZ 2002, 209, 210; *Lackner/Kühl*, § 145d Rn. 9; *Otto*, § 95 Rn. 21). 23

III. Vortäuschen einer Straftat zur Selbstbegünstigung (§ 145d Abs. 3)

24 § 145d Abs. 3 enthält drei Tatbestände, die jeweils dadurch charakterisiert sind, dass im Gegensatz zu ihrer allgemeinen Wirkung die Selbstbegünstigungsabsicht nicht zu einer Strafmilderung, sondern zu einer Straferhöhung führt. Der Strafrahmen des § 145d Abs. 3 von sechs Monaten bis zu zehn Jahren ist gegenüber dem der § 145d Abs. 1 und 2 deutlich erhöht.

25 § 145d Abs. 3 Nr. 1 ist ein Qualifikationstatbestand (*Fischer,* § 145d Rn. 14; *Lackner/Kühl,* § 145d Rn. 10a; Schönke/Schröder/*Sternberg-Lieben,* § 145d Rn. 20a). Die Taten nach § 145d Abs. 1 Nr. 1 und Abs. 2 Nr. 1 werden allein durch die vom Täter verfolgte Absicht qualifiziert. Hingegen handelt es sich bei § 145d Abs. 3 Nr. 2 und Nr. 3 jeweils um einen eigenständigen Tatbestand (*Fischer,* § 145d Rn. 14; Schönke/Schröder/*Sternberg-Lieben,* § 145d Rn. 20a; a.A. *Lackner/Kühl,* § 145d Rn. 10 a: nur Nr. 3 ist ein gegenüber Abs. 1 und 2 eigenständiger Tatbestand).

1. Objektive Tatbestände

26 In objektiver Hinsicht setzt § 145d Abs. 3 Nr. 1 die Begehung des objektiven Tatbestands des § 145d Abs. 1 Nr. 1 oder Abs. 2 Nr. 1 (vgl. Rn. 3 ff. und Rn. 15 ff.) voraus.

27 Der objektive Tatbestand § 145d Abs. 3 Nr. 2 erfordert, dass der Täter einer in Abs. 1 bezeichneten Stelle (vgl. Rn. 3) das unmittelbare Bevorstehen der Verwirklichung einer der in § 46b Abs. 1 S. 1 Nr. 2 oder § 31 S. 1 Nr. 2 BtMG genannten rechtswidrigen Taten vortäuscht.

28 Der objektive Tatbestand § 145d Abs. 3 Nr. 3 stellt die Täuschung einer in Abs. 1 bezeichneten Stelle (vgl. Rn. 3) über einen Beteiligten an einer der in § 46b Abs. 1 S. 1 Nr. 2 oder § 31 S. 1 Nr. 2 BtMG genannten Taten unter Strafe.

2. Subjektive Tatbestände

29 In subjektiver Hinsicht ist für die Tatbestände des § 145d Abs. 3 zunächst erforderlich, dass der Täter vorsätzlich hinsichtlich der Merkmale des objektiven Tatbestands handelt. In Bezug auf die unwahren Angaben ist zudem sicheres Wissen (dolus directus 2. Grades; Schönke/Schröder/*Sternberg-Lieben,* § 145d Rn. 21) vorausgesetzt. Hinzukommen muss schließlich die Absicht (dolus directus 1. Grades), für sich selbst eine Strafmilderung nach Maßgabe des § 46b oder des § 31 BtMG zu erlangen (Schönke/Schröder/*Sternberg-Lieben,* § 145d Rn. 21). Ob der Täter sein Ziel erreicht, ist für die Erfüllung des Qualifikationstatbestandes ohne Belang.

C. Täterschaft und Teilnahme sowie Konkurrenzen

Bezüglich Täterschaft und Teilnahme bestehen keine Besonderheiten, so dass die §§ 25 ff. uneingeschränkt Anwendung finden (MünchKomm/*Zopfs*, § 145d Rn. 41). **30**

Der Versuch der Tatbestände des § 145d ist nicht mit Strafe bedroht, so dass erst mit Vollendung der Tathandlung ein strafbares Verhalten in Betracht kommt. Dies ist der Fall, wenn eine Behörde oder zuständige Stelle (vgl. Rn. 3) von dem täuschenden Verhalten Kenntnis erlangt. **31**

§ 145d Abs. 1 und 2 schließen einander gegenseitig aus (*BayObLG* NStZ 2004, 97), da Absatz 2 nach zutreffender Ansicht (vgl. Rn. 19) nur bei tatsächlich begangener oder bevorstehender Tat Anwendung findet. Die spezielle Subsidiaritätsklausel des § 145d Abs. 1 gilt infolge der Formulierung „ebenso wird bestraft" auch für Absatz 2 (*Rengier*, § 51 Rn. 19). Sie lässt § 145d nur dann hinter den §§ 164, 258 oder 258a zurücktreten, wenn der Täter tatsächlich wegen dieser Delikte bestraft wird, d.h. insbesondere im Falle der Strafvereitelung § 258 Abs. 5 oder 6 nicht zur Anwendung gelangt (*Fischer*, § 145d Rn. 17). Die Absicht, sich selbst oder einen Angehörigen der Strafverfolgung zu entziehen, steht im Gegensatz zum § 258 wegen der jeweils unterschiedlichen Rechtsgüter (vgl. Rn. 1 und § 25 Rn. 1) einer Bestrafung nach § 145d nicht entgegen (*OLG Celle* JR 1981, 34 f. m. zust. Anm. *Geerds*; *BayObLG* NJW 1984, 2302 f.). Hinter § 145d Abs. 3 Nr. 1 treten Abs. 1 und 2 zurück (Gesetzeseinheit). § 145d Abs. 3 Nr. 2 und 3 sind gegenüber § 145d Abs. 1 Nr. 2 und Abs. 2 das speziellere Delikt. **32**

Tateinheit (§ 52) von § 145d kommt mit den §§ 142, 257 (*Fischer*, § 145d Rn. 17), mit § 242 (*BGH* MDR/H 1994, 192) sowie insbesondere mit Betrug (§ 263) zum Nachteil einer Versicherungsgesellschaft in Betracht. In der letztgenannten Konstellation müssen Strafanzeige und Schadensmeldung freilich gleichzeitig erfolgen, was namentlich dann der Fall ist, wenn beide schriftlich formuliert und gleichzeitig zur Post gegeben werden (*BGH* wistra 1985, 19). **33**

D. Kontrollfragen

1. In welchem Verhältnis stehen § 145d Abs. 1 und § 145d Abs. 2 zueinander? → Rn. 24
2. Unter welchen Voraussetzungen erfüllt ein an einer Straftat Beteiligter, der den Tatverdacht von sich selbst ablenkt, den Tatbestand des § 145d Abs. 2 Nr. 1? → Rn. 18

Aufbauschema (§ 145d Abs. 1 Nr. 1)

1. Tatbestand
   a) Objektiver Tatbestand
      (1) Einer Behörde oder einer zur Entgegennahme von Anzeigen zuständigen Stelle
      (2) Vortäuschen
      (3) Dass eine rechtswidrige Tat begangen worden sei
   b) Subjektiver Tatbestand
      Vorsatz; hinsichtlich des Vortäuschens der rechtswidrigen Tat sicheres Wissen
2. Rechtswidrigkeit
3. Schuld

Aufbauschema (§ 145d Abs. 2 Nr. 1)

1. Tatbestand
   a) Objektiver Tatbestand
      (1) Eine Behörde oder eine zur Entgegennahme von Anzeigen zuständigen Stelle
      (2) Über den Beteiligten an einer rechtswidrigen Tat zu täuschen suchen
   b) Subjektiver Tatbestand
      Vorsatz; hinsichtlich der Täuschung über den Beteiligten an einer rechtswidrigen Tat sicheres Wissen
2. Rechtswidrigkeit
3. Schuld

Aufbauschema (§ 145d Abs. 3 Nr. 1)

1. Tatbestand
   a) Objektiver Tatbestand
      Handlung im Sinne des § 145d Abs. 1 Nr. 1 oder Abs. 2 Nr. 1
   b) Subjektiver Tatbestand
      (1) Vorsatz
      (2) Hinsichtlich des Vortäuschens der rechtswidrigen Tat sicheres Wissen
      (3) Absicht, eine Strafmilderung oder ein Absehen von Strafe nach § 46b oder § 31 BtMG zu erlangen

2. Rechtswidrigkeit
3. Schuld

Aufbauschema (§ 145d Abs. 3 Nr. 2)

1. Tatbestand
   a) Objektiver Tatbestand
      Vortäuschung einer rechtswidrigen Tat als solcher als tatsächlich begangen
   b) Subjektiver Tatbestand
      (1) Vorsatz
      (2) Hinsichtlich des Vortäuschens der rechtswidrigen Tat sicheres Wissen
      (3) Absicht, eine Strafmilderung oder ein Absehen von Strafe nach § 46b oder § 31 BtMG zu erlangen
2. Rechtswidrigkeit
3. Schuld

Aufbauschema (§ 145d Abs. 3 Nr. 3)

1. Tatbestand
   a) Objektiver Tatbestand
      Täuschen über den Beteiligten an einer tatsächlich begangenen oder unmittelbar bevorstehenden rechtswidrigen Tat
   b) Subjektiver Tatbestand
      (1) Vorsatz
      (2) Hinsichtlich des Vortäuschens der rechtswidrigen Tat sicheres Wissen
      (3) Absicht, eine Strafmilderung oder ein Absehen von Strafe nach § 46b oder § 31 BtMG zu erlangen
2. Rechtswidrigkeit
3. Schuld

Empfehlungen zur vertiefenden Lektüre:
Leitentscheidungen: BGHSt 19, 305 – „Platztauschfall"; *OLG Karlsruhe* MDR 1992, 1166 – „Schussverletzungsfall".

Aufsatz: *Geppert*, Zu einigen immer wiederkehrenden Streitfragen im Rahmen des Vortäuschens einer Straftat, Jura 2000, 383.

§ 25. Strafvereitelung und Strafvereitelung im Amt (§§ 258, 258a)

A. Grundlagen

1 § 258 schützt nach h.M. die inländische staatliche Strafrechtspflege (BGHSt 43, 82, 84 a.E. – „Vollzugsbediensteten-Fall"; *Jahn/Palm*, JuS 2009, 408), speziell den Strafanspruch des Staates bzw. den Anspruch auf Verhängung einer Maßnahme nach § 11 Abs. 1 Nr. 8 (SK/*Hoyer*, § 258 Rn. 2; *Krey/Heinrich*, Rn. 613). Es genügt, dass ein verfolgbarer materieller Strafanspruch des Staates besteht, ein förmliches Ermittlungsverfahren ist nicht erforderlich (BGHSt 45, 97, 103). Der Tatbestand ist – anders als die §§ 153, 154, 164 und 145d – als Erfolgsdelikt ausgestaltet (*Lackner/Kühl*, § 258 Rn. 1 a.E.; SK/*Hoyer*, § 258 Rn. 4).

> **Vertiefungshinweis:** Da nur der innerstaatliche Strafanspruch gewährleistet wird, ist ein Vereitelungserfolg im Ausland, auch wenn er durch eine Handlung im Inland bewirkt wird, nicht erfasst (Schönke/Schröder/*Stree*, § 258 Rn. 9; SK/*Hoyer*, § 258 Rn. 3). Umgekehrt genügen Tathandlungen im Ausland, wenn der Erfolg im Inland eintritt (BGHSt 44, 52; 45, 97, 100; *Fischer*, § 258 Rn. 2).

B. Tatbestände

2 § 258 enthält zwei selbständige Tatbestände, nämlich die Verfolgungsvereitelung (Absatz 1) und die Vollstreckungsvereitelung (Absatz 2).

I. Verfolgungsvereitelung (§ 258 Abs. 1)

1. Objektiver Tatbestand

3 a) Taterfolg des § 258 Abs. 1 ist das (teilweise) Vereiteln der Bestrafung eines anderen oder dessen Unterwerfung unter eine Maßnahme (§ 11 Abs. 1 Nr. 8). Dafür genügt jede diesbezügliche **Besserstellung** des Vortäters (*Lackner/Kühl*, § 258 Rn. 3; *Wessels/Hettinger*, Rn. 724), etwa das Verbergen vor der Polizei oder das Beseitigen von Tatspuren. Nicht ausreichend sind sozialadäquate Handlungen im Rahmen üblicher Kontakte (*Fischer*, § 258 Rn. 7; *Wessels/Hettinger*, Rn. 724, für den Bereich der Strafverteidigung vgl. den Vertiefungshinweis bei Rn. 6).

§ 25. Strafvereitelung

Beispiel: A lebt mit dem, wie sie weiß, polizeilich gesuchten B zusammen (vgl. *BGH NJW* 1984, 135) – keine Strafvereitelung

Auch die bloße Behinderung der Strafverfolgung, die sich auf die Sanktionierung des Täters nicht auswirkt, scheidet aus (Schönke/Schröder/*Stree*, § 258 Rn. 12). Jedoch kommt insoweit u.U. eine Bestrafung nach den §§ 145d, 164 in Betracht. **4**

Beispiel: A macht unrichtige Angaben bei der Polizei und verursacht erhöhten Ermittlungsaufwand, nicht aber eine Verzögerung bei der Sanktionierung des Täters B – keine Strafvereitelung

Die Besserstellung muss allerdings nicht von Dauer sein. Der tatbestandliche Erfolg ist bereits eingetreten, wenn der staatliche Zugriff für „**geraume Zeit**" nicht erfolgen kann (BGHSt 15, 18, 21 – „Arbeitsüberlastungsfall"; 45, 97, 100; *Lackner/Kühl*, § 258 Rn. 4; *Satzger*, Jura 2007, 754; kritisch dazu SK/ *Hoyer*, § 258 Rn. 26 ff.). Ganz vorübergehende Verzögerungen von Stunden oder wenigen Tagen reichen jedenfalls nicht aus (*BGH* NJW 1959, 494, 495; wistra 1995, 143); mit guten Gründen wird für die Bemessung auf die prozessuale Regel des § 229 Abs. 1 StPO abgestellt. Danach ist jedenfalls bei einer Verzögerung von weniger als drei Wochen keine Gefahr für den staatlichen Sanktionsanspruch zu befürchten (*Lackner/Kühl*, § 258 Rn. 4; *Jahn/Palm*, JuS 2009, 408, 409; a.A.: für zwei Wochen *Wessels/Hettinger*, Rn. 727; für zehn Tage *OLG Stuttgart* NJW 1976, 2084 noch zum alten Prozessrecht; für „mehrwöchige" Verzögerung *Joecks*, § 258a Rn. 12). **5**

Beachte: Maßgeblich hierfür ist nach h.M. allein der Zeitpunkt der Bestrafung, mithin der Aburteilung, nicht etwa eine Verzögerung der Ermittlungen (*BGH* wistra 1995, 143; *Fischer*, § 258 Rn. 8; Schönke/Schröder/*Stree*, § 258 Rn. 16), die auf den Zeitpunkt der Verurteilung keinen Einfluss gehabt hat. Führt die Vereitelungshandlung zu einer Verzögerung der Rechtskraft der die Strafe oder Maßregel verhängenden Entscheidung, liegt hingegen eine Vollstreckungsvereitelung vor.

Auch die **teilweise** Vereitelung des staatlichen Strafanspruchs erfüllt den Tatbestand des § 258 Abs. 1. Darunter fallen etwa Vereitelungshandlungen, die die Verurteilung wegen eines Vergehens statt eines Verbrechens oder die unrichtige Annahme von Strafmilderungsgründen zur Folge haben (Schönke/ Schröder/*Stree*, § 258 Rn. 16; *Wessels/Hettinger*, Rn. 726; *Satzger*, Jura 2007, 754, 758). **6**

Vertiefungshinweis: Besonders problematisch ist die Rolle von **Strafverteidigern**, deren Tätigwerden im Verfahren zur Strafbarkeit nach § 258 Abs. 1 (oder Abs. 2) führen kann. Wegen ihrer Stellung im Strafverfahren, nach h.M. (*Meyer-Goßner*, vor § 137 Rn. 1; *Schäfer*, Praxis, Rn. 4 ff.) die eines Organs der Rechtspflege

(§ 1 BRAO), kommt dies allerdings nicht in Betracht, wenn sie sich verfahrensordnungsgemäß für den Freispruch eines Angeklagten einsetzen, obwohl sie um dessen Schuld wissen. Ebenso wenig ist die Inanspruchnahme prozessualer Rechte oder gar der Hinweis auf solche Rechte zu beanstanden, so wenn der Verteidiger einem Zeugen rät, von einem ihm zustehenden (Zeugnisverweigerungs-) Recht Gebrauch zu machen (*OLG Düsseldorf* NJW 1991, 996; *Fischer*, § 258 Rn. 17 ff.; *Krekeler*, NStZ 1989, 146, 150). Solange der Strafverteidiger prozessual zulässig handelt, ist sein Verhalten schon nicht tatbestandsmäßig (*BVerfG* NJW 2006, 3197; BGHSt 46, 53, 54 f. – „Strafverteidigerfall"; 38, 345, 347 f.; *Fischer*, § 258 Rn. 17; *Satzger*, Jura 2007, 754, 759; a.A. Lüderssen StV 2000, 205, 206: für Rechtfertigung; vgl. zu den Auswirkungen LK/*Walter*, § 258 Rn. 68). Die Grenze zur Strafvereitelung ist erst bei der Verwendung prozessual unzulässiger Methoden überschritten (Schönke/Schröder/ *Stree*, § 258 Rn. 20), die ein verteidigungsfremdes Verhalten darstellen (*BVerfG* NJW 2006, 3197, 3198; *BGH* NJW 2006, 2421). Deshalb macht sich ein Verteidiger nach § 258 Abs. 1 strafbar, der den Sachverhalt aktiv verdunkelt (BGHSt 46, 53, 54 f. – „Strafverteidigerfall"; 53, 257; *Lackner/Kühl*, § 258 Rn. 9; Schönke/Schröder/*Stree*, § 258 Rn. 20; *Wessels/Hettinger*, Rn. 730), etwa durch die Vorlage gefälschter Urkunden (BGHSt 38, 345, 348 – „Sterbeurkundenfall") oder durch Einwirkung auf Zeugen mit dem Ziel der Herbeiführung einer sicher als solcher erkannten Falschaussage (BGHSt 53, 257; *BGH* NStZ 1983, 503, 504 mit Anm. *Beulke*; *OLG Düsseldorf* StV 1998, 552; vgl. auch *Jahn/Palm*, JuS 2009, 408, 410). Dabei ist allerdings bei der Annahme des Vorsatzes besondere Zurückhaltung geboten. Denn der Verteidiger darf solche Tatsachen und Beweismittel einführen, die einen von ihm nur für möglich gehaltenen Sachverhalt belegen, bloße Zweifel, mögen sie auch erheblich sein, an der Richtigkeit der Zeugenaussage führen nicht zur Strafbarkeit (BGHSt 46, 53, 54 f. – „Strafverteidigerfall").

7 **b)** Die Vereitelungshandlung des § 258 Abs. 1 muss sich auf die rechtswidrige Tat eines anderen, die sog. **Vortat**, beziehen. Aus § 11 Abs. 1 Nr. 5 ergibt sich, dass nur Verletzungen von Strafgesetzen in Betracht kommen, Ordnungswidrigkeiten genügen nicht (LK/*Walter*, § 258 Rn. 20). Die Vortat muss auch zum Zeitpunkt der Aburteilung des Strafvereitelnden mit Strafe bedroht sein (BGHSt 14, 156). Auch strafbare Teilnahmehandlungen, Versuche und Vorbereitungshandlungen sind geeignete Vortaten (Schönke/Schröder/*Stree*, § 258 Rn. 5).

Beachte: Es muss sich um eine bereits begangene Straftat handeln. Wirkt sich das Verhalten noch auf die Tat selbst aus, kommt Beteiligung an dieser in Betracht (vgl. hierzu *Maurach/Schroeder/Maiwald*, BT 2, § 100 Rn. 12; *Küpper*, JuS 1986, 862).

8 Erforderlich ist stets eine ahndbare Vortat. Soll die **Bestrafung** des Vortäters vereitelt werden, muss daher eine schuldhaft begangene rechtswidrige Straftat vorliegen, bei der weder ein Strafausschließungs- oder Strafaufhebungsgrund eingreift noch Verfahrenshindernisse bestehen (*Fischer*, § 258 Rn. 5; LK/*Walter*, § 258 Rn. 20; *Wessels/Hettinger*, Rn. 723). Geht es um die

Vereitelung einer **Maßnahme** (§ 11 I Nr. 8), ist es hingegen in der Regel nicht erforderlich, dass der Vortäter schuldhaft gehandelt hat, weil deren Anordnung zumeist auch bei fehlender Schuld möglich ist (vgl. etwa § 63; *Fischer*, § 258 Rn. 6; *Wessels/Hettinger*, Rn. 723).

c) Die Tatbestandsverwirklichung ist allerdings – wie sich schon aus dem Wortlaut des § 258 Abs. 1 ergibt – nur zugunsten eines **anderen** Vortäters möglich. Vereitelungshandlungen, die der Täter einer Straftat ausschließlich im eigenen Interesse vornimmt, sind daher tatbestandslos (BGHSt 9, 71, 73; Schönke/Schröder/*Stree*, § 258 Rn. 33). Gleiches gilt, wenn die Mittäter der Vortat sich gegenseitig helfen. Auf § 258 Abs. 5 kommt es daher bei diesen Konstellationen nicht an (vgl. hierzu Rn. 21).

2. Subjektiver Tatbestand

Der subjektive Tatbestand des § 258 Abs. 1 setzt bezüglich der Vortat bedingten Vorsatz voraus, genauer Kenntnis um deren Umstände bedarf es dabei nicht (BGHSt 15, 18, 21 – „Arbeitsüberlastungsfall"; 45, 97, 100; Schönke/ Schröder/*Stree*, § 258 Rn. 23; *Wessels/Hettinger*, Rn. 729). Es genügt, wenn der Täter eine Vortat für möglich hält.

Hinsichtlich der Vereitelungshandlung (vgl. Rn. 3) ist dagegen zumindest Wissentlichkeit (dolus directus 2. Grades) notwendig (BGHSt 45, 97, 100; 46, 53, 54f – „Strafverteidigerfall"). Es muss dem Täter also zwar nicht auf die Besserstellung des Vortäters ankommen, er muss sie aber als sichere Folge seiner Handlung voraussehen (*Fischer*, § 258 Rn. 33; SK/*Hoyer*, § 258 Rn. 58).

II. Vollstreckungsvereitelung (§ 258 Abs. 2)

§ 258 Abs. 2 stellt die (teilweise) Vereitelung der Vollstreckung einer bereits verhängten Strafe oder Maßnahme (§ 11 Abs. 1 Nr. 8: Maßregeln der Besserung und Sicherung [§§ 63 ff.], Verfall [§§ 73 ff.], Einziehung und Unbrauchbarmachung [§§ 74 ff.]) unter Strafe. Nicht hierunter fällt die Vereitelung einer lediglich vollstreckungssichernden Maßnahme der Strafprozessordnung, solange hierdurch nicht die spätere Vollstreckung der Maßnahme selbst, z.B. des Verfalls, vereitelt wird (*BGH* NStZ-RR 2011, 42).

Beispiel: A erfährt, dass sein Freund B wegen des Vorwurfs der Steuerhinterziehung in Untersuchungshaft genommen wurde. A ist für ein Wertpapierdepot des B verfügungsberechtigt. Da er befürchtet, dass die Strafverfolgungsbehörden Zugriff auf Vermögenswerte des B nehmen werden, transferiert er das Geld vom Depot des B auf sein Konto. Der drei Tage später gerichtlich angeordnete dingliche Arrest zur Sicherung des Verfalls von Wertersatz geht daraufhin fehl. Der Wertersatzverfall kann aber dennoch ohne zeitliche Verzögerung angeordnet werden, da hierfür noch andere Vermögenswerte zur Verfügung stehen (*BGH* wistra 2010, 443). – Es liegt keine vollendete Strafvereitelung vor, da nur der vollstreckungssichernde Arrest vereitelt wurde; jedoch wird eine Versuchsstrafbarkeit zu prüfen sein.

13 Hinsichtlich der Tathandlung gibt es keine wesentlichen Unterschiede zu § 258 Abs. 1. Tatbestandsmäßig sind etwa die Befreiung eines Gefangenen und die Verbüßung der Freiheitsstrafe anstelle eines Verurteilten (vgl. *Fischer*, § 258 Rn. 31; *Wessels/Hettinger*, Rn. 732).

> **Vertiefungshinweis:** Die Zahlung einer Geldstrafe für einen anderen genügt zur Verwirklichung des § 258 Abs. 2 nicht (BGHSt 37, 226 – „Geldstrafenfall"). Obwohl dies aus kriminalpolitischen Gründen kritisiert wird (*Krey/Heinrich*, Rn. 620; vgl. *Jahn/Palm*, JuS 2009, 408, 410), ist der Rechtsprechung wegen des Gesetzeswortlauts und anderenfalls unübersehbarer Abgrenzungsschwierigkeiten zuzustimmen (*Lackner/Kühl*, § 258 Rn. 13; *Wessels/Hettinger*, Rn. 732).

14 Anders als bei der Verfolgungsvereitelung (§ 258 Abs. 1) ist es für § 258 Abs. 2 unerheblich, ob die Vortat tatsächlich begangen worden ist. Entscheidend ist allein das Vorliegen einer rechtskräftig verhängten Strafe oder Maßnahme (§ 11 Abs. 1 Nr. 8), deren sachliche Richtigkeit im Verfahren über die Tat nach § 258 Abs. 2 nicht noch einmal überprüft werden kann (RGSt 73, 331, 333; *Fischer*, § 258 Rn. 29; Schönke/Schröder/*Stree*, § 258 Rn. 26; MünchKomm/*Cramer*, § 258 Rn. 32; *Wessels/Hettinger*, Rn. 731; a.A. LK/ *Walter*, § 258 Rn. 38: Prüfungspflicht des Gerichts im Rahmen möglicher Wiederaufnahmegründe).

15 Hinsichtlich des subjektiven Tatbestands gibt es keine Unterschiede zu § 258 Abs. 1 (Schönke/Schröder/*Stree*, § 258 Rn. 30). Die dortigen Ausführungen (vgl. Rn. 10 f.) gelten deshalb entsprechend.

III. Strafvereitelung im Amt (§ 258a)

16 Die Strafvereitelung nach § 258 Abs. 1 oder Abs. 2 ist nach § 258a **qualifiziert**, wenn sie von einem Amtsträger (§ 11 Abs. 1 Nr. 2) begangen wird. Da die Strafschärfung allein auf der Amtsträgereigenschaft des Täters beruht, handelt es sich um ein sog. uneigentliches Amtsdelikt (vgl. *Lackner/Kühl*, Vor § 331 Rn. 2), auf das § 28 Abs. 2 anwendbar ist (*Wessels/Hettinger*, Rn. 736). Taugliche Täter sind insbesondere Richter, Staatsanwälte sowie Polizei- und Justizvollzugsbeamte.

17 Grundsätzlich kommen nur Vereitelungshandlungen i.S.d. § 258 Abs. 1 oder Abs. 2 (vgl. Rn. 3 ff. und Rn. 13) in Verfahren in Frage, an denen der Amtsträger mitwirkt oder – falls sie noch nicht in Gang gekommen sind – generell zur Mitwirkung berufen ist (Schönke/Schröder/*Stree*, § 258a Rn. 3 ff.).

18 Insoweit besteht für Amtsträger eine über § 138 hinausgehende Verpflichtung.

> **Vertiefungshinweis:** § 138 dient dem Schutz der Rechtsgüter, die durch die anzeigepflichtigen Straftaten verletzt werden (*Lackner/Kühl*, § 138 Rn. 1). Es handelt sich um ein echtes Unterlassungsdelikt (*Fischer*, § 138 Rn. 2), das von jedermann begangen werden kann; es setzt deshalb keine Garantenstellung voraus und begründet auch keine solche (*Lackner/Kühl*, § 138 Rn. 8). Die Aufzählung in § 138 Abs. 1 ist abschließend. Andere als die dort genannten Straftaten brauchen nicht angezeigt zu werden (*Lackner/Kühl*, § 138 Rn. 2). Der Anzeigepflichtige muss nur das Vorhaben, also die ernstliche Planung (*Fischer*, § 138 Rn. 6) einer Katalogtat oder deren bevorstehende Ausführung, die auch schon begonnen haben kann (*Fischer*, § 138 Rn. 7), anzeigen, nicht aber den Täter benennen. Eine Ausnahme davon gilt nur, wenn ohne dessen Benennung die Verhütung der Tat nicht möglich wäre (*Lackner/Kühl*, § 138 Rn. 5). Die Anzeige ist rechtzeitig, wenn ihretwegen die Ausführung oder der Erfolg der Tat noch verhindert werden können (BGHSt 42, 86, 88; *Schönke/Schröder/Cramer*, § 138 Rn. 12). Sie muss bei einer zuständigen Behörde oder der von der Tat bedrohten Person erfolgen. Strafbar ist sowohl das vorsätzliche als auch das leichtfertige, also grob fahrlässige Unterlassen der Anzeige (§ 138 Abs. 3). Nicht anzeigepflichtig sind der Bedrohte selbst sowie Täter und Teilnehmer der geplanten Straftat (BGHSt 36, 138, 139; *Lackner/Kühl*, § 138 Rn. 6). Eine Verurteilung wird nicht dadurch ausgeschlossen, dass der Verdacht der Beteiligung an einer Katalogtat fortbesteht (*BGH* NJW 2010, 2291).

Hinsichtlich des **subjektiven Tatbestands** gibt es keine wesentlichen Unterschiede zu § 258 Abs. 1 und Abs. 2 (Schönke/Schröder/*Stree*, § 258a Rn. 15). Die dortigen Ausführungen (vgl. Rn. 10 f. und Rn. 15) gelten deshalb entsprechend. Der bedingte Vorsatz des Täters muss allerdings auch seine Amtsträgereigenschaft und seine Mitwirkungspflicht am Verfahren umfassen. **19**

C. Täterschaft und Teilnahme, Begehung durch Unterlassen, Versuch, Konkurrenzen, Rechtsfolgen sowie Verfolgbarkeit

Täterschaft und Teilnahme richten sich grundsätzlich nach den allgemeinen Regeln (§§ 25 ff.). Für Strafverteidiger (vgl. Rn. 6) gelten insoweit keine Besonderheiten. Auch aus deren eigenständiger Stellung im Strafverfahren lässt sich nicht stets auf täterschaftliches Verhalten schließen (Schönke/Schröder/*Stree*, § 258 Rn. 32; *Jahn/Palm*, JuS 2009, 408, 410). **20**

Beispiel: Verteidiger A, dem bekannt ist, dass der Anklagevorwurf gegen seinen Mandanten zutrifft, bewegt den Zeugen B zu einer für den Angeklagten günstigen, aber – wie A sicher weiß – unwahren Aussage, um den Freispruch zu erreichen – Strafbarkeit wegen Anstiftung zu § 258 (vgl. *BGH* NJW 2009, 2690; zur Abgrenzung zum prozessual zulässigen Verteidigerhandeln vgl. BGHSt 46, 53, 54 f – „Strafverteidigerfall")

Übersicht zu den Täterschafts- und Teilnahmekonstellationen bei § 258	
Vortatbeteiligter vereitelt eigene Sanktionierung	§ 258 (–), da Tatbestandsmerkmal „ein anderer" nicht vorliegt
Nichtvortatbeteiligter vereitelt täterschaftlich die Sanktionierung des Vortäters	§ 258 (+)
Nichtvortatbeteiligter nimmt an der Vereitelung der Sanktionierung des Vortäters durch diesen selbst teil	§§ 258, 26, 27 (–), da keine Haupttat
Nichtvortatbeteiligter nimmt an der Vereitelung der Sanktionierung des Vortäters durch einen Dritten teil	§§ 258, 26, 27 (+)

21 Vereitelt hingegen der Teilnehmer an der Vortat (auch) im Interesse des Vortäters, so liegt (auch) ein Handeln zugunsten eines anderen vor. In diesem Fall findet aber § 258 Abs. 5 Anwendung. Nach h.M. handelt es sich dabei um einen auf Zumutbarkeitserwägungen beruhenden persönlichen Strafausschließungsgrund (*BGH* NStZ 1998, 245, 246; *Lackner/Kühl*, § 258 Rn. 16; Schönke/Schröder/*Stree*, § 258 Rn. 35). Dabei ist ohne Belang, ob das Eigeninteresse des Vereitelnden überwiegt oder ob sein Handeln sich auf eine oder verschiedene Vortaten bezieht (*BGH* NStZ 1996, 39, 40; *Wessels/Hettinger*, Rn. 733). § 258 Abs. 5 greift auch ein, wenn der Teilnehmer an der Vortat einen anderen zu einer Strafvereitelung anstiftet. Eine § 257 Abs. 3 Satz 2 (vgl. dazu *Hohmann/Sander*, BT 1, § 18 Rn. 21) gleichende Regelung fehlt bei § 258.

22 Straflos ist nach § 258 Abs. 6 die Strafvereitelung zugunsten eines Angehörigen i.S.d. § 11 Abs. 1 Nr. 1. Diese Vorschrift stellt nach h.M. ebenfalls einen persönlichen Strafausschließungsgrund dar (*Fischer*, § 258 Rn. 39). Sie gilt auch dann, wenn ein Dritter zur Strafvereitelung zugunsten des Angehörigen angestiftet wird (BGHSt 14, 172; *Lackner/Kühl*, § 258 Rn. 17). Gemäß § 258a Abs. 3 gilt § 258 Abs. 6 allerdings nicht für § 258a.

23 Tatbegehung durch **Unterlassen** ist möglich (*BGH* wistra 2002, 260; *Fischer*, § 258 Rn. 11; LK/*Walter*, § 258 Rn. 87; *Krey/Heinrich*, Rn. 628a; vgl. hierzu *Schumann*, JuS 2010, 529). Die erforderliche Garantenstellung muss allerdings gerade darin bestehen, von Rechts wegen dazu berufen zu sein, an der Strafverfolgung mitzuwirken. Sonstige zivil- oder öffentlich-rechtliche Pflichten, auch Dienstpflichten, genügen nicht (BGHSt 38, 388, 393; 43, 82 – „Vollzugsbedienstetenfall"; *OLG Köln* NStZ-RR 2010, 146 zu einem zu Unrecht das Zeugnis verweigernden Zeugen; *Fischer*, § 258 Rn. 11; *Lackner/Kühl*, § 258 Rn. 7a).

Beispiel: Justizvollzugsbediensteter A erlangt im Dienst Kenntnis von Straftaten seiner Kollegen B und C zum Nachteil von Gefangenen. Er meldet dies jedoch weder seinem

Dienstvorgesetzten noch den Ermittlungsbehörden. – keine Strafbarkeit nach den §§ 258 Abs. 1, 258a durch Unterlassen, weil dem A als Justizvollzugsbediensteten nicht die Strafverfolgung als amtliche Aufgabe anvertraut ist, er also nicht die erforderliche Garantenstellung hat (vgl. BGHSt 43, 82 – „Vollzugsbedienstetenfall").

Es ist umstritten, ob einen **Polizeibeamten** eine Garantenstellung trifft, **24** wenn er außerdienstlich Kenntnis von Straftaten erlangt hat. Dies ist zu bejahen, wenn die strafbaren Handlungen in die Dienstausübung hineinreichen und eine Abwägung kein überwiegendes privates Interesse gegenüber dem Interesse an der Strafverfolgung ergibt (vgl. BGHSt 38, 388, 392 – „Polizeibeamtenfall"; *Lackner/Kühl*, § 258a Rn. 4; vgl. auch *BVerfG* NJW 2003, 1030; abweichend *Jahn/Palm*, JuS 2009, 408, die die Abwägung für zu unbestimmt halten und statt dessen auf Katalogtaten nach § 100c As. 2 Nr. 1 – 7 StPO abstellen wollen; gegen eine Garantenpflicht SK/*Hoyer*, § 258a Rn. 6; MünchKomm/*Cramer*, § 258a Rn. 7).

Beispiel: Polizeikommissar A hört bei seinem Feierabendbier in seiner Stammkneipe, dass sich B und C mit gelungenen Schutzgelderpressungen brüsten und die Eintreibung weiterer Zahlungen für die nächste Zeit planen. – Eine Garantenstellung ist zu bejahen, da die dem A bekannt gewordenen Taten auf Wiederholung angelegt sind, damit in seine Dienstausübung hineinreichen und es sich zudem um schwere Straftaten handelt, so dass das private Interesse des A an der Wahrung seiner Privatsphäre hinter dem öffentlichen Interesse an der Strafverfolgung zurücktritt (vgl. BGHSt 38, 388, 392 – „Polizeibeamtenfall").

Der Versuch der Strafvereitelung ist strafbar (§§ 258 Abs. 4, 22). Besonderer **25** Aufmerksamkeit bedarf hier die Abgrenzung von strafloser Vorbereitungshandlung und unmittelbarem Ansetzen zur Herbeiführung eines Vereitelungserfolgs (vgl. *BGH* wistra 2010, 443; *Wessels/Hettinger*, Rn. 728). So liegt noch kein Versuch vor, wenn ein potentieller Zeuge eine unrichtige Entlastungsaussage vor Gericht lediglich zusagt; der Versuch beginnt erst mit dem Beginn der Aussage in der Hauptverhandlung (BGHSt 31, 10, 13).

§ 258 Abs. 1 und Abs. 2 schließen sich grundsätzlich in Bezug auf denselben **26** Vortäter aus (*Fischer*, § 258 Rn. 41). Der Qualifikationstatbestand § 258a geht als lex specialis § 258 vor. Die §§ 258, 258a verdrängen, wenn der Täter ihretwegen bestraft wird, § 145d (vgl. § 25 Rn. 24). Tateinheit (§ 52) ist möglich mit den §§ 120, 153, 154, 257 und 263 (*Lackner/Kühl*, § 258 Rn. 20).

§ 258 Abs. 3 ordnet an, dass die Strafe für die Strafvereitelung nicht schwe- **27** rer sein darf als die für die Vortat angedrohte Strafe. Dies ist relevant nur für solche Fälle, in denen für die Vortat ein niedrigeres Strafhöchstmaß angedroht ist als in § 258 Abs. 1 (Schönke/Schröder/*Stree*, § 258 Rn. 40). § 258 Abs. 3 gilt nicht für § 258a (§ 258a Abs. 3).

§ 258 ist kein Antragsdelikt. Dies gilt auch dann, wenn die Vortat nur auf **28** Antrag verfolgbar ist (Schönke/Schröder/*Stree*, § 258 Rn. 41). Eine dem § 257

Abs. 4 entsprechende Regelung (vgl. dazu *Hohmann/Sander*, BT 1, § 18 Rn. 26) fehlt.

D. Kontrollfragen

1. Was versteht man unter Verfolgungsvereitelung (§ 258 Abs. 1)? → Rn. 3 ff.
2. Wodurch unterscheiden sich die Absätze 1 und 2 des § 258 im Hinblick auf die Vortat? → Rn. 7 und 14
3. Worauf beruht die Qualifikation in § 258a? → Rn. 16
4. Ist Strafvereitelung durch Unterlassen möglich? → Rn. 23

Aufbauschema (§ 258 Abs. 1)

1. Tatbestand
   a) Objektiver Tatbestand
      – ganz oder zum Teil vereiteln, dass ein anderer wegen einer rechtswidrigen Tat verurteilt oder einer Maßnahme unterworfen wird
   b) Subjektiver Tatbestand
      – Vorsatz bzgl. der Vortat
      – hinsichtlich der Vereitelung Absicht oder Wissentlichkeit
2. Rechtswidrigkeit
3. Schuld

Aufbauschema (§ 258 Abs. 2)

1. Tatbestand
   a) Objektiver Tatbestand
      – ganz oder zum Teil vereiteln, dass eine gegen einen anderen verhängte Strafe oder Maßnahme vollstreckt wird
   b) Subjektiver Tatbestand
      – Vorsatz bzgl. der Strafe oder Maßnahme
      – hinsichtlich der Vereitelung Absicht oder Wissentlichkeit
2. Rechtswidrigkeit
3. Schuld

Empfehlungen zur vertiefenden Lektüre:
Leitentscheidungen: BGHSt 15, 18 – „Arbeitsüberlastungsfall"; BGHSt 37, 226 – „Geldstrafenfall"; BGHSt 38, 345, 348 – „Sterbeurkundenfall"; BGHSt 38, 388 – „Polizeibeamtenfall"; BGHSt 43, 82 – „Vollzugsbediensetetenfall"; BGHSt 46, 53 – „Strafverteidigerfall".

Aufsätze: *Jahn/Palm*, Die Anschlussdelikte – Strafvereitelung (§§ 258, 258a StGB), JuS 2009, 408; *Müller-Christmann*, Die Bezahlung einer Geldstrafe durch Dritte, JuS 1992, 379; *Piatkowski/Saal*, Examensproblme im Rahmen der Straftatbestände zum Schutz der Rechtspflege, JuS 2005, 979; *Satzger*, Grundprobleme der Strafvereitelung, Jura 2007, 754; *Stumpf*, Zur Strafbarkeit des Verteidigers gemäß § 258 StGB, wistra 2001, 123.

Übungsfälle: *Bischoff/Jungkamp*, Assessorexamensklausur – Strafrecht: Der fliehende Scheinhäftling, JuS 2008, 908; *Hardtung*, (Original-)Referendarexamensklausur – Strafrecht: Irrtümer, Versuch und Rücktritt, objektive Zurechnung, JuS 2006, 54; *Schumann*, Referendarexamensklausur – Strafrecht: Aussagedelikte und Anschlussdelikte, JuS 2010, 529.

Kapitel 7. Widerstand gegen Vollstreckungsbeamte sowie Verwahrungs-, Verstrickungs- und Siegelbruch

Der Widerstand gegen Vollstreckungsbeamte ist im 6. Abschnitt des StGB geregelt. Verwahrungs-, Verstrickungs- und Siegelbruch gehören hingegen zu den im 7. Abschnitt des StGB normierten Straftaten gegen die öffentliche Ordnung.

§ 26. Widerstand gegen Vollstreckungsbeamte (§ 113)

A. Grundlagen

1 § 113 schützt die rechtmäßig betätigte Vollstreckungsgewalt des Staats und die zu ihrer Ausübung berufenen Organe (RGSt 81, 82, 85; *Lackner/Kühl*, § 113 Rn. 1; *Backes/Ransiek*, JuS 1989, 624; a.A. SK/*Horn/Wolters*, § 113 Rn. 2: privilegierende Regelung des Konflikts zwischen Vollstreckendem und von der Vollstreckung betroffener Person). Dies gilt für beide Tathandlungen des § 113 Abs. 1. Zwar steht beim „Widerstand leisten" (vgl. Rn. 9 f.) der Schutz der Vollstreckungshandlung, beim „tätlichen Angriff" (vgl. Rn. 11 f.) auf den Vollstreckenden dessen Schutz im Vordergrund. Es ist aber jeweils zugleich auch das andere Rechtsgut geschützt (Schönke/Schröder/*Eser*, § 113 Rn. 2).

2 Bei § 113 Abs. 1 1. Alt. handelt es sich eine Privilegierung der Nötigung (*Fischer*, § 113 Rn. 2).

B. Tatbestand

I. Objektiver Tatbestand

1. Tatobjekte

3 Geschützt werden Amtsträger (§ 11 Abs. 1 Nr. 2) und Soldaten der Bundeswehr.

Beispiele: Polizeibeamte, Gerichtsvollzieher, Zollbeamte, Feldjäger, militärische Wachen.

Beachte: § 113 schützt grundsätzlich nur **inländische** Amtsträger, denn die Vorschrift dient nicht dem Schutz ausländischer Hoheitsgewalt. Ausländische Bedienstete sind ausnahmsweise geschützt, wenn sie nach internationalen Verträgen mit der Ausübung deutscher Hoheitsgewalt betraut sind, etwa bei Pass- oder Zollkontrollen (*Fischer*, § 113 Rn. 3; LK/*Rosenau*, § 113 Rn. 13), und so in den Schutzbereich einbezogen sind. Ist hingegen von deutschen Behörden nur die Betätigung nichtdeutscher Hoheitsgewalt auf deutschem Boden erlaubt worden, greift § 113 nicht ein. Auch für supranationale Amtsträger, wie z.B. Beamte von Europol, besteht derzeit noch kein Schutz nach § 113 (zum Erfordernis der Ausweitung MünchKomm/*Bosch*, § 113 Rn. 8; LK/*Rosenau*, § 113 Rn. 14).

Ihnen sind in § 114 Abs. 1 Personen gleichgestellt, die die Rechte und **4** Pflichten eines Polizeibeamten haben oder Hilfsbeamte der Staatsanwaltschaft (§ 152 GVG) sind, ohne Amtsträger zu sein (vgl. *Meyer-Goßner*, § 152 GVG Rn. 6 f.).

Beispiel: Bestätigte Jagdaufseher (§ 25 Abs. 2 Satz 1 BJagdG).

Der geschützte Personenkreis muss grundsätzlich zur Vornahme von **5** Dienst- oder Vollstreckungshandlungen berufen sein.

Darüber hinaus bezieht § 114 Abs. 2 Personen ein, die (von Amtsträgern) **6** zur Unterstützung von Diensthandlungen herangezogen werden.

Beispiel: Zeugen bei Durchsuchungen nach § 105 StPO (*Wessels/Hettinger*, Rn. 622).

2. Dienst- oder Vollstreckungshandlung

Der Begriff der Vollstreckungshandlung dient nicht nur zur näheren Bestimmung des geschützten Personenkreises. § 113 Abs. 1 findet vielmehr nur **7** dann Anwendung, wenn der Amtsträger eine entsprechende Handlung tatsächlich vornimmt.

Merke: Vollstreckungshandlung ist jede Handlung einer dazu berufenen Person, die zur Regelung eines Einzelfalls auf die Vollziehung der in § 113 Abs. 1 genannten Rechtsnormen – Gesetze sowie Rechtsverordnungen – oder Hoheitsakte – Urteile, Gerichtsbeschlüsse und Verfügungen – gerichtet ist (BGHSt 25, 313, 314 – „Verkehrskontrollfall"; *Lackner/Kühl*, § 113 Rn. 3)

Erforderlich ist danach eine konkrete Vollstreckungshandlung, die unmit- **8** telbar bevorsteht oder schon begonnen hat und noch nicht beendet ist (*Lackner/Kühl*, § 113 Rn. 4). Schlichte Überwachungs- und Ermittlungstätigkeit, etwa Streifenfahrten oder präventiv-beobachtende Tätigkeit der Polizei, stellt daher – mangels Einzelfallregelung – keine Vollstreckungshandlung dar (*KG* NStZ 1989, 121; *Fischer*, § 113 Rn. 8).

Beispiel: A wirft einen Stein gegen ein Polizeifahrzeug, das sich auf dem Weg zum Einsatz bei einer Demonstration befindet. – Kein Handeln anlässlich einer Vollstreckungshandlung. Diese steht erst bevor (vgl. *AG Berlin-Tiergarten* NJW 1988, 3218).

3. Tathandlungen

9 Tathandlungen sind das Widerstandleisten mit Gewalt oder durch Drohung mit Gewalt (§ 113 Abs. 1 1. Alt.) sowie der tätliche Angriff (§ 113 Abs. 1 2. Alt.) gegen denjenigen, der die Vollstreckungshandlung ausführt.

a) **Widerstand leisten** ist jede aktive Tätigkeit, die die Durchführung der Vollstreckungshandlung verhindern oder erschweren soll (BGHSt 18, 133, 134 – „Heilanstaltsfall"; *Wessels/Hettinger*, Rn. 628).

10 Hingegen reicht ein rein passives Verhalten (sog. passiver Widerstand), etwa ein Sitzstreik, nicht aus (*Lackner/Kühl*, § 113 Rn. 5). Der Widerstand muss vielmehr mit Gewalt (vgl. § 12 Rn. 2 ff.) oder durch Drohung (vgl. § 12 Rn. 8 ff.) mit Gewalt mittelbar oder unmittelbar gegen die Person des Vollstreckenden, also nicht gegen Dritte (vgl. Schönke/Schröder/*Eser*, § 113 Rn. 42) geleistet werden. Gewalt(-androhung) des Täters gegen sich selbst, etwa das Drohen mit Selbstverbrennung, genügt nicht (*OLG Hamm* NStZ 1995, 547, 548).

11 b) Alternative Tathandlung (vgl. Schönke/Schröder/*Eser*, § 113 Rn. 46) ist der **tätliche Angriff** auf einen Vollstreckungsbeamten während der Vollstreckungshandlung. Nicht erforderlich ist es, dass diese verhindert oder erschwert wird (*Lackner/Kühl*, § 113 Rn. 6).

Merke: Tätlicher Angriff ist eine unmittelbar auf den Körper des vollstreckenden Amtsträgers abzielende feindliche Aktion ohne Rücksicht auf deren Erfolg (LK/*Rosenau*, § 113 Rn. 26; *Wessels/Hettinger*, Rn. 630; vgl. Rn. 34).

Beispiel: Das Übergießen einer Polizeibeamtin mit Brennspiritus stellt einen tätlichen Angriff dar (*BGH* NStZ 2007, 701).

12 Nicht einmal eine Körperberührung ist erforderlich; es reicht daher beispielsweise aus, dass ein Täter auf einen Polizeibeamten eine Flasche wirft, ohne zu treffen (*KG* StV 1988, 437; *Fischer*, § 113 Rn. 27; Schönke/Schröder/*Eser*, § 113 Rn. 47).

II. Subjektiver Tatbestand

13 Es genügt bedingter Vorsatz. Dieser muss insbesondere den Umstand umfassen, dass sich die Tathandlung gegen einen vollstreckenden Amtsträger oder eine diesem gleichgestellte Person richtet (*Lackner/Kühl*, § 113 Rn. 23; Schönke/Schröder/*Eser*, § 113 Rn. 50).

III. Objektive Bedingung der Strafbarkeit

1. Dogmatische Einordnung

Nach § 113 Abs. 3 Satz 1 ist der geleistete Widerstand straflos, wenn die Dienst- oder Vollstreckungshandlung nicht rechtmäßig ist. Über die dogmatische Einordnung dieser Regelung im Verbrechensaufbau herrscht Streit. 14

a) Nach einer Auffassung in der Literatur ist die Rechtmäßigkeit der Diensthandlung als unrechtskonstitutives **Merkmal des Tatbestands** anzusehen. Wegen der Regelung in § 113 Abs. 4 soll § 113 Abs. 1 wie eine Vorsatz-Fahrlässigkeits-Kombination zu behandeln sein (Schönke/Schröder/*Eser*, § 113 Rn. 20; *Kindhäuser*, § 36 Rn. 44). Diese Meinung stützt sich auf folgendes **Argument**: 15

Nur dem Tatbestand kommt im Verbrechensaufbau die Aufgabe zu, die für das typische Unrecht einer Tat maßgebliche Rechtsgutsverletzung zu beschreiben (Schönke/Schröder/*Eser*, § 113 Rn. 20). 16

b) Teile des Schrifttums und der Rechtsprechung halten die Rechtmäßigkeit der Vollstreckungshandlung unter Hinweis auf die ursprüngliche Fassung der Vorschrift dagegen für eine **objektive Bedingung der Strafbarkeit** mit einer modifizierten Irrtumsregelung (*KG* NJW 1972, 781, 782; *Wessels/Hettinger*, Rn. 633; *Zöller/Steffens*, JA 2010, 161, 164), wofür folgendes **Argument** angeführt wird: 17

Die systematische Stellung des § 113 Abs. 3 im Verhältnis zu § 113 Abs. 1 zeigt, dass die Rechtmäßigkeit der Vollstreckungshandlung kein Tatbestandsmerkmal ist und nicht vom Vorsatz umfasst sein muss. Die Einordnung als objektive Bedingung der Strafbarkeit liegt deshalb aus systematischen Gründen nahe (*Wessels/Hettinger*, Rn. 633). 18

c) Ein dritte Auffassung hält in verschiedenen Modifikationen die Regelung für einen Rechtfertigungsgrund (vgl. *Lackner/Kühl*, § 113 Rn. 18; LK/*Rosenau*, § 113 Rn. 32; MünchKomm/*Bosch*, § 113 Rn. 30) und begründet dies mit dem folgenden **Argument**: 19

Das Tatunrecht besteht im Widerstand gegen einen hoheitlichen Vollstreckungsakt, der die Vermutung der Rechtmäßigkeit für sich hat. Fehlt es an dieser, ist diese Vermutung widerlegt (LK/*Rosenau*, § 113 Rn. 32). 20

d) Gegen jede der vorgeschlagenen Lösungen lassen sich Einwände formulieren. Die vom Gesetzgeber getroffene ungewöhnliche Regelung lässt sich in kein bestehendes dogmatisches System ohne Schwierigkeiten einordnen (vgl. *Lackner/Kühl*, § 113 Rn. 18; *Wessels/Hettinger*, Rn. 633). Deshalb verdient die systematisch nächstliegende Lösung, die Behandlung als objektive Bedingung der Strafbarkeit, den Vorzug, auch wenn die Irrtumsregelung in § 113 Abs. 4 (vgl. Rn. 35 ff.) nicht unbedingt mit ihr im Einklang steht. Denn nach der Tatbestandslösung ist nur schwer zu erklären, warum sich der 21

Vorsatz nicht auf die Rechtswidrigkeit der Vollstreckungshandlung beziehen soll. Zudem stellt § 113 Abs. 3 ersichtlich nur auf die objektive Lage ab, was gegen einen Rechtfertigungsgrund spricht.

> **Aufbauhinweis:** Wichtigste Konsequenz der Einordnung des § 113 als objektive Bedingung der Strafbarkeit ist, dass der Vorsatz die Rechtmäßigkeit der Vollstreckungshandlung nicht umfassen muss. Es empfiehlt sich daher, sie als Tatbestandsannex (vgl. *Wessels/Hettinger*, Rn. 634) nach Bejahung des objektiven und subjektiven Tatbestands, aber vor Rechtswidrigkeit und Schuld zu prüfen (vgl. § 10 Rn. 15).

2. Rechtmäßigkeitsbegriff

22 Nach Teilen der Lehre und nach der Rechtsprechung bestimmt sich die Rechtmäßigkeit einer Dienst- oder Vollstreckungshandlung nach einem eigenständigen **„strafrechtlichen" Rechtmäßigkeitsbegriff** (BGHSt 21, 334, 365 – „Bahnpolizei-Fall"; *OLG Hamm* NStZ 1996, 281; *KG* NStZ 2006, 414; 2004, 45; *Lackner/Kühl*, § 113 Rn. 7 ff.; *Zöller/Steffens*, JA 2010, 161; teilweise a.A. Schönke/Schröder/*Eser*, § 113 Rn. 22; *Krey/Heinrich*, Rn. 510 ff.).

> **Merke:** Danach kommt es nicht auf die – nach der jeweiligen Eingriffsgrundlage zu beurteilende – materielle Rechtmäßigkeit der fraglichen Handlung, sondern nur auf deren **formale Rechtmäßigkeit** an.

23 Diese liegt vor, wenn der Vollstreckende
- sachlich und örtlich zuständig war,
- die wesentlichen Förmlichkeiten eingehalten hat und
- bei ihm zustehenden Ermessen dieses pflichtgemäß ausgeübt bzw. bei Befolgung einer Weisung im Vertrauen auf deren Rechtmäßigkeit gehandelt hat (vgl. *Wessels/Hettinger*, Rn. 638).

24 Für die Prüfung des Vorliegens dieser Voraussetzungen ist auf die jeweilige spezialgesetzliche Regelung abzustellen. Von besonderer praktischer Bedeutung sind dabei beispielsweise für Gerichtsvollzieher die Vollstreckungsvoraussetzungen der §§ 750, 751 ZPO sowie die richterliche Anordnung zur Wohnungsdurchsuchung (vgl. BVerfGE 51, 97; 57, 346; *Wessels/Hettinger*, Rn. 640) und die gesetzlichen Eingriffsgrundlagen bei Vollstreckungshandlungen der Polizei (vgl. *Fischer*, § 113 Rn. 13 ff.). Der gelockerte strafrechtliche Rechtmäßigkeitsbegriff soll die Entschlusskraft bei der Amtsausübung gerade in hektischen und unübersichtlichen Entscheidungssituationen schützen (BGHSt 4, 161, 164). Deswegen erhöhen sich die Prüfungsanforderungen für den Vollstreckungsbeamten umso mehr, je überschaubarer und gesicherter die Entscheidungssituation ist (*KG* NStZ 2006, 414, 416).

Fahrlässige oder gar vorsätzliche Fehlentscheidungen des Amtsträgers bei 25
der Prüfung dieser Voraussetzungen (vgl. Rn. 23) haben nach zutreffender
Auffassung Straflosigkeit des Täters zur Folge (vgl. *KG* NStZ 2006, 414; *Lackner/Kühl*, § 113 Rn. 12; LK/*Rosenau*, § 113 Rn. 52; *Wessels/Hettinger*, Rn. 639;
a.A. *BayObLG* JR 1989, 24: nur bei zumindest grob fahrlässigen Fehlentscheidungen).

Beispiel: Gerichtsvollzieher A vollstreckt durch Sachpfändung bei B, den er infolge Unachtsamkeit mit dem wahren Schuldner C verwechselt. B setzt sich mit Gewalt zur Wehr. – B ist gemäß § 113 Abs. 3 Satz 1 nicht nach § 113 Abs. 1 strafbar. Es fehlt an allen Voraussetzungen für eine Vollstreckungshandlung. Dies hat A zumindest fahrlässig übersehen.

Genügte dagegen das Handeln des betreffenden Amtsträgers den genann- 26
ten formellen Anforderungen, so ist die Dienst- oder Vollstreckungshandlung
auch dann i.S.d. § 113 rechtmäßig, wenn sie materiell den Kriterien der jeweiligen Spezialregeln nicht entsprach (BGHSt 21, 334, 363 – „Bahnpolizei-Fall"; *Wessels/Hettinger*, Rn. 639).

Beispiel: Beamter A spricht (pflichtgemäß) zum Nachteil des B einen in seinem Ermessen stehenden Platzverweis aus. B wehrt sich mit Schlägen. Später stellt sich vor dem Verwaltungsgericht heraus, dass die Entscheidung des A falsch war. – Es liegt eine rechtmäßige Vollstreckungshandlung vor, weil A sein Ermessen pflichtgemäß ausgeübt hat (vgl. aber *BVerfG* StV 2008, 71 zur Bedeutung des Versammlungsrechts; hierzu auch *Niehaus/Achelpöhler*, StV 2008, 71).

IV. Besonders schwere Fälle (§ 113 Abs. 2)

§ 113 Abs. 2 Satz 1 enthält für besonders schwere Fälle einen höheren 27
Strafrahmen und nennt für sie in Satz 2 Regelbeispiele (zu deren dogmatischer Einordnung vgl. *Hohmann/Sander*, BT 1, § 1 Rn. 124 ff.).

§ 113 Abs. 2 Satz 2 Nr. 1 knüpft die Indizwirkung daran, dass der Täter 28
oder ein – am Tatort anwesender (*Wessels/Hettinger*, Rn. 645) – Beteiligter
eine **Waffe** bei sich führt, um diese bei der Tat zu verwenden. Die früher
h.M. hat als Waffe i.S.d. § 113 Abs. 2 Satz 2 Nr. 1 jedes nach seiner Beschaffenheit und konkreten Art der Verwendung im Einzelfall zur erheblichen
Verletzung von Menschen geeignete Werkzeug angesehen (BGHSt 26, 176;
OLG Celle NStZ-RR 1997, 265, 266; *Lackner/Kühl*, § 113 Rn. 24). Zu Recht
hat das BVerfG aber dieses Verständnis als unzulässige Analogie verworfen.
Waffen können dem Wortsinn nach allein solche Gegenstände sein, die von
ihrer primären Zweckbestimmung oder ihrem typischen Gebrauch zur Bekämpfung anderer Personen oder zur Zerstörung von Sachen eingesetzt werden (*BVerfG* NJW 2008, 3627; *Fischer*, § 113 Rn. 38a; *Heintschel-Heinegg*, JA 2009, 68; a.A. *Lackner/Kühl*, § 113 Rn. 24; *Foth*, NStZ-RR 2009, 138; *Kudlich*, JR 2009, 210; *Simon*, NStZ 2009, 84).

Beispiel: Polizeibeamter A versucht bei einer Verkehrskontrolle, den Zündschlüssel im Pkw des betrunkenen B abzuziehen. Um dies zu verhindern, setzt B mit Vollgas rückwärts und schleift A mehrere Meter mit sich, bevor sich A unverletzt befreien kann – der Pkw ist keine Waffe im Sinne des § 113 Abs. 2 Satz 2 Nr. 1 (*BVerfG* NJW 2008, 3627), jedoch wird die Annahme eines unbenannten besonders schweren Falls zu erwägen sein (*Zöller/Steffens*, JA 2010, 161, 167).

29   Der Täter muss die Waffe jedoch nicht tatsächlich einsetzen, sondern nur die Absicht haben, sie bei der Tat zu verwenden, oder eine solche Absicht eines Tatbeteiligten zumindest für möglich halten (*Fischer*, § 113 Rn. 38; *Lackner/Kühl*, § 113 Rn. 24 a.E.; LK/*Rosenau*, § 113 Rn. 78 ff.).

30   Bei § 113 Abs. 2 Nr. 2 muss für den Angegriffenen durch eine Gewalttätigkeit die konkrete Gefahr (vgl. § 36 Rn. 13 ff.) des Todes oder einer schweren Gesundheitsschädigung (vgl. § 5 Rn. 14) entstehen. Es handelt sich dabei nicht um eine besondere Folge i.S.d. § 18 (BGHSt 26, 176, 180).

> **Merke: Gewalttätigkeit** ist – enger als Gewalt (vgl. § 12 Rn. 2 ff.) – die Entfaltung physischer Kraft durch aggressives Handeln unmittelbar gegen eine Person (BGHSt 23, 46, 52; *Fischer*, § 113 Rn. 39; *Wessels/Hettinger*, Rn. 389).

Beispiele: Das Schleudern von Steinen (*Wessels/Hettinger*, Rn. 389) und das schnelle Zufahren mit einem Pkw (*Fischer*, § 113 Rn. 39) stellen gewalttätiges Vorgehen dar.

31   Dem Täter müssen die den schweren Fall begründenden Umstände auch subjektiv zugerechnet werden können (vgl. *Hohmann/Sander*, BT 1, § 1 Rn. 162). Dafür ist bei § 113 Abs. 2 Satz 2 Nr. 2 zumindest bedingter Vorsatz notwendig, bei § 113 Abs. 2 Satz 2 Nr. 1 die Absicht, die bei sich geführte Waffe bei der Tat zu verwenden (*Fischer*, § 113 Rn. 39.).

C. Täterschaft und Teilnahme, Versuch, Irrtum sowie Konkurrenzen

32   Nach h.M. kann jedermann Täter des § 113 sein, nicht nur derjenige, gegen den die Vollstreckungsmaßnahme sich richtet (*Fischer*, § 113 Rn. 22; *Lackner/Kühl*, § 113 Rn. 5; MünchKomm/*Bosch*, § 113 Rn. 6), jedoch überzeugt die a.A., wonach nur der von der Vollstreckungshandlung betroffene Täter sein kann, da nur in seiner Person ein Anlass für die Privilegierung besteht (SK/*Horn/Wolters*, § 113 Rn. 16; *Sander*, JR 1995, 491: für § 113 Abs. 1 1. Alt).

33   Bezüglich Täterschaft und Teilnahme bestehen keine Besonderheiten. Die §§ 25 ff. finden uneingeschränkt Anwendung. Freilich muss das Regelbeispiel nach § 113 Abs. 2 Satz 2 Nr. 2 eigenhändig verwirklicht werden (BGHSt 27, 56; *Wessels/Hettinger*, Rn. 646).

Eine Versuchsstrafbarkeit ist wegen der dogmatischen Ausgestaltung des 34
§ 113 Abs. 1 als unechtes Unternehmensdelikt nicht vorgesehen. Denn danach ist es nicht erforderlich, dass die Widerstandshandlung erfolgreich ist. Auch erfolglose und sogar untaugliche Tathandlungen sind erfasst (*OLG Koblenz* NStE, StGB, § 113 Nr. 2; LK/*Rosenau*, § 113 Rn. 26; Schönke/Schröder/*Eser*, § 113 Rn. 40).

Beispiel: A läuft auf eine Gruppe von Polizisten zu, die seinen Freund B festgenommen haben, fuchtelt dabei mit den Armen herum und schreit, um B zu befreien. Dabei nähert er sich einem Polizeibeamten bis auf einen halben Meter, berührt ihn aber nicht, weil er zuvor von anderen Beamten festgehalten wird. – Es liegt eine erfolglose, aber tatbestandsmäßige Widerstandshandlung vor (vgl. *OLG Koblenz* NStE, StGB, § 113 Nr. 2).

§ 113 Abs. 3 Satz 2 und Abs. 4 enthalten spezielle **Irrtumsregelungen** für 35
§ 113 Abs. 1 bezüglich der Rechtmäßigkeit der Dienst- bzw. Vollstreckungshandlung. Diese gehen den allgemeinen Regeln der §§ 16 und 17 vor (*Lackner/Kühl*, § 113 Rn. 19).

Irrtumskonstellationen		
Tätervorstellung	Wahre Lage	Folge
Diensthandlung ist rechtmäßig	Diensthandlung ist rechtswidrig	§ 113 Abs. 3 Satz 2
Diensthandlung ist rechtswidrig	Diensthandlung ist rechtmäßig	§ 113 Abs. 4

Nimmt der Täter irrig an, die Diensthandlung sei rechtmäßig, scheint § 113 36
Abs. 3 Satz 2 einzugreifen. Ungeachtet des Irrtums ist der Täter nach der hier vertretenen Auffassung (vgl. Rn. 21) aber bereits wegen des Fehlens der objektiven Strafbarkeitsbedingung – rechtmäßige Diensthandlung – straflos. Daraus folgt auch, dass jedenfalls gegen rechtswidrige Diensthandlungen Notwehr möglich ist (BGHSt 4, 161, 164; *OLG Hamm* NStZ 2009, 271; *LG Bonn* NStZ 1984, 169; *Lackner/Kühl*, § 113 Rn. 15).

§ 113 Abs. 4 betrifft den Irrtum über die Rechtmäßigkeit der Diensthand- 37
lung und stellt eine Modifikation des Verbotsirrtums (§ 17) dar. Dementsprechend unterscheidet er zwischen vermeidbarem und unvermeidbarem Irrtum (*Haft*, BT, S. 7).

Ein Irrtum des Täters im Sinne von § 113 Abs. 4 setzt das Bestehen einer 38
falschen Vorstellung über die Rechtmäßigkeit der Diensthandlung voraus, bloße Gedankenlosigkeit genügt nicht (*Lackner/Kühl*, § 113 Rn. 20; *Haft*, BT, S. 7; *Wessels/Hettinger*, Rn. 643).

Während für die Beurteilung der Vermeidbarkeit des Irrtums die für § 17 39
entwickelten Grundsätze gelten (LK/*Rosenau*, § 113 Rn. 40), ist die Folge

Rechtsfolgen des § 113 Abs. 4	
Irrtum	Folge
Vermeidbar	Strafmilderung (§ 49 Abs. 2) oder Absehen von Strafe bei geringer Schuld (§ 113 Abs. 4 Satz 1)
Unvermeidbar	Rechtsbehelf unzumutbar – Tat nicht strafbar (§ 113 Abs. 4 Satz 2 1. Halbsatz) oder Rechtsbehelf zumutbar – Strafmilderung (§ 49 Abs. 2) oder Absehen von Strafe (§ 113 Abs. 4 Satz 2 2. Halbsatz)

eines unvermeidbaren Irrtums abweichend von § 17 geregelt. Die Tat ist in derartigen Fällen nur dann nicht strafbar, wenn die Einlegung von Rechtsbehelfen unzumutbar gewesen wäre (sog. **Rechtsbehelfsklausel**). Für die Beurteilung der Zumutbarkeit ist allein auf die dem Täter bekannten Umstände abzustellen. Unzumutbar ist die Einlegung von Rechtsbehelfen etwa, wenn sie zu spät kämen oder wenn bei Verzicht auf sofortigen Widerstand großer Schaden entstehen würde (BGHSt 21, 334, 366 – „Bahnpolizei-Fall"; *Lackner/Kühl*, § 113 Rn. 22).

40 § 113 Abs. 1 1. Alt. geht als Privilegierung der Nötigung dieser vor (Spezialität; BGHSt 48, 233, 238, *BGH*, Beschluss vom 1. 9. 2010, Az.: 5 StR 324/10), wenn nicht das Verhalten des Täters einen über § 113 Abs. 1 hinausgehenden Nötigungserfolg erstrebt, was Tateinheit ermöglicht (§ 52; *BayObLG* JR 1989, 24; *Lackner/Kühl*, § 113 Rn. 26). Erreicht die Widerstandshandlung nicht die von § 113 vorausgesetzte Intensität (vgl. Rn. 9 ff.), genügt sie aber zur Tatbestandserfüllung des (mit höherer Strafe bedrohten) § 240, wendet die zutreffende h.M. diesen zwar an, weil nur ein vorliegendes spezielleres Delikt verdrängend wirken kann. Um eine Benachteiligung des „sanften" Widerstandsleistenden zu vermeiden, sind aber § 113 Abs. 1, Abs. 3 und Abs. 4 analog heranzuziehen (*OLG Hamm* NStZ 1995, 547; *Lackner/Kühl*, § 113 Rn. 26; *Rengier*, § 53 Rn. 28; a.A. Schönke/Schröder/*Eser*, § 113 Rn. 43, 68; *Zöller/Steffens*, JA 2010, 161, 167: Straflosigkeit).

41 Auch § 241 wird von § 113 verdrängt, wenn der Widerstand durch Bedrohung des Vollstreckungsbeamten erfolgt (Schönke/Schröder/*Eser*, § 113 Rn. 68). Tateinheit (§ 52) ist vor allem möglich mit den §§ 123, 223 ff. und 303.

D. Kontrollfragen

1. Welcher Personenkreis wird von § 113 Abs. 1 geschützt? → Rn. 3 ff.
2. Was ist eine Vollstreckungshandlung i.S.d. § 113? → Rn. 7 f.

§ 26. Widerstand gegen Vollstreckungsbeamte 221

3. Wie ist Widerstandleisten definiert? → Rn. 9
4. Wie ist das Erfordernis der Rechtmäßigkeit der Diensthandlung dogmatisch einzuordnen? → Rn. 14 ff.
5. Was ist unter dem strafrechtlichen Rechtmäßigkeitsbegriff zu verstehen? → Rn. 22 ff.

Aufbauschema (§ 113)

1. Tatbestand
   a) Objektiver Tatbestand
      (1) zu Vollstreckungshandlungen berufener Amtsträger oder Soldat der Bundeswehr
      (2) bei der Vornahme einer solchen Dienst- oder Vollstreckungshandlung
      (3) mit Gewalt oder Drohung mit Gewalt Widerstand leisten
      oder
      tätlich angreifen
   b) Subjektiver Tatbestand
      – Vorsatz
   c) Objektive Bedingung der Strafbarkeit
      – Rechtmäßigkeit der Vollstreckungshandlung (§ 113 Abs. 3 Satz 1)
2. Rechtswidrigkeit
3. Schuld
4. Besonders schwerer Fall
   a) Regelbeispiele des § 113 Abs. 2 Satz 2
   b) Ggf. unbenannter besonders schwerer Fall (§ 113 Abs. 2 Satz 1)
   c) Vorsatz und ggf. Verwendungsabsicht (§ 113 Abs. 2 Satz 2 Nr. 1)

Empfehlungen zur vertiefenden Lektüre:
Leitentscheidungen: BGHSt 18, 133 – „Heilanstalt-Fall"; BGHSt 21, 334 – „Bahnpolizei-Fall"; BGHSt 25, 313 – „Verkehrskontrolle-Fall".

Aufsätze: *Backes/Ransiek,* Widerstand gegen Vollstreckungsbeamte, JuS 1989, 624; *Niehaus/Wilhelm,* Strafbarkeit des Widerstands gegen Vollstreckungsbeamte trotz Rechtswidrigkeit der Vollstreckungshandlung, StV 2008, 71; *Zöller/Steffens,* Grundprobleme des Widerstandes gegen Vollstreckungsbeamte (§ 113 StGB), JA 2010, 161.

Übungsfälle: *Ellbogen/Henschke,* Klausur Strafrecht: Der legendäre 1. Mai, JA 2003, 412; *C. Jäger,* Examensklausur Strafrecht: Der Hochstapler, JA 2007, 604; *Seibert,* Examensklausur Strafrecht: Gewisse Ungewissheit, JA 2008, 31; *Timpe,* Übungsklausur Strafrecht: Die Rockband, Jura 2009, 465.

§ 27. Verwahrungs- sowie Verstrickungs- und Siegelbruch (§§ 133, 136)

A. Grundlagen

1 § 133 schützt die staatliche (bzw. kirchenamtliche) Gewalt über Sachen in dienstlicher Verwahrung und das öffentliche Vertrauen in die Sicherheit solcher Aufbewahrung (BGHSt 5, 155, 159 – „Kriminalbeamtenfall"; 38, 381, 386; *Lackner/Kühl*, § 133 Rn. 1). § 136 bezweckt vor allem den Schutz der durch Beschlagnahme oder Siegelung begründeten innerstaatlichen Herrschaftsgewalt über Sachen (BGHSt 5, 155, 157 – „Kriminalbeamtenfall"; *Fischer*, § 136 Rn. 1).

B. Tatbestände

I. Verwahrungsbruch (§ 133)

1. Objektiver Tatbestand

2 a) Mögliche **Tatobjekte** sind nach § 133 Abs. 1 alle beweglichen Sachen (vgl. *Hohmann/Sander*, BT 1, § 1 Rn. 3ff. und 11), und zwar unabhängig von den Eigentumsverhältnissen (Schönke/Schröder/*Cramer/Sternberg-Lieben*, § 133 Rn. 3). Dazu gehören auch die beispielhaft genannten Schriftstücke.

3 Das Tatobjekt muss sich zur Tatzeit entweder in dienstlicher Verwahrung befinden (§ 133 Abs. 1 1. Alt.) oder einer Person dienstlich in Verwahrung gegeben worden sein (§ 133 Abs. 1 2. Alt.).

Merke: Eine Sache befindet sich in dienstlicher Verwahrung, wenn sie durch eine Behörde, einen Amtsträger (§ 11 Abs. 1 Nr. 2) oder eine militärische Dienststelle in Gewahrsam genommen worden ist, um sie für bestimmte, über das bloße Funktionsinteresse der Behörde hinausgehende Zwecke zu erhalten und vor unbefugtem Zugriff zu bewahren (BGHSt 18, 312, 313; *Wessels/Hettinger*, Rn. 678, 680).

Beispiele: Akten (*OLG Köln* NJW 1980, 898), Venülen mit dienstlich aufbewahrten Blutproben (*BayObLG* NStE, StGB, § 133 Nr. 1), Zahngold Verstorbener nach deren Einäscherung in einer Bestattungsanstalt (*OLG Nürnberg* VersR 2010, 2071, 2073; vgl. dort auch zu der Frage, ob die amtliche Verwahrung fortdauert, wenn sich die Sache nicht mehr am ursprünglichen Aufbewahrungsort befindet; dafür: BGHSt 40, 8, 24; LK/ *Faul*, § 133 Rn. 15; a.A. MünchKomm/*Hohmann*, § 133 Rn. 8; Schönke/Schröder/*Cramer/Sternberg-Lieben*, § 133 Rn. 8).

Von der dienstlichen Verwahrung einer Sache ist der schlichte Amtsbesitz 4 zu unterscheiden, der allein im Funktionsinteresse der Behörde besteht, etwa deren Inventar oder Verbrauchsgegenstände (SK/*Rudolphi*, § 133 Rn. 7; *Wessels/Hettinger*, Rn. 680).

> **Beachte:** Der Deutschen Bahn AG und der Deutschen Post AG (Privatunternehmen) zur Beförderung übergebene Sachen befinden sich nicht in dienstlicher Verwahrung (*Lackner/Kühl*, § 133 Rn. 3; LK/*Kraus,* § 133 Rn. 9). Etwas anderes gilt, wenn die Post oder ein privater Briefdienst bei der förmlichen Zustellung als Beliehener tätig ist (MünchKomm/*Hohmann*, § 133 Rn. 10).

Auch eine nicht in dienstlicher Verwahrung befindliche Sache kann aber 5 Tatobjekt des § 133 sein, wenn sie einem Nichtamtsträger dienstlich, d.h. aufgrund dienstlicher Anordnung und zu dienstlichen Zwecken (*Lackner/Kühl*, § 133 Rn. 4), übergeben worden ist (§ 133 Abs. 1 2. Alt.).

Beispiel: Dem Strafverteidiger nach § 147 StPO zur Einsicht mitgegebene Akten (vgl. *Geppert*, Jura 1986, 590, 597).

> **Vertiefungshinweis:** § 133 Abs. 2 stellt den in § 133 Abs. 1 beschriebenen Tatobjekten diejenigen gleich, die sich in amtlicher Verwahrung einer Kirche oder anderen Religionsgemeinschaft des öffentlichen Rechts in Verwahrung befinden, etwa Kirchenbücher (*Fischer*, § 133 Rn. 8).

b) Tathandlungen des § 133 Abs. 1 sind zunächst das Zerstören, das Be- 6 schädigen (vgl. *Hohmann/Sander*, BT 1, § 10 Rn. 12 und 4 ff.) und das Unbrauchbarmachen des Tatobjekts, worunter dessen Veränderung in einer Form zu verstehen ist, die die Erfüllung des mit ihm verbundenen Zwecks – wenn auch nur vorübergehend – ausschließt (vgl. BGHSt 35, 340, 341; *Fischer*, § 133 Rn. 9).

Beispiele: A verbrennt eine Akte (Zerstören). – B reißt einen Teil einer Geburtsurkunde ab (Beschädigen). – C löscht ein beschlagnahmtes Tonband (Unbrauchbarmachen).

Den Tatbestand erfüllt darüber hinaus, wer die Sache der dienstlichen Ver- 7 fügung entzieht. Darunter ist zu verstehen, dass dem Berechtigten die Möglichkeit ihrer bestimmungsgemäßen Verwendung zumindest vorübergehend genommen oder erheblich erschwert wird (BGHSt 35, 340, 341; *Lackner/ Kühl*, § 133 Rn. 6; SK/*Rudolphi*, § 133 Rn. 10; *Geppert*, Jura 1986, 590, 597). Die Entziehung muss gegen den Willen des Berechtigten geschehen (BGHR StGB § 133 Entziehen 2; *Fischer*, § 133 Rn. 10).

Beispiele: Beamter A wird infolge großer Sorgfalt mit seiner Arbeit nicht fertig. Um dies vor seinem Vorgesetzten zu verdecken, nimmt er Akten mit in seine Wohnung und stapelt sie dort (vgl. *Fischer*, § 133 Rn. 11).

Das Motorrad des B ist rechtskräftig eingezogen (§ 74) worden. Daraufhin fälscht B eine Ausfertigung des Urteils und erreicht so die Herausgabe des Motorrades durch die Asservatenstelle der Staatsanwaltschaft. – Kein Verwahrungsbruch, da der Verwahrer durch Täuschung zur Herausgabe veranlasst wurde, dies mithin mit seinem Einverständnis erfolgte (BGHR StGB § 133 Entziehen 2)

2. Subjektiver Tatbestand

8   Für § 133 Abs. 1 reicht zumindest bedingter Vorsatz aus (BGHSt 35, 340, 341 f.; *Lackner/Kühl*, § 133 Rn. 7). Der Täter muss es vor allem für möglich halten, dass das Tatobjekt sich in dienstlicher Verwahrung befindet oder einer Person, ggf. ihm selbst, dienstlich übergeben wurde (Schönke/Schröder/*Cramer/Sternberg-Lieben*, § 133 Rn. 16).

3. Qualifizierter Verwahrungsbruch (§ 133 Abs. 3)

9   § 133 Abs. 3 ist ein **unechtes Amtsdelikt** (SK/*Rudolphi*, § 133 Rn. 15). Er qualifiziert § 133 Abs. 1 für den Fall, dass eine der Tathandlungen durch einen Amtsträger (§ 11 Abs. 2 Nr. 2) oder einem dem öffentlichen Dienst besonders Verpflichteten (§ 11 Abs. 1 Nr. 4) begangen wird, sofern die Sache ihm in seiner dienstlichen Eigenschaft anvertraut worden ist oder zugänglich wurde.

> **Merke:** Eine Sache ist einem Amtsträger i.S.d. § 133 Abs. 3 **anvertraut**, wenn er die Verfügungsmacht über sie durch dienstliche Anordnung erlangt und aufgrund seiner Pflichtenstellung für ihre unversehrte Erhaltung zu sorgen hat (BGHSt 3, 304, 306; *Lackner/Kühl*, § 133 Rn. 10).

10 Sie ist ihm i.S. dieser Vorschrift zugänglich geworden, wenn seine dienstliche Stellung ihm die tatsächliche Möglichkeit des Zugangs zu ihr verschaffte (SK/*Rudolphi*, § 133 Rn. 17).

Beispiele: Dienstlich übergebene Akten, Zugangsmöglichkeit zu einem Archiv.

II. Verstrickungsbruch (§ 136 Abs. 1)

1. Objektiver Tatbestand

11 **a) Tatobjekt** können, ohne Rücksicht auf ihre Beweglichkeit, nur Sachen (vgl. *Hohmann/Sander*, BT 1, § 1 Rn. 4 ff.) sein, nicht aber Forderungen und sonstige Rechte (SK/*Rudolphi*, § 136 Rn. 4; *Wessels/Hettinger*, Rn. 672). Diese müssen „verstrickt", d.h. gepfändet oder sonst dienstlich beschlagnahmt sein.

> **Merke:** Eine Sache ist dienstlich beschlagnahmt, wenn sie zwangsweise zur behördlichen Verfügung sichergestellt wird, und gepfändet, wenn dies zur Sicherung oder Verwirklichung eines vermögensrechtlichen Anspruchs geschieht (*Lackner/Kühl*, § 136 Rn. 3).

§ 27. Verwahrungs-, Verstrickungs-, Siegelbruch 225

Die formellen Voraussetzungen dieser Eingriffe bestimmen sich nach den 12
jeweiligen spezialgesetzlichen Regelungen, beispielsweise den §§ 94, 111a ff.
StPO oder §§ 803, 808 ff. ZPO (vgl. MünchKomm/*Hohmann*, § 136 Rn. 9).
Es genügt eine formell ordnungsgemäße Ausführung (LK/*Krauß*, § 136
Rn. 20; *Wessels/Hillenkamp*, Rn. 668; *Geppert*, Jura 1987, 39). Fehlen hingegen
wesentliche Formvoraussetzungen (vgl. hierzu *Geppert/Weaver*, Jura 2000, 46),
kommt es nicht zu einer Verstrickung (BGHSt 15, 149, 150; *Fischer*, § 136
Rn. 4).

b) Tathandlung ist das Zerstören, Beschädigen, Unbrauchbarmachen des 13
Tatobjekts (vgl. Rn. 6). Es genügt auch, wenn dieses in anderer Weise ganz
oder teilweise der Verstrickung entzogen wird. Hierfür reicht aus, dass der
Zugriff der Behörde, wenn auch nur vorübergehend, nicht ganz unerheblich
erschwert wird (Schönke/Schröder/*Cramer/Sternberg-Lieben*, § 136 Rn. 12;
Wessels/Hettinger, Rn. 675).

Beispiele: A schafft einen bei ihm gepfändeten Videorecorder in die Wohnung seiner
Verlobten (vgl. *Krey/Heinrich*, Rn. 539 ff.). – B versteckt das sichergestellte Rauschgift im
Keller des Dienstgebäudes.

2. Subjektiver Tatbestand

Für den subjektiven Tatbestand genügt bedingter Vorsatz in Bezug auf die 14
Tatumstände der Abs. 1 und 2 (*Lackner/Kühl*, § 136 Rn. 8).

3. Objektive Bedingung der Strafbarkeit

Nach § 136 Abs. 3 setzt die Strafbarkeit voraus, dass die Verstrickung (vgl. 15
Rn. 11 f.) durch eine **rechtmäßige Diensthandlung** vorgenommen worden ist. Wie bei § 113 Abs. 3 Satz 11 handelt es sich dabei um eine objektive
Bedingung der Strafbarkeit, auf die sich der Vorsatz nicht erstrecken muss
(vgl. § 26 Rn. 14 ff.).

Die Frage der Rechtmäßigkeit der Diensthandlung beurteilt sich, wie bei 16
§ 113 Abs. 3 Satz 1 (vgl. § 26 Rn. 25 ff.) nach dem **strafrechtlichen Rechtmäßigkeitsbegriff** (*Lackner/Kühl*, § 136 Rn. 7; SK/*Rudolphi*, § 136 Rn. 25;
Wessels/Hettinger, BT 1, Rn. 668; a.A. *Krey/Heinrich*, Rn. 542: „Wirksamkeit
der Verstrickung"). Danach braucht die Pfändung oder Siegelung nicht materiell wirksam zu sein. Es genügt daher, dass die zuständige Behörde unter
Beachtung der wesentlichen Förmlichkeiten gehandelt hat (Schönke/Schröder/*Cramer/Sternberg-Lieben*, § 136 Rn. 31 f.)

III. Siegelbruch (§ 136 Abs. 2)

1. Objektiver Tatbestand

a) Tatobjekt des § 136 Abs. 2 ist ein dienstliches Siegel, d.h. eine von einer 17
Behörde oder einem Amtsträger (§ 11 Abs. 1 Nr. 2) herrührende, mit Beglau-

bigungscharakter ausgestattete Kennzeichnung einer Sache (*Lackner/Kühl*, § 136 Rn. 5). Äußere Form oder Material der Kennzeichnung spielen grundsätzlich keine Rolle (*Geppert*, Jura 1987, 35, 42).

Beispiele: Pfandmarke des Gerichtsvollziehers, Verplombungen, Stempel des Fleischbeschauers.

> **Beachte:** Soweit sie durch völkerrechtliche Verträge den inländischen gleichstehen, kommen auch ausländische Siegel, etwa Zollplomben, in Betracht (*BGH* NStZ 1996, 229; *Fischer*, § 136 Rn. 9).

18   Das Siegel muss angelegt sein, um Sachen in Beschlag zu nehmen (vgl. Rn. 11), dienstlich zu verschließen oder zu bezeichnen. Hierfür ist eine mechanische Verbindung mit der Sache erforderlich (*Lackner/Kühl*, § 136 Rn. 5a; Schönke/Schröder/*Cramer/Sternberg-Lieben*, § 136 Rn. 21), so dass das Anbringen mit einer Sicherheitsnadel genügt, nicht hingegen ein bloßes Auflegen.

19   **b) Tathandlungen** sind das Beschädigen (vgl. Rn. 6), Ablösen – d.h. Entfernen (*Fischer*, § 136 Rn. 10) – oder Unkenntlichmachen des Siegels. Ausreichend ist, dass ein durch das Siegel bewirkter Verschluss auch nur teilweise unwirksam gemacht wird.

Beispiel: A steigt durch das Fenster in einen Raum, dessen Tür versiegelt ist (vgl. *Lackner/Kühl*, § 136 Rn. 6).

2. Subjektiver Tatbestand

20   Es genügt bedingter Vorsatz (*Lackner/Kühl*, § 136 Rn. 8).

3. Objektive Bedingung der Strafbarkeit

21   Das zu § 136 Abs. 1 Ausgeführte (vgl. Rn. 15) gilt entsprechend.

C. Täterschaft und Teilnahme, Versuch, Irrtum sowie Konkurrenzen

22   Für beide Vorschriften gelten in Bezug auf Täterschaft und Teilnehmer grundsätzlich die allgemeinen Regeln (§§ 25 ff.).

23   Täter des § 133 Abs. 1 kann jedermann sein, auch der, für den die Sache verwahrt wird (Schönke/Schröder/*Cramer/Sternberg-Lieben*, § 133 Rn. 17). Die Qualifikation nach § 133 Abs. 3 können aber nur die dort genannten Personengruppen verwirklichen. Für Teilnehmer, denen diese besondere persönliche Eigenschaft fehlt, gilt § 28 Abs. 2 (vgl. *Lackner/Kühl*, § 133 Rn. 9).

24   § 136 kann von jedermann verwirklicht werden, nicht nur von dem, gegen den sich die Beschlagnahme oder die Versiegelung richtet (*Fischer*, § 136

§ 27. Verwahrungs-, Verstrickungs-, Siegelbruch   227

Rn. 9). Auch der pfändende Gerichtsvollzieher kommt als Täter in Betracht, jedenfalls dann, wenn er die gepfändete Sache ohne Grund oder nicht in den Formen der ZPO freigibt (BGHSt 3, 306, 307 f.; *Fischer*, § 136 Rn. 9; *Lackner/ Kühl*, § 136 Rn. 2).

Der Versuch ist weder bei § 133 noch bei § 136 strafbar. **25**

§ 136 Abs. 3 Satz 2 entspricht § 113 Abs. 3 Satz 2 (vgl. § 26 Rn. 35 f.). **26** § 136 Abs. 4 verweist für Fälle des Irrtums über die Rechtmäßigkeit der Diensthandlung auf die Regelung in § 113 Abs. 4 (vgl. dazu § 26 Rn. 37 ff.). In vielen (Vollstreckungs-)Fällen des § 136 wird allerdings die Einlegung von Rechtsbehelfen zumutbar sein (*Fischer*, § 136 Rn. 13; *Geppert*, Jura 1987, 35, 41).

§ 133 tritt hinter § 206 Abs. 2 Nr. 2 zurück (*Lackner/Kühl*, § 206 Rn. 16). **27** Tateinheit (§ 52) kommt u.a. in Betracht mit den §§ 136 (BGHSt 5, 155, 160 – „Kriminalbeamtenfall"; *Lackner/Kühl*, § 133 Rn. 11), 246, 274 und 303 (vgl. *Fischer*, § 133 Rn. 17).

Innerhalb des § 136 ist zwischen Absatz 1 und 2 Tateinheit (§ 52) möglich **28** (*Schönke/Schröder/Cramer/Sternberg-Lieben*, § 136 Rn. 35; a.A. SK/*Rudolphi*, § 136 Rn. 31: § 136 Abs. 2 tritt als Gefährdungsdelikt hinter dem Verletzungsdelikt § 136 Abs. 1 zurück). Ansonsten können vor allem die §§ 113, 133, 242, 288 und 289 tateinheitlich (§ 52) zu der Vorschrift begangen werden (vgl. *Fischer*, § 136 Rn. 12; *Hohmann/Sander*, BT 1, § 8 Rn. 21).

Hinweis: In Prüfungsaufgaben wird § 136 häufig zusammen mit den §§ 288, 289 (vgl. zu diesen Vorschriften *Hohmann/Sander*, BT 1, § 8) zu prüfen sein.

D. Kontrollfragen

1. Welche Rechtsgüter schützen die §§ 133 und 136? → Rn. 1
2. Wann befindet sich eine Sache in dienstlicher Verwahrung? → Rn. 3
3. Wann ist eine Sache „verstrickt"? → Rn. 11

Aufbauschema (§ 133 Abs. 1)

1. Tatbestand
   a) Objektiver Tatbestand
      – Schriftstück oder andere bewegliche Sache in dienstlicher Verwahrung
      oder
      – dem Täter oder einem anderen dienstlich in Verwahrung gegebene Sache

- zerstören, beschädigen, unbrauchbar machen oder der dienstlichen Verfügung entziehen
  b) Subjektiver Tatbestand
     - Vorsatz
2. Rechtswidrigkeit
3. Schuld

Aufbauschema (§ 136 Abs. 1)

1. Tatbestand
   a) Objektiver Tatbestand
      - Gepfändete oder dienstlich in Beschlag genommene Sache
      - zerstören, beschädigen, unbrauchbar machen oder in anderer Weise ganz oder zum Teil der Verstrickung entziehen
   b) Subjektiver Tatbestand
      - Vorsatz
   c) Objektive Bedingung der Strafbarkeit (§ 136 Abs. 3 Satz 1)
      - Rechtmäßigkeit der Pfändung oder Beschlagnahme
2. Rechtswidrigkeit
3. Schuld

Aufbauschema (§ 136 Abs. 2)

1. Tatbestand
   a) Objektiver Tatbestand
      - Dienstliches Siegel, das angelegt ist, um Sachen in Beschlag zu nehmen, dienstlich zu verschließen oder zu bezeichnen
      - beschädigen, ablösen oder unkenntlich machen
        oder
      - den durch das Siegel bewirkten Verschluss ganz oder zum Teil unwirksam machen
   b) Subjektiver Tatbestand
      - Vorsatz
   c) Objektive Bedingung der Strafbarkeit (§ 136 Abs. 3 Satz 1)
      - Rechtmäßigkeit der Anlegung des Siegels
2. Rechtswidrigkeit
3. Schuld

Empfehlungen zur vertiefenden Lektüre:
Leitentscheidung: BGHSt 5, 155 – „Kriminalbeamtenfall".

Aufsätze: *Geppert,* Ausgewählte Delikte gegen die „öffentliche Ordnung", insbesondere Amtsanmaßung (§ 132 StGB) und Verwahrungsbruch (§ 133 StGB), Jura 1986, 590; *Geppert,* Verstrickungsbruch (136 Abs. 1 StGB) und Siegelbruch (§ 136 Abs. 2 StGB), Jura 1987, 35; *Geppert/Weaver,* Auswirkungen zivilprozessualer Vollstreckungsfehler bei Sachpfändungen auf die Strafbarkeit nach § 136 StGB, Jura 2000, 46; *Krehl,* Strafbarkeit wegen Siegelbruchs (§ 136 Abs. 2 StGB) bei Verletzung ausländischer Zollplomben, NJW 1992, 604.

Übungsfälle: *Rössner/Guhra,* Übungsklausur (für Vorgerückte) Strafrecht: Eine Gemeinde geht baden – Der bestechliche Bürgermeister, Jura 2001, 403; *Solbach,* Klausur Strafecht: Misslungene Pfändung, JA 1997, 491.

Kapitel 8. Amtsdelikte

Der 30. Abschnitt des StGB fasst wichtige echte und unechte Amtsdelikte zusammen. Während § 339 den Schutz der Rechtspflege gegen Angriffe „von innen" zur Aufgabe hat (*Wessels/Hettinger*, Rn. 1127), erfassen die §§ 331 ff. die Bestechungsdelikte. Diese sind durch das Korruptionsbekämpfungsgesetz vom 13. August 1997 (BGBl. I, S. 2038) grundlegend geändert worden (hierzu *Wolters*, JuS 1998, 1100). Dies ist bei der Lektüre älterer Entscheidungen in Rechnung zu stellen. Bei den Delikten ist zwischen der spiegelbildlich ausgestalteten Strafbarkeit des Vorteilsnehmers und -gebers zu unterscheiden, außerdem danach, ob das fragliche dienstliche Verhalten pflichtgemäß oder pflichtwidrig war. Während die Delikte für den Vorteilsnehmer als Sonderdelikte ausgestaltet sind, handelt es sich bei den Vorschriften zur Strafbarkeit des Vorteilsgebers um Allgemeindelikte, die von jedermann begangen werden können.

Systematik der Bestechungsdelikte

Dienstausübung	Vorteilsnehmer	Vorteilsgeber
Pflichtgemäß	Vorteilsannahme (§ 331)	Vorteilsgewährung (§ 333)
Pflichtwidrig	Bestechlichkeit (§ 332)	Bestechung (§ 334)

Vertiefungshinweis: Durch das Korruptionsbekämpfungsgesetz vom 13. August 1997 (BGBl. I, S. 2038) sind mit den §§ 298 ff. Straftaten gegen den Wettbewerb in das StGB aufgenommen worden. § 298 (Wettbewerbsbeschränkende Absprachen bei Ausschreibungen) und § 299 (Bestechlichkeit und Bestechung im geschäftlichen Verkehr) sind abstrakte Gefährdungsdelikte, die das Allgemeininteresse am freien Wettbewerb schützen.

§ 298 Abs. 1 erfasst Ausschreibungen – nach Abs. 2 sind freihändige Vergaben unter bestimmten Voraussetzungen gleichgestellt – über Waren, wie bewegliche Sachen, Immobilien und Rechte, oder gewerbliche Leistungen, worunter auch Dienstleistungen aller Art fallen (MünchKomm/*Hohmann*, § 298 Rn. 42 ff.). Hierunter sind nicht nur Vergabeverfahren der öffentlichen Hand zu verstehen, sondern auch solche von privaten Veranstaltern, wenn das Verfahren an die Bestimmungen der VOB/A angelehnt ausgestaltet ist (*BGH* NStZ 2003, 548; *Lackner/Kühl*, § 298, Rn. 2). Das Angebot wird nicht dadurch unbeachtlich, dass es aus Rechtsgründen, z.B. § 25 Nr. 1 VOB/A, nicht berücksichtigt werden darf (*BVerfG* wistra 2009, 298;

BGH NStZ 2003, 548). Dem Angebot muss eine rechtswidrige Absprache zugrunde liegen. Dies bestimmt sich nach den §§ 1, 14 GWB oder nach dem europäischen Wettbewerbsrecht (MünchKomm/*Hohmann*, § 298 Rn. 76; *Joecks*, § 298 Rn. 4; vgl. auch BGHSt 47, 83, 86). Diese Akzessorietät von Wettbewerbsvorschriften führt nach der h.L. dazu, dass seit der Änderung des § 1 GWB im Jahr 2005 (BGBl 2005 I, 1954) nicht mehr nur Absprachen miteinander im Wettbewerb stehender Unternehmen von § 298 erfasst werden (so die Rechtsprechung zum früheren Recht BGHSt 49, 201, 208; *BGH* NStZ 2006, 687), sondern auch kartellrechtswidrige sog. vertikale Unternehmensabsprachen tatbestandsmäßig sein können (vgl. hierzu MünchKomm/*Hohmann*, § 298 Rn. 34 f., 84). Jedoch genügt eine Absprache zwischen einem Anbieter und einer Person auf der Seite des Veranstalters der Ausschreibung nicht (*Fischer*, § 298 Rn. 9). Die Tat ist mit dem Eingehen des Angebots beim Veranstalter vollendet (*Joecks*, § 298 Rn. 3).

§ 299 unterscheidet sich nicht wesentlich von der Vorgängerregelung des § 12 UWG a.F. Durch Einfügung des Abs. 3 im Jahr 2002 (BGBl. 2002 I, 3387) ist die Strafbarkeit auf Handlungen im ausländischen Wettbewerb ausgedehnt worden (vgl. hierzu *Rönnau*, JZ 2007, 1984; zur früheren Rechtslage BGHSt 52, 323). Abs. 1 der Vorschrift betrifft die Bestechung, Abs. 2 die Bestechlichkeit. Die Begriffe entsprechen denen bei §§ 331 ff., Unterschiede ergeben sich aber daraus, dass es anders als dort nicht um Amtsträger geht. Nach § 299 Abs. 1 ist Voraussetzung, dass der Bestochene den Vorteil als Gegenleistung für eine Bevorzugung bei dem Bezug von Waren oder gewerbliche Leistungen im Wettbewerb fordert, sich versprechen lässt oder annimmt (vgl. hierzu *BGH* wistra 2010, 447). Dies setzt mindestens zwei Konkurrenten voraus, auch wenn der Mitbewerber der Person nach nicht bestimmt sein muss (*BGH* NJW 2007, 2932). Angestellter ist jeder, der in einem Dienstverhältnis zum Geschäftsherrn steht und weisungsgebunden ist (*Joecks*, § 299 Rn. 6). Beauftragter ist, wer befugtermaßen für den Geschäftsbetrieb tätig werden kann, ohne Angestellter zu sein (*BGH* NJW 2006, 3290, 3298). Umstritten ist es, ob Kassenärzte als Beauftragte der Krankenkassen anzusehen sind, mit der Folge, dass Zuwendungen von Pharmaunternehmen unter § 299 fallen (so *OLG Braunschweig* NStZ 2010, 392 [nicht tragend]; *Fischer*, § 299 Rn. 10b; zu Recht ablehnend: *Lackner/ Kühl*, § 299 Rn. 2; *Geis*, wistra 2007, 361). Abs. 2 stellt das Anbieten, Versprechen oder Gewähren eines Vorteils im Rahmen einer Unrechtsvereinbarung, deren Gegenstand und Ziel die zukünftige unlautere Bevorzugung eines anderen bei dem Bezug von Waren oder gewerblichen Leistungen ist, unter Strafe. Eine Bevorzugung in diesem Sinne setzt eine sachfremde Entscheidung zwischen zumindest zwei Bewerbern und damit eine Wettbewerbslage voraus. Hierfür reicht es aus, dass die zum Zwecke des Wettbewerbs vorgenommenen Handlungen nach der Vorstellung des Täters geeignet sind, seine eigene Bevorzugung oder die eines Dritten im Wettbewerb zu veranlassen, wie z.B. bei einem dem eigentlichen Vergabeverfahren vorgeschalteten Zulassungsverfahren (BGHSt 49, 214, 228 f.). Für das konkurrenzrechtliche Verhältnis zu § 266 kommt es darauf an, ob Tathandlungen des § 266 und des § 299 zu irgendeinem Zeitpunkt zusammentreffen, so dass Tateinheit anzunehmen ist (*BGH* NStZ 2009, 445, 446).

§ 28. Vorteilsannahme (§ 331)

A. Grundlagen

1   Nach h.M. schützt § 331 – wie die übrigen Bestechungstatbestände – zwei Rechtsgüter, nämlich einerseits die Lauterkeit des öffentlichen Diensts, andererseits das diesbezügliche Vertrauen der Allgemeinheit (BGHSt 15, 88, 96 – „Ermessensbeamter-Fall"; LK/*Sowada*, vor § 331 Rn. 31; *Joecks*, § 331 Rn. 1).

B. Tatbestand

I. Objektiver Tatbestand

1. Taugliche Täter

2   Es handelt sich um ein echtes Amtsdelikt, d.h. Täter des § 331 Abs. 1 kann, auch bei fiskalischer Tätigkeit des Staates (BGHSt 12, 89), nur ein **Amtsträger** (§ 11 Abs. 1 Nr. 2) oder ein für den öffentlichen Dienst besonders Verpflichteter (§ 11 Abs. 1 Nr. 4) sein. Dieser Eigenschaft kommt strafbegründende Wirkung zu, sie muss im Zeitpunkt der Tathandlung bestehen (BGHSt 49, 275, 282 – „Wahlkampf-Spenden-Fall"; a.A. Schönke/Schröder/*Cramer/ Sternberg-Lieben*, § 331 Rn. 34: auch schon kurz vor der Ernennung). Amtsträger sind auch Beliehene sowie alle Bediensteten privatrechtlicher juristischer Personen, denen die Wahrnehmung öffentlicher Aufgaben übertragen ist (BGHSt 43, 370, 373 ff.; *Fischer*, § 331 Rn. 4).

Beispiele: Als **Amtsträger** sind angesehen worden ein Angestellter der Gesellschaft für Technische Zusammenarbeit – GTZ (BGHSt 43, 370), ein Mitglied des Leitungsorgans eines Rechtsanwaltsversorgungswerks (BGHSt 54, 39 – „Rechtsanwaltsversorgungswerk-Fall"), Redakteure öffentlich-rechtlicher Rundfunkanstalten (BGHSt 54, 202), ein Angestellter der DB Netz AG (*BGH*, Beschluss vom 9. 12. 2010, Az.: 3 StR 312/10) **nicht hingegen** ein kommunaler Mandatsträger, der nicht mit konkreten Verwaltungsaufgaben betraut ist (BGHSt 51, 44; vgl. hierzu § 108e [Abgeordnetenbestechung] als abschließende Sondernorm), oder ein Mitarbeiter einer kommunalen Wohnungsbaugesellschaft, die nur einer von vielen Anbietern von Wohnraum ist, der mit städtischen Belegungsrechten belastet ist (*BGH* NJW 2007, 2932).

Vertiefungshinweis: In der Praxis bereitet insbesondere der ebenfalls durch das Korruptionsbekämpfungsgesetz im Jahr 1997 (BGBl. I S. 2038; vgl. hierzu *BGH* NJW 2007, 2932) neu geregelte Amtsträgerbegriff nach § 11 Abs. 1 Nr. 2c Schwierigkeiten. Danach ist Amtsträger, „wer sonst dazu bestellt ist, bei einer Behörde oder einer sonstigen Stelle oder in deren Auftrag Aufgaben der öffentlichen Verwaltung unbeschadet der zur Aufgabenerfüllung gewählten Organisationsform wahrzunehmen". Sonstige Stellen sind behördenähnliche Institutionen, die Aufgaben der Daseinsvorsorge wahrnehmen, auch wenn es sich dabei um juristische Personen des Privatrechts handelt. Bei diesen muss jedoch als zusätzliches Kriterium hinzutreten, dass sie staatlicher Steuerung unterliegen und nach einer Gesamtbewertung als „verlängerter Arm" des Staates erscheinen (BGHSt 49, 214, 219; 50, 299, 303; *BGH* NJW 2007, 2932; *BGH*, Beschluss vom 9. 12. 2010, Az.: 3 StR 312/10). Dies scheidet bei einem privatrechtlich organisierten Unternehmen jedenfalls dann aus, wenn ein Privater an dem Unternehmen in einem Umfang beteiligt ist, dass er durch eine Sperrminorität wesentliche unternehmerische Entscheidungen mitbestimmen kann (BGHSt 50, 299, 303). Aber auch einer öffentlich-rechtlichen Organisationsform kommt nur indizielle, keine allein ausschlaggebende Aussagekraft zu (BGHSt 54, 202, 205; *BGH* NJW 2009, 3248, 3249). Bei ihnen soll es nach der Rspr. nicht darauf ankommen, dass sie als verlängerter Arm des Staates erscheinen, vielmehr soll auf das institutionelle Moment, welches das besondere Vertrauen in die Integrität und die Funktionstüchtigkeit begründet, abzustellen sein (BGHSt 54, 202, 210; a.A. *Hellmann*, wistra 2007, 281, 283).

Der Begriff des Amtsträgers gemäß § 11 Abs. 1 Nr. 2 erstreckt sich grundsätzlich nur auf inländische Beamte oder Richter. Jedoch sind durch multilaterale Abkommen zur Bekämpfung grenzüberschreitender Korruption auch einige ausländische Amtsträger einbezogen worden. So erstrecken das EU-Bestechungsgesetz (EUBestG) und das Gesetz zur Bekämpfung internationaler Bestechung (IntBestG; vgl. hierzu BGHSt 52, 323) den Anwendungsbereich einiger dieser Vorschriften auch auf bestimmte ausländische Personengruppen (vgl. LK/*Sowada*, Vor § 331 Rn. 25 ff.; MünchKomm/*Hilgendorf*, § 11 Rn. 22 f.). 3

2. Tathandlungen

Tathandlungen des § 331 Abs. 1 sind das Fordern, Sichversprechenlassen oder Annehmen eines Vorteils für die Dienstausübung. Dieser kann für den Täter oder einen Dritten bestimmt sein. 4

a) Vorteil ist jede Leistung, auf die der Täter keinen Anspruch hat und die ihn materiell oder immateriell in seiner wirtschaftlichen, rechtlichen oder persönlichen Lage objektiv besser stellt (BGHSt 47, 295, 304; *BGH* NStZ-RR 1998, 269 – „Fachhochschulfall"; NStZ-RR 2007, 309, 310; NStZ 2008, 216, 217; *Lackner/Kühl*, § 331 Rn. 4; SK/*Rudolphi/Stein*, § 331 Rn. 19, 22). Unerheblich ist es, wenn der Amtsträger einen vergleichbaren Vorteil auch auf eine andere Art und Weise hätte erlangen können; solche hypothetischen Erwägungen sind grundsätzlich unbeachtlich (BGHSt 53, 6, 9 – „Fußball-WM-Eintrittskarten-Fall"; *OLG Karlsruhe* NJW 2001, 907, 908). Der Vorteil muss allerdings objektiv messbar sein, so dass allein die Verbesserung von Karrierechancen nicht unter den Tatbestand fällt (BGHSt 47, 295, 304; *Wessels/Hettinger*, Rn. 1107). 5

Beispiele: Bargeld, Stundung einer Forderung (BGHSt 16, 40), Gewährung des Geschlechtsverkehrs (*BGH* NJW 1989, 914), Fußball-WM-Eintrittskarten (BGHSt 53, 6, 8 – „Fußball-WM-Eintrittskarten-Fall"), Überlassung eines Ferienhauses zur Nutzung (*Joecks*, § 331 Rn. 5).

> **Vertiefungshinweis:** Teile der Literatur lehnen einen Vorteil ab, wenn dem Amtsträger lediglich die zur Dienstausübung erforderlichen Mittel zur Verfügung gestellt werden (*Fischer*, § 331 Rn. 12; *Lackner/Kühl*, § 331 Rn. 5), wie z.B. kostenloses Benzin an Polizeibeamte für Ermittlungen in der Freizeit (*OLG Zweibrücken* NStZ 1982, 204) oder Gewährung von Eintrittskarten zu Großveranstaltungen, die den Begünstigten die Repräsentation als ihre dienstliche Aufgabe ermöglichen (kritisch hierzu, dies aber letztlich offen lassend BGHSt 53, 6, 8 – „Fußball-WM-Eintrittskarten-Fall"). Für eine solche Einschränkung besteht aber kein Erfordernis, da diese Aspekte bei der Unrechtsvereinbarung ausreichend berücksichtigt werden können (MünchKomm/*Korte*, § 331 Rn. 94; Schönke/Schröder/*Heine*, § 331 Rn. 28).

6 Nach der gesetzlichen Neuregelung im Jahr 1997 sind nicht mehr nur Zuwendungen an den Täter selbst tatbestandsmäßig. Vielmehr sind nun auch solche Drittvorteile erfasst, die dem Täter nicht einmal mittelbar zufließen. Es kommt also nicht darauf an, ob der Amtsträger oder ein Dritter bessergestellt wird bzw. bessergestellt werden soll (*Lackner/Kühl*, § 331 Rn. 6).

Beispiel: Amtsträger A verlangt eine Zahlung an seine Partei, ohne dadurch für sich selbst irgendeinen Vorteil zu erwarten (BGHSt 49, 275; *BGH* NJW 2007, 3446).

7 b) Einen Vorteil **fordert**, wer – auch schlüssig – erkennen lässt, dass er ihn für seine Dienstausübung (vgl. Rn. 8) begehrt (BGHSt 10, 241; *BGH* wistra 1985, 21; *Fischer*, § 331 Rn. 18). Unter **Sichversprechenlassen** ist die ausdrückliche oder konkludente Annahme des – wenn auch nur bedingten – Angebots einer zukünftigen Leistung zu verstehen (SK/*Rudolphi/Stein*, § 331 Rn. 25; *Wessels/Hettinger*, Rn. 1108). Das **Annehmen** eines Vorteils ist dessen tatsächliches Empfangen mit dem Willen, darüber für sich oder einen Dritten zu verfügen (LK/*Sowada*, § 331 Rn. 28; Schönke/Schröder/*Heine*, § 331 Rn. 24; zu einem „verspäteten" Annehmen eines gutgläubig erworbenen Vorteils *BGH* NStZ 2007, 3446, 3447). Diese drei Verhaltensweisen lassen sich als verschiedene Stufen der stets erforderlichen **Unrechtsvereinbarung** (vgl. Rn. 10 ff.) ansehen.

8 c) Die Tathandlung muss sich im Unterschied zu § 332 (vgl. § 29 Rn. 3) und zur früheren Fassung des § 331 Abs. 1 lediglich auf die allgemeine **Dienstausübung**, nicht aber auf eine bestimmte Diensthandlung beziehen. Die Dienstausübung muss noch nicht einmal in groben Umrissen konkretisiert sein, es genügt, wenn der Wille des Vorteilsgebers auf ein allgemeines Wohlwollen des Amtsträgers bezogen ist (BGHSt 53, 6, 8 – „Fußball-WM-Eintrittskarten-Fall"). Zur Dienstausübung zählen bereits vorgenommene

§ 28. Vorteilsannahme   235

Diensthandlungen (*Wessels/Hettinger*, Rn. 1109), aber auch die eigentliche Entscheidung vorbereitende oder diese unterstützende Handlungen, wie z.B. Gutachten oder Entscheidungsvorschläge vor einer Auftragsvergabe (LK/*Sowada*, § 331 Rn. 54).

> **Merke: Dienstausübung** ist die allgemeine dienstliche Tätigkeit des Amtsträgers im Rahmen seiner Obliegenheiten und amtlichen Eigenschaft (*Lackner/Kühl*, § 331 Rn. 8; *Otto*, § 99 Rn. 14; *Wessels/Hettinger*, Rn. 1111). Die Verknüpfung mit dem Vorteil wird als sog. **Unrechtsvereinbarung** bezeichnet (*Fischer*, § 331 Rn. 21; BGHSt 53, 6, 9 – „Fußball-WM-Eintrittskarten-Fall").

Von der Dienstausübung sind **Privathandlungen** des Amtsträgers zu unterscheiden, die den Tatbestand nicht erfüllen können, auch wenn sie bei Gelegenheit des Diensts, unter Ausnutzung von im Dienst erworbenen Kenntnissen oder als dienstrechtlich verbotene Nebentätigkeit erfolgen (BGHSt 18, 263, 267; *Fischer*, § 331 Rn. 7, 25b; LK/*Sowada*, § 331 Rn. 55). **9**

Beispiel: Beamter A arbeitet im Bauamt und fertigt – trotz entsprechenden Verbots – in seiner Freizeit gegen Entgelt unter Nutzung dienstlich erlangter Kenntnisse Bauzeichnungen an (BGHSt 11, 125).

Während nach früherem Recht der Vorteil „als Gegenleistung für eine Diensthandlung" bestimmt sein musste, genügt nunmehr eine **allgemeine Verknüpfung** zwischen Vorteil und Dienstausübung des Amtsträgers (BGHSt 49, 275, 280, 282 f. – „Wahlkampf-Spenden-Fall"; *BGH* NStZ 2008, 35). Das Erfordernis der **Unrechtsvereinbarung** ist damit gelockert (*Joecks*, § 331 Rn. 11), aber nicht aufgegeben worden (BGHSt 53, 6, 10 – „Fußball-WM-Eintrittskarten-Fall"). Der Gesetzgeber wollte mit der Tatbestandserweiterung erreichen, dass auch solche Zuwendungen hierunter fallen, die sich keiner bestimmten Diensthandlung zuordnen lassen oder auf eine solche gar nicht abzielen, vielmehr das allgemeine Wohlwollen des Amtsträgers sichern sollen (sog. allgemeine Klimapflege; BT-Drucks. 13/8079, S. 15; vgl. hierzu BGHSt 49, 275, 282 – „Wahlkampf-Spenden-Fall"; 53, 6 – „Fußball-WM-Eintrittskarten-Fall"). **10**

Beispiel: Bauunternehmer A zahlt zu Zwecken der „Kontaktpflege" ohne Bezug zu einer konkreten dienstlichen Handlung dem Leiter des Bauamts ein „Weihnachtsgeld".

Eines Gegenseitigkeitsverhältnisses bedarf es nach wie vor, aber nur insoweit, als der Vorteil nach dem angestrebten ausdrücklichen oder stillschweigenden Einverständnis der Beteiligten seinen Grund gerade in der Dienstausübung haben muss (BGHSt 53, 6, 10 – „Fußball-WM-Eintrittskarten-Fall"; vertiefend MünchKomm/*Korte*, § 331 Rn. 100; *Dölling*, ZStW 112 [2000], 334, 344). **11**

> **Merke:** Die Zuwendung muss demnach in dem Bewusstsein der Beteiligten vorgenommen werden, dass der Amtsträger hierfür eine dienstliche Tätigkeit entfaltet (BGHSt 53, 6, 10 – „Fußball-WM-Eintrittskarten-Fall"; *BGH* NStZ 1999, 561; 2007, 309, 310; *Fischer*, § 331 Rn. 23).

12 Die erhebliche Erweiterung der Strafbarkeit – Vorteil für einen Dritten und Lockerung der Unrechtsvereinbarung – lässt eine trennscharfe Abgrenzung zwischen strafwürdigem und politisch oder wirtschaftlich üblichem bzw. sozialadäquatem Handeln nicht stets zu (vgl. BGHSt 53, 6, 17 – „Fußball-WM-Eintrittskarten-Fall"). Die Rechtsprechung ist dem mit einer **einschränkenden Auslegung** für bestimmte Bereiche begegnet.

13 Das Erfordernis einer Eingrenzung hat sich namentlich für den Bereich der Einwerbung von **Drittmitteln** für Lehre und Forschung im Hochschulbereich gestellt. Die Einwerbung von Drittmitteln ist heute an Universitäten und Forschungsinstituten nicht nur üblich, sondern vielfach sogar Dienstaufgabe. Die Unterstützung durch Dritte, z.B. Pharmaunternehmen, erfolgt aber für eine Dienstausübung, nämlich die wissenschaftliche Tätigkeit. Hierin liegt auch ein Vorteil, da eine objektiv messbare Verbesserung der persönlichen Wirkungsmöglichkeiten eintritt (BGHSt 47, 295, 303 – „Drittmittel-Fall"; *Ambos*, JZ 2003, 345, 350; *Rönnau*, JuS 2003, 232, 234). Dennoch soll bei Einhaltung des hierfür vorgeschriebenen rechtlichen Anzeige- und Genehmigungsverfahrens im Sinne einer strikten **Transparenz** ein solches Verhalten tatbestandslos sein (BGHSt 47, 295, 303 ff. – „Drittmittel-Fall"; *BGH* NStZ 2003, 171; *Kuhlen*, JR 2003, 231; vgl. *Joecks*, § 331 Rn. 14). Eine solche tatbestandseinschränkende Auslegung ist sachgerecht, da die Drittmittelförderung bei Einhaltung des Verfahrens durchschaubar und nachvollziehbar ist, kein unrechtes Beziehungsverhältnis zwischen Förderung und Forschung besteht und somit eine Gefahr für das Rechtsgut nicht eintritt (BGHSt 47, 295, 309 – „Drittmittel-Fall"; *Wessels/Hettinger*, Rn. 1112a: vernünftige Ergebnisse). Unterbleibt die Anzeige der Einwerbung von Drittmitteln, werden die gewährten Vorteile gar in einer „schwarzen Kasse" oder durch Weiterleitung an einen Förderverein verborgen, ist der Tatbestand hingegen erfüllt (vgl. BGHSt 48, 44, 47; *Joecks*, § 331 Rn. 14).

14 Diese Grundsätze lassen sich zwar nicht auf **Wahlkampfspenden** übertragen. Dennoch stellt sich wegen der verfassungsrechtlich garantierten Wahlgleichheit (vgl. hierzu BGHSt 49, 275, 281 – „Wahlkampf-Spenden-Fall" m.w.N.) auch hier das Erfordernis einer Tatbestandsrestriktion, wenn eine Wahlkampfunterstützung zugunsten eines Amtsträgers gewährt wird, der sich bei einer anstehenden Direktwahl um seine Wiederwahl bewirbt. Der Vorteil wird für eine Dienstausübung (z.B. investorenfreundliche Politik) gewährt, da er für die Erhaltung der Amtsstellung und damit für die künftige Ausübung desselben Dienstes erfolgt. Hier kommt es nicht darauf an, dass mit der Spende ordnungsgemäß nach dem Parteiengesetz (insb. § 25 Abs. 2 PartG) verfahren wird, vielmehr muss der grundrechtlich garantierten Gleichheit des passiven Wahlrechts Rechnung getragen werden (BGHSt 49, 275, 281 – „Wahlkampf-Spenden-Fall"; *Dölling*, JR 2005, 519; *Saliger/Sinner*, NJW 2005, 1073, 1075; krit. MünchKomm/*Korte*, § 331 Rn. 146). Denn hätte der Amtsinhaber keine Möglichkeit zur straffreien Einwerbung von Spenden, wäre er gegenüber seinem Mitbewerber ohne Amt benachteiligt. Der Amtsträger bleibt daher straflos, sofern die gewährte Unterstützung allein dazu dienen soll, dass er nach der Wiederwahl sein Amt in einer den allgemeinen wirtschaftlichen oder politischen Vorstellungen des Vorteilsgebers entsprechenden Weise ausübt. Strafbarkeit soll dagegen dann anzunehmen sein, wenn der Vorteil allein dem Zuwendenden oder seinen Individualinteressen nützen soll (BGHSt 49, 275, 281 – „Wahlkampf-Spenden-Fall"), was nicht erst bei Bezug zu einer konkreten in der kommenden Amtszeit anstehenden Entscheidung anzunehmen ist (*BGH* NStZ 2007, 3446).

Auch der Gesichtspunkt der **Sozialadäquanz** kann zur Einschränkung 15 des Tatbestands führen, da eine Rechtsgutsverletzung insofern nicht zu befürchten ist. Dies wird angenommen für die Annahme kleinerer sozial üblicher Aufmerksamkeiten, die ohne Verstoß gegen Höflichkeitsformen nicht zurückgewiesen werden können (*Lackner/Kühl*, § 331 Rn. 10; LK/*Sowada*, § 331 Rn. 72 ff.; MünchKomm/*Korte*, § 331 Rn. 126 ff.). Während die „Tasse Kaffee" für den Steuerprüfer noch unproblematisch als sozialadäquat in diesem Sinne anzusehen ist, kann dies bei umfassenderen Bewirtungen zweifelhaft sein. Übersteigt deren Aufwand erkennbar den gewöhnlichen Lebenszuschnitt des Amtsträgers, ist der Vorteilscharakter zu bejahen (*Fischer*, § 331 Rn. 26; vgl. auch *BGH* NStZ 2005, 334: Zuwendung von Reisen). Hält sich die Bewirtung aber im Bereich des für die Beteiligten Üblichen und revanchiert sich der Amtsträger mit gleichwertigen Einladungen, so wird in der Regel kein tatbestandsmäßiger Vorteil vorliegen (BGHSt 31, 279; *BGH* NStZ 2003, 171). Im Einzelfall kommt es darauf an, ob Art und Umfang des geforderten oder empfangenen Vorteils dessen Charakter als Gegenleistung nahe legen (*KG* NStZ-RR 2008, 373, 375; *Fischer*, § 331 Rn. 25; *Joecks*, § 331 Rn. 17: mögliche Beeinflussungswirkung).

Abgrenzungsprobleme ergeben sich vor allem bei Einladungen von Amts- 16 trägern zu sog. Großereignissen. Der BGH hat klar gestellt, dass Eintrittskarten für regulär entgeltpflichtige Veranstaltungen einen Vermögenswert haben, daher Vorteile i.S.d. Vorschrift sind und auch ansonsten kein Grund vorliegt, diese vom Tatbestand des § 331 auszunehmen. Daran ändert sich auch dadurch nichts, dass die Einladungen Teil eines für sich genommen sozialadäquaten und in strafrechtlicher Hinsicht gänzlich unverdächtigen **Sponsoringkonzepts** sind (BGHSt 53, 6, 8 – „Fußball-WM-Eintrittskarten-Fall"; a.A. *Schünemann*, FS Otto, 2007, S. 777, 793 ff.).

> **Vertiefungshinweis:** Ob die erforderliche **Unrechtsvereinbarung** vorliegt, ist in der Praxis aufgrund einer Gesamtschau aller fallbezogenen Umstände, insbesondere der gesamten Interessenlage der Beteiligten vorzunehmen, auch wenn dies zu erheblichen Beweisschwierigkeiten führen kann. Keinesfalls darf man sich mit pauschalen Bewertungen wie „allgemeine Klimapflege" oder „Anfüttern" begnügen. In die Würdigung einzubeziehen sind neben der Plausibilität einer anderen Zielsetzung insbesondere die Stellung des Amtsträgers und die Beziehung des Vorteilsgebers zu dessen dienstlichen Aufgaben (dienstliche Berührungspunkte), die Art, der Wert und die Anzahl der Vorteile, aber auch, ob diese heimlich oder transparent erfolgen (BGHSt 53, 6 – „Fußball-WM-Eintrittskarten-Fall"; vgl. auch *Hettinger*, JZ 2009, 370; *Trüg*, NJW 2009, 196). In Prüfungsaufgaben werden hierzu eindeutige Angaben vorliegen.

17 Es ist unerheblich, ob der Amtsträger tatsächlich für die Gegenleistung eine dienstliche Tätigkeit vorgenommen hat oder vornehmen wird, da das Vertrauen der Bevölkerung durch den Eindruck der Käuflichkeit bereits erschüttert ist. Den Tatbestand erfüllt deshalb auch ein Amtsträger, der nur vortäuscht, dass er eine bestimmte Diensthandlung noch vornehmen werde (BGHSt 15, 88, 93 ff.; *Fischer*, § 331 Rn. 10; *Joecks*, § 331 Rn. 10; *Lackner/Kühl*, § 331 Rn. 11). Dies gilt nach der h.M. in der Literatur ebenso, wenn der Amtsträger vorspiegelt, er habe eine Diensthandlung bereits erbracht (*Lackner/Kühl*, § 331 Rn. 11; Schönke/Schröder/*Heine*, § 331 Rn. 30; *Otto*, § 99 Rn. 19; diff. LK/*Sowada*, § 331 Rn. 62 f.), nach einer a.A. soll nur § 263, nicht aber § 331 vorliegen (BGHSt 29, 300, 302; *Fischer*, § 331 Rn. 10). Da aber der rechtserschütternde Eindruck der Käuflichkeit von Amtshandlungen ebenso entstehen kann (NK/*Kuhlen*, § 331 Rn. 31 f.; *Rengier*, § 60 Rn. 21), ist die h.M. vorzugswürdig.

II. Subjektiver Tatbestand

18 Es genügt bedingter Vorsatz, der insbesondere die Unrechtsvereinbarung, d.h. die Verknüpfung zwischen Vorteil und Dienstausübung erfassen muss (*BGH* NJW 2007, 3446, 3448; NStZ-RR 2008, 13, 14; *Lackner/Kühl*, § 331 Rn. 13). Der Täter muss aber „Bedeutungskenntnis" gerade von seiner Funktion als Amtsträger haben (BGHSt 54, 39, 44 – „Rechtsanwaltsversorgungswerk-Fall"; BGHR StGB § 11 Abs. 1 Nr. 2 Amtsträger 14).

III. Qualifizierte Vorteilsannahme (§ 331 Abs. 2)

19 Ist der Täter ein **Richter** (§ 11 Abs. 1 Nr. 3) oder **Schiedsrichter** (vgl. dazu *Lackner/Kühl*, § 331 Rn. 2) und die Diensthandlung (schieds-)richterlich, ist der Tatbestand nach § 331 Abs. 2 qualifiziert. Richterliche Handlung ist jede durch die richterliche Unabhängigkeit (Art. 92 Abs. 2 GG) gedeckte

und Rechtsgrundsätzen unterliegende Handlung (*Fischer*, § 331 Rn. 29; LK/ *Sowada*, § 331 Rn. 95).

> **Merke:** Abweichend von 331 Abs. 1 (vgl. Rn. 10) muss der Vorteil als Gegenleistung für eine bestimmte richterliche Handlung gewährt (*Lackner/Kühl*, § 331 Rn. 12; SK/*Rudolphi/Stein*, § 331 Rn. 13 f.), also eine **konkrete Unrechtsvereinbarung** getroffen werden.

C. Täterschaft und Teilnahme, Begehung durch Unterlassen, Versuch, Rechtswidrigkeit sowie Konkurrenzen

Die Tat ist ein echtes Sonderdelikt. Sie kann nur von den in § 331 Abs. 1 bzw. Abs. 2 genannten tauglichen Tätern begangen werden (vgl. Rn. 2 und 19), nur diese können Mittäter sein. **20**

> **Merke:** Die Amtsträgereigenschaft ist strafbegründendes persönliches Merkmal nach § 28 Abs. 1 (BGHSt 5, 75, 81; *Lackner/Kühl*, Vor § 331 Rn. 2).

Da die Strafbarkeit der Vorteilsempfänger in den §§ 331 und 332 abschließend geregelt ist, die der Vorteilsgeber in §§ 333 und 334, ist die Teilnahme an der Tat der jeweils anderen Gruppe tatbestandlich ausgeschlossen (BGHSt 37, 207, 212 f.). Teilnehmer können daher nur Außenstehende sein (*Joecks*, Vor § 331 Rn. 7). **21**

§ 336 stellt klar, dass die Dienstausübung oder richterliche Handlung auch in einem Unterlassen bestehen kann, welches nach allgemeinen Grundsätzen strafbar ist (§ 13; *BGH* NStZ 1998, 194). **22**

Der Versuch des 331 Abs. 2 ist strafbar (§ 331 Abs. 2 S. 2, 22), nicht aber der des § 331 Abs. 1. Jedoch ist die Tat jeweils mit der Vornahme der Tathandlung vollendet, ohne dass es darauf ankommt, ob der Andere auf das Ansinnen des Täters eingeht (BGHSt 10, 237, 243). **23**

Nach § 331 Abs. 3 ist die Tat nach § 331 Abs. 1 nicht strafbar, wenn der Täter einen – nicht selbst geforderten (BGHSt 47, 295, 309 – „Drittmittel-Fall") – Vorteil annimmt, ihm dies aber entweder zuvor genehmigt war oder, nachdem er die Vorteilsannahme seiner Behörde angezeigt hatte, im Nachhinein genehmigt wird. § 331 Abs. 3 gilt nicht für Taten nach § 331 Abs. 2. **24**

Beispiel: Die Behördenleitung genehmigt den Bediensteten in gewissem Umfang die Entgegennahme von Weihnachts- oder Neujahrsgeschenken.

Die h.M. sieht in dieser Regelung einen Rechtfertigungsgrund (BGHSt 31, 264, 285; *Lackner/Kühl*, § 331 Rn. 14; *Wessels/Hettinger*, Rn. 1113; a.A. **25**

SK/*Rudolphi/Stein*, § 331 Rn. 32: Tatbestandsausschluss). Gegen diese dogmatische Einordnung bestehen freilich insofern Bedenken, als die Vorschrift auch eine nachträgliche Genehmigung zulässt, die nach anerkannten Rechtsgrundsätzen im Übrigen nicht rechtfertigend wirken kann. Deswegen wird die vorzugswürdige Auffassung vertreten, dass der nachträglichen Genehmigung keine rechtfertigende Wirkung zukommt, sondern diese einen persönlichen Strafaufhebungsgrund darstellt (*Fischer*, § 331 Rn. 35).

26 Wird der Vorteil in Teilleistungen erbracht, liegt tatbestandliche Handlungseinheit vor (BGHSt 47, 22, 30; *BGH* mistra 1999, 271). Demgegenüber ist bei sog. Rahmenvereinbarungen, wonach zukünftig bestimmte Diensthandlungen jeweils mit einem Vorteil belohnt werden sollen, Tatmehrheit anzunehmen (*BGH* wistra 2010, 439; *Fischer*, § 331 Rn. 39). Tateinheit (§ 52) des § 331 Abs. 1 ist vor allem mit den §§ 174ff., 253 und 263 möglich (vgl. LK/*Sowada*, § 331 Rn. 143).

D. Kontrollfragen

1. Wer kann Täter des § 331 Abs. 1 sein? → Rn. 2
2. Was ist ein Vorteil i.S.d. § 331 Abs. 1? → Rn. 5
3. Wie ist der Begriff der Dienstausübung definiert? → Rn. 8f.
4. Wodurch unterscheiden sich die Unrechtsvereinbarungen in § 331 Abs. 1 und Abs. 2? → Rn. 10 und 19

Aufbauschema (§ 331)

1. Tatbestand (§ 331 Abs. 1)
   a) Objektiver Tatbestand
      – Amtsträger oder für den öffentlichen Dienst besonders Verpflichteter
      – Vorteil für sich oder einen Dritten fordern, sich versprechen lassen oder annehmen
      – Für die Dienstausübung
   b) Subjektiver Tatbestand
      – Vorsatz
2. Rechtswidrigkeit
   – Ggf. Genehmigung nach § 331 Abs. 3
3. Schuld

Empfehlungen zur vertiefenden Lektüre:
Leitentscheidungen: BGHSt 15, 88 – „Ermessensbeamter-Fall"; BGHSt 47, 295 – „Drittmittel-Fall"; BGHSt 49, 275, 282 – „Wahlkampf-Spenden-Fall"; BGHSt 53, 6 –

"Fußball-WM-Entrittskarten-Fall"; BGHSt 54, 39 – "Rechtsanwaltsversorgungswerk-Fall"; *BGH* NStZ-RR 1998, 269 – "Fachhochschulfall".

Aufsätze: *Caspari*, Die neuere Rechtsprechung des BGH zu den Korruptionsdelikten, DRiZ 2008, 284; *Dölling*, Die Neuregelung der Strafvorschriften gegen Korruption, ZStW 112 (2000), 334; *Geppert*, Amtsdelikte (§§ 331 ff.), Jura 1981, 42; *Wolters*, Die Änderung des StGB durch das Gesetz zur Bekämpfung der Korruption, JuS 1998, 1100.

Übungsfälle: *Britz/Müller-Dietz*, Der praktische Fall – Strafrecht: Unschuld und Strafe, JuS 1998, 237; *Maier*, Der praktische Fall – Strafrecht: Klimapflege im Stadtbauamt, JuS 2000, 677.

§ 29. Bestechlichkeit (§ 332)

A. Grundlagen

Auch § 332 will den Anschein der Käuflichkeit von Amtsträgern sanktionieren. Die Vorschrift enthält Qualifikationstatbestände zu § 331, die eingreifen, wenn die Diensthandlung, die Gegenstand der Unrechtsvereinbarung (vgl. § 28 Rn. 7) ist, Dienstpflichten verletzt oder verletzen würde. 1

B. Tatbestand

I. Objektiver Tatbestand

1. Taugliche Täter

Hinsichtlich der tauglichen Täter gilt das zu § 331 Abs. 1 und Abs. 2 Ausgeführte entsprechend (vgl. § 28 Rn. 2 und 19; BGHSt 54, 202 – "Sportredaktion-Fall"). 2

2. Tathandlungen

Das Verhalten des Täters muss wie bei § 331 Abs. 2 in einer konkreten Unrechtsvereinbarung (vgl. § 28 Rn. 10 ff.) bestehen. Von § 331 Abs. 1 unterscheidet sich § 332 Abs. 1 dadurch, dass sich der Vorteil, der den Gegenstand der Vereinbarung bildet, auf eine bereits erfolgte oder zukünftige bestimmte Diensthandlung beziehen muss. Dabei unterfallen der Vorschrift aber nur solche Diensthandlungen, die Dienstpflichten verletzen, also **pflichtwidrig** sind (*BGH* NStZ 2008, 13, 14; *Wessels/Hettinger*, Rn. 1116). 3

> **Merke:** Eine Dienstpflicht ist verletzt, wenn sie gegen ein rechtliches Ge- oder Verbot verstößt, das sich aus dem Gesetz, einer Verwaltungsvorschrift oder der Einzelanordnung eines Vorgesetzten ergibt (BGHSt 15, 88, 92 – "Ermessensbeamter-

fall"; BGHSt 54, 202, 208 – „Sportredaktion-Fall"; *Lackner/Kühl*, § 332 Rn. 3; SK/ *Rudolphi/Stein*, § 332 Rn. 6).

4   Dies ist insbesondere der Fall, wenn die amtliche Stellung dazu missbraucht wird, eine mit Strafe bedrohte oder sonst verbotene Handlung vorzunehmen (*BGH* NJW 1987, 1340, 1342; *Fischer*, § 332 Rn. 10; *Wessels/Hettinger*, Rn. 1115).

Beispiel: Beamter A fälscht Angebotsunterlagen (§ 267), um einer bestimmten Firma Aufträge zu verschaffen (*BGH* NJW 1987, 1340).

5   Die Tat ist nach § 332 Abs. 3 Nr. 1 bereits vollendet, wenn der Täter sich – ausdrücklich oder stillschweigend (*Lackner/Kühl*, § 332 Rn. 4) – bereit zeigt, bei künftigen Handlungen pflichtwidrig zu handeln oder bei künftigen Ermessensentscheidungen Rücksicht auf den Vorteil zu nehmen und nicht ausschließlich sachliche Gesichtspunkte zu berücksichtigen (§ 332 Abs. 3 Nr. 2; BGHSt 48, 44, 46; vgl. SK/*Rudolphi/Stein*, § 332 Rn. 16; *Wessels/Hettinger*, Rn. 1117; vgl. auch *Kuhlen*, JR 2003, 231, 235).

II. Subjektiver Tatbestand

6   Es genügt bedingter Vorsatz (SK/*Rudolphi/Stein*, § 332 Rn. 17), der sich insbesondere auf die Pflichtwidrigkeit der Diensthandlung beziehen (*BGH* NStZ 1984, 24, 25; *Fischer*, § 332 Rn. 16), aber auch die Kenntnis des Täters gerade von seiner Funktion als Amtsträger umfassen muss (BGHSt 54, 202 – „Sportredaktion-Fall").

III. Qualifizierte Bestechlichkeit (§ 332 Abs. 2)

7   § 332 Abs. 2 setzt wie § 331 Abs. 2 als Täter einen Richter (§ 11 Abs. 1 Nr. 3) oder Schiedsrichter voraus (vgl. § 28 Rn. 19). Die Tathandlung unterscheidet sich von der des § 331 Abs. 2 nur dadurch, dass die Handlung die richterlichen Pflichten verletzen muss. Das ist dann der Fall, wenn mit ihr das geltende Recht verletzt wird (SK/*Rudolphi/Stein*, § 332 Rn. 9). § 332 Abs. 3 gilt auch für § 332 Abs. 2.

IV. Besonders schwere Fälle (§ 335)

8   § 335 Abs. 1 Nr. 1a und Nr. 2 enthält für besonders schwere Fälle der Bestechlichkeit gestaffelt höhere Strafrahmen. In § 335 Abs. 2 sind Regelbeispiele genannt (vgl. zur Regelbeispielsmethode *Hohmann/Sander*, BT 1, § 1 Rn. 124 ff.). Ein solcher liegt gemäß § 335 Abs. 2 Nr. 1 vor, wenn die Tat sich auf einen Vorteil großen Ausmaßes bezieht, mithin deutlich aus dem Rah-

§ 29. Bestechlichkeit 243

men durchschnittlicher Fälle herausragt. Dies bestimmt sich vorrangig nach objektiven Kriterien, den individuellen Lebensverhältnissen des Amtsträgers kommt demgegenüber nur eine geringe Bedeutung zu (LK/*Sowada*, § 335 Rn. 5). Nach dem Willen des Gesetzgebers sollen jedenfalls andere Maßstäbe als in der Privatwirtschaft gelten (BR-Drucks. 553/96 S. 38). Wegen der Unbestimmtheit des Begriffs variieren die Ansichten zu den Wertgrenzen (*Fischer* § 335 Rn. 6; *Lackner/Kühl*, § 335 Rn. 2: nicht unter 10.000 €; Schönke/Schröder/*Heine*, § 335 Rn. 3; SK/*Rudolphi/Stein*, § 335 Rn. 2: ab 25.000 €; LK/*Sowada*: 25.000 € Mindestgrenze [durchschnittliches Jahreseinkommen vieler Amtsträger], 50.000 € als Orientierungsgröße; ebenso MünchKomm/ *Korte*, § 335 Rn. 9; *Wessels/Hillenkamp*, Rn. 1124: Verweisung auf Rechtsprechung des 1. Strafsenats des BGH, wonach für § 263 Abs. 3 Nr. 2 unter 50.000 € kein großes Ausmaß vorliegt; vgl. auch BGHSt 53, 71, 84, wo dies auf § 370 Abs. 2 Satz 2 Nr. 1 AO übertragen wird). Das Regelbeispiel nach § 335 Abs. 2 Nr. 2 ist erfüllt, wenn der Täter fortgesetzt verlangte Vorteile annimmt, dasjenige nach § 335 Abs. 2 Nr. 3, wenn er gewerbsmäßig, d.h. zumindest mittelbar zur Schaffung einer Einnahmequelle von gewisser Dauer und Erheblichkeit (*BGH* wistra 1999, 465), oder als Mitglied einer Bande handelt, die sich zur fortgesetzten Begehung solcher Taten verbunden hat.

C. Täterschaft und Teilnahme, Versuch sowie Konkurrenzen

Für Täterschaft und Teilnahme gelten die Ausführungen zu § 331 entsprechend (vgl. § 28 Rn. 20 f.). 9

Der Versuch der Bestechlichkeit ist strafbar (§§ 332, 22). 10

Tateinheit (§ 52) von Bestechlichkeit kommt mit § 263 in Betracht (*Fischer*, 11 § 332 Rn. 19). Verwirklicht der Täter durch die pflichtwidrige Diensthandlung (weitere) Straftaten, besteht zwischen diesen und § 332 Tatmehrheit (§ 53; BGHSt 43, 96, 98 f.; *BGH* NStZ 1987, 326; SK/*Rudolphi/Stein*, § 332 Rn. 21). Ist der Amtsträger zugleich Angestellter eines öffentlichen Unternehmens, tritt § 299 zurück (BGHSt 2, 396, 403; *BGH* NStZ 1994, 277 [jeweils zu § 12 UWG a.F.]; *Fischer*, § 331 Rn. 40; a.A. NK/*Kuhlen*, § 331 Rn. 127: Tateinheit).

D. Kontrollfragen

1. Worin unterscheiden sich die Tathandlungen von § 331 Abs. 1 und § 332 Abs. 1? → Rn. 3 ff.
2. Wann ist eine Dienstpflicht verletzt? → Rn. 3
3. Wann ist die Tat vollendet? → Rn. 5

> **Aufbauschema (§ 332)**
>
> 1. Tatbestand
>   a) Objektiver Tatbestand
>   - Amtsträger oder für den öffentlichen Dienst besonders Verpflichteter
>   - einen Vorteil für sich oder einen Dritten fordern, sich versprechen lassen oder annehmen
>   - als Gegenleistung für die Vornahme oder künftige Vornahme einer Diensthandlung, die Dienstpflichten verletzt oder verletzen würde
>   b) Subjektiver Tatbestand
>   - Vorsatz
> 2. Rechtswidrigkeit
> 3. Schuld
> 4. Besonders schwerer Fall
>   a) Regelbeispiele des § 335 Abs. 2 Nr. 1 bis 3
>   b) Ggf. unbenannter besonders schwerer Fall (§ 335 Abs. 1 Nr. 1a oder Nr. 2)
>   c) Vorsatz

Empfehlungen zur vertiefenden Lektüre:
Leitentscheidungen: BGHSt 15, 88 – „Ermessensbeamter-Fall"; BGHSt 54, 202 – „Sportredaktion-Fall".

Aufsätze: *Caspari*, Die neuere Rechtsprechung des BGH zu den Korruptionsdelikten, DRiZ 2008, 284; *Dölling*, Die Neuregelung der Strafvorschriften gegen Korruption, ZStW 112 (2000), 334; *Geppert*, Amtsdelikte (§§ 331 ff.), Jura 1981, 42.

Übungsfälle: *Bischoff/Jungkamp*, Assessorexamensklausur – Strafrecht: Der fliehende Scheinhäftling, JuS 2008, 908; *Britz/Müller-Dietz*, Der praktische Fall – Strafrecht: Unschuld und Strafe, JuS 1998, 237; *Jordan*, Examensklausur im Strafrecht, Jura 2001, 554.

§ 30. Vorteilsgewährung und Bestechung (§§ 333, 334)

A. Grundlagen

1   Die §§ 333 und 334 sind uneingeschränkte Spiegelbilder der §§ 331 und 332 (SK/*Rudolphi/Stein*, § 333 Rn. 1 und § 334 Rn. 1; zu den geschützten Rechtsgütern vgl. § 28 Rn. 1).

B. Tatbestände

I. Vorteilsgewährung (§ 333)

1. Objektiver Tatbestand

Anders als § 331 kann § 333 von jedermann, also sowohl von einer Privatperson, als auch von einem anderen Amtsträger, verwirklicht werden (*Lackner/Kühl*, § 333 Rn. 2). Tathandlungen des § 333 Abs. 1 sind das Anbieten, Versprechen und Gewähren eines Vorteils für die Dienstausübung an einen der möglichen Täter des § 331 für diesen oder einen Dritten (vgl. § 28 Rn. 2 bis 6). Erfasst sind sowohl die bereits vorgenommene als auch die künftige Dienstausübung (*Lackner/Kühl*, § 333 Rn. 4; SK/*Rudolphi/Stein*, § 333 Rn. 4). Die für § 333 Abs. 1 erforderliche Unrechtsvereinbarung setzt voraus, dass der Vorteilsgeber mit dem Ziel handelt, auf die künftige Dienstausübung des Amtsträgers Einfluss zu nehmen und/oder seine vergangene Dienstleistung zu honorieren, ohne dass diese konkretisiert sein muss (BGHSt 53, 6 – „Fußball-WM-Eintrittskarten-Fall"). Die Grundsätze zur einschränkenden Auslegung des § 331 (vgl. § 28 Rn. 12 ff.) gelten in spiegelbildlicher Weise auch für § 333 (BGHSt 49, 275, 280 – „Wahlkampf-Spenden-Fall"). Ob die erstrebte Beeinflussung tatsächlich eintritt, ist unerheblich (*BGH* NStZ 2000, 439).

2. Subjektiver Tatbestand

Für § 333 Abs. 1 reicht bedingter Vorsatz, der sich insbesondere auf die Amtsträgereigenschaft des Partners der Unrechtsvereinbarung erstrecken muss (SK/*Rudolphi/Stein*, § 333 Rn. 11). Nicht erforderlich ist hingegen, dass der Täter den angebotenen Vorteil tatsächlich gewähren will (BGHSt 35, 340, 341 f.; LK/*Sowada*, § 333 Rn. 10).

3. Qualifizierte Vorteilsgewährung (§ 333 Abs. 2)

§ 333 Abs. 2 entspricht § 331 Abs. 2 (vgl. § 28 Rn. 10). Auch hier sind bereits vorgenommene und künftige richterliche Handlungen einbezogen (*Lackner/Kühl*, § 333 Rn. 5).

II. Bestechung (§ 334)

1. Objektiver Tatbestand

Täter einer Bestechung kann – wie bei § 333 (vgl. Rn. 2) – jedermann sein. Die Tathandlungen sind Spiegelbilder derjenigen des § 332 (vgl. § 29 Rn. 3 f.). Im Hinblick auf künftige Handlungen enthält § 334 Abs. 3 eine dem § 332 Abs. 3 vergleichbare Regelung (vgl. § 29 Rn. 5).

2. Subjektiver Tatbestand

6 Der zumindest (bedingte) Vorsatz setzt insbesondere die Vorstellung voraus, dass die Diensthandlung, die Gegenstand der Unrechtsvereinbarung ist, rechtswidrig sein könnte (*Fischer*, § 334 Rn. 4).

3. Qualifizierte Bestechung (§ 334 Abs. 2)

7–10 § 334 Abs. 2 qualifiziert den Tatbestand des § 334 Abs. 1, wenn die Tathandlung sich auf die Vornahme oder künftige Vornahme richterlicher Handlungen unter Verstoß gegen richterliche Pflichten bezieht (vgl. § 29 Rn. 7).

III. Besonders schwere Fälle (§ 335)

11 § 335 Abs. 1 Nr. 1b enthält für besonders schwere Fälle der Bestechung (§ 334 Abs. 1, 2 und 3) einen höheren Strafrahmen und nennt in Absatz 2 Regelbeispiele (vgl. § 29 Rn. 8).

C. Täterschaft und Teilnahme, Begehung durch Unterlassen, Versuch, Rechtswidrigkeit sowie Konkurrenzen

12 Für Täterschaft und Teilnahme gelten grundsätzlich die allgemeinen Vorschriften (§§ 25 ff.). Teilnehmer der §§ 333 und 334 kann allerdings nur ein Außenstehender sein, d.h. derjenige nicht, der den Vorteil selbst fordert, sich versprechen lässt oder annimmt (vgl. § 28 Rn. 21).

13 § 336 (vgl. § 28 Rn. 22) erfasst auch die §§ 333 und 334, so dass das Unterlassen einer Diensthandlung genügt.

14 Der Versuch der §§ 333, 334 Abs. 1 ist straflos. Die versuchte Bestechung eines Richters oder Schiedsrichters ist dagegen strafbar (§§ 334 Abs. 2 Satz 2, 22).

15 § 333 Abs. 3 enthält im Unterschied zu § 334 eine dem § 331 Abs. 3 (vgl. § 28 Rn. 24 f.) entsprechende Regelung.

16 Zwischen § 333 und § 334 ist Tateinheit (§ 52) möglich, wenn sich dieselbe Tathandlung auf pflichtwidrige und pflichtgemäße Handlungen bezieht (*Lackner/Kühl*, § 333 Rn. 9). Ist die vom Amtsträger erwartete und ausgeführte Handlung eine Straftat, kann die Anstiftung zu ihr in Tateinheit mit § 334 stehen (*Fischer*, § 334 Rn. 6).

D. Kontrollfragen

1. Wer kann die §§ 333 und 334 verwirklichen? → Rn. 2 und 5
2. Welche zusätzlichen Vorteilsadressaten nennen die §§ 333 und 334?
→ Rn. 2 und 5

> **Aufbauschema (§ 333 Abs. 1)**

1. Tatbestand
   a) Objektiver Tatbestand
      – einem Amtsträger, für den öffentlichen Dienst besonders Verpflichteten oder Soldaten der Bundeswehr
      – Vorteil für diesen oder einen Dritten
      – für Dienstausübung
      – anbieten, versprechen oder gewähren
   b) Subjektiver Tatbestand
      – Vorsatz
2. Rechtswidrigkeit
   – Ggf. Genehmigung nach § 333 Abs. 3
3. Schuld

> **Aufbauschema (§ 334 Abs. 1)**

1. Tatbestand
   a) Objektiver Tatbestand
      – Einem Amtsträger oder für den öffentlichen Dienst besonders Verpflichteten oder einem Soldaten der Bundeswehr
      – Vorteil für diesen oder einen Dritten
      – Als Gegenleistung für die Vornahme oder künftige Vornahme einer Diensthandlung, die Dienstpflichten verletzt oder verletzen würde
      – anbieten, versprechen oder gewähren
   b) Subjektiver Tatbestand
      – Vorsatz
2. Rechtswidrigkeit
3. Schuld
4. Besonders schwerer Fall
   a) Regelbeispiele des § 335 Abs. 2 Nr. 1 bis 3
   b) Ggf. unbenannter besonders schwerer Fall (§ 335 Abs. 1 Nr. 1b)
   c) Vorsatz

Empfehlungen zur vertiefenden Lektüre:
Leitentscheidungen: BGHSt 15, 88 – „Ermessensbeamter-Fall"; BGHSt 49, 275 – „Wahlkampf-Spenden-Fall"; BGHSt 53, 6 – „Fußball-WM-Eintrittskarten-Fall".

Aufsätze: *Caspari*, Die neuere Rechtsprechung des BGH zu den Korruptionsdelikten, DRiZ 2008, 284; *Dölling*, Die Neuregelung der Strafvorschriften gegen Korruption, ZStW 112 (2000), 334; *Geppert*, Amtsdelikte (§§ 331 ff.), Jura 1981, 42.

Übungsfälle: *Britz/Müller-Dietz,* Der praktische Fall – Strafrecht: Unschuld und Strafe, JuS 1998, 237; *Jordan,* Examensklausur Strafrecht, Jura 2001, 554; *Maier,* Der praktische Fall – Strafrecht: Klimapflege im Stadtbauamt, JuS 2000, 677; *Rössner/Guhra,* Übungsklausur (für Vorgerückte) Strafrecht: Eine Gemeinde geht baden – Der bestechliche Bürgermeister, Jura 2001, 403; *Tiedemann/Waßmer,* Examensklausur Strafrecht: Streifzug durch das Betrugsstrafrecht, Jura 2000, 533.

§ 31. Rechtsbeugung (§ 339)

A. Grundlagen

1   Die Vorschrift schützt die inländische Rechtspflege in ihrer speziellen Aufgabe, „richtiges" Recht zu sprechen (*Lackner/Kühl,* § 339 Rn. 1; vgl. LK/*Hilgendorf,* § 339 Rn. 8). Dabei geht es nicht um Angriffe auf dieses Rechtsgut von außen, sondern von innen (*Wessels/Hettinger,* Rn. 1127). Die Individualrechtsgüter der durch eine Rechtsbeugung ggf. Betroffenen sind nur mittelbar geschützt (*Fischer,* § 339 Rn. 2; SK/*Rudolphi,* § 339 Rn. 2).

B. Tatbestand

I. Objektiver Tatbestand

1. Taugliche Täter

2   Täter des § 339 können nur Richter (§ 11 Abs. 1 Nr. 3), Amtsträger (§ 11 Abs. 1 Nr. 2, vgl. § 28 Rn. 2) oder Schiedsrichter (vgl. § 28 Rn. 19) sein, die mit der unabhängigen Leitung oder Entscheidung einer Rechtssache betraut sind.

> **Merke:** Rechtssache ist eine Angelegenheit, an der zumindest zwei Personen mit widerstreitenden Interessen beteiligt sind und über die in einem förmlichen Verfahren nach rechtlichen Grundsätzen zu entscheiden ist (BGHSt 5, 301, 304; 24, 326, 327 ff.; SK/*Rudolphi/Stein,* § 339 Rn. 7; *Wessels/Hettinger,* Rn. 1130).

Beispiele: Zivilverfahren, rechtsförmlich geregelte Verfahren vor Verwaltungsbehörden (BGHSt 34, 146, 148), strafrechtliche Zwischen- und Hauptverfahren, nach h.M. auch eigenverantwortliche Entscheidungen des Staatsanwalts, etwa die Einstellung des Ermittlungsverfahrens gemäß § 170 StPO oder die Anklageerhebung (BGHSt 38, 381, 382 – „Verfahrenseinstellungsfall"; BGHSt 40, 169, 177 f.; a.A. *O. Hohmann,* DtZ 1996, 230 233 f.; *Vormbaum,* Schutz, S. 340 ff.).

3   Nicht erfasst sind (Verwaltungs-)Verfahren, in denen „schlichte" Rechtsanwendung erfolgt (vgl. SK/*Rudolphi/Stein,* § 339 Rn. 7). Denn diese muss

bei der Leitung oder Entscheidung der Rechtssache erfolgen, d.h. in einem inneren funktionalen Zusammenhang mit ihr (SK/*Rudolphi/Stein*, § 339 Rn. 9; *Wessels/Hettinger*, Rn. 1132).

2. Tathandlung

Rechtsbeugung ist nach der zutreffenden h.M. die objektive Verletzung 4 materiellen oder prozessualen Rechts (BGHSt 40, 272, 276 – „DDR-Richter-Fall" m. abl. Bespr. *O. Hohmann*, NJ 1995, 128; *BGH* NStZ 2010, 92 – „Betreuungsrichterfall"; *Lackner/Kühl*, § 339 Rn. 5; vgl. hierzu *Fischer*, § 339 Rn. 9 und *Wessels/Hettinger*, Rn. 1134), sei es durch Sachverhaltsverfälschung, sei es durch falsche Rechtsanwendung, nicht aber das Handeln des Täters gegen seine Rechtsüberzeugung. Auch die Verletzung von Zuständigkeitsvorschriften kann eine Beugung des Rechts darstellen (*BGH* StraFo 2010, 71; NJW 2010, 3045, 3046 zum Erfordernis der Verletzung wesentlicher grund- oder konventionsrechtlicher Rechtspositionen des Betroffenen).

Nach der Rechtsprechung enthält das Tatbestandsmerkmal der Beugung ein normatives Element, welches zu einer deutlichen Tatbestandseinschränkung führt. Dies bedingt, dass nicht schon jede unrichtige Rechtsanwendung Rechtsbeugung ist. Bloße Unvertretbarkeit einer richterlichen Handlung reicht nicht aus (BGHSt 47, 105, 108 f.; *BGH* NStZ-RR 2010, 310), vielmehr bedarf es eines elementaren Verstoßes gegen die Rechtspflege, bei dem sich der Täter bewusst und in schwerer Weise von Recht und Gesetz entfernt hat (BGHSt 38, 381 – „Verfahrenseinstellungsfall"; 40, 30; 44, 258, 260; *BGH* NJW 1998, 248; NStZ 2010, 92 – „Betreuungsrichterfall"). Dem ist gegen eine verbreitete Meinung in der Literatur, die für eine derart restriktive Auslegung im Wortlaut des Gesetzes keinen Anhalt sieht (vgl. nur SK/*Rudolphi*, § 339 Rn. 11a; *O. Hohmann*, DtZ 1996, 230, 235), wegen der erheblichen Strafdrohung und des im Fall der Verurteilung zwingenden Ausschlusses vom Richteramt (§ 24 Nr. 1 DRiG) zwar grds. zuzustimmen, jedoch geht die vom BGH vorgenommene Einschränkung im Einzelfall ausgesprochen weit.

Merke: Nicht jede unrichtige Rechtsanwendung und jeder Ermessensfehler fällt in den Schutzbereich der Norm, vielmehr bedarf es eines elementaren Rechtsverstoßes und offensichtlichen Willküraktes (BGHSt 38, 381 – „Verfahrenseinstellungsfall"; *BGH* NJW 2001, 3275; NStZ 2010, 92 – „Betreuungsrichterfall"; StraFo 2010, 71).

Beispiele: Betreuungsrichter A ordnet in zahlreichen Betreuungsverfahren freiheitsentziehende Maßnahmen an, ohne vorher die Betroffenen persönlich anzuhören und sich einen eigenen Eindruck von ihnen zu verschaffen. A weiß, dass dies gegen seine Pflicht aus § 70c FGG verstößt, verzichtet aber dennoch systematisch auf die zeitraubenden Anhörungen, um mehr Zeit für Hobbys und Nebentätigkeiten zu haben. Er erstellt fingierte Anhörungsprotokolle für die Verfahrensakten, um seine Vorgehensweise zu verschleiern. – Rechtsbeugung, da A sich in derart schwerer Weise bewusst von Recht und Gesetz entfernt hat, dass darin ein elementarer Rechtsverstoß zu sehen ist (*BGH* NStZ 2010, 92 – „Betreuungsrichterfall")

Richter S verhängt noch vertretbar gegen einen Zuhörer drei Tage Ordnungshaft. Die Beschwerde gegen diese Anordnung bearbeitet er zwei Tage nicht, bevor er sie nach Vorhaltungen von Kollegen, denen gegenüber er bewusst unwahre Angaben als Begründung für die Verzögerung angibt, persönlich beim Beschwerdegericht abgibt. – Der BGH hat den Tatbestand der Rechtsbeugung verneint, da sich die verzögerte Handhabung der Weiterleitung noch im Rahmen des richterlichen Handlungsspielraums – nach der StPO ist die Beschwerde spätestens nach drei Tagen dem Beschwerdegericht vorzulegen – gehalten habe, auch wenn eine zügigere Bearbeitung „wünschenswert und zumutbar gewesen wäre" (*BGH* NJW 2001, 3275; angesichts der Besonderheiten des Falls zu Recht kritisch *Schiemann*, NJW 2002, 112).

Vertiefungshinweis: Die Frage des Erfordernisses eines besonders elementaren Rechtsverstoßes war für die Beurteilung der Strafbarkeit von Richtern und Staatsanwälten aus der DDR wegen Rechtsbeugung von großer Bedeutung. Der BGH hat für diesen Bereich drei Fallgruppen gebildet, in denen Rechtsbeugung in Betracht kommt (vgl. etwa BGHSt 40, 30, 42f.; zusammenfassend *Willnow*, JR 1997, 221: Überdehnung der Straftatbestände derart, dass die Bestrafung offenbares Unrecht darstellt, unerträgliches Missverhältnis zwischen Handlung und verhängter Strafe sowie menschenrechtsverletzende Art und Weise der Durchführung des Verfahrens).

3. Taterfolg

5   Die Tathandlung muss die Verbesserung oder Verschlechterung der Lage einer Partei bewirken. Dafür genügt bereits die konkrete Gefahr einer falschen Entscheidung zum Nachteil eines Beteiligten, ohne dass tatsächlich ein Vor- oder Nachteil eingetreten sein muss (BGHSt 42, 343 – „Amtsgerichtsdirektorfall"; *BGH* NStZ 2010, 92 – „Betreuungsrichterfall"; NJW 2010, 3045, 3046; *Lackner/Kühl*, § 339 Rn. 7). Dies bedarf insbesondere bei der Nichtbeachtung von Zuständigkeitsvorschriften besonders kritischer Betrachtung, da der unzuständige Richter an die gleichen rechtlichen Bestimmungen gebunden ist (*BGH* NStZ-RR 2001, 243; vgl. auch NJW 2010, 3045, 3046).

Beispiel: Im Betreuungsrichterfall hat A die Rechtsstellung der Betroffenen durch die Entscheidung auf unzureichender Grundlage bereits unmittelbar verletzt, denn diese hatten keine Möglichkeit, die Entscheidung zu beeinflussen (*BGH* NStZ 2010, 92 – „Betreuungsrichterfall").

Beachte: Bei Kollegialgerichten ist für jedes einzelne Mitglied eines Spruchkörpers der Nachweis erforderlich, dass er für die von ihm als Unrecht erkannte, das Recht beugende Entscheidung gestimmt hat. Ein solcher Nachweis ist wegen des Beratungsgeheimnisses (§ 43 DRiG) schwierig zu führen (vgl. hierzu *Erb*, NStZ 2009, 189). Ein überstimmter Richter macht sich durch seine Mitwirkung am weiteren Verfahren nicht strafbar (*OLG Sachsen-Anhalt* NJW 2008, 3585).

II. Subjektiver Tatbestand

Es genügt nach zutreffender überwiegender Auffassung bedingter Vorsatz 6
(BGHSt 40, 276; 41, 336; *BGH* NStZ 2010, 92 – „Betreuungsrichterfall";
KG NStZ 1988, 557; *Fischer*, § 339 Rn. 18; LK/*Hilgendorf*, § 339 Rn. 86).
Dieser muss alle Tatbestandsmerkmale umfassen, auch die Beugung des
Rechts. Unkenntnis der rechtlichen Lage, sog. Rechtsblindheit, schließt allerdings den Vorsatz nicht aus (BGHSt 41, 317, 338 ff.; a.A. *Lackner/Kühl*, § 339
Rn. 8).

C. Täterschaft und Teilnahme, Versuch, Sperrwirkung sowie Konkurrenzen

Die Tat ist ein echtes Sonderdelikt. Die Amtsträgereigenschaft ist straf- 7
begründendes persönliches Merkmal nach § 28 Abs. 1 (*Wessels/Hettinger*,
Rn. 1127), d.h. die Tat kann nur von den in § 339 genannten Tätern verwirklicht werden (vgl. Rn. 2).

Rechtsbeugung ist ein Verbrechen (§ 12 Abs. 1), der Versuch deshalb nach 8
den §§ 339, 22 strafbar.

Mehrere Rechtsbeugungshandlungen in einem Verfahren bilden regelmä- 9
ßig eine einheitliche Tat (BGHSt 41, 247, 250). Tatmehrheit (§ 53) kommt
vor allem mit § 332 Abs. 2 in Betracht (*Fischer*, § 339 Rn. 22). Tateinheit (§ 52)
ist mit den §§ 258a, 343 und 345 möglich (*Lackner/Kühl*, § 339 Rn. 12).

§ 339 entfaltet eine **Sperrwirkung** für andere bei der Leitung und Ent- 10
scheidung einer Rechtssache begangene Straftaten (BGHSt 10, 294, 298;
Fischer, § 339 Rn. 21; *Lackner/Kühl*, § 339 Rn. 11). Eine Verurteilung nach
anderen Vorschriften, wie z.B. § 239 (Freiheitsberaubung), kann zum Schutz
der Unabhängigkeit der Rechtspflege nur dann erfolgen, wenn der Täter
sich nach § 339 strafbar gemacht hat (kritisch hierzu *Begemann*, NStZ 1996,
389).

D. Kontrollfragen

1. Was ist eine Rechtssache i.S.d. § 339? → Rn. 2
2. Wie ist die Tathandlung des § 339 definiert? → Rn. 4
3. Wie schränkt der BGH den Begriff der Rechtsbeugung ein? → Rn. 4

Kapitel 8. Amtsdelikte

Aufbauschema (§ 339)

1. Tatbestand
   a) Objektiver Tatbestand
      – Richter, anderer Amtsträger oder Schiedsrichter
      – bei der Leitung oder Entscheidung einer Rechtssache
      – Beugung des Rechts
      – zugunsten oder zum Nachteil einer Partei
   b) Subjektiver Tatbestand
      – Vorsatz
2. Rechtswidrigkeit
3. Schuld

Empfehlungen zur vertiefenden Lektüre:
Leitentscheidungen: BGHSt 38, 381 – „Verfahrenseinstellungsfall"; BGHSt 40, 272 – „DDR-Richter-Fall"; BGHSt 42, 343 – „Amtsgerichtsdirektorfall"; *BGH* NStZ 2010, 92 – „Betreuungsrichterfall".

Aufsätze: *Erb*, Zur Verfolgung von Rechtsbeugung in Kollegialgerichten, NStZ 2009, 189; *Mitsch*, Beschränkte Folgen richterlicher Kunstfehler, StraFo 2009, 89.

Übungsfall: *Fad*, Examensklausur im Strafrecht: Rechtsstaatliche Offensive in Schilda, Jura 2002, 632.

Kapitel 9. Brandstiftungsdelikte

Die Brandstiftungsdelikte sind im 28. Abschnitt des StGB geregelt. § 306 **1**
ist entgegen seiner systematischen Stellung im Kern eine Qualifikation der
Sachbeschädigung (§ 303; *Fischer,* § 306 Rn. 1; *Hohmann/Sander,* BT 1, vor
§ 10 Rn. 1), der aber ein Element der Gemeingefährlichkeit inne wohnen soll
(*BGH* NJW 2001, 765). Er stellt nur für einen Teil der Brandstiftungsdelikte
den Grundtatbestand dar (vgl. Schaubild Rn. 2).

Die schwere Brandstiftung enthält ein abstraktes (§ 306a Abs. 1) und ein **2**
konkretes (§ 306a Abs. 2) Gefährdungsdelikt. Diese sind (neben § 306) Grundlage für die Erfolgsqualifikationen in § 306b Abs. 1 (besonders schwere Brandstiftung) und in § 306c (Brandstiftung mit Todesfolge). § 306b Abs. 2 Nr. 1 bis
3 umschreiben dagegen (einfache) Qualifikationen allein für die Fälle des
§ 306a. § 306d stellt die fahrlässige Brandstiftung unter Strafe, § 306f als konkretes Gefährdungsdelikt das Herbeiführen einer Brandgefahr (vgl. dazu *Wolters,* JR 1998, 271, 275).

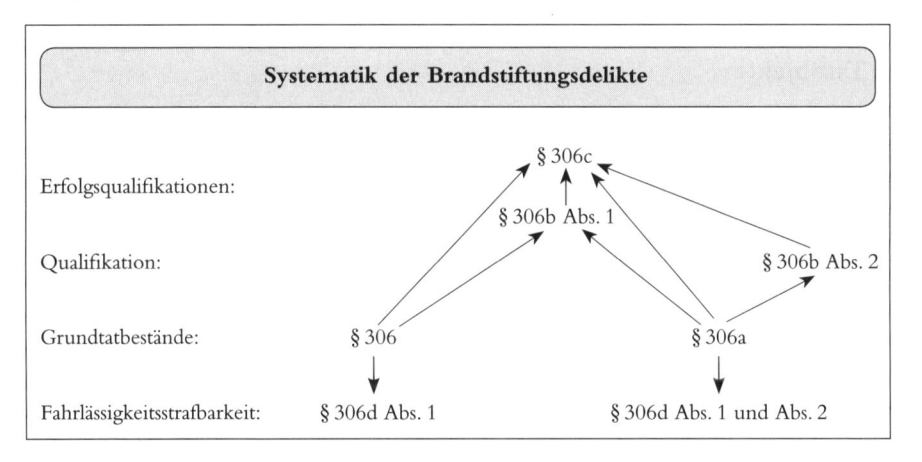

```
                    Systematik der Brandstiftungsdelikte

                                    § 306c
                                    ↑  ↖
Erfolgsqualifikationen:            ↗     ↖
                              § 306b Abs. 1
                              ↗      ↑  ↖
Qualifikation:              ↗        ↑    ↘  § 306b Abs. 2
                          ↗          ↑      ↗
Grundtatbestände:       § 306              § 306a
                         ↓                   ↓
Fahrlässigkeitsstrafbarkeit:  § 306d Abs. 1        § 306d Abs. 1 und Abs. 2
```

Hinweis: Die Brandstiftungsdelikte sind durch das 6. StrRG vom 26. 1. 1998
(BGBl. I S. 164) teilweise grundlegend verändert worden. Deshalb sind ältere
Rechtsprechung und Literatur nur noch eingeschränkt verwendbar.

§ 32. Brandstiftung (§ 306)

A. Grundlagen

1   Der Tatbestand bezweckt den Schutz fremden Eigentums vor Sachbeschädigung durch Feuer. Er wäre dieser Schutzrichtung wegen besser als „Brandbeschädigung" bezeichnet und den §§ 303 ff. angefügt worden (*Geppert*, Jura 1998, 597, 599). Er beinhaltet aber auch ein – aus der Verletzung fremden Eigentums folgendes – „Element der Gemeingefährlichkeit oder -schädlichkeit" (*BGH* NJW 2001, 765; *Lackner/Kühl*, § 306 Rn. 1). Aus der Schutzrichtung folgt, dass eine rechtfertigende Einwilligung des Rechtsgutsträgers möglich ist (*BGH* NJW 2003, 1824; *Otto*, § 79 Rn. 6; *Wessels/Hettinger*, Rn. 956; *Geppert*, Jura 1998, 597, 599).

B. Tatbestand

I. Objektiver Tatbestand

1. Tatobjekte

2   Die in Frage kommenden Tatobjekte sind in § 306 Abs. 1 Nr. 1 bis 6 abschließend aufgelistet. Es muss sich stets um eine für den Täter fremde Sache handeln (vgl. Rn. 1).

> **Beachte:** Herrenlose und im Eigentum des Täters stehende Objekte fallen nicht unter den Tatbestand.

3   Der Begriff des **Gebäudes** (§ 306 Abs. 1 Nr. 1) ist mit dem in § 243 Abs. 1 Satz 2 Nr. 1 identisch und umfasst u.a. Häuser, aber auch schon Rohbauten ohne Türen und Fenster (BGHSt 6, 107; *Hohmann/Sander*, BT 1, § 1 Rn. 135.

4   **Hütten** sind kleinere Gebäude. Sie müssen wie diese gegen äußere Einwirkungen, etwa durch Wände und Dach, dauerhaft abgeschlossen sein (*Geppert*, Jura 1998, 597, 598).

> **Beispiele:** Bootshäuser, Bürocontainer; **nicht** aber Buswartehäuschen (*BayObLG* NJW 1989, 2704), mobile Wohnwagen oder Wohnmobile (vgl. *Fischer*, § 306 Rn. 3a).

5   § 306 Abs. 1 Nr. 2 und 3 benennt mögliche Brandobjekte aus dem Bereich von Industrie und Wirtschaft. Betriebsstätten sind feste Geschäftseinrichtun-

§ 32. Brandstiftung   255

gen oder Anlagen von einer nicht ganz geringen Größe (*Lackner/Kühl*, § 306 Rn. 2), etwa Fabrikations- und Werkstätten. Technische Einrichtungen beruhen als Sachen oder Sachgesamtheiten in ihrer Herstellung oder Funktionsweise auf nicht von Menschen durchgeführten Vorgängen. Insoweit sind Maschinen beispielhaft hervorgehoben (*Fischer*, § 306 Rn. 5). Warenlager sind Räumlichkeiten, die der Aufbewahrung von beweglichen Sachen, die zum gewerblichen Umsatz bestimmt sind, dienen (*Fischer*, § 306 Rn. 6). Als Warenvorrat kommt die Gesamtheit der in einem Warenlager eingelagerten, für den Umsatz bestimmten Sachen in Betracht; dazu zählen aber nicht Vorräte für den privaten oder betrieblichen Eigenverbrauch (*Fischer*, § 306 Rn. 6 a.E.).

Beispiel: Warenbestand eines Lebensmittelgeschäfts (*BGH NStZ* 1999, 243).

§ 306 Abs. 1 Nr. 4 stellt bestimmte Fahrzeuge unter Schutz. Der Begriff des **6** Kraftfahrzeugs (vgl. § 248b Abs. 4 und *Hohmann/Sander*, BT 1, § 4 Rn. 5) setzt voraus, dass dieses durch Motorenkraft bewegt werden kann (a.A. entgegen dem Wortlaut *Geppert*, Jura 1998, 597, 598). Nicht in Betracht kommen demnach nicht durch Maschinenkraft bewegte Fahrzeuge wie Fahrräder. Dagegen sind Schienen-, Luft- und Wasserfahrzeuge ohne eine solche Beschränkung geschützt. Eine muskelbetriebene Draisine ist deshalb ebenso geeignetes Objekt wie ein Ruderboot (*Fischer*, § 306 Rn. 7).

Wälder, Heiden und Moore sind in § 306 Abs. 1 Nr. 5 erfasst. Nummer 6 **7** nennt landwirtschaftliche (Gewächshäuser oder bestellte Felder), ernährungswirtschaftliche (Weiden oder Stallungen) und forstwirtschaftliche Anlagen (Schonungen oder Holzlagerstätten) sowie Erzeugnisse aus diesen Bereichen, d.h. Rohprodukte und die Gewächse des Bodens, z.B. geerntetes Getreide und gefällte Bäume (*Fischer*, § 306 Rn. 10).

Wegen der hohen Strafdrohung (Verbrechen, § 12 Abs. 1) ist § 306 Abs. 1 **8** nach der zutreffenden h.M. einschränkend dahin auszulegen, dass nur Anlagen und Erzeugnisse geschützt werden, deren Bedeutung oder Wert erheblich ist (*Wessels/Hettinger*, Rn. 959; *Geppert*, Jura 1998, 597, 599).

2. Tathandlungen

§ 306 Abs. 1 enthält zwei selbständige Tathandlungen, nämlich das **In-** **9** **brandsetzen** der Tatobjekte einerseits, eine **Brandlegung**, die zur Folge hat, dass die Tatobjekte ganz oder teilweise zerstört werden, andererseits.

a) Eine Sache ist **in Brand gesetzt**, wenn sie vom Feuer in einer Weise erfasst ist, die ein Fortbrennen aus eigener Kraft, d.h. ohne Mitwirkung des Zündstoffs, ermöglicht (BGHSt 18, 363, 364; 36, 221, 222; Schönke/Schröder/*Heine*, § 306 Rn. 9).

Es muss stets ein für den bestimmungsgemäßen Gebrauch der Sache we- **10** sentlicher Bestandteil brennen (BGHSt 18, 363, 365; *BGH* NStZ 1982, 201; *Lackner/Kühl*, § 306 Rn. 3; *Wessels/Hettinger*, Rn. 957).

Beispiele: Türen (BGHSt 20, 246, 247), fest mit dem Untergrund verbundener Teppichboden (*BGH* NStZ-RR 1996, 86, 87), Wandverkleidung (*BGH* StV 1999, 21); **nicht** aber Tapete an der Wand (*BGH* NStZ 1981, 220, 221), Mobiliar (BGHSt 48, 14 – „Mehrfamilienhausfall II"), im Kellergeschoss verlaufende Versorgungsleitungen (*BGH* NStZ 2007, 270), Fußbodensockelleiste (*BGH* NStZ 1995, 130), an die Wand genageltes Regal (BGHSt 16, 109, 110).

11   Ein Inbrandsetzen liegt auch vor, wenn ein bereits brennendes Gebäude an anderer Stelle nochmals (neu) in Brand gesetzt wird (*Lackner/Kühl*, § 306 Rn. 3; *Wessels/Hettinger*, Rn. 957 a.E.). Dagegen genügt das bloße Verstärken eines bestehenden Brands ohne Schaffung eines neuen Brandherds („Öl ins Feuer gießen") wegen der Wortlautgrenze zur Tatbestandserfüllung nicht (Art. 103 Abs. 2 GG; Schönke/Schröder/*Heine*, § 306 Rn. 14; *Geppert*, Jura 1998, 597, 601; *Rengier*, JuS 1998, 397, 398; dies offen lassend *Wessels/ Hettinger*, Rn. 957; a.A. NK/*Herzog*, § 306 Rn. 25; *Hecker*, Jura 1999, 197, 198).

b) Eine **Brandlegung** ist jede Handlung, die auf das Verursachen eines Brands zielt (*Lackner/Kühl*, § 306 Rn. 4; *Radtke* ZStW 110 [1998], 848, 871).

12   Erfasst sind die Fälle, in denen, etwa wegen der (feuerbeständigen) Beschaffenheit des Tatobjekts, ein Inbrandsetzen nicht erfolgt, aber vergleichbare Beschädigungen und Gefahren durch Hitzeentwicklung und Rauchgas entstehen können (*Lackner/Kühl*, § 306 Rn. 4; *Wessels/Hettinger*, Rn. 958; *Geppert*, Jura 1998, 597, 599). Eine Brandlegung kann daher etwa auch vorliegen, wenn ein Zündstoff – statt zu brennen – infolge thermischer Einwirkung explodiert (*Fischer*, § 306 Rn. 16), verpufft (*Wolters*, JR 1998, 271) oder wenn Schäden durch Löschmittel eintreten (Schönke/Schröder/*Heine*, § 306 Rn. 17; *Müller/Hönig*, JA 2001, 517, 519; a.A. *Radtke*, NStZ 2003, 433).

13   Die Brandlegung muss das Tatobjekt **ganz oder teilweise zerstören** (vgl. dazu *Hohmann/Sander*, BT 1, § 10 Rn. 12). Eine teilweise Zerstörung kann durch die Unbrauchbarkeit von Teilen einer Sache, die für deren bestimmungsgemäßen Gebrauch wesentlich sind, herbeigeführt werden, aber auch dadurch, dass eine Sache zur Erfüllung einzelner Aufgaben unbrauchbar geworden ist (*Fischer*, § 305 Rn. 5).

II. Subjektiver Tatbestand

14   Es genügt bedingter Vorsatz, d.h. der Täter muss es für zumindest möglich halten, eines der in § 306 Abs. 1 Nr. 1 bis 6 genannten Objekte in Brand zu setzen bzw. (teilweise oder ganz) durch Brandlegung zu zerstören (*Fischer*, § 306 Rn. 19). Dabei wird der Vorsatz für das Inbrandsetzen zumeist auch das Zerstören durch Brandlegen erfassen (*Joecks*, § 306 Rn. 27; *Wrage*, JuS 2003, 985, 986).

Beispiel: A zündet das Inventar eines Gebäudes an, um dessen Bewohner zu erschrecken. Das Haus brennt bis auf die Grundmauern nieder, was A nicht für möglich gehalten hat – keine (vorsätzliche) Brandstiftung (BGHSt 16, 109, 110).

C. Täterschaft und Teilnahme, Begehung durch Unterlassen, Versuch, Konkurrenzen sowie Bestrafung

Bezüglich Täterschaft und Teilnahme gibt es keine Besonderheiten; die §§ 25 ff. finden uneingeschränkt Anwendung. 15

§ 306 Abs. 1 kann auch durch Unterlassen verwirklicht werden (*Fischer*, § 306 Rn. 18). Dabei kann insbesondere das vorangegangene fahrlässige Verursachen eines Feuers eine Garantenstellung unter dem Gesichtspunkt der Ingerenz begründen (BGHR StGB § 306 Nr. 2 Inbrandsetzen 2). 16

Der Versuch der Brandstiftung ist strafbar (§§ 306 Abs. 1, 22). Ein unmittelbares Ansetzen liegt regelmäßig schon vor, wenn der Täter die physikalisch-chemischen Voraussetzungen für eine Verbrennung schafft (vgl. *BGH NStZ* 2006, 331). Für den Rücktritt gelten die allgemeinen Grundsätze (*BGH NStZ* 2004, 614); daher muss der Täter für den Rücktritt vom beendeten Versuch nicht selbst löschen, sondern es genügt, wenn er sich hierzu der Feuerwehr bedient (*BGH StV* 1997, 518). 17

§ 306 Abs. 1 geht grundsätzlich – als spezielleres Delikt (vgl. Rn. 1) – den §§ 303 und 305 vor. Tateinheit (§ 52) kommt nur dann in Betracht, wenn durch die Brandstiftung auch Sachen zerstört werden, die § 306 Abs. 1 Nr. 1 bis 6 nicht erfasst (*Fischer*, § 306 Rn. 19). Zerstört der Täter durch eine Brandlegung Sachen, die verschiedenen Varianten des § 306 Abs. 1 unterfallen, liegt nur eine Brandstiftung vor (BGHR StGB § 306 Konkurrenzen 1). Die schwerer wiegenden §§ 306a bis c gehen dem Delikt bei Inbrandsetzung eines fremden, Wohnzwecken dienenden Gebäudes vor (*BGH NStZ* 2001, 196; NJ 2003, 549; Beschluss vom 3. 4. 2002, Az.: 3 StR 32/02; *Lackner/Kühl*, § 306 Rn. 6; vgl. auch *Fischer*, § 306 Rn. 25: Tateinheit, wenn die Tat zugleich fremde [§ 306 Abs. 1] und eigene [§ 306a Abs. 2] Objekte betrifft; vgl. § 33 Rn. 29). Tateinheit kommt mit § 265 in Betracht (*Fischer*, § 306 Rn. 19; SK/*Wolters/Horn*, § 306 Rn. 21). Im Verhältnis zu § 263 Abs. 1, Abs. 3 Nr. 5 liegt Tatmehrheit (§ 53) vor, weil Brandstiftung und Täuschungshandlung regelmäßig zwei selbständige Handlungen sind (BGHSt 45, 211, 213; *Lackner/Kühl*, § 306 Rn. 6). 18

Nach § 306 Abs. 2 besteht die Möglichkeit der Annahme eines minder schweren Falls, so dass ein niedrigerer Strafrahmen zur Verfügung steht. 19

§ 306e Abs. 1 sieht die Möglichkeit der **tätigen Reue** vor. Dabei handelt es sich um einen persönlichen Strafaufhebungs- oder Strafmilderungsgrund, der nur bei vollendeten Taten eingreifen kann; für Versuche gilt allein § 24 (*BGH NStZ-RR* 1997, 233, 234 zu § 310 a.F.; StV 1999, 211; *Lackner/Kühl*, § 306e

Rn. 1). § 306e Abs. 1 setzt voraus, dass der Täter den Brand freiwillig, d.h. aufgrund eines autonomen Motivs (*BGH* NStZ 2003, 264) löscht, bevor ein erheblicher Schaden entsteht. Die Rechtsprechung nimmt dabei einen erheblichen Sachschaden erst dann an, wenn mindestens 2.500 € zur Schadensbeseitigung erforderlich sind (BGHSt 48, 14, 20 – „Mehrfamilienhausfall II"; *Wolff*, JR 2003, 391, 392f.; vgl. auch *Radtke*, NStZ 2003, 432, 433; a.A. *Lackner/Kühl*, § 306e Rn. 2: wie für § 315c Abs. 1 [ca. 750 €]). Ob der Brand bereits entdeckt ist, ist unerheblich. Der Täter muss nicht eigenhändig löschen.

Beispiel: A zündet ein Gebäude an, welches selbständig in Brand gerät. Bevor jedoch ein größerer Schaden entsteht, ruft er die Feuerwehr, die erfolgreich löscht. – Tätige Reue nach § 306e.

20 Erfolglose Löschversuche reichen allerdings nicht aus (*Fischer*, § 306e Rn. 5). Die „Freiwilligkeit" ist nach den Grundsätzen zu beurteilen, die für die §§ 24 und 31 entwickelt worden sind (*Lackner/Kühl*, § 306e Rn. 2; *Geppert*, Jura 1998, 597, 605). Wird der Brand ohne Zutun des Täters gelöscht, greift § 306e Abs. 3 ein, der seinen Voraussetzungen nach § 24 Abs. 1 Satz 2 entspricht (*Fischer*, § 306e Rn. 5).

D. Kontrollfragen

1. Wie sind die Begriffe Gebäude und Hütte i.S.d. § 306 Abs. 1 Nr. 1 voneinander abzugrenzen? → Rn. 3f.
2. Warum und inwiefern ist § 306 Abs. 1 einschränkend auszulegen? → Rn. 8
3. Was bedeutet Inbrandsetzen, was ganz oder teilweise Zerstörung durch Brandlegung? → Rn. 9ff.
4. In welchen Fällen ist § 306e zu beachten? → Rn. 19f.

Aufbauschema (§ 306)

1. Tatbestand
   a) Objektiver Tatbestand
      – Tatobjekt nach § 306 Abs. 1 Nr. 1 bis 6
      – Inbrandsetzen oder durch Brandlegung ganz oder teilweise zerstören
   b) Subjektiver Tatbestand
      – Vorsatz
2. Rechtswidrigkeit
3. Schuld
4. Ggf. § 306e

Empfehlungen zur vertiefenden Lektüre:
Leitentscheidungen: BGHSt 34, 115 – „Nachtlokalfall"; BGHSt 44, 175 – „Mehrfamilienhausfall I"; BGHSt 48, 14 – „Mehrfamilienhausfall II".

Aufsätze: *Geppert*, Die Brandstiftungsdelikte (§§ 306 bis 306f StGB) nach dem Sechsten Strafrechtsreformgesetz, Jura 1998, 597; *Hagemeier/Radtke,* Die Entwicklung der Rechtsprechung zu den Brandstiftungsdelikten nach deren Reform durch das 6. StrRG vom 28. 1. 1998, NStZ 2008, 198; *Knauth*, Neuralgische Punkte des neuen Brandstrafrechts, Jura 2005, 230; *Rengier*, Die Brandstiftungsdelikte nach dem Sechsten Gesetz zur Reform des Strafrechts, JuS 1998, 397; *Wolters*, Die Neuregelung der Brandstiftungsdelikte, JR 1998, 271.

Übungsfälle: *Bischoff /Wächter*, Assessorexamensklausur – Strafrecht: Anklageschrift – Das Falsche Alibi, JuS 2010, 246; *Hardtung*, Referendarexamensklausur – Strafrecht: Brandstiftung und Körperverletzung, Rechtswidrigkeit und Schuld – Studentenwohnheim in Flammen, JuS 2008, 623; *Kudlich*, Examensklausur Strafrecht: Die falsche Komplizin, JA 2008, 703; *Linke/Steinhilber*, Klausur Strafrecht: Das Feuer der Liebe, JA 2010, 117; *Mitsch*, Klausur Strafrecht: Brandreden, JA 2009, 115; *Wrage*, Typische Probleme einer Brandstiftungsklausur, JuS 2003, 985.

§ 33. Schwere Brandstiftung, besonders schwere Brandstiftung und Brandstiftung mit Todesfolge (§§ 306a, 306b und 306c)

A. Grundlagen

Die schwere Brandstiftung (§ 306a) enthält zwei eigenständige Tatbestände. **1** Während § 306a Abs. 1 als abstraktes Gefährdungsdelikt ausgestaltet ist (*Fischer*, § 306a Rn. 1; Schönke/Schröder/*Heine*, § 306a Rn. 1; Wessels/*Hettinger*, Rn. 961), setzt § 306a Abs. 2 hingegen das Entstehen einer konkreten Gefahr voraus (*Lackner/Kühl*, § 306a Rn. 7). Demnach handelt es sich nicht um ein erfolgsqualifiziertes Delikt i.S.d. § 18 (vgl. Rn. 13).

§ 306b Abs. 1 ist eine Erfolgsqualifikation zu den §§ 306 und 306a. § 306b **2** Abs. 2 qualifiziert (nur) § 306a. Die Brandstiftung mit Todesfolge (§ 306c) ist ein erfolgsqualifiziertes Delikt, das eine Tat nach den §§ 306 bis 306b voraussetzt (vgl. Schaubild § 32 Rn. 2).

B. Tatbestände

I. Schwere Brandstiftung (§ 306a)

1. Objektive Tatbestände

3   a) § 306a Abs. 1 soll die Gefährdung von Menschenleben verhindern. In den Schutzbereich der Vorschrift sind daher nur Räumlichkeiten einbezogen, in denen Menschen wohnen oder sich zeitweise aufhalten (*Geppert*, Jura 1998, 597, 599). Da es sich um ein abstraktes Gefährdungsdelikt handelt, spielt es – anders als bei § 306, der nur fremde Tatobjekte betrifft (vgl. § 32 Rn. 2) – keine Rolle, wem die fraglichen Räume gehören (*Lackner/Kühl*, § 306a Rn. 1 a.E.; *Wessels/Hettinger*, Rn. 961). Grundsätzlich ist es auch ohne Belang, ob sich zur Tatzeit tatsächlich Menschen in ihnen aufhalten (BGHSt 26, 121, 123 – „Hotelfall"; 34, 115, 118 – „Nachtlokalfall"). Ob ausnahmsweise etwas anderes gilt, wenn kleinere, überschaubare Wohnstätten betroffen sind und eine Gefährdung von Menschen durch lückenlose und absolut zuverlässige Vorkehrungen objektiv und nach dem Wissen des Täters ausgeschlossen werden kann, hat die Rechtsprechung in Erwägung gezogen, wenn auch noch nicht tragend entschieden (BGHSt 26, 121, 123 – „Hotelfall"; 34, 115, 118 – „Nachtlokalfall"; zustimmend Schönke/Schröder/*Heine*, § 306a Rn. 2; SK/ *Wolters/Horn*, § 306a Rn. 17; *Wessels/Hillenkamp*, Rn. 968; a.A. LK/*Wolff*, § 306a Rn. 6; *Rengier*, JuS 1998, 399; *ders.* § 40 Rn. 20 f.). In den meisten Fällen wird im Hinblick auf das Strafmaß für eine Tatbestandsreduktion kein Anlass mehr bestehen, da die Tat jedenfalls dann nach § 306 Abs. 1 strafbar wäre, wenn der Täter den Brand in einer fremden Behausung legt. Diese Vorschrift hält wegen der Hochstufung zum Verbrechen auch keine geringere Mindeststrafe bereit (so auch *Fischer*, § 306a Rn. 2a); den Besonderheiten der Tatausführung kann bei diesen Fällen im Rahmen der Strafzumessung ausreichend Rechnung getragen werden.

4   **(1) Tatobjekte** des § 306a Abs. 1 Nr. 1 sind Gebäude (vgl. § 32 Rn. 3), Schiffe, Hütten (vgl. § 32 Rn. 4) und andere Räumlichkeiten, die Menschen zur Wohnung dienen. Hierunter fallen auch ungewöhnliche Wohnformen, wie etwa in Eisenbahnwaggons (BGHSt 48, 14, 18 – „Mehrfamilienhausfall II"), größeren Zelten (*Fischer*, § 306a Rn. 3) oder Wohnmobilen (*BGH* NStZ 2010, 519). Es genügt, wenn sie von einem Menschen tatsächlich bewohnt werden, unabhängig davon, ob sie dazu ursprünglich bestimmt waren oder gemeinhin als geeignet angesehen werden (BGHSt 16, 394, 395; *BGH* NStZ 2008, 99; *Fischer*, § 306a Rn. 4; *Lackner/Kühl*, § 306a Rn. 2; Münch-Komm/*Radtke*, § 306a Rn. 11).

§ 33. Schwere Brandstiftung etc. 261

Beachte: Die zeitweise, auch länger andauernde Abwesenheit des Bewohners ist für die Strafbarkeit ohne Belang. Allerdings dient ein Gebäude nicht mehr zur Wohnung, wenn es entwidmet ist. Dies kann durch ausdrückliche oder schlüssige Erklärung erfolgen, etwa durch den Auszug aller Bewohner (*BGH* NStZ 1999, 32, 34; NStZ-RR 2005, 76; NStZ 2008, 99; *Wessels/Hettinger*, Rn. 963).

Beispiele: A ist der einzige Bewohner eines Hauses. Er verlässt es und zündet es an. – Es liegt keine schwere Brandstiftung nach § 306a Abs. 1 vor, weil A mit dem Inbrandsetzen seinen Willen, das Gebäude aufzugeben, kundgetan hat (*BGH* NStZ 1994, 130; *Geppert*, Jura 1998, 597, 600). Jedoch bleibt eine Bestrafung nach § 306a Abs. 2 möglich.

B und C sind die einzigen Bewohner eines Hauses. Sie kommen überein, dieses in Brand zu setzen. – Auch hier ist das Wohnhaus als solches entwidmet (*BGH* NStZ 2008, 99); dies gilt selbst dann, wenn B und C sich vorbehalten, im Falle eines Fehlschlags der Tat weiter in dem Haus zu wohnen (*BGH* NStZ-RR 2001, 330; 2005, 76).

Bei sowohl zu anderen Zwecken, z.B. gewerblich, als auch als Wohnung 5 genutzten Gebäuden (sog. **gemischt genutzte Gebäude**) ist der Tatbestand bereits dann erfüllt, wenn ein Übergreifen des im anderweitig genutzten Teil gelegten Brands auf den Wohnbereich nicht auszuschließen ist (*BGH* NJW 2000, 226, 228; StV 2002, 145; NStZ 2003, 266; 2010, 452; *Fischer*, § 306a Rn. 5 a.E.; *Rengier*, JuS 1998, 397, 399; zu weit BGHSt 34, 115, 118 – „Nachtlokalfall": Brand im Gewerbeteil genügt; vgl. hierzu auch *H. Schneider*, Jura 1988, 460; a.A. Schönke/Schröder/*Heine*, § 306a Rn. 11; SK/*Horn/Wolters*, § 306a Rn. 15: Vollendung setzt Inbrandsetzen des Wohnteils voraus). Denn dann besteht die vom Tatbestand vorausgesetzte abstrakte Gefahr angesichts der Unberechenbarkeit des Feuers bereits (*BGH* NStZ 2010, 452). Ein Übergreifen des Brands ist dann nicht auszuschließen, wenn es sich um ein **einheitliches Gebäude** handelt. Dies ist abhängig von baulichen Gegebenheiten und bei einem gemeinsamen Treppenhaus (*BGH* NStZ 2011, 214; *Wrage*, JuS 2003, 985), einem gemeinsamen Flur oder ineinander übergehenden Räumen (BGHSt 35, 283, 286; LK/*Wolff*, § 306a Rn. 12, 21) zu bejahen, während eine Brandmauer oder eine nur unter Beseitigung besonderer Schutzvorrichtungen benutzbare Verbindung gegen die Einheitlichkeit sprechen (*BGH* NStZ 2011, 214; zu Anbauten *BGH* StV 2002, 145; zu Doppelhaushälften *BGH* StV 2001, 576 mit Bspr. *Schröder* JA 2002, 367). Der Tatbestand soll hingegen auch bei solchen einheitlichen Gebäuden nicht erfüllt sein, wenn der Gewerbeteil nicht selbständig gebrannt hat, sondern der Tatbestandserfolg allein durch die durch Ruß oder Löschmittel herbeigeführte teilweise Zerstörung eingetreten ist (*BGH* NStZ 2010, 452; *BGH* NJW 2011, 1090, 1091; anders noch *BGH*, Beschluss vom 19. 7. 2007, Az.: 2 StR 266/07; vgl. hierzu *BGH*, Beschluss vom 15. 2. 2011, Az.: 4 StR 569/10).

Beispiele: A entzündet den hinter einem Wohngebäude befindlichen Schuppen, der als Lagerraum diente. Die Holzwand des Schuppens brennt selbständig. Es besteht die Gefahr, dass das Feuer auf das Wohngebäude übergreift. – Der Angeklagte hat kein Gebäude, das der Wohnung von Menschen dient, in Brand gesetzt. Zwischen dem Schuppen und dem Wohngebäude besteht keine bauliche Verbindung, es liegt kein einheitliches Gebäude vor. Allein die Gefahr des Übergreifens auf ein Tatobjekt des § 306a Abs. 1 Nr. 1 genügt dann nicht (*BGH* NStZ 2010, 519).

B legt im Keller eines Einfamilienhauses Feuer, es ergreift eine hölzerne Trennwand. Keller und Wohnbereich des Hauses sind durch ein offenes Treppenhaus verbunden. – Das Feuer kann sich auf für das Wohnen wesentliche Gebäudeteile ausbreiten, daher ist der Keller im Hinblick auf die baulichen Bedingungen taugliches Tatobjekt des § 306 Abs. 1 Nr. 1 (vgl. *BGH* NJW 1999, 299; NStZ 2003, 266). Anders kann es sich aber bei mehrgeschossigen Wohngebäuden verhalten (BGHSt 18, 363, 364; *BGH* NStZ 2007, 270 – „Kellerfall"), bei denen z.B. eine Brandschutztür zum Kellertreppenhaus eingebaut ist.

6 § 306a Abs. 1 Nr. 2 schützt Kirchen und andere der Religionsausübung dienende Gebäude (vgl. hierzu *Hohmann/Sander*, BT 1, § 1 Rn. 154).

7 § 306a Abs. 1 Nr. 3 bezieht Räumlichkeiten (vgl. Rn. 4) ein, die zeitweise dem Aufenthalt von Menschen dienen, wenn sie gerade zu einer Zeit, in der Menschen sich dort aufzuhalten pflegen, angegriffen werden. Erforderlich ist eine gewisse Regelmäßigkeit bei der Nutzung der fraglichen Objekte (*Lackner/Kühl*, § 306a Rn. 4; *Radtke*, ZStW 110 [1998], 848, 867).

Beispiele: Theater, Museen, Eisenbahnwaggons, Autobusse (*Fischer*, § 306a Rn. 7), nicht aber Telefonzellen (*BGH* MDR 1977, 638).

8 Die Tathandlung (vgl. Rn. 9) muss bei § 306a Abs. 1 Nr. 3 zur gewöhnlichen Aufenthaltszeit erfolgen, ohne dass es darauf ankommt, ob tatsächlich jemand anwesend ist (BGHSt 36, 221, 222; *Wessels/Hettinger*, Rn. 966).

9 **(2)** Die Tathandlungen des § 306a Abs. 1 sind mit denen des § 306 Abs. 1 identisch, so dass die dortigen Ausführungen (vgl. § 32 Rn. 9 ff.) grundsätzlich auch hier gelten. Es ist jedoch eine an dem Schutzzweck des § 306a Abs. 1 Nr. 1 ausgerichtete restriktive Auslegung angezeigt. Danach ist Inbrandsetzen nur dann anzunehmen, wenn das Feuer auf für das Wohnen wesentliche Gebäudeteile übergegriffen hat (*BGH* NStZ 2007, 270 – „Kellerfall"; vgl. aber Rn. 5). Das Tatobjekt ist erst dann teilweise zerstört, wenn eine zum Wohnen bestimmte, abgeschlossene Untereinheit durch die Brandlegung für Wohnzwecke unbrauchbar geworden ist. Das ist der Fall, wenn für den verständigen Inhaber die Wohnung wegen der Brandfolgen für eine beträchtliche Zeit – und nicht nur für Stunden oder einen Tag – nicht mehr benutzbar ist (BGHSt 48, 14, 20 – „Mehrfamilienhausfall II"; *BGH* NStZ 2001, 252; 2007, 270 – „Kellerfall"; NStZ 2008, 519).

Beispiele: A steckt in einem Kellerverschlag eines Mehrfamilienhauses einen Karton an. Das Inventar, Holzlatten und daran befindliche Stoffbezüge einer Kellertür (BGHSt 48, 14 – „Mehrfamilienhausfall II") sowie Holzwände, die einzelne Kellerabteile abtrennen (*BGH* NStZ 2003, 266; NStZ 2007, 270), geraten in Brand; die Versorgungsleitungen verschmoren (*BGH* NStZ 2007, 270 – „Kellerfall"). – Es ist kein wesentlicher Gebäudeteil in Brand gesetzt worden.

B wirft einen Feuerwerkskörper durch ein geöffnetes Wohnungsfenster. Es entsteht ein Brand an den Einrichtungsgegenständen, durch den die Möbel zerstört werden und das Kinderzimmer so stark beschädigt wird, dass es wegen der erforderlichen Renovierung vier Wochen nicht genutzt werden kann, während der Rest der Wohnung benutzbar bleibt. – Keine teilweise Zerstörung des Tatobjekts (*BGH*, Beschluss vom 14. 7. 2009; Az.: 3 StR 276/09).

b) **§ 306a Abs. 2** setzt zunächst das Vorliegen einer Brandstiftung (§ 306 Abs. 1) voraus. Eines der dort genannten Tatobjekte (vgl. § 32 Rn. 2 ff.) muss durch eine der umschriebenen Tathandlungen beeinträchtigt sein (zur teilweisen Zerstörung *BGH* NJW 2011, 1091). **10**

> **Beachte:** Das Tatobjekt muss allerdings bei § 306a Abs. 2 – wie sich aus der beschränkenden Bezugnahme auf § 306 Abs. 1 Nr. 1 bis 6 ergibt – nicht fremd sein (*BGH* NStZ 1999, 32, 33; 2000, 209; *Lackner/Kühl*, § 306a Rn. 7; *LK/Wolff*, § 306a Rn. 26; *Rengier*, JuS 1998, 397, 399; krit. *Fischer*, § 306a Rn. 10a f.). Dies führt zu einem Verständnis des § 306 Abs. 2 als eigenem Grundtatbestand einer Gesundheitsgefährdung durch Brandstiftung.

Zusätzlich muss durch die Tathandlung (vgl. *Fischer*, § 306a Rn. 11) die **konkrete Gefahr** (*BGH* NStZ 1999, 32, 33; vgl. hierzu § 36 Rn. 13 ff.) hervorgerufen werden, dass ein anderer Mensch eine Gesundheitsschädigung davonträgt. Der Begriff der **Gesundheitsschädigung** ist dem in § 223 Abs. 1 gleich (*Lackner/Kühl*, § 306a Rn. 7; vgl. hierzu § 6 Rn. 7). Da es sich nicht um ein erfolgsqualifiziertes Delikt handelt (vgl. Rn. 13), bedarf es eines speziellen Unmittelbarkeitszusammenhangs nicht (*Geppert*, Jura 1988, 597, 602). **11**

2. Subjektiver Tatbestand

Für § 306a Abs. 1 reicht bedingter Vorsatz (*Lackner/Kühl*, § 306a Rn. 6). Er muss bei § 306a Abs. 1 Nr. 1 insbesondere die Bestimmung der fraglichen Räumlichkeit zu Wohnzwecken umfassen, bei § 306a Abs. 1 Nr. 3 das Handeln zur gewöhnlichen Aufenthaltszeit von Menschen (*Fischer*, § 306a Rn. 9). **12**

Auch bei § 306a Abs. 2 ist vorsätzliches Handeln nötig. Insbesondere ist – wie aus der Existenz des § 306d Abs. 1 (vgl. § 34 Rn. 2 f.) folgt – auch bezüglich der konkreten Gefährdung zumindest bedingter Vorsatz erforderlich (*BGH* NStZ 1999, 32, 33; *Lackner/Kühl*, § 306a Rn. 7 a.E.; *Geppert*, Jura 1998, 597, 603). § 18 gilt nicht (*Fischer*, § 306a Rn. 11 a.E.; a.A. *Hörnle*, Jura 1998, 181). **13**

II. Besonders schwere Brandstiftung (§ 306b)

1. Objektive Tatbestände

14 § 306b qualifiziert die §§ 306 und 306a in unterschiedlicher Weise.

15 a) § 306b Abs. 1 setzt zunächst das Vorliegen einer vollendeten Brandstiftung (§ 306 Abs. 1; vgl. § 32) oder schweren Brandstiftung (§ 306a Abs. 1 oder Abs. 2; vgl. Rn. 3 ff.) voraus. Als zusätzlicher Erfolg dieser Taten muss entweder eine schwere Gesundheitsschädigung eines Menschen (vgl. § 5 Rn. 14) oder eine Gesundheitsschädigung bei einer großen Zahl von Menschen eingetreten sein.

> **Merke:** Schwere Gesundheitsschädigungen sind solche, durch die das Opfer in eine ernste langwierige Krankheit verfällt oder die seine Leistungsfähigkeit erheblich beeinträchtigen. Sie liegen jedenfalls vor, wenn die in § 226 genannten Folgen eingetreten sind, müssen deren Schwere aber nicht erreichen (BGHSt 48, 28; *Fischer*, § 250 Rn. 5; *Lackner/Kühl*, § 250 Rn. 3; *Wessels/Hettinger*, Rn. 315; *Geppert*, Jura 1998, 597, 603; a.A. *Wolters*, JuS 1998, 582, 584: entsprechender Schweregrad).

Beispiel: A erleidet infolge einer Tat nach § 306a schwere Verbrennungen, die während eines mehrmonatigen Krankenhausaufenthalts geheilt werden können, ohne dass entstellende Narben (§ 226 Abs. 1 Nr. 3) zurückbleiben. – Schwere Gesundheitsschädigung nach § 306b Abs. 1 1. Alt.

16 Die Bestimmung des im StGB an verschiedenen Stellen (etwa in § 263 Abs. 3 Nr. 3) verwendeten Begriffs „**große Zahl**" von Menschen ist problematisch. Dieser ist jedenfalls normativ und auf den jeweiligen Tatbestand bezogen auszulegen. Die Zahl muss größer sein als beim Begriff „mehrere", der schon bei drei Personen erfüllt sein soll. Im Hinblick auf die deutlich erhöhte Mindeststrafe erscheint es bedenklich, weniger als 20 Personen ausreichen zu lassen (Schönke/Schröder/*Heine*, § 330 Rn. 4; *Radtke*, ZStW 110 [1998], 848, 876; a.A. BGHSt 44, 175, 177 f. – „Mehrfamilienhausfall I": 14 Personen; ebenso *Lackner/Kühl*, § 306b Rn. 4; *Pünder*, Jura 2001, 588; noch weiter *Geppert*, Jura 1998, 597, 603: ab zehn).

17 Wie bei den §§ 226 und 227 (vgl. § 8 Rn. 7 f. und 30 ff.) bedarf es einer besonderen Verknüpfung zwischen den Grunddelikten und ihrer Folge. In der jeweiligen Gesundheitsschädigung muss sich ein tatbestandsspezifischer **Gefahrzusammenhang** zwischen der Brandstiftung und der Folge zeigen, d.h. eine im Grunddelikt typischerweise angelegte Gefahr muss sich realisiert haben *(Lackner/Kühl*, § 306b Rn. 2).

18 b) § 306b Abs. 2 qualifiziert allein § 306a. Anders als es der Wortlaut, insbesondere bei Nummer 1 nahelegt, handelt es sich um einen **Qualifikationstatbestand**, mithin um ein Vorsatzdelikt, nicht aber um eine Erfolgsqua-

lifizierung. Dies folgt aus dem Regelungszusammenhang, der deutlich erhöhten Mindeststrafe und der Entstehungsgeschichte (*BGH* NJW 1999, 3131; *Lackner/Kühl*, § 306b Rn. 1 und 3; *Stein*, Gemeingefährliche Straftaten, Rn. 65 f.; *Radtke*, ZStW 110 [1998], 848, 847).

§ 306b Abs. 2 Nr. 1 bis 3 setzt eine schwere Brandstiftung voraus. Auch **19** § 306a Abs. 2 – mithin eine Brandstiftung an eigenen Sachen (vgl. Rn. 10) – genügt als Grundtatbestand (kritisch zu dieser gesetzgeberischen Vorgabe *Fischer*, § 306b Rn. 6a; *Wessels/Hettinger*, Rn. 972).

Qualifizierendes Merkmal nach § 306b Abs. 2 Nr. 1 ist die Verursachung **20** der konkreten Gefahr (vgl. § 36 Rn. 13 ff.) des Todes eines anderen Menschen.

Die Nummer 2 betrifft schwere Brandstiftungen in der Absicht der Ermöglichung oder Verdeckung einer anderen Straftat (vgl. zu diesen § 211 entlehnten Merkmalen § 2 Rn. 76 ff. und Rn. 82 ff.), wie z.B. einer Brandstiftung mit dem Ziel nachfolgenden Betruges (BGHSt 45, 211, 216). Nicht erforderlich ist es, dass die Straftat, die durch den Brand vorbereitet werden soll, nach der Vorstellung des Täters gerade durch die akute, gemeingefährliche Brandsituation begünstigt sein muss oder in unmittelbar zeitlichem und räumlichem Zusammenhang zum Brand begangen werden soll (BGHSt 45, 211, 218; 51, 236, 238 – „Versicherungsfall"; *BGH* NStZ 2000, 197; 2008, 571; *Dehne-Niemann*, StV 2008, 577; *Ellbogen*, Jura 1998, 483, 488; *Rönnau*, JuS 2001, 328; a.A. Schönke/Schröder-*Heine*, § 306b Rn. 13; SK/*Wolters/Horn*, § 306b Rn. 11c; *Geppert*, Jura 1998, 597, 564; krit. auch *Fischer* § 306b Rn. 9b). Allein die unmittelbar mit der Tathandlung des Grunddelikts ohne weiteren Tätigkeitsakt beabsichtigte Herbeiführung eines darüber hinausgehenden Erfolges, z.B. eines Versicherungsmissbrauchs nach § 265, reicht aber nicht aus (BGHSt 51, 236; *Radtke*, NStZ 2007, 642). Andere Straftat kann dabei nicht nur die des Täters sein, sondern auch die eines Dritten (*BGH* NJW 2000, 3581). Jedoch muss der Täter selbst die in § 306b Abs. 2 Nr. 2 geforderte Absicht haben, da es sich um ein täterbezogens besonderes persönliches Merkmal nach § 28 Abs. 2 handelt (*BGH* NStZ 2000, 197, 198; NJW 2000, 3581).

Die Nummer 3 erfasst die Verhinderung oder Erschwerung des Löschens des Brands. Folge der Tathandlung muss es sein, dass die Brandlöschung unmöglich oder tatsächlich erschwert wird (*Lackner/Kühl*, § 306b Rn. 5).

Beispiel: A setzt ein Wohnhaus in Brand und zerstört anschließend eine Notrufeinrichtung. – 306b Abs. 2 Nr. 3 kommt nur in Betracht, wenn sich die Löscharbeiten deshalb merkbar verzögern oder weniger effektiv erfolgen können (*Fischer*, § 306b Rn. 12 a.E.).

Vertiefungshinweis: Das Ermöglichen einer anderen Straftat i.S.d. § 306b Abs. 2 Nr. 2 ist insbesondere erfüllt, wenn die schwere Brandstiftung zum Zweck eines Betruges zum Nachteil der Versicherung begangen wird (BGHSt 45, 211, 216;

> *BGH* NJW 2000, 3581; NStZ 2008, 571). Wenn der Täter nur irrig glaubt, die Versicherung sei tatsächlich nicht zur Leistung verpflichtet und ihre geplante Inanspruchnahme daher betrügerisch, liegt darin ein versuchter Betrug und damit die Ermöglichungsabsicht (BGHR StGB § 306b Ermöglichen 4). Es reicht aber nicht aus, dass der Täter durch die Brandstiftung Wohnungsinventar eines nicht in die Tat eingebundenen Dritten zerstören will, um diesem damit Leistungen aus dessen Versicherung zu verschaffen (BGHSt 51, 236 – „Versicherungsfall", auch zur Stellung als Repräsentant im versicherungsrechtlichen Sinne m.w.N.; vgl. hierzu auch BGHR StGB § 306b Ermöglichen 4; *Dehne-Niemann*, Jura 2008, 536). Da der Dritte die Versicherung berechtigt in Anspruch nehmen kann, beabsichtigt der Täter keinen Betrug zu Lasten der Versicherung. Bei dem vom Täter begangenen Versicherungsmissbrauch handelt es sich um keine von § 306a Abs. 1 Nr. 1 als Grunddelikt abgrenzbare andere Straftat, die er erst durch die Brandstiftung zu ermöglichen beabsichtigt haben könnte (BGHSt 51, 236, 239 – „Versicherungsfall"). Es ist umstritten, ob sich aus einem Versicherungsvertrag eine Garantenstellung mit der Folge ergibt, dass der Versicherungsnehmer zur Abwendung eines Brandes verpflichtet ist (zu Recht dagegen *Lackner/Kühl*, § 306 Rn. 3; *Geppert*, Jura 1998, 597, 601; *Wrage*, JuS 2003, 985, 986; a.A. RGSt 64, 273, 277; *BGH* MDR 1951, 144, 145; NK/*Herzog*, § 306 Rn. 26).

2. Subjektiver Tatbestand

21 Da § 306b Abs. 1 ein erfolgsqualifiziertes Delikt ist (vgl. Rn. 15), genügt bedingt vorsätzliche Verwirklichung eines der Grundtatbestände und hinsichtlich der Herbeiführung der Folgen gemäß § 18 wenigstens fahrlässiges Verhalten (BGHSt 44, 177; *Fischer*, § 306b Rn. 2; *Wessels/Hettinger*, Rn. 953; *Müller/Hönig*, JA 2001, 517, 522; a.A. *Geppert*, Jura 1998, 603; *Wolters*, JR 1998, 271, 278: Qualifikationstatbestand).

22 § 306b Abs. 2 setzt hingegen als Qualifikationstatbestand (vgl. Rn. 18) zumindest bedingt vorsätzliches Verhalten hinsichtlich aller qualifizierenden Merkmale voraus. Für § 306 Abs. 2 Nr. 2 ist darüber hinaus die Absicht der Ermöglichung oder Verdeckung einer Straftat erforderlich. Diese muss sich allein auf die Verknüpfung der Brandstiftungshandlung mit dem Erfolg einer weiteren Tat beziehen und kann regelmäßig mit bedingtem Vorsatz bezüglich der Verwirklichung der übrigen Tatbestandsmerkmale (des Grunddelikts) einhergehen (BGHSt 40, 106, 107; *BGH* NStZ 2008, 571; *Lackner/Kühl*, § 306b Rn. 4).

III. Brandstiftung mit Todesfolge (§ 306c)

23 Es handelt sich um eine dem § 227 (vgl. § 8 Rn. 29 ff.) und dem § 251 (vgl. *Hohmann/Sander*, BT 1, § 6 Rn. 34 ff.) ähnliche Erfolgsqualifikation.

1. Objektiver Tatbestand

Der objektive Tatbestand des § 306c ist erfüllt, wenn durch eine vollendete 24
Brandstiftung (§ 306), schwere oder besonders schwere Brandstiftung (§§ 306a
und b) der Tod eines Menschen verursacht wird. Es ist nicht erforderlich, dass
sich das Opfer zur Zeit der Tat in dem Brandobjekt befindet (*Wessels/Hettinger*, Rn. 973). Geschützt sind deshalb auch hinzukommende Helfer, insbesondere Feuerwehrleute.

Wie bei § 306b Abs. 1 (vgl. Rn. 17) ist ein tatbestandsspezifischer Gefahr- 25
zusammenhang zwischen der Brandstiftung und der Todesfolge erforderlich.
Im Todeserfolg muss sich deshalb die Brandstiftungsgefahr unmittelbar realisiert haben (*Fischer*, § 306c Rn. 3; zur Zurechnung bei besonders gefährlichen bzw. offensichtlich unverhältnismäßigen Rettungshandlungen vgl. § 4
Rn. 6 ff.).

Beispiel: Retter A läuft ins brennende Gebäude, um Menschen zu retten und erleidet
eine tödliche Rauchgasvergiftung. – Strafbarkeit des Täters nach § 306c (vgl. auch zu Fallvarianten *Wrage*, JuS 2003, 985 Fälle 17 bis 22).

2. Subjektiver Tatbestand

Während für die Erfüllung der Grunddelikte (bedingter) Vorsatz erforder- 26
lich ist, muss der Tod – die Schwelle des § 18 heraufsetzend – wenigstens
leichtfertig verursacht werden. Das Verhalten muss einen hohen Grad von
Fahrlässigkeit aufweisen (*BGH* NStZ 2010, 178; vgl. hierzu *Hohmann/Sander*,
BT 1, § 6 Rn. 36). Durch das Wort „wenigstens" wird wie bei § 18 (vgl. auch
§ 8 Rn. 39) deutlich, dass auch die vorsätzliche Herbeiführung des Tods umfasst ist (vgl. *Fischer*, § 306c Rn. 5).

C. Täterschaft und Teilnahme, Versuch, Konkurrenzen sowie Bestrafung

Für Täterschaft und Teilnahme gelten die §§ 25 ff. ohne Besonderheiten. 27
Die §§ 306a bis c sind in allen Varianten Verbrechen (§ 12 Abs. 1). Der 28
Versuch ist deshalb nach allgemeinen Grundsätzen strafbar (§§ 306a, 306b,
306c, 22). Bei den erfolgsqualifizierten Delikten § 306b Abs. 1 und § 306c
ist – wie bei den §§ 226, 227 – zwischen versuchter Erfolgsqualifikation und
erfolgsqualifiziertem Versuch zu unterscheiden (zu den Einzelheiten vgl. § 8
Rn. 42 ff.).

§ 306b geht als (Erfolgs-) Qualifikation den §§ 306 und 306a als spezieller 29
vor (vgl. § 32 Rn. 18). Aus dem selben Grund ist § 306c spezieller als die
§§ 306 Abs. 1 Nr. 1 und § 306a Abs. 1 Nr. 1 (*BGH* NStZ-RR 2000, 209;
Rengier, JuS 1998, 387, 400). Jedoch besteht zwischen einem Versuch des
§ 306c und einem vollendeten § 306a Tateinheit (*BGH* NStZ-RR 2004, 367;

Fischer, § 306a Rn. 13). Zwischen § 306b Abs. 1 und Abs. 2 kann Tateinheit (§ 52) bestehen, ebenso zwischen § 306b Abs. 1 und den §§ 223 ff. Jedoch wird die Qualifikation des § 224 Abs. 1 Nr. 5 durch § 306b Abs. 2 Nr. 1 verdrängt (BGHR StGB § 306b Abs. 2 Nr. 1 Konkurrenzen 1; *Fischer*, § 306b Rn. 14).

30 Für die §§ 306a und 306b besteht nach § 306e die Möglichkeit der tätigen Reue (vgl. § 32 Rn. 19 f.). Für Delikte nach § 306a kann ein minder schwerer Fall angenommen werden (§ 306a Abs. 3), was zu einer deutlichen Senkung des Strafrahmens führt.

D. Kontrollfragen

1. Scheidet § 306a Abs. 1 aus, wenn der Täter sich vergewissert hatte, dass sich kein Mensch im Brandobjekt aufhält? → Rn. 3
2. Unter welchen Umständen entfällt die Wohnungseigenschaft? → Rn. 4
3. Wann ist bei einem gemischt-genutzten Gebäude der Tatbestand erfüllt? → Rn. 5
4. Was sind taugliche Tatobjekte von § 306a Abs. 2? → Rn. 10
5. Muss sich bei § 306a Abs. 2 der Vorsatz auf die konkrete Gefahr beziehen? → Rn. 13
6. Wann ist eine große Zahl von Menschen im Sinne des § 306b Abs. 1 2. Alt. betroffen? → Rn. 16
7. Bedarf es zwischen der Brandstiftung und der anderen Straftat nach § 306b Abs. 2 Nr. 2 einer besonderen Verknüpfung? → Rn. 20

Aufbauschema (§ 306a Abs. 1)

1. Tatbestand
   a) Objektiver Tatbestand
      – Tatobjekt nach § 306a Abs. 1 Nr. 1 bis 3
      – In-Brand-Setzen
        oder
        durch Brandlegung ganz oder teilweise zerstören
   b) Subjektiver Tatbestand
      – Vorsatz
2. Rechtswidrigkeit
3. Schuld
4. Ggf. § 306e

§ 33. Schwere Brandstiftung etc.

Aufbauschema (§ 306a Abs. 2)

1. Tatbestand
   a) Objektiver Tatbestand
      – Brandstiftung (§ 306a)
      – dadurch konkrete Gefahr der Gesundheitsschädigung eines Menschen
   b) Subjektiver Tatbestand
      – Vorsatz
2. Rechtswidrigkeit
3. Schuld
4. Ggf. § 306e

Aufbauschema (§ 306b Abs. 1)

1. Brandstiftung (§ 306) oder schwere Brandstiftung (§ 306a)
   a) Tatbestand
   b) Rechtswidrigkeit
   c) Schuld
2. Schwere Gesundheitsschädigung eines anderen Menschen oder einer Gesundheitsschädigung einer großen Zahl von Menschen
   a) Eintritt und Verursachung einer besonderen Folge
   b) Tatbestandsspezifischer Gefahrzusammenhang zwischen Grunddelikt und Erfolgsqualifikation
3. Wenigstens Fahrlässigkeit hinsichtlich der Herbeiführung einer besonderen Folge (§ 306b Abs. 1)
4. Ggf. § 306e

Aufbauschema (§ 306b Abs. 2)

1. Tatbestand
   a) Objektiver Tatbestand
      – schwere Brandstiftung (§ 306a)
      – dadurch einen anderen Menschen in die konkrete Gefahr des Todes bringen (Nr. 1)
        oder
      – das Löschen des Brandes verhindern oder erschweren (Nr. 3)
   b) Subjektiver Tatbestand
      – Vorsatz bezüglich der qualifizierenden Merkmale (Nr. 1 und 3)
        oder

270   Kapitel 9. Brandstiftungsdelikte

> – Handeln in der Absicht, eine andere Straftat zu ermöglichen oder zu verdecken (Nr. 2)
> 2. Rechtswidrigkeit
> 3. Schuld
> 4. Ggf. 306e

Aufbauschema (§ 306c)

1. Brandstiftung (§ 306), schwere Brandstiftung (§ 306a) oder besonders schwere Brandstiftung (§ 306b)
    a) Tatbestand
    b) Rechtswidrigkeit
    c) Schuld
2. Todesfolge
    a) Eintritt und Verursachung der Todesfolge
    b) Tatbestandsspezifischer Gefahrzusammenhang zwischen Grunddelikt und Erfolgsqualifikation
3. Wenigstens Leichtfertigkeit hinsichtlich der Herbeiführung der Todesfolge

---

Empfehlungen zur vertiefenden Lektüre:
Leitentscheidungen: BGHSt 26, 121 – „Hotelfall"; BGHSt 34, 115 – „Nachtlokalfall"; BGHSt 44, 175 – „Mehrfamilienhausfall I"; BGHSt 48, 14 – „Mehrfamilienhausfall II"; BGHSt 51, 236 – „Versicherungsfall"; BGH NStZ 2007, 270 – „Kellerfall".

Aufsätze: *Geppert*, Die Brandstiftungsdelikte (§§ 306 bis 306f StGB) nach dem Sechsten Strafrechtsreformgesetz, Jura 1998, 597; *Hagemeier/Radtke,* Die Entwicklung der Rechtsprechung zu den Brandstiftungsdelikten nach deren Reform durch das 6. StrRG vom 28. 1. 1998, NStZ 2008, 198; *Kudlich*, Identität der Gefährdungsobjekte innerhalb der §§ 306 a ff. StGB?, NStZ 2003, 458; *Müller/Hönig*, Examensrelevante Probleme der Brandstiftungsdelikte, JA 2001, 517; *Rengier*, Die Brandstiftungsdelikte nach dem Sechsten Gesetz zur Reform des Strafrechts, JuS 1998, 397; *Schröder*, Schwere Brandstiftung an einem Wohnhaus – Tatobjekt bei einfacher und schwerer Brandstiftung, JA 2002, 367; *Wolters*, Die Neuregelung der Brandstiftungsdelikte, JR 1998, 271.

Übungsfälle: *Kress/Weisser*, Klausur – Strafrecht: Der nachlässige Brandstifter, JA 2006, 115; *Kudlich*, Klausur – Strafrecht: Die falsche Komplizin, JA 2008, 703; *Mitsch*, Klausur – Strafrecht: Brandreden, JA 2009, 115; *Stief*, Fortgeschrittenenklausur – Strafrecht: Brandstiftungsdelikte – Heißer Abriss, JuS 2009, 716; *Wrage*, Typische Probleme einer Brandstiftungsklausur, JuS 2003, 985.

§ 34. Fahrlässige Brandstiftung (§ 306d)

A. Grundlagen

Das Delikt stellt in vier Varianten die fahrlässige Brandstiftung unter Strafe **1**
und ergänzt so den strafrechtlichen Schutz im Bereich der Brandstiftungsdelikte (kritisch *Fischer*, § 306d Rn. 6).

B. Tatbestand

§ 306d Abs. 1 1. und 2. Var. verwirklicht zunächst, wer objektiv und sub- **2**
jektiv sorgfaltswidrig die tatbestandlichen Erfolge des § 306 Abs. 1 oder des
§ 306a Abs. 1 herbeiführt. Insoweit kommen nur fremde Tatobjekte in Frage.
§ 306d Abs. 1 beschreibt – wie § 306 (vgl. § 32 Rn. 1) – im Kern ein Sachbeschädigungsdelikt und deshalb einen Fall der Strafbarkeit fahrlässiger Sachbeschädigung (*Geppert*, Jura 1998, 597, 604).

Betreffend § 306a Abs. 2 begründet § 306d Abs. 1 3. Var. für die nur fahr- **3**
lässige Verursachung der Gefahr bei vorsätzlicher Verwirklichung der Tathandlung die Strafbarkeit. Es handelt sich, wie z.B. bei § 315c Abs. 3 (vgl. § 36
Rn. 28), um eine sog. Vorsatz-Fahrlässigkeits-Kombination. Die Tat bleibt
nach der Regelung des § 11 Abs. 2 Vorsatzdelikt.

> **Merke:** Daher ist es in der Sache unzutreffend, dass der Gesetzgeber diese Variante
> als fahrlässige Brandstiftung bezeichnet.

§ 306d Abs. 2 erfasst schließlich Fälle, in denen der Täter bei § 306a Abs. 2 **4**
fahrlässig handelt und die Gefahr fahrlässig verursacht, ist somit, wie beispielsweise § 315c Abs. 3 Nr. 2 (vgl. § 36 Rn. 28), reines Fahrlässigkeitsdelikt.

Typische Fälle sorgfaltswidrigen Verhaltens sind durch die Nichtbeachtung **5**
von Brandverhütungsvorschriften oder -grundsätzen gekennzeichnet (*Fischer*,
§ 306d Rn. 4; vgl. *BGH* JZ 2005, 685).

Beispiele: Fehler bei der Herstellung von Geräten, Rauchen im trockenen Wald, Einschlafen mit brennender Zigarette (vgl. *Wrage*, JuS 2003, 991).

Die Einbeziehung von Kraftfahrzeugen in den § 306 Abs. 2 Nr. 4 führt zu- **6**
dem zur möglichen Anwendung von § 306d Abs. 1 bei Verkehrsunfällen
(*Lackner/Kühl*, § 306d Rn. 1; *Stein*, in Dencker u.a., 4. Teil Rn. 96).

C. Täterschaft, Konkurrenzen und Strafbarkeit

7 Die Beteiligung mehrerer an einer fahrlässigen Brandstiftung kommt nur in Form der sog. Nebentäterschaft in Betracht.

8 Tateinheit (§ 52) von § 306d Abs. 1 mit § 306 Abs. 1 ist möglich, wenn verschiedene Tatobjekte betroffen sind (*Fischer*, § 306d Rn. 7). Auch mit § 222 und § 303 kommt sie in Betracht.

9 Für die tätige Reue ist bei einer Tat nach § 306d gemäß § 306e Abs. 2 Straffreiheit möglich.

D. Kontrollfragen

1. Bezieht sich die fahrlässige Brandstiftung stets auf fremde Tatobjekte? → Rn. 2
2. In welchen Varianten ist fahrlässiges Verhalten im Falle des § 306a Abs. 2 strafbar? → Rn. 3 f.

Aufbauschema (§ 306d)

1. Tatbestand
   a) Objektive Tatbestände
      § 306d Abs. 1 1. und 2. Var.:
      – Tatobjekt nach § 306 Abs. 1 oder § 306a Abs. 1
      – Objektiv fahrlässige Tathandlung nach § 306 Abs. 1 oder § 306a Abs. 1
      § 306d Abs. 2:
      – Objektiv fahrlässige Tathandlung nach § 306a Abs. 2
      – Objektiv fahrlässige Herbeiführung der konkreten Gefahr des § 306a Abs. 2
      § 306d Abs. 1 3. Var.:
      – Tathandlung nach § 306a Abs. 2
      – Objektiv fahrlässige Herbeiführung der konkreten Gefahr des § 306a Abs. 2
   b) Subjektive Tatbestände
      § 306d Abs. 1 1. und 2. Var. und § 306d Abs. 2:
      Subjektive Fahrlässigkeit
      § 306d Abs. 1 3. Var.:
      – Vorsatz bezüglich der Tathandlung des § 306a Abs. 2
      – subjektive Fahrlässigkeit bezüglich der Herbeiführung der konkreten Gefahr i.S.d. § 306a Abs. 2

§ 34. Fahrlässige Brandstiftung 273

2. Rechtswidrigkeit
3. Schuld
4. Ggf. § 306e Abs. 2

Empfehlungen zur vertiefenden Lektüre:
Aufsätze: *Geppert*, Die Brandstiftungsdelikte (§§ 306 bis 306f StGB) nach dem Sechsten Strafrechtsreformgesetz, Jura 1998, 597; *Immel*, Probleme der Fahrlässigkeitstatbestände des neuen Brandstiftungsrechts, StV 2001, 477; *Knauth*, Neuralgische Punkte des neuen Brandstrafrechts, Jura 2005, 230.
Übungsfälle: *Wrage*, Typische Probleme einer Brandstiftungsklausur, JuS 2003, 985, 991.

Kapitel 10. Verkehrsdelikte

Die zentralen Vorschriften der im 28. Abschnitt des StGB geregelten Verkehrsdelikte betreffen zum einen Handeln im Straßenverkehr (§§ 315c, 316), zum anderen aber auch von außen kommende Angriffe gegen dessen Sicherheit (§ 315b). § 316 ist ein abstraktes Gefährdungsdelikt, die §§ 315b und 315c sind konkrete Gefährdungsdelikte. § 315 Abs. 3 ist vor allem wegen des Verweises in § 315b von Bedeutung (vgl. § 37 Rn. 12; zu § 142 vgl. *Hohmann/Sander*, BT 1, § 20).

Systematik der wichtigsten Verkehrsdelikte		
Konkrete Gefährdungsdelikte		Abstraktes Gefährdungsdelikt
§ 315b	§ 315c	§ 316
Handeln von außen und verkehrsfeindliche Inneneingriffe	Handeln im Straßenverkehr	

Aufbauhinweis: § 316 tritt als abstraktes Gefährdungsdelikt hinter dem konkreten Gefährdungsdelikt des § 315c Abs. 1 Nr. 1a zurück (vgl. § 35 Rn. 18). Gibt es Anhaltspunkte für das Vorliegen von § 315c, ist grundsätzlich im Gutachten hiermit zu beginnen. Anderes kann jedoch gelten, wenn im Rahmen des § 315c schwierige Probleme zu erörtern sind. Dann empfiehlt es sich, zunächst § 316 „als Basis" zu prüfen.

§ 35. Trunkenheit im Verkehr (§ 316)

A. Grundlagen

1 § 316 ist ein abstraktes Gefährdungsdelikt. Der Verursachung einer konkreten Gefahr bedarf es im Unterschied zu § 315c (vgl. § 36 Rn. 13 ff.) nicht. Rechtsgut ist (allein) die Sicherheit des Verkehrs (*Fischer*, § 316 Rn. 2 f.; Schönke/Schröder/*Cramer/Sternberg-Lieben*, § 316 Rn. 1).

B. Tatbestand

I. Objektiver Tatbestand

§ 316 verwirklicht, wer im Zustand rauschbedingter Fahruntüchtigkeit ein Fahrzeug in einer Verkehrsart führt, die von den §§ 315 bis 315d geschützt ist. Durch den Verweis auf diese Vorschriften bezieht § 316 auch den nichtöffentlichen Bahn-, Luft- und Schiffsverkehr in den Schutzbereich mit ein (*Hentschel/König/Dauer*, § 316 Rn. 2). 2

1. Verkehr

Herausragende Bedeutung kommt § 316 allerdings für den Straßenverkehr zu. Geschützt wird hier nur der öffentliche Straßenverkehr. Der Begriff erfasst den öffentlichen Verkehr von Fahrzeugen aller Art (BGHSt 34, 325) und Fußgängern (*BGH* VRS 62, 47, 48) auf Wegen und Plätzen, die jedermann oder allgemein bestimmten Gruppen von Verkehrsteilnehmern offenstehen (BGHSt 16, 7; 49, 128; *Geppert*, Jura 2001, 559, 560). Dazu gehören etwa Autobahnen und -straßen, Radwege, Anliegern und Fußgängern geöffnete Wege (BGHSt 22, 365, 367; *Fischer*, § 315b Rn. 3; *Lackner/Kühl*, § 315c Rn. 2). Es muss sich nicht um öffentliches, d.h. dem Verkehr förmlich gewidmetes Straßenland handeln. Auch die Eigentumsverhältnisse sind ohne Bedeutung. Es genügt, dass der Berechtigte die Benutzung durch nicht näher bestimmte Personen duldet (vgl. *Lackner/Kühl*, § 315c Rn. 2; *Hohmann/Sander,* BT 1, § 20 Rn. 6; *Zimmermann*, JuS 2010, 22, 23). 3

Beispiele: Auf Kundenparkplätzen (BGHSt 16, 7), Tankstellen (*Fischer*, § 315b Rn. 4; *Lackner/Kühl*, § 315c Rn. 2) oder allgemein zugänglichen Parkhäusern (*OLG Düsseldorf* VRS 39, 204) findet öffentlicher Straßenverkehr statt, nicht hingegen auf einer durch Poller abgegrenzten Parkfläche (*OLG Düsseldorf* NJW 1982, 2390), auf einer Rasenfläche, die von einzelnen Besuchern einer Behörde als Abkürzung genutzt wird (*BGH* NStZ 2004, 625) oder auf einem Betriebsgelände, auf das nur mit einem besonderen Ausweis ausgestattete Personen Zugang haben (BGHSt 49, 128).

2. Führen eines Fahrzeugs

Täter des § 316 kann nur sein, wer eines der in den §§ 315 bis 315d genannten Fahrzeuge eigenhändig führt (vgl. Rn. 14). Gemeint sind nicht nur Kraftfahrzeuge, sondern z.B. auch Fahrräder (*OLG Stuttgart* NJW 1956, 1044; *OLG Düsseldorf* NJW 1992, 992; *Lackner/Kühl*, § 315c Rn. 3; Schönke/Schröder/*Cramer/Sternberg-Lieben*, § 315c Rn. 5), motorisierte Rollstühle (*BayObLG* NStZ-RR 2001, 26; *Hentschel/König/Dauer*, § 316 Rn. 6), aber auch Inline-Skates (umstr. vgl. LK/*König*, § 315c Rn. 8a; *Lackner/Kühl*, § 315c Rn. 2; a.A. *Zimmermann*, JuS 2010, 22) und sog. Wave-Boards. 4

> **Merke:** „Führen" bedeutet, ein Fahrzeug unmittelbar in **Bewegung** zu setzen oder zu halten, so dass die Räder rollen, und es durch den Verkehr zu leiten (vgl. BGHSt 35, 390, 393 – „Bewegungsfall"; 42, 235, 239; *BGH* StraFo 2007, 475; *Fischer*, § 315c Rn. 3; *Hentschel/König/Dauer*, § 316 Rn. 3). Den Bewegungsvorgang vorbereitende Handlungen fallen nicht darunter. Es ist nicht erforderlich, dass das Fahrzeug mit Motorenkraft in Bewegung gesetzt wird (vgl. *Hohmann/Sander*, BT 1, § 4 Rn. 7), es bedarf aber eines willentlichen Verhaltens des Fahrzeugführers (LK/ *König*, § 315c Rn. 34).

Beispiele: A versucht vergeblich, sein steckengebliebenes Fahrzeug frei zu bekommen – kein Führen (*OLG Karlsruhe* NZV 1992, 493). – B führt den Zündschlüssel ein – (noch) kein Führen (BGHSt 35, 390, 393 – „Bewegungsfall", unter Aufgabe früherer Rechtsprechung, vgl. hierzu *Hentschel/König/Dauer*, § 316 Rn. 3), anders aber wenn C das Fahrzeug in Bewegung setzt, um den Motor zu starten (*OLG Celle* NJW 1965, 63). – D wartet im Auto und löst durch eine unachtsame Bewegung die Handbremse, so dass das Fahrzeug ins Rollen gerät – mangels willentlichen Verhaltens noch kein Führen, anders aber, wenn D steuert, um Hindernissen auszuweichen (LK/*König*, § 315c Rn. 34).

3. Fahruntüchtigkeit

5   Fahruntüchtig ist, wer nicht mehr fähig ist, das Fahrzeug eine längere Strecke, gerade auch bei plötzlich auftretenden schwierigen Verkehrslagen, sicher zu führen (BGHSt 13, 83; 19, 244; 21, 157; 44, 219, 221 – „Drogenfahrtfall"; *Wessels/Hillenkamp*, Rn. 986). Die Fahruntüchtigkeit muss alkohol- oder sonst rauschmittelbedingt sein.

6   a) Bei der Feststellung der **alkoholbedingten Fahruntüchtigkeit** helfen von der Rechtsprechung auf der Grundlage wissenschaftlicher Erkenntnisse für den Straßenverkehr entwickelte Beweisregeln im Sinne von Erfahrungswerten (dazu *Lackner/Kühl*, § 315c Rn. 6d; *Hentschel/König/Dauer*, § 316 Rn. 12).

> **Beachte:** Die „absolute" unterscheidet sich von der „relativen" Fahruntüchtigkeit allein in ihrem Nachweis (BGHSt 31, 42, 44; *BGH* JR 2009, 120). Es handelt sich nicht um eine qualitativ andere Tatbestandsverwirklichung.

7   **(1) Absolute Fahruntüchtigkeit** ist danach bei allen Kraftfahrern gegeben, deren Blutalkoholkonzentration (BAK) mindestens 1,1 ‰ beträgt (st. Rspr. seit BGHSt 37, 89 – „Fahruntüchtigkeitsfall"; *Fischer*, § 316 Rn. 6; *Hentschel/König/Dauer*, § 316 Rn. 14).

8   Liegt dieser (oder ein höherer) Wert vor, ist – unabhängig vom Fahrverhalten – die alkoholbedingte Fahruntüchtigkeit unwiderlegbar (BGHSt 10, 266; daher absolut) nachgewiesen. Weiterer Beweisanzeichen für die Annahme der Fahruntüchtigkeit bedarf es dann nicht (BGHSt 44, 219, 222 – „Drogenfahrtfall").

Vertiefungshinweise: Die Festsetzung des Grenzwerts für die absolute Fahruntüchtigkeit beruht auf Ergebnissen der medizinischen Forschung. Der Grenzwert setzt sich aus einem Grundwert von 1,0 ‰ und einem Sicherheitszuschlag von 0,1 ‰ zusammen. Stets ausreichend, aber nicht zwingend erforderlich ist es, dass der Grenzwert zur Tatzeit vorliegt. Es genügt, wenn der Fahrer bei der Tat bereits soviel Alkohol im Blut hat, dass der Wert später erreicht wird (BGHSt 25, 246; BGHSt 31, 42, 43; *Krey/Heinrich,* Rn. 776 a.E.; *Wessels/Hettinger,* Rn. 987), was insbesondere bei einem sog. Sturztrunk der Fall sein kann. Insoweit kann die sog. Anflutungswirkung des Alkohols (*Hentschel/König/Dauer,* § 316 Rn. 11) die noch bestehende Lücke zum Grenzwert ausfüllen. Der Grenzwert gilt für alle Kraftfahrer, mithin für die Führer von Pkw, Lkw, Motorrädern, Mopeds, Mofas und dergleichen (*Fischer,* § 316 Rn. 6). Für Radfahrer liegt der Grenzwert für die Annahme absoluter Fahruntüchtigkeit bei 1,6 ‰ (h.M. [Grundwert von 1,5 ‰ und einem nicht nur für Kraftfahrzeugführer anzurechnenden Sicherheitszuschlag von 0,1 ‰]: *OLG Celle* NJW 1992, 2169; *OLG Karlsruhe* NZV 1997, 486; *Fischer,* § 316 Rn. 27; *Hentschel/König/Dauer,* § 316 Rn. 18; a.A. *LG Verden,* NZV 1992, 292; Vorauflage, § 35 Rn. 8: 1,5 ‰). Dieser Wert wird auch für Inline-Skater anzuwenden sein (LK/*König,* § 316 Rn. 72).

(2) Relative Fahruntüchtigkeit kommt in Betracht, wenn die BAK unter dem absoluten Grenzwert von 1,1 ‰ liegt. Wenn es auch keine absolut geltende Untergrenze gibt, so dürfte eine Fahruntüchtigkeit unter 0,3 ‰ nicht beweisbar sein (*Hentschel/König/Dauer,* § 316 Rn. 23; LK/*König,* § 316 Rn. 93; *Janker* NZV 2001, 197; vgl. aber BGHSt 25, 360, 364; *Lackner/Kühl,* § 316 Rn. 6; *Wessels/Hillenkamp,* Rn. 989: kommt überhaupt erst ab 0,3 ‰ in Betracht). Zusätzlich zu dem festgestellten BAK-Wert, der hier nur eines von mehreren Indizien ist, müssen jedoch noch weitere Umstände vorliegen, aus denen sich im Wege einer Gesamtwürdigung ergibt, dass der Alkoholkonsum zur Fahruntüchtigkeit geführt hat (BGHSt 31, 42, 44; 44, 219 „Drogenfahrtfall"; *Fischer,* § 316 Rn. 7; *Lackner/Kühl,* § 316 Rn. 7). 9

Vertiefungshinweis: Wegen der geringen praktischen Bedeutung des § 316 für andere Verkehrsarten als Straßenverkehr, z.B. den Bahnverkehr, sind Grenzwerte bislang noch nicht höchstrichterlich anerkannt. Es sollten jedoch die für Kraftfahrzeugführer geltenden Werte Anwendung finden (*Hentschel/König/Dauer,* § 316 Rn. 20; LK/*König,* § 316 Rn. 15 f.; für schwere Schiffe: *OLG Bremen* NStZ-RR 2002, 222; mit guten Gründen abw. für den Luftverkehr *Schönke/Schröder/Cramer/ Sternberg-Lieben,* § 315a Rn. 3: 0,0 ‰).

Bei BAK-Werten dicht an der 1,1 ‰-Grenze müssen die zusätzlichen Indizien nicht sonderlich stark sein (BGHSt 31, 42, 45). Bei geringeren BAK-Werten bedarf es hingegen besonders überzeugender Beweisanzeichen. In Betracht kommen neben Verhaltensauffälligkeiten des Fahrers insbesondere sog. **alkoholbedingte Fahrfehler**, z.B. Fahren in Schlangenlinien und auffälliges Langsam- oder Schnellfahren. Hier ist jedoch Vorsicht geboten. Da es 10 erfahrungsgemäß auch zu Fahrfehlern nüchterner Fahrer kommt, ist nicht jeder derartige Fehler alkoholbedingt. Vielmehr muss feststehen, dass der nüchterne Fahrer diesen Fehler nicht begangen hätte (LK/*König*, § 316 Rn. 98, 101; *Wessels/Hettinger*, Rn. 989). Gerade besonders gefährliche Fahrweisen müssen nicht auf den Alkohol zurückgehen, sondern können auch durch einen „unbedingten Fluchtwillen" verursacht sein (BGHR StGB § 315c Abs. 1 Nr. 1 Ursächlichkeit 1; § 316 Abs. 1 Fahruntüchtigkeit, alkoholbedingte 4; *BGH* NStZ 2009, 280).

> **Vertiefungshinweis:** Der Grenzwert von 1,1 ‰ ist nur für die §§ 315c und 316 relevant. Er darf nicht mit dem in § 24a Abs. 1 StVG genannten Wert von 0,5 ‰ verwechselt (für Fahranfänger vgl. § 24c StVG: 0,0 ‰) werden. Dieser Wert hat nur für die dort geregelte Ordnungswidrigkeit Bedeutung (zu deren Verhältnis zu den §§ 315c und 316 vgl. Rn. 19). Andere im Strafrecht relevante BAK-Werte sind solche von mehr als 2,0 ‰, bei denen eine verminderte Schuldfähigkeit (§ 21) in Betracht kommt, und Werte von mehr als 3,0 ‰, bei denen an eine mögliche Schuldunfähigkeit (§ 20) zu denken ist und dann ggf. zur Annahme eines Vollrauschs nach § 323a führen können (vgl. § 38 Rn. 13). Dabei darf jedoch nicht allein auf die Promillewerte abgestellt werden; den sog. **psychodiagnostischen Kriterien**, also dem Leistungsverhalten des Täters, kommt eine immer aussagekräftigere Rolle bei der erforderlichen Gesamtwürdigung zu (BGHSt 43, 66; *BGH* NStZ 2002, 532; 2005, 90; 329; vgl. auch *Hentschel/König/Dauer*, § 316 Rn. 88 ff.).

Bedeutung der Blutalkoholwerte in StGB und StVG

> 0,0 ‰	0,3 ‰	≥ 0,5 ‰	≥ 1,1 ‰	≥ 2,0 ‰	≥ 3,0 ‰
§ 24c StVG (Ordnungswidrigkeit)	Beginn des praktisch relevanten Bereichs der relativen Fahruntüchtigkeit (§§ 315c, 316)	§ 24a StVG (Ordnungswidrigkeit)	Absolute Fahruntüchtigkeit (§§ 315c, 316)	Mögliche Verminderung der Schuldfähigkeit (§ 21)	Mögliche Schuldunfähigkeit (§§ 20, 323a)

11 Für die Bestimmung der BAK muss häufig anhand eines Wertes, der aus einer später entnommenen Blutprobe gewonnen wurde, auf die Tatzeit-BAK zurückgerechnet werden. Hierfür sind unterschiedliche Werte zugrunde zu legen, je nachdem, ob es für den Täter günstig ist, zum Tatzeitpunkt eine hohe (Frage der Schuldunfähigkeit, die desto eher vorliegt, je höher die BAK ist) oder eine möglichst niedrige BAK (Frage der Fahruntüchtigkeit im Rahmen der §§ 315c, 316, § 24 Abs. 1 StVG) zu haben (BGHSt 37, 231; LK/*König*, § 316 Rn. 32).

§ 35. Trunkenheit im Verkehr   279

Merke: Steht die Schuldunfähigkeit in Frage, ist grundsätzlich von einem höchstmöglichen Abbauwert von 0,2 ‰ pro Stunde zuzüglich eines einmaligen Sicherheitszuschlages von 0,2 ‰ auszugehen. Der so errechnete hohe Abbauwert stellt einen Extremwert dar und darf nicht zu lasten des Täters verwendet werden. Bei der Prüfung der Fahruntüchtigkeit ist hingegen von einem stündlichen Abbauwert von 0,1 ‰ auszugehen, wobei wegen der möglichen Resorptionsphase die ersten zwei Stunden nach Trinkende von der Rückrechnung auszunehmen sind (BGHSt 37, 231; *Hentschel/König/Dauer*, § 316 Rn. 38 ff.).

b) Neben Alkohol können auch **andere Rauschmittel** Ursache der 12 Fahruntüchtigkeit sein. Diese müssen in ihren Wirkungen denen des Alkohols vergleichbar sein (*BGH* VRS 53, 356; LK/*König*, § 319 Rn. 140 f.). In Frage kommen vor allem die in den Anlagen I bis III zu § 1 Abs. 1 BtMG sowie die in der Anlage zu § 24a StVG aufgelisteten Drogen, vor allem Kokain, Heroin, Cannabis und Amphetamine, aber auch sonstige rauschmittelhaltige Medikamente, wie z.B. Tilidin (*Hentschel/König/Dauer*, § 316 Rn. 8, 60; *Lackner/Kühl*, § 315c Rn. 5).

Beachte: Diesbezüglich gibt es keine Grenzwerte, weil noch keine wissenschaftlich belastbaren Erkenntnisse hierzu vorliegen. Es muss daher stets – wie bei der relativen Fahruntüchtigkeit – mit sonstigen Anknüpfungstatsachen (etwa Ausfallerscheinungen und Fahrfehler) die Fahruntüchtigkeit besonders festgestellt werden (BGHSt 44, 219, 222 ff. – „Drogenfahrtfall"; *BGH* NStZ 2009, 280; JR 2009, 120; *Fischer*, § 316 Rn. 39).

II. Subjektiver Tatbestand

§ 316 Abs. 1 setzt **mindestens bedingten Vorsatz** voraus. Das Führen 13 eines Fahrzeugs kann eigentlich nur vorsätzlich erfolgen (*Fischer*, § 316 Rn. 44), aber auch die Fahruntüchtigkeit muss zumindest billigend in Kauf genommen werden. Dies ist um so eher zu bejahen, je höher die BAK ist, wenngleich insoweit kein zwingender Schluss möglich ist (vgl. *Fischer*, § 316 Rn. 44, kritisch zur häufig zu vorsichtigen Rechtsprechung; vgl. auch *Hentschel*, NJW 1997, 625, 631; *Salger,* DRiZ 1993, 311). Jedenfalls bei Werten von über 1,1 ‰ liegt der Schluss auf (bedingten) Vorsatz nahe (*BGH* NJW 1968, 1787; *OLG Saarbrücken* NJW 2008, 1396, 1397; *OLG Koblenz* StraFo 2008, 220; vgl. auch *Hentschel/König/Dauer*, § 316 Rn. 76), wenngleich hier die tatsächlichen Umstände des Einzelfalls ebenfalls zu berücksichtigen sind.

Fehlt der Vorsatz, kommt nach § 316 Abs. 2 fahrlässige Tatbegehung in Be- 14 tracht. Die Fahrlässigkeit ist nach allgemeinen Regeln zu prüfen. Sie liegt regelmäßig nahe, wenn der Täter bewusst Rauschmittel zu sich genommen hat (*Fischer*, § 316 Rn. 48; *Lackner/Kühl*, § 316 Rn. 5).

C. Täterschaft und Teilnahme, Versuch sowie Konkurrenzen

15 Die Tat ist ein **eigenhändiges Delikt**. Daher kommt mittelbare Täterschaft nicht in Betracht (BGHSt 18, 6; *Fischer*, § 316 Rn. 49). Mittäterschaft ist nur ganz ausnahmsweise denkbar, sofern jeder Mittäter sich am „Führen" selbst beteiligt (LK/*König*, § 315c Rn. 201 ff.).

Beispiel: Die betrunkenen A, B und C sind betrunken und führen ein Fahrzeug derart, dass A steuert, B das Gaspedal und C die Gangschaltung betätigt.

16 Teilnahme ist nach allgemeinen Regeln nur im Falle vorsätzlicher Begehung (§ 316 Abs. 1) denkbar (*Fischer*, § 316 Rn. 50).

Vertiefungshinweis: Darüber hinaus ist eine Fahrlässigkeitsstrafbarkeit des Garanten im Hinblick auf die von dem Betrunkenen verletzten Güter möglich. Wegen fahrlässiger Körperverletzung durch Unterlassen (§§ 229, 13) macht sich etwa ein Gastwirt strafbar, der einem Gast, von dem er weiß, dass dieser fahren will, Alkohol verkauft, jedenfalls wenn der Gast sich offensichtlich nicht mehr eigenverantwortlich verhalten kann (BGHSt 19, 152; 26, 35; *Geilen*, JZ 1965, 469; *Rudolphi*, GA 1970, 353). Die gleiche Pflicht kann u.U. auch einen privaten Gastgeber bei erkennbarer Hilflosigkeit des Gastes treffen (LK/*König*, § 316 Rn. 97.).

17 Der Versuch des § 316 ist straflos.

18 § 316 ist ein Dauerdelikt. Es beginnt mit dem Führen des Fahrzeugs und endet regelmäßig erst mit dessen Abschluss (*BGH* NJW 1973, 336; *Fischer*, § 316 Rn. 56; Schönke/Schröder/*Cramer/Sternberg-Lieben*, § 316 Rn. 33). Es tritt hinter § 315c Abs. 1 Nr. 1a zurück, was in § 316 Abs. 1 a.E. noch einmal ausdrücklich klargestellt ist (Fall der „ausdrücklichen Subsidiarität").

19 § 316 hat nach § 21 OWiG als Straftat Vorrang vor den „Auffangordnungswidrigkeiten" der §§ 24a, 24c StVG, die ebenfalls die Teilnahme am Straßenverkehr unter Alkohol- oder Rauschmitteleinfluss betreffen. Diese kommen regelmäßig in Betracht, wenn relative Fahruntüchtigkeit nicht nachgewiesen werden kann (vgl. Rn. 10).

20 Werden mehrere Fahrten begonnen und beendet, liegen mehrere Taten vor (*Fischer*, § 316 Rn. 56; *Hentschel/König/Dauer*, § 316 Rn. 98). Praktisch bedeutsam sind Fahrtunterbrechungen durch Unfälle (vgl. *Hohmann/Sander*, BT 1, § 20 Rn. 53 f.). Bei gesondertem Entschluss zur Weiterfahrt ist eine neue Tat gegeben (BGHSt 21, 203).

D. Kontrollfragen

1. Was bedeuten die Begriffe absolute und relative Fahruntüchtigkeit? → Rn. 7 ff.
2. Von welchem Abbauwert hinsichtlich der BAK ist bei der Rückrechnung auf die Tatzeit auszugehen? → Rn. 11
3. Was unterscheidet § 316 von § 315c und von § 24a StVG? → Rn. 19

Aufbauschema (§ 316)

1. Tatbestand
   a) Objektiver Tatbestand
      – Führen eines Fahrzeugs
      – in einer der nach den §§ 315 bis 315d geschützten Verkehrsarten
      – im Zustand alkohol- oder rauschmittelbedingter Fahruntüchtigkeit
   b) Subjektiver Tatbestand
      – Vorsatz
      – Ggf. Fahrlässigkeit (§ 316 Abs. 2; zum Aufbau siehe auch den Hinweis im Schema auf S. 44)
2. Rechtswidrigkeit
3. Schuld

Empfehlungen zur vertiefenden Lektüre:
Leitentscheidungen: BGHSt 35, 390 – „Bewegungsfall"; BGHSt 37, 98 – „Fahruntüchtigkeitsfall"; BGHSt 44, 219 – „Drogenfahrtfall".
Aufsätze: *Eisele,* Der Tatbestand der Gefährdung des Straßenverkehrs (§ 315c StGB), JA 2007, 168; *Geppert,* Gefährdung des Straßenverkehrs (§ 315c StGB) und Trunkenheit im Verkehr (§ 316 StGB), Jura 2001, 559; *v. Götz,* Sind die Straftatbestände der §§ 316 und 315c I Nr. 1 StGB verfassungsgemäß?, ZRP 1995, 246; *Konzak/Hütting,* Die Senkung des Grenzwertes der absoluten Fahrunsicherheit und das Rückwirkungsverbot des Art. 103 II GG, NZV 1991, 255; *Müller,* Tatbestandsmerkmale der Trunkenheitsfahrt gem. § 316 StGB, SVR 2011, 61; *Schumbecker,* Blutalkoholkonzentrationen im Rahmen der §§ 315c, 316, 20, 21 StGB, JuS 1993, 674.
Übungsfälle: *Fahl,* Der praktische Fall – Strafrecht – „Schlau hilft", JuS 2001, 47; *Noak/Sengbusch,* Examensklausur Strafrecht: Probleme mit den Pferdestärken, Jura 2005, 494; *Otto,* Referendarexamensklausur: Das Ende der Roten Laterne, Jura 2008, 954; *Timpe,* Examensklausur Strafrecht: Das scharfe Brotmesser, JA 2010, 514.

§ 36. Gefährdung des Straßenverkehrs (§ 315c)

A. Grundlagen

1 § 315c ist ein konkretes Gefährdungsdelikt (*Lackner/Kühl*, § 315c Rn. 1; SK/*Horn*, § 315c Rn. 2). Anders als in § 316 reicht die Vornahme einer abstrakt gefährlichen Tathandlung nicht aus, hinzukommen muss eine konkrete Gefahr für „Leib oder Leben eines anderen Menschen oder fremde Sachen von bedeutendem Wert". Geschütztes Rechtsgut ist nach der h.M. die Sicherheit des Straßenverkehrs, (mit-)geschützt sind aber auch die genannten Indiviualrechtsgüter (*BGH* NStZ 2006, 127 zu § 315b; NStZ-RR 1999, 120; NStZ 2011, 215: Schutz des Einzelnen nur Nebenwirkung). Dies ist umstritten (zusammenfassend LK/*König*, § 315 Rn. 3 [Individualrechtsgüter nur faktisch mitgeschützt]; *Fischer*, § 315c Rn. 2; *Lackner/Kühl*, § 315c Rn. 1 [Individualrechtsgüter gleichrangig mitgeschützt]; SK/*Wolters/Horn*, § 315c Rn. 2 [ausschließlich Individualrechtsgüter geschützt]). Dieser Streit über die geschützten Rechtsgüter hat bei der Frage nach der Möglichkeit einer Einwilligung Bedeutung (vgl. Rn. 18 ff.).

B. Tatbestand

I. Objektiver Tatbestand

	Grundstruktur des § 315c		
Objektiver Tatbestand	Subjektiver Tatbestand (Rn. 28) des		
	Abs. 1	Abs. 3 Nr. 1	Abs. 3 Nr. 2
Tathandlung (Rn. 2 ff.)	Vorsatz	Vorsatz	Fahrlässigkeit
Taterfolg (Rn. 13 ff.)	Vorsatz	Fahrlässigkeit	Fahrlässigkeit

1. Tathandlungen

2 § 315c Abs. 1 betrifft im Unterschied zu § 316 nur Verhalten im Straßenverkehr (vgl. § 35 Rn. 3). Der objektive Tatbestand ist hinsichtlich der Tathandlung zweigeteilt: § 315c Abs. 1 Nr. 1 stellt das Führen eines Fahrzeugs im Zustand der Fahruntüchtigkeit (vgl. § 35 Rn. 5) unter Strafe, § 315c Abs. 1

§ 36. Gefährdung des Straßenverkehrs   283

Nr. 2 erfasst eine Reihe von besonders gravierenden Fehlleistungen im Straßenverkehr (Rn. 5 ff.).

a) § 315c Abs. 1 Nr. 1 unterscheidet zwischen der alkohol- oder rausch- 3 mittelbedingten **Fahruntüchtigkeit** (Nr. 1a; vgl. § 35 Rn. 6 ff.), die eigentlich nur ein Unterfall der Nr. 1b ist (*Fischer*, § 315c Rn. 3b), und der auf (sonstige) geistige oder körperliche Mängel zurückzuführenden Fahruntüchtigkeit nach Nr. 1b.

Solche Mängel können beispielsweise Krankheiten wie Anfallsleiden 4 (BGHSt 40, 341, 344) und Übermüdung (*BGH* VRS 14, 282), aber auch durch Arzneimittel hervorgerufene sowie altersbedingte Leistungsdefizite sein. Es genügt eine vorübergehende Beeinträchtigung, etwa durch Fieber (*Fischer*, § 315c Rn. 4a; LK/*König*, § 315c Rn. 16 ff.). Der Ausgleich bestehender physischer Mängel ist möglich, z.B. durch die Benutzung von Brillen, Hörgeräten usw. oder durch das Umrüsten des Fahrzeugs (*Lackner/Kühl*, § 315c Rn. 12).

> **Vertiefungshinweis:** Bei alkoholbedingter Fahruntüchtigkeit kann die Berauschung so heftig ausfallen, dass von einer Schuldunfähigkeit (§ 35 Rn. 10) zum Tatzeitpunkt ausgegangen werden muss. Die ohnehin sehr umstrittene Rechtsfigur der **actio libera in causa** (vgl. § 38 Rn. 22) zur Vorverlagerung des Schuldvorwurfs auf den Zeitpunkt des Sich-Berauschens kann nach der Rechtsprechung auf § 315c aber nicht angewandt werden. Zur Begründung wird angeführt, dass dieses Delikt ein Verhalten verbietet, nämlich das Führen eines Fahrzeugs. Hier könne eine Vorverlagerung nicht erfolgen, da das Sich-Betrinken eben kein solches Verhalten sei. Anders als bei Erfolgsdelikten könne das verbotene Verhalten nicht auch als Herbeiführung eines dadurch verursachten Erfolgs verstanden werden, da das Sich-Betrinken nicht die Tathandlung des Führens eines Fahrzeugs darstellen kann (BGHSt 42, 235, 238; vgl. hierzu *Geppert*, Jura 2001, 559, 562 f.; *Kudlich*, JA 2008, 703). Die Sonderbehandlung dieses Delikt durch den BGH vermag nicht zu überzeugen. So ist z.B. auch bei der Vergewaltigung gemäß § 177 Abs. 2 Nr. 1 ein bestimmtes Verhalten des Täters (mit dem Opfer den Beischlaf zu vollziehen) erforderlich. Dennoch wird von der Rechtsprechung für diese Delikte die actio libera in causa nicht in Frage gestellt.

b) § 315c Abs. 1 Nr. 2 kann nur verwirklichen, wer einen der dort aufge- 5 listeten Fehler im Straßenverkehr begeht. Diese Aufzählung ist abschließend (*Hentschel/König/Dauer*, § 315c Rn. 7).

Es handelt sich um **besonders gefährliche Verkehrsverstöße**, z.B. die 6 Nichtbeachtung der Vorfahrt (Nr. 2a) oder das Fahren entgegen der Fahrtrichtung auf einer Autobahn (Nr. 2f). Die im Katalog des § 315c Abs. 1 Nr. 2 aufgezählten Verstöße werden deshalb auch als „Todsünden im Straßenverkehr" bezeichnet (*BGH* JR 2009, 120, 121; *Wessels/Hettinger*, Rn. 997; *Zimmermann*, JuS 2010, 22, 23).

7   Es ist weiter erforderlich, dass der Täter – zugleich (*Fischer*, § 315c Rn. 12) – grob verkehrswidrig und rücksichtslos handelt.

8   **(1) Grob verkehrswidrig** ist ein besonders schwerer Verstoß gegen die Verkehrsvorschriften (BGHSt 5, 392, 395 – „Motorradfahrerfall"; *Fischer*, § 315c Rn. 13; Schönke/Schröder/*Cramer/Sternberg-Lieben*, § 315c Rn. 29; *Wessels/Hettinger*, Rn. 998). Es handelt sich um ein objektives Merkmal, dessen Vorliegen durch Analyse des Verhaltens des Täters festzustellen ist.

Beispiel: A überschreitet die Höchstgeschwindigkeit um das Doppelte (*OLG Karlsruhe* NJW 1960, 546) – grob verkehrswidrig.

9   **(2) Rücksichtslos** handelt, wer sich – vorsätzlich – aus eigensüchtigen Gründen über seine im Straßenverkehr bestehenden Pflichten gegenüber anderen hinwegsetzt oder – fahrlässig – aus Gleichgültigkeit von vornherein Bedenken gegen sein Verhalten nicht aufkommen lässt (BGHSt 5, 392, 395 – „Motorradfahrerfall"; *Hentschel/König/Dauer*, § 315c Rn. 24; LK/*König*, § 315c Rn. 33). Es ist umstritten, ob es sich bei dem Merkmal der Rücksichtslosigkeit um ein Merkmal des Unrechtstatbestandes handelt, welches im subjektiven Tatbestand zu prüfen ist (LK/*König*, § 315c Rn. 138) oder um ein spezielles strafbegründendes Schuldmerkmal (*BGH* VRS 23, 289; *Wessels/Hettinger*, Rn. 998), welches daher auf der Deliktsstufe der Schuld zu prüfen ist. Vorzugswürdig ist aber die Behandlung als Merkmal des Unrechtstatbestandes, da die Rücksichtslosigkeit auf der gefährlichen Fahrweise aufbaut und dadurch eng mit dem Tatbestand verknüpft ist (vgl. auch *Lackner/Kühl*, § 15 Rn. 17; Schönke/Schröder/*Eser/Sternberg-Lieben* § 15 Rn. 24; *Eisele*, JA 2007, 168, 170).

Beispiele: A fährt mit hoher Geschwindigkeit in eine unübersichtliche Linkskurve hinein (*OLG Düsseldorf* VRS 48, 205).
B fährt im Kreuzungsbereich sehr schnell, um sich einer Polizeikontrolle zu entziehen (*BGH* NZV 1995, 80; weitere Beispiele bei *Hentschel/König/Dauer*, § 315c Rn. 27).

10 Nicht rücksichtslos handelt dagegen, wer sich nur (grob) unaufmerksam verhält (BGHSt 5, 392, 396 – „Motorradfahrerfall") oder wer aus Bestürzung, Schrecken oder Verwirrung falsch handelt (*BGH* VRS 13, 28).

2. Konkrete Gefahr

11 **Beispielsfall 9: Folgenreiche Fahrt:** A trinkt in einem Lokal eine beträchtliche Menge Bier. Er vertraut darauf, noch fahren zu können. Deshalb beschließt er, mit einem gemieteten Wagen, an dem sein Anhänger mit dem Motorrad des C angekoppelt ist, zu C zu fahren. Sein Zechkumpane B, der bemerkt, dass A Ausfallerscheinungen hat, bittet dennoch darum, mitfahren zu dürfen. Auf einer Landstraße kommt A auf gerader Strecke ohne äußeren Anlass infolge überhöhter Geschwin-

§ 36. Gefährdung des Straßenverkehrs   285

> digkeit von der Fahrbahn ab. Der Mietwagen überschlägt sich. A bleibt unverletzt, B bricht sich den linken Arm. Die Reparatur des Mietwagens kostet 2.500,– €, die des Anhängers 850,– €. Das Motorrad muss für 1.500,– € instand gesetzt werden. Bei A liegt zum Zeitpunkt des Unfalls eine BAK von 1,0 ‰ vor.
> Strafbarkeit des A nach § 315c?

Lösung:

A hat den Mietwagen in Bewegung gesetzt und im Straßenverkehr gelenkt, mithin ein Fahrzeug geführt (vgl. § 35 Rn. 4). Der bei ihm festgestellte BAK-Wert von 1,0 ‰ liegt unter dem Grenzwert für die absolute Fahruntüchtigkeit, aber dicht bei diesem. A hat zudem – unabhängig von der überhöhten Geschwindigkeit, mit der auch nüchterne Autofahrer fahren – mit dem Abkommen von gerader Fahrbahn einen sonst nur schwer verständlichen Fahrfehler gemacht. Demnach liegt relative Fahruntüchtigkeit vor (vgl. § 35 Rn. 9). 12

a) § 315c Abs. 1 setzt weiter voraus, dass die Tathandlung zu einer **konkreten Gefahr** geführt hat. Im Beispielsfall müsste A durch das Führen eines Kfz im Zustand der Fahruntüchtigkeit Leib oder Leben eines anderen Menschen (vgl. Rn. 15 ff.) oder fremde Sachen von bedeutendem Wert (vgl. Rn. 24 f.) einer solchen Gefahr ausgesetzt haben. 13

Gefahr ist ein ungewöhnlicher Zustand, in dem nach den konkreten Umständen der Eintritt eines Schadens naheliegt (*Lackner/Kühl*, § 315c Rn. 21; *Wessels/Hettinger*, Rn. 990). Die Gefahr ist **konkret**, wenn die Tathandlung zu einer kritischen Situation geführt hat, in der die Sicherheit der zu schützenden Güter so stark beeinträchtigt ist, dass nur der Zufall entscheidet, ob sie verletzt werden (*BGH* NStZ 1985, 263, 264; *Fischer*, § 315c Rn. 15; LK/*König*, § 315b Rn. 6). 14

> **Merke:** Für die Annahme einer konkreten Gefahr muss es stets mindestens zu einem „**Beinahe-Unfall**" gekommen sein, also einer kritischen Verkehrssituation, bei der ein unbeteiligter Beobachter zu der Einschätzung kommt, es sei „gerade noch einmal gut gegangen" (*BGH* NJW 1995, 3131, 3132 – „Beinahe-Unfallfall"; *BGH* NStZ-RR 2010, 120, 121).

Daher reicht eine bloß entfernte Möglichkeit des Schadenseintritts, die latente Gefährlichkeit einer Situation, nicht aus (*BGH* NStZ 1985, 263, 264). Andererseits ist aber auch nicht erforderlich, dass der Schadenseintritt wahrscheinlicher ist als sein Ausbleiben (BGHSt 13, 66, 69 f.; vgl. auch BGHSt 18, 271). Die Anforderungen an das Vorliegen einer konkreten Gefahr dürfen nicht überspannt werden (*BGH* NJW 1995, 3131 – „Beinahe-Unfallfall"; *Hentschel/König/Dauer*, § 315c Rn. 31).

> **Beachte:** Ist jemand verletzt oder eine Sache beschädigt, folgt daraus regelmäßig, dass sich in dem Schaden die erforderliche Gefahr realisiert hat.

15 **b)** Eine Gefahr für Leib oder Leben eines anderen Menschen liegt vor, sobald als Schaden dessen Tod oder erhebliche Verletzung droht (BGHSt 18, 271, 272).

16 (1) Grundsätzlich kommt als Tatobjekt auch ein Mitfahrer des gefährdenden Tatfahrzeugs in Betracht. Dies gilt jedoch nach vorzugswürdiger Ansicht nicht für Personen, die selbst tatbeteiligt sind (*BGH* NJW 1991, 1120 – „Unfallfall"; NStZ-RR 2008, 289; *Fischer*, § 315c Rn. 15a; a.A. *Geppert*, Jura 1996, 639, 646).

17 (2) Nach h.M. sind die Insassen allerdings nicht schon dann „konkret" gefährdet, wenn sie in einem Fahrzeug mitfahren, das von einem fahruntüchtigen Fahrer gesteuert wird, sondern erst dann, wenn es tatsächlich zu einer kritischen Situation im Verkehr kommt (*BGH* NJW 1995, 3131 – „Beinahe-Unfallfall"; *Lackner/Kühl*, § 315c Rn. 23; *Krey/Heinrich*, Rn. 784a; *Wessels/Hettinger*, Rn. 992).

18 (3) Sehr umstritten ist es, ob eine Einwilligung des (allein gefährdeten) Rechtsgutsträgers in die Gefährdung möglich ist. Die Rechtsprechung und Teile des Schrifttums lehnen dies mit folgendem **Argument** ab:

19 Rechtsgut des § 315c ist (auch bzw. vor allem) die Sicherheit des Straßenverkehrs (vgl. Rn. 1; BGHSt 23, 261, 263 f.; *BGH* NZV 1992, 370; *Lackner/Kühl*, § 315c Rn. 32; LK/*König*, § 315c Rn. 161; *Wessels/Hettinger*, Rn. 993). In deren Verletzung kann ein Einzelner – im Beispielsfall also B – nicht wirksam einwilligen.

20 Eine andere Ansicht nimmt in diesen Fällen teilweise eine Art tatbestandsausschließendes Einverständnis (*Ranft*, Jura 1987, 608, 614; vgl. auch *Fischer*, § 315c Rn. 17) oder – mehrheitlich – die Zulässigkeit (rechtfertigender) Einwilligung an (Schönke/Schröder/*Cramer/Sternberg-Lieben*, § 315c Rn. 43; SK/*Wolters/Horn*, § 315c Rn. 22; *Geppert*, Jura 2001, 559; *Schroeder*, JuS 1994, 846).

Dies stützt sich auf folgendes **Argument**:

21 Die geschützten Individualrechtsgüter sind – jedenfalls im Falle bloßer Leibes- oder Lebens*gefährdung* – grundsätzlich einwilligungsfähig. Ihre Gefährdung (und nicht die Tathandlung i.e.S.) macht den Strafgrund des § 315c aus (vgl. *Zimmermann*, JuS 2010, 22, 25). Ist die Gefährdung der Individualrechtsgüter durch die Einwilligung gedeckt, rechtfertigt die nur abstrakt bleibende Gefahr für das Schutzgut der Sicherheit des Straßenverkehrs – was auch von Vertretern dieser Auffassung überwiegend anerkannt wird – keine Bestrafung nach § 315c.

Stellungnahme: Der erstgenannten Auffassung (vgl. Rn. 19) ist zuzustim- 22
men. Schon die systematische Stellung des § 315c zeigt, dass die Sicherheit
des Straßenverkehrs jedenfalls auch geschützt werden soll. Der individuell
Verletzte ist aber zur Verfügung über dieses Rechtsgut nicht befugt. Da die
Verletzung eines der beiden Schutzgüter für die Begründung der Strafbarkeit
ausreicht, führt eine Einwilligung nicht zur Rechtfertigung (zur entsprechenden Problematik bei § 164 vgl. § 23 Rn. 1). Soweit angeführt wird, dass dann
aber nur eine nicht strafbare abstrakte Gefahr verbleibt, ist dem entgegenzu-
halten, dass die rechtsgutverletzende Handlung eben nicht vollständig durch
einen Erlaubnissatz gedeckt und damit rechtswidrig ist.

> **Vertiefungshinweis:** Auch ein Tatbestandausschluss unter dem Aspekt der einver-
> ständlichen Fremdgefährdung (zur Abgrenzung zur eigenverantwortlichen Selbstge-
> fährdung in Entsprechung der Grundsätze zur Abschichtung von Täterschaft und
> Teilnahme, vgl. BGHSt 46, 279, 283; *BGH* NJW 2000, 2286) ist nach h.M. auszu-
> schließen, da dieser keine Relevanz auf der Ebene des Tatbestands zukommt, son-
> dern nur unter dem Aspekt der rechtfertigenden Einwilligung zu prüfen ist (*BGH*
> NJW 2003, 2326; *OLG Düsseldorf* NStZ-RR 1997, 325; SK/*Rudolphi*, Vor § 1
> Rn. 81; a.A.: *Geppert,* Jura 2001, 490, 493; *Roxin,* NStZ 1984, 411, 412: Ausschluss
> der objektiven Zurechnung).

Zwischenergebnis: Im Beispielsfall war die Selbstgefährdung des A nicht 23
tatbestandsmäßig. Bei B hat sich die Gefahr der Trunkenheitsfahrt für seine
Gesundheit sogar durch eine Verletzung verwirklicht. B war nicht tatbeteiligt.
Er hat A nicht zur Fahrt angestiftet. Dem Sachverhalt lässt sich auch nicht
entnehmen, dass er A durch sein Verhalten bestärkt und damit (psychische)
Beihilfe geleistet hat. Ebenso wenig konnte er in seine eigene Gefährdung
wirksam einwilligen.

c) Fremde **Sachen** von bedeutendem Wert kommen ebenfalls als Tatob- 24
jekt in Betracht. Maßgeblich ist der Verkehrswert (*BGH* NStZ 1999, 350,
351; 2011, 215; *Hentschel/König/Dauer*, § 315b Rn. 37) der Sache, die nicht
dem Täter gehören darf. Nicht nur der Wert der Sache als solcher, auch der
drohende Schaden muss bedeutsam sein (*BGH* NStZ-RR 2008, 289; NStZ
2011, 215; *Lackner/Kühl*, § 315c Rn. 24; *Hentschel/König/Dauer*, § 315c
Rn. 36; *Zimmermann*, JuS 2010, 22, 24). Es ist also zunächst zu fragen, ob es
sich bei der gefährdeten Sache um eine von bedeutendem Wert handelt und
sodann, ob dieser auch ein bedeutender Schaden gedroht hat. Es kommt
aber nicht darauf an, dass der Schaden tatsächlich eintritt (*BGH* NStZ-RR
2008, 289; 2010, 216). Die Grenze für einen „bedeutenden" Wert wird derzeit bei mindestens 750 € angesetzt (BGHSt 48, 14, 23; 48, 119; *BGH* NStZ
2008, 83; 2011, 215; *Lackner/Kühl*, § 315c Rn. 24; LK/*König*, § 315 Rn. 95;
a.A. *Fischer*, § 315 Rn. 16: 1.300 €; zur abweichenden Wertgrenze bei § 142
vgl. *BGH* NStZ 2011, 215; *Hohmann/Sander*, BT 1, § 20 Rn. 13). Mehrere

gefährdete Sachwerte sind zu addieren (*Hentschel/König/Dauer*, § 315c Rn. 35).

> **Beachte:** Das vom Täter geführte Fahrzeug scheidet nach h.M. – unabhängig von den Eigentumsverhältnissen – als Tatmittel aus dem Schutzbereich der Norm aus. Seine Gefährdung genügt demnach nicht als „Sachgefährdung" (*BGH* NStZ 1992, 233; 99, 350; StraFo 2009, 78; *Fischer*, § 315c Rn. 15b; *Lackner/Kühl*, § 315c Rn. 25).

25 Soweit abweichend davon auch das vom Täter geführte Fahrzeug als geeignetes Gefährdungsobjekt angesehen wird (vgl. LK/*König*, § 315c Rn. 163 ff.; SK/*Wolters/Horn*, vor § 306 Rn. 10), vermag dies nicht zu überzeugen, weil wegen des Erfordernisses der Fremdheit die Strafbarkeit des Täters von Zufälligkeiten, etwa der Art des Erwerbsgeschäfts (Eigentumsvorbehalt, Leasing), abhinge.

Beispiel: Der betrunkene A raubt das Fahrzeug des B und beschädigt es bei der Fahrt infolge alkoholbedingter Fahruntüchtigkeit. – Nach h.M. liegt keine Sachgefährdung des Fahrzeugs i.S.d. § 315c vor, weil es Tatmittel ist (vgl. *BGH* NJW 1999, 350 f.).

26 **Zwischenergebnis:** Die Beschädigung des Anhängers bleibt außer Betracht, weil er dem A gehört. Gleiches gilt für den Mietwagen, obwohl er für A zwar eine fremde Sache ist, aber von diesem geführt wurde. Nur für das Motorrad des C hat sich eine Sachgefahr von bedeutendem Wert realisiert.

27 **d)** Die Tathandlung muss gerade die Gefahr verursacht haben (*Lackner/ Kühl*, § 315c Rn. 27). Erforderlich ist zudem ein sog. **Pflichtwidrigkeitszusammenhang** (vgl. Schönke/Schröder/*Cramer/Sternberg-Lieben*, § 315c Rn. 36 ff.). Dieser ist gegeben, wenn sich der Gefahrerfolg als Realisierung des vom Täter durch sein Fehlverhalten gesetzten Risikos darstellt. Tritt die Gefahr nur „gelegentlich" der Tathandlung ein oder wäre sie auch ohne diese eingetreten, fehlt es an dem Risikozusammenhang (*BGH* NStZ 2007, 222; MünchKomm/*Groeschke*, § 315c Rn. 43).

Beispiel: A fährt in Folge alkoholbedingter Fahruntüchtigkeit zu schnell. Unfallursache ist aber plötzlich auftretendes Glatteis, auf das auch ein fahrtüchtiger Führer eines Kfz nicht angemessen hätte reagieren können. – keine Strafbarkeit nach § 315c Abs. 1 Nr. 1 (vgl. hierzu *Eisele*, JA 2003, 40, 46).

II. Subjektiver Tatbestand

28 § 315c Abs. 1 setzt bezüglich aller Tatbestandsmerkmale (bedingten) Vorsatz voraus, also auch hinsichtlich der Herbeiführung der konkreten Gefahr. Für § 315c Abs. 3 Nr. 1 genügt dagegen bei sonst vorsätzlichem Handeln die fahrlässige Verursachung der Gefahr (sog. Vorsatz-Fahrlässigkeits-Kombina-

tion). Die Tat bleibt nach § 11 Abs. 2 Vorsatzdelikt. § 315c Abs. 3 Nr. 2 stellt schließlich die fahrlässige Tatbestandsverwirklichung, einschließlich lediglich fahrlässiger Gefahrverursachung unter Strafe (sog. Fahrlässigkeits-Fahrlässigkeits-Kombination).

Ergebnis: A hat im Beispielsfall weder hinsichtlich der Tathandlung noch hinsichtlich der konkreten Gefahr (bedingt) vorsätzlich gehandelt. Er vertraute vielmehr auf seine Fähigkeit, noch sicher fahren zu können. Für einen auf die Gefährdung anderer oder fremder Sachen gerichteten Vorsatz gibt der Sachverhalt ebenfalls nichts her. Da er aber um seine Trunkenheit wusste und bei sorgfältiger Vorgehensweise sowohl seine alkoholbedingte Fahruntauglichkeit als auch die mögliche Gefährdung seines Beifahrers und einer fremden Sache von bedeutendem Wert hätte erkennen können, hat er sich nach § 315c Abs. 1 Nr. 1a, Abs. 3 Nr. 2 wegen fahrlässiger Gefährdung des Straßenverkehrs strafbar gemacht.

29

C. Täterschaft und Teilnahme, Versuch sowie Konkurrenzen

Das „Führen" eines Kraftfahrzeugs (vgl. Rn. 2 und § 35 Rn. 4) macht § 315c zu einem eigenhändigen Delikt (*BGH* StraFo 2007, 475). Mittelbare Täterschaft ist daher nicht möglich (*Fischer*, § 315c Rn. 2; LK/*König*, § 315c Rn. 70). Mittäterschaft ist nur ausnahmsweise denkbar, wenn der Mittäter die Tatbestandshandlung bei arbeitsteiligem Führen selbst verwirklicht (*BGH* NJW 1996, 208; vgl. § 35 Rn. 15).

30

Im Übrigen kommt nach allgemeinen Regeln nur Teilnahme in Betracht, mangels vorsätzlicher Haupttat jedoch nicht bei § 315c Abs. 3 Nr. 2.

31

Der Versuch des § 315c Abs. 1 ist strafbar (§§ 315c Abs. 2, 22). Er kommt freilich – wie der Versuch des § 315b (vgl. § 37 Rn. 16) – nur in Betracht, wenn sich der Tatentschluss auch auf das Herbeiführen der konkreten Gefahr bezieht (*Fischer*, § 315c Rn. 20), was freilich schwer vorstellbar ist (LK/*König*, § 315c Rn. 197).

32

Beispiel: Der betrunkene A setzt sich ans Steuer, lässt den Motor an, legt einen Gang ein, um loszufahren, und nimmt dabei die konkrete Gefährdung anderer Verkehrsteilnehmer in Kauf. – noch kein Tatentschluss hinsichtlich einer konkreten Gefahr, allein die allgemeine Vorstellung, es könne etwas passieren, genügt nicht (*Hentschel/König/Dauer*, § 315c Rn. 51)

Der Versuch des § 315c Abs. 3 Nr. 1 ist nicht strafbar. Zwar handelt es sich gemäß § 11 Abs. 2 um ein Vorsatzdelikt (vgl. Rn. 28). Die Vorsatz-Fahrlässigkeits-Kombination ist allerdings – anders als etwa in § 353b, wo die Mischform durch die Strafbarerklärung des Versuchs umfasst ist – erst nach § 315c

33

Abs. 2, der den Versuch unter Strafe stellt, geregelt und deshalb aus gesetzessystematischen Gründen von der Versuchsstrafbarkeit ausgenommen (Schönke/Schröder/*Eser*, § 11 Rn. 76)

34 Treffen mehrere Varianten des § 315c Abs. 1 zusammen, wird aber nur eine Gefahr verursacht, liegt nach richtiger Auffassung nur eine Verletzung des § 315c vor (*Lackner/Kühl*, § 315c Rn. 35; LK/*König*, § 315c Rn. 208). Gleiches gilt, wenn ein und dieselbe Gefährdung mehrere Menschen betrifft (*BGH* NJW 1989, 1227; *Geppert*, Jura 2001, 559, 566; a.A. SK/*Horn/Wolters*, § 315c Rn. 26; diff. Schönke/Schröder/*Cramer/Sternberg-Lieben*, § 315c Rn. 54).

35 Weil § 315c kein Dauerdelikt ist, können mehrere Gefährdungshandlungen während „einer Fahrt" in Tatmehrheit (§ 53) zueinander stehen. Jede „Tat" ist mit dem Eintritt der Gefahr vollendet, mit ihrer Beseitigung beendet (*Lackner/Kühl*, § 315c Rn. 35; LK/*König*, § 315c Rn. 209; a.A. für § 315c Abs. 1 Nr. 1: *BGH* NJW 1989, 1227; Schönke/Schröder/*Cramer/Sternberg-Lieben*, § 315c Rn. 53: dauerdeliktsähnlich; vgl. auch *BGH* VRS 2001, 265; *Fischer*, § 315c Rn. 23: Annahme einer Tat bei mehreren Gefährdungen während einer „Fluchtfahrt").

D. Kontrollfragen

1. Welches Rechtsgut schützt § 315c? → Rn. 1
2. Wann ist ein Verkehrsverstoß grob verkehrswidrig bzw. rücksichtslos? → Rn. 7 ff.
3. Was bedeutet „konkrete Gefahr" i.S.d. § 315c? → Rn. 13 ff.
4. Kann der Mitfahrer in die eigene Gefährdung einwilligen? → Rn. 18 ff.
5. Kann das für die Fahrt benutzte gestohlene Auto i.S.d. § 315c „gefährdet" sein? → Rn. 24 f.

Aufbauschema (§ 315c)

1. Tatbestand (§ 315c Abs. 1)
   a) Objektiver Tatbestand
      – Führen eines Fahrzeugs
      – im Straßenverkehr
      – Fahruntüchtigkeit nach § 315c Abs. 1 Nr. 1a oder b
        oder
        verkehrsstrafrechtliche „Todsünde" nach § 315c Abs. 1 Nr. 2a bis g und grob verkehrsordnungswidriges Verhalten
      – dadurch konkrete Gefahr für Leib oder Leben eines anderen Menschen oder fremde Sachen von bedeutendem Wert

b) Subjektiver Tatbestand
- Vorsatz, auch bzgl. der konkreten Gefahr
- Ggf. rücksichtsloses Verhalten (§ 315c Abs. 1 Nr. 2)
2. Rechtswidrigkeit
3. Schuld

Empfehlungen zur vertiefenden Lektüre:
Leitentscheidungen: BGHSt 5, 392 – „Motorradfahrerfall"; *BGH* NJW 1991, 1120 – „Unfallfall"; *BGH* NJW 1995, 3131 – „Beinahe-Unfallfall".

Aufsätze: *Eisele,* Der Tatbestand der Gefährdung des Straßenverkehrs (§ 315c StGB), JA 2007, 168; *Geppert,* Gefährdung des Straßenverkehrs (§ 315c StGB) und Trunkenheit im Verkehr (§ 316 StGB), Jura 2001, 559; *Geppert,* Zu examensrelevanten Fragen im Rahmen alkoholbedingter Straßenverkehrsgefährdung (§ 315c I Nr. 1a StGB) durch Gefährdung von Mitfahrern, Jura 1996, 47; *Schneider,* Die Teilnahme des Beifahrers an der gefährlichen Trunkenheitsfahrt, JuS 1994, 846; *Zimmermann,* Die Straßenverkehrsgefährdung (§ 315c StGB), JuS 2010, 22.

Übungsfälle: *Brunner,* Klausur Strafrecht: Ein labiler Student, JA 2004, 479; *Bung,* Klausur Strafrecht, Abgebremstes Wandlungsinteresse, JA 2007, 868; *Burchard/Engelhart,* Klausur Strafrecht: Eine Bärenjagd auf Abwegen, JA 2009, 271; *Dreher,* Referendarexamensklausur – Strafrecht: Verkehrserziehung als Eingriff, Strafverteidigung durch Beleidigung und Urkunden am Strand, JuS 2007, 459; *Eisele,* Klausur Strafrecht: Das misslungene Bremsmanöver, JA 2003, 40; *Haverkamp/Kaspar,* Klausur Strafrecht: Der betrunkene Fahrlehrer, JA 2010, 780; *Kudlich,* Klausur Strafrecht: Die falsche Komplizin, JA 2008, 703; *I. Sternberg-Lieben,* Der praktische Fall: Alkohol im Blut, JuS 1998, 428; *Trüg,* Klausur Strafrecht, Ungewöhnliche Verwendung des Pkw, JA 2002, 214.

§ 37. Gefährliche Eingriffe in den Straßenverkehr (§ 315b)

A. Grundlagen

Die Norm ist als konkretes Gefährdungsdelikt ausgestaltet und schützt **1** nach h.M. (vgl. § 36 Rn. 1) die Sicherheit des Straßenverkehrs vor von außen kommenden Eingriffen (*BGH* NStZ 2004, 625; *Fischer,* § 315b Rn. 2). Der Schutz bezieht sich nur auf den öffentlichen Verkehrsraum (BGHSt 16, 7, 9 f., vgl. hierzu § 35 Rn. 3).

Beispiel: A beobachtet B von seinem Fahrzeug aus. Als B eine vor einem Polizeigebäude liegende Zierrasenfläche überquert, beschließt A, ihn zu verletzen und fährt ihn mit seinem Pkw gezielt an. – Kein § 315b, da sich das Geschehen außerhalb des öffentlichen Verkehrsraums abspielt (*BGH* NStZ 2004, 625, wonach § 315b aber eingreifen soll, wenn A den B schon auf der Straße verfolgt hätte).

B. Tatbestand

I. Objektiver Tatbestand

1. Tathandlungen

2   Die Vorschrift unterscheidet drei Tatvarianten. § 315b Abs. 1 Nr. 1 stellt das Zerstören, Beschädigen (vgl. *Hohmann/Sander*, BT 1, § 10 Rn. 12f. und 4ff.) oder Beseitigen (d.h. das Ausschließen von der Nutzung durch Ortsveränderung; vgl. *Fischer*, § 315 Rn. 8) von dem Verkehr dienenden Anlagen – wozu auch Gully-Deckel zählen (*BGH* NStZ 2008, 648) – oder von Fahrzeugen unter Strafe. § 315b Abs. 1 Nr. 2 bedroht das Bereiten von Hindernissen, § 315b Abs. 1 Nr. 3 ähnliche, ebenso gefährliche Eingriffe in den Straßenverkehr mit Strafe. Es muss sich jedoch stets um eine grobe Einwirkung von einigem Gewicht handeln (BGHSt 41, 231, 237; *BGH* StV 2002, 361).

3   Jedenfalls die beiden zuletzt genannten Tatbestandsvarianten bedürfen nach allgemeiner Ansicht einschränkender Auslegung (*Lackner/Kühl*, § 315b Rn. 4; *Krey/Heinrich*, Rn. 769).

> **Merke:** Vorgänge im fließenden und ruhenden Verkehr kommen grundsätzlich nicht als „Hindernisbereiten" oder „ähnlicher, ebenso gefährlicher Eingriff" in Betracht. Insoweit ist § 315c die abschließende Regelung für jedwede fahrerische Fehlleistung (BGHSt 48, 233, 236 – „Verfolgungsjagdfall": „Sperrwirkung" des § 315c). § 315b erfasst grundsätzlich nur verkehrsfremde, äußere Eingriffe (BGHSt 23, 4; 48, 233 – „Verfolgungsjagdfall"; *Fischer*, § 315 Rn. 8; *Lackner/Kühl*, § 315b Rn. 4; *Wessels/Hettinger*, Rn. 979).

4   Fälle des Hindernisbereitens (§ 315b Abs. 1 Nr. 2) sind insbesondere das Errichten von Straßensperren (*OLG Frankfurt* VRS 28, 423, 425) aller Art, etwa das Spannen von Drähten über die Fahrbahn (*OLG Hamm* NJW 1965, 2167) und das Werfen von Holzscheiten (*BGH* VRS 45, 38) oder von Steinen auf die Straße.

5   Einen ähnlichen, ebenso gefährlichen Eingriff (§ 315b Abs. 1 Nr. 3) begeht beispielsweise, wer als Mitfahrer während der Fahrt den Zündschlüssel abzieht und so die Lenkradsperre auslöst (*OLG Karlsruhe* NJW 1978, 1391) oder in Sabotageabsicht ein Fahrzeug in schadhaften Zustand versetzt (*BayObLG* JR 1975, 28).

6   > **Beachte:** Ausnahmsweise kann jedoch auch ein Handeln im fließenden Verkehr tatbestandsmäßig sein. Das ist der Fall, wenn
> erstens ein Fahrzeugführer das von ihm gesteuerte Fahrzeug in verkehrsfeindlicher Einstellung bewusst zweckwidrig einsetzt und
> zweitens es mit mindestens bedingtem Schädigungsvorsatz als Waffe oder Schadenswerkzeug missbraucht (BGHSt 48, 233 – „Verfolgungsjagdfall", unter Auf-

> gabe früherer Rechtsprechung, die auf das zweite Kriterium verzichtete [worauf bei der Lektüre älterer Entscheidungen Bedacht zu nehmen ist]; BGH NStZ 2010, 391; *Fischer*, § 315b Rn. 8a; *Lackner/Kühl*, § 315b Rn. 5).
> Nur bei Vorliegen beider Voraussetzungen liegt eine über den Tatbestand des § 315c hinausgehende verkehrs-atypische „Pervertierung" des Verkehrsvorgangs vor.

Der Täter, der sein Fahrzeug als **Fluchtmittel** und somit zu Verkehrszwecken benutzt und bei der Flucht lediglich verkehrswidrig fährt, erfüllt nicht den Tatbestand des § 315b, es sei denn, er handelte mit Schädigungsvorsatz (BGHSt 48, 233 – „Verfolgungsjagdfall"; *BGH* StV 2003, 136). Solange das eigene Fortkommen das primäre Ziel einer bestimmten Fahrweise ist, liegt noch kein gefährlicher Eingriff in den Straßenverkehr vor (*BGH* StraFo 2010, 259; NStZ 2010, 391). **7**

Beispiel: A ist in seinem Fahrzeug auf der Flucht vor den Polizeibeamten B und C. B will mit dem von ihm gesteuerten Fahrzeug links neben A fahren, um ihn zum Anhalten zu bringen. A bremst daraufhin stark ab und biegt ohne Vorankündigung nach links ab, wobei er das Polizeiauto in dem Wissen schneidet, dass dadurch die Gefahr eines Unfalls für die beiden Beamten entsteht. Es kommt zu einem von A nicht beabsichtigten Zusammenstoß. Beide Fahrzeuge gelangen zum Stehen. Als C nunmehr an die Fahrerseite tritt, um A festzunehmen, gibt A plötzlich Gas und fährt davon. C muss zur Seite springen, um nicht vom Fahrzeug erfasst zu werden. A kam es nur darauf an, entkommen zu können. – kein § 315b Abs. 1, da es A primär um sein eigenes Fortkommen geht, die Behinderung des Polizeifahrzeugs und des C zwar nötigenden Charakter hat, aber den Verkehrsvorgang noch nicht „pervertiert", da es insoweit an einem Schädigungsvorsatz fehlt (BGHSt 48, 233 – „Verfolgungsjagdfall"; krit. *Hentschel/König/Dauer*, § 315b Rn. 18; *König* NStZ 2004, 177 f.). A hat sich aber nach § 113 Abs. 1 und § 142 Abs. 1 Nr. 1 strafbar gemacht.

§ 315b Abs. 1 Nr. 3 ist hingegen bei gezieltem Losfahren auf eine Person in Verletzungsabsicht erfüllt (*Hentschel/König/Dauer*, § 315b Rn. 20), Gleiches gilt trotz scheinbarer Teilnahme am Verkehr, wenn aus einem fahrenden Fahrzeug gezielt oder ungezielt auf einen anderen Verkehrsteilnehmer geschossen wird (BGHSt 25, 306; *BGH* DAR 1982, 199), ein Fahrer auf ein vorausfahrendes oder abgestelltes Fahrzeug willentlich auffährt (*BGH* NStZ 1995, 31) oder dieses rammt (*BGH* NStZ-RR 2001, 298). Wirft ein Autofahrer einen Menschen auf die Straße, auf der noch Fahrzeugverkehr vorhanden ist, ist dadurch ebenfalls der Tatbestand des § 315b Abs. 1 Nr. 3 verwirklicht (*BGH* NStZ 2010, 276). **8**

2. Folge der Tathandlung

a) Durch die Tathandlung nach § 315b Abs. 1 Nr. 1 bis 3 muss nach h.M. die **Sicherheit des Straßenverkehrs beeinträchtigt** sein, d.h. die im Verkehr vorhandene normale „abstrakte" Betriebsgefahr muss gesteigert worden **9**

sein (BGHSt 11, 162, 164; 13, 66, 69; *Lackner/Kühl,* § 315 Rn. 3 und § 315b Rn. 2).

Beispiel: A spannt einen Draht über die Fahrbahn, um so die Fahrzeugführer zur Notbremsung zu zwingen (BGHSt 6, 1, 2;13, 66, 69).

> **Vertiefungshinweis:** Abweichend wird auch vertreten, das „Beeinträchtigen" sei kein vollwertiges Tatbestandsmerkmal, sondern nur eine Anweisung des Gesetzgebers zur notwendigen (vgl. Rn. 3) einschränkenden Auslegung (SK/Wolters/*Horn,* § 315b Rn. 3; *Geppert,* Jura 1996, 639, 640). Diese Ansicht findet aber im Gesetzeswortlaut keine Stütze.

10 b) § 315b ist ein **konkretes Gefährdungsdelikt**. Folge der jeweiligen Tathandlung muss daher eine durch die Beeinträchtigung der (allgemeinen) Verkehrssicherheit (vgl. Rn. 9) begründete konkrete Gefahr im Sinne eines Beinahe-Unfalls (*BGH* NStZ 2009, 100) für Leib oder Leben eines anderen Menschen (vgl. § 36 Rn. 14) oder für fremde Sachen von bedeutendem Wert sein (ab 750 €, vgl. § 36 Rn. 24). Die vorstellbare (konkrete) Gefährdung eines Verkehrsteilnehmers allein reicht demnach nicht aus.

Beispiel: A durchtrennt vor der Fahrt den Bremsschlauch am Pkw des B. – Eine konkrete Gefahr liegt nicht bereits bei Fahrtantritt vor. Sie tritt vielmehr erst dann ein, wenn die Gefährlichkeit des Zustands des Fahrzeugs zu einer kritischen Situation im Verkehr führt, der Fahrer also etwa verkehrsbedingt bremsen müsste, um andere Verkehrsteilnehmer nicht zu beeinträchtigen (*BGH* NJW 1996, 329 – „Bremsschlauchfall"; *Fischer,* § 315b Rn. 7).

> **Merke:** Die abstrakte Gefahr für die Sicherheit des Straßenverkehrs muss sich zu einer konkreten für eines der genannten Schutzobjekte verdichtet haben (BGHSt 48, 119, 122 – Steinwurffall"; *BGH* NStZ 2004, 34, 35). Die Begründung der abstrakten Gefahr geht regelmäßig dem Eintritt der konkreten Gefährdung voraus, sie können auch zusammenfallen (*BGH* NStZ 2009, 100, 101; *Fischer,* § 315b Rn. 17; *Hentschel/König/Dauer,* § 315b Rn. 2).

Beispiel: A wirft von einer Autobahnbrücke eine Handvoll Kieselsteine, die zwischen zwei und drei Zentimetern groß sind. Die mit geringer Geschwindigkeit fahrenden Fahrzeuge werden an der Frontscheibe getroffen, die Scheibe zersplittert, die Steine gelangen aber nicht ins Fahrzeuginnere. Die Fahrer können ihr Fahrzeug kontrolliert zum Stehen bringen. – abstrakte und konkrete Gefahr fallen zusammen, liegen aber vor (BGHSt 48, 119 – „Steinwurffall")

B wirft einen brüchigen Sandstein von der Autobahnbrücke, der Stein schlägt vor dem von C geführten Pkw auf und zersplittert. Das Fahrzeug ist nicht beschädigt, weder Fahrverhalten noch Fahrsicherheit von C sind beeinträchtigt. – keine kritische Situation im Sinne eines Beinahe-Unfalls, also keine konkrete Gefahr, jedoch ist ein Versuch nach §§ 315b Abs. 1 Nr. 3, Abs. 2, 22 gegeben (*BGH* NStZ 2010, 572)

§ 37. Gefährliche Eingriffe in den Straßenverkehr   295

Es muss sich um eine verkehrstypische Gefahr handeln. Bei Außeneinwir- 11
kungen, die wie im obigen Beispielsfall nicht durch eine Eigendynamik des
Fahrzeugs gekennzeichnet sind, fehlt es daran, wenn die sich aus der abstrakten Gefährdung des Straßenverkehrs ergebende konkrete Gefahr in keiner inneren Verbindung mit der Dynamik des Straßenverkehrs steht (BGHSt 48,
119 – Steinwurffall"; *BGH* NStZ 2009, 100, 101; *Fischer*, § 315b Rn. 18; *Wessels/Hillenkamp*, Rn. 979; krit. *Hentschel/König/Dauer*, § 315b Rn. 26).

Beispiel: Bankräuber A und B fliehen mit einem Pkw. C nimmt die Verfolgung mit seinem Fahrzeug auf. Als beide Fahrzeuge sich auf gleicher Höhe befinden, gibt Beifahrer A drei Schüsse auf das Fahrzeug des C ab, um dieses fahruntauglich zu machen. Zwei Schüsse durchschlagen die Karosserie, lenken das Fahrzeug aber nicht ab; C wird weder verletzt noch in seiner Fahrweise beeinträchtigt. – kein vollendeter § 315b Abs. 1 Nr. 3, da keine verkehrstypische konkrete Gefahr im Sinne eines Beinahe-Unfalls eingetreten ist, der Schaden an der Karosserie ist nicht verkehrstypisch, aber ein Versuch liegt vor (*BGH* NStZ 2009, 100, 101)

II. Subjektiver Tatbestand

Die Varianten des subjektiven Tatbestands entsprechen denen bei § 315c 12
(vgl. § 36 Rn. 28*).* § 315b Abs. 1 setzt Eventualvorsatz bzgl. aller Merkmale
des objektiven Tatbestands voraus. § 315b Abs. 4 lässt fahrlässige Gefahrverursachung ausreichen. § 315b Abs. 5 betrifft fahrlässiges Handeln *und* fahrlässige
Verursachung der Gefahr.

Beachte: In den Fällen eines sog. **verkehrsfeindlichen Inneneingriffs** (Rn. 6 f.)
scheidet § 315b dann aus, wenn der Täter nur mit Gefährdungsvorsatz handelt
(*BGH* StV 2003, 136). Denn nach der Rechtsprechung bedarf es insoweit mindestens bedingten Schädigungsvorsatzes (BGHSt 48, 233 – „Verfolgungsjagdfall"; *BGH*
NStZ 2010, 391; vgl. auch LK/*König*, § 315b Rn. 45, 84).

III. Qualifikationen (§ 315b Abs. 3)

Der Qualifikationstatbestand des Absatz 3 setzt ein Handeln in der Absicht 13
voraus, einen Unglücksfall herbeizuführen (§ 315 Abs. Nr. 1a) oder eine andere Straftat zu ermöglichen oder zu verdecken (§ 315 Abs. 3 Nr. 1b; vgl.
BGH NStZ-RR 2001, 298; § 2 Rn. 76 ff. und 82 f.). § 315 Abs. 3 Nr. 2 ist erfüllt bei Verursachung einer schweren Gesundheitsschädigung (vgl. § 5
Rn. 14) bei einem anderen Menschen oder einer Gesundheitsbeschädigung
bei einer großen Zahl von Menschen.

Beachte: § 315b Abs. 3 verweist auf § 315 Abs. 3 und qualifiziert das Delikt damit
zu einem **Verbrechen** (§ 12 Abs. 1).

C. Täterschaft und Teilnahme, Begehung durch Unterlassen, Versuch, Konkurrenzen sowie Bestrafung

14 Bei Täterschaft und Teilnahme gibt es keine Besonderheiten. Die §§ 25 ff. sind ohne Einschränkung anwendbar. Teilnahmefähig ist auch § 315b Abs. 4, weil es sich um eine vorsätzliche Tat handelt (§ 11 Abs. 2; vgl. § 36 Rn. 28).

15 Das Hindernisbereiten i.S.d. § 315b Abs. 1 Nr. 1 ist nach zutreffender Ansicht ggf. auch durch das pflichtwidrige Unterlassen der Beseitigung eines Hindernisses, beispielsweise einer Ölspur möglich (BGHSt 7, 307, 311; *Fischer*, § 315b Rn. 15; Schönke/Schröder/*Cramer/Sternberg-Lieben*, § 315b Rn. 11; a.A. SK/*Wolters/Horn*, § 315b Rn. 14; *Fabricius*, GA 1994, 164, 177).

16 Der Versuch des § 315b Abs. 1 ist nach §§ 315b Abs. 2, 22 strafbar. Er ist – wie auch der Versuch des § 315c (vgl. § 36 Rn. 32) – aus gesetzessystematischen Gründen nur bei Vorsatz auch bzgl. der Gefährdung möglich (*BGH* NStZ-RR 1997, 262; *Lackner/Kühl*, § 315 Rn. 5 a.E.). Der Täter des vollendeten Delikts hat nach § 320 Abs. 2 Nr. 2 die Möglichkeit zur Tätigen Reue.

17 Fälle des Zusammentreffens mehrerer Varianten des § 315b Abs. 1 oder der Gefährdung mehrerer Menschen oder Sachen von bedeutendem Wert werden als eine Tat behandelt (vgl. § 36 Rn. 34). Nach der Rechtsprechung sollen sämtliche strafbaren Handlungen, die der Täter während einer ununterbrochenen „Fluchtfahrt" begeht, eine Tat im Sinne einer natürlichen Handlungseinheit darstellen (BGHSt 22, 67, 76; *BGH* NStZ-RR 1997, 331, 332; a.A. LK/*König*, § 315b Rn. 98). § 315b kann mit Körperverletzungs- und Tötungsdelikten (*BGH* NJW 2007, 2130), aber auch mit § 113 und § 316 in Tateinheit stehen (§ 52; *BGH* NJW 1999, 1766; *Lackner/Kühl*, § 315b Rn. 7). § 315c Abs. 1 wird bei gleichzeitiger Verwirklichung beider Straftatbestände grundsätzlich verdrängt. Das gilt ausnahmsweise nicht, wenn das Tatgeschehen als natürliche Handlungseinheit aufzufassen ist und einzelne Teilakte nur § 315c Abs. 1 erfüllen, dann kann zwischen beiden Delikten Tateinheit bestehen (*BGH* NStZ-RR 2007, 59; LK/*König*, § 315b Rn. 95).

D. Kontrollfragen

1. Was ist der grundsätzliche Unterschied zwischen § 315b und § 315c? → Rn. 3
2. Wann erfasst § 315b ausnahmsweise Vorgänge im fließenden Verkehr? → Rn. 6 f.
3. Was ist gemeint, wenn § 315b als Vorsatz-Fahrlässigkeits-Kombination bezeichnet wird? → Rn. 12

§ 37. Gefährliche Eingriffe in den Straßenverkehr

Aufbauschema (§ 315b)

1. Tatbestand
   a) Objektiver Tatbestand
      - Anlagen oder Fahrzeuge zerstören, beschädigen oder beseitigen (§ 315b Abs. 1 Nr. 1)
        oder
        Hindernisse bereiten (§ 315b Abs. 1 Nr. 2)
        oder
        einen ähnlichen, ebenso gefährlichen Eingriff vornehmen (§ 315b Abs. 1 Nr. 3)
      - dadurch Beeinträchtigung der Verkehrssicherheit
        und
        konkrete Gefahr für Leib oder Leben eines anderen Menschen oder fremde Sachen von bedeutendem Wert
   b) Subjektiver Tatbestand
      - Vorsatz, auch bzgl. der konkreten Gefahr
2. Rechtswidrigkeit
3. Schuld

Empfehlungen zur vertiefenden Lektüre:
Leitentscheidungen: BGHSt 48, 119 – „Steinwurffall"; BGHSt 48, 233 – „Verfolgungsjagdfall"; *BGH* NJW 1996, 329 – „Bremsschlauchfall".

Aufsätze: *Geppert,* Der gefährliche Eingriff in den Straßenverkehr (§ 315b), Jura 1996, 639; *König,* Der gefährliche Eingriff in den Straßenverkehr durch „verkehrsgerechtes Verhalten", JA 2000, 777; *ders.* Neues zu § 315b StGB, JA 2003, 818; *ders.* Verkehrsfeindlicher Inneneingriff und Gefährdungsvorsatz, NStZ 2004, 175; *Krupp/Kinzig,* Der Griff ins Lenkrad, NStZ 2007, 132.

Übungsfälle: *Bung,* Klausur Strafrecht, Abgebremstes Wandlungsinteresse, JA 2007, 868; *Dreher,* Referendarexamensklausur – Strafrecht: Verkehrserziehung als Eingriff, Strafverteidigung durch Beleidigung und Urkunden am Strand, JuS 2007, 459; *Eisele,* Das misslungene Bremsmanöver, JA 2003, 40; *Ellbogen/Henschke,* Klausur Strafrecht: Der legendäre 1. Mai, JA 2003, 412; *Kett-Straub/Linke,* Referendarexamensklausur Strafrecht: Tod durch Unterlassen – Schnelle Scheidung, JuS 2008, 717; *Noak/Sengbusch,* Examensklausur Strafrecht: Probleme mit den Pferdestärken, Jura 2005, 494; *Radke/Schwer,* Der praktische Fall – Strafrecht: Anwendbarkeit der Regeln über den ärztlichen Heileingriff auf medizinisches Hilfspersonal, JuS 2003, 580; *Steffan,* Referendarexamensklausur – Strafrecht: Betrug und Straßenverkehrsdelikte, JuS 2006, 723.

Kapitel 11. Vollrausch und Unterlassene Hilfeleistung

§ 38. Vollrausch (§ 323a)

A. Grundlagen

1   Die praxisrelevante Vorschrift des § 323a lässt sich in das System der Straftatbestände nicht ohne Spannungen einpassen, da sie sich tatsächlich und rechtlich von allen anderen unterscheidet (BGHSt 49, 239). Es handelt sich um eine besonders umstrittene Strafnorm (LK/*Spendel*, § 323a Rn. 1), deren dogmatische Einordnung zahlreiche Probleme aufwirft. Für Prüfungssituationen tritt hinzu, dass die Vorschrift wegen ihres Charakters als Auffangtatbestand (*BGH* NJW 2004, 960) häufig neben dem ebenfalls äußerst umstrittenen Zurechnungsmodell der actio libera in causa (vgl. Rn. 22 und 25 [Vertiefungshinweis]) in Betracht zu ziehen ist.

2   Zu Recht wird als geschütztes Rechtsgut von der h.M. vor allem auf den Schutz der Allgemeinheit vor den Gefahren abgestellt, die von Berauschten ausgehen. Die durch die Rauschtat verletzten Rechtsgüter werden nur in zweiter Linie geschützt (*Fischer*, § 323a Rn. 2). Gegenstand des Schuldvorwurfs ist nur das schuldhafte Herbeiführen eines Rauschs, der nach dem Gesetz einen stets abstrakt gefährlichen Zustand darstellt. Deswegen ist § 323a ein **abstraktes Gefährdungsdelikt** (BGHSt 16, 124, 128 – „Volltrunkenheitsfall"; *Joecks*, § 323a Rn. 1; *Lackner/Kühl*, § 323a Rn. 1; a.A. *Geppert*, Jura 2009, 40: konkretes Gefährdungsdelikt besonderer Art; ähnlich auch *OLG Hamm* NStZ 20009, 40; *Fischer*, § 323a Rn. 2; MünchKomm/*Geisler*, § 323a Rn. 9).

B. Tatbestand

I. Objektiver Tatbestand

3   § 323a setzt als Tathandlung voraus, dass der Täter sich durch Alkohol oder sonstige berauschende Mittel in einen Rausch versetzt.

> **Merke:** Rausch ist ein Zustand akuter Intoxikation, der seinem ganzen Erscheinungsbild nach als durch den Genuss von Rauschmitteln hervorgerufen anzusehen ist (BGHSt 32, 48, 53 – „Lichtmastfall"; *BGH* NStZ-RR 2011, 80; *Joecks*, § 323a Rn. 8; *Lackner/Kühl*, § 323a Rn. 3).

Beispiele: Alkoholrausch (vgl. Rn. 13); Drogen- oder Tablettenrausch; abnorme Reaktionen auf Rauschmittel, wie der pathologische Rausch (Alkoholunverträglichkeit z.B. infolge Hirnschädigung), wobei zu beachten ist, dass ein solcher bei erstmaligem Auftreten in der Regel nicht vorhersehbar und deshalb schuldlos herbeigeführt sein wird (BGHSt 1, 196; 40, 198).

Der Rausch muss eine bestimmte Qualität erreichen. Wird durch ihn die 4 Schuldfähigkeit nicht aufgehoben, kommt § 323a nicht in Betracht. Tatbestandserfüllend ist dagegen jedenfalls ein Rausch, der zur sicheren Annahme von Schuldunfähigkeit (§ 20) führt. § 323a ist aber auch dann anwendbar, wenn die Schuldunfähigkeit des Täters lediglich nicht ausgeschlossen werden kann. Streit herrscht über die Frage, ob bei dieser Konstellation die Voraussetzungen des § 21 (verminderte Schuldfähigkeit) sicher feststellbar sein müssen.

Die h.L. verlangt insoweit, der Rausch müsse die Schuldfähigkeit des Tä- 5 ters wenigstens erheblich vermindert haben, der sichere Bereich des § 21 müsse also erreicht sein (*Joecks*, § 323a Rn. 22; *Lackner/Kühl*, § 323a Rn. 4; *Krey/Heinrich*, Rn. 805a; *Wessels/Hettinger*, Rn. 1032). Hierfür wird folgendes **Argument** angeführt:

Erst bei sicherer Annahme der Voraussetzungen des § 21 steht fest, dass der 6 Täter in einem Zustand gehandelt hat, in dem die Gefahr strafrechtlich bedeutsamer Fehlleistungen nach allgemeiner Erfahrung nahe liegt (*Lackner/ Kühl*, § 323a Rn. 4; *Lackner*, FS Jescheck, S. 645, 658). Wird die Schwelle des § 21 nicht gefordert, besteht die Gefahr der Bestrafung ungefährlichen oder harmlosen Verhaltens (*Dencker*, NJW 1980, 2159, 2163; *Puppe*, Jura 1982, 281, 285; *Ranft,* Jura 1988, 133, 136 ff.).

Demgegenüber erachtet eine a.A. auch Rauschzustände geringeren Grades 7 als § 21 als tatbestandserfüllend, sofern nur die Schuldunfähigkeit nicht ausgeschlossen werden kann (*Fischer*, § 323a Rn. 11c; SK/*Wolters/Horn*, § 323a Rn. 16; *Fahl*, Jus 2005, 1076; *Hentschel*, NJW 2005, 641. 646). Hierfür stützt sie sich auf folgende **Argumente**:

- Es ist bei feststehender Berauschtheit nicht nachvollziehbar, wenn die Ge- 8 richte bei Zweifeln zwischen §§ 20 und 21 nach § 323a verurteilen, bei Zweifeln zwischen den §§ 20 und 21 einerseits, Schuldfähigkeit andererseits aber freisprechen (LK/*Spendel*, § 323a Rn. 111, 154; *Otto*, BT, § 81 Rn. 5 f.).
- Der Zustand des Rauschs darf nicht mit einer rechtlich erheblichen Ein- 9 schränkung der Schuldfähigkeit gleichgesetzt werden, daher hängt die Tatbestandserfüllung nicht von den Voraussetzungen des § 21 ab (*Fischer*, § 323a Rn. 11c)

Der BGH hat ausdrücklich offengelassen, ob § 323a Abs. 1 auch in Be- 10 tracht kommen kann, wenn zwar die Schuldunfähigkeit nicht ausgeschlossen, aber auch die volle Schuldfähigkeit möglich ist (BGHSt 32, 48, 54 – „Lichtmastfall").

11   Der Auffassung der h.L. ist zuzustimmen. Das Tatbestandsmerkmal „Rausch" muss sicher feststellbar sein und mit den Kategorien der §§ 20 und 21 gekoppelt bleiben, um strafrechtlich relevantes von unerheblichem Verhalten zu scheiden. Ist das Tatbestandsmerkmal „Rausch" nicht sicher feststellbar, muss nach dem Grundsatz „in dubio pro reo" davon ausgegangen werden, dass der Täter nicht i.S.d. § 323a berauscht war, womit eine Bestrafung nach dieser Vorschrift ausscheidet (*Joecks*, § 323a Rn. 22).

> **Beispiele:** A hat im betrunkenen und affektiv aufgeladenen Zustand einen Totschlag begangen. Es kann nicht ausgeschlossen werden, dass der Affekt im Zusammenhang mit der alkoholischen Enthemmung zum Schuldausschluss bei der Tat geführt hat. Auch die Voraussetzungen des § 21 werden nur zugunsten des A angenommen, sicher festgestellt werden können sie nicht. – A kann nicht nach § 212 bestraft werden, nach der h.L. auch nicht nach § 323a, während dies nach der a.A. möglich ist. Es ist freilich darauf hinzuweisen, dass eine solche Konstellation bei ausreichender Ermittlung der Anknüpfungstatsachen für die Feststellungen zur Schuldfähigkeit kaum denkbar ist.
>
> Bleibt offen, ob A überhaupt betrunken war, ist auch nach der a.A. eine Bestrafung nach § 323a wegen des Grundsatzes „in dubio pro reo" ausgeschlossen.

12   Der Anwendbarkeit des § 323a steht nicht entgegen, dass die mögliche Schuldunfähigkeit nicht allein durch den Rausch (vgl. Rn. 2), sondern erst durch das Hinzutreten weiterer Ursachen herbeigeführt worden ist, z.B. durch einen Affekt (BGHSt 26, 363, 366; 32, 48, 53 – „Lichtmastfall"; *BGH* NJW 1997, 3101, 3102; *Fischer*, § 323a Rn. 13; a.A. *Puppe*, Jura 1982, 281, 288, zum Affekt vgl. Rn. 14). Jedoch ist für einen solchen Fall das Vorliegen der Vorwerfbarkeit des Berauschens sorgfältig zu prüfen (BGHR StGB § 323a Abs. 1 Rausch 4).

13   In der Praxis besonders häufig sind **alkoholbedingte Rauschzustände**. Diese können das Eingangsmerkmal der krankhaften seelischen Störung nach § 20 (Schuldunfähigkeit) in Form einer sog. akuten Intoxikationspsychose erfüllen (BGHSt 43, 66, 69 – „Obdachlosenunterkunftsfall"; *Fischer*, § 20 Rn. 11; MünchKomm/*Streng*, § 20 Rn. 33, 36).

> **Merke:** Im Sinne einer Faustformel (vgl. hierzu *Fischer*, § 20 Rn. 19) ist ab einem BAK-Wert von 2,00 ‰ und höher § 21, ab einem BAK-Wert von 3,00 ‰ § 20 in Betracht zu ziehen. Bei Tötungsdelikten und schweren Gewaltdelikten sind die Werte wegen der höheren Hemmschwelle auf 2,2 ‰ bzw. 3,3 ‰ zu erhöhen. Diese Werte stellen aber keine Erfahrungswerte dar (*BGH* NStZ-RR 2003, 71; NStZ 2005, 329). Deswegen darf keinesfalls allein auf sie abgestellt werden. Erforderlich ist eine umfassende Gesamtwürdigung, wobei neben dem BAK-Wert und der Alkoholgewöhnung des Täters den besonders aussagekräftigen **„psychodiagnostischen"** Kriterien, also dem Täterverhalten vor, bei und nach der Tat, Rechnung zu tragen ist (BGHSt 43, 66, 69 – „Obdachlosenunterkunftsfall"; *BGH* NStZ 2002, 532; 2005, 9; 2005, 239).

Beispiel: Der mit 2,5 ‰ alkoholisierte A klettert zur Begehung eines Wohnungseinbruchdiebstahls (§ 244) an der Fassade über die Balkonbrüstungen in den dritten Stock. Dort hebelt er die einbruchsgesicherte Balkontür auf und nimmt aus der Wohnung gezielt nur die hochwertige Technik mit. – Trotz des BAK-Wertes liegt die Annahme verminderter Schuldfähigkeit im Hinblick auf das Leistungsverhalten des Täters fern.

Beachte: In Prüfungsarbeiten ist die Frage unproblematisch, da eindeutige Angaben vorliegen. Es ist dann verfehlt, zu „problematisieren" oder den Sachverhalt zu „interpretieren". Ist von einer später genommenen Blutprobe auf die Tatzeit-BAK zurückzurechnen, ist zu beachten, dass eine geringere BAK sich für den Täter günstig auswirken kann (vgl. zur Rückrechnung § 35 Rn. 11).

II. Subjektiver Tatbestand

Nach § 323a Abs. 1 ist vorsätzliche oder fahrlässige Tatbegehung möglich. **14** Der (bedingte) Vorsatz muss sich – wie die Fahrlässigkeit – nur auf die Tathandlung, das „Sichberauschen", beziehen (*Lackner/Kühl*, § 323a Rn. 13); ob es sich bei der Rauschtat um ein vorsätzliches oder fahrlässiges Delikt handelt, ist dagegen ohne Bedeutung. Weiß der Täter oder nimmt er billigend in Kauf, dass er sich in einen tatbestandsmäßigen Rausch, der ihn schuldunfähig machen wird, versetzt, handelt er vorsätzlich; hätte er dies erkennen können und müssen, liegt ein fahrlässiges „Sichberauschen" vor (BGHSt 16, 187, 189- „Volltrunkenheitsfall"; *BGH* NStZ-RR 2001, 15 – „Liebesbeziehungsfall"; *Joecks*, § 323a Rn. 12; Schönke/Schröder/*Sternberg-Lieben/Hecker*, § 323a Rn. 9). Mitverursachende oder verstärkende Faktoren (Rn. 12) müssen vom Vorsatz umfasst sein (BGHSt 26, 363, 366; BGHR StGB § 323a Abs. 1 Fahrlässigkeit 1 und Vorsatz 1; *Fischer*, § 323a Rn. 16).

Beispiel: A streitet sich ungewohnt heftig mit seiner Frau. Er ist äußerst aufgewühlt und trinkt hochprozentigen Alkohol. Rasend vor Wut und getrieben von verzweifelter Angst, seine Frau zu verlieren, schlägt er sie, wobei seine Schuldunfähigkeit wegen des Alkoholrauschs in Verbindung mit einem Affekt (tiefgreifende Bewusstseinsstörung i.S.d. § 20; zu beachten ist aber, dass eine Beeinträchtigung der Schuldfähigkeit wegen eines sog. sthenischen – also auf Wut, Zorn, Hass beruhenden – Affekts nur ausnahmsweise angenommen werden kann, wenn der Täter durch den Höchstgrad der Erregung in eine Lage gerät, in der er gänzlich die Selbstbesinnung und die Fassung verliert) nicht ausgeschlossen werden kann. – Nur wenn A beim Trinken vor Eintritt der möglichen Schuldunfähigkeit mit einem Verlust seiner Einsichts- oder Steuerungsfähigkeit infolge des Zusammenwirkens von Alkohol und Affekt gerechnet und diese Wirkung billigend in Kauf genommen hätte, kann ein vorsätzlicher Vollrausch vorliegen. Hätte A hingegen das Hinzutreten des Affekts in seinen nachteiligen Auswirkungen auf seine geistig-seelische Verfassung in vorwerfbarer Weise nicht bedacht, ist ein fahrlässiger Vollrausch in Betracht zu ziehen (BGHR StGB § 323a Abs. 1 Rausch 4).

III. Objektive Bedingung der Strafbarkeit

15 Objektive Bedingung der Strafbarkeit – und deshalb nicht Bestandteil des objektiven Tatbestands (vgl. zur dogmatischen Einordnung § 10 Rn. 12 ff.) – ist nach ganz überwiegender Auffassung (BGHSt 10, 247; 16, 124 – „Volltrunkenheitsfall"; BGH NJW 2004, 960; *Lackner/Kühl*, § 323a Rn. 5; a.A. LK-*Spendel*, § 323a Rn. 61, 157: „unwiderlegliche Beweistatsache") die Begehung einer „rechtswidrigen Tat". Der Strafbarkeit wegen dieser sog. **Rauschtat** darf nur die mögliche Schuldunfähigkeit des Täters entgegenstehen, § 323a Abs. 1 letzter Teilsatz.

16 Die Rauschtat muss den objektiven und subjektiven Tatbestand eines Strafgesetzes verwirklichen und rechtswidrig sein (*Fischer*, § 323a Rn. 5 ff.; *Wessels/Hettinger*, Rn. 1035).

> **Beachte:** Bei betrunkenen Tätern kann ausnahmsweise die Handlungsqualität fraglich sein, nämlich ob ein vom menschlichen Willen beherrschtes oder beherrschbares sozial erhebliches Verhalten vorliegt (vgl. hierzu MünchKomm/*Geisler*, § 323a Rn. 32).

> **Beispiel:** A ist volltrunken. Die Wirkung des Alkohols löst bei ihm einen Krampfanfall aus, in dessen Folge er in die Schaufensterscheibe des B stürzt. – Keine Handlungsqualität, daher keine Rauschtat und keine Strafbarkeit nach § 323a

17 Ansonsten müssen nicht nur alle objektiven Voraussetzungen der Rauschtat erfüllt sein, sondern auch die subjektiven Elemente. Ist neben dem Vorsatz eine besondere Absicht erforderlich, z.B. die Zueignungsabsicht nach § 242 Abs. 1 oder die Bereicherungsabsicht nach § 263 Abs. 1, so muss auch diese vorliegen (BGHSt 18, 235 – „Zechprellerfall"; *Fischer*, § 323a Rn. 7; *Lackner/Kühl*, § 323a Rn. 8).

> **Beachte:** Auch ein schuldunfähiger Täter kann vorsätzlich handeln. Um den Unterschied zwischen der Schuldfähigkeit im Sinne der Vorwerfbarkeit und dem Vorsatz zu kennzeichnen, wird der Begriff des „natürlichen Vorsatzes" (BGHSt 1, 124; 18, 235 – „Zechprellerfall"; BGH NStZ-RR 2001, 15; *Fischer*, § 323a Rn. 7; *Lackner/Kühl*, § 323a Rn. 7) gebraucht (kritisch hinsichtlich dieses Begriffs wegen seines Ursprungs in einem heute wohl überkommenen Deliktsaufbau [kurzer Überblick zur Entwicklung bei *Joecks*, Vor § 13 Rn. 6 ff.], nachdem der Vorsatz Bestandteil der Schuld war: *Haft*, BT II, S. 280).

18 Bei **Fahrlässigkeitsdelikten** kommt es darauf an, dass der Täter rauschbedingt die ihm im nüchternen Zustand mögliche Sorgfalt nicht beachtet hat (Schönke/Schröder/*Sternberg-Lieben/Hecker*, § 323a Rn. 19; *Geppert*, Jura 2009, 40, 46).

Die Rauschtat muss **rechtswidrig** sein. Liegen insoweit zugunsten des 19
Rauschtäters Rechtfertigungsgründe vor, kommt § 323a nicht in Betracht
(*BGH* NJW 1979, 1370; *Wessels/Hettinger*, Rn. 1038). Gleiches gilt für § 33
(Überschreitung der Notwehr) und § 35 (Entschuldigender Notstand), denn
auch einem Schuldunfähigen muss der Schutz der **Schuldausschließungsgründe** zugebilligt werden (*Fischer*, § 323a Rn. 8; *Otto*, Jura 1986, 485).

> **Beachte:** Immer, wenn der Täter schon aus anderen Gründen als seiner rauschbedingten Schuldunfähigkeit wegen der Rauschtat nicht bestraft werden könnte, z.B. wegen Rechtfertigungs- oder Schuldausschließungsgründen, scheidet § 323a aus.

Für einen **Irrtum** des berauschten Täters, z.B. Tatbestands- oder Erlaubnis- 20
tatbestandsirrtum, gelten auch dann keine Besonderheiten, wenn diese rauschbedingt sind (*Fischer*, § 323a Rn. 8; *Joecks*, § 323a Rn. 16; *Lackner/Kühl*, § 323a
Rn. 9). Anderes gilt allerdings für den rauschbedingten Verbotsirrtum, der für
die Strafbarkeit nach § 323a unbeachtlich ist (*OLG Hamm* VRS 110 [2006],
17, 19; SK/*Wolters/Horn*, § 323a 17; *Wessels/Hettinger*, Rn. 1038), da es auf
eine rauschbedingte Aufhebung der Unrechtseinsicht für diese Vorschrift
nach dem Willen des Gesetzgebers nicht ankommen soll.

Auch ein **Versuch** reicht als Rauschtat aus. Eine Strafbarkeit nach § 323a 21
scheidet aber aus, wenn der Täter strafbefreiend zurückgetreten ist. Zwar wird
ihm nur die Berauschung vorgeworfen, nicht die im Rausch begangene Tat,
da er aber nicht schwerer bestraft werden darf, als es für die Rauschtat bei
Schuldfähigkeit möglich wäre, gelten die Bestimmungen über den strafbefreienden Rücktritt analog (BGHR StGB § 323a Abs. 1 Rücktritt 1; *BGH* NStZ
1994, 131; NStZ-RR 2001, 15 – „Liebesbeziehungsfall"; *Fischer*, § 323a
Rn. 8a; *Lackner/Kühl*, § 323a Rn. 10). Auch **Unterlassungsdelikte** kommen
als Rauschtaten in Betracht (*Fischer*, § 323a Rn. 6; *Lackner/Kühl*, § 323a Rn. 6;
a.A. *Kusch*, S. 185 ff.), nach der zutreffenden h.M. auch § 323c (*BayObLG*
NJW 1974, 1520, 1523; *Wessels/Hettinger*, Rn. 1037; a.A. *Dencker*, NJW 1980,
2159, 2165).

Anders als bei der Rechtsfigur der actio libera in causa (vgl. dazu unten 22
den Vertiefungs- und Aufbauhinweis) ist nach h.M. keine besondere subjektive Beziehung zwischen dem Sichberauschenden und der späteren Rauschtat erforderlich (BGHSt 16, 124 ff. – „Volltrunkenheitsfall"; *Lackner/Kühl*,
§ 323a Rn. 1; *Satzger*, Jura 2006, 108, 109; *Renzikowski*, ZStW 112 [2000],
475, 509; diff. *Joecks*, § 323a Rn. 21). Das strafwürdige Unrecht liegt schon im
verschuldeten Herbeiführen eines Rauschs. Die Rauschtat dient nur der Begrenzung der Strafbarkeit, weswegen das Schuldprinzip eine subjektive Beziehung zu ihr nicht erfordert (a.A. *Fischer*, § 323a Rn. 2; Schönke/Schröder/
Sternberg-Lieben/Hecker, § 323a Rn. 1; LK/*Spendel*, § 323a Rn. 60 ff.).

Vertiefungshinweis: Die Strafbarkeit nach § 323a setzt voraus, dass der Täter wegen der Rauschtat nicht bestraft werden kann. Deswegen darf bei entsprechenden Prüfungsaufgaben eine Strafbarkeit wegen der Rauschtat nicht schon nach Annahme der möglichen Schuldunfähigkeit abgelehnt werden. Vielmehr ist in Betracht zu ziehen, ob durch die Konstruktion der **actio libera in causa** (vgl. MünchKomm/*Streng*, § 20 Rn. 114) dennoch eine Strafbarkeit wegen der Rauschtat begründet werden kann. Der Begriff kennzeichnet, dass die eigentliche Tat zwar im schuldunfähigen Zustand („unfrei") begangen wurde, aber eine Ursache hat, nämlich den Rauschzustand, der vom Täter schuldhaft („frei") herbeigeführt wurde. Es handelt sich also um ein zweiaktiges Geschehen. Der erste Akt ist in dem Herbeiführen der Schuldunfähigkeit in Form des Sichbetrinkens (bzw. sonstigen Sichberauschens) zu sehen. Man spricht daher von Defektbegründungshandlung oder Berauschung. Der zweite – zeitlich spätere – Geschehensakt, auch Defekthandlung oder Rauschtat genannt, besteht in der Begehung der rechtswidrigen Tat, z.B. einem Diebstahl oder Totschlag. Zu diesem zweiaktigen Geschehen treten aber noch subjektive Elemente hinzu. War der Vorsatz des Täters bei der vorsätzlichen Berauschung auf die Begehung einer hinreichend bestimmten Straftat gerichtet (sog. Doppelvorsatz), so ist die Figur der vorsätzlichen actio libera in causa zu prüfen, die eine Bestrafung wegen vorsätzlicher Tatbegehung nach sich ziehen kann. Eine Bestrafung wegen eines Fahrlässigkeitsdelikts über die Konstruktion der fahrlässigen actio libera in causa kommt in Betracht, wenn der Täter sich vorsätzlich oder fahrlässig berauscht hat und ihm dabei ein Fahrlässigkeitsvorwurf wegen der später begangenen Tat gemacht werden kann (vgl. hierzu Rn. 25 Vertiefungshinweis). Problematisch hieran ist, dass die Strafbarkeit für eine Tat, die im Zustand der Schuldunfähigkeit begangen wurde, mit dem für das Strafrecht fundamentalen Grundsatz „Keine Strafe ohne Schuld" kollidiert (§ 1). Die entscheidende Frage ist also, ob das Defizit der fehlenden Schuldfähigkeit bei der eigentlichen Tatbegehung durch die schuldhafte Herbeiführung der Schuldunfähigkeit und die vorwerfbare innere Beziehung des Täters zur späteren Tat im noch schuldfähigen Zustand ausgeglichen werden kann. Hierüber gehen die Meinungen sehr auseinander.

Will man eine Strafbarkeit über die Rechtsfigur der actio libera in causa zulassen, so muss der Konflikt mit dem Koinzidenzprinzip, also dem Erfordernis des zeitlichen Zusammentreffens von Tatbegehung und Schuldfähigkeit, gelöst werden (ausführlich hierzu *Rönnau*, JA 1997, 599; 707; *Satzger*, Jura 2006, 514; *Streng*, JZ 2000, 20). Nach einer der beiden überwiegend vertretenen Grundmodelle zur Rechtfertigung der Rechtsfigur wird der Unrechtstatbestand, also die Tat, zeitlich nach vorn verschoben, so dass ein Tatbeitrag, nämlich die Berauschung, im Zustand noch bestehender Schuldfähigkeit geleistet wird (h.M., sog. **Tatbestandslösung**; BGH NStZ 1997, 230; 2000, 584; *Roxin*, § 20 Rn. 56 ff.; *Joecks*, § 323a Rn. 28 f.; zusammenfassend *Schweinberger*, JuS 2006, 507 auch zu den Folgeproblemen z.B. Teilnahme, Versuchsbeginn; vgl. auch § 36 Rn. 4). Hiergegen lässt sich aber einwenden, dass im Trinken nicht die tatbestandliche Handlung, z.B. eine Tötung, liegen kann. Deswegen verlagert eine a.A. (*Kühl*, Strafrecht AT, 6. Aufl., 2008, § 11 Rn. 18; *Otto*, AT, § 13 Rn. 24 ff.; *Wessels/Beulke*, Rn. 415) den Schuldvorwurf auf den Zeitpunkt der Schuldfähigkeit vor (sog. **Ausnahmemodell**). Diese Ausnahme vom Koinzidenzprinzip sei gewohnheitsrechtlich legitimiert. Zu Recht wird diesem Ansatz Verfassungswidrigkeit vorgeworfen, da der Einsatz strafbegründenden Gewohnheitsrechts gegen Art. 103 Abs. 2 GG verstößt. Zutreffend lehnt deswegen eine stärker werdende Meinungsgruppe die actio libera in causa ab (NK/*Paeffgen*, Vor § 323a

§ 38. Vollrausch 305

Rn. 1 ff.; *Hruschka* JZ 1997, 22; *Kunz* JuS 1996, 39, 40; *Rönnau* JA 1997, 707, 716; *Salger/Mutzbauer*, NStZ 1993, 561).

Prüfung actio libera in causa

Bei der Lösung von Prüfungsaufgaben empfiehlt es sich, zunächst die Rauschtat zu prüfen, auf der Schuldebene die Schuldunfähigkeit (oder deren Nichtausschließbarkeit) festzustellen, bei entsprechenden Angaben im Sachverhalt sodann das Vorliegen einer (vorsätzlichen oder fahrlässigen) actio libera in causa zu prüfen und anschließend zu § 323a zu wechseln:

I. Prüfung des Straftatbestandes bzgl. der Rauschtat, z.B. § 212, Totschlag
  1. Tatbestand
  2. Rechtswidrigkeit
  3. Schuld
     a) § 20: Schuldfähigkeit zum Zeitpunkt der unmittelbaren Tatbestandsverwirklichung (–)
     b) Prüfung der actio libera in causa
        – vorsätzliches Herbeiführen der Schuldunfähigkeit
        – Vorsatz bzgl. der späteren Tat
        – Diskussion der Problematik der actio libera in causa
        – Entscheidung für einen Lösungsweg

Ablehnung	Ausnahmemodell	Tatbestandsmodell

– Schuld (–)
– Ergebnis: Strafbarkeit nach § 212 (–)
	– Ausnahme vom Erfordernis des zeitlichen Zusammentreffens von Tatbegehung und Schuldfähigkeit
	– Schuld (+)
	– Ergebnis: Strafbarkeit nach § 212 (+)
		– Schuld (–)
		– Strafbarkeit (–)
		II. Neuer Ansatz:
		Es kommt aber eine Strafbarkeit nach § 212 i.V.m. den Grundsätzen der actio libera in causa in Betracht.
		1. Tatbestand:
		  a) objektiver Tatbestand:
		    – Herbeiführung der Schuldunfähigkeit durch Sich-Berauschen
		    – die Tötung eines anderen Menschen
		  b) subjektiver Tatbestand
		    – Vorsatz bzgl. des Sichberauschens
		    – dabei schon Vorsatz bzgl. der Begehung der Rauschtat
		    – vorsätzliche Tötung eines anderen Menschen
		2. Rechtswidrigkeit
		3. Schuld: Beginn der Tat mit Herbeiführung der Schuldunfähigkeit, daher Schuldfähigkeit bei Beginn der Tat
		Ergebnis: Strafbarkeit nach § 212 i.V.m. den Grundsätzen der actio libera in causa (+)

II. § 323a	II. § 323a (–), da Rauschtat strafbar ist	III. § 323a (–), da Rauschtat strafbar ist

C. Täterschaft und Teilnahme, Versuch, Konkurrenzen, Strafzumessung sowie Verfolgbarkeit

23 § 323a ist ein eigenhändiges Delikt; mittelbare Täterschaft und Mittäterschaft sind daher nicht möglich (*Fischer*, § 323a Rn. 20; *Geppert*, Jura 2009, 40, 47). Die Möglichkeit der **Teilnahme**, welche ohnehin nur für den vorsätzlichen Vollrausch in Betracht kommt, wird zu Unrecht mit dem Argument abgelehnt, § 323a lege nur dem Täter die Pflicht zur Selbstkontrolle auf (*Lackner/Kühl*, § 323a Rn. 17). Die abweichende Auffassung macht – überzeugend – geltend, mit dem durch die Rauschtat als gefährlich erwiesenen „Sichberauschen" werde eine andere Rechtsgüter beeinträchtigende Tat bestraft, die durchaus von Dritten schuldhaft mitverursacht worden sein kann (MünchKomm/*Geisler*, § 323a Rn. 69 f.; Schönke/Schröder/*Sternberg-Lieben/Hecker*, § 323a Rn. 25; SK/*Wolters/Horn*, § 323a Rn. 20; *Fahl*, JuS 2005, 1076, 1081; *Schroeder*, JuS 2004, 312, 316). Das Problem wird vor allem bei der Frage nach der Möglichkeit der Teilnahme des Gastwirts an Taten seiner Kunden relevant.

> **Beachte:** Mittäterschaft und Teilnahme an der Rauschtat selbst sind stets nach allgemeinen Regeln möglich.

24 Während eine versuchte Rauschtat als objektive Bedingung der Strafbarkeit ausreicht (vgl. Rn. 21), ist ein bloß versuchter Vollrausch nicht strafbar.

25 Kommt es innerhalb desselben Rauschs zu mehreren Rauschtaten, so liegt nur eine Tat nach § 323a vor (BGHSt 13, 223, 224 f.; *Wessels/Hettinger* Rn. 1040). Die vorsätzliche actio libera in causa (vgl. Rn. 23 Vertiefungs- und Aufbauhinweis) schließt schon den Vollrauschtatbestand aus.

> **Vertiefungshinweis:** Probleme können bei den Konkurrenzen zwischen der Bestrafung eines Fahrlässigkeitsdelikts und § 323a auftreten. Uneinheitlich ist die Lösung, wenn der Täter fahrlässig nicht bedenkt, dass er im betrunkenen Zustand jemanden verletzen könnte und im Zustand der Schuldunfähigkeit sodann eine vorsätzliche Körperverletzung begeht. Zutreffend wird für Erfolgsdelikte die Konstruktion einer fahrlässigen actio libera in causa für überflüssig gehalten, da es für die Fahrlässigkeitsschuld charakteristisch ist, an eine dem Erfolg vorgelagerte Sorgfaltswidrigkeit, z.B. die Defektherbeiführung, anzuknüpfen, so dass sich auch ohne die Grundsätze der actio libera in causa eine Strafbarkeit an dem Berauschen festmachen kann (BGHSt 42, 235; *Joecks*, § 323a Rn. 34; *Otto*, AT, § 13 Rn. 30 ff., *Paeffgen*, ZStW 1997 [1985], 513, 524). Für das Verhältnis zwischen der Fahrlässigkeitstat und § 323a wird teilweise vertreten, dass hier neben die Bestrafung aus dem fahrlässigen Delikt noch die Strafbarkeit aus § 323a wegen des Vorsatzdelikts tritt (*Joecks*, § 323a Rn. 34; *Roxin*, AT, § 20 Rn. 76; vgl. auch *Lackner/Kühl*, § 323a Rn. 19 für die Ahndung des Fahrlässigkeitsdelikts über die Grundsätze der actio libera in causa).

> So wird verhindert, dass die Bestrafung wegen des Vorsatzdelikts verdrängt wird durch die Bestrafung eines „nur" fahrlässigen Delikts. Soweit dagegen vorgebracht wird (*Rath*, JuS 1995, 405, 413 Fn. 80; vgl. auch *Horn*, StV 1997, 266), der Wortlaut des § 323a verhindere eine solche Differenzierung, vermag dies nicht zu überzeugen, denn wegen „dieser Tat" (hier nicht im prozessualen Sinne gemäß § 264 StPO gemeint), nämlich der Vorsatztat, kann der Täter eben nicht bestraft werden, weswegen für die Subsidiaritätsklausel kein Raum ist.

Bei der Strafzumessung ist § 323a Abs. 2 zu beachten. Danach darf die Strafe für den Vollrausch nicht schwerer sein als die Strafe, die für die im Rausch begangene Tat angedroht ist. Bei der Bemessung der Strafe kommt es allein auf das Verschulden bzgl. des Sichberauschens an (*Lackner/Kühl*, § 323a Rn. 16). Bei der erforderlichen Gesamtabwägung dürfen allerdings Schwere und Auswirkungen der Rauschtat als Kriterien verwendet werden (BGHSt 16, 124, 127 – „Volltrunkenheitsfall"; *BGH* NStZ-RR 1997, 300), aber nicht solche Tatumstände, deren Schweregrad gerade auf den Rauschzustand des Täters zurückzuführen sind (*BGH* NStZ-RR 1997, 300; vgl. auch *Schäfer/Sander/van Gemmeren*, Rn. 935 f.) **26**

§ 323a Abs. 3 verweist hinsichtlich der Strafanträge und anderer Strafverfolgungsvoraussetzungen auf die für die Rauschtat geltenden Anforderungen. **27**

D. Kontrollfragen

1. Kann ein Rausch i.S.d. § 323a Abs. 1 auch vorliegen, wenn die Schuldunfähigkeit des Täters ebenso wenig ausgeschlossen ist wie seine uneingeschränkte Schuldfähigkeit? → Rn. 4ff.
2. Auf was muss sich bei § 323a Vorsatz oder Fahrlässigkeit beziehen? → Rn. 14f.
3. Wie wirkt sich ein rauschbedingter Tatbestandsirrtum hinsichtlich der Rauschtat bei § 323a aus? → Rn. 20
4. Macht sich der Täter nach § 323a strafbar, der vom Versuch der Rauschtat freiwillig zurücktritt? → Rn. 21
5. Ist Teilnahme an § 323a möglich? → Rn. 23

Aufbauschema (§ 323a)

1. Tatbestand
   a) Objektiver Tatbestand
      – Sichberauschen
      – Infolgedessen zumindest nicht ausschließbare Schuldunfähigkeit

b) Subjektiver Tatbestand
– Vorsatz
– Ggf. Fahrlässigkeit
c) Objektive Bedingung der Strafbarkeit
– Rechtswidrige Tat, die (nur) infolge nicht ausschließbarer Schuldunfähigkeit nicht bestraft werden kann
2. Rechtswidrigkeit (des Vollrauschs)
3. Schuld

Empfehlungen zur vertiefenden Lektüre:
Leitentscheidungen: BGHSt 16, 124 – „Volltrunkenheitsfall"; BGHSt 18, 235 – „Zechprellerfall"; BGHSt 32, 48 – „Lichtmastfall"; BGHSt 43, 66 – „Obdachlosenunterkunftsfall"; *BGH* NStZ-RR 2001, 15 – „Liebesbeziehungsfall".

Aufsätze: *Fahl*, Der strafbare Vollrausch (§ 323a), JuS 2005, 1076; *Geppert*, Die Volltrunkenheit (§ 323a StGB), Jura 2009, 40; *Renzikowski*, Die Verschärfung des § 323a StGB – Preisgabe des Schuldprinzips, ZStW 112 (2000), 475; *Rönnau*, Grundstruktur und Erscheinungsformen der actio libera in causa, JA 1997, 599, *ders.*, Dogmatisch-konstruktive Lösungsmodelle zur actio libera in causa, JA 1997, 707; *Schweinberger*, Actio libera in causa: Folgeprobleme des herrschenden Tatbestandsmodell, JuS 2006, 507; *Streng*, „actio libera in causa" und Vollrauschstrafbarkeit – rechtspolitische Perspektiven, JZ 2000, 20.

Übungsfälle: *Bindzus/Ludwig*, Der praktische Fall – Strafrecht: Altruismus und seine Folgen", JuS 1998, 1123; *Hohmann*, Der praktische Fall – Strafrecht: Ein Familiendrama, JuS 1995, 135; *Kunz*, Der praktische Fall – Strafrecht: „Eine Schlägerei mit üblen Folgen", JuS 1996, 39; *Schroeder*, Übungsklausur – Strafrecht: Der Vollrausch, Jus 2004, 312; *Timpe*, Examensklausur Strafrecht: Das scharfe Brotmesser, JA 2010, 514.

§ 39. Unterlassene Hilfeleistung (§ 323c)

A. Grundlagen

1   Die Vorschrift soll mitmenschliche Solidarität in akuten Notlagen sichern (*Joecks*, § 323c Rn. 2; *Wessels/Hettinger*, Rn. 1042). Geschützt werden die in der jeweiligen Situation bedrohten Individualrechtsgüter (*BGH* NJW 2002, 1356, 1357; *Lackner/Kühl*, § 323c Rn. 1; *Geilen*, Jura 1983, 78).

Beachte: Die Tat ist ein **echtes Unterlassungsdelikt**; für seine Verwirklichung ist anders als bei unechten Unterlassungsdelikten keine Garantenstellung erforderlich (*Joecks*, § 323c Rn. 3; *Wessels/Hettinger*, Rn. 1042). Die Prüfung des § 323c ist bei entsprechender Fallgestaltung daher stets in Betracht zu ziehen, wenn eine Strafbarkeit wegen eines unechten Unterlassungsdelikts mangels Garantenstellung ausscheidet.

B. Tatbestand

I. Objektiver Tatbestand

1. Begründung der Hilfspflicht

Die jedermann treffende Hilfspflicht wird durch das Vorliegen eines Un- 2
glücksfalls, einer gemeinen Gefahr oder Not ausgelöst.

a) Unter **Unglücksfall** ist ein plötzliches Ereignis zu verstehen, das eine erhebliche Gefahr für Personen oder Sachen schafft oder zu schaffen droht (BGHSt 3, 65, 66; *Lackner/Kühl*, § 323c Rn. 2; *Geilen*, Jura 1983, 78, 79). Der Begriff der Plötzlichkeit darf dabei nicht zu eng ausgelegt werden (BGHSt – GS – 6, 147, 152 – „Selbsttötungsfall"), sie liegt vor, wenn zur Abwendung der Gefahren ein sofortiges Eingreifen geboten ist (SK/*Rudolphi/Stein*, § 323a Rn. 5 ff.; *Joecks*, § 323c Rn. 6). Zu den Unglücksfällen zählt auch ein überraschendes Ereignis, bei dem Schaden noch nicht angerichtet ist, aber ernste Gefahr unmittelbar droht, weil andernfalls unter Umständen die Hilfe zu spät kommen würde (BGHSt – GS – 6, 147, 152 – „Selbsttötungsfall").

Beispiele: Unfälle (BGHSt 11, 135); unmittelbar drohende Gewalttaten (BGHSt 3, 65); eine sich rasch verschlimmernde Krankheit kann ebenfalls zu einem Unglücksfall werden (BGHSt 17, 166 – „Arztfall"; *OLG Düsseldorf* NJW 1995, 799; *Wessels/Hettinger*, Rn. 1044); dies gilt jedoch nicht für eine sich langsam entwickelnde Erkrankung (*Lackner/Kühl*, § 323c Rn. 2); abgelehnt worden ist ein Unglücksfall auch für leichtere Verletzungen (BGHR StGB § 323c Unglücksfall 1; *BGH*, Beschluss vom 8. 8. 2001 – Az.: 2 StR 124/01).

Beachte: Es ist ohne Bedeutung, ob das Ereignis vorsätzlich, fahrlässig oder überhaupt schuldhaft herbeigeführt wird (*Wessels/Hettinger*, Rn. 1044).

Auch der Eintritt einer bloßen Sachgefahr genügt (BGHSt – GS – 6, 147, 3
152 – „Selbsttötungsfall"; *Lackner/Kühl*, § 323c Rn. 2; *Schönke/Schröder/ Cramer/Sternberg-Lieben*, § 323c Rn. 5; diff. *Wessels/Hettinger*, Rn. 1044: Schäden für Sachen von bedeutendem Wert; a.A. *Otto*, § 67 Rn. 4; *Seelmann*, JuS 1995, 284: Sachschäden sind nicht erfasst). Jedoch wird bei bloßen Sachgefahren die Abwägung, welche Hilfe zumutbar ist, zu einer restriktiven Anwendung des § 323c führen.

Umstritten ist die Frage, ob auch ein **Selbsttötungsversuch** (stets) als 4
Unglücksfall anzusehen ist, wie dies die Rechtsprechung annimmt (BGHSt – GS – 6, 147, 148 – „Selbsttötungsfall"; 32, 367, 375 – „Wittig-Fall"; vgl. aber *BGH* NStZ 1983, 117, 118).

Ein Teil der Literatur vertritt die gegenteilige Auffassung, nach der wegen 5
des Selbstbestimmungsrechts des Menschen grundsätzlich kein Unglücksfall

vorliegt (Maurauch/Schroeder/*Maiwald*, BT 2, § 55 Rn. 15; *Geppert*, Jura 2005, 39, 44).

6   Eine vermittelnde Position nimmt die h.L. ein. Sie hält frei verantwortliche Selbsttötungsversuche nicht für Unglücksfälle, wohl aber diejenigen, bei denen keine überlegte Entscheidung zugrunde liegt (*Fischer*, § 323c Rn. 5; *Lackner/Kühl*, § 323c Rn. 2; Schönke/Schröder/*Sternberg-Lieben/Hecker*, § 323c Rn. 7; *Geilen*, JZ 1974, 145; vgl. auch *BGH* NStZ 1983, 117, 118).

7   Angesichts des Umstands, dass nach empirischen Erkenntnissen die Mehrzahl der Selbsttötungsversuche von hilfsbedürftigen, verstörten Menschen und nicht von frei verantwortlichen Bilanzsuiziden unternommen wird (vgl. hierzu BGHSt 32, 367, 376 – „Wittig-Fall"), ist die vermittelnde Auffassung der h.L. vorzugswürdig. Sie vermeidet Wertungswidersprüche zu § 216 und wird zudem dem Ausnahmefall der Bilanzselbsttötung ebenso gerecht, wie der „Masse" der Fälle, in denen ein „Unglück" vorliegt (vgl. zur Problematik auch § 1 Rn. 20 f. und § 3 Rn. 12). Weil aber regelmäßig für denjenigen, der zu einem Selbsttötungsversuch hinzukommt, nicht erkennbar ist, ob dieser „frei verantwortlich" oder „nicht frei verantwortlich" ist (so auch *Wessels/Hettinger*, Rn. 60), kommt die h.L. zumeist zum selben Ergebnis wie die Rechtsprechung.

Vertiefungshinweis: Ob das Vorliegen eines Unglücksfalls aus der ex-post- (*Lackner/Kühl*, § 323c Rn. 2; *Joecks*, 3 323c Rn. 8; *Geppert*, Jura 2005, 42) oder ex-ante-Sicht (MünchKomm/*Freund*, § 323c Rn. 29, 41; *Rudolphi*, NStZ 1991, 238) zu beurteilen ist, ist umstritten. Da § 323c jedoch nicht das Vertrauen selbst, sondern nur Individualrechtsgüter schützen will, ist zutreffend mit der h.M. auf die ex-post-Sicht abzustellen. Beide Ansichten dürften aber kaum zu unterschiedlichen Endergebnissen kommen, da jedenfalls für die Erforderlichkeit der Hilfeleistung auf eine ex-ante-Sicht abzustellen ist (vgl. Rn. 10).

Beispiel: A sieht den blutüberströmten B an einer einsamen Bushaltestelle liegen. Ob B schon tot ist oder noch lebt und hilfebedürftig ist, ist für A nicht erkennbar. A geht weiter. Tatsächlich war B zu diesem Zeitpunkt schon tot. – Nach der h.M. liegt schon kein Unglücksfall vor, da B keine Gefahr mehr droht. Nach der a.A. liegt zwar ein Unglücksfall vor, jedoch ist Hilfe nicht mehr erforderlich (Rn. 10). Nach beiden Ansichten ist das Verhalten des A nicht tatbestandsmäßig.

8   **b) Gemeine Gefahr** wird wie bei § 243 Abs. 1 Satz 2 Nr. 6 definiert (*Fischer*, § 323c Rn. 7; zu den Details *Hohmann/Sander*, BT 1, § 1 Rn. 160). Unter **gemeiner Not** ist eine die Allgemeinheit betreffende Notlage zu verstehen, wie beispielsweise eine Überschwemmung (*Lackner/Kühl*, § 323c Rn. 3; *Wessels/Hettinger*, Rn. 1043).

2. Umfang der Hilfspflicht

Die Verpflichtung zur Hilfe, die durch das Vorliegen des Unglücksfalls usw. ausgelöst wird und deren Nichtleistung den Tatbestand ausmacht, findet objektive Grenzen in ihrer Erforderlichkeit und Zumutbarkeit (*Wessels/Hettinger*, Rn. 1045). **9**

a) Die Hilfeleistung muss **erforderlich** sein, d.h. – nach ex-ante-Beurteilung eines verständigen Beobachters (BGHSt 17, 166, 169 – „Arztfall"; *Lackner/Kühl*, § 323c Rn. 5; *Geppert*, Jura 2005, 39, 42) – eine Chance zur Schadensabwehr oder -begrenzung bieten (*Lackner/Kühl*, § 323c Rn. 5). Einem Verunglückten muss nur dann keine Hilfe geleistet werden, wenn diese von vornherein offensichtlich nutzlos wäre (BGHR StGB § 323c Konkurrenzen 1; *BGH* NStZ 2000, 414). **10**

> **Merke:** Besteht sichere Aussicht auf sofortige anderweitige ebenso geeignete Hilfe, entfällt daher die Pflicht zur Hilfeleistung (*Fischer*, § 323c Rn. 12).

Es kommt nicht darauf an, ob die Hilfe Erfolg hat oder haben kann (*BGH* NStZ 1985, 409, 410; 2000, 414; *Ranft*, JZ 1987, 914). Schmerzlindernde Hilfe muss auch bei unabwendbarem Tod geleistet werden. Allerdings ist sinnlose Hilfe nicht erforderlich, beispielsweise bei bereits eingetretenem oder sofort eintretendem Tod des Hilfsbedürftigen (BGHSt 14, 213, 216 – „Fahrerfluchtfall"; 32, 367, 381 – „Wittig-Fall"; BGHR StGB § 323c Konkurrenzen 1; *BGH* NStZ 2000, 414; *Lackner/Kühl*, § 323c Rn. 5; vgl. auch *BGH* NStZ 2008, 276). Sie muss rechtzeitig, in der Regel sofort oder möglichst schnell, geleistet werden (BGHSt 14, 213, 216 – „Fahrerfluchtfall") und wirksam, d.h. bestmöglich (BGHSt 21, 50, 54), sein. Besonderen Anforderungen unterliegen Ärzte, deren bessere Sachkenntnis Art und Umfang ihrer Hilfe maßgeblich bestimmen kann (BGHSt 2, 296; *Fischer*, § 323c Rn. 14; *Wessels/Hettinger*, Rn. 1047). **11**

> **Beispiel:** Arzt A passiert eine Verkehrsunfallstelle. Mehrere Passanten stehen um den erkennbar schwerverletzten B herum. A fährt weiter. Der hinter A fahrende Notar C hält ebenfalls nicht an. Tatsächlich verblutet B bis zum Eintreffen des Notarztwagens an der Unfallstelle, weil die unerfahrenen Ersthelfer seine Blutung nicht sachgerecht abbinden. – Während für C die Erforderlichkeit der Hilfeleistung in Ermangelung besonderen Könnens insoweit abzulehnen ist, gilt für A etwas anderes. Es bestand aus der Sicht eines verständigen Beobachters keine sichere Aussicht auf anderweitige ebenso geeignete Hilfe, wie sie A aufgrund seiner beruflichen Kenntnisse hätte leisten können.

> **Vertiefungshinweis:** Umstritten ist, ob eine Hilfeleistung erforderlich ist, wenn der in Gefahr Geratene diese ablehnt. Kann er über das gefährdete Rechtsgut verfügen, ist eine Verpflichtung zur Hilfeleistung mit der zutreffenden Ansicht zu verneinen (*BGH* bei Holtz MDR 1983, 279; *Joecks*, § 323c Rn. 21; *Lackner/Kühl*,

> § 323c Rn. 5; a.A. BGHSt – GS – 6, 147 – „Selbsttötungsfall"; 32, 367, 376 – „Wittig-Fall"; vgl. auch den Streitstand unter Rn. 4 ff.).

12 **b)** Die **Zumutbarkeit** der erforderlichen Hilfe ist ebenfalls objektives Tatbestandsmerkmal (BGHSt 17, 166, 170 – „Arztfall"; *Fischer*, § 323c Rn. 15, 20; Schönke/Schröder/*Sternberg-Lieben/Hecker*, § 323c Rn. 18, 26; SK/*Rudolphi/Stein*, § 323c Rn. 28; *Geilen*, Jura 1983, 138 [145]; a.A. LK/*Spendel*, § 323c Rn. 159; *Maurach/Schroeder/Maiwald*, BT 2, § 55 Rn. 24: Schuldmerkmal). Dies bestimmt sich nach einer objektiven Gesamtabwägung, in die namentlich die Gefährdung des Hilfsbedürftigen, eine eventuelle Gefährdung des zur Hilfe Verpflichteten, seine Beziehung zum Bedürftigen, seine Lage zum Unglücksort, seine Verwicklung in das Unglück und alle sonst bedeutsamen Faktoren einzubeziehen sind (BGHSt 11, 135, 136 f. – „Ehefraufall", wobei als Maßstab auf das „allgemeine Sittengesetz" abgestellt wird; *Lackner/Kühl*, § 323c Rn. 7; *Wessels/Hettinger*, Rn. 1048).

Beispiele: A macht eine Bergwanderung. Er trifft auf B, der nur unzureichend ausgerüstet unterwegs ist. A erkennt, dass B Erfrierungen erleiden wird, wenn er ihm nicht seine Handschuhe überlässt. Wegen der eisigen Temperaturen fürchtet er allerdings, ohne Handschuhe selbst Schaden zu nehmen und behält sie deswegen für sich. – Die Überlassung der Handschuhe war A nicht zumutbar.

Bergwanderer C trifft ebenfalls auf den sich immer noch in der misslichen Lage befindlichen B. C hat noch ein zweites Paar Handschuhe in seinem Rucksack, will dieses aber B nicht geben, weil er wegen dessen blutenden Handverletzungen befürchtet, dass seine teuren Handschuhe „ruiniert" werden. – Auch wenn man in Rechnung stellt, dass B sein Unglück eigenverantwortlich verursacht hat, wäre C die Übergabe seiner Handschuhe zumutbar gewesen.

13 Die Zumutbarkeit entfällt regelmäßig nicht allein deshalb, weil der Hilfspflichtige sich durch die Hilfe der Gefahr der eigenen Strafverfolgung aussetzt (BGHSt 11, 135; 39, 164, 165; *Joecks*, § 323c Rn. 27; a.A. *Rengier*, § 42 Rn. 15). Jedenfalls dann, wenn der Täter das Unglück fahrlässig (*Seelmann*, JuS 1995, 281, 286), durch Notwehr (*BGH* NStZ 1985, 501; *Lackner/Kühl*, § 323c Rn. 7; *Geppert*, Jura 2005, 39, 46;) oder gar vorsätzlich und schuldhaft herbeigeführt hat, entfällt die Zumutbarkeit nicht (BGHSt 39, 164, 165 – „Brandstiftungsfall"). Jedoch kann die Gefahr, einen Angehörigen durch die Hilfeleistung der Gefahr der Strafverfolgung auszusetzen, die Zumutbarkeit entfallen lassen (BGHSt 11, 135; *Fischer*, § 323c Rn. 16; a.A. SK/*Rudolphi/Stein*, § 323c Rn. 21). Letztlich ist dies aber aufgrund einer Gesamtabwägung für den Einzelfall zu entscheiden.

II. Subjektiver Tatbestand

Für den subjektiven Tatbestand ist zumindest bedingter Vorsatz erforderlich (BGHSt 5, 125, 126; *Lackner/Kühl*, § 323c Rn. 9). Bezüglich der Zumutbarkeit der Hilfeleistung reicht die Kenntnis der sie begründenden Umstände aus (*Fischer*, § 323c Rn. 20). Meint also ein Hilfspflichtiger aus tatsächlichen Gründen irrig, die Hilfe sei für ihn unzumutbar, so liegt ein Tatbestandsirrtum (§ 16) vor. 14

Beispiel: C hat im Fall Rn. 13 vergessen, dass er ein zweites Paar Handschuhe dabei hat. – Irrtum über ein Merkmal des objektiven Tatbestands und daher keine Strafbarkeit nach § 323c.

C. Täterschaft und Teilnahme, Versuch sowie Konkurrenzen

Für Täterschaft und Teilnahme gelten die allgemeinen Regeln (§§ 25 ff.; vgl. LK/*Spendel*, § 323c Rn. 177 ff.). 15

Der Versuch ist nicht strafbar. Die Tat ist nach der Rechtsprechung bereits **vollendet**, wenn der Täter die erste Möglichkeit zur Hilfeleistung ungenutzt lässt (vgl. BGHSt 14, 213, 217; 21, 55; 38, 356, 360; *Fischer*, § 323c Rn. 22; a.A. *Geilen*, Jura 1983, 147; SK/*Rudolphi/Stein*, § 323c Rn. 29: Vollendung erst mit endgültigem Versäumen der Rettungsmöglichkeit; diff. *Joecks*, § 323c Rn. 17: Vollendung, wenn sich die Verzögerung negativ für das Opfer auswirkt). Der Rechtsprechung folgend, will eine Ansicht in der Literatur wegen des sehr frühen Vollendungszeitpunkts die Vorschriften zur tätigen Reue analog anwenden (*Lackner/Kühl*, § 323c Rn. 11; MünchKomm/*Freund*, § 323c Rn. 122; Schönke/Schröder/*Sternberg-Lieben/Hecker*, § 323c Rn. 27), was aber wegen des fehlenden Anhalts im Gesetz abzulehnen ist (vgl. BGHSt 14, 213, 217 – „Fahrerfluchtfall"). 16

Ist der Unglücksfall durch ein Delikt des Hilfspflichtigen herbeigeführt worden, so verdrängt dieses den subsidiären § 323c (BGHSt 3, 65, 68; *Fischer*, § 323c Rn. 23). Bleibt indes unaufklärbar, ob der Täter an der Straftat, die den Unglücksfall herbeigeführt hat, beteiligt war, kann der Täter wegen unterlassener Hilfeleistung bestraft werden (BGHSt 39, 164, 166 – „Brandstiftungsfall"; *BGH* NJW 2002, 1356; vgl. auch *BGH* NStZ 2009, 286). Dies gilt auch dann, wenn dem Verletzten noch ein vom Vorsatz des Täters nicht umfasster weiterer Schaden droht (BGHSt 14, 282, 284 f.; BGHR StGB § 323c Konkurrenzen 1). Die §§ 138 und 221 gehen als spezieller vor (Schönke/Schröder/*Sternberg-Lieben/Hecker*, § 323c Rn. 33). Tateinheit (§ 52) kommt oft mit § 142 und 315b in Betracht (*Fischer*, § 323c Rn. 23). 17

D. Kontrollfragen

1. Was unterscheidet § 323c von einem unechten Unterlassungsdelikt? → Rn. 1
2. Kommt ein Selbsttötungsversuch als „Unglücksfall" i.S.d. § 323c in Betracht? → Rn. 4 ff.
3. Nach welchem Maßstab beurteilt sich, ob die Hilfe erforderlich ist? → Rn. 10
4. Muss die Hilfeleistung Aussicht auf Erfolg haben? → Rn. 11

Aufbauschema (§ 323c)

1. Tatbestand
   a) Objektiver Tatbestand
      – Unglücksfall, gemeine Gefahr oder Not
      – Unterlassen der erforderlichen und zumutbaren Hilfe
   b) Subjektiver Tatbestand
      – Vorsatz
2. Rechtswidrigkeit
3. Schuld

Empfehlungen zur vertiefenden Lektüre:
Leitentscheidungen: BGHSt – GS – 6, 147 – „Selbsttötungsfall"; BGHSt 11, 135 – „Ehefraufall"; BGHSt 14, 213 – „Fahrerfluchtfall"; BGHSt 17, 166 – „Arztfall"; BGHSt 32, 367 – „Wittig-Fall"; BGHSt 39, 164 – „Brandstiftungsfall".

Aufsätze: *Geppert*, Die unterlassene Hilfeleistung, Jura 2005, 39; *Kargl*, Unterlassene Hilfeleistung (§ 323c). Zum Verhältnis von Recht und Moral, GA 1994, 247; *Seelmann*, „Unterlassene Hilfeleistung" – oder Was darf Strafrecht?, JuS 1995, 281; *Scheffler*, Zur Strafbarkeit von Gaffern, NJW 1995, 232; *Schmitt*, Der Arzt und sein lebensmüder Patient, JZ 1984, 866.

Übungsfälle: *Eidam*, Klausur – Strafrecht: Sprühaktion mit Folgen, JA 2010, 601; *Freund*, Der praktische Fall – Strafrecht: Spritztour mit dem ultra krassem 3er BMW, JuS 2001, 475; *Lindheim/Uhl*, Hausarbeit – Strafrecht: Familiäre Tragödie, JA 2009, 783.

Kapitel 12. Besondere Strafverfolgungsvoraussetzungen

§ 40. Strafantrag und besonderes öffentliches Interesse an der Strafverfolgung

A. Grundlagen

Im ersten Staatsexamen bestehen bei der Prüfung von Strafantrag und besonderem öffentlichen Interesse angesichts der zumeist vorhandenen Vorgabe, alle ggf. erforderlichen Strafanträge seien gestellt, kaum Probleme (vgl. *Hohmann/Sander*, BT 1, § 21 Rn. 1). **1**

Im zweiten Staatsexamen ist zu differenzieren. Bei einem **absoluten** Antragsdelikt (vgl. Rn. 5) ist das Vorliegen eines wirksamen Strafantrags bereits eingangs zu prüfen. Fehlt ein solcher, ist die Prüfung der tatbestandlichen Voraussetzungen des Delikts nicht mehr erforderlich (vgl. *Hohmann/Sander*, BT 1, § 21 Rn. 2). Bei einem **relativen** Antragsdelikt (vgl. Rn. 10ff.) kann die Staatsanwaltschaft einen fehlenden Strafantrag durch die Annahme des besonderen öffentlichen Interesses an der Strafverfolgung ersetzen. Dieses kann jedoch erst geprüft werden, wenn das Ausmaß des dem Beschuldigten zuzurechnenden Unrechts feststeht. Das Vorhandensein und die Wirksamkeit des Strafantrags oder seine Ersetzung sind deshalb erst nach der Bejahung von Tatbestand, Rechtswidrigkeit und Schuld zu untersuchen (vgl. *Hohmann/Sander*, BT 1, § 21 Rn. 3). **2**

B. Besondere Strafverfolgungsvoraussetzungen

Der Kreis der Antragsberechtigten bestimmt sich grundsätzlich gemäß den §§ 77 und 77a (zum Übergang des Antragsrechts vgl. Rn. 10; zu Einzelheiten *Hohmann/Sander*, BT 1, § 21 Rn. 4ff.). **3**

> **Merke: Verletzter** im Sinne des § 77 Abs. 1 ist derjenige, in dessen durch den Straftatbestand geschützten Rechtskreis der Täter unmittelbar eingegriffen hat bzw. eingreifen wollte (*BGH* NStZ 2000, 596; vgl. auch *Hohmann/Sander*, BT 1, § 21 Rn. 4).

Für einen Minderjährigen sind grundsätzlich nur beide Elternteile gemeinsam antragsberechtigt, sofern nicht einem allein das Sorgerecht zugewiesen ist (*BGH* NStZ-RR 2008, 339). Ein gestellter Antrag kann zurückgenommen werden (§ 77d), so dass es jedenfalls bei einem absoluten Antragsdelikt an der Strafverfolgungsvoraussetzung fehlt und die Tat nicht geahndet werden kann.

4   Für die Stellung des Antrags gelten die Fristen aus § 77b. Die danach grundsätzlich maßgebliche **Dreimonatsfrist** beginnt mit dem Ablauf des Tages, an dem der Antragsberechtigte Kenntnis von der Tat und der Person des Täters erlangt hat, § 77 Abs. 2 S. 1. Bei einer versuchten Tat ist insoweit die Kenntnis von der letzten auf den Tatbestandserfolg gerichteten Handlung maßgebend (*BGH* NStZ 2008, 411). Dabei kommt es nicht auf die Gewissheit hinsichtlich sämtlicher Einzelheiten des strafrechtlichen Geschehens an, sondern lediglich auf das Wissen von Tatsachen, die einen Schluss auf die wesentlichen Tatumstände und den Täter zulassen (BGHSt 44, 209, 212).

C. Absolute Antragsdelikte

5   Die Verfolgung des Hausfriedensbruchs – nicht aber die des schweren Hausfriedensbruchs nach § 124 – setzt stets die Stellung eines Strafantrags voraus (§ 123 Abs. 2). Antragsberechtigt ist der Inhaber des Hausrechts (*Fischer*, § 123 Rn. 44), insbesondere der Mieter einer Wohnung, nicht aber ein Besucher (*BGH*, Beschluss vom 14. 9. 1993, Az.: 5 StR 541/93).

6   Die Beleidigungsdelikte (§§ 185 bis 189) sind nach § 194 Abs. 1 Satz 1 grundsätzlich nur auf Antrag verfolgbar (*Fischer*, § 194 Rn. 2). Bei einer Beleidigung unter einer Kollektivbezeichnung (vgl. § 14 Rn. 12) ist jeder durch sie Gekränkte für sich selbst antragsberechtigt (*Fischer*, § 194 Rn. 3; zum Übergang des Antragsrechts s. § 194 Abs. 1 Satz 5).

7   Jedoch handelt es sich bei den §§ 185 ff. nur um „**eingeschränkte** absolute" Antragsdelikte. Denn für die in § 194 Abs. 1 Satz 2 näher beschriebenen öffentlich begangenen Beleidigungen wird von der Notwendigkeit eines Strafantrags abgesehen (BGHSt 40, 97, 103). Diese Ausnahmeregelung soll die Ahndung des Leugnens des unter der Herrschaft des Nationalsozialismus oder anderer Gewalt- und Willkürherrschaft begangenen Unrechts erleichtern (Schönke/Schröder/*Lenckner*, § 194 Rn. 4). Allerdings können die von solchen Taten betroffenen Verletzten der Verfolgung widersprechen (§ 194 Abs. 1 Satz 3).

8   Ist das Andenken eines Verstorbenen verunglimpft (§ 189), so steht das Recht, den erforderlichen Strafantrag zu stellen, den Angehörigen des Verstorbenen zu (§ 194 Abs. 2 S. 1). Sind keine Angehörigen vorhanden, kann die Tat nur unter den Voraussetzungen des § 194 Abs. 2 S. 2 verfolgt werden, die denen des § 194 Abs. 1 S. 2 ähneln (vgl. Rn. 7).

§ 40. Strafantrag und besonderes öffentliches Interesse   317

Die Beleidigung eines Amtsträgers, für den öffentlichen Dienst besonders 9
Verpflichteten oder Soldaten der Bundeswehr während der Ausübung des
Dienstes oder mit Bezug auf diesen kann nicht nur auf dessen, sondern auch
auf Antrag des Dienstvorgesetzten verfolgt werden (§ 194 Abs. 3 Satz 1).

> **Vertiefungshinweis:** Richtet sich die Tat gegen Gesetzgebungsorgane von Bund
> oder Ländern bzw. gegen eine politische Körperschaft als Ganzes (*Fischer*, § 194
> Rn. 14), ist nach § 194 Abs. 4 anstelle des Strafantrags eine Ermächtigung der Körperschaft für die Strafverfolgung erforderlich. Politische Körperschaften sind etwa
> Kreistage und Stadtverordnetenversammlungen (Schönke/Schröder/*Lenckner*, § 194
> Rn. 18), nicht aber politische Parteien (*OLG Düsseldorf* NJW 1966, 1235; SK/*Rudolphi/Rogall*, § 194 Rn. 25) oder die Bundesregierung (*Fischer*, § 194 Rn. 13).

D. Relative Antragsdelikte

Die vorsätzliche und die fahrlässige Körperverletzung (§§ 223 und 229) 10
sind – anders als Taten nach den §§ 224 bis 227, die von Amts wegen verfolgt
werden – relative Antragsdelikte (§ 230 Abs. 1 S. 1). Stirbt ein Verletzter vor
der Antragstellung, geht das Antragsrecht (nur) in den Fällen des § 223 auf
dessen in § 77 Abs. 2 bezeichnete Angehörige über (§ 230 Abs. 1 S. 2). Für
verletzte Amtsträger, dem öffentlichen Dienst besonders Verpflichtete und
Soldaten der Bundeswehr gilt gemäß § 230 Abs. 2 eine § 194 Abs. 3 entsprechende Regelung (vgl. Rn. 9).

Fehlt der Strafantrag, kann die Staatsanwaltschaft nach § 230 Abs. 1 Satz 1 11
statt dessen das besondere öffentliche Interesse an der Strafverfolgung annehmen. Kriterien für dessen Bejahung sind u.a. einschlägige Vorstrafen des
Täters, besonders rohes oder leichtfertiges Handeln oder die Verursachung
erheblicher Verletzungen (vgl. Nr. 234 Abs. 1 RiStBV). Bei einer Kindesmisshandlung wird das besondere öffentliche Interesse grundsätzlich zu bejahen
sein (vgl. Nr. 235 Abs. 2 RiStBV).

Bestechlichkeit und Bestechung im geschäftlichen Verkehr (§ 299; vgl. vor 12
§ 28) sind ebenfalls relative Antragsdelikte (§ 301 Abs. 1; vgl. auch Nr. 242a
RiStBV; zur rückwirkenden Änderung vom absoluten zum relativen Antragsdelikt nach Ablauf der Strafantragsfrist vgl. BGHSt 46, 310). Neben dem
Verletzten – z.B. Mitbewerbern – steht das Antragsrecht gemäß § 301 Abs. 2
hier auch rechtsfähigen Verbänden zur Förderung öffentlicher Interessen, Industrie- und Handelskammern sowie Handwerkskammern, aber auch solchen Gewerbetreibenden, die Waren oder gewerbliche Leistungen gleicher
Art vertreiben (§ 301 Abs. 2 i.V.m. § 8 Abs. 3 Nr. 1, 2 und 4 UWG), zu.

> **Vertiefungshinweis:** Zum Strafantragserfordernis gemäß § 119 Abs. 2 Betriebsverfassungsgesetzes vgl. BGHSt 54, 148.

E. Kontrollfragen

1. Wer kann einen wirksamen Strafantrag stellen? → Rn. 3 und 10
2. In welchen Fällen geht das Antragsrecht nach dem Tode des Verletzten über? → Rn. 10

Empfehlungen zur vertiefenden Lektüre:

Übungsfälle: *Brunner*, Folgenreiche Zechtour, JA 2003, 152; *Kroiß*, (Original-)Assessorexamensklausur – Strafrecht: Plädoyer des Verteidigers, JuS 2005, 256; *Meurer/Staufenbiel*, Das materiellrechtliche Gutachten in der staatsanwaltschaftlichen Abschlussverfügungsklausur, JA 2005, 210.

Anhang: Musterklausuren mit Lösung

Die Lösungen zu den beiden Klausuren sind den Hinweisen nachgebildet, die Korrekturassistenten an den Universitäten oftmals erhalten. Sie unterscheiden sich teilweise in Art und Aufbau, um hier die mögliche Bandbreite solcher Hinweise aufzuzeigen.

Klausur 1: Teuflischer Tanz in den Mai

Sachverhalt

Die Familien Müller (M) und Schmidt (S) haben sich als Bewohner eines Doppelhauses über die Jahre zunehmend verfeindet. Herr S nimmt Anstoß an den zahlreichen Grillparties der Familie M, Frau M findet keinerlei Gefallen an der Gartengestaltung der Familie S. Über den Zaun hinweg kommt es immer wieder zu heftigen Wortgefechten. Das „Tanz in den Mai"-Fest der Familie M macht für Herrn und Frau S das Maß voll.

Gegen 2 Uhr früh erscheint Herr S bewaffnet mit einem Kleinkalibergewehr am Gartenzaun und brüllt: „In fünf Minuten ist Schluss oder es knallt". Frau S greift sich einen am Zaun plazierten Gartenzwerg und schleudert ihn gezielt auf Frau M. Frau M wird am Kopf getroffen und sinkt mit einer Platzwunde und Gehirnerschütterung bewusstlos zu Boden.

Daraufhin rast Herr M in höchster Erregung mit den Worten „Ich mach Dich alle" auf den Zaun zu. Als Herr M sich anschickt, den Zaun zu übersteigen, gibt Herr S ohne weitere Vorwarnung einen gezielten Schuss auf den Brustkorb des Herrn M ab. Dieser M stürzt auf den Zaun und bleibt dort mit einer – von Herrn S zutreffend als lebensgefährlich eingeschätzten – Schussverletzung hängen.

Nun richtet Herr S seine Waffe auf die Partygäste der Familie M und verkündet „Wenn einer Hilfe holen will, schieße ich". Bis die erst durch andere Nachbarn alarmierte Polizei und ein Notarzt eintreffen, vergehen ca. fünf Minuten. In dieser Zeit verblutet Herr M. Bei sofortigem Notruf hätte er gerettet werden können. Frau S hatte das Verhalten ihres Mannes nach dem Schuss lautstark u.a. mit den Worten „Ja, lass das Schwein verbluten" angefeuert.

Wie haben sich Herr (H) und Frau (F) S strafbar gemacht?

Lösung

Bei der Frage des Prüfungsaufbaus ist zu beachten, dass sich das Verhalten der Beteiligten als Aktion und Reaktion darstellt und wechselseitige Beteiligungen in Betracht kommen. Naheliegend ist es daher, den Sachverhalt in zwei Abschnitte einzuteilen, innerhalb derer jeweils nach der Strafbarkeit der Beteiligten differenziert wird. Daneben bleibt – wie regelmäßig – ein sich an der Chronologie der Ereignisse orientierender Aufbau möglich, ist aber wegen der dargelegten Besonderheiten des Falls nicht vorzugswürdig.

Erster Sachverhaltsabschnitt: Vor dem Schuss

I. Strafbarkeit der F

1. §§ 212 Abs. 1, 22

Auch wenn sich F im weiteren Geschehensverlauf hinsichtlich des Todes des M wohlwollend äußert, lässt sich dem Sachverhalt zum Zeitpunkt des Werfens des Gartenzwergs auf Frau M angesichts der in Bezug auf die Tötung eines anderen Menschen anzunehmenden hohen Hemmschwelle wohl kein (wenigstens bedingter) Tötungsvorsatz annehmen, auch wenn man in die Betrachtung einbezieht, dass Angriffe gegen den Kopf häufig besonders gefährlich sind (vgl. § 1 Rn. 12 f.). Wer anders entscheidet, hat einen Rücktritt (§ 24) zu erwägen.

2. §§ 223 Abs. 1, 224 Abs. 1 Nr. 2, 4 und 5

F könnte sich wegen gefährlicher Körperverletzung zum Nachteil der Frau M strafbar gemacht haben, indem sie auf diese den Gartenzwerg schleuderte und diese am Kopf traf.

Der Taterfolg ist sowohl in Form einer Gesundheitsbeschädigung als auch in Form einer körperlichen Misshandlung eingetreten, denn Frau M hat eine Platzwunde und eine Gehirnerschütterung erlitten.

Diese Körperverletzung ist zudem i.S.d. § 224 Abs. 1 Nr. 2 mittels eines gefährlichen Werkzeugs, d.h. eines solchen, das nach seiner objektiven Beschaffenheit und nach Art der Benutzung im konkreten Fall erhebliche Verletzungen herbeizuführen geeignet ist, sowie mittels einer das Leben gefährdenden Behandlung (§ 224 Abs. 1 Nr. 5) begangen. Insofern genügt es, dass die konkrete Vorgehensweise derart gefährlich war, einer konkreten Lebensgefahr bedarf es dagegen nicht (vgl. oben § 6 Rn. 2 und 6; § 7 Rn. 18 ff., 30). Dem Sachverhalt lässt sich nicht hinreichend deutlich entnehmen, dass H insofern (als Gehilfe oder gar Mittäter) beteiligt war, so dass § 224 Abs. 1 Nr. 4 nicht erfüllt ist.

F handelte naheliegend mit direktem Vorsatz sowohl bezüglich der Körperverletzung selbst als auch hinsichtlich der qualifizierenden Merkmale. Jedenfalls aber bedingter Vorsatz wird insofern zu bejahen sein.

Rechtfertigungs- und Entschuldigungsgründe sind nicht ersichtlich.

3. Konkurrenzen

§ 223 Abs. 1 ist gegenüber den Qualifikationstatbeständen des § 224 Abs. 1 subsidiär.

II. Strafbarkeit des H

Es liegt nahe, diese Prüfung mit dem Delikt der versuchten Nötigung zum Nachteil der Gäste aufzunehmen. Hierbei kommt es auf die Beachtung des korrekten Versuchsaufbaus an.

1. §§ 240 Abs. 1 und 3, 22

Die Tat ist nicht vollendet. Die Versuchsstrafbarkeit ergibt sich aus § 240 Abs. 3. Der Tatentschluss des H ist darauf gerichtet, mit einem empfindlichen Übel zu drohen. Mit dem Satz „in fünf Minuten ist Schluss oder es knallt" will H das Ende der Feier erzwingen. Er stellt damit ein künftiges Übel (Schüsse) in Aussicht, auf dessen Eintritt er als Drohender Einfluss hat. Dieses Übel ist so erheblich, dass es die Bedrohten i.S.d. Täterwillens motivieren kann (vgl. oben § 12 Rn. 14). Mit dem Ausspruch der Drohung hat er auch unmittelbar zur Tatbestandsverwirklichung angesetzt.

Auf der Ebene der Rechtswidrigkeit ist am Maßstab des § 240 Abs. 2 die besondere Verwerflichkeitsprüfung durchzuführen, da es sich bei der Nötigung um einen sog. offenen Tatbestand handelt (vgl. § 12 Rn. 32ff.). Entschuldigungsgründe sind nicht ersichtlich.

2. § 241 Abs. 1

Darüber hinaus erfüllt der Ausspruch der Drohung den objektiven und subjektiven Tatbestand des § 241 Abs. 1.

3. Konkurrenzen

Die Bedrohung wird jedoch auch von der nur versuchten Nötigung im Wege der Spezialität verdrängt.

Zweiter Sachverhaltsabschnitt: Der Schuss und seine Folgen

I. Strafbarkeit des H

1. § 212 Abs. 1

H könnte sich des Totschlags zum Nachteil des Herrn M strafbar gemacht haben, indem er mit dem Kleinkalibergewehr auf dessen Brustkorb geschossen hat.

Die Prüfung des zu bejahenden objektiven Tatbestandes kann kurz gehalten werden, da der Tod des M unzweifelhaft kausal auf dem Schuss beruht.

Angesichts der beträchtlichen Gefährlichkeit eines Schusses in den Brustkorb und damit in die Herzgegend ist jedenfalls ein bedingter Tötungsvorsatz zu bejahen. Unter Berücksichtigung des drohenden Vorverhaltens des H wird auch ein direkter Vorsatz angenommen werden können.

H könnte gemäß § 32 gerechtfertigt sein, wenn seine Tat durch Notwehr geboten war.

Voraussetzung dafür ist zunächst das Vorliegen einer Notwehrlage, welche durch einen gegenwärtigen, rechtswidrigen Angriff begründet wird. Ein Angriff ist jede durch menschliches Verhalten drohende Verletzung rechtlich geschützter Interessen. Indem Herr M hier mit den Worten „ich mach Dich alle" auf den Zaun zu rast, hinter dem H steht, liegt ein Angriff auf dessen körperliche Integrität vor oder steht zumindest unmittelbar bevor. Dieser ist daher auch unzweifelhaft gegenwärtig.

Jedoch reagierte M hierdurch auf den rechtswidrigen Angriff des H, nämlich die noch andauernde versuchte Nötigung. Da sich H dabei einer Waffe bediente, wird eine körperliche Attacke durch M noch als geboten angesehen werden können. Auch wenn angesichts des aggressiven Ausrufs Zweifel an dem erforderlichen Verteidigungswillen bestehen können, wird die Annahme vorzugswürdig sein, dass M jedenfalls primär zu seiner Verteidigung handeln wollte.

Wer so entscheidet, muss bereits eine Notwehrlage des H verneinen. Wer diese als gegeben ansieht, muss letztlich zu dem Ergebnis kommen, dass der in den Brustkorb des M abgegebene Schuss jedenfalls nicht erforderlich war. Denn zwar ließ der Schuss die sofortige Beendigung des Angriffs erwarten, er war aber nicht das schonendste, d.h. am wenigsten schädliche oder gefährliche Mittel zur Erreichung des Abwehrerfolges. Unter mehreren gleich wirksamen Verteidigungsmöglichkeiten ist also diejenige zu wählen, die den geringsten Schaden anrichtet. Wirkt die Verteidigung (möglicherweise) tödlich, ist zunächst eine Androhung erforderlich. Gerade bei der gezielten Verwendung von Schusswaffen ist regelmäßig ein Warnschuss zu fordern. Allerdings braucht der Angegriffene sich nicht auf das Risiko einer ungenügenden Abwehrhandlung einzulassen. Entscheidend ist die konkrete „Kampfeslage". Diese hätte es – auch angesichts des noch zu überwindenden Zauns und trotz der Erregung des M – vorliegend erlaubt, einen Schuss anzudrohen oder zur Warnung abzugeben.

Die Tat des H war somit rechtswidrig.

Entschuldigungsgründe sind nicht ersichtlich.

2. § 211

Weiter kommt ein Mord in Betracht, wenn H aus niedrigen Beweggründen gehandelt hätte. Beweggründe sind niedrig, wenn sie als Motive einer Tötung nach allgemeiner sittlicher Anschauung verachtenswert sind und auf tiefster Stufe stehen (vgl. oben § 2 Rn. 69 ff.). H ist aus Ärger und Wut über die Feier seiner Nachbarn bewaffnet am Gartenzaun erschienen und hat infolgedessen auf Herrn M einen Schuss abgegeben, der zu dessen Tod geführt hat. Je nach Argumentation kann man dies angesichts des Missverhältnisses zwischen Anlass und Tat als Mordmerkmal der niedrigen Beweggründe bewerten, auch wenn Wut und Hass nur dann hinreichend sind, wenn sie ihrerseits auf einer niedrigen Einstellung des Täters beruhen (vgl. oben § 2 Rn. 72). Dies kann bei entsprechender Argumentation vorliegend dem Sachverhalt entnommen werden.

3. §§ 223 Abs. 1, 224 Abs. 1 Nr. 2, 4 und 5

Die genannten Tatbestände sind objektiv und subjektiv verwirklicht. Dies gilt hinsichtlich des § 224 Abs. 1 Nr. 4 allerdings nur, wenn man eine Beteiligung der F an dieser Tat bejaht (s. hierzu II. 1.; vgl. oben § 7 Rn. 29).

4. § 240 Abs. 1 und 2

H könnte sich einer weiteren Nötigung zum Nachteil der Gäste strafbar gemacht haben, indem er zu diesen – mit der Waffe drohend – sagte: „Wenn einer Hilfe holen will, schieße ich."

Eine Drohung mit einem empfindlichen Übel liegt vor (vgl. oben § 12 Rn. 14). H hat hierdurch sein Ziel, das Herbeiholen von Hilfe zu unterbinden, erreicht. An der Kausalität besteht ebenso wenig ein Zweifel wie an einem (zumindest) bedingt vorsätzlichen Handeln.

Die Tat ist rechtswidrig, wenn allgemeine Rechtfertigungsgründe fehlen und die Voraussetzungen des § 240 Abs. 2 erfüllt sind. Allgemeine Rechtfertigungsgründe sind nicht ersichtlich. Zu prüfen ist kurz, ob die Tat nach der Zweck-Mittel-Relation verwerflich ist. Verwerflich ist ein Zweck, der sozial unerträglich und in besonders hohem Maße zu missbilligen ist (vgl. oben § 12 Rn. 33 f.). Zweck der Handlung des H ist hier die Verhinderung lebensrettender Hilfe. Das Ziel als solches ist schon verwerflich. Die Tat ist rechtswidrig.

Entschuldigungsgründe sind nicht ersichtlich.

5. § 240 Abs. 1 und 2

a) Zudem liegt eine direkt vorsätzlich begangene vollendete Nötigung zum Nachteil des Herrn M vor, denn H hat M durch den Schuss und damit mit Gewalt davon abgehalten, den Zaun zu übersteigen.

Die am Maßstab des § 240 Abs. 2 vorzunehmende Prüfung der Rechtswidrigkeit kann knapp erfolgen.

6. § 323c

Auch § 323c ist vorsätzlich, rechtswidrig und schuldhaft erfüllt.

7. Konkurrenzen

Die §§ 223 ff., 323 c treten hinter der vollendeten Tötung (sei es § 212, sei es § 211) als subsidiäre Delikte zurück (vgl. oben § 1 Rn. 23). Unabhängig von dem Streit um das dogmatische Verhältnis von Mord und Totschlag (vgl. oben § 1 Rn. 1 f.), ist H im Ergebnis jedenfalls „nur" wegen § 211 zu bestrafen, sofern dessen Voraussetzungen bejaht worden sind. Hierzu steht die Nötigung des M in Tateinheit (§ 52), diejenige der Gäste in Tatmehrheit (§ 53).

Es ist nicht falsch, das Verhindern, Hilfe zu holen, gesondert zu prüfen. Die insofern in Betracht kommende Tötung durch Unterlassen tritt jedoch hinter dem zuvor abgegebenen Schuss zurück, da auf diesem der Schwerpunkt der Vorwerfbarkeit, also im aktiven Tun liegt.

II. Strafbarkeit der F

Je nachdem, ob als Haupttat ein Mord oder ein Totschlag angenommen wurde, kommt nur dementsprechende Beihilfe in Betracht. Im ersten Fall müsste auch bei F das Mordmerkmal der niedrigen Beweggründe wie bei H angenommen werden.

1. §§ 211, 212, 27

F könnte sich einer Beihilfe zum Tötungsdelikt zum Nachteil des Herrn M strafbar gemacht haben, indem sie H mit den Worten "Ja, lass das Schwein verbluten" anfeuerte.

Die vorsätzliche, rechtswidrige Haupttat ist der Totschlag bzw. Mord des H.

F müsste hierzu Beihilfe geleistet haben. Beihilfeleisten ist das Fördern der Haupttat. Umstritten ist hierbei, ob der Gehilfenbeitrag für den Erfolg der Haupttat ursächlich gewesen sein muss. Eine Ansicht verlangt, dass die Beihilfehandlung conditio sine qua non für den Erfolg der Haupttat gewesen sein soll. Wer dieser Ansicht folgt, muss bereits an dieser Stelle eine Beihilfe verneinen. Nach anderer – wohl herrschender und vorzugswürdiger – Ansicht soll es genügen, wenn die Haupttat als solche durch den Gehilfenbeitrag irgendwie gefördert worden ist. Dieser Ansicht nach liegt vorliegend eine Beihilfehandlung vor, da F durch ihre Worte die Tat ihres Mannes zumindest psychisch gefördert hat. Wer dies unter dem Gesichtspunkt der sukzessiven Teilnahme verneint, hat sich der Frage zuzuwenden, ob F eine Beihilfe zu einem durch Unterlassen verwirklichten Tötungsdelikt ihres Mannes geleistet hat.

Subjektiv müsste F Vorsatz gehabt haben bezüglich der Vollendung der Haupttat und bezüglich ihrer Beihilfehandlung. Beides kommt unzweifelhaft in ihrem Ausspruch zum Ausdruck. Ggf. werden auch bei ihr niedrige Beweggründe angenommen werden können.

Rechtswidrigkeit und Schuld werfen keine bedeutsamen Fragen auf.

2. §§ 223 Abs. 1, 224 Abs. 1 Nr. 2, 4 und 5, 27

Auch hinsichtlich der §§ 223 Abs. 1, 224 Abs. 1 Nr. 2, 4 und 5 ist Beihilfe (§ 27) anzunehmen.

3. § 323c

F könnte sich ferner der unterlassenen Hilfeleistung strafbar gemacht haben, indem sie Herrn M trotz seiner Schussverletzung nicht geholfen hat.

Hierin müsste ein Unglücksfall liegen. Darunter versteht man ein plötzliches äußeres Ereignis, das eine erhebliche Gefahr für Personen oder Sachen bringt oder zu bringen droht (vgl. oben § 39 Rn. 2). Dies ist für die Schussverletzung zu bejahen.

Die unterlassene Hilfe müsste erforderlich gewesen sein. Das ist angesichts der nach wenigen Minuten zum Tod führenden Verletzung offensichtlich.

Maßgebend ist weiter, ob der Täter aus der Sicht eines verständigen Beobachters zur Zeit der möglichen Hilfe eine Chance hatte, den drohenden Schaden abzuwenden. Nachdem H abgedrückt und Herrn M verletzte hatte, hatte F nach dem Sachverhalt noch eine Chance, durch Hilfeleisten (Stillen der Blutung, vor allem sofortiges Alarmieren eines Arztes) den drohenden Todeseintritt abzuwenden. Die Hilfe war somit noch möglich, unabhängig davon, dass sogar lediglich schmerzlindernde Hilfe hätte geleistet werden müssen (vgl. oben § 39 Rn. 11).

Sie müsste schließlich zumutbar gewesen sein. Dabei kommt es im Rahmen einer Gesamtabwägung auf den Grad der Gefährdung des Verletzten, auf die Wahrscheinlichkeit des Rettungserfolges, die Verstrickung des Verpflichteten in das Unglücksgeschehen und seine schutzwürdigen kollidierenden Interessen an. Im vorliegenden Fall war Herr M zwar lebensgefährlich verletzt, bei sofortiger Hilfe hätte er aber gerettet werden können. Die danach zu bejahende Zumutbarkeit entfällt auch nicht deshalb, weil sich F eventuell der Gefahr eigener Strafverfolgung ausgesetzt gesehen hätte (vgl. oben § 39 Rn. 13).

Der Vorsatz muss die Möglichkeit, die Erforderlichkeit und die Zumutbarkeit der Hilfe umfassen. Dies ist hier der Fall.

Rechtfertigungs- und Entschuldigungsgründe sind nicht ersichtlich.

4. Konkurrenzen

Die Beihilfe zur gefährlichen Körperverletzung (§§ 224, 27) sowie die unterlassene Hilfeleistung (323c) der F treten als subsidiär hinter den §§ 211, 27 bzw. §§ 212, 27 zurück.

Gesamtergebnis

Die von H und F in den beiden Handlungsabschnitten jeweils verwirklichten Delikte stehen zueinander im Verhältnis der Tatmehrheit (§ 53).

Klausur 2: Gefährliche Müdigkeit

Sachverhalt

A ist Geschäftsführer einer Berliner Spedition, B dort als Berufskraftfahrer beschäftigt. Als B am Morgen des 9. 1. 2011 nach einer mehrtägigen Fahrt mit seinem Lkw auf dem Betriebsgelände der Spedition ankommt, fordert A ihn auf, sofort einen anderen Lkw zu übernehmen und mit diesem zu einem rund 600 km entfernten Werk eines Automobilherstellers zu fahren, dort Neufahrzeuge zu laden und umgehend nach Berlin zu transportieren. Dort müsse er spätestens am frühen Abend des 10. 1. 2011 eintreffen. A erkennt, dass B von seiner letzten Fahrt übermüdet ist und es aufgrund dessen zu Fahrfehlern des B kommen kann. A ist dies jedoch gleichgültig.

B erkennt ebenfalls, übermüdet zu sein, weist A – zutreffend – darauf hin, dass er bereits die gesetzlich zulässige Lenkzeit überschritten habe und diese weiter überschreite, wenn er die Fahrt antrete. A antwortet B, wenn er sich an gesetzliche Vorschriften halten wolle, könne er dies gerne tun, aber nicht in seinem Unternehmen. Arbeitswillige Kraftfahrer gebe es ausreichend. Entweder steige B in den Lkw oder er „mache ihm sofort die Papiere fertig".

B tritt aus Angst, seinen Arbeitsplatz zu verlieren, die Fahrt an. Schon nach kurzer Zeit bemerkt er, wie seine Konzentrationsfähigkeit abnimmt. Er trinkt starken Kaffee. Nachdem er die Bundesautobahn verlassen hat und auf einer Landstraße auf das Automobilwerk zufährt, gerät er infolge eines „Sekundenschlafs" mit dem rechten Vorderrad von der Fahrbahn ab. Dem aufgeschreckten B gelingt es nur mit großer Mühe, den Lkw auf der Fahrbahn zu halten. Ohne Unterbrechung setzt B seine Fahrt fort.

Nach neunstündiger Fahrt am Ziel angelangt, schläft B, während sein Lkw mit acht Neuwagen im Wert von je ca. 65.000 € beladen wird, eine Stunde im Führerhaus seines Fahrzeugs. Als er am Ende des Ladevorgangs geweckt wird, ist ihm bewusst, dass er nach wie vor übermüdet ist und der kurze Schlaf keine Erholung gebracht hat. Aus Angst um seinen Arbeitsplatz tritt er dennoch die Heimfahrt an. Die Fahrt nach Berlin verläuft zunächst ohne Zwischenfälle. Am frühen Morgen des 10. 1. 2011 kommt B jedoch auf der Bundesautobahn in einer Baustelle infolge seiner Übermüdung von dem markierten schmalen Fahrstreifen ab, durchbricht die Baustellenabsperrung und streift eine auf der Baustelle abgestellte Baumaschine. B gelingt es nur unter großer Mühe, seinen heftig schwankenden Lkw unter Kontrolle und zum Stehen zu bringen. B steigt aus und betrachtet die verursachten Schäden. An der Baustellenabsicherung ist nur ein geringer Sachschaden entstanden. B richtet die Warnbarken wieder so auf, dass sie ihre Funktion erfüllen. Die Baumaschine ist an der Lackierung beschädigt. Ein Gutachter stellt am nächsten Tag fest, dass der an Baustellenabsperrung und Baumaschine verursachte Schaden insgesamt 500 € nicht überschreitet.

B wartet noch 90 Minuten neben seinem im Baustellengelände stehenden Lkw. Da die Notrufsäulen in dem ca. 15 km langen Baustellenabschnitt außer Betrieb sind und weder die Polizei noch andere Personen auf ihn und seinen Lkw aufmerksam werden, befestigt B an der Baumaschine einen Zettel, auf dem er das amtliche Kennzeichnen seines Lkw sowie seinen Namen und seine Anschrift notiert. Dann setzt er seine Fahrt fort.

Strafbarkeit von A und B?

Zu prüfen sind ausschließlich Normen des StGB.

Lösung

Die Klausur hat typische Probleme vor allem der Straßenverkehrsdelikte, aber auch der Nötigung zum Gegenstand. Schwierigkeiten bereitet den Bearbeitern erfahrungsgemäß der Aufbau des § 315c; der gewählte Aufbau muss vertretbar sein und die Besonderheiten der jeweiligen Schuldform berücksichtigen. Es liegt nahe, das Gutachten mit der Prüfung der Strafbarkeit des B zu beginnen, denn für A kommt eine Teilnahme an den Straftaten des B in Betracht.

I. Strafbarkeit des B

1. § 315c Abs. 3 Nr. 1 i.V.m. Abs. 1 Nr. 1b

Der Chronologie folgend sollte die Prüfung bei dem Fahrfehler des B nach Verlassen der Bundesautobahn ansetzen. Die Prüfung des Tatbestandes in Form der Vorsatz-Fahrlässigkeit-Kombination muss mit der Tathandlung, dem Führen eines Fahrzeugs im Straßenverkehr trotz körperlicher Mängel begonnen werden. Insoweit bedarf es der Erörterung, ob die Übermüdung des B diesem Merkmal zu subsumieren ist (vgl. oben § 36 Rn. 4). Weil zu diesem Zeitpunkt die Müdigkeit des B noch nicht einen Grad erreicht hat, der absolute Fahruntüchtigkeit begründet, bedarf es zur Feststellung der Fahruntüchtigkeit eines weiteren Beweisanzeichens (vgl. oben § 35 Rn. 7 ff.). Dieses ist der auf der Übermüdung beruhende Fahrfehler. Es liegt relative Fahruntüchtigkeit vor. B ist fahruntüchtig i.S.d. § 315c.

Der subjektive Tatbestand erfordert Vorsatz bezüglich der Tathandlung. Da B sich bei Antritt der Fahrt bewusst war, übermüdet zu sein, und dennoch die Fahrt angetreten hat, handelte er zumindest bedingt vorsätzlich im Hinblick auf seine Fahruntüchtigkeit.

Weiterhin muss der Tatererfolg fahrlässig verursacht, d.h. die Tathandlung ursächlich für eine Gefährdung fremder Sachen von bedeutendem Wert sein (oben § 36 Rn. 13 ff.). Zweifelhaft ist es, ob der von B geführte Lkw dem Tatbestandsmerkmal der fremden Sache von bedeutendem Wert zu subsumieren ist. Es ist umstritten, ob das vom Täter geführte Kraftfahrzeug tatbestandsmäßiges Objekt der Gefährdung sein kann, wenn ihm dieses nicht gehört (oben § 36 Rn. 24 f.). Zum einen kann argumentiert werden, bei dem vom Täter geführten Fahrzeug handele es sich um ein notwendiges Tatmittel. Im Übrigen könne die Strafbarkeit nicht davon abhängen, ob der Täter das Fahrzeug unter Eigentumsvorbehalt erworben, verpfändet oder gemietet habe (oben § 36 Rn. 25). Für die Gegenauffassung kann angeführt werden, dass die Annahme, ein dem Täter nicht gehörendes Fahrzeug scheide als Tatobjekt aus, zu widersprüchlichen Ergebnissen führt. Führt der Täter ein ihm nicht gehörendes Fahrzeug, auf dessen Ladefläche ein anderes, dem Täter ebenfalls nicht gehörendes Fahrzeug transportiert wird, ist nur die Gefährdung des letzteren tatbestandsmäßig. Die Bearbeiter müssen das Problem erkennen und argumentativ entscheiden.

Nur Bearbeiter, die das vom Täter geführte Fahrzeug als taugliches Objekt der Gefährdung qualifizieren, müssen weiter prüfen, ob dieses konkret gefährdet wurde; hieran bestehen keine Zweifel.

Im Anschluss sind die objektiven Fahrlässigkeitselemente im Hinblick auf den Tatererfolg sowie die Kausalität zwischen Tathandlung und Tatererfolg zu erörtern. Auch hieran sind ernsthafte Zweifel nicht anzumelden.

Rechtfertigungsgründe stehen dem B nicht zu Seite.

Auf der Ebene der Schuld sind die subjektiven Fahrlässigkeitselemente im Hinblick auf den Taterfolg zu prüfen. Nicht verfehlt ist es, wenn Bearbeiter erwägen, ob der Schuldvorwurf deshalb entfällt, weil B normgemäßes Verhalten unzumutbar ist. Hierfür ist auf die dem B angedrohte Kündigung abzustellen. Allerdings ist dem B normgemäßes Verhalten zumutbar. Im Falle einer Kündigung könnte er nämlich mit Aussicht auf Erfolg Rechtsschutz vor dem Arbeitsgericht erlangen.

2. § 315c Abs. 3 Nr. 1 i.V.m. Abs. 1 Nr. 1b

Wegen des Unfalls auf der Bundesautobahn ist zunächst eine Strafbarkeit des B wegen Gefährdung des Straßenverkehrs in Form der Vorsatz-Fahrlässigkeit-Kombination zu erwägen.

Der objektive Tatbestand erfordert das Führen eines Fahrzeugs, obwohl der Täter infolge körperlicher Mängel nicht in der Lage ist, das Fahrzeug sicher zu führen. Für diesen Zeitpunkt des Unfalls ist vertretbar, anzunehmen, die Übermüdung des B begründe absolute Fahruntüchtigkeit. Jedenfalls aber liegen relative Fahruntüchtigkeit und ein weiteres Beweisanzeichen (neuerlicher Fahrfehler) vor.

Der subjektive Tatbestand erfordert Vorsatz bezüglich der Tathandlung. Bei (Wieder-) Antritt der Fahrt nach dem Beladen ist es B bewusst, dass er völlig übermüdet ist und der kurze Schlaf keine Erholung gebracht hat. Mithin handelte B mit dem erforderlichen Vorsatz.

Rechtfertigungsgründe stehen dem B nicht zur Seite.

Ferner ist die Verursachung des Taterfolges durch die Tathandlung zu prüfen. Problematisch ist hier, was als Objekt der Gefährdung zu berücksichtigen ist.

Auch wenn der Schaden an Baustellenabsperrung und Baumaschinen insgesamt 500 € nicht überschreitet, ist davon auszugehen, dass deren Wert deutlich über der für das Merkmal „von bedeutendem Wert" angenommenen Grenze von 750 € (oben § 36 Rn. 24) liegt. Dass diese Objekte nicht nur gefährdet, sondern sogar beschädigt wurden, steht nicht entgegen, diese als Objekt der Gefährdung in die Prüfung einzustellen.

Zudem sind die von B transportierten Fahrzeuge konkret gefährdet. Ob auch der von B geführte Lkw Objekt der Gefährdung sein kann, ist umstritten (siehe oben); diesbezüglich ist jedes Ergebnis vertretbar.

Der Taterfolg ist auch kausal mit der Tathandlung verknüpft.

Weiter müssen die Bearbeiter prüfen, ob hinsichtlich des Taterfolges die objektiven Fahrlässigkeitselemente gegeben sind. Auch hieran besteht kein Zweifel.

Rechtfertigungsgründe stehen dem B nicht zu Seite.

Auf der Ebene der Schuld sind die subjektiven Fahrlässigkeitselemente im Hinblick auf den Taterfolg zu prüfen. Bearbeiter, die unter Ziffer 1. bereits wegen des fehlenden Taterfolgs den Tatbestand abgelehnt haben, können weiter an dieser Stelle Unzumutbarkeit normgemäßen Verhaltens erwägen, müssen dies im Ergebnis jedoch ablehnen (vgl. oben).

3. § 142 Abs. 1 Nr. 2

Die Bearbeiter sollten zunächst prüfen, ob der Tatbestand des § 142 Abs. 1 Nr. 2 erfüllt ist. Verfehlt wäre es, § 142 Abs. 1 Nr. 1 zu prüfen, da am Unfallort feststellungsbereite Personen nicht anwesend waren (vgl. *Hohmann/Sander*, BT 1, § 20 Rn. 3). Diese Situation wird allein von § 142 Abs. 1 Nr. 2 vorausgesetzt. Zweifelhaft ist es insoweit, ob B eine nach den Umständen angemessene Zeit gewartet hat, bevor er sich von der Unfallstelle entfernt hat. Der hierfür maßgebliche Zeitraum ist nach den Umständen des Einzelfalles zu bestimmen (vgl. *Hohmann/Sander*, BT 1, § 20 Rn. 27). Insoweit ist es zu berücksichtigen, dass sich der Unfall zur Nachtzeit ereignete, keinen Personenschaden und lediglich einen geringen materiellen Schaden hervorgerufen hat. Jedenfalls 90 Minuten Wartezeit sind nach den Umständen angemessen (vgl. hierzu vgl. *Hohmann/Sander*, BT 1, § 20 Rn. 28). Mithin hat sich B nicht nach § 142 Abs. 1 Nr. 2 strafbar gemacht.

4. § 142 Abs. 2 Nr. 1

Hingegen hat sich B nach § 142 Abs. 2 Nr. 1 strafbar gemacht. B hat sich, wie der Tatbestand voraussetzt, nach Ablauf der Wartefrist vom Unfallort entfernt und die nach § 142 erforderlichen Feststellungen nicht unverzüglich ermöglicht. Denn die Angabe von amtlichen Kraftfahrzeugkennzeichen und Personalien des B genügt den Anforderungen des § 142 Abs. 1 nicht (vgl. vgl. *Hohmann/Sander*, BT 1, § 20 Rn. 30 f.). Insbesondere hat B keine Angaben zur Art seiner Beteiligung und zum tatsächlichen Hergang des Geschehens gemacht.

B handelte diesbezüglich auch vorsätzlich, rechtswidrig und schuldhaft.

5. Konkurrenzen

Im Verhältnis der Gefährdung des Straßenverkehrs wegen des Unfalls auf der Bundesautobahn und dem unerlaubten Verlassen der Unfallstelle besteht Tatmehrheit (§ 53). Soweit Bearbeiter wegen des Abkommens von der Fahrbahn auch den Tatbestand des § 315c Abs. 3 Nr. 1 i.V.m. Abs. 1 Nr. 1b bejaht haben, konkurriert diese Tat ebenfalls real (§ 53), weil es sich bei der Gefährdung des Straßenverkehrs nicht um eine Dauerstraftat handelt.

II. Strafbarkeit des A

1. § 240 Abs. 1

Auf der Ebene des objektiven Tatbestands ist zu prüfen, ob A dem B mit einem empfindlichen Übel gedroht hat.

Drohung ist das Inaussichtstellen eines künftigen Übels, auf dessen Eintritt der Drohende Einfluss hat oder zu haben vorgibt (vgl. § 12 Rn. 11). Empfindlich ist das Übel, wenn der in Aussicht gestellte Nachteil von einer solchen Erheblichkeit ist, dass seine Ankündigung geeignet erscheint, den Bedrohten i.S.d. Täterverlangens zu motivieren (vgl. § 12 Rn. 14). Die dem B konkludent angedrohte Kündigung des Arbeitsvertrags („die Papiere fertigmachen") ist geeignet, diesen i.S.d. Täterverlangens zu motivieren. Auch hat A Einfluss auf den Eintritt dieses – künftigen – Übels.

Die Drohung ist kausal für den Fahrtantritt des B. A hat dem B damit eine Handlung abgenötigt.

Der vom subjektiven Tatbestand des § 240 Abs. 1 geforderte Vorsatz (vgl. § 12 Rn. 30) liegt in Gestalt des dolus directus vor.

Rechtswidrig ist die Tat, wenn allgemeine Rechtfertigungsgründe fehlen und die Voraussetzungen des § 240 Abs. 2 vorliegen (§ 12 Rn. 32). Weil allgemeine Rechtfertigungsgründe ersichtlich nicht eingreifen, ist daher allein zu prüfen, ob die Androhung des Übels (Kündigung) zur Erreichung des angestrebten Zwecks (Fahrt unter Verstoß gegen vorgeschriebene Lenk- und Ruhezeiten) als verwerflich anzusehen ist. Verwerflich bedeutet nach einer in der Rechtsprechung üblich gewordenen Formel einen „erhöhten Grad sittlicher Missbilligung" (§ 12 Rn. 33). Danach ist eine Tat jedenfalls dann verwerflich, wenn sowohl das Nötigungsmittel als auch der verfolgte Zweck rechtlich zu missbilligen sind (§ 12 Rn. 34). So verhält es sich hier. Die Drohung mit einer nicht gerechtfertigten Kündigung stellt sich ebenso wie das hierdurch erstrebte rechtswidrige Verhalten als sozial unerträglich dar. Die Tat des A ist damit rechtswidrig. Auch handelt A schuldhaft.

2. §§ 315c Abs. 3 Nr. 1 i.V.m. Abs. 1 Nr. 1b, 26

Der Prüfung bedarf schließlich, ob A einer Anstiftung zur Gefährdung des Straßenverkehrs strafbar ist.

Der objektive Tatbestand der Anstiftung setzt zunächst eine vorsätzlich begangene rechtswidrige Tat voraus. Aus § 11 Abs. 2 folgt, dass es sich bei der von B verwirklichten Gefährdung des Straßenverkehrs in der Schuldform der Vorsatz-Fahrlässigkeits-Kombination (§ 315c Abs. 3 Nr. 1 i.V.m. Abs. 1 Nr. 1b) um eine vorsätzliche Tat handelt. Diese hat B auch rechtswidrig begangen.

Der objektive Tatbestand der Anstiftung setzt weiterhin voraus, dass der Anstifter den Täter zu seiner Tat bestimmt, mit anderen Worten dessen Tatentschluss hervorgerufen hat. Nach der insoweit eindeutigen Formulierung des Sachverhalts ist diese Voraussetzung gegeben, da B die Fahrt nur antritt, um seinen Arbeitsplatz nicht zu verlieren.

Der subjektive Tatbestand der Anstiftung erfordert zunächst Vorsatz hinsichtlich der Haupttat. Zwar muss sich der Vorsatz insoweit auf eine bestimmte Haupttat beziehen, ausreichend ist jedoch die Vorstellung einer in den Grundzügen konkretisierten Haupttat. A ist sich bewusst, dass es aufgrund der Übermüdung des B zu Fahrfehlern und damit auch zur Gefährdung anderer oder fremder Sachen kommen kann. A handelt insoweit jedenfalls bedingt vorsätzlich.

A handelt auch rechtswidrig und schuldhaft.

Bearbeiter die eine Strafbarkeit des B wegen des Abkommens von der Fahrbahn von der Fahrbahn der Landstraße nach § 315c Abs. 3 Nr. 1 i.V.m. Abs 1 Nr. 1b bejaht haben, müssen diesbezüglich ebenfalls eine Strafbarkeit des A wegen Anstiftung annehmen.

3. Konkurrenzen

Die Nötigung und die Anstiftung zur Gefährdung des Straßenverkehrs (ggf. in zwei selbständigen Fällen) stehen zueinander im Verhältnis der Tateinheit (§ 52).

III. Gesamtergebnis

B hat sich wegen Gefährdung des Straßenverkehrs und unerlaubten Verlassens der Unfallstelle strafbar gemacht (§§ 315c Abs. 3 Nr. 1 i.V.m. Abs. 1 Nr. 1b [ggf. in zwei selbständigen Fällen], 142 Abs. 2 Nr. 1, 53). A ist der tateinheitlichen Nötigung und Anstiftung zur Gefährdung des Straßenverkehrs schuldig (§ 240 Abs. 1, 315c Abs. 1 Nr. 1b, 26 [ggf. in zwei tateinheitlichen Fällen], § 52).

Sachverzeichnis

Die **fett** gesetzten Zahlen verweisen auf die Paragrafen des Buches, die mageren auf deren Randnummern.

Abbruch ärztlicher Behandlung **3** 2
Abgrenzung zwischen
– Mord und Totschlag **1** 1 ff., **2** 1
– Tötungs- und Körperverletzungsdelikten **1** 23 f.
Abhängige Urkunde **17** 12
Abschrift **17** 29
Absicht
– ein behördliches Verfahren fortdauern zu lassen **23** 26
– ein behördliches Verfahren herbeizuführen **23** 26
– einem anderen Nachteil zuzufügen **19** 18 f.
– eine andere Person zu schädigen **20** 9
– bei Rauschtaten **38** 17
– sich oder einen Dritten zu bereichern **9**
– eine andere Straftat zu ermöglichen oder zu verdecken **2**, **3**, **76** ff., **37** 13
– der Täuschung im Rechtsverkehr **17** 50
– einen Unglücksfall herbeizuführen **37** 13
– der Vereitelung **25** 11, 15, 19
– eine Waffe zu verwenden **26** 29
Absichtsurkunde **17** 19
Actio libera in causa **36** 4, **38** 23 f.
Ärztliche Behandlung
– Abbruch **3** 2
– als Körperverletzung **6** 15 ff.
Affekt **38** 14
Allgemeine Handlungsfreiheit **12** 1
Amtsdelikte
– echte **vor 28**
– unechte **vor 28**
– uneigentliche **25** 16
Amtsträger **12** 37, **17** 53, **20** 3, **25** 16, **26** 3, **28** 2 f., **30** 2
– Missbrauch der Befugnisse **12** 37, **17** 53
– Missbrauch der Stellung **12** 37, **17** 53

Anonymität
– offene **17** 25
– versteckte **17** 26
Arglosigkeit **2** 9 ff.
– bei Bewusstlosen **2** 14
– bei offen feindseliger Haltung **2** 15
– bei Kleinkindern **2** 12
– bei Schlafenden **2** 13
– Ursache für Wehrlosigkeit **2** 18
– zum Zeitpunkt des ersten Angriffs **2** 16 f.
Aufzeichnung **18** 7
– technische **18** 1 f.
Augenscheinsobjekt **17** 7
Aussage **22** 3
– Berichtigung der **21** 41, **22** 19
– falsche **21** 7 ff., **22** 9
– Gegenstand der **21** 11 ff.
– Täterschaft und Teilnahme an einer **21** 30 ff.
– Verfahrensfehler bei einer **21** 27 ff.
Aussagenotstand **21** 40
Aussagetheorien
– objektive Theorie **21** 11 ff.
– Pflichtentheorie **21** 16 ff.
– subjektive Theorie **21** 14 f.
Aussetzung **5** 1 ff.
– als Delikt sui generis **5** 21
– Gefährdungsvorsatz **5** 15
– durch Imstichlassen in hilfloser Lage **5** 6 ff.
– als konkretes Gefährdungsdelikt **5** 1
– minder schwerer Fall der qualifizierten Aussetzung **5** 18
– Obhuts- und Beistandspflicht **5** 8 f.
– qualifizierte **5** 17
– Verhältnis zu den Tötungsdelikten **5** 23
– durch Versetzen in eine hilflose Lage **5** 4 f.
– Versuch der **5** 22

- Verursachen der Gefahr des Tods oder einer schweren Gesundheitsschädigung **5** 13 f.
Aussteller **17** 46
- Erkennbarkeit **17** 22 ff.

Befriedetes Besitztum **13** 6
Beibringen von Gift **7** 5 ff.
Beinahe-Unfall **36** 14
Beispielsfall
- zur Drohung mit einem Unterlassen **12** 15 ff.
- zur falschen Aussage **21** 9 ff.
- zur (konkreten) Gefährdung des Straßenverkehrs **36** 11 ff.
- zur gefährlichen Körperverletzung **7** 3 ff.
- zum Imstichlassen bei der Aussetzung **5** 6 ff.
- zum Mordmerkmal Heimtücke **2** 21 ff.
- zur schweren Körperverletzung **8** 3 ff.
- zur Urkundenunterdrückung **19** 2 ff.
Beleidigung **14** 1 ff.
- durch Behauptung ehrenrühriger Tatsachen **14** 6
- durch Behauptung wahrer Tatsachen **14** 15
- Ehre **14** 1
- Formalbeleidigung **14** 15
- durch Karikaturen **14** 26
- unter einer Kollektivbezeichnung **14** 12 f.
- Kompensation **14** 32
- von Kollektiven **14** 5
- Kundgabe **14** 7
- durch Kunstwerke **14** 26
- Meinungsfreiheit **14** 23
- mittelbare **14** 16
- von Personengemeinschaften und Verbänden **14** 5
- qualifizierte **14** 19
- durch sexualbezogene Handlungen **14** 14
- Tatsachenbehauptung **14** 10
- durch Schmähkritik **14** 24
- durch Unterlassen **14** 28
- durch Veröffentlichungen in der Presse **14** 24
- im Vertrauensverhältnis **14** 8
- Werturteil **14** 6, 10

Bereicherungsabsicht **20** 9
Berechtigter Zorn **1** 15
Berichtigung
- einer falschen Aussage **21** 41, **22** 19
Beschädigen
- einer technischen Aufzeichnung **19** 16
- einer Urkunde **19** 16
Besitztum
- befriedetes **13** 6
Besondere Schwere der Schuld **2** 89
Besonders schwere Brandstiftung **33** 14 ff.
Besonders schwerer Fall
- der Bestechlichkeit **29** 8
- der Bestechung **30** 11
- der Fälschung technischer Aufzeichnungen **18** 17
- der Nötigung **12** 36 ff.
- der Urkundenfälschung **17** 53
- des Totschlags **1** 14
- des Widerstands gegen Vollstreckungsbeamte **26** 27 ff.
Bestechlichkeit **29** 1 ff.
- besonders schwerer Fall der **29** 8
- bei künftigen Ermessensentscheidungen **29** 5
- qualifizierte **29** 7
- Unrechtsvereinbarung **29** 3
Bestechung **30** 1 ff.
- besonders schwerer Fall der **30** 11
- qualifizierte **30** 7
Bestechungsdelikte
- Systematik **vor 28**
Beteiligung
- an fremder Selbsttötung **1** 20 f., **3** 11 f.
- an fremder Selbstverletzung **6** 9
Beteiligung an einer Schlägerei **10** 1 ff.
- abstraktes Gefährdungsdelikt **10** 1
- von mehreren verübter Angriff **10** 7 ff.
- objektive Bedingung der Strafbarkeit **10** 2, 12 ff.
- Schlägerei **10** 3 ff.
- Vorwerfbarkeit der Beteiligung **10** 10
Betrunkene **12** 10
Beurkundung
- falsche **20** 6
Beweisfunktion **17** 4
Beweismanipulation **23** 6 ff., 27
Beweisverkehr
- Sicherheit **17** 1, **18** 1
Beweiszeichen **17** 13 f.

Sachverzeichnis

Bewirken
- einer Falschbeurkundung 20 6

Bewusstes Ausnutzen der Arg- und Wehrlosigkeit 2 52 f.
Bewusstlosigkeit 11 5, 12 10
Blankett 17 7, 43
Blockaden 12 9
Blutalkoholkonzentration 35 7 ff.
- Bedeutung beim Vollrausch 38 12
- Bedeutung in StGB und StVG 35 10
- Faustformel 38 13
- psychodiagnostische Kriterien 35 10, 38 13
- Rückrechnung 35 11, 38 12
Blutrache 2 74
Brandstiftung 32 1 ff.
- besonders schwere 33 14 ff.
- Brandlegung 32 11 ff.
- Einwilligung, rechtfertigende 32 1
- fahrlässige 34
- Inbrandsetzen 32 9
- qualifizierte (schwere) 33 14 ff.
- mit Todesfolge 33 23 ff.
- schwere 3 ff.
- durch Unterlassen 16
Brandstiftungsdelikte
- Systematik **vor** 32 2

Computerfax 17 29, 31

Dauernde Entstellung 8 20 ff.
Diensthandlung
- Bestechlichkeit 29 3
- künftige 29 5
- richterliche 28 10
- schiedsrichterliche 28 10
- Widerstand gegen Vollstreckungsbeamte 26 7 f.
Dienstpflichtverletzung 29 1, 3
Dokument
- gescanntes 17 29, 31
Dolmetscher 22 3 f., 7
Doppelselbsttötung
- einseitig fehlgeschlagene 3 9
Drittbedrohung 12 13, 27
Drittmittel 28 13
Drohung
- gegen Dritten 12 27
- mit einem empfindlichen Übel 11 13, 12 11, 13
- mit einem empfindlichen Übel für einen Dritten 12 13
- Ernstlichkeit der 12 12
- durch Unterlassen 12 40
- mit einem Unterlassen 12 15 ff.
Durchschrift 17 28

E-Mail 17 11
Echte Urkunde 17 33, 42
Ehre 14 1
Eid 22 5 ff.
- Berichtigung 22 19
- falscher 22 5
- Gegenstand 22 6
- Nacheid 22 8, 12
- Versuchsbeginn beim 22 12 ff.
- Voreid 22 8, 12
Eidesfähigkeit 22 4
Eidesmündigkeit 22 4
Eidesstattliche Versicherung 21 5
Eigenhändiges Delikt 21 30 f.
Eindringen 13 1, 9 ff.
Einsperren 11 10
Einverständnis
- erschlichenes 11 15, 13 12
- erzwungenes 11 15, 13 12
- tatbestandsausschließendes **vor** 11 1, 11 15, 12 29, 13 12
Einwilligung
- Gefährdung des Straßenverkehrs 36 8
- in Körperverletzung 6 13 f.
- rechtfertigende 23 1
Empfängnisfähigkeit 8 5
Empfindliches Übel 11 13, 12 11, 13
Entwurf 17 21
Erfolgsqualifiziertes Delikt 8 1, 26, 38, 33 1 f., 23
- Versuch 8 41 ff.
Erkennbarkeit
- des Ausstellers 17 22 ff.
Erklärungswille 17 6
Ernstlichkeit der Drohung 12 12
Eröffnungswehen 1 6
Erschlichenes Einverständnis 11 15
Erzwungenes Einverständnis 11 15

Fälschung technischer Aufzeichnungen 18 1 ff.
- besonders schwere Fälle der 18 17
- qualifizierte 18 17

Fahrausweis **19** 4, 6
Fahrlässige Brandstiftung **34** 1 ff.
Fahrlässige Körperverletzung **9** 1 ff.
– Begriff **9** 3
– Kausalität **9** 4
– relatives Antragsdelikt **9** 8
Fahrlässige Tötung **4** 1 ff.
– Beteiligung an fremder Selbstgefährdung oder -tötung **4** 4 ff.
– bei Eigenverantwortlichkeit des Getöteten **4** 4 ff.
– bei Eingreifen Dritter **4** 3
– bei erlaubtem Risiko **4** 4
– Verhältnis zu erfolgsqualifizierten Delikten **4** 10
Fahrlässiger Falscheid **22** 10
Fahruntüchtigkeit **35** 5
– absolute **35** 7 f.
– alkoholbedingte **35** 6 ff., **36** 3
– wegen geistiger und körperlicher Mängel **36** 3 f.
– bei Radfahrern **35** 8
– rauschbedingte **35** 2, 11
– relative **35** 9 f.
Fahrzeug
– führen **35** 4, **36** 2, 30
Falsch schwören **22** 5 ff.
Falschaussage **21** 7 ff., **22** 5, 9, 19
– Berichtigung einer **21** 41
– objektive Theorie **21** 11 ff.
– Pflichtentheorie **21** 16 ff.
– subjektive Theorie **21** 14 f.
– Täterschaft und Teilnahme an einer **21** 30 ff.
– Verfahrensfehler bei einer **21** 27 ff.
Falschbeurkundung
– im Amt **20** 3
– Bewirken einer **20** 6
– Gebrauchen einer **20** 7
Falsche uneidliche Aussage **21** 1 ff.
Falsche Verdächtigung **23** 1 ff.
Falscheid **22** 5
– Berichtigung **22** 19
– Versuchsbeginn beim **22** 12 ff.
Falschgeld **17** 48
Feindliche Willensrichtung **2** 23 ff., 39
Fernziele **12** 35
Formalbeleidigung **14** 15
Fortbewegungsfreiheit
– potentielle **11** 1, 2, 4

– tatsächliche **11** 3, **12** 9
Fortpflanzungsfähigkeit **8** 5
Fotokopie **17** 29, **18** 7
Freiheit
– der Person **vor 11** 1
– der Willensbildung und -betätigung **11** 5, **12** 1
Freiheitsberaubung **11** 1 ff.
– auf andere Weise **11** 11 ff.
– durch Drohung **11** 13
– durch Einsperren **11** 10
– durch Gewalt **11** 13
– durch List **11** 13
– minder schwerer Fall der **11** 18
– Mindestdauer der **11** 14
Freiheitsdelikte **vor 11** 1, **11, 12, 13**
Freiverantwortliches Handeln **1** 21

Garantiefunktion **17** 4
Gebäude **32** 5
– einheitliches **32** 5
– gemischt genutztes **32** 5
Gebrauchen
– einer Falschbeurkundung **20** 7
– einer unechten technischen Aufzeichnung **18** 16
– einer unechten Urkunde **17** 47 ff.
– einer verfälschten technischen Aufzeichnung **18** 16
– einer verfälschten Urkunde **17** 47 ff.
Geburtsvorgang **1** 6
Gedankenerklärung **17** 5, 7, 43
– Verkörperung einer **17** 10, 43
Gefährdung
– von Leib und Leben anderer Menschen **36** 13 ff., **37** 10
– von Sachen von bedeutendem Wert **36** 24 ff., **37** 10
Gefährdung des Straßenverkehrs **36** 1 ff.
– grob verkehrswidriges Handeln **36** 8
– Grundstruktur **36** 1
– rücksichtsloses Handeln **36** 9
– „Todsünden" im Straßenverkehr **36** 6
Gefährdungsdelikt
– abstraktes **22** 2, **21** 3, **35** 1
– konkretes **36** 1, **37** 1, 10
Gefährliche Eingriffe in den Straßenverkehr **37** 1 ff.
– durch ähnlichen ebenso gefährlichen Eingriff **37** 5

Sachverzeichnis

– durch Hindernisbereiten **37** 4
– qualifizierte **37** 12 f.
– Sicherheit des Straßenverkehrs **37** 9
– durch Unterlassen **37** 15
– durch verkehrsfremde, äußere Eingriffe **37** 6
– durch Vorgänge im fließenden und ruhenden Verkehr **37** 3, 6
Gefährliche Körperverletzung **7** 1 ff.
– mit anderem Beteiligten gemeinschaftlich **7** 27 ff.
– Beibringen **7** 8 ff.
– Gefährliches Werkzeug **7** 18 ff.
– Gift oder anderer gesundheitsschädlicher Stoff **7** 5 ff.
– hinterlistiger Überfall **7** 24 ff.
– lebensgefährdende Behandlung **7** 30
– Waffe **7** 22
Gefährliches Werkzeug **7** 18 ff.
Gefahr
– gemeine **39** 8
– konkrete **35** 1, **36** 11 ff., 13 ff., **37** 10
Gehör **8** 6
Geistigkeitstheorie **17** 23 f.
Geld **17** 48
Gemeinschaftliche Körperverletzung **7** 27 ff.
Genehmigung **28** 24
Generelle Zutrittserlaubnis **13** 14
Gericht **21** 4
Gesamturkunde **17** 8 f.
Geschäftsraum **13** 3
Gesundheitsschädigung **5** 14, **6** 6 f., **33** 11
– bei einer großen Zahl von Menschen **33** 15
– schwere **33** 15
Gewalt **11** 13, **12** 5 ff.
– durch Blockaden **12** 9
– gegen Dritten **12** 27
– gegen Sachen **12** 8
– durch Unterlassen **12** 40
Gewalthandlung
– gefährliche **1** 12 f.
Gewerbsmäßigkeit **17** 53 f.
Gift **7** 5 ff.
Grausamkeit **2** 3, 41 ff.
– als Teil des Tötungsgeschehens **2** 43 f.
– bei Schmerzunempfindlichkeit **2** 42

Habgier **2** 3, 61 ff.
– bei Ersparung von Aufwendungen **2** 65 f.
– bei bestehendem Motivbündel **2** 68
– beim Raubmord **2** 63
– trotz geringem wirtschaftlichem Vorteil **2** 64
Handeln
– bandenmäßiges **17** 53 f.
– gegen Entgelt **20** 9
– gewerbsmäßiges **17** 53 f.
Handlungsfreiheit
– allgemeine **12** 1
Hausfriedensbruch **13** 1 ff.
– einfacher **13** 1 ff.
– schwerer **13** 18 ff.
Hausrecht **13** 1
– Ehegatte **13** 10
– Mieter **13** 10
Heimtücke **2** 3, 9 ff.
– Arglosigkeit **2** 9 ff.
– Bewusstes Ausnutzen der Arg- und Wehrlosigkeit **2** 52 f.
– Restriktive Anwendung **2** 19 ff.
– Wehrlosigkeit **2** 18
Herausgabepflichten **19** 12 f.
Herstellen
– einer unechten technischen Aufzeichnung **18** 10
– einer unechten Urkunde **17** 33 ff.
Hilflose Lage **5** 4, 10
Hinterlistiger Überfall **7** 24 ff.
Hirntod **1** 8 f.
HIV **6** 7, **7** 6
Hypnose **11** 11

Identitätstäuschung **17** 37, 40
Imstichlassen **5** 10 f.
Indemnität **14** 31, **16** 11
Informationsträger **18** 4

Kennzeichen **17** 14 f.
Kindestötung **1** 7, 19
Körperverletzungsdelikte
– Verhältnis zu den Tötungsdelikten **1** 23 f.
Kompensation **14** 32
Kopiervorlage **17** 21
Körperliche Misshandlung **6** 2 ff.
Körperverletzung **6** 1 ff.

– durch ärztliche Behandlung **6** 15 ff.
– Drogenberatungsstellen **6** 10
– Einwilligung **6** 13 f.
– Gesundheitsschädigung **6** 6 f.
– Grunddelikt **6** 1
– HIV **6** 7
– körperliche Misshandlung **6** 2 ff.
– durch in Verkehr gebrachte Produkte **6** 10
– Röntgenbestrahlung **6** 7
– seelisches Wohlbefinden **6** 5
– Selbstverletzung **6** 9
– Versuch **6** 11
– Züchtigungsrecht **6** 12
Körperverletzungsdelikte
– an lebendem Menschen **vor 6** 2
– Systematik **vor 6** 1
Körperverletzung mit Todesfolge **8** 29 ff.
– als erfolgsqualifiziertes Delikt **8** 1, 38
– Prüfungsabfolge **8** 1
– Unmittelbarkeitszusammenhang **8** 30 ff.
– Versuch **8**, 41 ff.
Kosmetische Chirurgie **8** 22
Kreditgefährdung **16** 1, 5
Kreuzung der Mordmerkmale **2** 85
Kundgabe **14** 7
– von Tatsachenbehauptungen **14** 10
– von Werturteilen **14** 10

Lähmung **8** 17 f.
Lebensgefährdende Behandlung **7** 30
Lebenslange Freiheitsstrafe **1** 14, **2** 2, 20, 89
– Aussetzung des Strafrests **2** 2
– Entscheidung über besondere Schwere der Schuld **2** 89
Leugnen **24** 17 f.
Lüge
– schriftliche **17** 34

Mehrfachausfertigung **17** 28
Meineid **22** 1 ff.
Meinungsfreiheit
– bei Beleidigung **14** 23
Menschenmenge **13** 18 f.
– Zusammenrotten einer **13** 19
Minder schwerer Fall
– der Freiheitsberaubung **11** 18
– der qualifizierten Aussetzung **5** 18
– des Totschlags **1** 15 ff.

Missbrauch
– der Befugnisse als Amtsträger **12** 37, **17** 53
– von Schutzbefohlenen **6** 6
– der Stellung als Amtsträger **12** 37, **17** 53
Mit gemeingefährlichen Mitteln **2** 3, 46 ff.
– bei Beherrschbarkeit im konkreten Fall **2** 48 f.
– Kraftfahrzeug **2** 49
– bei kumulativer Gefährdung mehrerer Menschen **2** 49
– durch Unterlassen **2** 50
Mittelbare Beleidigung **14** 16
Mittelbare Falschbeurkundung **20** 1 ff.
Mord **2** 1 ff.
– Mordmerkmale **2** 1, 3 ff.
– Raubmord **2** 63
– Restriktive Auslegung **2** 2, 19 f.
– Verhältnis zur Tötung auf Verlangen **3** 14
– Verhältnis zum Totschlag **1** 1 ff., **2** 1, 84 f., 88
Mordlust **2** 3, 54 ff.
– Unterfall der niedrigen Beweggründe **2** 54
Mordmerkmale **2** 1, 3 ff.
– zur Befriedigung des Geschlechtstriebs **2** 3, 57 ff.
– zur Ermöglichung einer anderen Straftat **2** 3, 76 ff.
– mit gemeingefährlichen Mitteln **2** 3, 46 ff.
– Grausamkeit **2** 3, 41 ff.
– Habgier **2** 3, 61 ff.
– Heimtücke **2** 3, 9 ff.
– Kreuzung der **2** 85
– Mordlust **2** 3, 54 ff.
– Niedriger Beweggrund **2** 3, 69 ff.
– als strafbegründende Merkmale **2** 84
– als strafschärfende Merkmale **2** 84
– zur Verdeckung einer anderen Straftat **2** 3, 82 f.
Motivbündel **2** 68, 75

Nacheid **22** 8, 12
Nachteilszufügungsabsicht **19** 18 f.
Nahziele **12** 35
Namenslüge **17** 36
Namenstäuschung **17** 36

Sachverzeichnis

Nebenräume **13** 4
Negative Typenkorrektur **2** 33 ff.
Niedriger Beweggrund **2** 3, 69 ff.
– bei bestehendem Motivbündel **2** 75
– bei emotionaler Motivation **2** 72
– Bewusstsein des niedrigen Umstands **2** 74 f.
– bei politischer Motivation **2** 73
Nötigung **12** 1 ff.
– besonders schwere Fälle der **12** 36 ff.
– durch Drohung **12** 11 ff.
– zur Eingehung einer Ehe **12** 36
– mit Gewalt **12** 5 ff.
– zur sexuellen Handlung **12** 36
– Tatobjekt **12** 3
– durch Unterlassen **12** 40
– mit Unterlassen **12** 15 ff.

Obhuts- und Beistandspflicht **5** 8 f.
Objektive Bedingung der Strafbarkeit
– bei Beteiligung an einer Schlägerei **10** 2, 12 ff.
– bei Siegelbruch **27** 21
– bei übler Nachrede **15** 6 ff.
– bei Verstrickungsbruch **27** 15
– bei Vollrausch **38** 14 ff.
– bei Widerstand gegen Vollstreckungsbeamte **26** 14 ff.
Öffentliche Urkunde **20** 4

Parteien **22** 3 f., 18
Patiententestament **3** 5
Patientenverfügung **3** 14
Perpetuierung **17** 5 ff., **18** 4
Perpetuierungsfunktion **17** 4
Physischer Zwang **12** 7
Polizei **21** 5
Potentielle Fortbewegungsfreiheit **11** 1, 2, 4
Präimplantationsgesetz **1** 6
Provokation **1** 16 f.
Psychischer Zwang **12** 7

Räumlichkeiten
– mit genereller Zutrittserlaubnis **13** 14
– zum öffentlichen Dienst bestimmte **13** 8
– zum öffentlichen Verkehr bestimmte **13** 8
Rausch **38** 2 ff.

Rauschtat **38** 14 ff.
Rechtmäßigkeitsbegriff
– strafrechtlicher **26** 22 f., **27** 15 f.
Rechtsbehelfsklausel **26** 39, **27** 26
Rechtsbeugung **31** 1 ff.
– Begriff der **31** 2 f.
– Einschränkung des Tatbestands der **31** 4
– schlichte Rechtsanwendung **31** 3 f.
– bei Rechtsblindheit **31** 6
– Sperrwirkung bei der **31** 9
– Strafbarkeit von Richtern und Staatsanwälten aus der DDR wegen **31** 4
Rechtsfolgenlösung **2** 26 ff., 38
Rechtsgut Leben **vor 1** 1 f.
– absoluter Schutz **1** 7, **3** 4
Rechtsgut menschliche Gesundheit **vor 6** 1
Rechtspflege **21** 1, 5, **22** 1, **23** 1, **24** 1
Rechtspflegedelikte **21**, **22**, **23**, **24**
Rechtssache **31** 2 f.
Rechtsverkehr
– Absicht der Täuschung im **17** 50
– Sicherheit **17** 1, **19** 1, **20** 1
Regelbeispiele **12** 36 ff., **17** 53, **18** 17, **26** 27 ff., **29** 8, **30** 11
Richter **28** 10, **29** 7
Rücktrittshorizont **1** 22

Sachgewalt **12** 8
Sachverständiger **21** 2, 6, **22** 1, 7
Schädigungsabsicht **20** 9
Schiedsrichter **28** 10, **29** 7
Schlägerei **10** 3 f.
Schlaf **11** 5, **12** 10
Schuldunfähigkeit **38** 3
Schwere Brandstiftung **33** 3 ff.
Schwere Gesundheitsschädigung **5** 14
Schwere Körperverletzung **8** 2 ff.
– durch dauernde Entstellung **8** 20 ff.
– als erfolgsqualifiziertes Delikt **8** 1
– Fortpflanzungsfähigkeit **8** 5
– Gehör **8** 6
– geistige Krankheit oder Behinderung **8** 23
– kosmetische Chirurgie **8** 22
– Lähmung **8** 17 f.
– Prüfungsabfolge **8** 1
– Sehvermögen **8** 6
– Siechtum **8** 18 f.

– Sprechvermögen 8 6
– Unmittelbarkeitszusammenhang 8 8, 15
– Versuch 8 41 ff.
– wichtiges Glied des Körpers 8 10 ff.
Sehvermögen 8 6
Selbstbezichtigung 24 11
Selbsttötung 1 5
– Versuch der 39 4 ff.
Sexualbezogene Handlung 14 14
Sicherheit des Rechtsverkehrs 17 1
– Gefährdung der 17 53
Siechtum 8 18 f.
Siegelbruch 27 17 ff.
– (dienstliches) Siegel 27 17
Soldaten 14 12, 24, 15 3, 26 3, 40 8 f.
Sozialadäquanz 28 15
Sperrwirkung 31 9, 37 3
– des milderen Gesetzes 3 13
Sponsoring 28 16
Spontanäußerung 21 23 f.
Sprechvermögen 8 6
Staatsanwaltschaft 21 5
Stellvertretung 17 23, 37 ff.
– offene 17 39
Sterbehilfe
– aktive 3 2
– passive 3 2
Strafrechtlicher Rechtmäßigkeitsbegriff
  26 22 f., 27 15 f.
Strafvereitelung 25 1 ff.
– Behinderung der Strafverfolgung 25 4
– Besserstellung des Vortäters 25 3
– Dauer der Besserstellung des Vortäters
  25 5
– qualifizierte 25 16 ff.
– durch Strafverteidiger 25 6
– durch Teilnehmer an der Vortat 25 21
– teilweise 25 6
– durch Unterlassen 25 23
– Verfolgungsvereitelung 25 3 ff.
– Verhältnis zu § 138 25 18
– Vollstreckungsvereitelung 25 12 ff.
– Vortat 25 7 ff., 14
– zugunsten eines Angehörigen 25 22
Strafzumessungsvorschrift 1 15
Straßenverkehr 35 3, 36 2

Täterschaft und Teilnahme
– an einer falschen uneidlichen Aussage
  21 30 ff.

Tätige Reue 32 19, 33 30, 34 10, 37 16
Tätliche Beleidigung 14 19
Täuschen 24 3 ff.
Täuschung
– über einen Beteiligten 24 15 ff.
– mit Wahrheitskern 24 5 ff.
Tatbestandsausschließendes Einverständnis
  vor 11 1, 11 15, 12 29, 13 11 f.
– erschlichenes 11 15, 13 12
– erzwungenes 11 15, 13 12
Tatsache 21 21
Tatsachenbehauptung 14 6, 15
Tatsächliche Fortbewegungsfreiheit 11 3
Technische Aufzeichnung 18 1 f., 19 7
– Beschädigen 19 16
– Gebrauchen 18 16
– Herstellen 18 10
– unechte 18 8
– Unterdrücken 19 17
– Unversehrtheit 19 1
– Verfälschen 18 15
– Verfügbarkeit 19 1
– Vernichten 19 14
Telefax 17 31
Tod 1 8
Töten 1 10 f.
Tötung auf Verlangen 3 1 ff.
– Beteiligung an fremder Selbsttötung
  3 11
– bei einseitig fehlgeschlagener Doppel-
  selbsttötung 3 9
– Kausalität des Verlangens 3 7, 9
– Patiententestament 3 5
– Patientenverfügung 3 15
– Privilegierung des Totschlags 3 1
– Sperrwirkung des milderen Gesetzes
  3 13 f.
– bei unterlassener Hilfe 3 11 f.
– Verhältnis zum Mord 3 14
– Verlangen des Getöteten 3 3 ff.
Totschlag 1 1 ff.
– besonders schwerer Fall 1 14
– durch gefährliche Gewalthandlung
  1 10 f.
– Kindestötung 1 7, 19
– an lebendem Menschen 1 5 ff.
– minder schwerer Fall 1 15 ff.
– nach Provokation 1 16 ff.
– Rücktritt vom Versuch 1 22
– Selbsttötung 1 5, 20 f.

Sachverzeichnis

Töten **1** 10 f.
– Verhältnis zu den Körperverletzungsdelikten **1** 23 f.
– Verhältnis zum Mord **1** 1 ff., **2** 1, 84 f.
Transparenz **28** 13
Trunkenheit **12** 10
Trunkenheit im Verkehr **35** 1 ff.
– Blutalkoholkonzentration **35** 7 ff.
– fahrlässige **35** 13
– Fahruntüchtigkeit, absolute **35** 7 f.
– Fahruntüchtigkeit, relative **35** 9 f.
– Verhältnis zu § 24a StVG **35** 18

Übel
– empfindliches **11** 13, **12** 11, 13
Üble Nachrede **15** 1 ff.
– öffentlich begangene **15** 9
– gegen eine im politischen Leben stehende Person **15** 10
– qualifizierte **15** 9 f.
– durch das Verbreiten von Schriften **15** 9
Unechte
– technische Aufzeichnung **18** 8
– Urkunde **17** 33, 40
Unglücksfall **39** 2
– Plötzlichkeit **39** 2
Unmittelbarkeitszusammenhang
– bei besonders schwerer Brandstiftung **33** 17
– zur körperverletzenden Handlung **8** 35 ff.
– bei Körperverletzung mit Todesfolge **8** 30 ff.
– bei schwerer Körperverletzung **8** 8
Unrechtsvereinbarung
– bei der Bestechlichkeit **29** 3
– bei der qualifizierten Vorteilsannahme **28** 19
– bei der Vorteilsannahme **28** 8
Unterdrücken
– einer technischen Aufzeichnung **19** 17
– einer Urkunde **19** 17
Unterlassen
– Drohung mit einem **12** 15 ff.
Unterlassene Hilfeleistung **39** 1 ff.
– Erforderlichkeit der Hilfeleistung **39** 10
– bei gemeiner Gefahr und Not **39** 8
– Hilfspflicht **39** 2, 9
– bei Sachgefahr **39** 3

– bei Selbsttötungsversuch **39** 4 ff.
– bei Unglücksfall **39** 2
– Zumutbarkeit der Hilfeleistung **39** 12
Unterlassungsdelikt
– echtes **39** 1
Unterscheidungszeichen **17** 14 f.
Untersuchungsausschuss **21** 5
Urkunde **17** 4 ff., **19** 7
– abhängige **17** 12
– Absichtsurkunde **17** 19
– Begriff **17** 4 ff.
– Beschädigen **19** 16
– bestimmungsgemäße Verwendung der **vor 17** 1
– Blankett **17** 7, 43
– Echtheit der **vor 17** 1, **17** 33, 42
– Gebrauchen einer **17** 47 ff.
– Gehören **19** 12
– Gesamturkunde **17** 8 f.
– Herstellen einer **17** 33 ff.
– öffentliche **20** 4
– unechte **17** 33, 40
– Unterdrücken einer **19** 17
– Unversehrtheit einer **vor 17** 1, **19** 1
– Verfälschen einer **17** 44 ff.
– Verfügbarkeit einer **vor 17** 1, **19** 1
– Vernichten einer **19** 14
– Wahrheit einer **vor 17** 1, **20** 1
– Zufallsurkunde **17** 19
– zusammengesetzte **17** 11
Urkundenbegriff **17** 4 ff.
Urkundenfälschung **17** 1 ff.
– besonders schwere Fälle der **17** 53
– qualifizierte **17** 54
Urkundenunterdrückung **19** 1 ff.

Verdächtigen **23** 3 ff.
– Begriff des **23** 6
– durch Behaupten einer Tatsache **23** 6 ff.
– durch Beweismanipulation **23** 6 ff., 27
– wahrheitswidriges **23** 22 ff.
Verdächtigung **23** 6, 20
– Absicht, Strafmilderung zu erlangen **23** 30
– Gegenstand einer **23** 18, 20
– Qualifikation **23** 29 f.
– wahrheitswidrige **23** 22 f.
Verfälschen
– einer technischen Aufzeichnung **18** 15
– einer Urkunde **17** 44 ff.

Verfahrensfehler **21** 27 ff.
Verfolgungsvereitelung **25** 2 ff.
Verkehrsdelikte
– Systematik der **vor 35** 2
Verkörperung
– einer Gedankenerklärung **17** 10
– einer technischen Aufzeichnung **18** 5
Verleitung zur Falschaussage **21** 31 f.
Verleumdung **16** 1 ff.
– öffentlich begangene **16** 7
– gegen eine im politischen Leben stehende Person **16** 7
– qualifizierte **16** 7
Verlust von Körperfähigkeiten **8** 6 f.
Vermögensverlust **17** 53
Vernichten
– einer technischen Aufzeichnung **19** 14
– einer Urkunde **19** 114
Veröffentlichungsbefugnis **14** 33
Verpflichteter
– für den öffentlichen Dienst besonders **28** 2
Versetzen in hilflose Lage **5** 4 f.
Versicherung
– eidesstattliche **21** 5
Verstrickungsbruch **27** 11 ff.
– dienstliche Beschlagnahme **27** 11
– Irrtumsregelung **27** 26
– Rechtmäßigkeit der Diensthandlung **27** 15 f.
Versuch
– der Anstiftung zur Falschaussage **21** 35 ff.
– des erfolgsqualifizierten Delikts **8** 41 ff.
Vertrauensbruch
– verwerflicher **2** 30 ff., 37
Vertretung **17** 23, 37 ff.
– offene **17** 39
Vervielfältigungsexemplar
– Abschrift **17** 29
– Computerfax **17** 29, 31
– Durchschrift **17** 28
– E-Mail **17** 31
– Fotokopie **17** 29
– gescanntes Dokument **17** 29, 31
– Mehrfachausfertigung **17** 28
– Telefax **17** 31
Verwahrungsbruch **27** 1 ff.
– dienstliche Verwahrung **27** 3 ff.
– qualifizierter **27** 9

– schlichter Amtsbesitz **27** 4
Verweilen **13** 2, 15 f.
Verwerflichkeit **12** 32 ff.
– Fernziele **12** 35
– Nahziele **12** 35
Vis absoluta **12** 5
Vis compulsiva **12** 5
Völkermord **vor 1** 2
Völkerstrafgesetzbuch **vor 1** 2
Vollrausch **38** 1 ff.
– bei erheblich verminderter Schuldfähigkeit **38** 3 ff.
– fahrlässiger **38** 13
– bei Schuldunfähigkeit **38** 3 f.
– Rausch **38** 3
– Rauschtat **38** 15 ff.
Vollstreckungshandlung **26** 7
Vollstreckungsvereitelung **25** 12 ff.
Voreid **22** 8, 12
Vorlegungspflichten **19** 12 f.
Vorsatz-Fahrlässigkeits-Kombination **26** 15, **34** 3, **36** 28, 33, **37** 12
Vortäuschen einer Straftat **24** 1 ff.
– Absicht, Strafmilderung zu erlangen **24** 25 ff.
– einer rechtswidrigen Tat **24** 10
– Gegenstand **24** 10
– qualifizierte **24** 25 ff.
Vorteilsannahme **28** 1 ff.
– Dienstausübung **28** 8 ff.
– Gegenseitigkeitsverhältnis **28** 11
– Privathandlungen und **28** 9
– Unrechtsvereinbarung **28** 8 ff.
– Verknüpfung **28** 10
– Vorteil **28** 5
Vorteilsgewährung **30** 1 ff.
– qualifizierte **30** 4

Waffe **7** 22
Wahlkampfspenden **28** 12
Wahrheitsbeweis **15** 6
Wahrheitspflicht **21** 22 ff.
– Gegenstand der **21** 22
– Spontanäußerung **21** 23 f.
Wahrnehmung berechtigter Interessen **14** 21 ff.
Warnung **12** 13
Wehrlosigkeit
– infolge Arglosigkeit **2** 18
Wehrstrafgesetzbuch **6** 5, 9

Sachverzeichnis

Werturteile **14** 6
Wichtiges Glied des Körpers **8** 10 ff.
– dauernder Funktionsverlust **8** 14 f.
– Verlust **8** 14
Widerrechtlichkeit **13** 2
Widerstand gegen Vollstreckungsbeamte **26** 1 ff.
– besonders schwere Fälle **26** 27 ff.
– Irrtumsregelungen **26** 35 ff.
– Rechtmäßigkeit der Diensthandlung **26** 14 ff.
– Rechtmäßigkeitsbegriff **26** 22 f.
– durch tätlichen Angriff **26** 11 f.
– durch Widerstandleisten **26** 9 f.
Willensbetätigungsfreiheit **11** 5, **12** 1, 27
Willensbildungsfreiheit **11** 5, **12** 1, 29
Wohnung **13** 3

Zeuge **21** 2, 6, **22** 1, 6
Zubehörflächen **13** 4
Zufallsurkunde **17** 19
Zur Abnahme von Eiden zuständige Stelle **21** 5, **22** 3

Zur Befriedigung des Geschlechtstriebs **2** 3, 57 ff.
Zur Ermöglichung einer anderen Straftat **2** 3, 76 ff., **37** 13
– keine kausale Verknüpfung zur anderen Straftat **2** 79 f.
– Vereinbarkeit mit bedingtem Tötungsvorsatz **2** 81
– Verhältnis zur anderen Straftat **2** 78 ff.
Zur Verdeckung einer anderen Straftat **2** 3, 82 f., **37** 13
– Vereinbarkeit mit bedingtem Tötungsvorsatz **2** 82
– Verhältnis zur anderen Straftat **2** 82
– bei Vermeidung außerstrafrechtlicher Konsequenzen **2** 83
Zusammengesetzte Urkunde **17** 11
Zusammenrotten **13** 19
Zutrittserlaubnis
– generelle **13** 124
Zwang
– physischer **12** 7
– psychischer **12** 7